重庆经济年鉴·2019

重庆市人民政府办公厅　主管
唐青阳　主编

CHONGQING
ECONOMY
YEAR BOOK

2019

社会科学文献出版社
SOCIAL SCIENCES ACADEMIC PRESS (CHINA)

《重庆经济年鉴》编辑部

初心铸就伟业　使命激励前行

历史照亮未来，征程未有穷期。转眼间《重庆经济年鉴》已走过18个春秋，这本呈现3102万巴渝儿女牢记使命、砥砺前行的大型经济资料工具书，即将它第19年的忠实记录，为我们清晰地展示渝州大地上一幅“不忘初心，矢志奋斗”的壮美画卷。

2019年是新中国成立70周年，是全面建成小康社会的关键之年。70年抚今追昔，面对成绩我们不敢有丝毫自满，面向未来我们有无比自信。在中国共产党坚强领导下，亿万人民豪情满怀，决心在接续奋斗中书写新的辉煌。

过去的一年，是全面贯彻党的十九大精神的开局之年，是重庆发展进程中很不平凡的一年。在以习近平同志为核心的党中央坚强领导下，全市上下全面贯彻习近平新时代中国特色社会主义思想和党的十九大精神，全面落实习近平总书记对重庆提出的“两点”定位、“两地”“两高”目标和营造良好政治生态、做到“四个扎实”的重要指示要求，坚持稳中求进工作总基调，聚焦高质量、供给侧、智能化，坚决打好“三大攻坚战”，谋划实施“八项行动计划”，统筹推进稳增长、促改革、调结构、惠民生、防风险工作，保持了经济持续健康发展和社会大局稳定。

过去的一年，以供给侧结构性改革为主线，重庆在经济结构调整中巩固“三去一降一补”成果，增强微观主体活力，提升产业链水平；加快建设实体经济、科技创新、现代金融、人力资源协同发展的产业体系，消除科技创新和实体经济结合的障碍、金融服务实体经济的障碍、人力资源和实体经济需求的结构性障碍、政府各部门协同为市场和企业服务的障碍，加强基本公共服务、加强基本民生保障、精准脱贫、完善消费环境等举措，抑制消费需求增长放缓趋势，充分发挥消费对经济发展的基础性作用；深化投融资体制改革，发挥投资对稳增长、调结构的关键性作用，确保财政支出对重点领域和项目的支持力度，促进有效投资特别是民间投资合理增长，推动全市经济发展的质量变革、效率变革、动力变革，释放全市经济活力、动力、潜力。与此同时，不断加快传统产业转型升级步伐，大力推进智能制造，用智能化“为经济赋能、为生活添彩”。

过去的一年，高质量发展向纵深推进。重庆历来是我国重要的工业基地，工业门类齐全，基础坚实。然而，重庆地处内陆，经济高质量发展需要以打造内陆开放高地为契机，向更深、更广的市场挺进。重庆积极融入“一带一路”建设和长江经济带发展，坚持战略导向，坚持从全局谋划一域、以一域服务全局，紧紧围绕“两点”定位和“两地”“两高”目标，深度融入西部大开发，加快建设内陆开放高地，构建国际贸易大通道，做到以开放倒逼改革，以高水平开放推动高质量发展。紫光芯云、阿里巴巴、腾讯等重大项目纷纷落户，持续为高质量发展增添活力。商事登记制度改革在更大范围、更深层次上不断深化，推动营商环境持续提升，助力企业“轻装上阵”。

过去的一年，践行绿色发展，推动乡村振兴。实施乡村振兴战略是党的十九大作出的重大决策部署，是决胜全面建成小康社会、全面建设社会主义现代化国家的重大历史任务，是新时代“三农”工作的总抓手。应该看到，良好的生态环境是农村的最大优势和宝贵财富，更好实施乡村振兴战略，必须以绿色发展为引领，坚持人与自然和谐共生，牢固树立和践行绿水青山就是金山银山的理念，尊重自然、顺应自然、保护自然，推动乡村自然资本加快增值，实现百姓富、生态美的统一。围绕党中央的决策部署，重庆牢牢把握“共抓大保护、不搞大开发”“生态优先、绿色发展”“黄金经济带”三个关键，以“上游意识”担“上游责任”。对长江经济带沿线产业，明确“两条红线”，以大数据智能化为引领的创新驱动发展战略行动计划将生态环境保护与经济发展有机统一起来，让“山水之城 · 美丽之地”颜值更高、气质更佳，八方宾朋来重庆“行千里 · 致广大”。

过去的一年，各项社会事业、民生保障统筹推进。“国以民为本，社稷亦为民而立”。解除后顾之忧，方有幸福生活。民生一直是中国共产党工作的出发点和落脚点。解决民生问题是最大的政治，改善民生更是最大的政绩。民生连民心，民心聚民力。保障和改善民生没有终点，只有连续不断的新起点。重庆市委、市政府紧密团结在以习近平同志为核心的党中央领导下，把人民利益摆在至高无上地位，对民生难点焦点不回避不退缩。立足惠民生，发挥社保兜底保障作用，调整增加城镇职工、城乡居民基本养老待遇，通过多项举措促进就业，提高居民收入；通过织牢社保“安全网”，有效解决群众后顾之忧；通过实施消费升级行动，不断满足人民群众对美好生活的向往。在以人民为中心的发展思想指引下，我市民生改善快步向前，人民群众获得感、幸福感、安全感不断增强。

两江春潮奔涌向前，奋斗的征程，只有进行时没有完成时。今天的重庆，综合实力显著增强，城乡面貌日新月异，发展活力竞相迸发，生态环境持续优化，人民生活蒸蒸日上，民主法治更加健全；今天的重庆，正在跻身繁荣发展、人文荟萃的现代化国际大都市，蜕变成大数据智能化引领的创新发展之城，精彩的故事每天都在这片土地上发生。但是，今天的成就已经成为过去，未来的目标还依然在等待着我们去企及。重庆人民肩负着十九大以来中央赋予的新使命，带着坚如磐石的信心、坚忍不拔的毅力、只争朝夕的劲头去奋斗。无论是站在时代风口上的年轻创业者，还是把论文写在祖国大地上的科研工作者；无论是耕耘希望田野的“新农民”，还是努力融入城市的打工族，每个人都是新时代长征路上的主角。每一位追梦人激发筑梦的强大动力，用脚踏实地的接续奋斗，不断刷新重庆面貌，就能汇聚起不断奔腾向前的磅礴力量，为家国情怀写下最生动的注脚。我们将按照既定节奏实现目标，让历史延伸到更广远的未来。奋进的新时代，重庆力量澎湃、步伐坚定。

是为序。

目　录

第一编　特载

重庆市人民政府工作报告

——2019 年 1 月 27 日在重庆市第五届人民代表大会第二次会议上 …………… 重庆市人民政府市长　唐良智　003

关于重庆市 2018 年国民经济和社会发展计划执行情况及 2019 年计划草案的报告

——2019 年 1 月 27 日在重庆市第五届人民代表大会第二次会议上 ………… 重庆市发展和改革委员会　熊雪　017

关于重庆市 2018 年预算执行情况和 2019 年预算草案的报告

——2019 年 1 月 27 日在重庆市第五届人民代表大会第二次会议上 ……………………… 重庆市财政局　封毅　035

2018 年重庆市经济社会发展概况 …………………………………………… 重庆市发展和改革委员会　050

2018 年重庆市经济运行情况 ………………………………… 重庆市统计局　国家统计局重庆调查总队　054

第二编　部门经济运行与管理

科技管理……………………………………… 061

民政工作……………………………………… 065

重庆财政……………………………………… 073

人力资源和社会保障………………………… 077

城乡规划和自然资源………………………… 081

生态环境……………………………………… 089

城市管理……………………………………… 094

交通建设……………………………………… 098

水利建设……………………………………… 101

重庆商务……………………………………… 111

卫生健康……………………………………… 118

应急管理……………………………………… 123

重庆审计……………………………………… 127

重庆税务……………………………………… 130

对外事务……………………………………… 134

国有资产……………………………………… 138

重庆海关…………………………………… 142
市场监管…………………………………… 145
林业管理…………………………………… 151
药品管理…………………………………… 154

第三编　产业状况

第一产业
2018年农村经济发展运行情况…………… 161
农业机械化………………………………… 165
烟草业……………………………………… 169
第二产业
重庆市工业经济发展综述………………… 177
工业投资运行与发展……………………… 181
工业企业改革与转制……………………… 183
工业绿色发展状况………………………… 185
汽车工业…………………………………… 188
摩托车工业………………………………… 191
轻工业……………………………………… 194
纺织工业…………………………………… 197
装备制造业………………………………… 199
材料工业…………………………………… 202
城镇天然气工业…………………………… 207
化学工业…………………………………… 210
电子制造业………………………………… 213
智能终端产业……………………………… 217
医药工业…………………………………… 219
建筑业……………………………………… 222
第三产业
道路运输…………………………………… 227
航空运输…………………………………… 231
重庆水运…………………………………… 234
通信业……………………………………… 236
邮政业……………………………………… 239
知识产权…………………………………… 241
银行业……………………………………… 244
保险业……………………………………… 248
证券业……………………………………… 252
文化产业…………………………………… 255
旅游产业…………………………………… 259
房地产业…………………………………… 267
生产性服务业……………………………… 272

第四编　开发区与园区建设

工业园区发展综述………………………… 277
两江新区…………………………………… 279
经开区……………………………………… 282
高新技术产业开发区……………………… 288
西永微电子产业园区……………………… 292
万州经济技术开发区……………………… 295
忠县工业园区……………………………… 298
万盛经开区………………………………… 302
巫溪县工业园区…………………………… 307
永川高新区………………………………… 311

长寿经开区…… 315
正阳工业园区…… 320

第五编　区县经济

万州区…… 325
黔江区…… 329
涪陵区…… 333
渝中区…… 337
大渡口区…… 341
江北区…… 344
沙坪坝区…… 347
九龙坡区…… 350
南岸区…… 354
北碚区…… 357
渝北区…… 361
巴南区…… 366
长寿区…… 369
江津区…… 374
合川区…… 377
永川区…… 380
南川区…… 383
綦江区…… 387
大足区…… 390
潼南区…… 394
铜梁区…… 399
璧山区…… 405
荣昌区…… 409
梁平区…… 412
武隆区…… 416
城口县…… 419
垫江县…… 423
丰都县…… 427
忠　县…… 432
开州区…… 436
云阳县…… 440
奉节县…… 443
巫山县…… 447
巫溪县…… 450
石柱土家族自治县…… 455
秀山土家族苗族自治县…… 458
酉阳土家族苗族自治县…… 462
彭水苗族土家族自治县…… 467

第六编　附录

重庆经济和社会发展要事选登…… 473
编纂说明…… 486

CONTENTS

Part I Special Features ········ 001

The Working Report of Chongqing Government 2019 ········ Tang Liangzhi 003

The Chongqing's National Economic and Social Development in 2018 and the Draft Plan for 2019 ········ Xiong Xue 017

The Report on the Implementation of Local Budget for 2018 and on the Local Budgets Draft for 2019 of Chongqing ········ Feng Yi 035

Overview Chongqing Economic and Social Development in 2018 ········ Chongqing Development and Reform Commission 050

Statistical Communique of Chongqing on the 2018 National Economic and Social Development ········ Chongqing Statistics 054

Part II Operation and Management of Economy ········ 059

Management of Science and Technology ········ 061

Civil Administration ········ 065

Chongqing Finance ········ 073

Human Resources and Social Security ········ 077

Planning and Natural Resources ········ 081

Ecology and Environment ········ 089

Urban Management ········ 094

Transportation Construction ········ 098

Water Resources Construction ········ 101

Chongqing Commerce ········ 111

Chongqing Health ········ 118

Emergency Management ········ 123

Chongqing Audit ········ 127

Chongqing Tax ········ 130

Foreign Affairs ········ 134

State-owned Assets ········ 138
Chongqing Customs ········ 142
Market Regulation ········ 145
Forestry Management ········ 151
Medicine Management ········ 154

Part III Industry Situation ········ 157

Primary Industry

Development and Operation of the Rural Economy in 2018 ········ 161
Agricultural Mechanization ········ 165
The Tobacco Industry ········ 169

Secondary Industry

Overview of Chongqing Industrial Economic Development ········ 177
Operation and Development of Chongqing Industrial Investment ········ 181
Industrial Enterprise Reform ········ 183
Industrial Green Development ········ 185
Automobile Industry ········ 188
Motorcycle Industry ········ 191
Light Industry ········ 194
Textile Industry ········ 197
Equipment Manufacturing Industry ········ 199
Materials Industry ········ 202
Natural Gas Industry ········ 207
Chemical Industry ········ 210
Electronics Manufacturing ········ 213
Intelligent Terminal ········ 217
Pharmaceutical Industry ········ 219
Building Industry ········ 222

Tertiary Industry

Road Transportation ········ 227
Air Transportation ········ 231
Water Transportation ········ 234
Communicaion Industry ········ 236
The Postal Service ········ 239
Intellectual Property Rights ········ 241
Banking Industry ········ 244
Insurance Industry ········ 248
Securities Industry ········ 252
Culture Industry ········ 255
Tourist Industry ········ 259
Real Estate ········ 267
Production Service ········ 272

Part IV The Construction of Development Zones and Industrial Parks ········ 275

Review of the Specialized Industrial Park in Chongqing ········ 277
Liang Jiang New Area of Chongqing ········ 279
Chongqing Economic Development District ········ 282
High and New Tech Development Zone ········ 288
Xi Yong Microelectronics Industrial Park ········ 292
Wanzhou Ecnomic and Technological Development Zone ········ 295
Zhongxian Industrial Park ········ 298
Wansheng Economic Development District ········ 302
Wuxi Industry Park ········ 307
Yongchuan High and New Tech Development Zone ········ 311
Changshou Economic and Technological Development Zone ········ 315
Zhengyang Industrial Park ········ 320

Part V Regional Districts ········ 323

Wanzhou Distric ········ 325

Qianjiang Distric …… 329
Fuling Distric …… 333
Yuzhong District …… 337
Dadukou District …… 341
Jiangbei District …… 344
Shapingba District …… 347
Jiulongpo District …… 350
Nan'an District …… 354
Beibei District …… 357
Yubei District …… 361
Ba'nan District …… 366
Changshou County …… 369
Jiangjin County …… 374
Hechuan County …… 377
Yongchuan County …… 380
Nanchuan County …… 383
Qijiang County …… 387
Dazu County …… 390
Tongnan County …… 394
Tongliang County …… 399
Bishan County …… 405
Rongchang County …… 409
Liangping County …… 412
Wulong County …… 416
Chengkou County …… 419
Dianjiang County …… 423
Fengdu County …… 427
Zhongxian County …… 432
Kaizhou District …… 436
Yunyan County …… 440
Fengjie County …… 443
Wushan County …… 447
Wuxi County …… 450
Shizhu Tujia Autonomous County …… 455
Xiushan Tujia and Miao Autonomous County …… 458
Youyang Tujia and Miao Autonomous County …… 462
Pengshui Miao and Tujia Autonomous County …… 467

Part VI Appendix …… 471

Essential Economic Events of Chongqing in 2018 …… 473

Comments of Compilation …… 486

第一编　特载

重庆市人民政府工作报告

——2019 年 1 月 27 日在重庆市第五届人民代表大会第二次会议上

重庆市人民政府市长　唐良智

各位代表：

现在，我代表市人民政府向大会报告工作，请予审议，并请市政协委员和其他列席人员提出意见。

一、2018 年工作回顾

2018 年，是全面贯彻党的十九大精神的开局之年，是重庆发展进程中很不平凡的一年。全国两会期间，习近平总书记亲临重庆代表团参加审议并发表重要讲话，为新时代重庆发展指明了前进方向、提供了根本遵循，给全市干部群众极大鼓舞。

一年来，在以习近平同志为核心的党中央坚强领导下，在中共重庆市委直接领导下，在市人大、市政协监督支持下，我们全面贯彻习近平新时代中国特色社会主义思想和党的十九大精神，全面落实习近平总书记对重庆提出的“两点”定位、“两地”“两高”目标和营造良好政治生态、做到“四个扎实”的重要指示要求，坚持稳中求进工作总基调，聚焦高质量、供给侧、智能化，坚决打好“三大攻坚战”，谋划实施“八项行动计划”，坚决肃清孙政才恶劣影响和薄熙来、王立军流毒，统筹推进稳增长、促改革、调结构、惠民生、防风险工作，保持了经济持续健康发展和社会大局稳定。地区生产总值突破 2 万亿元、增长 6%，经济社会发展呈现出“稳、进、好”的态势。

——“稳”的格局在巩固。就业稳，新增城镇就业 75.3 万人，城镇调查失业率控制在 4.7% 左右。金融稳，新增社会融资规模 5000 亿元，银行业不良率、小贷不良率、融资担保代偿率处于全国较低水平。外贸稳，进出口总值增长 15.9%，服务贸易额增长 20.7%。外资稳，外商直接投资增长 43.8%，实际利用外资 102.7 亿美元。投资稳，固定资产投资增长 7%，工业投资增长7.3%。预期稳，全社会用电量、货运量、中长期贷款余额等先行指标分别增长12.3%、11.2%、15.3%。

——“进”的动力在增强。大数据智能化创新提速，智能产业实现销售收入4640亿元、增长19.2%，预计全社会研发经费支出增长9%、占地区生产总值比重达到1.95%。新产业新业态新模式不断发展，战略性新兴制造业、高技术产业增加值分别增长13.1%、13.7%，服务业增加值增长9.1%，限额以上法人企业网上零售额、信息服务收入分别增长28.6%、16.7%。全面深化改革持续释放市场活力，158项中央部署的重大改革任务有序推进，189项市级重点改革项目加快落地。新登记市场主体41.2万户，创历年新高。民间投资增长12.8%，招商引资签约落地项目协议投资额超过1万亿元。

——“好”的势头在显现。经济效益逐步回升，规上工业企业实现利润1219亿元，资产负债率下降1.5个百分点，全员劳动生产率提高到32.8万元/人。财政收入质量明显改善，全市税收占一般公共预算收入比重达到70.8%，比上年提高5.3个百分点。生态环境质量不断提升，基本消除主城区黑臭水体，长江干流重庆段水质总体为优，空气优良天数达到316天、同比增加13天，PM2.5平均浓度下降11.1%。高品质生活增进民生福祉，城乡居民人均可支配收入分别增长8.4%、9%，城乡养老保险、医疗保险参保率巩固在95%以上，贫困发生率降至0.7%。

过去一年，在市委领导下，我们重整行装再出发，团结一致向前行，习近平总书记对重庆的殷殷嘱托成为全市各项工作的总遵循、最强音；谋划实施“三大攻坚战”和“八项行动计划”，打基础谋长远，抓兑现促落实，明确了新时代重庆发展的实践路径和具体抓手；坚决肃清孙政才恶劣影响和薄熙来、王立军流毒，努力营造风清气正的政治生态，为全市发展创造了良好环境。当前的重庆，政治生态持续向好，干部群众精神状态积极向上，经济社会发展各项事业稳步向前。

各位代表！过去一年，受国内外宏观环境影响，重庆经济下行压力持续增大，地区生产总值、工业增加值、固定资产投资、社会消费品零售总额等指标增速低于预期。这其中，有周期性市场变化的因素，国内部分产业进入市场饱和期，“天花板”效应显现，特别是全国汽车产销出现负增长，对我市汽车支柱产业形成冲击。有长期积累的结构性矛盾影响，产业结构方面，我市传统产业亟待升级，新兴产业发展不足；供需结构方面，中低端产品相对过剩，高端产品供给不足；动力结构方面，投资拉动、传统要素驱动效应递减，新动力支撑不足，经济转型升级过程中增速有所放缓。也有体制机制方面的原因，我市资源市场化配置、科技创新体制机制等还不够完善，制约了经济发展的动力活力。

总体上看，虽然我市部分经济指标增速下行，但高质量发展态势在上行。我们坚持从长远大势认识当前形势，不纠结于经济增长一时快慢，不为局部和眼前问题所困扰，保持定力、增强信心，把握规律、科学理政，努力推动高质量发展。

一年来，主要做了以下工作。

（一）抓重点补短板强弱项，“三大攻坚战”开局良好

编制实施三年行动方案，狠抓各项任务落地。打好防范化解重大风险攻坚战。强化源头治理、动态管理、应急处理，有效防控各类风险隐患。发挥债委会和联合授信机制作用，缓解企业流动性短缺。P2P网贷、非法集资等重点金融风险整治取得成效。加强政府债务管理，建立风险定期排查和台账式管理机制，政府债务风险总体

可控。打好精准脱贫攻坚战。坚决纠正过去赶进度、图虚名的错误做法，深入推进精准扶贫精准脱贫，编制实施18个深度贫困乡镇脱贫攻坚三年规划，深化鲁渝扶贫协作，石柱、奉节达到摘帽标准，12万贫困人口脱贫。打好污染防治攻坚战。全面推行河长制，加强大气污染联防联控，实施土壤污染管控和修复，主要污染物排放总量持续下降，一批突出环境问题得到解决。

（二）着眼长远突出三年，“八项行动计划”有序展开

坚持边谋划边推进边完善，认真编制行动计划，动态调整工作专项，形成项目化、清单化、政策化推进机制。谋划实施以大数据智能化为引领的创新驱动发展战略行动计划，协同发展智能产业、智能制造、智慧城市，成功举办首届智博会并成为永久会址。谋划实施乡村振兴战略行动计划，启动11个区县、102个乡镇、220个村分层分类试验示范，基本构建起政策措施框架体系。谋划实施城市提升行动计划，高起点规划、高标准建设、高效能管理，推进21个专项和79个子项。谋划实施军民融合发展战略行动计划，强化“六个统筹”，加快创建国家军民融合创新示范区。谋划实施科教兴市和人才强市行动计划，加快科技与经济融合、教育与产业对接、人才与发展匹配，推进10个专项和32项重点任务。谋划实施内陆开放高地建设行动计划，拓展通道、提升平台、完善口岸、培育主体、优化环境，努力在西部内陆地区带头开放、带动开放。谋划实施保障和改善民生行动计划，在“七有”上持续用力，不断增强人民群众获得感。谋划实施生态优先绿色发展行动计划，推进28类工程和119项任务，加快建设山清水秀美丽之地。“八项行动计划”务实推进，取得阶段性成果。

（三）突出大数据智能化，产业转型升级取得新进展

推进数字产业化、产业数字化，用智能化“为经济赋能、为生活添彩”。加快发展智能产业，制定集成电路等产业专项政策，签约联合微电子中心、比亚迪汽车电池等大数据智能化项目3919亿元，京东方第6代柔性面板、SK海力士二期等重大项目开工，阿里巴巴、腾讯等企业西南地区总部落户重庆，集成电路、智能机器人、智能网联汽车产业产值增长均超过20%。大力推进智能制造，推动203家企业实施智能化改造，工业互联网标识解析国家顶级节点启动运行，飞象工业互联网、中移物联网等综合性平台建成投用。加快建设智慧城市，智慧政务、智慧交通、智慧教育、智慧医疗等取得积极进展，以应用促产业、以产业带应用的态势初步形成。巩固提升支柱产业，出台实施汽车产业“1+2”等专项政策，汽车产业加速转型，电子、能源、装备产业稳步增长，消费品产业逐步回升，医药、材料产业产值分别增长11.9%和20.2%。促进军民融合发展，落实与军工央企集团一揽子战略合作协议，全球低轨卫星移动通信、中国兵器科学研究院西南分院等重大项目落户。积极发展现代服务业，金融业增加值增长6.9%，服务外包离岸执行额增长13.1%。重点物流基地集聚辐射能力日益显现。智博会、西洽会、军博会、中新金融峰会等展会成效明显。召开旅游发展大会，举办第九届中国长江三峡国际旅游节和全球旅行商大会，全市旅游总收入增长31%。

（四）深化改革开放创新，发展动能转换迈出新步伐

以实际行动庆祝改革开放40周年，在新起点上推动改革开放再出发。强化改革推动。市级

机构改革顺利实施，政府职能进一步优化。围绕“破、立、降”深化供给侧结构性改革，为企业减负超过600亿元。商事制度改革实现“三十一证合一”，企业开办审批时间压缩至5个工作日以内。扎实推进国企改革，企业活力进一步增强。出台实施“银行业支持实体经济发展20条”“涉企减负30条”“制造业降本36条”等政策措施，制定落实民营经济“2+N”扶持政策，支持长安、力帆、小康、宗申等重点企业转型发展、做优做强。强化开放带动。中新互联互通项目“陆海新通道”形成铁海联运、跨境公路运输、国际铁路联运三种方式，“渝黔桂新”铁海联运班列累计开行657班，中欧班列（重庆）开行超过1000班，“一带一路”和长江经济带在重庆无缝衔接。江北国际机场国际航线增至82条，旅客吞吐量达到4160万人次。两江新区获批深化服务贸易创新发展试点，中新互联互通项目累计签约219亿美元，自贸试验区形成11项全国首创制度成果。江津综保区封关运行，涪陵综保区、果园保税物流中心（B型）成功获批。国际贸易“单一窗口”和智慧口岸建设扎实推进，整体通关时间压缩1/2以上。强化创新驱动。出台“双一流”建设专项支持政策，启动建设中科院大学重庆学院，24家国内外知名高校院所来渝设立分院分所。引进“两院”院士等高层次人才255名，新增科技型企业4301家。重医附属儿童医院获批国家临床医学研究中心。荣昌、永川获批国家高新区。

（五）统筹抓好乡村振兴和城市提升，城乡融合发展呈现新气象

立足大城市、大农村、大山区、大库区基本市情，加快城乡一体化建设，促进城乡各美其美、美美与共。坚持把实施乡村振兴战略摆在优先位置，扎实推进“五个振兴”。新发展农林特色产业166万亩，“巴味渝珍”品牌首批授权产品438个，乡村旅游和农村电商网络零售额分别增长32%和21.3%。农村“三变”改革、“三社”融合发展试点稳步推进，减少村级集体经济“空壳村”1224个。启动农村人居环境整治三年行动，行政村生活垃圾有效治理率超过90%、污水处理率达到63%。实施三峡后续规划项目321个。按照“干五年、看十年、谋划三十年”的总体思路，系统谋划推进城市提升。启动编制国土空间规划，“多规合一”平台上线运行。实施交通建设三年行动计划，渝贵铁路开通运营，成渝高铁枢纽段、重庆西站一期和沙坪坝站建成投用，渝湘高铁主城至黔江段、重庆东站开工。高速公路开工7条，江津至习水段建成投用，全市通车总里程达到3096公里。城市轨道交通新通车49公里，总里程达到313公里。启动实施水源工程建设三年行动，渝西水资源配置工程开工建设。启动“两江四岸”示范段建设，完成广阳岛长江生态文明创新实验区规划编制。制定城市综合管理提升行动方案，推进大城细管、大城智管、大城众管，“马路办公”成为常态，城市面貌发生可喜变化。

（六）推进生态优先绿色发展，环境质量实现新改善

认真落实“共抓大保护、不搞大开发”方针，强化上游意识，担起上游责任，筑牢长江上游重要生态屏障。把修复长江生态环境摆在压倒性位置，划定生态保护红线2.04万平方公里，营造林640万亩，岩溶石漠化、水土流失和消落区治理取得新成效，全市森林覆盖率提高到48%。深入开展自然保护区大排查大整治，“四山”综合整治扎实推进，缙云山、水磨溪、长江上游珍稀特有鱼类等自然保护区专项治理初见成效。加快生态文明制度建设，启动生态环境损害赔偿、

流域横向生态保护补偿等改革，建成大气、水大数据监管平台，环境治理能力进一步提升。“山水之城·美丽之地”颜值更高、气质更佳，八方宾朋来重庆“行千里·致广大”。

（七）强化惠民生兜底线，人民群众获得感有了新提升

新增普惠性幼儿园691所，义务教育发展基本均衡区县覆盖率达到95%。城镇职工和城乡居民养老保险待遇稳步调增，城乡低保标准和最低工资标准进一步提高。医药卫生体制改革持续深化，启动县域医共体医通、人通、财通试点，实施83个进口药品降价政策。利用城市边角地新建30个社区体育文化公园。食品药品放心工程有序推进。扫黑除恶专项斗争扎实开展。矛盾纠纷多元化解机制进一步完善。安全生产突出问题得到整治。国防动员和后备力量建设稳步推进，优抚安置、双拥工作和军民共建深入开展。民族宗教、国家安全、外事侨务、港澳台、统计、档案、保密、参事、史志、消防、人防、气象、地震等工作取得新成绩，妇女、儿童、青年、老龄、慈善、残疾人、红十字等事业有了新进步。

各位代表！过去一年，民生投入持续增加，15件重点民生实事年度任务全面完成。重庆籍农村建卡贫困家庭大学生资助政策惠及12万人次；农村学前教育营养改善计划惠及16.3万名儿童；学前三年毛入园率达到87%；主城区路桥收费改革落地实施；建成“四好农村路”2.4万公里；建成公交优先道105公里；新增停车泊位2.2万个；建成公共直饮水点456个；完成3.4万户老旧住宅用水提质工程；基本建成主城区公益性场所免费WiFi；建成城市公园131个；主城区新增公厕343座，农村卫生改厕42.9万户；新增社区养老服务站200所；2.7万套公租房分配入住；公立医院全面落实12条医改便民措施。一批老百姓的身边事、烦心事得到解决。

各位代表！过去一年，我们坚持把政治建设摆在首位，坚持用习近平新时代中国特色社会主义思想武装头脑、指导实践、推动工作，不折不扣落实中央大政方针和市委决策部署。严格落实向市委请示报告制度，定期向人大报告工作、向政协通报情况。主动接受人大和政协监督，认真办理人大代表建议和政协提案，提请市人大常委会审议地方性法规草案7件，制定政府规章5件。深入开展“兴转促”行动，深化“放管服”改革，推进“全渝通办”，政府服务能力和水平得到新提升。

各位代表！过去一年取得的成绩，是习近平新时代中国特色社会主义思想科学指引的结果，是以习近平同志为核心的党中央坚强领导的结果，是市委带领全市广大干部群众团结拼搏、克难奋进的结果。在此，我代表市人民政府，向全市各族人民，向人大代表、政协委员，向各民主党派、工商联、人民团体和社会各界人士，向驻渝部队和武警官兵，致以崇高敬意！向关心支持重庆发展的中央各部门、各兄弟省区市及港澳台同胞、海外侨胞和国际友人，表示衷心感谢！

在工作实践中，我们深刻认识到，与高质量发展的要求相比，重庆还存在一些突出问题和短板，主要是：产业结构不优、能级不高，经济张力不足，科技创新能力不强，发展质量效益有待提升，转型升级压力较大，构建现代产业体系任务紧迫；城乡区域发展不平衡，交通等基础设施互联互通水平还不高，区域协调发展政策体系有待完善；“三大攻坚战”任务依然艰巨，教育、医疗、养老、收入、住房、安全等民生领域仍有不少短板；“放管服”改革仍需深化，营造国际化法治化便利化营商环境还有不少工作要做；少数政府部门和工作人员担当意识、服务意识不强，不作为、慢作为现象依然存在；党风廉政建

设和反腐败斗争还需常抓不懈。对这些问题，我们一定采取有效措施，切实加以解决。

二、2019 年工作安排

2019 年是新中国成立 70 周年，是全面建成小康社会关键之年。综观国内外形势，世界经济仍处于复苏过程中，贸易保护主义、单边主义抬头，中美经贸摩擦影响日益显现，我国发展外部环境发生深刻变化，经济下行压力有所加大，一些领域风险挑战增大。但更要看到，我国发展仍处于并将长期处于重要战略机遇期，经济结构优化升级、提升科技创新能力、深化改革开放、加快绿色发展、参与全球经济治理体系变革带来新机遇。当前，我市产业结构调整思路更加清晰，新旧动能加快转换，发展基础不断夯实，政策措施逐步落地，高质量发展体制机制正在形成。我们有条件、有能力克服前进中的困难，抓住机遇、用好机遇，把机遇转化为项目实体、转化为发展动能、转化为民生福祉，实现高质量发展。

今年政府工作的总体要求是：以习近平新时代中国特色社会主义思想为指导，全面贯彻党的十九大和十九届二中、三中全会精神，深入学习贯彻中央经济工作会议精神，紧紧围绕习近平总书记对重庆提出的“两点”定位、“两地”“两高”目标和营造良好政治生态、做到“四个扎实”的重要指示要求，统筹推进“五位一体”总体布局，协调推进“四个全面”战略布局，坚持稳中求进工作总基调，坚持新发展理念，坚持推动高质量发展，坚持以供给侧结构性改革为主线，坚持深化市场化改革、扩大高水平开放，加快建设现代化经济体系，继续打好“三大攻坚战”和实施“八项行动计划”，不断激发微观主体活力，统筹推进稳增长、促改革、调结构、惠民生、防风险工作，保持经济运行在合理区间，进一步稳就业、稳金融、稳外贸、稳外资、稳投资、稳预期，提振市场信心，增强人民群众获得感、幸福感、安全感，持续营造风清气正的良好政治生态，保持经济持续健康发展和社会大局稳定，为全面建成小康社会收官打下决定性基础，以优异成绩庆祝中华人民共和国成立 70 周年。

今年经济社会发展的主要预期目标是：地区生产总值增长 6%；固定资产投资、社会消费品零售总额分别增长 8%、7% 左右，进出口总值保持正增长；城镇调查失业率控制在 5.5% 左右，全体居民人均可支配收入增长 8% 左右，居民消费价格涨幅 3% 左右；节能减排降碳完成国家下达任务。

上述预期目标，总体上以稳为主，重点是推动高质量发展。6% 的经济增速，与到 2020 年全面建成小康社会相衔接，综合考虑了我市发展的外部环境、基础条件、潜力后劲和预期变量，兼顾了需要和可能，既有利于稳定市场、提振信心，又为深化供给侧结构性改革、推动高质量发展预留空间。

实现上述目标，要重点抓好十个方面的工作。

（一）持续打好“三大攻坚战”，夯实全面建成小康社会基础。针对突出问题，打好重点战役，确保完成年度目标任务

坚决打好防范化解重大风险攻坚战。落实中央关于防范化解重大风险的决策部署，坚持底线思维，提高防控能力，守土有责、守土尽责，把防范化解重大风险工作做实做细做好。有效防范金融风险，用好市场化债转股、股权融资、并购重组等手段，推进结构性去杠杆。加强影子银行、互联网金融等薄弱环节监管，重点防控企业信用违约、股票质押平仓、债券到期兑付等风险点。持续优化政府债务结构，妥善处理举债与发展的关系，严格落实地方政府债务限额管理要

求。严控政府隐性债务，坚决遏制增量，稳妥化解存量。加强房地产市场调控，以稳地价、稳房价、稳预期为目标，完善住房市场体系和住房保障体系，促进房地产市场平稳健康发展。

坚决打好精准脱贫攻坚战。坚持目标标准，落实精准方略，抓好中央脱贫攻坚专项巡视反馈问题整改，以高质量整改带动高质量脱贫，确保“4 个县摘帽、10 万人脱贫”。扎实推进 18 个深度贫困乡镇脱贫攻坚，加快实施路、水、电、讯等到村到户项目，培育特色产业，提高发展能力。做好特殊贫困人口精准帮扶，落实健康扶贫、社保兜底等政策，探索资产性收益扶贫等方式，着力解决影响“两不愁三保障”的突出问题。巩固脱贫攻坚成果，把防止返贫摆在更加重要的位置，建立健全后扶机制，激发贫困群众内生动力，做好脱贫攻坚与乡村振兴的衔接，确保稳定脱贫、逐步致富。

坚决打好污染防治攻坚战。实施五大环保行动，抓好中央环保督察和中办二次回访反馈问题整改，着力解决突出环境问题。打好碧水保卫战，深入落实河长制，加强水源地保护，狠抓污水处理设施改造提标和管网配套，强化码头船舶污染防治，严惩超标排放、偷排偷放等行为。打好蓝天保卫战，重点治理柴油货车污染，抓好施工、道路等扬尘管控，加强餐饮油烟、烟花爆竹燃放等专项治理。打好净土保卫战，开展重点行业、企业土壤污染摸底调查，强化污染场地风险管控，完善固体废物和危险废物处置设施，建设土壤污染综合防治示范区。

（二）持续推进供给侧结构性改革和重点领域改革，以改革推动高质量发展。认真落实中央和市委重大改革部署，加强系统集成，放大综合效应

构建推动高质量发展的体制机制。贯彻落实中央关于推动高质量发展的意见，加快形成推动高质量发展的制度体系和配套措施。明确指标体系，构建贯彻新发展理念的主要指标、核心指标、分领域指标和差异化指标，明确高质量发展的方向和目标。完善政策体系，调整优化政策设计，制定关于建设现代化经济体系的政策举措，更好支撑高质量发展。建立标准体系，健全重点领域标准，完善标准制定、实施、监督机制，引导规范各类主体行为。优化统计体系，完善统计分类、监测、调查实施和执法监督，全面准确反映高质量发展情况。改进绩效评价和政绩考核，建立分级分类绩效评价制度，完善干部考核评价机制，更好发挥激励导向作用。

落实供给侧结构性改革“八字方针”。巩固“三去一降一补”成果，加大“破、立、降”力度，坚决清退“僵尸企业”，有序处置去产能企业债务。落实国家减税降费政策，持续降低企业制度性交易成本和合规性成本。增强微观主体活力，全面实施市场准入负面清单制度，深化公共资源、公共服务等领域市场化改革，坚决破除要素流动壁垒。提升产业链水平，强化工业基础能力建设，推动支柱产业转型升级，发展新的产业集群。畅通经济循环，加快建设统一开放、竞争有序的现代市场体系，促进生产与消费、经济增长与扩大就业、金融与实体经济良性互动。

推进财政金融改革。全面实施预算绩效管理，推进市与区县财政事权和支出责任划分改革，优化财政支出结构。创新投融资方式，做实重庆发展投资公司投融资功能，组建重庆铁路投资集团，整合市级融资担保机构。推进金融改革创新，开展金融科技应用试点和金融标准化试点，加强中新、渝港金融合作。实施经济证券化五年行动计划，提高直接融资比重。

深化国企国资改革。全面实施国企国资改革方案。优化国资布局，推动国有资本加快向公共服务、重大基础设施、战略性新兴产业领域

聚焦，国企主业加快向产业链、价值链中高端升级。激发国企活力，加快国有资本授权经营体制改革，深化国有资本投资和运营公司改革试点，推动集团层面混合所有制改革。改进国资管理，推动党政机关和事业单位所属企业经营性资产集中统一监管，完善国企国资审计监管措施。

支持民营经济健康发展。完善“2+N”政策体系，落实“支持实体经济企业 18 条”，加快培育一批 100 亿级、500 亿级、1000 亿级企业。持续开展集中走访精准服务民营企业活动，完善市和区县领导定点联系重点民营企业机制，“一企一策”帮助解决实际困难。对接国家金融监管部门民营企业贷款“125”目标和债券融资政策，设立市级首期 100 亿元民营企业纾困基金，转贷应急周转资金增加到 20 亿元。打破市场壁垒，放宽公共服务、基础设施、国企改制重组等领域准入门槛。构建亲清新型政商关系，依法保护企业家人身和财产安全，激发企业家精神，让民营企业家安心谋发展、走向更加广阔舞台！

着力优化营商环境。重点在改善法治环境、政务环境、市场环境、社会环境和城市生活环境上下功夫。纵深推进“放管服”改革，探索“点菜放权”机制，推进工程建设项目审批制度改革试点，规范招投标，完善公共资源交易监管，实现审批服务事项“全渝通办”全覆盖。建立公平开放透明的市场规则，严格依法办事，支持本土企业，服务外来企业，努力营造“近悦远来”的城市环境，让企业引得来、留得住、发展好！

（三）持续实施以大数据智能化为引领的创新驱动发展战略行动计划和军民融合发展战略行动计划，推动制造业高质量发展。把制造业转型升级放到更加突出的位置，启动实施“工业跃升”工程，加快构建现代产业体系

促进智能产业、智能制造和智慧城市加速发展。培育壮大智能产业，一手抓研发创新、一手抓补链成群，着力构建“芯屏器核网”全产业链。“芯”，就是要完善集成电路设计、制造、封装测试、材料等上下游全链条，培育高端功率半导体芯片和存储芯片等项目，抓好联合微电子中心、英特尔 FPGA 中国创新中心等项目。“屏”，就是要壮大液晶面板产业，加快京东方第 6 代柔性面板项目建设，推动鑫景特种玻璃投产放量。“器”，就是要稳定现有智能终端产量，引进品牌手机生产项目，发展智能音箱、智能穿戴等新产品。“核”，就是要完善新能源和智能网联汽车产业生态，发展“大小三电”、智能控制系统等核心零部件。“网”，就是要加强物联网硬件制造、系统集成和运营服务，建设国家物联网产业示范基地和中国智谷（重庆）科技园。推动区块链技术创新应用，促进区块链产业健康发展。加快智能制造步伐，落实智能制造实施方案，更好发挥综合性工业互联网平台作用，推动 1250 家企业智能化改造。推进智慧城市建设，制定新型智慧城市建设方案，出台大数据管理规定，加快建设市级数据中心和“数字重庆”云平台，实施一批智能化应用示范项目，开启全域感知、互联协同、智能运营、便捷高效的智慧城市发展新图景。

推动支柱产业迭代升级。巩固提升智能产业、汽车摩托车两大支柱产业集群，培育壮大装备、材料、生物与医药、消费品、能源、技术服务、农副产品加工等产业集群，打造重庆制造“升级版”。汽车摩托车产业，重点向新能源、智能网联、轻量化转型升级，加快中高端乘用车、商用车、特种车和摩托车新品研发投放，提升关键零部件本地配套能力。装备产业，重点发展轨道交通、航空航天、能源、节能环保和智能制造装备，大力发展服务型制造，提升关键基础件水平。材料产业，重点发展高端金属材料、化工合

成材料、复合材料、石墨烯等新材料，构建先进基础材料、关键战略材料、前沿新材料协同发展的产业集群。生物与医药产业，加快发展生物制药、化学创新药及高端仿制药、现代中药、医疗器械产业，做强国家生物医药产业基地。消费品产业，做大做强纺织服装、日化用品、陶瓷制品等产业，丰富品种、提升品质、创建品牌、拓展市场。能源产业，加快发展页岩气等新能源，提高现有能源开发利用效率。技术服务业，重点发展工业设计、检验检测等科技服务业，培育壮大软件产业、工业互联网服务等信息服务业，为制造业发展赋能。农副产品加工产业，壮大肉禽制品、粮油制品等大宗产品规模，提升调味制品、果蔬饮料等特色产品档次，提高农副产品资源工业化生产水平。

增强制造业技术创新能力。坚持以科技创新引领产业升级，研究出台专项实施方案，加快完善制造业技术创新体系。深化产教融合，推进高校院所学科建设、科学研究与重点产业发展有机结合，强化产学研协同创新。加快制造业创新中心建设，高水平建设集成电路特色工艺及封装测试、机器视觉等市级制造业创新中心，积极创建智能网联汽车、工业大数据等国家制造业创新中心。鼓励企业设立研发机构，新建企业技术中心、工业设计中心、工业和信息化重点实验室等市级企业研发机构120家以上，提升规上工业企业研发投入强度。

促进军民融合深度发展。聚焦军工主业、军转民、民参军三大领域，深化与军工央企集团战略合作，加快创建国家军民融合创新示范区。抓好军民融合产业发展，围绕汽车、电子信息、装备制造等传统领域和生物、新能源、新材料等新兴领域，推进布局集聚化、企业集群化、产品和技术集成化。抓好军民融合科技创新，实施科技军民融合重点专项，加强关键技术协同攻关，推动人工智能等重点领域科技军民融合。抓好重大项目重大工程，加快全球低轨卫星移动通信、深科技智能制造、重庆交通大学绿色航空技术研究院等项目建设，提升军民融合发展整体实力。

（四）持续扩大有效需求，为经济平稳运行提供有力支撑。发挥消费对经济发展的基础性作用、投资对优化供给结构的关键性作用，进一步释放内需外需潜力

拓展消费需求。实施消费升级行动计划，推进消费平台转型升级，壮大限额以上商贸企业，创建国际消费中心城市。培育消费新业态新模式，稳定汽车、百货消费，发展服务消费、健康消费、绿色消费、信息消费，完善进口商品分销体系，做大网络零售规模。切实增加居民收入，落实个人所得税专项附加扣除等政策，研究制定促进居民收入稳步增长的相关政策，增强市民消费能力。

扩大有效投资。加强重大基础设施投资，用好国家补短板政策，重点推动一批高铁、城市轨道、高速公路、水利、航空等基础设施项目，加强工业互联网、物联网等新型基础设施建设，提速三峡后续规划项目建设。加强工业投资，加大招商引资力度，狠抓项目落地，实施重大技术改造升级工程，力争工业投资增长10%，技改投入占比达到40%。加强公共服务投资，加大学前教育、健康、养老等投入力度，加快补齐农村公共服务设施短板，强化自然灾害防治能力建设。激活民间投资，健全吸引民间投资重点项目库，鼓励民间资本参与PPP项目。争取更多地方政府专项债券，加强政银企对接，保障重大项目资金需求。

促进外贸外资稳定增长。拓展多元化市场，稳定美国市场，深耕欧盟、东盟、日韩等传统市场，拓展“一带一路”沿线国家和南美、非洲等新兴市场，支持企业布局海外生产和营销服务网

络。优化外贸结构，巩固通用机械、汽摩零部件等传统产品出口，扩大智能终端、高端装备等出口，做优一般贸易、加工贸易，做大总部贸易、转口贸易，丰富“保税 +”产业体系。鼓励企业进口先进技术设备、关键零部件、重要资源性产品和紧俏消费品。扩大双向投资，吸引外商直接投资，用好人民币海外基金业务试点政策，支持有实力的企业“走出去”。

发展现代服务业。推动生产性服务业向专业化、中高端拓展，促进生活性服务业向精细化、高品质转变。增强金融集聚辐射功能，大力发展普惠金融、消费金融、绿色金融、物流金融，提升解放碑金融集聚区功能，加快推进江北嘴金融核心区建设。增强现代物流功能，引进国际国内物流龙头企业和综合物流服务集成商，发展供应链管理、物流总部经济、航运衍生服务等高端业态。增强商务会展功能，办好智博会、西洽会、军洽会、支洽会、中新金融峰会、重庆国际人才洽谈会，做大做强会展经济。增强旅游服务功能，深化文旅融合，打好三峡、山城、人文、温泉、乡村“五张牌”，构建长江三峡国际旅游、都市旅游、民俗文化生态旅游、世界温泉谷等项目集群，力争旅游总收入增长 30% 以上。

（五）持续实施科教兴市和人才强市行动计划，以创新驱动高质量发展。抓创新就是抓发展，谋创新就是谋未来。要坚持把人才作为第一资源，把创新作为第一动力，加快完善区域科技创新体系

推动创新平台升级。高标准规划建设重庆科学城，联动国家自主创新示范区、两江协同创新区，打造西部创新资源集聚地。深化开发区体制机制改革，向高新区、经开区下放市级管理权限，优化财政分享政策，探索推进重庆高新区“一区多园”模式。引导各类开发区创新发展，加快向创新型园区转型，努力建设创新驱动、高质量发展示范区。

壮大高端创新主体。以“双一流”建设带动高等教育整体提升，支持在渝高校与国内外知名高校院所合作，建设一批高水平大学和优势特色学科，提升高等教育服务发展、引领未来的能力。加快科技基础设施建设，积极谋划大科学装置，创建 2—3 个国家重点实验室和国家技术创新中心，引进更多国家级科技创新基地在重庆布局。大力培育科技企业，力争高新技术企业数量增长 20%，科技型企业数量增长 35%。

优化创新生态环境。提高研发投入强度，出台激励创新政策，通过压缩市和区县两级财政一般性支出，新增 10 亿元支持科技创新，采取投资补助、重大项目奖励、政府购买等方式，引导企业、高校、院所增加研发投入，全社会研发经费支出占比达到 2% 以上。完善科技金融服务，壮大创投规模，推进科技型企业知识价值信用贷款扩面放量。抢抓“科创板 + 注册制”机遇，加快推动科技企业上市。促进科技成果转化和产业化，深化科技成果使用权、处置权和收益权改革，完善以增加知识价值为导向的分配政策。依托重庆大学、西南大学等高校，建设环大学创新生态圈。实施“重庆英才计划”，完善“一站式”人才服务政策，加快引育一流科学家、学科领军人才、产业技术人才和高水平创新团队，让创新人才立住脚、留住心、扎下根！

（六）持续实施内陆开放高地建设行动计划，以开放带动高质量发展。积极融入“一带一路”建设和长江经济带发展，推动全方位开放，加快培育内陆开放新优势

增强通道辐射能力。统筹东西南北四个方向、铁公水空四种方式，高标准建设出市出海出境大通道，构建内陆国际物流枢纽支撑。南向，加快中新互联互通项目“陆海新通道”建设，联

动沿线省区打造重庆运营中心、运营平台和物流枢纽。西向，完善中欧班列（重庆）功能和网络体系，新增一批境内外集结分拨点。增开中亚班列。东向，加密渝甬铁海联运班列，推动落实长江黄金水道优先过闸机制。北向，做好“渝满俄”班列常态化开行。空中，大力发展基地航空，以国际直达为重点优化航线网络，力争新开通 10 条国际航线。完善多式联运体系，促进各类开放通道互联互通。

提升开放平台能级。推动各类开放平台功能协同、通关协同、政策协同、监管协同，增强资源集聚能力，强化招商引资，壮大开放主体，支撑全市发展。两江新区，要深化服务贸易创新发展试点，建设保税商圈、邮轮母港和国际合作中心。中新互联互通项目，要加快推进中新金融科技示范区、航空产业园、国际数据通道等标志性项目，形成更多可视性成果。自贸试验区，要按照商品和要素流动型开放向规则等制度型开放转变的要求，加快探索陆上贸易规则，争取更多金融开放试点政策落地。

强化口岸支撑功能。优化口岸布局，重庆港水运口岸扩大开放至果园港区，推动万州机场口岸开放。改进口岸服务，深化国际国内通关协作，拓展国际贸易“单一窗口”功能，推进智慧口岸建设。发展口岸经济，打造内陆国际物流分拨中心，探索建立面向全球市场的采购贸易基地，加快建设“产业 + 跨境电商”特色园区和国家临空经济示范区。

（七）持续实施乡村振兴战略行动计划，巩固发展农业农村好形势。精准落实“五个振兴”要求，加快促进农业全面升级、农村全面进步、农民全面发展

发展山地特色高效农业。深化农业供给侧结构性改革，实施“十百千”工程，促进农业“接二连三”。着力调结构，稳定粮食产能，重点发展柑橘、榨菜、柠檬、中药材、茶叶等特色高效产业，建设一批现代农业产业园区。着力创品牌，加强品种品质品牌建设，培育以“巴味渝珍”为重点的特色农业品牌。着力促融合，做大做强农产品加工，做优做精乡村旅游，大力发展农村电商，扩大农产品外贸，推动农业全产业链升级。

促进城乡要素双向流动。完善“引进”和“留住”人才机制，鼓励企业家、技能人才、农民工返乡投资兴业，加快培育农业龙头企业和新型职业农民。深化农村集体产权制度改革，推进农村承包地、宅基地“三权”分置改革，完善“地票”“林票”制度，扩大农村“三变”改革试点，减少 2500 个村级集体经济“空壳村”。鼓励和规范工商资本参与乡村振兴，深化农业项目财政补助资金股权化改革，推进“三社”融合发展试点，完善利益联结机制，让农民分享产业发展收益。

改善农村人居环境。编制多规合一的乡村规划，建设精致县城、大美乡村。实施“五沿带动、全域整治”行动，扎实推进农村人居环境整治，建设 2.4 万公里“四好农村路”，改造 3 万户农村危房、37.5 万户卫生厕所，强化农村垃圾污水、面源污染治理和农业生产废弃物资源化利用，探索建立长效管护机制。加强农村公共文化建设，保护传承优秀传统文化，引导村民养成良好文明和卫生习惯。建设平安乡村，促进乡村善治，让广袤农村成为记得住乡愁的美丽家园！

（八）持续实施城市提升行动计划，努力实现城市让生活更美好。贯彻“一尊重五统筹”要求，聚焦国际化、绿色化、智能化、人文化，加快提升城市经济品质、人文品质、生态品质、生活品质

构建分类指导的区域协同发展格局。完成国

土空间规划编制，制定建立区域协调发展新机制的实施方案，出台加快推动现代化都市圈建设意见，完善分片区协同发展机制和政策，促进产业协同发展、基础设施互联互通、公共服务共建共享。主城区和渝西片区，突出培育现代产业体系和壮大城市经济，建设展现重庆历史文化名城、山清水秀美丽之地的“窗口”，加快形成更具活力、更有魅力的现代化都市圈；渝东北片区，紧扣筑牢长江上游重要生态屏障目标，推动资源优势、品牌优势、产业优势转化为发展优势，建设长江经济带生态优先绿色发展示范区；渝东南片区，突出民俗和生态优势，重点发展山地特色高效农业、民俗文化生态旅游和特色资源绿色加工产业，建设武陵山区特色生态经济走廊。深化成渝城市群合作，促进区域一体化发展。

构建以交通为重点的网络型基础设施体系。坚持以轨道交通引领城市发展格局，推动高铁、市域铁路、城市轨道交通“三铁”融合，畅通交通大动脉。加快建设“米”字形高铁网。按照“五年全开工、十年全建成”目标，实施高铁建设五年行动方案，力争开工渝万高铁、渝西高铁、渝昆高铁重庆枢纽段，推进郑万高铁、渝湘高铁主城至黔江段、重庆东站建设，加快渝汉、渝贵、兰渝、成渝中线高铁、渝湘高铁黔江至秀山段等前期工作，实施重庆站、重庆北站南广场、老成渝铁路改造工程，推进万州北站高铁枢纽规划建设。加快城市轨道交通建设。按照“中心加密、两槽提速、两翼联通、外围辐射”思路，实施城市轨道交通成网计划，提速城市轨道交通二期、三期等208公里在建项目，启动城市轨道交通四期项目，开工璧山至铜梁线，推进城市轨道交通TOD项目，2022年实现运营和在建里程“850+”。加快建设国际航空枢纽。力争开工江北国际机场T3B航站楼和第四跑道，统筹规划第二枢纽机场和货运机场，加快万州、黔江机场改扩建和武隆机场建设，投用巫山机场、永川大安通用机场。加快建设国家公路运输枢纽。提速推进18条高速公路建设，开工建设渝遂扩能、渝湘扩能、奉节至建始等项目，建成潼南至荣昌高速公路。启动3300公里普通干线公路改造。推进跨江大桥和穿山隧道建设。加快完善城市路网。加密次支路，打通断头路，强化公交和轨道站点接驳换乘，持续缓堵保畅。加快完善信息网、能源网、水利网。推动农村4G网络全覆盖，支持5G通信网建设和商用试点。推动西北电、三峡电入渝和川渝电联网，完善“四环二射”市域输气干网。推进渝西水资源配置工程，优化主城区水厂布局，加强农村水源工程建设，完善供水安全保障体系。

推进以“两江四岸”为主轴的城市有机更新。按照“点上点靓、线上贯通、面上提升”思路，高水平打造“百公里两江四岸”。加快环朝天门片区、九龙半岛、钓鱼嘴半岛和礼嘉半岛保护开发，推动广阳岛建设“长江风景眼、重庆生态岛”。实施主城区“清水绿岸”工程。强化“四山”保护利用，规划建设城市山地生态公园。谋划布局一批城市功能设施。建设一批山城步道，推进无障碍设施建设，探索开行有轨电车、水上巴士。实施解放碑步行街改造提升试点项目，推动磁器口古镇提质扩容，保护修缮十八梯、金刚碑等历史文化和传统风貌街区。

促进城市管理精细化、智能化、人性化。深化大城细管、大城智管、大城众管，推动“马路办公”常态化、机制化。健全城市管理法规和标准体系，实施城市综合管理七大工程。完善智慧城管综合平台，建设智慧城管示范项目。健全公众参与机制，推动城市管理重心下移。持续提升城市品质，努力实现干净整洁有序、山清水秀城美、宜业宜居宜游！

（九）持续实施生态优先绿色发展行动计划，加快建设山清水秀美丽之地。学好用好绿水青山就是金山银山“两山论”，走深走实产业生态化、生态产业化“两化路”

加强生态保护修复。深入实施国土绿化提升行动，完成营造林600万亩以上，推动500万亩国家储备林建设。加快国家重点省市地质灾害综合防治体系建设，实施三峡库区消落区治理。推进国家山水林田湖草生态保护修复工程试点，加快建设生物多样性示范区。彻底清理整治自然保护区生态破坏和农地非农化问题，还自然以宁静、和谐、美丽。

推进产业生态化、生态产业化。加快发展生态农业、生态旅游、生态康养等绿色产业，壮大节能环保、清洁生产、清洁能源产业，培育绿色低碳新增长点。推行绿色建筑，发展装配式建筑。实施生活垃圾分类处理。开展生态文明宣传教育，倡导勤俭节约、绿色低碳、文明健康的生活方式。

深化生态监管体制改革。推进全民所有自然资源资产管理和自然生态监管体制改革，建立自然资源确权登记体系。严格执行重点生态功能区产业准入负面清单，建立以排污许可证为核心的污染源管理体系。完善生态补偿机制。落实能源资源消耗总量和强度“双控”目标责任，强化党政领导干部自然资源资产离任审计、生态环境损害责任追究制度，让生态红线成为不可触碰的“高压线”。

（十）持续实施保障和改善民生行动计划，努力创造高品质生活。坚持尽力而为、量力而行，切实办好民生实事，不断增进民生福祉

做好就业服务和社会保障。实施更加积极的就业政策，多渠道提供职业培训和就业服务。制定推进新时代重庆产业工人队伍建设改革实施意见，办好“一带一路”国际技能大赛。完善多层次养老保险体系。深化医保支付方式改革，强化医保基金监管。稳步提高城乡低保、困难残疾人生活补贴标准，开展社会救助综合改革试点。关爱孤残儿童、留守儿童和困境儿童。完善养老服务体系，推进医养结合，让老年人健健康康有尊严、舒舒服服有品质！

推动教育高质量发展。编制实施《重庆教育现代化2035》。提高幼儿园普惠率，推进义务教育发展基本均衡区县全覆盖，积极消除城镇学校大班额，清理规范校外培训机构。鼓励普通高中多样化特色化发展，稳妥推进考试招生改革工作。推动高等教育内涵式发展。强化职业教育“双师型”“双证制”“双基地”人才培养。分类发展民办教育。健全教育评价评估体系。开展教师“县管校聘”和校长职级制试点，实施名校长名教师工程，建设高素质专业化教师队伍。

持续实施健康工程。落实“健康中国人行动计划”。深化医药卫生体制改革，健全现代医院管理制度，建设紧密型医共体，完善基层医疗卫生服务体系。加强医学人才培养。健全疫苗监管制度。实施母婴安全、健康儿童行动计划。推动中医药事业发展。完善体育设施，努力创建体育强市。

扎实推进文化建设。深入实施公民道德建设工程，培育和弘扬社会主义核心价值观。开工青少年活动中心等重点项目，改造提升基层综合文化服务中心，开展文化惠民活动，倡导全民阅读。创建国家级文化产业园区，培育新型文化业态。加强文艺精品创作。繁荣哲学社会科学。强化重点文物保护，启动非遗博览园建设，提升工业博物馆品质。挖掘巴渝文化、三峡文化、抗战文化、统战文化和红岩精神内涵，延续城市文脉，讲好重庆故事，让优秀历史文化活在当下、服务当代！

加强和创新社会治理。坚持共建共治共享，扎实开展“枫桥经验”重庆实践十项行动，加快构建富有活力和效率的新型基层社会治理体系。

加强基层民主建设，强化社区网格化服务管理，为居民提供精准化、精细化服务。完善立体化、信息化社会治安防控体系，开展公共交通、校园安全、食品药品等领域专项治理，巩固扫黑除恶专项斗争成果。健全社会心理服务体系和疏导机制、危机干预机制，塑造自尊自信、理性平和、亲善友爱的社会心态。健全应急管理机制，严格落实安全生产责任，持续开展大排查大整治大执法，严防重特大安全事故发生。改革和创新信访工作。做好“七五”普法工作。加强国防动员和后备力量建设，建立退役军人事务工作体系，做好优抚安置双拥工作，谱写军政军民团结新篇章。

三、切实加强政府自身建设

打铁必须自身硬。我们要坚持以政治建设为统领，以法治建设为保障，以作风建设为抓手，加快转变政府职能，着力提升行政效能。

坚定理想信念，对党绝对忠诚。深学笃用习近平新时代中国特色社会主义思想，树牢“四个意识”，坚定“四个自信”，坚决做到“两个维护”。深入开展“不忘初心、牢记使命”主题教育。扎实开展贯彻落实习近平总书记对重庆所作重要讲话和系列重要指示批示精神“回头看”，不折不扣贯彻中央大政方针和市委决策部署，以实际行动兑现市委“三个确保”政治承诺。落实民主集中制，严格执行请示报告制度。坚决肃清孙政才恶劣影响和薄熙来、王立军流毒，推动政治生态持续向好。

严格依法行政，规范高效履职。做好市级机构改革后续工作，完成区县机构改革，依照法定权限和法定程序履行职责。深化综合行政执法改革，严格规范公正文明执法。认真执行人大及其常委会决议决定，积极支持人民政协履行职责。自觉接受人大监督、政协监督、监察监督、司法监督和社会监督，让权力在阳光下运行。

强化学习提能，练就过硬本领。加强知识更新、能力培训、实践锻炼，争当各领域行家里手。提升学习能力，养成坚持学习、深入调研的习惯，在学习和实践中增强本领。提升执行能力，凡是承诺的事情，都要清单化管理、项目化推进、精细化落实。提升创新能力，善于用大数据智能化改进政府服务、用改革创新思维破解发展难题。面对各种困难和挑战，要保持斗争精神，增强斗争本领，敏于发现问题，敢于面对问题，善于化解问题，成于解决问题。

切实转变作风，勇于担当作为。严格落实中央八项规定精神和市委实施意见，集中整治形式主义、官僚主义，坚决纠正表态多调门高、行动少落实差的行为，坚决整肃不作为、慢作为。建立健全正向激励和容错纠错机制，鼓励创造性贯彻落实。建设节约型机关，严控“三公”经费，倡导过紧日子。加强政府诚信建设。做好第四次经济普查。强化对标管理，改进督查工作，倡导比学赶超，让勇于担当成为习惯，让奋勇争先成为常态。

坚持廉洁从政，永葆清廉本色。严格落实全面从严治党主体责任，强化审计监督和廉政风险防控。深入开展“以案四说”警示教育。聚焦脱贫攻坚、生态环保、惠民政策落实等重点领域，严查群众身边的腐败问题。政府工作人员是人民公仆，要讲政德，明大德、守公德、严私德，多积尺寸之功，筑牢拒腐防变的思想道德防线，永葆为民务实清廉的政治本色。

各位代表！伟大时代充满创造，赢得未来唯有奋斗。让我们更加紧密团结在以习近平同志为核心的党中央周围，在中共重庆市委坚强领导下，团结一致、沉心静气，以山城人民的真抓实劲、敢抓狠劲、善抓巧劲、常抓韧劲，推动既定的行动纲领、战略决策、工作部署兑现，以优异成绩庆祝中华人民共和国成立70周年！

关于重庆市 2018 年国民经济和社会发展计划执行情况及 2019 年计划草案的报告

——2019 年 1 月 27 日在重庆市第五届人民代表大会第二次会议上

重庆市发展和改革委员会　熊雪

各位代表：

受市人民政府委托，现将 2018 年国民经济和社会发展计划执行情况及 2019 年计划草案提请大会审查，并请各位政协委员提出意见。

一、2018 年国民经济和社会发展计划执行情况

2018 年，全市上下全面贯彻习近平新时代中国特色社会主义思想和党的十九大精神，全面落实习近平总书记对重庆提出的“两点”定位、“两地”“两高”目标和营造良好政治生态、做到“四个扎实”的重要指示要求，坚持稳中求进工作总基调，聚焦高质量、供给侧、智能化，坚决打好“三大攻坚战”，谋划实施“八项行动计划”，坚决肃清孙政才恶劣影响和薄熙来、王立军流毒，统筹推进稳增长、促改革、调结构、惠民生、防风险工作，保持了经济持续健康发展和社会大局稳定。地区生产总值突破 2 万亿元、增长 6%，经济社会发展稳的格局在巩固、进的动力在增强、好的势头在显现，高质量发展态势正在形成。

——经济运行总体平稳，增速保持在合理区间。三次产业生产形势基本稳定，工业经济缓中趋稳，服务业增加值增长 9.1%，第一产业增加值增长 4.4%。就业稳，新增城镇就业 75.3 万人，超额完成预期目标，城镇调查失业率保持在 4.7% 左右。金融稳，新增社会融资规模 5000 亿元，银行业不良率、小贷不良率、融资担保代偿率低于全国平均水平，金融风险总体基本可控。外贸稳，进出口总值增长 15.9%。外资稳，外商直接投资增长 43.8%，实际利用外资 102.7 亿美元。投资稳，固定资产投资增长 7%。预期稳，新登记市场主体 41.2 万户，民营企业发展信心不断增强。

——新旧动能加速转换，积极因素不断积

累。产业结构持续优化，大数据智能化创新发展提速，智能产业销售收入达到4640亿元、增长19.2%，战略性新兴制造业、高技术产业增加值分别增长13.1%、13.7%。旅游经济持续高位运行，全市旅游总收入增长31%，乡村旅游综合收入和农村电商网络零售额分别增长32%和21.3%。

——质量效益不断提升，社会民生持续向好。12万贫困人口脱贫，石柱、奉节达到脱贫摘帽标准，贫困发生率降至0.7%。15件民生实事年度任务如期完成。城乡养老保险、医疗保险参保率巩固在95%以上。主城区空气质量优良天数达到316天，PM2.5平均浓度同比下降11.1%。长江干流重庆段水质总体为优，国家考核的42个断面水质达到国家年度目标。税收结构持续优化，非税收入占比降至30%以下。全体居民人均可支配收入增长9.2%，快于经济增速。

市五届人大一次会议批准的《关于重庆市2017年国民经济和社会发展计划执行情况及2018年计划草案的报告》明确的28个指标中，单位地区生产总值二氧化碳排放等7个约束性指标有望全部完成，地区生产总值增速、规上工业增加值增速、战略性新兴制造业增加值增速、社会消费品零售总额增速、固定资产投资增速、规上工业企业利润增速、高技术产业增加值占工业比重等7个预期性指标与预期目标相差较大（详见表1）。2018年计划确定的840余个重大项目和事项，整体完成率达到80%以上。轨道交通四号线一期、环线一期东北半环、江津至习水高速公路（重庆段）等一批项目建成投运，渝湘高铁主城至黔江段及重庆东站、渝西水资源配置工程试验段油德隧道工程等一批项目开工建设；轨道交通第三轮建设规划、乌江白马电航枢纽等一批项目获批。万国半导体、金康新能源汽车、中光电产业园一期、惠科8.6代线等一批项目投产；航空钛合金、鑫景玻璃、重庆神华铜铟镓硒薄膜太阳能电池项目（一期）等一批项目超额完成年度投资计划。主城区路桥通行费征收改革、公共停车场和步行系统建设、老旧居民住宅用水提质工程等重点民生实事超额完成年度任务。

表1 2018年国民经济和社会发展计划主要指标预期目标完成情况

序号	指标名称	2018年预期	2018年实际
1	地区生产总值增速（%）	8.5左右	6
2	规上工业增加值增速（%）	9左右	0.5
3	战略性新兴制造业增加值增速（%）	25左右	13.1
4	高技术产业增加值占工业比重（%）	20	18
5	规上工业全员劳动生产率（万元/人年）	33	32.8
6	科技进步贡献率（%）	55左右	56.5
7	规上工业企业利润增速（%）	15左右	-8
8	服务业增加值增速（%）	9以上	9.1
9	文化产业增加值占地区生产总值比重（%）	3.5左右	3.2
10	固定资产投资增速（%）	9左右	7
	其中：民间投资增速	11左右	12.8
11	社会消费品零售总额增速（%）	9.5左右	8.7
12	进出口总值增速（%）	8.5左右	15.9

续表

序号	指标名称	2018 年预期	2018 年实际
13	服务贸易增速（%）	20 左右	20.7
14	实际使用外资（亿美元）	100 以上	102.7
15	全社会研发经费支出占地区生产总值比重（%）	1.95 左右	1.95（预计）
16	非公经济增加值占地区生产总值比重（%）	61 以上	61.3
	其中：民营经济占比	51 以上	50.6
17	一般公共预算收入增速（%）	1 左右	0.6
	其中：税收增速	8.5 左右	8.6
18	全体居民人均可支配收入增速（%）	8.5 左右	9.2
	其中：农村居民人均可支配收入增速	9 左右	9
19	主城区空气质量优良天数（天）*	300 以上	316
20	森林覆盖率（%）*	46 以上	48（预计）
21	能源消耗总量增速（%）*	4.5	预计能够完成
22	单位地区生产总值能耗下降（%）*	2.5 ▽	预计能够完成
23	单位地区生产总值二氧化碳排放下降（%）*	2.6 ▽	预计能够完成
24	主要污染物排放总量减少（%）*		
	# 化学需氧量（%）	5.61 ▽	预计能够完成
	# 二氧化硫（%）	16.1 ▽	预计能够完成
	# 氨氮（%）	5.08 ▽	预计能够完成
	# 氮氧化物（%）	11.2 ▽	预计能够完成
25	减少农村贫困人口（万人）*	10	12
26	新增城镇就业（万人）	65 以上	75.3
27	城镇登记失业率（%）	4 以内	3.3
	城镇调查失业率（%）	5.5 以内	4.7 左右
28	居民消费价格指数（%）	103 以内	102

注：1. “*” 为约束性指标，其他为预期性指标。

2. “▽” 为预期下降目标，以国家复核数为准。

3. 主要污染物排放总量减少（%）的基期是 2015 年，即表中下降百分比为 2018 年水平与 2015 年水平相比较的结果。

4. 经市五届人大常委会第三次和第七次会议审查批准，2018 年市级一般公共预算因城市建设配套费转列至政府基金预算反映，收入预期相应调减，各区县也就配套费转列等因素调减预算，全市收入预算作相应变动。

地区生产总值增速、规上工业增加值增速等指标与预期目标差距较大，主要原因有三方面：一是周期性市场变化所致。部分支柱产业市场进入饱和期，“天花板”效应显现，我市以中低端产品为主的汽车、电子信息等产业及相关企业受到冲击。二是长期积累的结构性矛盾所致。传统产业亟待升级，新兴产业发展不足，战略性新兴制造业占规上工业增加值比重不到 1/4；中低端产品和服务供大于求，高端产品和服务供不应求；投资拉动、传统要素驱动效应递减，新动力支撑不足。三是体制机制不完善所致。国有企业经营管理体制改革有待进一步深化，民营经济发展环境有待进一步优化，科技创新成果的转化渠道有待进一步畅通。尽管去年我市经济发展面临的宏观环境更为严峻复杂，部分经济指标增速在下行，但我们深刻认识“转”的客观性和必然性，坚决克服“速度情结”和“换挡焦虑”，坚决防止低水平重复、弄虚作假等现象，保持定力、精准发力，按照高质量发展要求，坚定不移推进产业转型升级，坚定不移深化改革开放，高质量发展态势在上行。一年来重点抓了以下工作：

（一）着眼积蓄动力，加快推进产业转型升级

对标对表建设现代化经济体系要求，以大数据智能化为引领，着力发展制造业，做强工业基础，提升现代服务业发展水平，推动农业特色化发展。一是壮大工业基础。制定实施以大数据智能化为引领的创新驱动发展战略行动计划，出台支持集成电路、新能源及智能网联汽车、工业互联网等产业发展专项政策，加速聚集 12 大智能产业。开工京东方 6 代柔性面板生产线、SK 海力士二期等 54 个亿元以上项目，投达产 118 个亿元以上项目。加快传统产业转型升级，实施 203 家企业智能化改造，推动工业投资增长 7.3%，其中技改投资占工业投资比重提高到 39.7%。页岩气建成百亿立方产能。全面推进大数据智能化应用发展，产业融合、政府管理、民生服务、公共产品、社会治理等 5 大板块 33 个领域的 80 项重点智能化应用专项有序推进，智能政务等十大优先行动扎实推进，建成 100 个智慧校园、10 家智慧医院、600 个智慧工地。二是以现代服务业为重点促进服务业提质。深入开展质量提升、标准化和知识产权服务业发展专项行动。召开全市旅游发展大会，发布“行千里 · 致广大”全新城市形象宣传片，唱响“山水之城 · 美丽之地”旅游品牌，连续两年成为世界旅游业理事会公布的全球旅游增长最快城市。培育壮大现代金融业，提升金融服务实体经济能力，金融业增加值增长 6.9%。以集聚示范区为载体，积极发展现代物流、软件信息等服务业。贯彻落实国家关于完善消费体制机制进一步激发居民消费潜力的工作部署，稳住汽车、家电等实物消费，培育住宿餐饮、教育、文化娱乐、家庭服务、健康养老等服务消费，培育新产业新业态新模式，着力缩小网络销售逆差。三是深入推进农业供给侧结构性改革。开展 1250 万亩“两区”划定工作，新增农林特色产业 166 万亩，“巴味渝珍”品牌首批授权产品 438 个，切实加强非洲猪瘟防控。

（二）着眼激发活力，持续推进改革创新工作

围绕优化经济发展动力结构，一手抓改革，一手抓创新，不断增强微观主体活力。一是支持民营经济发展。召开全市民营经济大会和民营企业座谈会，扎实开展集中走访精准服务民营企业活动，出台优化营商环境促进民营经济发展意见和进一步营造企业家健康成长环境弘扬优秀企业家精神更好发挥企业家作用实施意见，促进民营经济发展。二是降低实体经济负担。出台“支持实体经济企业 18 条”政策措施，修订“涉企减负 30 条”，推出“制造业降本 36 条”和“银行业支持实体经济发展 20 条”等政策措施，切实降低企业成本，有力提振企业发展信心。三是破除无效供给。化解船舶过剩产能 5 万载重吨，压减国有煤矿产能 87 万吨，规上工业企业资产负债率进一步降低。坚持底线思维，坚决打好防范化解重大风险攻坚战，重点整治非法集资、互联网金融等 6 大领域风险，严守债务管控底线，各类风险总体可控。四是扎实推进以综合经济体制改革为重点的各类改革。深入推进“放管服”改革，打造“全渝通办”，“渝快办”正式上线，加快电力油气能源、投融资体制、商事制度等改革，纵深推进国企国资改革，推动区县平台公司

实体化转型，稳步推进国有企业、事业单位公车改革。加快社会信用体系建设，持续推动守信联合激励和失信联合惩戒。积极推进政务信息资源共享、工程建设项目审批制度改革、知识价值信用贷款、市场准入负面清单制度等一批试点任务。五是深入推进以科技创新为核心的全面创新。新增科技型企业 4301 家，引进中国科学院大学、中国工程院等国内外知名高校和科研院所 24 家，新增千人计划、万人计划等高层次人才 237 名，柔性引进“两院院士”61 名。重医附属儿童医院成功申报并获批我市首个国家临床医学研究中心，荣昌、永川获批国家级高新区，铜梁、酉阳获批创建国家农业科技园区。启动建设重庆大学、西南大学、重庆医科大学、重庆邮电大学、重庆师范大学、重庆文理学院等 6 个环大学创新生态圈，统筹推进两江新区等 3 个国家双创示范基地建设。出台军民融合发展战略行动计划及科教兴市和人才强市行动计划，设立首期规模 10 亿元的重庆军民融合创投基金和首期规模 30 亿元的军民融合产业引导股权基金，加快推进与 11 大军工集团达成合作项目 50 个。成功举办第十三届重庆高交会暨第九届军博会，签约合作项目 483 个。成功举办“2018 重庆国际人才创新创业洽谈会”，正式签约引进人才 268 人、落地项目 163 个，持续改善创新生态。

（三）着眼提升辐射力，积极构建全面开放新格局

深度融入“一带一路”建设、长江经济带发展和西部大开发，以开放倒逼改革，以高水平开放促进高质量发展，做长板补短板，加快建设内陆开放高地。一是拓展开放通道。推动中新互联互通项目“陆海新通道”建设，“渝黔桂新”铁海联运班列累计开行 657 班，东盟班车开行超过 500 班次。中欧班列（重庆）开行超过 1000 班。增开全货机航线，江北机场旅客吞吐量达到 4160 万人次，国际航线增至 82 条。二是壮大开放平台。高标准推进两江新区、中新互联互通项目、重庆自贸试验区等重点平台建设，引领带动各级各类开发区创新发展。江津综合保税区封关运行，涪陵综合保税区、果园保税物流中心（B 型）成功获批。重庆石油天然气交易中心正式上线运营。三是做强开放型经济。突出抓好“重庆造”一般贸易，稳步发展加工贸易，加工贸易增长 26.9%。打造一批服务贸易、服务外包集聚区，服务贸易增长 20.7%。大力引进外贸龙头企业，培育壮大各类开放主体，积极创建外贸转型升级示范基地，与“一带一路”沿线国家和地区进出口总额超过 1200 亿元。四是完善开放政策机制。落实国家外资准入负面清单和自贸试验区负面清单，进一步放宽市场准入限制，推进口岸提效降费，整体通关时间压缩 50% 以上，口岸集装箱进出口环节合规成本降低 100 美元以上，加快打造法治化国际化便利化营商环境。五是加强区域合作和招商引资。与中船重工等央企签订战略合作协议，事项化、项目化推进川渝、渝黔合作。招商引资新签约项目 1479 个、合同金额约 3 万亿元，共落地项目 553 个、协议投资额超过 1 万亿元。成功举办首届智博会，签约重大项目 501 个、合同金额达 6120 亿元，已落地重大项目 97 个。与土耳其伊斯坦布尔市等“一带一路”沿线国家 14 个省州市建立友好城市关系。

（四）着眼增强魅力，建设山清水秀美丽之地

坚持生态优先、绿色发展，突出乡村振兴和城市提升两大基本面融合发展，强化上游意识，担起上游责任，建设山清水秀美丽之地。一是大力实施乡村振兴战略。启动 71 个重点项目建设，稳妥推进“三变”改革试点，38 个试点村 7 万多农民变股东，深化农村集体产权制度改革，推进

"大棚房"问题专项清理整治，启动农村人居环境整治三年行动，加快建设"大美乡村"。二是高标准制定实施城市提升行动计划。启动编制国土空间规划，加快推动"两江四岸"治理提升、"四山"综合整治、广阳岛长江生态文明创新实验区等重大专项工程。持续深化"马路办公"，推进大城细管、大城智管、大城众管，加快建设"精致县城"。有序推进新型城镇化，常住人口城镇化率达到65.5%，户籍人口城镇化率达到48.7%。三是扩大有效投资。在做大总量中优化结构，以百项重点关注项目为龙头，以城乡基础设施项目为重点，实施精准调度。有序有力推进711个市级重大项目，累计完成投资4128亿元。加大民生及社会事业领域投资，稳住房地产开发投资。四是加大生态建设和环境保护力度。召开深入推动长江经济带发展动员大会暨生态环境保护大会，形成"1+3"统分结合的绿色发展政策体系。与三峡集团签署坚持生态优先共推绿色发展战略合作框架协议，推动一批先行先试项目。全面推行河长制，探索"双总河长制"并被全国推广。探索建立生态环境损害赔偿制度和流域横向生态保护补偿机制。加强缙云山、水磨溪湿地等自然保护区问题整改。实施生态空间用途管制，划定生态保护红线。

（五）着眼精准发力，增强社会民生工作针对性

牢牢抓住全市人民最关心最直接最现实的利益问题，坚决打好精准脱贫攻坚战，深入实施保障和改善民生行动计划，实施15件民生实事。一是深入推进精准扶贫精准脱贫。着力解决影响"两不愁三保障"的突出问题，既扶智又扶志，超额完成年度脱贫目标任务。易地扶贫搬迁完成搬迁入住5.54万人。顺利推进鲁渝扶贫协作。完成18个深度贫困乡镇农网改造工程，助力脱贫攻坚。二是抓好就业工作。抓住重点群体就业这个关键，实施"就在山城""渝创渝新""技能兴业"三大行动，推动实现更高质量和更充分就业。三是推进学有所教。抓住学前教育这个"痛点"，大力实施幼有所育、学有所教等专项行动计划，出台主城区幼儿园和义务教育学校建设三年滚动计划，全年新增普惠性幼儿园691所、全市学前教育普惠率达到80%以上，义务教育发展基本均衡区县覆盖率达到95%，全市高校入学25.2万人。四是推进病有所医。抓住医疗卫生体制改革这个"难题"，深化公立医院综合改革，建成各类医联体188个，动态调整药品入市价格，1.6万个品规价格平均下调8.97%，83个进口药品价格平均降幅7.38%、最大降幅超过50%，53个国家谈判药品（含25个抗癌药）纳入医保报销。新增民营医疗机构54家。全面实施100个单病种收付费改革，实现职工医保和城乡居民医保异地就医住院医疗费用直接结算，164家医疗机构纳入全国异地就医结算平台。五是推进老有所养。抓住养老服务这个新兴需求，破除社会资本进入壁垒，着力解决养老用地难、运营难、用工难等问题，实施社区养老服务"千百工程"。城镇职工和城乡居民养老保险待遇稳步调增。城市低保标准、农村低保标准分别提高到546元/月、410元/月。全市最低工资标准上调300元/月。完成棚户区改造5.43万户。此外，抓实文化旅游体育惠民、安全生产、扫黑除恶、社会治安等工作，人民群众获得感、幸福感、安全感不断增强。

年度计划执行中面临的主要困难和问题：经济发展韧性不强、张力不够，产业结构较为单一，受汽车和电子信息产业影响波动大，发展质量效益还不高。企业创新能力偏弱，全市拥有研发机构的规模企业数占比不足20%。城乡区域发展差距较大，交通等基础设施互联互通水平有待

提高。资源环境约束趋紧，污染防治还需持续用力。改革措施系统集成有待加强，开放型经济新体制还需完善。脱贫攻坚任务依然艰巨，教育、医疗、养老、住房、安全等领域仍有不少短板。这些问题是前进中的问题，既有短期的也有长期的，既有周期性的也有结构性的。我们将抓住主要矛盾，有针对性地加以解决。

二、2019 年国民经济和社会发展计划总体考虑

2019 年是新中国成立 70 周年，是全面建成小康社会关键之年，做好全市经济社会发展各项工作意义重大。虽然今年我市经济发展面临的宏观环境更为严峻复杂，最大不确定因素是中美经贸摩擦，最大困难是经济下行压力加大，最大挑战是工业经济增长乏力，但也面临许多新的有利条件和发展机遇，特别是中央关于重要战略机遇期的判断和紧扣重要战略机遇期新内涵抓机遇用机遇的部署，为我们做好各项工作增强了信心、提供了遵循。当前的重庆，产业结构调整思路更加清晰，新旧动能加快转换，发展基础逐步夯实，政策措施不断落地见效，高质量发展体制机制正在完善。我们要抓住机遇、用好机遇，努力把机遇转化为项目实体，转化为民生福祉，实现高质量发展。

（一）总体要求

以习近平新时代中国特色社会主义思想为指导，全面贯彻党的十九大和十九届二中、三中全会精神，深入学习贯彻中央经济工作会议精神，紧紧围绕习近平总书记对重庆提出的“两点”定位、“两地”“两高”目标和营造良好政治生态、做到“四个扎实”的重要指示要求，统筹推进“五位一体”总体布局，协调推进“四个全面”战略布局，坚持稳中求进工作总基调，坚持新发展理念，坚持推动高质量发展，坚持以供给侧结构性改革为主线，坚持深化市场化改革、扩大高水平开放，加快建设现代化经济体系，继续打好“三大攻坚战”和实施“八项行动计划”，不断激发微观主体活力，统筹推进稳增长、促改革、调结构、惠民生、防风险工作，保持经济运行在合理区间，进一步稳就业、稳金融、稳外贸、稳外资、稳投资、稳预期，提振市场信心，增强人民群众获得感、幸福感、安全感，持续营造风清气正的良好政治生态，保持经济持续健康发展和社会大局稳定，为全面建成小康社会收官打下决定性基础，以优异成绩庆祝中华人民共和国成立 70 周年。

（二）主要发展目标

综合考虑高质量发展这一根本要求和决胜脱贫攻坚、决胜全面建成小康社会的需要，按照底线思维、把握主动的原则，综合分析 2019 年国内外经济形势、宏观政策取向和经济增长支撑因素，提出全市经济增长预期目标 6%。该目标考虑了当前发展环境、基础条件和潜力后劲，既符合高质量发展要求，又符合我市客观实际；既实事求是、正视困难，又坚定信心、稳定预期，有利于引导各方面集中精力推动质量变革、效率变革、动力变革，实现更高质量、更有效率、更加公平、更可持续的发展。从经济基本面、产业支撑条件和吸纳就业能力看，这一目标通过努力是能够实现的。

经济增长目标是预期性、导向性的，是积极的、稳妥的、可支撑的。与经济增长目标相衔接，对标高质量发展指标体系，结合“三大攻坚战”和“八项行动计划”目标管理体系要求，2019 年国民经济和社会发展计划指标具体涵盖发展综合质量效益以及创新、协调、绿色、开放、共享新发展理念等方面，充分体现高质量发展在

供给、需求、投入产出、分配、宏观经济循环等方面的特征。为此，设立32个主要指标，其中体现发展综合质量效益的指标8个，分别是地区生产总值增速、固定资产投资增速、社会消费品零售总额增速、规上工业全员劳动生产率、数字经济增加值增速、规上工业企业利润增速、非公经济增加值占地区生产总值比重、一般公共预算收入增速；体现创新发展的指标5个，分别是高技术产业增加值占工业比重、战略性新兴制造业增加值增速、科技进步贡献率、全社会研发经费支出占地区生产总值比重、新登记市场主体增速；体现协调发展的指标5个，分别是农业增加值增速、规上工业增加值增速、服务业增加值增速、文化产业增加值增速、常住人口城镇化率；体现绿色发展的指标6个，分别是能源消耗总量增速、单位地区生产总值能耗下降、单位地区生产总值二氧化碳排放下降、主要污染物排放总量减少、森林覆盖率、主城区空气质量优良天数；体现开放发展的指标3个，分别是进出口总值增速、服务贸易增速、实际利用外资；体现共享发展的指标5个，分别是全体居民人均可支配收入增速、减少农村贫困人口、新增城镇就业、城镇登记失业率和城镇调查失业率、居民消费价格指数。（详见表2）

需要说明的是，与2018年国民经济和社会发展计划指标相比，增加了农业增加值增速、新登记市场主体增速、数字经济增加值增速、常住人口城镇化率4个指标，目的是与国家高质量发展指标体系相衔接和更好满足我市推进大数据智能化发展的需要。

表2　2019年国民经济和社会发展计划草案

序号	指标名称	2019年预期
1	地区生产总值增速（%）	6
2	农业增加值增速（%）	4.5左右
3	规上工业增加值增速（%）	4左右
4	战略性新兴制造业增加值增速（%）	15左右
5	高技术产业增加值占工业比重（%）	20左右
6	数字经济增加值增速（%）	12左右
7	规上工业全员劳动生产率（万元/人年）	34左右
8	科技进步贡献率（%）	58左右
9	规上工业企业利润增速（%）	5左右
10	新登记市场主体增速（%）	14左右
	其中：市场主体净增长	6以上
11	服务业增加值增速（%）	8左右
12	文化产业增加值增速（%）	7左右
13	固定资产投资增速（%）	8左右
	其中：民间投资增速（%）	10左右
14	社会消费品零售总额增速（%）	7左右
15	进出口总值增速（%）	正增长
16	服务贸易增速（%）	15左右
17	实际使用外资（亿美元）	100以上

续表

序号	指标名称	2019 年预期
18	全社会研发经费支出占地区生产总值比重（%）	2 以上
19	非公经济增加值占地区生产总值比重（%）	62 以上
	其中：民营经济占比（%）	51 以上
20	一般公共预算收入增速（%）	3 左右
	其中：税收增速（%）	7 左右
21	全体居民人均可支配收入增速（%）	8 左右
	其中：农村居民人均可支配收入增速（%）	8.6 左右
22	主城区空气质量优良天数（天）*	300 以上
23	森林覆盖率（%）*	49 以上
24	能源消耗总量增速（%）*	4
25	单位地区生产总值能耗下降（%）*	1.2 ▽
26	单位地区生产总值二氧化碳排放下降（%）*	1.2 ▽
27	主要污染物排放总量减少（%）*	
	# 化学需氧量（%）	6.66 ▽
	# 二氧化硫（%）	17.71 ▽
	# 氨氮（%）	5.67 ▽
	# 氮氧化物（%）	14 ▽
28	减少农村贫困人口（万人）*	10
29	常住人口城镇化率（%）	65.3
30	新增城镇就业（万人）	60 以上
31	城镇登记失业率（%）	4 左右
	城镇调查失业率（%）	5.5 左右
32	居民消费价格指数（%）	103 左右

注：1. “*” 为约束性指标，其他为预期性指标。
2. 主要污染物排放总量减少目标（基期为 2015 年），以国家下达控制数为准。

（三）重大项目安排

安排 2019 年市级重大项目的基本原则：一是围绕打好“三大攻坚战”、实施“八项行动计划”等重大决策部署，着力安排落实各项重大战略的项目，切实强化重大项目对经济社会健康可持续发展的关键作用。二是聚焦基础设施领域短板，突出安排城市建设、交通、水利等重点领域基础设施建设项目，进一步增强基础设施对促进城乡和区域协调发展、改善民生等方面的支撑作用。三是以创新驱动引领产业转型升级，侧重安排掌握核心技术、代表行业未来发展方向的产业项目，推动产业高质量发展。四是实施乡村振兴战略，更多安排构建现代农业产业体系、生产体系、经营体系项目，提升农业现代化水平、激发农村经济活力。五是注重强化民生导向，重点安排公益性、非营利性和基础性公共服务设施项目建设，让公众享受更加公平、高效、优质、便捷的服务。六是注重统筹协调发展，统筹安排促进城乡协调发展、区域功能塑造项目，推动行业、区域、城乡协调发展。

2019年计划安排市级重大项目888个，包括年度建设项目712个，总投资20939亿元，年度投资3448亿元；重点前期准备项目176个，总投资8411亿元。年度建设项目具体分五类安排：重大基础设施项目279个，总投资10504亿元，年度计划投资1568亿元；重大产业项目273个，总投资5304亿元，年度计划投资834亿元；重大乡村振兴项目32个，总投资881亿元，年度计划投资165亿元；重大民生工程项目60个，总投资678亿元，年度计划投资375亿元；重大区域协调发展项目68个，总投资3572亿元，年度计划投资506亿元。

实现上述目标，要牢牢把握好新形势下经济工作规律，坚持党中央集中统一领导和市委工作部署，坚持从长期大势认识当前形势，坚持精准把握宏观调控的度，坚持及时回应社会关切，坚持最大限度调动各方面积极性。具体工作中，把握好五个方面：一是突出以稳为主。加强政策协同，注重精准施策，进一步稳就业、稳金融、稳外贸、稳外资、稳投资、稳预期，提振市场信心，夯实“稳”的底盘，积蓄“进”的后劲。二是突出完善高质量发展体制机制。细化实化推动高质量发展“4+2”制度体系和配套政策，建立完善市级部门会商推进机制，强化统筹协调，突出分类指导，增强推动高质量发展的系统性、整体性、协同性。三是突出深化供给侧结构性改革。按照巩固、增强、提升、畅通的“八字方针”，着力扩大有效供给，加快培育新的经济增长点，提升全市经济发展的质量和效益。四是突出构建现代产业体系。加快建设实体经济、科技创新、现代金融、人力资源协同发展的产业体系，促进产业能级跃升。五是突出“三大攻坚战”和“八项行动计划”。按照“紧盯、抓实、见效”的要求，坚持项目化、机制化、政策化推进，着力抓部署、抓协调、抓督查、抓考核、抓评估，确保各项任务落地落实，提升高质量发展的整体水平。

三、2019年实现国民经济和社会发展计划的重点工作

为确保国民经济和社会发展达到预期目标，2019年要着力抓好以下几方面工作：

（一）统筹发展工业、服务业、农业，夯实经济发展基础。把推动制造业高质量发展放到更加突出的位置，稳步推进企业优胜劣汰，增强制造业技术创新能力，推动先进制造业和现代服务业深度融合

一是聚焦大数据智能化抓工业。稳定工业发展基本面，支持“双百企业”稳产增效，推动有条件的停产、半停产企业复工复产；发挥重大项目支撑作用，推动比亚迪动力电池等项目开工，京东方6代柔性面板生产线和忠县数控机床等项目加快建设，新一代福克斯生产线、金康新能源乘用车等项目投达产。实施“工业跃升”工程，巩固智能产业和汽车摩托车两大产业，培育壮大装备、材料、生物与医药、消费品、能源、农副产品加工等支柱产业。智能产业重点发展“芯屏器核网”，推进5G产业集群建设，力争智能产业实现销售收入5800亿元、增长25%。汽车摩托车产业，重点向新能源、智能网联、轻量化转型升级，加快中高端乘用车、商用车、特种车和摩托车新品研发投放，提升关键零部件配套能力。装备产业重点发展轨道交通、航空航天、能源、节能环保和智能制造装备，大力发展服务型制造，提升关键基础件水平。材料产业重点发展高端金属材料、化工合成材料、复合材料、石墨烯等新材

料，加快构建先进基础材料、关键战略材料、前沿新材料梯次发展的产业集群。生物与医药产业加快完善生物制药、化学创新药及高端仿制药、现代中药及医疗器械产业链，做强国家生物医药产业基地。消费品产业做大做强纺织服装、日化用品、陶瓷制品等产业，丰富品种、提升品质、创建品牌，利用电子商务等新型渠道拓展市场。能源产业加快发展风电、页岩气等新能源，提高现有能源开发利用效率。发展装配式建筑，推进建筑产业现代化园区建设。持续深入开展智能化改造，采用大数据智能化技术改造一批传统产业，大力开展数字化装备普及、信息系统集成应用、工业互联网建设、智能制造新模式应用等重点工作，全年推动 500 家企业开展数字化设备改造，推动 400 家企业建设应用信息管理系统，推动 100 家企业开展智能制造新模式应用，推动 250 家企业实施“上云上平台”。支持涪陵、长寿等地加快环都市区产业转型升级示范区建设。推进智慧城市建设，制定新型智慧城市建设方案，出台大数据管理规定，加快建设市级数据中心和“数字重庆”云平台，实施一批智能化应用示范项目，开启全域感知、互联协同、智能运营、便捷高效的智慧城市发展新图景。

二是聚焦新业态新技术新模式抓服务业。持续深化服务业发展质量提升、标准化和知识产权专项行动，以大数据智能化提升现代服务业，大力培育分享经济、平台经济、体验经济等新兴服务业发展模式，积极建设一批功能完备、配套完善的平台经济集聚区。加快发展大数据和软件等信息服务业，重点推进中国联通西南数据中心（二期）等重点项目建设，全年软件和信息服务业销售收入达到 1600 亿元、增长 14%，建立起与制造业发展规模和水平相适应的技术服务体系，为制造业发展赋能。加快发展设计、研发、咨询、法律、动漫、人力资源等专业服务业，建设一批专业化、开放型的工业设计企业和服务中心，打造一批商务咨询、产权评估等服务产业集群。聚焦“山水之城 · 美丽之地”目标定位和“行千里 · 致广大”价值定位，全力打好旅游发展三峡、山城、人文、温泉、乡村“五张牌”。举办全球旅行商大会和重庆国际旅游交易会，加快大仙女山旅游景区、武陵山大旅游区、渝东北“金三角”世界级黄金旅游区建设和万州大瀑布、丰都名山、彭水阿依河、奉节白帝城 · 瞿塘峡、巫山神女峰、合川钓鱼城、巫溪红池坝、红岩联线、安居古城等国家 5A 景区创建，支持金佛山国家 5A 景区评定式复核，办好世界大河歌会、“归来三峡”、“烽烟三国”、“川军血战到底”等文旅项目，加强规划、销售等环节的市级统筹力度，推进景区交通和门票的互联互通，构建旅游交通环线，保障旅游“最后一公里”通畅，推动文化和旅游产业融合发展，力争旅游总收入增长 30% 以上。扩大市级文化发展专项资金规模，培育文化产业体系，做强重庆日报报业集团、重庆广电集团、重庆出版、重庆新华书店、重庆文化产业投资集团等五大国有文化集团，指导各区县打造各有特色的文化产业带和消费产品。争取金融机构加大支持力度，推动融资规模扩大和合作项目落地，提升经济证券化水平，抢抓科创板机遇，推动创新型企业加快上市。大力发展现代物流业，加快建设西部现代物流产业园、重庆航空物流园等重点物流园区，着力引进全球 50 强龙头物流企业，加快推动内陆国际物流分拨中心建设，推动社会物流成本占 GDP 比重持续下降。打好防范化解重大风险攻坚战，坚持结构性去杠杆的基本思路，防范企业信用违约、网络借贷等重点领域风险，稳妥处理地方政府债务风险，做到坚定、可控、有序、适度。加快推进两江新区数字经济产业园等各类现代服务业集聚示范区发展。加大数据开放共享力度，推动国家级大数据综合试验区建设。

三是深入推进农业供给侧结构性改革。推动"藏粮于地、藏粮于技"落实落地，合理调整"粮经饲"结构。发展山地特色高效农业，统筹实施"十百千"工程，力争"巴味渝珍"系列产品销售50亿元以上。大力促进农村产业"接二连三"，加快现代农业产业园建设，扶持壮大肉禽制品、粮油制品、调味制品、果蔬饮料等农副产品加工业，提高农副产品资源工业化生产水平，培育一批生态游、乡村游、观光游、康养游等新产业新业态，推进800个特色旅游村、8000家乡村旅游示范主体建设，做强农村电商，建设一批电商综合网点。提速发展"互联网＋农业"，打造城乡一体的电商运营中心和物流体系。建立健全农业科技创新体系，加快培育以农民合作社和家庭农场为重点的新型农业经营主体，注重解决小农户生产经营面临的困难，形成利益联结机制。着力构建城乡融合发展体制机制和政策体系，重点在乡村产业发展、人才支撑、土地管理使用、投入保障、城乡公共服务一体化、农业转移人口市民化等机制建设上谋创新、求突破，推动城乡要素平等交换、公共资源均衡配置。加大财政对农业机械化扶持力度。严防严控重大动物疫病，加强防疫公共设施投入力度，强化农产品质量安全监管，促进农业高质量发展和农民持续增收。

（二）统筹协调投资、消费、出口，做强经济发展引擎。按照宏观政策要强化逆周期调节的要求，积极落实国家关于积极的财政政策要加力提效和稳健的货币政策要松紧适度的总体部署，积极开拓内需市场，充分挖掘外需潜力，切实稳住总需求

一是着力优化投资结构。充分发挥投资关键作用，全力以赴抓项目扩投资。抢抓国家扩内需政策机遇期，积极向上对接，争取高铁、轨道交通、航空、高速公路、水利等一批重大项目纳入国家"盘子"。强化基础设施补短板，建成投用潼南至荣昌高速、巫山机场等项目，力争开工渝西高铁，新开工渝昆高铁、渝万高铁、城市快轨璧山至铜梁线、乌江白马电航枢纽等项目，加快建设渝湘高铁主城至黔江段及重庆东站、枢纽东环线、白涛园区铁路专线、大足至内江高速公路（重庆段）、北环高速、白涛—白马高速、涪陵—垫江高速、G50S沿江高速扩容（六车道）、万州机场改扩建、武隆机场、龙头港二期、轨道交通九号线、六号线支线二期、渝西水资源配置工程、黑塘水库等项目，加快推进渝汉、兰渝高铁（重庆西站至潼南段）、成渝中线高铁、渝湘高铁黔江至秀山段、江北机场第四跑道及T3B航站楼、货运机场、轨道交通15号线一期、轨道交通7号线、藻渡大型水库、跳蹬大型水库、向阳大型水库、铜锣峡储气库等项目前期工作。深入推进缓堵保畅工程和城市提升建设，加快改造3300公里普通干线公路。持续加大清水绿岸、城市综合管廊、公共停车场、城市黑臭水体整治、农村人居环境等项目推进力度，大力推进高标准农田建设。抓好工业投资，实施新一轮工业企业技术改造工程，力争工业投资增长10%，技改投资占工业投资比重提高到40%以上。加强人工智能、工业互联网、物联网等新型基础设施建设，务实推进招商引资项目落地转化，新开工新大兴重庆农副产品交易中心、太极白涛原料中药厂、太极大顺中药材农业公园，促进工业投资放量。加快完善住房供给和保障体系，采取政策指导、执法监管、舆论引导等手段，精准调控房地产投资，促进房地产市场平稳健康发展。加强自然灾害防治能力建设。着力提振民间投资，贯彻落实好"支持实体经济企业18条"政策措施，落实进一步激活民间投资的系列政策措施，规范有序推进政府和社会资本合作（PPP），引导民间资

本参与重大项目建设，确保民间投资稳定增长。

二是促进消费优化升级。切实增强消费对经济发展的基础性作用，推进平台转型升级，壮大限额以上商贸企业，创建国际消费中心城市。全面落实完善促进消费体制机制进一步激发居民消费潜力的指导意见及三年实施方案，实施消费升级行动计划，让老百姓吃得放心、穿得称心、用得舒心。千方百计促进居民有效消费，着力稳定汽车、家电等重点领域消费市场，做强百货消费。大力发展新兴服务消费，进一步放宽服务消费领域市场准入，扩大在健康养老、科技服务、旅游、文化、体育、教育培训、家政服务等方面的消费供给。大力提升旅游产品内涵，促进旅游消费升级，提高人均旅游消费。大力培育品质消费、时尚消费、健康消费、绿色消费、信息消费等新业态新模式，突出重庆元素，提升特色消费。大力发展会展经济，办好智博会、西洽会、军洽会、支洽会、中新金融峰会、重庆国际人才洽谈会、2019 中国城市规划年会。全年举办展会 500 个左右，推动会展业市场主体健康发展，市场化率稳步提升。积极引进大型电商平台来渝设立区域总部或结算中心，建设商务大数据中心平台。加快培育本土电商企业，减缓网络消费外流，做大网销消费品产业，力争网络零售增长 25% 以上。完善商业配套设施，打造一批品质商圈和高品位步行街。挖掘农村市场消费潜力，大力提高农村地区消费品供给质量和多样化水平。落实好个人所得税专项附加扣除政策，增强消费能力。保障重要商品供给，居民消费价格涨幅控制在 3% 以内。

三是统筹抓好外贸工作。积极应对中美经贸摩擦，深入推进稳外贸稳外资稳外经工作，掌握动态、精准施策、精准服务，做好重点企业帮扶工作。推动出口市场和出口产品多元化，积极稳定美国市场，深耕欧盟、东盟、日韩等传统市场，着力开拓“一带一路”沿线国家和南美、非洲等新兴市场。积极贯彻落实促进总部贸易、转口贸易发展的政策措施，重点支持总部贸易和转口贸易、国际市场开拓等。深化服务贸易创新发展试点，促进生产性服务贸易和高附加值服务贸易发展，力争服务贸易增长 15% 左右。优化一般贸易结构，积极扩大加工贸易品种和规模，抢抓加工贸易订单，形成加工贸易多点多品支撑。加快建设涪陵榨菜、潼南柠檬、丰都牛肉、荣昌夏布、长寿西药等外贸转型升级示范基地，支持忠县等区县再创建一批外贸转型升级示范基地。落实出口退税政策，实施好我市鼓励扩大进出口若干措施。进一步提升贸易便利化水平，加快布局打造“海外仓”和转口基地，加快推进重庆智慧口岸建设。

（三）统筹推进改革、开放、创新，增强经济发展活力。按照结构性政策要强化体制机制建设的要求，向改革要动力，向开放要活力，增强科技创新对经济社会发展的支撑引领作用，着力在加快经济体制改革、全方位对外开放和科教创新上取得新突破

一是狠抓重点改革。深化供给侧结构性改革，更多采取改革的办法，更多运用市场化、法治化手段，在“巩固、增强、提升、畅通”八个字上下功夫，着力巩固“三去一降一补”成果，着力增强微观主体活力，着力提升产业链水平，着力畅通经济良性循环。加快国资国企改革，加快形成有效制衡的法人治理结构，抓好混合所有制改革，向国有资本投资、运营公司授权下放一批职能职权，抓好市场化经营机制建设，加快建立更加有效的国有资产监督体系。大力支持民营企业发展，加快落实国家减税降费措施，贯彻落实好“支持实体经济企业 18 条”政策措施。督促已出台的“制造业降

本36条”“银行业支持实体经济发展20条”政策措施落地，有效降低企业成本。设立市级首期100亿元民营企业纾困基金，转贷应急周转资金增加至20亿元。“一企一策”服务企业，强化公共资源交易监管，营造公平公正竞争环境，持续优化国际化法治化营商环境；进一步放宽公共服务、基础设施、国企改制重组、“民参军”等领域准入门槛，依法保护企业家人身安全和财产安全。深化“放管服”改革，持续优化营商环境；加强社会信用体系建设，推动构建以信用为核心的新型监管机制和“信易+”惠民便企；探索“点菜放权”机制，推进工程建设项目审批制度改革，实现审批服务事项“全渝通办”全覆盖。深化开发区体制机制改革，向重庆高新区、经开区下放市级管理权限，探索重庆高新区“一区多园”模式，鼓励开发区实行扁平化管理、公司化运营。深化投融资体制改革，鼓励各类企业参与和扩大在交通、水利、市政等领域投资。继续深入推进电力体制改革，不断深化售电侧改革试点和增量配电业务试点。坚决落实国家以金融体系结构调整优化为重点的金融体制改革部署。深入推进内贸流通体制改革，进一步降低商贸企业制度性交易成本、物流成本和融资成本。深化农村“三变”改革试点，统筹推进农村产权制度改革、宅基地“三权分置”、涉农资金整合等各项改革，进一步完善地票制度，大力推进“三社”融合发展试点，建立健全市、区县、乡镇农村产权流转交易市场。深入推进规划引领城市发展、统筹土地供应、优化建设项目安排制度改革。

二是狠抓开放合作。积极融入国家“一带一路”建设和长江经济带发展，实施内陆开放高地建设行动计划。着力推动开放通道拓展、开放平台提升、开放口岸完善、开放主体培育、开放环境优化等五大行动落地落实。全力推进重庆自贸试验区建设，加大制度创新力度，认真开展陆上贸易规则等个性化探索。推进出台《中国（重庆）自由贸易试验区条例》。促进综合保税区高水平开放高质量发展，支持设立万州综合保税区。积极争取国家对中新互联互通项目“陆海新通道”建设的支持，争取在重庆挂牌设立运营中心，组建运营平台公司，争取“渝黔桂新”铁海联运班列、跨境公路班车、国际铁路联运班列年均增长10%以上。继续推进我市外贸集装箱优先过闸机制，推广应用江海直达船型。优化航线特别是国际航线网络，统筹研究扶持政策，力争新开通10条国际航线。发挥重庆口岸优势促进对外贸易发展，尽快获批重庆港水运口岸扩大开放果园港区，力争年内完成口岸查验设施建设。正式开放万州机场口岸。持续拓展国际贸易“单一窗口”功能。高质量办好长江经济带市长论坛，以长江经济带发展为重点统筹推进国内区域合作，推动长江上游四省市省际协商合作，继续深化川渝、渝黔合作，推进川渝合作示范区、渝黔合作先行区建设。着力加强全市中长期电力发展保障，加快制定市外水电及新能源电力入渝方案，积极推进川渝电网加强工程、疆电入渝通道等工作。建立健全市级部门、区县和相关平台招商投资协同联动工作机制，统筹推进重大招商项目落地。充分依托开放平台优势，深入挖掘中央扩大利用外资政策潜能，严格落实国家外资准入负面清单和自贸试验区负面清单，打造国际一流营商环境。瞄准世界500强和行业龙头企业招商引资，注重引进外资和总部型、结算型企业。打造友好城市主题园区，深化与“一带一路”沿线国家的友好城市关系。

三是狠抓全面创新。推动创新平台升级，高标准规划建设重庆科学城，与国家自主创新示范区、两江协同创新区联动，打造西部创新资源集聚地。加大对国家高新区的政策支持力度，提升国家高新区科技创新水平和引领示范作用。支持万州、涪陵、黔江等创建国家自主创新示范区，支持涪陵、长寿、綦江、大足等创建国家级高新区，支持荣昌建设国家生猪大数据中心、国家生猪产业技术创新中心和参与实施国家种业自主创新工程重大专项。引育高端创新主体，持续加大科技型企业培育力度，力争科技型企业和高新技术企业分别突破 15000 家和 3000 家。抢抓国家布局国家实验室和重组国家重点实验室的机遇，加快创新资源集聚，引进 30 家知名高校和科研机构，推动国科大重庆学院建成投用，加快推进部市共建超声学工程、山区桥梁及隧道工程等国家重点实验室及重医附属儿童医院国家临床医学研究中心建设，争取国家支持我市建设超瞬态物质科学实验装置等重大科技基础设施。激发创新创造活力，加快推进首批环大学创新生态圈建设，加速科技成果转化和产业化。完善产业引导、种子、天使和风险投资等股权投资体系，大力推进科技型企业知识价值信用贷款和中小企业商业价值信用贷款扩面放量，着力解决融资难题。加大对中小企业创新支持力度，加强知识产权保护和运用，形成有效的创新激励机制。深化军民融合发展，推进与 11 大军工集团协议项目落地。加快构建军民融合产业体系，探索创建国家军民融合创新示范区，支持巴南建设军民融合产业示范基地。深化人才发展体制机制改革，整合实施“重庆英才计划”及专项实施办法，出台人才分类评价实施方案，推出免抵押、免担保、基准利率的“人才贷”，给予高层次人才最高 2000 万元的创业支持，推进人才驿站、人才公寓建设，为人才提供“最多跑一次”的优质服务，加快人才集聚步伐，把“重庆国际人才创新创业洽谈会”打造为集人才、智力、技术、项目于一体的国际性交流合作平台。

（四）统筹抓好扶贫、就业、社会事业，共享经济发展成果。按照“尽力而为、量力而行，完善制度、守住底线，精心做好各项民生工作”的要求，深入实施保障和改善民生行动计划，持续办好免费无线局域网、主城公共停车场等重点民生实事，织就密实的民生保障网

一是持续推进脱贫攻坚。做好国家脱贫攻坚成效考核工作，聚焦深度贫困，落实精准方略，巩固脱贫攻坚成果，完成城口、酉阳、彭水、巫溪脱贫摘帽，10 万贫困人口实现脱贫。实施好易地扶贫搬迁，严格执行搬迁条件和人均 25 平方米建设标准。推进鲁渝扶贫协作。持续推进 18 个深度贫困乡镇脱贫攻坚，落实好健康扶贫、社保兜底等政策，探索资产性收益扶贫等方式，提高扶贫工作实效。加大产业扶贫力度，帮助贫困地区培育特色效益农业。深入开展农民合作社规范化建设，持续开展农民专业合作社示范社创建行动，加快发展农村股份合作社、农民合作社联合社，支持贫困地区农民合作社发展，推动贫困村农民合作社全覆盖。完善实施财政资金改补为奖、改补为借、改补为股、改补为投、改补为酬“五改”机制。加大金融扶贫力度，多方筹措风险补偿金，确保对深度贫困乡镇全覆盖。大力推进“志智”双扶，激发贫困群众内生动力。统筹抓好“临界”非贫困村、非贫困户帮扶工作，建立完善防止致贫返贫长效机制。深化扶贫领域作风建设。

二是持续推进就业创业。积极应对中美经贸摩擦可能对我市新兴产业吸纳就业和高校毕业生就业的影响，加强监测预警和就业服务，切实做好高校毕业生、退役军人、农民工、困难人员等重点群体就业工作。实施好“就在山城”就业和

“渝创渝新”创业促进行动计划，加快培育创业孵化基地、大学生创业园、农民工返乡创业园等创业载体，确保新增城镇就业60万人以上。多渠道多方式提供职业技能培训，落实好失业保险基金稳岗补贴等政策，确保稳定就业。落实青年就业启航计划和城乡就业融合发展工作，逐步提高创业担保贷款额度，发放扶持创业贷款20亿元。

三是推动教育高质量发展。加快推进“双一流”建设，支持在渝高校与国内外知名高校院所合作，建设一批高水平大学和优势特色学科。编制实施《重庆市教育现代化2035》《重庆市加快推进教育现代化实施方案（2018—2022年）》，大力支持普惠性学前教育发展，扩大公办幼儿园和普惠性幼儿园占比，在2018年基础上巩固和提高普惠率。学前三年毛入园率达到89%以上。严格依法加强学前教育管理，加强幼儿园保教质量建设，提高幼儿园教师素质，推动幼儿园教师全员持证上岗。持续推进义务教育优质均衡发展，加强师资力量建设，力争2019年全市所有区县通过义务教育发展基本均衡区县国家督导认定。加快开发新区、新建小区配套中小学建设，积极消除城镇学校“大班额”问题。稳妥实施高考制度改革，加大对远郊区县的指导力度，研究解决教室、师资等改革配套保障问题。加快推进职业教育产教融合，构建产教对接机制，创新办学体制，优化发展生态。积极推进重庆中医药大学审批工作。

四是推进文化旅游惠民。加强公共文化服务体系建设，加快推进广播电视发射新塔、青少年活动中心、“两江四岸”和两江岛屿文化设施等项目建设，打造一批城市文化新地标。扎实推进重点文物保护工程，推进十八梯、磁器口、龙门浩、金刚碑等7条历史文化街区的保护修缮。启动大田湾体育场、文化宫、大礼堂文化风貌改造工程。加快推进三峡老街等一批项目建设。组织展演川剧《江姐》、话剧《红岩魂》等优秀剧目，促进地方剧发展，通过优秀文艺作品传播社会主义核心价值观。抓好旅游景区的厕所革命、标识标牌系统升级、信息化改造和旅游市场整顿。

五是持续实施健康工程。启动实施“健康中国人行动计划”，健康素养水平达18%以上。加快健全现代医院管理制度，扩大“三通”医共体、薪酬制度改革等试点范围，县域内就诊率90%以上。积极参与国家药品集中采购试点，加快推进医疗服务价格调整。提升基层公共卫生服务能力，完善疫苗全程可追溯和温控体系，启动地方病3年攻坚行动。大力实施“六个身边”工程，建立健全公共体育服务体系，办好中国杯世界花样滑冰大奖赛、重庆国际半程马拉松赛等大型赛事，启动大田湾体育场保护与利用工程，建设一批社区体育文化公园，丰富群众身边的体育健身活动。

六是加强养老服务和社会保障体系建设。持续推进社区养老服务“千百工程”，建设社区养老服务站400个、市级示范社区养老服务中心40个。鼓励建设小型社区养老院，大力引入高端养老服务机构，培育新型健康服务商业业态，促进养老服务业发展，丰富养老养生产品供给，公建公营床位数占比缩小到60%以内。加强人口问题研究，探索“医养结合”新模式，建设医疗养老联合体，积极应对人口老龄化。继续推进机关事业单位养老保险制度改革，健全多层次养老保险体系，实施全民参保计划，实现参保全覆盖。深化按人头、按床位日付费的医保支付方式改革，推动医保药品带量采购。开展社会救助综合改革试点，完善城乡医疗救助制度。加大对区县城镇危旧房改造的支持力度。此外，加强和创新社会治理，加大对社会组织的培训和扶持力度，强化安全监管。

（五）统筹保护碧水、蓝天、绿地，筑牢绿色发展本底。全面贯彻落实全市深入推动长江经济带发展动员大会暨生态环境保护大会精神，推动全域绿色发展，实施长江生态环境系统性保护修复，努力打造高质量发展经济带

一是持续推进生态修复治理。扎实推进实施生态优先绿色发展行动计划。持续开展自然生态保护和修复，加快实施国家山水林田湖草生态保护修复工程试点，做好耕地河湖休养生息，统筹开展国土空间综合整治、土地整理复垦、矿山地质环境恢复治理等生态修复工作，完成湿地人工修复 4500 亩。持续推进缙云山国家级自然保护区生态环境整治，完成《缙云山国家级自然保护区保护发展总体规划》编制工作。积极推进国土绿化提升行动，实施营造林 600 万亩以上，全市森林覆盖率达到 49% 以上。要结合推进长江经济带建设，提速落实三峡后续规划，强化消落区“八乱”治理，加快推进消落区综合治理一期项目建设。

二是聚力抓好污染防治。坚守阵地、巩固成果，加大工作和投入力度，扎实落实污染防治攻坚战实施方案，同时统筹兼顾，避免处置措施简单粗暴；着力增强服务意识，帮助企业制定环境治理解决方案。持续开展碧水、蓝天、绿地、田园、宁静“五大环保行动”，主城区全年空气质量优良天数持续稳定在 300 天以上。纵深推进河长制，全面实施“一河一策”，统筹推进“清四乱”等专项行动，持续推进流域横向生态保护补偿，加快农村小流域生态环境治理，确保长江干流重庆段水质总体保持为优，国家考核的 42 个断面水质优良比例达到 90.5%。加快推进主城区雨污管网分流改造和城镇污水处理提质增效，建设乡镇污水管网 1790 公里，城市生活污水处理率达到 94% 以上。

三是切实加强源头防控。积极推进“三线一单”实施方案，全面实施生态红线保护管控，全面推进勘界定标工作，严格落实产业环境准入制度，常态化开展环保督查。全面落实环境保护权力清单、责任清单和负面清单，抓好“增量”控制和“存量”问题整改落实。深化刑责治污、企业环境信用评价等制度，建立企业环境信用“红黑名单”，实施守信联合激励和失信联合惩戒。加强全市自然资源集中统一管理，严格“三区三线”管控，稳妥退出各类保护地矿业权。深化乡镇环保机构改革，加快构建城乡一体化的环境监测网络。统筹生产生活生态空间，让市民充分享受优美生态环境。

（六）统筹推进乡村振兴、城市提升、区域协同，塑造协调发展格局。切实抓好乡村振兴和城市提升两个基本面，扎实推进区域协调发展，不断优化生产生活生态空间布局，努力实现城乡各美其美、美美与共

一是大力推进乡村振兴。统筹推进“五个振兴”，实施“五沿带动、全域整治”行动，扎实推进农村人居环境整治，全面完成 100 个美丽宜居村庄和 20 个大美乡村示范片项目建设，提速建设万州、黔江、渝北、长寿、南川、梁平等 6 个乡村振兴综合试验示范区和石柱、永川、奉节、南岸、铜梁等 5 个乡村振兴单项试验示范区。支持推动忠县等区县创建国家级农村产业融合发展示范园，支持丰都、潼南等条件较好区县建设畜禽养殖、食品加工示范基地。加强农村聚居点污水集中处理，完成农村卫生厕所改造 37.5 万户。完成 40 万头生猪当量养殖污染治理。实施 2.4 万公里“四好农村路”建设。加快农村电网升级改造。实施 30 万亩农田灌溉（包括 11 万亩高效节水灌溉）等农田水利工程，继续推进农村饮水巩固提升工程。新建高标准农田 100 万

亩。持续开展特色小城镇环境综合整治。推动3万户农村危房改造，扎实推进农村旧房整治提升，保护保留乡村风貌，建设美丽宜居乡村。加快培养一支高素质农村实用人才队伍。

二是持续推进城市提升。全力推进主城区“两江四岸”治理提升，109公里岸线关键节点工程动工建设，积极开展停泊船舶、货运码头专项治理和朝天门旅游码头搬迁提升。加快朝天门片区治理提升、历史文化保护传承、广阳岛片区、科学城、“四山”保护提升等重点专项编制实施。大力实施“清水绿岸”治理，全面开工并有序推进溉澜溪、盘溪河、花溪河、跳磴河等20条河流治理提升工作。持续开展48段黑臭水体整治工作，实现长治久清。高水平建设海绵城市。重点攻坚改造老城区内脏乱差的棚户区，计划改造棚户区5万户。加强房地产市场供需双向调节，保障刚性需求、支持改善需求、遏制炒房行为，促进房地产市场平稳健康发展。持续深化大城细管、大城智管、大城众管，加快推进城市管理大数据中心和综合行政执法智慧平台建设，完成所有远郊区县与市级平台的数据共享对接，在全市范围推行“马路办公”。

三是突出抓好区域协同。健全区域政策体系，研究制定财税、金融、土地、产业、投资、环保等配套政策。强化市域统筹，健全基础设施规划、建设和运营管理的体制机制，补齐基础设施互联互通短板。健全区际工作协调机制，促进产业布局、基础设施、文化旅游等领域一体联动。加大对城口等革命老区、渝东南少数民族地区、贫困区县加快发展的支持力度。推动主城九区和渝西片区培育壮大现代产业体系和壮大城市经济，集聚创新、人才、资金等资源要素，提速推进战略性新兴产业集群培育和传统产业智能化改造，大力实施一批牵引力大、带动性强的互联互通、产能合作项目。加快大渡口等老工业城区转型发展，支持南川、万盛经开区全国资源枯竭城市，綦江、北碚等全国采煤沉陷区转型发展。加强渝东北片区区域发展研究规划，建立统筹协调的空间规划体系，推动建设长江上游重要生态屏障，大力发展林下产业、生态旅游、生物医药等生态经济，加快巫山脆李、奉节脐橙等产业发展壮大，推动巫山红叶景观提质增效。打造大三峡旅游升级版，支持万州等地开展产业生态化、生态产业化先行先试，支持垫江、城口、奉节、秀山等全国独立工矿区转型发展。突出渝东南片区民俗和生态优势，做大做强精品旅游、休闲农业和民俗品牌，加快建设烤烟、中药材等山地特色高效农业示范走廊、民俗文化生态旅游走廊和特色资源绿色加工走廊，支持石柱建立中药材专业市场，积极协调推进三峡生态经济合作区建设。

做好2019年工作任务艰巨、责任重大。我们将更加紧密团结在以习近平同志为核心的党中央周围，坚持以习近平新时代中国特色社会主义思想为指导，在市委坚强领导下，在市人大监督下，坚定信心、保持定力，勇于担当、敢于斗争，加快推动高质量发展、创造高品质生活，确保全年经济持续健康发展和社会大局稳定，以优异成绩庆祝中华人民共和国成立70周年。

关于重庆市2018年预算执行情况和2019年预算草案的报告

——2019年1月27日在重庆市第五届人民代表大会第二次会议上

重庆市财政局　封毅

各位代表：

受市人民政府委托，现将重庆市2018年预算执行情况和2019年预算草案的报告提请大会审查，并请各位政协委员提出意见。

一、2018年财政工作情况

2018年，全市财政系统坚持以习近平新时代中国特色社会主义思想为指导，全面贯彻党的十九大和十九届二中、三中全会精神，全面落实习近平总书记对重庆提出的“两点”定位、“两地”“两高”目标和营造良好政治生态、做到“四个扎实”的重要指示要求，坚持稳中求进工作总基调，坚持新发展理念，坚持推动高质量发展，坚持以供给侧结构性改革为主线，紧扣“六稳”工作任务，全力保障“三大攻坚战”和“八项行动计划”推进落实，扎实做好稳增长、促改革、调结构、惠民生、防风险工作，较好地服务了全市经济社会发展大局。

（一）落实市人大预算决议情况

第一，积极财政政策有效落实。推动供给侧结构性改革落实落地，完善推动高质量发展的财税政策。着眼于为企业和个人减负、为实体经济降成本，落实中央出台的各项减税政策，全年新增减税180亿元。采取普遍性降费措施，停征行政事业性收费3项，降低政府性基金收费2项，取消主城区路桥通行费。通过资源整合、加快债券发行等方式，落实资金约2330亿元，加大政府基础设施建设投资，支持城市路桥隧道、公路、铁路、机场、轨道、水利等重大项目实施。落实资金92亿元，加大科技创新投入，落实创新主体培育、科技成果转化等政策，激发创业创新活力，支持产业转型升级，推动汽车、电子稳产增效，稳步推进煤炭去产能相关工作。支持民营经济发展，充分运用奖补、贴费、转贷等政策，撬动信贷融资约200亿元。争取国家融资担保基金支持，为小微企业融资担保授信100亿元。

第二，政府债务管控更加有力。严守债务风险管控底线，切实做到债务总量心中有数、化解风险手中有策、债务监管肩上有责。组织全面摸底核查，建立风险隐患台账，实施风险预警，约谈高风险区县，不断完善管控机制。督促落实债务管理主体责任，加强政府公益性项目建设资金管理，稳步推进融资平台市场化转型。切实落实偿债资金来源，将到期政府债券本息纳入年初预算安排，保障及时足额偿还。全年发行政府债券1014亿元，其中，新增债券697亿元，置换债券317亿元。优化债务结构，全面完成存量政府债务置换目标任务。严格落实政府债务限额管理和预算管理，截至2018年末，全市政府债务余额4690.6亿元，政府债务率约67%，政府债务管理规范有序、风险总体可控。

第三，民生支出得到重点保障。优先保障基本民生资金需求，既尽力而为又量力而行，全年财政民生支出3580亿元，占一般公共预算的80%左右。在幼有所育方面，扩大公办园等普惠性学前教育资源，健全家庭经济困难在园幼儿资助制度。在学有所教方面，对贫困学生等特定对象，落实免学费、教科书费等资助政策，支持学生营养改善计划、薄弱学校改造、教师队伍建设和校园安保建设。在劳有所得方面，支持实施更加积极的就业政策，精准帮扶重点对象就业创业。在病有所医方面，将基本公共卫生服务人均经费标准从50元提高到55元，城乡居民医疗保险财政补助标准由每人每年450元提高到490元。在老有所养方面，提高退休人员基本养老金，将老年人免费乘坐公共交通年龄下限由70岁调整为65岁。在住有所居方面，推进公租房、廉租房建设和周边环境整治。在弱有所扶方面，城乡低保人员保障标准分别提高到月均546元、410元，落实高龄失能特困人员每人每月200元的护理补贴。深入开展脱贫攻坚，安排专项扶贫资金52亿元，足额落实18个深度贫困乡镇每年市级新增补助3.6亿元政策，支持贫困区县整合财政涉农资金138亿元，对扶贫资金实施全流程动态监管。

第四，财政改革稳步推进。积极推进财政事权和支出责任划分改革，对义务教育、学生资助、就业服务、养老保险、医疗保障、卫生计生、生活救助、住房保障等8个领域的18项基本公共服务，逐一划分理顺两级财政支出责任。建立流域横向生态补偿机制，激励流域上下游区县协同实施水污染处理、水生态修复和水资源保护。深化投融资体制改革，支持组建重庆发展投资有限公司，构建资金、资产、资源整合统管的运作机制。推进市级党政机关和事业单位所属企业集中统一监管改革，向市人大常委会报告全市国有资产管理情况。按照中央统一部署，推动地方国有金融资本管理改革，出台地方国有金融资本管理实施意见和实施方案，明确改革目标和路径。

第五，财政管理水平不断提升。深化预算管理改革，制定全面实施预算绩效管理实施意见，出台市级预算管理办法和市级基本支出、项目支出、重点专项资金管理办法，建立资金绩效、审计结果与预算挂钩的机制，基本构建起覆盖预算编制、执行、调整、监督、公开的制度框架体系。启动市级重点专项绩效运行监控。强化扶贫资金监管，推进扶贫资金全过程追踪问效。改进财政科研项目经费管理，修订科技创新券、知识价值信用贷款风险补偿等基金管理办法，更好发挥科研项目资金效益。推动国库集中支付电子化管理实现全面运行，乡镇国库集中支付改革实现全覆盖。加强机构改革期间财政经费保障和规范管理。

（二）服务代表委员情况

一是坚持依法科学理财。严格落实预算法、《重庆市预算审查监督条例》的有关规定，按照市五届人大一次会议批准的《关于重庆市2017年财政预算执行情况和2018年财政预算草案的报告》和市五届人大常委会第三次、第七次会议批准的调整预算等相关依据，财政收支预算均得到严格执行。与此同时，在2019年预算草案形成过程中，市人大专门委员会提前介入预算审查，并邀请专家代表参与公开评审，一起“开门办预算”，促进预算编制更为扎实可行。

二是抓好建议、提案办理。始终坚持把办好人大代表建议、政协委员提案作为科学理财的出发点和落脚点。2018年，承办市人大代表建议共323件，其中，大会建议316件，闭会建议7件；承办市政协委员提案共298件，其中，大会提案296件，闭会提案2件。各项建议、提案均得到扎实办理，做到了件件有回音、事事有着落，有力推动了财政的改革和发展。

三是完善服务机制。自觉接受人大的法定监督和政协的民主监督，积极健全与代表委员的沟通联系机制，完善《建议办理工作的基本程序与方法》，关注《人大信息》反映的涉及财政工作的情况、问题与建议，认真组织调研、整改和回复，全年向代表发送《财政工作信息》8期。在预算报告形成前，专题征询部分人大代表意见，对收到的115条意见建议均已认真吸纳。

各位代表，刚刚过去的2018年，是全市财政系统攻坚克难、砥砺前行的一年。面对“发展方式转变、经济结构调整”中的各种困难挑战，全市财政系统在市委、市政府的坚强领导下，在市人大、市政协的监督支持下，坚持高质量发展不动摇，保持定力，把握机遇，努力克服“减收增支”的压力，“三大攻坚战”和“八项行动计划”得到全力保障，财政经济保持良性互动，财政改革管理取得扎实成效。

二、2018年预算执行情况

（一）全市预算执行情况

1. 全市一般公共预算

表1　2018年全市一般公共预算收支平衡情况

单位：亿元

收入	执行数	支出	执行数
总计	5223	总计	5223
一、本级收入	2266	一、本级支出	4541
税收	1603	二、转移性支出	682
非税	663	上解中央	24
二、转移性收入	2957	地方政府债务还本支出	210
中央补助	1807	安排预算稳定调节基金	220
动用预算稳定调节基金	94	结转下年	228
调入资金	466		
地方政府债务收入	358		
上年结转	232		

——全市一般公共预算收入2266亿元，增长0.6%。其中，税收收入1603亿元，增长8.6%；非税收入占一般公共预算收入的比重为29.2%，较2017年下降5.3个百分点，收入质量进一步提升。加上中央补助1807亿元、地方政府债务收入358亿元，以及动用预算稳定调节基金、上年结转、调入资金等792亿元后，收入总计5223亿元。

——全市一般公共预算支出4541亿元，增长4.7%。加上上解中央24亿元、地方政府债务还本支出210亿元，以及安排预算稳定调节基金和结转下年等448亿元后，支出总计5223亿元。

2. 全市政府性基金预算

表2　2018年全市政府性基金预算收支平衡情况

单位：亿元

收入	执行数	支出	执行数
总计	3708	总计	3708
一、本级收入	2316	一、本级支出	2677
二、转移性收入	1392	二、转移性支出	1031
中央补助	64	调出资金	389
地方政府债务收入	670	地方政府债务还本支出	109
上年结转	658	结转下年	533

——全市政府性基金预算收入2316亿元，增长2.9%。加上中央补助64亿元、地方政府债务收入670亿元，以及上年结转658亿元后，收入总计3708亿元。

——全市政府性基金预算支出2677亿元，增长22.7%。加上地方政府债务还本支出109亿元，以及调出资金和结转下年等922亿元后，支出总计3708亿元。

3. 全市国有资本经营预算

表3　2018年全市国有资本经营预算收支平衡情况

单位：亿元

收入	执行数	支出	执行数
总计	120	总计	120
一、本级收入	105	一、本级支出	52
二、转移性收入	15	二、转移性支出	68
中央补助	5	调出资金	59
上年结转	10	结转下年	9

——全市国有资本经营预算收入105亿元。加上中央补助5亿元、上年结转10亿元后，收入总计120亿元。

——全市国有资本经营预算支出52亿元。加上调出资金59亿元、结转下年9亿元后，支出总计120亿元。

4. 全市社会保险基金预算

——全市社会保险基金预算收入1898亿元，增长17%，从资金来源看，财政补助530亿元，占比为28%。其中，基本养老保险基金收入1298亿元，基本医疗保险基金收入559亿元，失业保险基金收入20亿元，工伤保险基金收入21亿元。

——全市社会保险基金预算支出1661亿元，增长10.1%。其中，基本养老保险基金支出1154亿元，基本医疗保险基金支出472亿元，失业保险基金支出15亿元，工伤保险基金支出20亿元。加上结转下年支出237亿元后，支出总计1898亿元。历年滚存结余1697亿元，基金运行平稳有序。

（二）市级预算执行情况

1. 市级一般公共预算执行情况

表4　2018年市级一般公共预算收支平衡情况

单位：亿元

收入	执行数	支出	执行数
总计	3430	总计	3430
一、本级收入	859	一、本级支出	1329
税收	547	二、转移性支出	2101
非税	312	上解中央	24
二、转移性收入	2571	补助区县	1503
中央补助	1807	地方政府债务还本支出	44
区县上解	157	安排预算稳定调节基金	133
动用预算稳定调节基金	51	地方政府债务转贷支出	306
调入资金	107	结转下年	91
地方政府债务收入	358		
上年结转	91		

（1）收入项目执行情况

市本级一般公共预算收入 859 亿元，增长 4.2%，完成预算的 105.9%。其中，税收收入 547 亿元，增长 8.7%；非税收入 312 亿元，下降 3%。加上中央补助 1807 亿元、地方政府债务收入 358 亿元、区县上解 157 亿元、动用预算稳定调节基金 51 亿元、上年结转 91 亿元、调入资金 107 亿元后，收入总计 3430 亿元。

（2）支出项目执行情况

市本级一般公共预算支出 1329 亿元，增长 7.4%，完成预算的 93.6%。加上补助区县 1503 亿元、上解中央 24 亿元、地方政府债务转贷支出 306 亿元、地方政府债务还本支出 44 亿元、安排预算稳定调节基金 133 亿元、结转下年 91 亿元后，支出总计 3430 亿元。

2018 年市本级预备费预算 18 亿元，实际支出 3.8 亿元，剩余 14.2 亿元。预备费剩余资金加上一般公共预算超收收入、政府性基金结转超当年收入 30% 的部分、零结转收回部门预算资金等，全部依法补充预算稳定调节基金。2018 年底调节基金余额 195 亿元，2019 年初动用 58 亿元平衡预算，余额 137 亿元将严格按照预算法和财政部《预算稳定调节基金管理暂行办法》的规定，用于兑现跨年度据实结算事项和弥补 2019 年及以后年度预算资金的不足。

市级主要支出政策落实情况如下：

——一般公共服务方面支出合计 68 亿元。基本全部为市本级支出，增长 9.9%，完成预算的 87.1%。主要用于：保障党政机关、人大、政协和民主党派、群团组织运转及履职，促进立法、监察监督及参政议政能力建设。

——公共安全方面支出合计 112 亿元。其中，市本级公共安全支出 100 亿元，增长 11.8%，完成预算的 100%；另专项补助区县 12 亿元。主要用于：保障公安、检察、法院、司法等单位依法履职，支持科技强警，打造智慧警务、智慧检务、智慧法院、智慧司法，维护公共安全和社会公平正义。保障政法部门执法办案、应急处置、基础装备等经费需求。加大上划后区县法检财政保障力度，提高区域间支出保障水平的均衡性。

——教育方面支出合计 237 亿元。其中，市本级教育支出 111 亿元，增长 10.2%，完成预算的 91.8%；另专项补助区县 126 亿元。主要用于：支持全市各级各类 9800 余所学校和幼儿园基本运行。近 70 所市级公办高校和职业学校由市级全额保障。支持实施科教兴市和人才强市行动计划，推动高校“双一流”建设。支持区县用于扩大公办普惠性学前教育资源，落实学生营养改善计划、义务教育薄弱学校改造、高中办学条件改善、高水平优质中高职院校建设、校企合作、产教融合等项目。资助家庭经济困难学生 400 余万人次，落实建档立卡贫困大学生和贫困区县农村幼儿营养餐计划等政策。支持教师综合素质提升和职业能力培养。

——科学技术方面支出合计 33 亿元。其中，市本级科学技术支出 30 亿元，增长 24.9%，完成预算的 100%；另专项补助区县 3 亿元。主要用于：支持集成电路、工业互联网等核心技术与基础前沿研究，推动科技创投、产业共性关键技术创新，积极促进全市全社会研发经费投入的提升。落实 2300 余户企业研发准备金等项目资助政策，落实 70 余所科研机构绩效奖补、科研项目资助等政策，支持 60 余所高等院校开展原始创新、科技成果转化等工作。

——文体传媒方面支出合计 18 亿元。其中，市本级文化体育与传媒支出 13 亿元，下降 9.6%，完成预算的 86.8%；另专项补助区县 5 亿元。主要用于：深入推进基本公共文化体育服务，保障全市 41 个图书馆、40 个文化馆、8 个美术馆、819 个乡镇文化站、202 个社区（街道）文化中心以及31个博物馆纪念馆、69个体育场馆免费或低收费开放。支持全市69处革命文物、抗战遗址等重点文物保护。支持文化脱贫攻坚向纵深推进，拓展政府购买公共文化服务实施范围，继续实施送戏下乡、农村应急广播工程等文化惠民工程，实现基本公共文化服务体系全覆盖。创新文化和体育产业资金扶持，积极鼓励社会资本投入。

——社会保障和就业方面支出合计557亿元。其中，市本级社会保障和就业支出427亿元，增长12.9%，完成预算的93.4%；另专项补助区县130亿元。主要用于：坚持实施更加积极的就业政策，提高就业能力，支持企业稳定就业岗位，促进就业创业。提高退休人员基本养老金。建立城乡居民基本养老保险待遇确定和基础养老金正常调整机制，待遇标准从每人每月95元调整到115元。落实城乡低保、特困人员等困难群体社会救助和保障标准与物价上涨挂钩的联动机制。支持做好离退休干部、军转干部、优抚安置工作。支持做好暴雨、冰雹等自然灾害救助工作。

——医疗卫生方面支出合计213亿元。其中，市本级医疗卫生与计划生育支出49亿元，增长29.5%，完成预算的100%；另专项补助区县164亿元。主要用于：落实市级16家公立医院政府投入责任，重点支持“智慧医院”建设和基本建设。继续对公立医院取消药品加成后减少的合理收入给予补贴，加强公立医院设备采购成本管控。支持基层卫生体系建设，提高基层医疗服务能力。支持推广家庭医生签约服务，推动分级诊疗。实施重大公共卫生服务项目，加强艾滋病、结核病、精神病等疾病预防控制。支持构建以医疗保险为主体、社会救助为托底、扶贫济困基金和商业保险为补充的困难群众医疗保障制度体系，减轻困难群众负担。支持完善计划生育经费保障机制，将计划生育特别扶助金标准分别由原来的每人每月400元、500元提高到560元、700元。支持“国家食品安全示范城市”创建，保障群众饮食用药安全。

——节能环保方面支出合计98亿元。其中，市本级节能环保支出36亿元，增长3.3%，完成预算的100%；另专项补助区县62亿元。主要用于：落实长江经济带“共抓大保护、不搞大开发”方针，实施“五大环保行动”，治理水、大气、土壤、噪音等突出环境污染问题。加快城市污水处理提标和设施升级改造。支持新能源汽车推广应用。支持区县开展“四山”综合整治。推进流域横向生态保护补偿机制改革，对区县流域水环境保护修复协同共治进行奖补。成功入围国家“山水林田湖草生态保护修复工程”“地质灾害综合防治体系建设”以及“城市黑臭水体治理”等试点和示范城市。进一步推进乡镇污水处理设施建设运行和农村环境综合整治。

——农林水方面支出合计263亿元。其中，市本级农林水支出43亿元，增长8.4%，完成预算的100%；另专项补助区县220亿元。主要用于：重点支持11个区县分层分类开展乡村振兴试验示范工作，支持打造国家和市级现代农业示范园区，深化农村一二三产业融合发展和农业生产社会化服务，进一步完善农业信贷担保体系。支持推进农业保险提标扩面。支持国土绿化提升行动，实施新一轮退耕还林，加快建设长江上游重要生态屏障。支持渝西水资源配置工程等重点水源工程建设，巩固提升农村饮水安全，大力推进河长制、农业水价综合改革等工作。

——交通方面支出合计248亿元。其中，市本级交通运输支出129亿元，下降22.8%，完成预算的92.8%，下降原因主要是：二级公路取消收费，中央补助资金减少40亿元，以及加大对区县转移支付力度，相关支出在区县列报；另专项补助区县 119 亿元。主要用于：建成沙坪坝、西站两个铁路综合枢纽，继续推进郑万铁路、涪怀二线、枢纽东环线等重点项目建设，支持开展渝湘高铁、渝昆高铁等项目前期工作，打造我市铁路综合交通网。推进第四个“1000 公里”高速公路建设，增加高速公路出省通道。支持万州、黔江、武隆、巫山“四小”机场建设，推进 T3B 航站楼和第四跑道前期工作。推动果园港、珞璜港、龙头港、新田港等四大枢纽港建设升级。补助区县“四好农村路”，完善农村公路微循环。支持区县国省干线公路建设，畅通市域交通网络。支持中欧班列（重庆）、“渝黔桂新”铁海联运班列等稳健开行。

——城乡建设方面支出合计 226 亿元。其中，市本级城乡建设支出 214 亿元，增长 10.1%，完成预算的 92.6%；另专项补助区县 12 亿元。主要用于：加快推进四号线、五号线、九号线、十号线和环线等城市轨道建设，累计完成投资 1976 亿元，通车里程 313 公里，居中西部第一位。支持城市提升行动计划实施，启动“两江四岸”治理提升，推进大城细管、大城智管、大城众管，不断提升城市管理精细化、智能化、人性化水平。加快推进快速路一纵线、蔡家大桥、龙兴隧道等城市道路、桥梁和隧道建设。保障市政道路照明、土城公厕等公共设施运营维护。对区县进行补助，完善主城区次支路网、人行过街设施、公共停车场建设，改善路网结构和交通微循环，缓解城市交通拥堵。继续支持海绵管廊试点建设，优化和完善城市功能。

——产业发展方面支出合计 77 亿元，上述金额为资源勘探信息、商业服务业、金融、粮油物资储备四个支出科目之和，其中，市本级产业发展支出 37 亿元，增长 21%，完成预算的 82.4%；另专项补助区县 40 亿元。主要用于：支持企业智能化改造、大数据智能产业发展和智能化应用，促进军民融合产业创新和协同发展。支持民营经济和制造业降本增效，支持中小微企业提质发展，缓解企业融资难题。支持举办智博会、西洽会、中新金融峰会。支持金融互联互通，推动稳外贸、稳外资、稳外经，加快培育新消费。保障电力电煤供应，保障粮食、成品油、猪肉等政策储备，稳定市场供需。

——国土海洋气象等方面支出合计 42 亿元。其中，市本级国土海洋气象等支出 17 亿元，增长 11.9%，完成预算的 85.3%；另专项补助区县 25 亿元。主要用于：保障国土、气象、测绘等支出。支持土地资源利用与保护、地质灾害防治综合体系建设。

——住房保障方面支出合计 65 亿元。其中，市本级住房保障支出 25 亿元，下降 14.6%，完成预算的 100%；另专项补助区县 40 亿元。主要用于：保障公租房平稳有序运行，支持廉租房配套设施建设及环境整治，支持区县城中村、棚户区及农村危房改造，支持特色小城镇建设，改善农村人居环境。

2018 年市对区县转移支付共计 1503 亿元，占区县一般公共预算支出的 46.8%。其中，各项支出政策专项补助区县共 984 亿元，另安排市对区县财力补助 519 亿元。财力补助主要用于支持区县保工资、保运转、保基本民生，提高区县基本公共服务保障水平。

市对区县转移支付分区域看：主城区 337 亿元，主要用于按分税制实行的税收返还等体制补助 114 亿元；支持两江新区及各开发区加快发展，推动产业转型和城市提升等 121 亿元；按政策由市级承担的教育、医疗卫生、社会保障等民生类补助 102 亿元。渝西片区 461 亿元，主要用于提升基本公共服务保障水平，增强人口承载和集聚能力等财力性补助 127 亿元；推动完善交通运输、农田水利等基础设施，促进城市互联互通等建设发展类补助160亿元；按政策由市级承担的教育、医疗卫生、社会保障等民生类补助174亿元。渝东北片区和渝东南片区705亿元，主要用于增加对困难地区各类财力性补助219亿元；支持推动脱贫攻坚、生态保护等专项补助119亿元；按政策由市级承担的教育、医疗卫生、社会保障、乡村振兴等民生类补助367亿元。

2. 市级政府性基金预算执行情况

表5 2018年市级政府性基金预算收支平衡情况

单位：亿元

收入	执行数	支出	执行数
总计	2413	总计	2413
一、本级收入	1209	一、本级支出	963
二、转移性收入	1204	二、转移性支出	1450
中央补助	64	补助区县	695
区县上解	58	调出资金	76
地方政府债务收入	670	地方政府债务转贷支出	388
上年结转	412	结转下年	291

政府性基金预算是依照法律、行政法规的规定，在一定期限内向特定对象征收的资金，专项用于特定公共事业发展的收支预算，是一般公共预算的重要补充，也是政府债务管理、专项债券发行的重要支撑。

（1）收入项目执行情况

市本级政府性基金预算收入1209亿元，下降18.8%，完成预算的103.1%。加上中央补助64亿元、地方政府债务收入670亿元、上年结转412亿元、区县上解58亿元后，收入总计2413亿元。

——国有土地使用权出让收入1108亿元，下降22%。

（2）支出项目执行情况

市本级政府性基金预算支出963亿元，增长11.2%，完成预算的83%。加上补助区县695亿元、地方政府债务转贷支出388亿元、结转下年291亿元、调出资金76亿元后，支出总计2413亿元。

从项目看，上述支出963亿元主要用于：

——市本级城市建设及农林水项目支出812亿元。其中，支出410亿元，用于土地整治和拆迁补偿投入；支出123亿元，支持加快推进四号线、五号线、九号线、十号线和环线等城市轨道建设；支出76亿元，支持加快推进快速路一纵线、蔡家大桥、龙兴隧道等城市道路、桥梁和隧道建设；支出64亿元，用于保障性住房安居工程建设；支出27亿元，用于被征地农民养老保险；支出41亿元，支持园区建设、地质灾害防治、农村人居环境整治，三峡库区生态环境保护和产业发展等项目；支出71亿元，用于建设偿债。

——市本级交通建设项目支出122亿元。其中，支出102亿元，支持郑万铁路、涪怀二线、枢纽东环线等轨道项目以及重庆西站和沙坪坝铁路综合交通枢纽建设；支出10亿元，加强机场建设，增加航空通道，完善港口功能，支持水运建设，构建综合交通体系；支出10亿元，用于高速公路建设。

3. 市级国有资本经营预算执行情况

表6 2018年市级国有资本经营预算收支平衡情况

单位：亿元

收入	执行数	支出	执行数
总计	66	总计	66
一、本级收入	57	一、本级支出	27
二、转移性收入	9	二、转移性支出	39
中央补助	5	调出资金	32
上年结转	4	补助区县	6
		结转下年	1

（1）收入项目执行情况

市本级国有资本经营预算收入 57 亿元，完成预算的 162.2%，超收主要是增加产权转让收入 22 亿元。加上中央补助 5 亿元、上年结转 4 亿元，收入总计 66 亿元。

——利润收入 35 亿元，主要是市属重点企业按规定上缴的利润。

——其他收入 22 亿元，主要是国有企业产权转让收入。

（2）支出项目执行情况

市本级国有资本经营预算支出 27 亿元，完成预算的 95.5%。加上调出资金 32 亿元、补助区县 6 亿元和结转下年 1 亿元后，支出总计 66 亿元。

各位代表，2018 年，全市财政系统落实高质量发展要求，抓住用好重要战略机遇期，强化担当，创新思路，积极作为，理财视野得到拓展，债务风险总体可控，财政运行总体平稳。但是，我们也清醒认识到，当前财政工作还存在一些问题，主要表现在：财政收入增长放缓，汽车、电子等支柱产业和重点税源贡献下降，需要加快培育新的增长点；支出结构有待进一步优化，部分项目支出进度较慢，导致财政资金闲置浪费，绩效不高，重资金分配、轻项目管理的问题仍然存在；部分区县保工资、保运转、保基本民生支出压力较大，还存在脱离实际、超出自身财力过高承诺的现象，财政可持续性有待提升；一些区县债务规模较大、风险较高，防范化解债务风险任务艰巨。对此，我们将坚持问题导向，进一步统筹谋划、改革创新、加强管理，努力加以解决。

三、2019 年工作安排

2019 年是新中国成立 70 周年，是全面建成小康社会关键之年。2019 年预算编制的指导思想是：以习近平新时代中国特色社会主义思想为指导，全面贯彻落实党的十九大和十九届二中、三中全会精神，深入学习贯彻中央经济工作会议精神，紧紧围绕习近平总书记对重庆提出的“两点”定位、“两地”“两高”目标和营造良好政治生态、做到“四个扎实”的重要指示要求，坚持和加强党的全面领导，统筹推进“五位一体”总体布局，协调推进“四个全面”战略布局，坚持稳中求进工作总基调，坚持新发展理念，坚持推动高质量发展，坚持以供给侧结构性改革为主线，认真落实“巩固、增强、提升、畅通”八字方针，继续打好“三大攻坚战”和实施“八项行动计划”，统筹推进稳增长、促改革、调结构、惠民生、防风险工作，进一步做好“六稳”工作。落实更大规模的减税降费政策，调整优化财政支出结构，加大对重点领域支持力度，提高资金配置效率；加快建立现代财政制度，深入实施预算绩效管理，提高资金使用效益；加强政府债务管理，用好地方政府专项债券，积极防范化解地方政府债务风险，促进经济社会持续健康发展。

围绕上述指导思想，2019 年预算编制将遵循以下要求：一是收入预算要实事求是。财政收入预测要与经济社会发展相适应，与财政政策相衔接，充分考虑落实更大规模的减税降费政策、产业转型升级等因素影响。二是支出预算要统筹兼顾、调整结构、保障重点。加强统筹整合力度，用好地方政府专项债券，加大对重点领域的保障力度；要坚持“过紧日子”的思想，厉行节约，严格控制和压减一般性支出；要优先保工资、保运转、保基本民生。三是增强财政可持续性。坚持问题导向，强化工作举措，充分考虑市、区县两级财力和平衡情况，强化对困难地区的帮助，保障财政平稳运行。

四是提高财政资金的绩效。强化绩效理念，推进预算绩效管理逐步覆盖所有财政资金，加强评价结果应用。

（一）2019 年重点工作

全市财政系统将紧密围绕市委、市政府的决策部署，重点做好以下四个方面工作。

第一，加力提效，落实积极财政政策。实施更大规模的减税降费，优化财政支出结构，发挥出财政政策的更大效用。一是不折不扣落实各项减税降费政策。进一步为企业和个人减轻负担，以税费的“减”推动经济的“增”，真正做到服务经济、涵养税源。二是提高资金配置效率和使用效益。坚持有保有压，进一步调整优化支出结构，将一般性支出压减 5% 以上，保障重点领域支出。全面实施预算绩效管理，继续盘活财政存量资金，切实提高资金效益。三是加大政府投资力度。发挥有效投资的关键作用，统筹各类资金和政策，加快推进全市重大项目建设。注重发挥市场机制作用，引导民间资本参与重大项目建设。

第二，集中力量，打赢打好“三大攻坚战”。在巩固已有成果的基础上，整合资源，聚焦重点，支持打好“三大攻坚战”。一是支持打好防范化解重大风险攻坚战。坚决遏制隐性债务增量，妥善化解债务存量，严肃查处违法违规举债融资行为。探索建立与风险管理相适应的资金周转制度，深入推进融资平台市场化转型，防止出现“处置风险的风险”。二是支持打好精准脱贫攻坚战。强化财政投入保障，支持精准扶贫精准脱贫。针对突出问题，完善体制机制，切实增强贫困地区、贫困群众的内生动力和自我发展能力，全面加强各级各类扶贫资金监管。推动做好脱贫攻坚与乡村振兴战略的衔接。三是支持打好污染防治攻坚战。加大工作和投入力度，巩固生态环境治理取得的积极进展。深入实施生态优先绿色发展行动计划，加大环境保护和生态建设力度。全面落实“共抓大保护、不搞大开发”方针，推动长江经济带高质量发展。

第三，加强保障，坚决兜住“三保”底线。高度关注财政运行的可持续性，在落实好各项民生政策的基础上，坚决兜住“保工资、保运转、保基本民生”底线。一是建立财政可承受能力评估机制。全面评估区县财力，综合考虑运行情况、增长态势、支出需求等因素，实事求是评价承受能力，并将其作为以后年度出台支出政策、分配转移支付和债券额度的重要依据。二是建立支出政策监控机制。在尽力而为的同时，更加注重量力而行，推动实施民生支出政策备案制度，着力清理规范过高承诺、过度保障的支出政策，避免陷入民生福利陷阱。三是健全“三保”托底机制。对应中央明确的“三保”范围，足额打实年初预算，对存在困难的区县，通过加大县级基本财力奖补力度等措施予以托底。动态跟踪区县“三保”状况，建立对财政困难区县“三保”预算安排的审核机制和预算执行的约束机制，确保不发生拖欠基本民生资金等问题。

第四，深化改革，提高财政管理水平。对标对表中央和市委要求，不断深化财税体制改革，持续提升财政管理效能。一是系统推进财政改革。跟进中央改革，制定出台市与区县财政事权和支出责任划分的分领域方案。建立转移支付市级资金整合机制，增强困难区县的资金统筹和保障能力。履行地方国有金融资本出资人职责，逐步理顺管理体制。完善财政对开发区的体制政策。二是切实加强财政管理。建立目标管理、运行监控等绩效管理制度，积极推动绩效管理扩围提质。建立经营性国有资产集中统一监管体系。坚持问题导向，推进政府采购制度改革。三是主动接受各方监督。积极推进人大预算审查监督重点向支出预算和政策拓展各项工作，全力配合人大预算联网监督工作。聚焦专项巡视、大督查、跟踪审计等检查发现的问题，坚决落实整改，进一步严肃财经纪律。增强预算透明度，主动接受社会监督。

（二）2019 年主要支出政策

1. 创新驱动发展方面

增加投入，通过压缩行政经费保障科技发展专项资金持续增加。综合运用风险补偿、后补助、政府投资基金引导等手段，引导企业机构加大科技投入，提升全市研发经费投入强度，切实增强高质量发展的科技供给。强化统筹，深入实施创新驱动发展、军民融合发展、科教兴市和人才强市等行动计划，健全需求为导向、企业为主体的产学研一体化扶持政策体系，支持打造创新链和产业链，促进智能产业、智能制造和智慧城市加速发展。注重绩效，加强政策宣传、优化支持方式，抓好集成电路、工业互联网、企业技术改造等政策的落地执行，推动新能源和智能网联汽车、首台（套）重大技术装备、生物医药等重点领域有新进展。

2. 支持实体经济发展方面

落实资金和政策，稳定工业发展基本面，带动社会资本投资制造业重点领域，打造平台载体、支持新业态新模式发展，推动先进制造业和现代服务业深度融合。增强民营经济活力，落实减税降费、“支持实体经济企业 18 条”等政策措施，进一步降低民营企业负担。设立民营企业纾困基金，缓解企业融资难题。积极争取国家投资基金和产业专项资金支持。综合运用税收优惠、融资增信、以奖代补等方式，鼓励金融机构加大对民营企业特别是中小微企业的支持力度。

3. 基础设施建设方面

加强重大基础设施投资，抓住国家补短板政策机遇，重点推动一批高铁、城市轨道、高速公路、水利、航空等基础设施项目建设。积极支持实施高铁建设五年行动方案，加快渝湘高铁、渝昆高铁等高铁项目建设，构建“米”字形高铁网络。按照“中心加密、两槽加速、两翼联通、外围辐射”思路，加快城市轨道二期、三期项目建设进度，完善轨道交通网络。推动奉建、大内、渝遂扩能等高速公路建设，增加高速公路出省通道。加快路桥隧道建设，提高城市通行能力，助力城市提升行动计划实施。继续补助区县国省干线公路、“四好农村路”建设，保障脱贫攻坚战顺利推进。积极推进渝西水资源配置工程等项目，完善供水安全保障体系。大力支持渝东北片区、渝东南片区基础设施建设，加快推进渝西高铁、城开高速、渝湘高速扩能、巫山机场、武隆机场等项目。

4. 精准脱贫和乡村振兴方面

健全与脱贫攻坚任务相适应的投入保障机制，确保市级专项扶贫资金稳中有增。加大深度贫困乡镇专项补助力度，支持 18 个深度贫困乡镇定点包干脱贫。进一步创新财政支农方式，完善涉农资金统筹整合长效机制，引导撬动更多金融和社会资本投入农业农村发展。支持全市分层分类开展乡村振兴试验示范工作。进一步推进农业供给侧结构性改革，支持打造 10 个一二三产业综合产值达千亿元的产业集群，支持柑橘、榨菜、柠檬、生态渔、草食牲畜、中药材、茶叶等特色高效产业发展，支持现代农业产业园建设，支持农业品种品质品牌建设。稳步推进农村集体产权制度改革，盘活农村集体资产，发展壮大集体经济。

5. 生态环境保护和污染防治方面

坚持生态优先、绿色发展，为建设“山清水

秀美丽之地”提供财力保障。支持深入开展“五大环保行动”，解决水、土、大气、农村面源污染等突出问题。推行市级环保专项“以奖促治”，激励区县落实环保属地责任，补齐污水管网等环保基础设施短板。支持环境监测和应急能力建设。支持重要生态系统保护修复工程，实施长江上游生态屏障山水林田湖草生态保护修复。支持构建创新绿色循环低碳发展的产业体系，促进资源循环高效利用。实施公共节能工程，支持发展绿色出行、绿色建筑和绿色产品。支持林业自然保护区日常管理，实施新一轮退耕还林和天然林保护工程。支持国土绿化提升行动和国有林场基础设施建设。

6. 保障和改善民生方面

稳步扩大普惠性学前教育资源，巩固完善城乡统一义务教育经费保障机制，支持提升普通高中办学水平。支持发展职业教育，促进产教融合、校企合作，落实家庭经济困难学生资助政策。出台激励研发投入政策，支持重庆大学、西南大学等高校“双一流”建设，教育投入更多向教师倾斜，落实教师待遇，强化师生安全保障。增加就业补助资金，调整失业保险基金支出结构，加大企业帮扶力度。落实普惠性就业创业政策，支持高校毕业生、农民工和退役军人等重点群体就业。合理调整退休人员基本养老金水平。持续深化公立医院综合改革，巩固公立医院综合改革成果，切实破除以药补医机制。适当提高基本公共卫生服务项目补助标准，强化卫生健康服务。继续提高城乡居民医保财政补助和个人缴费标准，健全可持续筹资机制。统筹推进社会救助体系建设，加强困难群众、建档立卡贫困户基本生活和医疗保障。支持现代公共文化服务体系建设，继续支持媒体融合发展，推进公益性文化设施向社会免费开放、体育场馆向社会免费或低收费开放，改善城乡公共文化体育基础条件。完善优抚安置制度体系，维护退役军人合法权益。支持残疾人、红十字事业发展。继续支持棚户区、农村危旧房改造，推进公租房、廉租房配套基础设施建设。

7. 区域扶持方面

立足资源禀赋和产业基础，对主城区、渝西片区、渝东北片区和渝东南片区有针对性地实施差异化的财税扶持，增强区域发展特色。支持主城区和渝西片区一体化发展，加大重点开发区域、重大招商引资项目、重点建设投资领域财政投入，支持完善基础设施，增强产业配套能力。加大对渝东北片区、渝东南片区基本运转、基本民生、脱贫攻坚、生态保护、乡村振兴等重点领域财政投入，完善转移支付制度，加强对市级资金的统筹，提高基本公共服务保障能力。

上述支出政策中，涉及预算草案批准前必须安排的人员、基本运转等支出，按照《预算法》第五十四条规定，已作相应安排。

四、2019 年收支预算具体安排

（一）全市收支预算草案

1. 一般公共预算

全市一般公共预算收入预计 2333 亿元，增长 3% 左右，其中，税收收入预计 1715 亿元，增长 7% 左右。税收预期主要是考虑到中央出台的减税降费政策，将增速从 2018 年的 8.6% 下调至 7%，并保持与全市经济社会发展目标的总体衔接。全市一般公共预算收入加上中央提前下达转移支付、地方政府债务收入、动用预算稳定调节基金等 2242 亿元后，收入总计 4575 亿元。全市一般公共预算支出安排 4372 亿元，加上上解中央及地方政府债务还本支出 203 亿元后，支出总计 4575 亿元。

表7 2019年全市一般公共预算收支平衡情况

单位：亿元

收入	预算数	支出	预算数
总计	4575	总计	4575
一、本级收入	2333	一、本级支出	4372
税收	1715	二、转移性支出	203
非税	618	上解中央	38
二、转移性收入	2242	地方政府债务还本支出	165
中央补助	1469		
动用预算稳定调节基金	125		
地方政府债务收入	269		
调入资金	379		

2. 政府性基金预算

全市政府性基金预算收入预计1550亿元，加上中央提前下达的转移支付收入49亿元、地方政府债务收入514亿元后，收入总计2113亿元。全市政府性基金预算支出安排1620亿元，加上调出资金及地方政府债务还本支出493亿元后，支出总计2113亿元。

表8 2019年全市政府性基金预算收支平衡情况表

单位：亿元

收入	预算数	支出	预算数
总计	2113	总计	2113
一、本级收入	1550	一、本级支出	1620
二、转移性收入	563	二、转移性支出	493
中央补助	49	调出资金	316
地方政府债务收入	514	地方政府债务还本支出	177

3. 国有资本经营预算

全市国有资本经营预算收入预计119亿元，加上中央补助1亿元，收入总计120亿元。全市国有资本经营预算支出安排59亿元，加上调出资金61亿元后，支出总计120亿元。

表9 2019年全市国有资本经营预算收支平衡情况表

单位：亿元

收入	预算数	支出	预算数
总计	120	总计	120
一、本级收入	119	一、本级支出	59
二、转移性收入	1	二、转移性支出	61
中央补助	1	调出资金	61

4. 社会保险基金预算

全市社会保险基金预算收入预计1899亿元，与上年基本持平。其中，基本养老保险基金收入1294亿元，基本医疗保险基金收入564亿元，失业保险基金收入19亿元，工伤保险基金收入22亿元。全市社会保险基金预算支出安排1792亿元，增长7.6%。其中，基本养老保险基金支出1224亿元，基本医疗保险基金支出530亿元，失业保险基金支出18亿元，工伤保险基金支出20亿元。加上结转下年支出预计107亿元后，支出总计1899亿元。

（二）市级收支预算草案

1. 市级一般公共预算收支预算草案

表10 2019年市级一般公共预算收支平衡情况

单位：亿元

收入	预算数	支出	预算数
总计	2755	总计	2755
一、本级收入	801	一、本级支出	1228
税收	583	二、转移性支出	1527
非税	218	上解中央	38
二、转移性收入	1954	补助区县	1220
中央补助	1469	地方政府债务还本支出	80
区县上解	52	地方政府债务转贷支出	189
动用预算稳定调节基金	58		
地方政府债务收入	269		
调入资金	106		

（1）收入项目预算情况

市本级一般公共预算收入预计801亿元，同口径增长4.8%左右（自然增长-6.7%），同口径因素为城市建设配套费转列至基金预算反映。其中，税收收入预计583亿元，增长6.5%左右。

市本级一般公共预算收入加上中央提前下达转移支付1469亿元、动用预算稳定调节基金58亿元、调入资金106亿元、区县上解52亿元、地方政府债务收入269亿元后，收入总计2755亿元。

（2）支出项目预算情况

市本级一般公共预算支出安排1228亿元，加上市对区县转移支付1220亿元、上解中央38亿元、地方政府债务还本支出80亿元、地方政府债务转贷支出189亿元后，支出总计2755亿元。

——市本级一般公共服务支出安排106亿元。

——市本级公共安全支出安排99亿元，补助区县6亿元。

——市本级教育支出安排109亿元，补助区县84亿元。

——市本级科学技术支出安排22亿元。

——市本级文化旅游体育与传媒支出安排16亿元，补助区县2亿元。

——市本级社会保障和就业支出安排376亿元，补助区县109亿元。

——市本级卫生健康支出安排36亿元，补助区县156亿元。

——市本级节能环保支出安排28亿元，补助区县10亿元。

——市本级城乡社区支出安排71亿元，补助区县6亿元。

——市本级农林水支出安排19亿元，补助区县148亿元。

——市本级交通运输支出安排192亿元，补助区县90亿元。

——市本级产业发展等支出安排33亿元，补助区县23亿元。

——市本级自然资源海洋气象等支出安排16亿元，补助区县7亿元。

——市本级住房保障支出安排40亿元，补助区县18亿元。

——其他支出安排14亿元。

——预备费安排21亿元。

——市对区县财力补助560亿元。

2. 市级政府性基金预算草案

表11　2019年市级政府性基金预算收支平衡情况

单位：亿元

收入	预算数	支出	预算数
总计	1583	总计	1583
一、本级收入	1020	一、本级支出	752
二、转移性收入	563	二、转移性支出	831
中央补助	49	补助区县	400
地方政府债务收入	514	地方政府债务转贷支出	328
		地方政府债务还本支出	37
		调出资金	66

市本级政府性基金预算收入预计1020亿元，主要包括国有土地使用权出让金收入900亿元。加上中央补助49亿元、地方政府债务收入514亿元后，收入总计1583亿元。

市本级政府性基金预算支出安排752亿元，加上补助区县400亿元、调出资金66亿元、地方政府债务还本支出37亿元、地方政府债务转贷支出328亿元后，支出总计1583亿元。

在上述市本级政府性基金预算支出安排中，包含新增政府债券安排的重点项目支出150亿元，主要为土地储备 40 亿元、轨道 40 亿元、“四好农村路”25 亿元、国省干线公路 25 亿元、铁路 20 亿元。

3. 市级国有资本经营预算草案

表 12　2019 年市级国有资本经营预算收支平衡情况

单位：亿元

收入	预算数	支出	预算数
总计	73	总计	73
一、本级收入	72	一、本级支出	32
二、转移性收入	1	二、转移性支出	41
中央补助	1	调出资金	41

市本级国有资本经营预算收入预计 72 亿元，加上中央补助 1 亿元后，收入总计 73 亿元。

市本级国有资本经营预算支出安排 32 亿元，加上调出资金 41 亿元后，支出总计 73 亿元。

需要说明的是，今年中央可能进一步减税降费，以上预算草案中，相关支出可能进一步压缩调整。

各位代表，新的一年，全市财政系统将以习近平新时代中国特色社会主义思想为指导，全面落实习近平总书记对重庆的重要指示要求，在市委、市政府的坚强领导下，在市人大、市政协的监督支持下，沉心静气，勇于担当，开拓进取，不断推动财政改革和发展，为全市经济社会发展作出更大贡献，以优异成绩庆祝中华人民共和国成立 70 周年！

2018年重庆市经济社会发展概况

重庆市发展和改革委员会

2018年，全市上下全面贯彻习近平新时代中国特色社会主义思想和党的十九大精神，全面落实习近平总书记对重庆提出的“两点”定位、“两地”“两高”目标和营造良好政治生态、做到“四个扎实”的重要指示要求，坚持稳中求进工作总基调，聚焦高质量、供给侧、智能化，坚决打好“三大攻坚战”，谋划实施“八项行动计划”，坚决肃清孙政才恶劣影响和薄熙来、王立军流毒，统筹推进稳增长、促改革、调结构、惠民生、防风险工作，保持了经济持续健康发展和社会大局稳定。地区生产总值突破2万亿元、增长6%，经济社会发展稳的格局在巩固、进的动力在增强、好的势头在显现，高质量发展势头强劲。

一、“三大攻坚战”开局良好

打好防范化解重大风险攻坚战。强化源头治理、动态管理、应急处理，有效防控各类风险隐患。发挥债委会和联合授信机制作用，缓解企业流动性短缺。P2P网贷、非法集资等重点金融风险整治取得成效。加强政府债务管理，建立风险定期排查和台账式管理机制，政府债务风险总体可控。打好精准脱贫攻坚战。编制实施18个深度贫困乡镇脱贫攻坚三年规划，深化鲁渝扶贫协作，12万贫困人口脱贫，石柱、奉节达到脱贫摘帽标准，贫困发生率降至0.7%。易地扶贫搬迁完成搬迁入住5.54万人。完成18个深度贫困乡镇农网改造工程。打好污染防治攻坚战。全面推行河长制，探索“双总河长制”并被全国推广。加强大气污染联防联控，实施土壤污染管控和修复，主要污染物排放总量持续下降，一批突出环境问题得到解决。主城区空气质量优良天数达到316天，PM2.5平均浓度同比下降11.1%。

二、产业转型升级加力提速

深入推进制造业高质量发展。制定实施以

大数据智能化为引领的创新驱动发展战略行动计划，出台支持集成电路、新能源及智能网联汽车、工业互联网等产业发展专项政策，加速聚集 12 大智能产业。智能产业销售收入达到 4640 亿元、增长 19.2%，战略性新兴制造业、高技术产业增加值分别增长 13.1%、13.7%。加快传统产业转型升级，实施 203 家企业智能化改造，推动工业投资增长 7.3%，其中技改投资占工业投资比重提高到 39.7%。积极发展现代服务业。旅游经济持续高位运行，全市旅游总收入增长 31%。召开全市旅游发展大会，发布“行千里 · 致广大”全新城市形象宣传片，唱响“山水之城 · 美丽之地”旅游品牌，连续两年成为世界旅游业理事会公布的全球旅游增长最快城市。培育壮大现代金融业，提升金融服务实体经济能力，金融业增加值增长 6.9%。以集聚示范区为载体，积极发展现代物流、软件信息等服务业。大力发展会展经济，办好智博会、西洽会、军洽会、支洽会、中新金融峰会、重庆国际人才洽谈会、2019 中国城市规划年会。智博会期间，签约重大项目 501 个、合同金额达 6120 亿元。

三、改革开放创新统筹推进

强化改革推动。市级机构改革顺利实施，政府职能进一步优化。围绕“破、立、降”深化供给侧结构性改革，为企业减负超过 600 亿元。商事制度改革实现“三十一证合一”，企业开办审批时间压缩至 5 个工作日以内。扎实推进国企改革，企业活力进一步增强。出台实施“银行业支持实体经济发展 20 条”“涉企减负 30 条”“制造业降本 36 条”等政策措施，制定落实民营经济“2+N”扶持政策，支持长安、力帆、小康、宗申等重点企业转型发展、做优做强。强化开放带动。中新互联互通项目“陆海新通道”形成铁海联运、跨境公路运输、国际铁路联运三种方式，“渝黔桂新”铁海联运班列累计开行 657 班，中欧班列（重庆）开行超过 1000 班，“一带一路”和长江经济带在重庆无缝衔接。江北国际机场国际航线增至 82 条，旅客吞吐量达到 4160 万人次。两江新区获批深化服务贸易创新发展试点，中新互联互通项目累计签约 219 亿美元，自贸试验区形成 11 项全国首创制度成果。江津综保区封关运行，涪陵综保区、果园保税物流中心（B 型）成功获批。国际贸易“单一窗口”和智慧口岸建设扎实推进，整体通关时间压缩 1/2 以上。强化创新驱动。出台“双一流”建设专项支持政策，启动建设中科院大学重庆学院，24 家国内外知名高校院所来渝设立分院分所。引进“两院”院士等高层次人才 255 名，新增科技型企业 4301 家。重医附属儿童医院获批国家临床医学研究中心。荣昌、永川获批国家高新区。

四、乡村振兴和城市提升提质增效

实施乡村振兴战略。新发展农林特色产业 166 万亩，“巴味渝珍”品牌首批授权产品 438 个，乡村旅游和农村电商网络零售额分别增长 32% 和 21.3%。农村“三变”改革、“三社”融合发展试点稳步推进，减少村级集体经济“空壳村”1224 个。启动农村人居环境整治三年行动，行政村生活垃圾有效治理率超过 90%、污水处理率达到 63%。实施三峡后续规划项目 321 个。谋划推进城市提升。启动编制国土空间规划，“多规合一”平台上线运行。实施交通建设三年行动计划，渝贵铁路开通运营，成渝高铁枢纽段、重庆西站一期和沙坪坝站建成投用，渝湘高铁主城至黔江段、重庆东站开工。高速公路开工 7 条，江津至习水段建成投用，全市通车总里程达到 3096 公里。城市轨道交通新通车 49 公里，总里程达到 313 公里。启动实施水源工程建设三年行动，渝西水资源配置工程开工建设。启动“两江四岸”示范段建设，完成广阳岛长江生态文明创新实验区规划编制。制定城市综合管理提升行动方案，推进大城细管、大城智管、大城众管，“马路办公”成为常态，城市面貌发生可喜变化。

五、生态优先绿色发展成效显现

把修复长江生态环境摆在压倒性位置，长江干流重庆段水质总体为优，国家考核的 42 个断面水质达到国家年度目标。召开深入推动长江经济带发展动员大会暨生态环境保护大会，形成“1+3”统分结合的绿色发展政策体系。与三峡集团签署坚持生态优先共推绿色发展战略合作框架协议，推动一批先行先试项目。认真落实“共抓大保护、不搞大开发”方针，强化上游意识，担起上游责任，筑牢长江上游重要生态屏障。划定生态保护红线 2.04 万平方公里，营造林 640 万亩，岩溶石漠化、水土流失和消落区治理取得新成效，全市森林覆盖率提高到 48%。深入开展自然保护区大排查大整治，“四山”综合整治扎实推进，缙云山、水磨溪、长江上游珍稀特有鱼类等自然保护区专项治理初见成效。启动生态环境损害赔偿、流域横向生态保护补偿等改革，建成大气、水大数据监管平台，环境治理能力进一步提升。

六、社会民生事业持续改善

抓好就业工作。抓住重点群体就业这个关键，实施“就在山城”“渝创渝新”“技能兴业”三大行动，推动实现更高质量和更充分就业。新增城镇就业 75.3 万人，超额完成预期目标，城镇调查失业率保持在 4.7% 左右。全市最低工资标准上调 300 元 / 月。推进学有所教。抓住学前教育这个“痛点”，大力实施幼有所育、学有所教等专项行动计划，出台主城区幼儿园和义务教育学校建设三年滚动计划。新增普惠性幼儿园 691 所、全市学前教育普惠率达到 80% 以上，义务教育发展基本均衡区县覆盖率达到 95%，全市高校入学 25.2 万人。推进病有所医。抓住医疗卫生体制改革这个“难题”，深化公立医院综合改革，建成各类医联体 188 个，动态调整药品入市价格，1.6 万个品规价格平均下调 8.97%，83 个进口药品价格平均降幅 7.38%、最大降幅超过 50%，53 个国家谈判药品（含 25 个抗癌药）纳入医保报销。新增民营医疗机构 54 家。推进老有所养。抓住养老服务这个新兴需求，破除社会资本进入壁垒，着力解决养老用地难、运营难、用工难等问题，稳步实施社区养老服务“千百工程”。城镇职工和城乡居民养老保险待遇稳步调增。城市低保标准、农村低保标准分别提高到 546 元 / 月、410 元 / 月。

同时，我市仍然还存在一些突出问题和短板，主要是：经济发展韧性不强，产业结构较为单一，受汽车和电子信息产业影响波动大，发展质量效益还不高。企业创新能力偏弱，全市拥有研发机构的规模企业数占比不足 20%。城乡区域发展差距较大，交通等基础设施互联互通水平有待提高。资源环境约束趋紧，污染防治还需持续用力。改革措施系统集成有待加强，开放型经济新体制还需完善。脱贫攻坚任务依然艰巨，教育、医疗、养老、住房、安全等领域仍有不少短板。2019 年，全市经济社会主要预期目标是：地区生产总值增长 6%；固定资产投资、社会消费品零售总额分别增长 8%、7% 左右，进出口总值保持正增长；城镇调查失业率控制在 5.5% 左右，全体居民人均可支配收入增长 8% 左右，居民消费价格涨幅 3% 左右；节能减排降碳完成国家下达任务。

2019 年，全市上下将以习近平新时代中国特色社会主义思想为指导，全面贯彻党的十九大和十九届二中、三中全会精神，深入学习贯彻中央经济工作会议精神，紧紧围绕习近平总书记对重庆提出的“两点”定位、“两地”“两高”目标、发挥“三个作用”和营造良好政治生态的重要指示要求，牢牢把握稳中求进工作总基调，坚持新发展理念，统筹推进稳增长、促改革、调结构、惠民生、防风险、保稳定各项工作，坚决打好“三大攻坚战”，深入实施“八项行动计划”，保持经济持续健康发展和社会大局稳定，为全面建成小康社会收官打下决定性基础，以优异成绩庆祝中华人民共和国成立 70 周年。

2018 年重庆市经济运行情况

重庆市统计局　国家统计局重庆调查总队

2018 年，全市以习近平新时代中国特色社会主义思想为指导，紧紧围绕习近平总书记对重庆提出的“两点”定位、“两地”“两高”目标和营造良好政治生态、做到“四个扎实”的重要指示要求，全市上下聚焦高质量、供给侧、智能化，积极谋划实施“三大攻坚战”和“八项行动计划”，全市经济运行在合理区间，保持健康发展态势。

2018 年，全市实现地区生产总值 20363.19 亿元，按可比价格计算，同比增长 6.0%。分产业看，第一产业实现增加值 1378.27 亿元，增长 4.4%；第二产业实现增加值 8328.79 亿元，增长 3.0%；第三产业实现增加值 10656.13 亿元，增长 9.1%。

一、农业生产形势总体稳定，畜牧业生产平稳发展

2018 年，全市农林牧渔业总产值 2052.4 亿元，按可比价计算同比增长 4.8%。全市粮食作物产量 1079.3 万吨，与上年基本持平。全市生猪出栏 1758.2 万头，增长 0.4%；家禽出栏 21349.2 万只，增长 0.2%；牛、羊分别出栏 54.5 万头、447.0 万只，下降 2.2% 和 0.4%。

二、工业经济转型调整，新兴制造业贡献突出

2018 年，全市规模以上工业增加值按可比价格计算同比增长 0.5%。分经济类型看，国有及国有控股企业增加值下降 7.7%，股份制企业增加值增长 3.3%，外商及港澳台商投资企业增加值下降 10.7%。分三大门类看，采矿业增加值下降 13.1%，制造业增加值增长 0.4%，电力、燃气及水生产和供应业增加值增长 8.0%。在“6+1”支柱行业中，电子制造行业增加值增长 13.6%、材料行业增加值增长 11.0%、化医行业

增加值增长 4.9%、装备制造业增加值增长 3.2%、消费品行业增加值增长 1.9%、能源工业增加值增长 1.7%、汽车制造业增加值下降 17.3%。

2018 年，全市高技术产业增加值同比增长 13.7%，对规模以上工业增长的贡献率为 411.7%。战略性新兴制造业增加值增长 13.1%，对规模以上工业增长的贡献率为 495.2%，是拉动工业经济增长的主要动力。其中，新一代信息技术产业、生物产业、新材料产业、高端装备制造产业增加值分别增长 22.2%、10.0%、6.5%、13.4%。新产品产量实现较快增长，其中新能源汽车增长 33.0%，智能手机增长 59.4%，液晶显示屏增长 56.2%，工业机器人增长 68.8%，风力发电机组增长 45.2%，医疗仪器设备及器械增长 74.1%。

三、服务业发展总体平稳，新兴服务业发展势头较好

1—11 月，全市规模以上服务业实现营业收入同比增长 13.5%。数字经济产业助推服务业高质量发展，截至 11 月末，全市从事数字经济产业相关业务的规上服务业企业共有 633 家，占规上服务业总数的 16.3%；1—11 月实现营业收入 861.65 亿元，同比增长 16.1%。科技型服务业企业发展较好，1—11 月，规模以上科学研究和技术服务业企业营业收入增长 16.3%，营业利润增长 25.1%。

四、市场销售稳定增长，网络零售发展良好

2018 年，全市社会消费品零售总额同比增长 8.7%。按经营单位所在地分，城镇消费品零售额增长 8.5%；乡村消费品零售额增长 11.2%。从消费类型看，商品零售增长 8.1%，餐饮收入增长 11.6%。网络零售发展良好，全市限额以上法人企业网上零售额增长 28.6%，高出社会消费品零售总额增速 19.9 个百分点；占限额以上企业商品零售额的比重为 7.4%，较上年提高 0.4 个百分点。

五、固定资产投资稳步增长，民间投资保持活力

2018 年，全市固定资产投资同比增长 7.0%。分产业看，第一产业投资下降 9.5%，第二产业投资增长 7.3%，第三产业投资增长 7.4%。分版块看，基础设施投资增长 11.5%，工业投资增长 7.3%，房地产开发投资增长 6.8%。民间投资较快增长，全年民间投资增速达 12.8%，民间投资占全市固定资产投资的比重为 54.9%，较上年提高 0.3 个百分点。

六、房地产市场稳步发展，商品房销售面积小幅回落

2018 年，全市商品房新开工面积 7386.16 万平方米，同比增长 30.0%，其中住宅新开工面积 5145.20 万平方米，增长 36.9%。商品房销售面积 6536.25 万平方米，下降 2.6%，其中住宅销售面积 5424.76 万平方米，下降 0.5%。商品房销售额 5272.70 亿元，增长 15.7%，其中住宅销售额 4442.87 亿元，增长 23.4%。

七、居民消费价格温和上涨，工业生产者价格走势平稳

2018 年，全市居民消费价格总水平较上年上涨 2.0%。八大类商品和服务价格全面上涨，其中，食品烟酒类、衣着类、居住类、生活用品

及服务类、交通和通信类、教育文化和娱乐类、医疗保健类、其他用品和服务类价格分别上涨1.4%、1.5%、2.8%、1.7%、0.1%、3.0%、5.7%、0.9%。

2018年，全市工业生产者出厂价格同比上涨2.1%，购进价格同比上涨2.5%。

八、对外贸易持续增长，加工贸易支撑明显

2018年，全市进出口总值5222.62亿元，同比增长15.9%。其中，出口3395.28亿元，增长17.7%；进口1827.34亿元，增长12.5%。全市加工贸易进出口2632.40亿元，增长26.9%，占同期全市外贸总值的50.4%，比重较上年提升4.4个百分点。一般贸易进出口1931.90亿元，增长5.6%，占比37.0%，比重降低3.6个百分点。保税物流进出口636.85亿元，增长10.6%，占比12.2%，比重降低0.6个百分点。

九、财政收入平稳增长，居民收入稳步提升

2018年，全市一般公共预算收入完成2265.5亿元，同比增长0.6%。其中，税收收入1603.0亿元，增长8.6%。

2018年，重庆全体居民人均可支配收入26386元，同比增长9.2%。其中，城镇常住居民人均可支配收入34889元，增长8.4%；农村常住居民人均可支配收入13781元，增长9.0%。

十、供给侧结构性改革稳步推进，企业预期保持景气

产能利用率保持稳定，2018年，全市规模以上工业产能利用率为72.4%。工业企业杠杆率持续下降，11月末，规模以上工业企业资产负债率为58.3%，比上年同期下降2.6个百分点。企业运行效率有所提高，11月末，规模以上工业产成品周转天数7.9天，比上年同期下降0.8天。民生领域补短板力度加大，2018年，全市民生领域完成投资3505.94亿元，同比增长11.0%。

四季度，全市工业企业家预期信心指数为113.1，预期景气指数为114.5，表明企业家对未来工业经济运行充满信心。从大类行业看，制造业中26.3%的企业对下季度总体运行状况持“乐观”预期，高于“不乐观”预期12.3个百分点。

总体来看，2018年全市经济稳定运行，支撑高质量发展的基础在筑牢，高质量发展的动能在集聚，经济发展的质效在提升。同时也要看到，全市经济已由高速增长阶段转向高质量发展阶段，正处于供给侧结构性改革、发展方式转变、经济结构调整的关键时期，推动高质量发展任务依然艰巨。

附注：

（1）地区生产总值、规模以上工业增加值及其分类项目增长速度按可比价计算，为实际增长速度；其他指标除特殊说明外，按现价计算，为名义增长速度。

（2）规模以上工业统计范围为年主营业务收入2000万元及以上的工业企业。由于规模以上工业企业范围每年发生变化，为保证本年数据与上年可比，计算产品产量等各项指标同比增长速度所采用的同期数与本期的企业统计范围尽可能相一致，和上年公布的数据存在口径差异，主要原因：一是统计单位范围发生变化。每年有部分企业达到规模纳入调查范围，也有部分企业因规模变小退出调查范围，还有新建投产企业、破产、注（吊）销企业等影响。二是部分企业集团（公司）产品产量数据存在跨地区重复统计现象，

根据专项调查对企业集团（公司）跨地区重复产量进行了剔重。

（3）社会消费品零售总额统计中限额以上单位是指年主营业务收入 2000 万元及以上的批发业企业（单位）、500 万元及以上的零售业企业（单位）、200 万元及以上的住宿和餐饮业企业（单位）。

通过公共网络实现的零售额指企业（单位）通过公共网络交易平台（包括自建网站和第三方平台）取得订单，售给个人、社会集团非生产、非经营用的实物商品金额（含增值税），付款可以在网上进行，也可以在网下进行。公共网络包括计算机互联网、移动互联网等。

社会消费品零售总额包括实物商品网上零售额，不包括非实物商品网上零售额。

（4）进出口数据来源于重庆海关，人民币存贷款数据来源于中国人民银行重庆营管部。

（5）部分数据因四舍五入的原因，存在总计与分项合计不等的情况。

第二编　部门经济运行与管理

科技管理

重庆市科技局

一、2018 年科技创新工作发展回顾

——科技创新能力持续提升。全社会研发经费支出预计达到 397 亿元、同比增长 9%，研发经费投入强度达到 1.95%、与全国平均水平的差距从 2015 年的 0.5 个百分点缩小到 0.2 个百分点。专利授权 4.57 万件、同比增长 31.36%，每万人口发明专利拥有量提高到 9.08 件、同比增长 25.24%。综合科技进步水平指数和区域创新能力综合指标均排名全国第 8 位。

——优质创新资源加快集聚。新培育科技型企业 4301 家、同比增长 24.1%，新认定高新技术企业 893 家、同比增长 24.5%。引进建设中科院大学重庆学院、中国工程科技发展战略重庆研究院、联合微电子中心、英特尔 FPGA 中国创新中心等高端研发机构 24 个。重医附属儿童医院获批我市首个国家临床医学研究中心。

——创新平台引领作用不断加强。新增永川、荣昌 2 个国家高新区和涪陵、合川、长寿 3 个市级高新区。新增酉阳、铜梁 2 个国家农业科技园区。全市累计布局建设各类创新园区 41 个。高新区内高新技术企业达到 929 家、占全市的 37.1%，高新区规模工业总产值达 5147.34 亿元、占全市总量的比重超过四分之一，增速达到 5.8%、高出全市 3 个百分点，成为全市高质量发展新引擎。

——科技赋能取得新成效。推动大数据智能化提升制造业转型升级，全市智能机器人、智能网联汽车产量均增长 50% 以上，智能手机产量增长 59.4%，智能产业销售增长 19.2%。战略性新兴制造业和高技术产业增加值分别增长 13.1% 和 13.7%。

2018 年，重点抓以下五方面工作：

（一）着力推进重点产业技术创新

坚持聚焦新兴产业发展，以新技术、新产

品开发和应用示范为重点，强化关键核心技术攻关，推动产业转型升级。实施智能产业技术创新，制定集成电路技术创新实施方案，培育大数据智能化研发平台37家，组建技术创新战略联盟10家，以产学研协同创新方式，推进实施重大主题专项9个、重点研发项目310项，3D结构光人脸识别技术等有新突破。实施生物医药产业科技创新工程，研发一类新药3个、三类医疗器械9个。推进智能制造应用示范，智能化改造企业203家，工业互联网标识解析国家顶级节点启动运行，飞象工业互联网、中移物联网等综合性平台建成投用。加大产业基础科学研究支持力度，实施基础研究项目836项、同比增长49%，“向量最优化问题的理论研究”项目获国家自然科学二等奖。

（二）着力引育优质创新主体

坚持以开放理念推进科技创新、以开放平台集聚创新资源。成功举办第十三届重庆高交会暨第九届军博会，签约项目483个。以智博会、军博会为平台，大力实施技术创新合作专项行动，累计建设新型研发机构75家。累计培育市级以上科技创新基地782个，国家重点实验室、国家工程技术研究中心、国家工程研究中心达到52个。持续实施科技型企业培育“百千万”工程，科技型企业达到11026家，有效期内高新技术企业达到2504家。举办人工智能国际前沿论坛、国际工程科技发展战略高端论坛等国际性学术会议100余场，来渝交流合作“两院”院士258人次。实施各类人才建设专项和基础科学与前沿探索研究计划，累计培育国家级高层次创新人才608人。荣获国家科学技术奖6项，评定市科学技术奖152项。

（三）着力推进科技改善民生福祉

坚持不懈保障和改善民生，围绕人口健康、生态环保、智慧城市、现代农业等领域，着力推动科技惠民利民。构建智慧城市技术创新应用体系，在交通、医疗等领域搭建全市大数据管理与服务平台10个，建设高血压专病、血管外科学、检验医学等专科医联体5家。实施生态环保专项，聚焦水、大气等领域污染防治，研发新技术、新产品40余项。开展农业关键核心技术攻关，部分农业产业化技术瓶颈得到解决，培育一级优质杂交稻品种2个。深入实施科技精准扶贫，组织选派国家“三区”科技人才和市级科技特派员1220名，实现贫困村服务“全覆盖”。

（四）着力深化科技体制改革

坚持问题导向，探索建立鼓励创新的新机制、新制度，激发全社会创新活力和创造潜能。深化科技领域“放管服”改革，全面清理阻碍创新的陈规旧章和繁文缛节，整合科技项目、科技平台、科技型企业等8个业务管理平台，建成科技服务“一网通办”系统，经验做法在《国务院大督查专刊》刊载。扩大科技型企业知识价值信用贷款改革试点，合作银行为500家科技型企业贷款13.03亿元，获资助企业在资产规模、业务收入、研发投入上有较大提升，成为我市十大重点改革之一，新华社《瞭望》新闻周刊、《科技日报》等媒体相继刊载。深化以增加知识价值为导向的分配政策改革，将科技成果转化收益奖励、横向委托项目人员经费等20项收入不纳入绩效工资总量管理，将科技成果初始权益分配改革作为成果产权改革试点，加快落实科技成果“三权”下放、两个“不低于50%”激励政策，使科研人员收入与岗位职责、工作业绩、实际贡献充分挂钩。

（五）着力营造创新创业氛围

加强科技创新协同协作，营造创新创业的

良好氛围。推进部市会商，争取科技部重大科技项目、科研平台等经费10亿元以上。推进部门科技协作，与生态环境局、卫生健康委、交通局等部门建立科技创新协同推进机制。加强区县创新协同，推动奉节县成为全国首批启动建设的创新驱动示范县。两江新区、永川区、猪八戒网络公司等国家“双创”示范基地加快建设，环大学创新生态圈建设全面启动，累计建成科技企业孵化器68家、众创空间322家。举办“百问百答”科技创新政策宣讲活动，服务企业3815家，实现区县“全覆盖”。促进技术成果转移转化，技术合同登记交易成果2952项、成交额266.1亿元，同比分别增长41%、127%。种子、天使和风险投资引导基金直接参股组建子基金累计78支、规模213亿元，投资项目1048个、投资金额132亿元。市级科普基地达到147家，举办全市科技活动周、科普日等大型群众性科普活动，公民具备科学素质的比例达到8.01%。创新氛围日益浓厚，人民日报社、新华社、中央电视台等中央媒体刊发报道220余条，《重庆日报》头版刊登31条、头版头条6条。

二、存在的问题

·是创新资源聚合度不高。高端创新资源较少，创新资源集聚不够，创新爆发力不强。二是研发投入不足。全社会研发投入强度依然低于全国平均水平，与发达地区差距更大。三是创新能力不强。优质企业总量偏小、企业创新能力有待提高。

三、2019年目标任务

（一）推进产业技术创新，引领支撑高质量发展

实施智能产业技术创新能力提升行动，深入推进人工智能、集成电路、物联网等领域关键技术研发与产业化。聚焦人工智能、脑科学等前沿交叉领域，组织实施一批原创性研究项目和颠覆性创新项目，鼓励企业加强基础研究投入，择优支持重点实验室、野外科学观测研究站等基础研究基地建设。

（二）加快创新园区建设，形成多点联动创新格局

联动国家自主创新示范区、两江协同创新区，高标准规划建设重庆科学城。全面推动高新区提质增效，探索重庆高新区“一区多园”模式。加快推进两江协同创新区总体概念规划编制，充分结合两江新区产业及城市规划布局情况，以协同创新区为核心载体，形成核心引领、板块联动、多点支撑的协同创新格局。

（三）培育引进创新主体，增强科技创新供给能力

实施科技型企业培育“百千万工程”，力争科技型企业、高新技术企业总量分别达到15000家、3000家。大力实施技术创新合作专项行动，引进建设一批新型研发机构。以“双一流”建设带动高等教育整体提升，支持在渝高校与国内外知名高校院所合作。启动实施重庆市“外专双百计划”，研究拟定引进外国高端人才的优惠政策，同时注重本土创新人才培育，持续实施科技创新创业创投领军人才、创新创业示范团队等专项。

（四）优化创新创业环境，促进科技成果转移转化

加快建设重庆大学、西南大学等环大学创新生态圈。推进科技型企业知识价值信用贷款改革试点扩面增量，基本实现所有区县的“全覆盖”，为科技型企业发放贷款50亿元以上。打造“双

创”品牌活动，举办第八届中国创新创业大赛（重庆赛区）等比赛。推动修订《重庆市促进科技成果转化条例》，出台促进高校科研院所科技成果转移转化政策措施。

（五）发挥民生科技作用，助力创造高品质生活

开展智慧政务、智慧交通、智慧医疗等技术、产品、模式的创新与应用。聚焦人口健康、生态环境和社会治理等领域，开展先进适宜技术集成应用与示范。着眼创新驱动乡村振兴，出台星创天地、专家大院管理办法等政策文件，加快农业科技平台布局。

（六）加快创新开放合作，高效利用创新资源

推动我市与国外知名高校、科研院所、企业等开展合作，引进国外优质创新资源。加强与长三角、京津冀、粤港澳大湾区的科技创新合作，推进高端研发机构、成果转化平台、科技服务机构及高层次人才的引进与合作交流。推动民营企业参与军民融合创新，搭建民参军“直通车”。

（七）深化科技体制改革，激发全社会创新活力

优化科技创新政策设计，深化以增加知识价值为导向的分配政策改革，完善科技评价改革，加强科技监督与评估，建立以信任为前提的科研管理机制，强化科研诚信建设。

（八）强化科技综合服务，提升科技创新效率

优化升级“一网通办”系统，提高科技行政服务效率。依托科技资源共享服务平台，更大范围内集聚大型科研仪器，加快推进大型科研仪器的开放共享。提升西部科技金融路演中心服务水平，增强融资路演、企业培训、行业交流等服务实效。

（执笔人：胡艳）

民政工作

重庆市民政局

一、2018年发展回顾

2018年，全市民政系统在市委、市政府的坚强领导下，坚持以习近平新时代中国特色社会主义思想为指导，深入贯彻落实党的十九大精神，紧扣习近平总书记对重庆提出的“两点”定位、“两地”“两高”目标和营造良好政治生态、做到“四个扎实”重要指示要求，全面落实“三大攻坚战”“八项行动计划”工作部署，牢固树立“民政为民、民政爱民”工作理念，全面推进新时代大爱民政建设，民政各项工作取得新进展、新成效。

（一）实施党的建设统领行动，党建保障作用更加彰显

一是政治建设持续加强。局党组坚持以党的建设统领民政事业发展，对标对表党中央、国务院的决策部署和市委、市政府工作安排，全面系统学习贯彻习近平新时代中国特色社会主义思想、习近平总书记视察重庆重要讲话和在重庆代表团审议时重要讲话及有关民生民政工作的重要指示批示精神，出台民政部门关于营造良好政治生态、坚决肃清孙政才恶劣影响和薄熙来王立军流毒、加强德治和法治建设等党建指导性文件8个，先后3次召开党建专题会议，统一思想认识，压实工作责任，民政系统“四个意识”更加自觉，“四个自信”更加坚定，“两个维护”更加坚决，以实际行动兑现市委“三个确保”政治承诺。二是从严治党纵深推进。开展“兴调研转作风促落实”行动，城市困难群众救助帮扶专题调研、养老服务高质量发展调研报告等一批调研成果，获得市领导批示并转化为政策文件。围绕农村低保、资金监管、救灾款物、扫黑除恶、社会组织等重点领域，实施专项治理行动，取得积极成效。集中整治形式主义、官僚主义，针对工作疲于应付、担当精神不够的突出表现，即知即改、立行立改。开展“知见查办、作风转变”主

题党日活动，结合民政系统典型案例，对标对表找差距、补短板、明方向，民政干部使命感和责任担当进一步增强。三是改革创新不断深化。稳妥推进民政机构改革，市级双拥、优抚、安置、救灾、医疗救助、老龄等机构与职能全面完成转隶，市民政局“三定”方案按程序报批。统筹推进社会救助综合改革试点、居家和社区养老服务综合改革、社会组织登记管理制度改革、社区治理创新实验、殡葬管理体制改革等，市级审批事项精减46%并实现全网办理。推进民政综合执法改革，成立民政综合执法监察局，我市《关于加强民政行政执法工作的意见》被民政部转发全国参阅。四是基层基础稳步提升。加强基层民政工作，将街镇“社会事务办公室”统一更名为“民政和社会事务办公室”，市级安排1亿元民政以奖代补资金用于基层民政工作，基层服务能力有效提升。推进民政标准化建设，出台9项民政地方标准。实施“智库民政”计划，成立市民政发展研究中心，成功申报3个全国民政政策理论研究基地。实施“智慧民政”计划，智慧社区、智慧养老建设进展顺利。实施“能力提升”工程，举办专题培训92个班次，培训1.2万人次，干部综合素质显著提升。强化典型选树，70年守护烈士陵园的黔江区程氏父子荣获2018年度“感动重庆十大人物”称号，胡诗淼、孙志红等9名同志成为全国民政行业职能技能标兵。

（二）实施基本民生保障行动，社会救助水平稳步提升

一是脱贫攻坚兜底保障有力。制定民政领域打赢脱贫攻坚战三年行动实施方案，出台农村低保制度与扶贫开发有效衔接政策文件，23.18万名扶贫对象纳入农村低保，160余万名贫困人口纳入医疗救助，1.1万名扶贫对象纳入特困供养，2.57万户次贫困对象享受临时救助；动员慈善组织投入公益资金5.74亿元，帮扶97.27万名贫困群众，民政兜底保障作用有效发挥。二是社会救助水平稳步提升。出台加强城市特殊困难群众救助帮扶工作的意见，保障城乡困难群众同步进入全面小康。全面落实困难群众基本生活保障自然增长机制，城乡低保标准分别提高到每人每月546元、410元，全年支出低保资金45.35亿元，保障低保对象89.2万人；特困供养标准提高到每人每月710元/月，全年发放特困供养金16.49亿元，保障特困对象18.54万人；全年支出临时救助资金5.3亿元，救助困难群众19.66万人次。深入实施“民政惠民济困保”综合保险，理赔资金1.2亿元。高效应对自然灾害，全年下拨救灾应急资金2136万元、冬春救助资金1.17亿元，72万名受灾群众基本生活得到有效保障。三是社会救助制度规范实施。开展农村低保专项治理，查处违规违纪典型案例9件，对排查出的问题全面整改。出台推行政府购买服务提高基层社会救助经办服务能力的实施意见，基层社会救助经办服务能力不断增强。

（三）实施社会福利普惠行动，养老服务和慈善事业加快发展

一是养老服务体系不断健全。推进实施社区养老服务“千百工程”，全年新增社区养老服务站200所、市级示范社区养老服务中心20所，居家养老、社区养老、机构养老、医养结合的养老服务格局基本形成，国务院通报我市为全国养老服务体系建设成效明显的4省市之一。二是养老服务市场更具活力。全面放开养老服务市场，鼓励社会力量兴办养老机构。大幅提高养老床位建设补贴标准，市级对利用自有产权建设养老机构每张床位补贴由5000元提高到1万元、租赁产权补贴由1000元提高到5000元。开展养老服务发展国际合作，引进新加坡优护、华润、远洋、宜康集团来渝投资养老

服务业。全市现有养老机构 1403 个、社区养老服务中心（站）1221 所、养老床位 21.8 万张，每千名老人拥有床位 30.8 张。三是养老服务质量不断提升。修订养老机构服务管理办法，编制养老机构等级划分和评定规范，开展养老院服务质量建设专项行动，长期护理保险工作试点有序推进，养老机构综合责任保险加紧实施，养老机构服务运营更加规范。四是残障和慈善事业发展加快。稳步提高残疾人“两项补贴”标准，不断提升残疾人生活服务水平。与国家康复辅具研究中心签订备忘录，成功申报国家康复辅具产业综合创新示范点。大力发展慈善事业，全年接受慈善捐赠 10.6 亿元，受益 200 万人次。全市慈善组织达到 89 家，城市公益指数居全国第 14 位、西部第 2 位。福彩销售稳步增长，全年销售福彩 58.27 亿元，筹集公益金 17.36 亿元，同比分别增长 4.94%、3.62%。

（四）实施基层治理共建行动，基层民主自治更具活力

一是城乡社区治理深入推进。紧扣推进乡村振兴战略和提升城市品质行动，市委市政府出台加强和完善城乡社区治理实施意见、加强乡镇政府服务能力建设实施方案、优化乡镇机构设置意见等政策文件，构建城乡社区治理工作新格局。全面清理村（居）委会自治事项、协助政府工作事项、出具涉证事项、负面事项，基层总体减负 40% 以上。“三事分流”做法在全国推广，全年解决群众反映问题 58 万余件，化解群众矛盾 23 万余件。推进村规民约、居民公约在基层社会治理中发挥积极作用，组织开展村民自治领域扫黑除恶专项行动。二是社会组织改革持续深化。市委常委会专题听取全市社会组织工作情况汇报，建立由市长任组长的全市社会组织工作领导小组，统筹谋划全市社会组织建设，这一做法获得民政部充分肯定。加强党对社会组织工作的领导，市级社会组织党组织覆盖率达 73.8%，党的工作实现全覆盖。深化登记管理制度改革，社会组织登记“验资通”有序推行，行业协会商会综合监管实施细则出台实施，社会组织活动异常名录和严重违法失信名单基本建立。打击整治非法社会组织专项行动取得成效，妥善处置非法社会组织 70 余家，《查处非法社会组织操作指引》被民政部转发全国参阅。三是社会工作和志愿服务创新发展。出台加快推进“三社联动”、加强社会工作专业岗位开发和人才激励保障、规范和发展民办社会工作服务机构、支持和发展志愿服务组织等政策文件，实施社会工作服务项目 310 余个，开发专业社工岗位 1.49 万个，持证社工专才达到 1.5 万人，注册实名志愿者 558 万人，记录志愿服务时长 6080 万小时。

（五）实施军民融合拥军行动，优抚安置政策全面落实

一是优抚安置政策全面落实。全面落实优抚对象抚恤补助增长机制，阳光安置 1 万余名退役士兵，培训自主就业退役士兵 2000 余名。建立义务兵家庭优待金动态调整机制，优待金标准按照上年度城镇居民人均可支配收入的 30% 计发。全面推进军休军供规范化建设，认真做好退役军人信息采集和光荣牌发放工作。二是双拥工作持续发展。制定军民融合发展政策措施，开展双拥模范城（县）创建和“双拥在基层”活动，妥善协调解决驻渝部队实际困难 14 个。三是帮扶力度不断加强。加强优抚安置对象三级服务体系建设，加大退役军人关心关爱力度，全年为退役军人和优抚对象解决生活、工作、医疗、住房等实际困难 8526 个。

（六）实施专项事务优化行动，公共服务体系不断健全

一是区划地名服务更加优化。实施“地名文化”保护工程，编撰完成国家标准地名词典、地

名志，启动全国首个“互联网+地名”公共服务平台建设，加强地名文化标志建设。在全国率先完成第二次全国地名普查入库，受到全国普查办通报表扬。下发进一步加强地名标志管理的通知，推进地名规范管理。完成第四轮渝鄂省界和17条县界联检，深化平安边界建设。稳妥推进区划调整，报请市政府批准11个乡镇、街道区划调整事项。二是殡葬服务管理更加惠民。加强殡葬管理服务，开展殡葬领域突出问题专项整治，清退向不符合规定对象预售的墓位、格位4543个，查处未经审批建设骨灰存放设施的宗教场所和回民公墓13家，清明节安全接待祭扫群众398.4万人次。制定出台困难群众节地生态安葬补贴实施办法，全年免除困难群众基本殡葬服务费1400余万元。统筹推进殡葬综合改革试点，酉阳县颁布实施殡葬管理条例。三是婚姻收养服务更加便民。制定婚姻登记工作规范实施意见，开展涉外婚姻人脸识别登记，开通节假日婚姻登记微信预约服务，全年办理婚姻登记39.5万对、收养登记162例，登记合格率100%。实施“家和计划”，促进家庭和谐和睦。四是儿童关爱保护更加深入。建立孤儿基本生活费保障标准自然增长机制，4000余名孤儿基本生活得到保障。部署开展农村留守儿童关爱保护和困境儿童保障示范创建活动，加强基层儿童工作队伍建设，乡镇儿童督导员、村（社区）儿童主任配置实现全覆盖，农村留守儿童无人监护现象基本消除。我市位居“中国儿童政策省级创新指数2018”全国第5位、西部第1位。组织开展救助管理和站外托养机构检查整改，加强流浪乞讨主动救助，全年救助3万余人次，新改扩建救助管理站和未成年人保护中心7个。

二、2019年发展目标

2019年是新中国成立70周年，是全面建成小康社会关键之年。全市民政工作要以习近平新时代中国特色社会主义思想、党的十九大和十九届二中、三中全会精神为指导，紧扣习近平总书记对重庆提出的“两点”定位、“两地”“两高”目标、发挥“三个作用”和营造良好政治生态的重要指示要求，深入学习习近平总书记系列重要讲话特别是关于民生民政工作的重要指示批示精神，认真践行“民政为民、民政爱民”工作理念，积极适应新的职能定位和工作要求，坚持稳中求进工作总基调，坚持党的建设统领各项工作，坚持“兜底线、织密网、建机制”政策导向，以保障和改善民生为主线，以推进新时代大爱民政建设为重点，以深化民政改革创新为动力，全面推动全市民政事业高质量发展，为人民群众创造高品质生活。

（一）围绕“从严治党”，加快构建“大党建”格局

一是加强政治建设。坚持以政治建设统领党的建设各项工作，深入贯彻全面从严治党要求，切实履行全面从严治党责任，严明政治纪律和政治规矩，将党的领导贯穿到民政工作各环节、各领域，落实到为民服务全过程。二是加强思想建设。加强对习近平新时代中国特色社会主义思想和习近平总书记关于民生民政工作重要指示批示的学习，增强“四个意识”，坚定“四个自信”，落实“两个维护”，坚决兑现市委“三个确保”政治承诺，始终在思想上政治上行动上同以习近平同志为核心的党中央保持高度一致。三是加强组织建设。认真贯彻《中国共产党支部工作条例（试行）》，适时研究出台贯彻落实措施，组织开展“学条例、知条例、用条例”系列活动，全面提升党支部组织力。扎实开展“不忘初心、牢记使命”主题教育，推进“两学一做”学习教育制度化常态化，认真落实“三会一课”和党员领导

干部民主生活会、组织生活会、民主评议党员、党员领导干部双重组织生活等基本制度，推进党内政治生活正常化。四是加强队伍建设。全面完成民政机构改革任务，优化民政职能配置，完善民政机构设置。认真落实新时代党的组织路线，树立重实干、重实绩的用人导向，把“好干部”标准落到实处。加强人才队伍建设，培养引进一批高素质专业人才。持续实施“民政能力提升”工程。五是加强作风建设。持之以恒贯彻落实中央八项规定精神和市委实施意见，坚定不移纠正“四风”，集中整治形式主义和官僚主义。深化“知见查办、作风转变”主题党日活动，分领域出台实施细则并抓好落实。六是加强党风廉政建设。深化运用监督执纪“四种形态”，强化日常管理监督。开展“以案四说”警示教育，筑牢拒腐防变的思想道德防线。加强民政反腐倡廉教育，完善廉政风险防控机制。深入开展扶贫领域腐败和作风问题专项治理，严厉惩治发生在群众身边的腐败问题，坚决查处和纠正贪污侵占、虚报冒领、截留私分、优亲厚友、吃拿卡要等问题。全力支持驻局纪检监察组开展工作。七是加强社会组织党建工作。深入抓好社会组织登记管理与社会组织党建“三同步、两覆盖”工作，实现从有形覆盖到有效覆盖。加强社会组织党建工作指导，开展社会组织党组织负责人培训，提高社会组织党建工作水平。发挥社会组织党组织政治核心作用，着力培育一批社会组织党建工作典型。

（二）围绕“弱有所扶”，加快构建“大救助”格局

一是推进民政兜底脱贫攻坚。认真做好中央脱贫攻坚专项巡视整改相关工作，逐条逐项制定措施，深入扎实抓好整改。贯彻落实《民政领域打赢脱贫攻坚三年行动实施方案》，将完全丧失劳动能力和部分丧失劳动能力的建档立卡贫困人口按规定纳入社会救助兜底范围，实现“应保尽保”。加大临时救助力度，及时将符合条件的返贫人口纳入救助范围。发挥慈善组织帮扶作用，引导社会组织、专业社工和志愿者参与精准扶贫。二是提升社会救助保障水平。逐步提高救助保障标准，确保城乡低保差距缩小到不低于 1∶0.76，特困人员基本生活标准不低于当地低保标准的 1.3 倍。贯彻落实关于加强城市特殊困难群众救助帮扶工作的意见，切实推动解决城市贫困群众生活难、上学难、就医难等实际问题。三是强化社会救助精准实施。加强社会救助家庭经济状况核查，优化审核审批程序，做到精准识别、精准救助。全面落实“分级审批”“先行救助”等临时救助规定，发挥临时救助应急兜底作用。完善社会救助信息系统，衔接整合救助信息。四是深化社会救助改革试点。推进社会救助综合改革试点，加强社会救助资源统筹，发挥好县级困难群众基本生活保障工作协调机制作用。推进政府购买社会救助服务工作，增强基层经办服务能力。探索建立社区救助基金，提升社区自我救助能力。

（三）围绕“老有所养”，加快构建“大养老”格局

一是健全养老服务体系。推进社区养老服务“千百工程”，建设社区养老服务站 400 个，建设市级示范社区养老服务中心 40 个。开展“城企联动普惠养老服务”专项行动，在部分区县试点建设城市普惠性养老院，提升城市普惠性养老床位数。实施“特困照护”计划，改造升级 30 个区域性特困供养服务机构，建立农村留守老人巡访制度，加快农村养老服务发展。实施“为老服务关爱工程”，开展高龄困难失能老人购买助餐、助浴、助医等基本养老服务试点。二是完善养老服务法规政策。深入学习贯彻习近平总书记关于城市养老服务工作的重要批示精神，落实国务院

办公厅关于发展养老服务的政策文件。出台健全养老服务体系建设实施意见，制定老年人能力评估办法，编制基本公共养老服务项目清单。做好养老机构登记和备案管理，制定养老机构综合监管办法，完善养老机构社会信用建设，加强养老机构事中事后监管。抓好《重庆市养老机构服务管理办法》贯彻实施，启动《重庆市养老服务条例》立法研究，研究制定养老服务产业规划、标准体系、人才培养、教育培训、薪酬待遇等制度体系。三是实施养老服务重点任务。持续开展养老服务质量提升专项行动，健全养老机构安全管理责任机制和督导制度。推进"智慧养老"云平台上线运营。试点打造一批康养小镇养老服务中心，探索发展养生养老、旅居养老等新业态。支持企业开展老年生活用品研发生产，建设市级老年用品展示中心。实施养老服务适老化改造工程，打造一批适老化改造试点社区和机构。深化公办养老机构改革，力争政府运营床位数比例缩小到60%。举办第十四届中国（重庆）老年产业博览会，引进培育一批国际化养老服务企业。

（四）围绕"幼有所育"，加快构建"大关爱"格局

一是抓好儿童福利。推进困境儿童分类保障，完善帮扶救助政策。落实《儿童福利机构管理办法》，加强儿童福利机构规范化建设，推进孤弃儿童养育情况大排查后续整改。落实孤儿保障标准自然增长机制，实施孤残儿童助学助医工程。强化监护人对农村留守儿童的监护主体责任，支持专业组织提供关爱服务，动员社会力量参与儿童权益保障，基本消除农村留守儿童无人监护现象。发挥农村留守儿童和困境儿童保障工作领导协调机制作用，建立完善农村留守儿童和困境儿童动态监测机制，健全基层儿童关爱保护体系。二是抓好残障福利。全面落实困难残疾人生活补贴和重度残疾人护理补贴制度。聚焦残疾人精准脱贫，做好贫困重度残疾人集中和社会化照料护理服务工作。加快康复辅助器具产业发展，推进建设康复产业发展园区，开展康复辅助器具社区租赁服务试点。加强民政精神卫生工作，推进区县精神卫生福利机构建设，发展精神障碍社区康复服务。三是抓好慈善事业。完善慈善信托、慈善表彰等政策文件，健全慈善组织公开募捐、信息公开、投资活动等综合监管机制，推进公益慈善事业发展。科学规范发行福利彩票，加大政策扶持力度，完善激励机制，拓展销售渠道，加强市场监管，提高彩票发行总量；规范福彩公益金使用管理，制定公益金使用管理信息公开和项目督查办法，提升福彩公益形象。

（五）围绕"共建共治"，加快构建"大治理"格局

一是全面推进城乡社区治理。认真贯彻中央和市委加强城乡社区治理、加强乡镇服务能力建设的实施意见，制定实施《城乡社区治理三年行动计划实施方案》，制定巩固基层政权推进基层治理现代化政策文件，深化完善城乡社区治理"三三制"实践。统筹抓好民政领域实施乡村振兴战略各项工作。落实基层群众自治组织"四张清单"，规范村（社区）便民服务中心功能设置和挂牌，持续推进村（社区）减负增效。二是引导社会组织健康发展。深入贯彻市委常委会听取全市社会组织工作情况会议精神，指导区县建立社会组织工作协调机制。贯彻落实《社会组织登记管理条例》，修订完善相关配套政策。提升社会服务机构登记管理质量，稳妥开展宗教活动场所法人登记。加强社会组织综合监管，落实行业协会商会监管实施细则，巩固行业协会商会涉企收费清理规范成果。加强社会组织信用监管，依法查处社会组织违法行为。三是加快发展社会工

作。深入贯彻全国民政领域社会工作推进会议精神，加强社会工作专业人才队伍建设，加快培育重庆社工服务品牌，持续组织实施社会工作专业人才服务“三区”计划、社会工作服务机构“牵手计划”，创建一批市级社会工作创新创业基地。启动《重庆市社会工作条例》立法调研。抓好全国志愿服务信息系统的推广和使用工作，发挥志愿服务在民政领域的作用。

（六）围绕“均等服务”，加快构建“大服务”格局

一是加强区划地名服务。抓好《行政区划管理条例》宣传贯彻，优化行政区划设置。推进《重庆市地名管理条例》修订，深化地名普查成果转化应用，开展不规范地名清理整顿，加强地名文化遗产保护和地名文化宣传。实施湘渝省级界线和16条县级界线联检工作，深入推进平安边界建设。二是加强婚姻收养登记服务。规范婚姻登记服务，探索开展跨区域婚姻登记。加快历史数据补录和登记档案电子化，完善婚姻登记信息库。开展婚姻登记严重失信当事人信用约束和联合惩戒。实施婚姻家庭“家和计划”，推进婚俗改革，推动设置30个婚姻辅导站（室）。三是加强殡葬管理服务。加快基本殡葬服务设施建设，指导开展殡葬综合改革试点，推进殡葬管理信息化建设，巩固殡葬领域突出问题专项整治成果，启动《重庆市殡葬管理条例》立法研究。四是加强流浪乞讨救助服务。制定出台加强流浪乞讨人员救助管理工作实施意见，推进救助管理规范化建设。开展“救助管理服务质量大提升”行动，推进流浪未成年人集中教育矫治。持续实施“明天保护”计划。

（七）围绕“智能驱动”，加快构建“大数据”格局

一是建设统一平台。加强“智慧民政”统筹规划和顶层设计，集成养老服务、社会救助、社会组织、社区治理、社会工作、婚姻收养、殡葬服务、地名管理、执法监管等民政业务，逐步建成覆盖市、区县、镇街、社区四级综合服务信息平台。二是整合信息资源。加强“智慧民政”信息系统集约化建设，推进内部信息资源整合，推动跨部门数据共享和业务协同，加强同国家层面数据对接，消除“数据壁垒”“信息孤岛”，实现民政信息互联互通。三是推进项目建设。加强“智慧民政”建设项目组织领导，建立项目统筹、业务衔接、运行保障等工作机制。指导区县民政部门加强需求提供、数据对接、业务整合，为群众提供用得上、用得起、用得好的信息服务。

（八）围绕“稳中求进”，加快构建“大保障”格局

一是提升依法行政能力。深化民政执法体制改革，研究制定民政行政执法基本规范，加快修订民政行政处罚裁量基准。加强民政权力运行监督，抓好民政立法项目实施，推进民政普法责任制落实，提升法治化、规范化水平。二是提升规范服务能力。加大民政公共服务设施建设投入，提升服务设施“软实力”。加强养老服务、社区治理、婚姻登记、殡葬管理等领域标准化建设，推进标准化示范点打造，抓好标准的宣传贯彻工作。继续开展“民政集中大调研”行动，发挥民政政策理论研究基地作用。加强民政新闻宣传，展示民政新气象、新作为。持续加强基层民政能力建设。三是提升改革创新能力。统筹谋划民政领域深化改革工作，认真抓好重大改革任务落实。指导区县民政部门在党委政府领导下，完成好机构改革任务。健全党委政府对民政工作的领导体制机制，完善相关部门协调机制。深化养老服务、社会组织、社会救助、殡葬管理等领域“放管服”改革。四是提升安全管理能力。加

强民政资金监管，严格统计数据核查，提高统计质量。全面落实信访工作责任制，依法做好来信来访。严格落实安全管理责任制，提高民政服务机构安全管理水平，确保服务对象人身和财产安全。加强应急值守，完善应急机制，及时报告、妥善处理突发事件或紧急情况。

（执笔人：梁万琴）

重庆财政

重庆市财政局

一、2018 年发展回顾

2018 年，全市财政系统坚持以习近平新时代中国特色社会主义思想为指导，全面贯彻党的十九大和十九届二中、三中全会精神，全面落实习近平总书记对重庆提出的“两点”定位、“两地”“两高”目标和营造良好政治生态、做到“四个扎实”的重要指示要求，坚持稳中求进工作总基调，坚持新发展理念，坚持推动高质量发展，坚持以供给侧结构性改革为主线，紧扣“六稳”工作任务，全力保障“三大攻坚战”和“八项行动计划”推进落实，扎实做好稳增长、促改革、调结构、惠民生、防风险工作，较好地服务了全市经济社会发展大局。

第一，积极财政政策有效落实。推动供给侧结构性改革落实落地，完善推动高质量发展的财税政策。着眼于为企业和个人减负、为实体经济降成本，落实中央出台的各项减税政策，全年新增减税 180 亿元。采取普遍性降费措施，停征行政事业性收费 3 项，降低政府性基金收费 2 项，取消主城区路桥通行费。通过资源整合、加快债券发行等方式，落实资金约 2330 亿元，加大政府基础设施建设投资，支持城市路桥隧道、公路、铁路、机场、轨道、水利等重大项目实施。落实资金 92 亿元，加大科技创新投入，落实创新主体培育、科技成果转化等政策，激发创业创新活力，支持产业转型升级，推动汽车、电子产业稳产增效，稳步推进煤炭去产能相关工作。支持民营经济发展，充分运用奖补、贴费、转贷等政策，撬动信贷融资约 200 亿元。争取国家融资担保基金支持，为小微企业融资担保授信 100 亿元。

第二，政府债务管控更加有力。严守债务风险管控底线，切实做到债务总量心中有数、化解风险手中有策、债务监管肩上有责。组织全面摸底核查，建立风险隐患台账，实施风险预警，约谈高风险区县，不断完善管控机制。督促落实债务管理主体责任，加强政府公益性项目建设资金管理，稳步推进融资平台市场化转型。切实落实偿债资金来源，将到期政府债券本息纳入年初预算安排，保障及时足额偿还。全年发行政府债券1014亿元，其中，新增债券697亿元，置换债券317亿元。优化债务结构，全面完成存量政府债务置换目标任务。严格落实政府债务限额管理和预算管理，截至2018年末，全市政府债务余额4690.6亿元，政府债务率约67%，政府债务管理规范有序、风险总体可控。

第三，民生支出得到重点保障。优先保障基本民生资金需求，既尽力而为又量力而行，全年财政民生支出3580亿元，占一般公共预算的80%左右。在幼有所育方面，扩大公办园等普惠性学前教育资源，健全家庭经济困难在园幼儿资助制度。在学有所教方面，对贫困学生等特定对象，落实免学费、教科书费等资助政策，支持学生营养改善计划、薄弱学校改造、教师队伍建设和校园安保建设。在劳有所得方面，支持实施更加积极的就业政策，精准帮扶重点对象就业创业。在病有所医方面，将基本公共卫生服务人均经费标准从50元提高到55元，城乡居民医疗保险财政补助标准由每人每年450元提高到490元。在老有所养方面，提高退休人员基本养老金，将老年人免费乘坐公共交通年龄下限由70岁调整为65岁。在住有所居方面，推进公租房、廉租房建设和周边环境整治。在弱有所扶方面，城乡低保人员保障标准分别提高到月均546元、410元，落实高龄失能特困人员每人每月200元的护理补贴。深入开展脱贫攻坚，安排专项扶贫资金52亿元，足额落实18个深度贫困乡镇每年市级新增补助3.6亿元政策，支持贫困区县整合财政涉农资金138亿元，对扶贫资金实施全流程动态监管。

第四，财政改革稳步推进。积极推进财政事权和支出责任划分改革，对义务教育、学生资助、就业服务、养老保险、医疗保障、卫生计生、生活救助、住房保障等8个领域的18项基本公共服务，逐一划分理顺两级财政支出责任。建立流域横向生态补偿机制，激励流域上下游区县协同实施水污染处理、水生态修复和水资源保护。深化投融资体制改革，支持组建重庆发展投资有限公司，构建资金、资产、资源整合统管的运作机制。推进市级党政机关和事业单位所属企业集中统一监管改革，向市人大常委会报告全市国有资产管理情况。按照中央统一部署，推动地方国有金融资本管理改革，出台地方国有金融资本管理实施意见和实施方案，明确改革目标和路径。

第五，财政管理水平不断提升。深化预算管理改革，制定全面实施预算绩效管理实施意见，出台市级预算管理办法和市级基本支出、项目支出、重点专项资金管理办法，建立资金绩效、审计结果与预算挂钩的机制，基本构建起覆盖预算编制、执行、调整、监督、公开的制度框架体系。启动市级重点专项绩效运行监控。强化扶贫资金监管，推进扶贫资金全过程追踪问效。改进财政科研项目经费管理，修订科技创新券、知识价值信用贷款风险补偿等基金管理办法，更好发挥科研项目资金效益。推动国库集中支付电子化管理实现全面运行，乡镇国库集中支付改革实现全覆盖。加强机构改革期间财政经费保障和规范管理。

二、发展中存在的问题

当前财政工作还存在一些问题，主要表现在：财政收入增长放缓，汽车、电子等支柱产业和重点税源贡献下降，需要加快培育新的增长点；支出结构有待进一步优化，部分项目支出进度较慢，导致财政资金闲置浪费，绩效不高，重资金分配、轻项目管理的问题仍然存在；部分区县保工资、保运转、保基本民生支出压力较大，还存在脱离实际、超出自身财力过高承诺的现象，财政可持续性有待提升；一些区县债务规模较大、风险较高，防范化解债务风险任务艰巨。对此，我们将坚持问题导向，进一步统筹谋划、改革创新、加强管理，努力加以解决。

三、2019 年工作目标

2019 年是新中国成立 70 周年，是全面建成小康社会关键之年。全市财政系统将紧密围绕市委、市政府的决策部署，重点做好以下四个方面工作。

第一，加力提效，落实积极财政政策。实施更大规模的减税降费，优化财政支出结构，发挥出财政政策的更大效用。一是不折不扣落实各项减税降费政策。进一步为企业和个人减轻负担，以税费的“减”推动经济的“增”，真正做到服务经济、涵养税源。二是提高资金配置效率和使用效益。坚持有保有压，进一步调整优化支出结构，将一般性支出压减 5% 以上，保障重点领域支出。全面实施预算绩效管理，继续盘活财政存量资金，切实提高资金效益。三是加大政府投资力度。发挥有效投资的关键作用，统筹各类资金和政策，加快推进全市重大项目建设。注重发挥市场机制作用，引导民间资本参与重大项目建设。

第二，集中力量，打赢打好“三大攻坚战”。在巩固已有成果的基础上，整合资源，聚焦重点，支持打好“三大攻坚战”。一是支持打好防范化解重大风险攻坚战。坚决遏制隐性债务增量，妥善化解债务存量，严肃查处违法违规举债融资行为。探索建立与风险管理相适应的资金周转制度，深入推进融资平台市场化转型，防止出现“处置风险的风险”。二是支持打好精准脱贫攻坚战。强化财政投入保障，支持精准扶贫精准脱贫。针对突出问题，完善体制机制，切实增强贫困地区、贫困群众的内生动力和自我发展能力，全面加强各级各类扶贫资金监管。推动做好脱贫攻坚与乡村振兴战略的衔接。三是支持打好污染防治攻坚战。加大工作和投入力度，巩固生态环境治理取得的积极进展。深入实施生态优先绿色发展行动计划，加大环境保护和生态建设力度。全面落实“共抓大保护、不搞大开发”方针，推动长江经济带高质量发展。

第三，加强保障，坚决兜住“三保”底线。高度关注财政运行的可持续性，在落实好各项民生政策的基础上，坚决兜住“保工资、保运转、保基本民生”底线。一是建立财政可承受能力评估机制。全面评估区县财力，综合考虑运行情况、增长态势、支出需求等因素，实事求是评价承受能力，并将其作为以后年度出台支出政策、分配转移支付和债券额度的重要依据。二是建立支出政策监控机制。在尽力而为的同时，更加注重量力而行，推动实施民生支出政策备案制度，着力清理规范过高承诺、过度保障的支出政策，避免陷入民生福利陷阱。三是健全“三保”托底机制。对应中央明确的“三保”范围，足额打实年初预算，对存在困难的区县，通过加大县级基本财力奖补力度等措施予以托底。动态跟踪区县“三保”状况，建立对财政困难区县“三保”预算安排的审核机制和预算执行的约束机制，确保不发生拖欠基本民生资金等问题。

第四，深化改革，提高财政管理水平。对标对表中央和市委要求，不断深化财税体制改革，持续提升财政管理效能。一是系统推进财政改革。跟进中央改革，制定出台市与区县财政事权和支出责任划分的分领域方案。建立转移支付市级资金整合机制，增强困难区县的资金统筹和保障能力。履行地方国有金融资本出资人职责，逐步理顺管理体制。完善财政对开发区的体制政策。二是切实加强财政管理。建立目标管理、运行监控等绩效管理制度，积极推动绩效管理扩围提质。建立经营性国有资产集中统一监管体系。坚持问题导向，推进政府采购制度改革。三是主动接受各方监督。积极推进人大预算审查监督重点向支出预算和政策拓展各项工作，全力配合人大预算联网监督工作。聚焦专项巡视、大督查、跟踪审计等检查发现的问题，坚决落实整改，进一步严肃财经纪律。增强预算透明度，主动接受社会监督。

（执笔人：陶俊羊）

人力资源和社会保障

重庆市人力资源和社会保障局

2018年是全面贯彻落实党的十九大精神的开局之年。面对错综复杂的国内外形势和艰巨繁重的工作任务，全市人力社保系统在市委、市政府坚强领导下，坚持以习近平新时代中国特色社会主义思想为指导，紧紧围绕习近平总书记对重庆提出的“两点”定位、“两地”“两高”目标和营造良好政治生态、做到“四个扎实”的重要指示要求，坚持稳中求进工作总基调，改革创新、务实奋进，全面完成了市委市政府下达的目标任务，为全市改革发展稳定大局贡献了力量。

第一，政策、服务双管齐下，确保了就业局势总体稳定。积极应对形势发展变化，面对经济增速放缓、结构深度调整、中美经贸摩擦等多重影响，坚持把稳就业作为重大政治责任，着力完善落实积极就业政策，持续优化公共就业服务机制，全力稳住了就业“基本盘”。全年城镇新增就业70万人以上，超额完成目标任务；城镇登记失业率3.3%，比年度控制目标低0.7个百分点；调查失业率预计在4.8%左右，低于年度5.5%的控制目标。我们积极下好“先手棋”，制定出台了“稳就业”系列政策，重点从政策扶持密度、资金帮扶力度、城乡统筹深度等方面着力，努力从源头上防控规模失业风险。全年发放各类就业补贴资金14.5亿元，惠及33万人。其中，发放企业稳岗补贴4.4亿元，惠及1.7万户企业；发放技能提升补贴3793万元，帮助2.2万名企业职工进一步提高了劳动技能。我们不断完善促进就业服务保障机制，充分发挥就业工作联席会的领导协调作用，加强企业用工监测、风险研判和政策储备。实施“就在山城”就业促进行动，建立高校毕业生实名制信息对接和定制服务机制，实名登记离校未就业毕业生2.3万人，“一对一”帮扶就业1.7万人，高校毕业生年底就业率94.4%；开展重点群体招聘对接，帮扶城镇登记失业人员就业27.8万人、困难人员就业13.2万人。实施“技能兴业”培训提升行动，新发布特色培训职业（工种）93 个，培训 17.7 万人。我们切实加强创业服务和扶持，大力实施“渝创渝新”创业促进行动，开展创业培训 6 万余人，新发放扶持创业贷款 33.5 亿元，直接扶持创业 2.9 万户，带动就业 13.9 万人；新建农民工返乡创业园区 10 个；全年新增创业 41.1 万人。我们切实发挥市场引导就业作用，深入贯彻实施人力资源市场暂行条例，通过市场化手段帮助 319 万人次实现就业，协助信息产业企业招工 39.1 万人，支撑了重点产业发展；成功召开西部人力资源服务博览会，人力资源服务产业加快发展。

第二，服务发展与保障民生统筹推进，进一步织密了社保安全网。切实发挥社保的“稳定器”和“安全网”作用，统筹推进制度改革和体系完善。一是立足服务发展，继续实施社保阶段性降费政策。打好费率、费基组合拳，全年累计为企业减负 170 亿元，超年初目标任务 20 亿元。二是立足惠民生，切实发挥社保兜底保障作用。机关事业单位养老保险制度改革深入实施，122 个中央驻渝单位、3.6 万人完成数据采集和参保登记，职业年金启动全面征收，基本养老保险基金启动投资运营；加强与税务部门衔接，确定了社保征收管理机制改革过渡方案，确保了改革平稳推进。7 月、9 月分别调整增加城镇职工、城乡居民基本养老待遇，惠及 734 万人；失业保险金标准从 1050 元 / 月调整为 1200 元 / 月，保障了 8.2 万名失业人员的基本生活。三是立足全覆盖可持续，抓好参保扩面和基金安全。将工程建设项目的流动就业农民工纳人工伤保险覆盖范围；城乡养老、医疗保险参保率巩固在 95% 以上；社保五险基金收入 1898 亿元、支出 1660 亿元。开展养老保险重点指标核查、经办机构内控检查，严厉打击欺诈骗保不法行为，确保基金平稳运行。

第三，“放”“管”“服”有机结合，不断改革完善人才人事政策。紧紧围绕经济社会发展人才需求，在贯彻实施科教兴市和人才强市行动计划中找准职能定位，重点从“放”“管”“服”三方面发力推进人才人事领域改革。在“放”方面，从评价、激励等政策着力，切实为人才松绑。推进人才分类评价和职称制度改革，向高校、科研院所和国有企业等下放高、中级职称评审权，健全完善基层“定向评价、定向使用”机制，制定科技、大数据智能化等 10 个领域人才评价办法。出台优化人事管理促进高校发展 12 项政策，向高校下放岗位设置权、公开招聘权，提高专业技术高级岗位结构比例，支持高校“拉通”使用中、初级专业技术岗位。启动事业单位岗位周转制度试点，通过“固定岗位 + 周转岗位”，服务基层引才留才需求。实施事业单位岗位聘用能上能下改革试点，实现了“岗位能上能下、待遇能高能低、人员能进能出”，在市委改委办、市委宣传部开展的“我最喜欢的 10 项改革”评选中位列第 6 名。在“管”方面，重点是加强人才引进培养，管好专业技术人才、职业技能人才队伍。牵头承办“2018 重庆国际人才创新创业洽谈会”，诺贝尔奖获得者爱德华 · 莫索尔和 50 名中外院士、13 名知名企业家莅临参会，签约引进博士以上高层次人才 268 人、创新创业项目 163 个，柔性引进院士 26 名，是我市迄今举办的规格最高、规模最大、影响最广的国际性人才交流盛会，得到了市委、市政府充分肯定。开展各类引才活动 130 余场，引进紧缺优秀人才 6523 人。大力培养高层次人才，启动实施乡村人才振兴工程，274 名回国人员、博士后、特殊人才通过职称评定“绿色通道”取得高级职称，新增享受国务院政府特殊津贴人员 54 人，新建国家级科研工作站 5 个、市级 35 个。推进终身职业培训制度，开展企业新型学徒制试点，新建国家级技能大师工作室 3 个、高技能人才培训基地

3个，新增全国技术能手4人、高技能人才2.2万人，成功举办全国饭店行业职业技能竞赛面条专项决赛、火锅专项决赛暨“巴渝工匠”杯全国首届重庆小面职业技能大赛等活动，培养选拔了一批优秀“巴渝工匠”。在“服”方面，重点是做细做深做实人才服务。完善市级高层次人才一站式服务平台功能，发放人才服务证595张，为人才提供服务6000余人次；实施“万名专家服务基层行动计划”，先后组织130名专家团队到贫困基层一线服务。选派34名专业技术干部对口支援昌都。同时，我们还建立事业单位面试考官管理制度，安全组织人事考试75项（次），开展职业技能鉴定32万人次。

第四，预防与治理双向发力，有力促进劳动关系和谐稳定。我们坚持防治并举，两端发力，加强风险排查，完善处置机制，全市劳动关系保持总体和谐稳定。着力加强源头预防。开展和谐劳动关系示范点、综合试验区建设，组建全市构建和谐劳动关系促进会，出台和谐劳动关系企业评价规范地方标准和评定管理办法，建立“AAA”级和谐劳动关系企业联合激励机制，累计评定和谐企业3219户，新增国家级和谐劳动关系模范企业11户、园区2个。完善市级协调劳动关系三方委员会，三方组织实现区、县级全覆盖，乡镇基层覆盖率超过70%。落实劳动合同和集体协商制度，全市劳动合同签订率维持在95%以上，集体合同覆盖职工307.3万人。规范工资收入分配秩序，调整全市68万机关事业单位工作人员基本工资标准，进一步完善事业单位绩效工资政策，放宽高校、科研院所绩效工资总量范围，扩大公立医院薪酬制度改革试点到全市所有区县；强化国有企业负责人薪酬制度改革的监督检查，启动国有企业工资决定机制改革，引导国有企业合理确定职工工资水平；调整最低工资标准，第一档从1500元/月提高到1800元/月。着力加大对侵害劳动者权益行为的治理力度。健全劳动争议调解处理机制，开展百名仲裁员驻基层调解行动，仲裁机构调解案件成功率为60.2%，较上年提高1.6个百分点。与市高院建立裁审衔接机制，立案受理劳动人事争议案件2.9万件，结案率92%。加强劳动保障监察执法，开展企业劳动保障守法诚信等级评价，强化违法行为失信惩戒制度，深化“双随机一公开”机制，加大“治欠保支”工作力度，全面落实“两金三制”，农民工工资拖欠问题得到改善，全年发生案件275件，涉及人数1.17万人、金额2.26亿元，同比实现“三下降”，政府性投资工程项目基本无欠薪案件发生。

第五，强技增收与兜底保障相统一，扎实推动人社扶贫工作取得新进展。对标对表中央和市委脱贫攻坚任务要求，成立人社扶贫领导小组，下设五个专项工作班子，加强人社扶贫工作统筹实施。聚焦贫困群众缺岗位、缺技能、缺保障等问题，按照就业扶贫增收入、技能扶贫强素质、社保扶贫保生活、人才人事扶贫促发展工作思路，靶向施策、精准扶贫。累计为贫困人员提供就业岗位31万余个，全年转移贫困人员到山东就业972人、山东帮扶我市贫困人员就地就近就业2720人，分别完成两省市协议目标任务的162%和272%，鲁渝劳务扶贫协作得到人社部3位部领导的肯定性批示；组织2万余名贫困人员参加就业技能、特色工种及岗位适应性等各类培训；为贫困区县培训高层次紧缺人才1200余名；为全市建档立卡贫困人员98.6万人代缴城乡居民养老保险费。2018年，全市人力社保系统共接受国家扶贫督查、巡视3次以及市级常态化督查，未发现重大问题。

第六，问题导向与目标导向并重，全面加强系统行风建设。围绕“正行风、树新风，打造群众满意的人社服务”主题，扎实推进系统行风建设。坚持目标导向深化便民利民。调整、合并行政许可事项4项，精简“无谓”证明70项。编制“三级四同”公共服务事项目录清单39项，实现市、区县、乡镇街道三级同名称、同类型、同依据、同编码；编制办事指南90项，让群众办事有章可循、有标可依。51项行政审批和公共服务事项纳入“全渝通办”，其中95%的事项实现“一次不跑”或“只跑一次”；与公安、市场监管、卫生健康、民政等部门实现数据共享及业务协同，全年共享数据700万余次。建立便民惠企举措集中公布机制，制定并公布了人力社保支持民营经济发展16条措施，人力社保部门为民服务能力不断提升。坚持问题导向深入督查整改。对全市人力社保系统12大类单位、1000余个机构、近5000个窗口、1.3万名工作人员，组织开展抽查暗访，通过“网上征、开会听、上门收、暗访查”共查找出大小行风问题394个，建立问题清单台账，逐项跟踪整改销号，已完成整改279个，正抓紧整改115个。启动窗口单位“百日攻坚”专项行动，开展服务意识等问题集中整治，在门户官网、12333电话热线开设举报投诉专门通道，及时接受群众意见建议。同时，我们加强行风建设正面引导，开展100名人力社保服务标兵评选、100个优质服务窗口评选、群众服务满意度100%评价“3个100”活动。通过系统性行风整治，全市人力社保系统公共服务质量、效率和群众满意度得到提升。

2019年是机构改革实施的第一年，作为涉改部门，我们坚决贯彻落实市委市政府决策部署，按照高效协同的总体要求，坚决服从大局，只讲落实、不讲条件，及时划出公务员管理、外国专家管理、军转安置、医疗生育保险、社保征缴等“4+1”职能，全力支持新设单位组建，加快推进人员转隶等工作，确保了机构改革任务平稳有序推进，市级层面的改革基本完成。

（执笔人：李勇）

城乡规划和自然资源

重庆市城乡规划和自然资源局

一、城乡规划

（一）城市规划

一是全面启动国土空间规划编制。扎实开展现行总规实施评估和系列专题调研，加强部门、区县对接，广泛邀请国内外高水平专家学者、机构参与，初步形成国土空间规划市级草案及区县大纲。二是分区分片优化完善主城区控规。结合土地实施时序，分片区、分版块优化规划用地布局，重点做好中央活力区和八个城市副中心规划提升，开展九龙半岛、钓鱼嘴半岛、重钢片区、菜园坝片区规划策划及控规优化工作，对“规划一张图”进行优化完善。三是深入推进城市设计工作。制定《重庆市城市设计管理办法》（送审稿）。完善各专项城市设计导则，分片分类推进城市设计编制，将城市设计贯穿于城市规划管理全过程，使城市设计与法定规划同步编制、同期落实。四是统筹做好土地供应和建设项目安排。动态评估监测城市运行，完善规划生成项目机制，落实“以轨道交通引领城市发展格局”和“一核心多中心”布局结构，以“6 个 OD”为导向，明确年度土地供应范围，统筹项目优先安排时序。五是推进“多规合一”改革攻坚。集成资源本底、空间数据和规划实施，叠合空间图层，实现省域尺度、详细规划深度的建设用地多规融合。探索开展控规编制审批改革，大力参与工程建设项目审批制度改革试点，建立“多规合一”业务协同平台，形成“一张蓝图”统筹项目实施机制。

（二）交通规划

一是开展《主城区交通缓堵保畅规划》编制，同步开展 12 个子专题的研究。二是开展主城区重点片区交通微循环规划工作。在充分分析城市各功能组团发展定位等基础上，结合实际特征针对性地提出加密次支路网、优化片区交通组织等交通微循环规划方案和改善措施。目前已在九龙半岛和回兴片区试点规划成果。三是开展南岸—巴南区滨江路增设新型有轨电车规划研究。规划建议选择南岸区寸滩大桥站至苏家坝站作为智轨首期试点路段，长度约13千米，并对首期示范路段开展了详细规划方案设计。四是开展渝西地区道路、轨道一体化规划落地研究及重点片区案例示范。五是开展主城区停车专项规划修编及近期建设规划工作。结合主城区停车现状及规划分析，分区差异化开展公共停车场布点规划。六是开展大都市区道路系统一体化落地规划。开展主城区与周边涪陵、长寿、江津、合川、璧山之间的城市道路一体化衔接，以及主城区范围内城市道路与周边公路一体化衔接深化。

（三）建筑规划

一是完成《重庆市规划管理技术规定》修订，自2018年3月1日起施行。开展专项研究，增强修订条文草案的科学性和合理性，完成了《大面宽建筑重庆适应性研究》《停车位配建标准研究》《计容建筑面积方式及建筑面积计算规则研究》《建筑间距、退让专项研究》。二是高质高效开展规划审批。2018年，主城区共核发选址意见书353件次，总用地面积1242公顷；核发用地许可证601件次，总用地面积3887公顷，较上年同期减少13.88%；建设工程规划许可证1343件次，总建筑面积8407万平方米，较上年同期增长28.79%。

（四）村镇规划

一是指导开展镇乡规划评估及修编。围绕长江沿岸、深度贫困镇乡及重要生态敏感区域，督促指导区县按计划开展镇乡规划评估及修编工作。二是深化开展村规划编制。完成城镇规划建设用地范围外7569个行政村的现状分析和规划指引类型的村规划“全覆盖”，其中3666个村规划达到村域空间功能布局和建设深度。三是着力推进村规实施。推行村域“小挂钩”，在保持村建设用地规模不变的前提下，结合农村传统风貌、民族特色建筑保护，实现村规划与村域增减挂钩方案同步编制。长寿、垫江、奉节、城口等区县作了有益的尝试。四是优选村规示范案例。巴南区安澜镇顶山村、石柱县中益乡华溪村、九龙坡区含谷镇寨山坪村规划编制成果入选全国第一届乡村规划优秀案例（全国共23个）。五是深入开展城乡融合空间布局研究，基本完成《重庆市乡村振兴发展研究》《重庆市城乡融合发展研究》专题研究。六是落实人才振兴政策，选派规划师下乡，共选派2批18人次，赴乡村振兴试验示范区县重点镇乡开展技术服务工作。

（五）历史文化保护

截至2018年底，重庆市有6个历史文化街区、20个主城区传统风貌区，18个中国历史文化名镇、35个市级历史文化名镇，1个中国历史文化名村、45个市级历史文化名村、74个中国传统村落，25908处不可移动文物、257处历史建筑，世界文化遗产大足石刻和世界文化遗产预备名录涪陵白鹤梁、合川钓鱼城，世界自然遗产武隆喀斯特及南川金佛山、世界自然遗产预备名录奉节天坑地缝，36个风景名胜区、1004株古树名木，7类主题遗产，以及4110项非物质文化遗产。一是逐步建立名城保护法律法规体系。颁布施行《重庆市历史文化名城名镇名村保护条例》，完成《重庆市历史建筑保护与利用管理办法》送审稿，制定《重庆市历史建筑和重要传统风貌街巷现状测绘成果标准》、传统风貌规划设计导则、城市紫线划定技术导则。二是初步建立名城资源保护支撑体系。推进名城资源的申报、评定、公布、挂牌保护工作，2018年全市新增市级历史文化名镇7个、市级历史文化名村17个、传统风貌区1个、历史建筑81处。建设重庆市历史文化资源信息库。三是进一步推进完善名城规划编制体系。2018年4月启动重庆市新总体规划历史文化名城保护专项规划编制工作，年底规划成果已完成初审。指导各区县新编、修编一批历史文化资源保护规划，实现全市已批准公布的各类历史文化资源保护规划全覆盖。四是逐步建立名城规划管理实施体系。启动大田湾—文化宫—大礼堂文化风貌片区整体保护提升实施方案、朝天门片区治理提升规划方案、主城区山城步道专项规划。

（六）基础测绘支撑

一是建成全市高精度现代测绘基准体系。建成兼容北斗、GPS、GLONASS的全球卫星定位服务系统，建成覆盖全市的北斗卫星连续运行基准站网，实现覆盖全市厘米级的实时、无缝、高精度的三维空间定位。完成36个基准站的北斗卫星服务系统升级改造，实现与全国基准体系的互联互通。完成四川、陕西、湖北、湖南4省接边区域数据共享及组网解算工作，推动与贵州省数据共享相关工作。截至2018年底，重庆市卫星导航定位服务系统在线单位474家，有效账户数量1747个。日均并发量突破300个，系统服务效能居全国前列。二是完成基本比例尺地形图测制与更新。实现全市1∶10000、1∶5000比例尺地形图全覆盖，完成1∶2000比例尺地形图测绘约10000平方千米，完成1∶500比例尺地形图测绘4397平方千米。三是强化航空航天遥感影像获取与应用。完成全市域2米分辨率航天影像采集8.24万平方千米，无人机低空航摄影像采集270平方千米，优于0.5米的高分影像采集2.2万平方千米。统筹建立全市影像资源数据库。

（七）地理信息社会服务

一是扎实做好测绘成果分发服务与成果推广应用工作。2018年共办理测绘成果分发审批418次，向重庆市内外200余家单位提供了地形图、地理国情普查、遥感影像、地下管线等各类测绘成果。二是认真开展地理信息成果服务。高效利用全市地理国情普查与更新成果、已有地理信息成果和各部门大数据建设成果，为规划修编提供统一的编制底图、空间技术分析和信息协同支撑。三是稳步推进应急测绘地理信息服务保障工作。完成了重庆市应急测绘资源数据库系统的项目政府采购，启动了该系统的建设工作。强化应急现场勘测能力，高效提供测绘地理信息应急服务。2018年7月14日派遣应急人员6名，出动了无人机2架、应急车2辆，及时获取、处理、制作了主城区洪峰过境情况的正射影像，为城区洪涝灾害治理、评估和市民人身财产安全提供保障。四是提升地图公共服务水平。推陈出新一批区县标准地图、每周一图、主城厕所电子地图、手绘重庆、图说巴渝等有影响力的地理信息公共服务产品。五是完善地理信息资源共享平台功能。重庆市社会信息资源共享应用效果得到提升，市社会公共信息资源共享平台全面支撑“全渝通办”、市场监管、证照分离、信用体系建设等改革事项纵深推进。推进“重庆市地理信息公共服务平台”的更新维护以及和“天地图·重庆”的数据融合工作，为全社会提供优质高效的地理信息保障和支撑。

（八）法治建设

一是科学制定年度立法计划。2018年，规划和自然资源管理立法项目共9件，其中地方性法规4件，政府规章5件；审议项目2件，预备项目3件，调研项目4件。二是认真推进各项立法任务。《重庆市历史文化名城名镇名村保护条例》经市人大常委会审议通过，自2018年9月1日起实施;《重庆市测绘管理条例》完成调研阶段工作。代市政府起草规范性文件7件，已通过市政府法制机构合法性审查。三是有序开展规范性文件清理。清理出需修订3部地方性法规、5个政府规章、12个市政府规范性文件、39个市规划自然资源局规范性文件，共涉及修订条文约400条。同时，还完成了涉税清理、著名商标制度清理、军民融合发展清理、产权保护清理等专项清理工作。

二、土地资源管理

（一）耕地保护

一是坚持落实耕地保护共同责任机制。分解下达2018年度耕地保护责任目标，签订耕地保护目标责任书，组织开展2018年耕地保护责任目标考核及上报工作。二是健全耕地保护新机制。自2018年7月1日起，按“算大账”核销数量、水田、粮食产能三类指标的管理方式落实耕地占补平衡；出台《重庆市国土房管局关于全面落实永久基本农田特殊保护制度的实施意见》，落实永久基本农田特殊保护政策。三是严格落实耕地占补平衡任务。全年补充耕地10.96万亩，建设占用耕地10.5万亩，全部按照“先补后占、占一补一、占优补优”要求落实耕地占补平衡。全年投入收购资金3亿元，收购远郊区县新增耕地指标0.94万亩，保障主城九区占补平衡需求。完成占补平衡指标市场交易3.11万亩，交易金额10.02亿元，发挥市场对补充耕地指标的配置作用。四是建立耕地质量监测评价常态化机制。建立全市耕地质量监测体系，划定全市耕地渐变类型区，在全市主要涉农区县布设1029个监测样点，动态掌握全市耕地质量等别变化情况；建立了耕地质量“日常项目评定、年度更新评价、定期全面评价”制度、耕地质量和耕地产能评价制度。五是大力推进高标准农田建设。全年投资22.45亿元，建成高标准农田127万亩；向14个国家级贫困区县切块下达补助资金4.57亿元，支持贫困区县开展高标准农田建设；联合市级四部门印发《重庆市高标准农田建设上图入库及新增耕地认定实施方案》，统一全市高标准农田上图入库管理和新增耕地认定要求。六是有序推进农村建设用地复垦。全年完成农村建设用地复垦项目1214个，总计减少建设用地规模4.18万亩；按照“以需定供、建卡贫困户优先、贫困乡镇优先、贫困地区优先、急难险重优先”的原则，制定了分期、分批实施计划。

（二）土地计划及建设用地审批管理

2018年，全市共安排新增建设用地计划指标9769公顷。加大乡村振兴用地支持力度，安排乡村振兴各类用地计划指标1327公顷，较2017年增加25%，其中乡村振兴专项指标267公顷、农民建房和农村一二三产业融合发展专项指标500公顷、精准扶贫精准脱贫专项指标560公顷。强化重点项目用地保障，全力保障全市经济社会发展用地。2018年，全市共计审批各类土地转用和征收1419宗，总面积15299公顷，其中农用地14075公顷（耕地8364公顷）。在审批的土地转用和征收中，工矿仓储用地3652公顷、交通运输用地2992公顷、住宅用地1789公顷、公共管理与公共设施用地2050公顷、商服用地848公顷、水域及水利设施用地1115公顷、其他土地2854公顷。加快建设项目用地预审，国家级项目用地预审获批4件1144公顷，完成市级项目用地预审150件2256公顷。

（三）土地供应

2018年，全市办理建设用地供应审批16459

公顷。按土地供应方式划分，出让 5562 公顷，划拨 10897 公顷。按土地用途划分，供应工矿仓储用地 2271 公顷，商服用地 590 公顷，住宅用地 2749 公顷，其他用地 10849 公顷。一是完成年度目标任务。全市土地价款财政入库约 2135 亿元；市级土地出让净收益约 646 亿元，超额完成 500 亿元的目标任务。2017 年度国内生产总值建设用地使用面积下降 7.3%，超额完成年度目标任务。指导万州区节约集约用地受到国务院第五次大督查通报表扬。建设用地使用权二级市场建设试点工作顺利通过部验收，评分在全国 34 个试点市、县中排名第三，被评定为成效显著地区。二是落实城市提升重点工作。贯彻落实加强土地出让统筹管理的要求，形成了年度供应计划编制、土地储备机制改革、出让合同补充条款、市场监管和支持轨道交通建设等多个政策文件；牵头推进利用主城区边角地建设 92 个社区体育文化公园工作，首批 30 个项目已全部投入使用，被自然资源部作为低效用地再开发典型案例向全市推广。开展“两江四岸”范围内土地利用现状清理，推进重点项目减量、降高及收回土地项目等工作；稳步推进“增存挂钩”工作，截至目前已处置批而未供土地 11.2 万亩（超额完成 6.7 万亩的年度目标），处置闲置土地 1.1 万亩（超额完成 0.4 万亩的年度目标任务）。

（四）地票交易

2018 年，全市成交地票 4.06 万亩、75.2 亿元，累计成交地票 28.23 万亩、550.11 亿元。一是把握市场趋势促交易。把握房地产市场走势，通过密切衔接供需、有效把控节奏、储备地票调节等措施，地票交易市场平稳有序运行，全年成交地票继续保持在 4 万亩以上。二是助力脱贫攻坚。全年累计优先交易贫困区县地票 2.4 万亩、44.35 亿元；优先市场化调剂贫困区县补充耕地占补平衡指标 0.93 万亩、2.51 亿元。争取国家部委支持，城口、巫溪、彭水、酉阳 4 个扶贫开发重点县纳入了国家统筹增减挂钩节余指标跨省域调剂范围，调剂任务 2900 亩，按复垦为一般耕地 30 万元 / 亩计算，可获得资金 8.7 亿元。三是促进持票准用常态化。深入贯彻落实持票准用制度，全年使用地票 4.05 万亩，同比增长 14.73%。四是拓展地票生态功能。确定巫溪、城口、彭水、酉阳、奉节、巫山 6 个贫困县为“生态地票”试点县，复垦形成宜林宜草地 3785 亩，已交易地票 1488 亩、2.77 亿元。

（五）农村实物产权交易

一是规范组织交易。2018 年，全年完成农村实物产权流转交易 18.95 万亩、12.58 亿元，全面实现农村产权流转交易在线运行。二是完善市场服务体系。24 个涉农区县将市场体系延伸到乡镇，黔江等 5 个区县实现交易“零”突破。三是拓展开发新品种。探索集体经营性资产交易，加快推进小型水利设施使用权进场流转，发布小型水利设施使用权交易项目 6 宗、完成交易 1 宗。四是优化抵押融资交易鉴证业务。办理农村产权抵押融资交易鉴证 14 宗、金额 8475 万元。五是积极开展乡村民宿网络营销。民宿在线营销平台进驻 135 家民宿，全年实现巴渝民宿客房收入 109.5 万元，累计实现客房收入 183.74 万元。

（六）土地整理

2018 年共实施市级土地整治项目 27 个，规模 11.83 万亩。以土地整治工程带动乡村地区空间优化、产业发展和生态宜居，丰富农田景观，塑造优美田园风貌。同时，以项目为载体开展山水林田湖草综合整治探索实践，策划启动 5 个市级山水林田湖草综合整治项目，先期实施荣昌清升镇古佛山社区、潼南太安镇蛇形村、梁平合兴镇“中华名柚园”3 个项目，下达投资 1.46 亿元。布局 18 个深度贫困乡镇土地综合整治扶贫项目，下达投资 3.7 亿元。

（七）土地储备

一是严格规范土地储备机构管理。严格按照国家规定对全市土地储备机构施行名录管理，土地储备机构数量确定为 41 个，包括市级储备机构 1 个，两江新区、万盛经开区和 38 个行政区县各 1 个。二是认真完成主城区土地储备现状清理。主城区现有储备土地 84.40 万亩，其中整治性储备 18.74 万亩，控制性储备 65.66 万亩，在控制性储备中有 37.71 万亩已完成了土地征收转用。三是积极申报土地储备专项债券。2018 年，全市共申报土地储备专项债券 350 亿元，并已全部发行完毕。

（八）土地执法与土地督察

2018 年，开展卫片执法检查，全市立案查处违法用地 948 件，收缴罚款 5951.33 万元，没收违法建筑物 335.11 万平方米，拆除违法建筑物 28.6 万平方米。国家自然资源督察成都局在重庆市开展了土地例行督察（例行督察范围为武隆区、梁平区、垫江县、石柱县、丰都县、忠县 6 区县），相关区县全面完成阶段性整改任务，顺利通过了国家自然资源督察成都局的核查验收。

三、地质矿产管理

（一）地质灾害防治

2018 年，全市共发生地质灾害 210 起，造成 14 人死亡和 7 人受伤，成功预报和处置 200 起，安全撤离群众 2249 人。一是立足于“防”，坚持以大数据智能化为引领，对 8 处重大隐患点实施专业监测，建设渝东南片区 2000 余处地灾隐患点自动简易监测预警项目；落实 16568 名“四重”网格员做好巡查排查、监测预警等防范工作。二是组织开展“三查”工作、高位山体地质灾害隐患排查和长江沿线（丰都、涪陵段）地质灾害详细调查，启动了巫山、巫溪、奉节、武隆 4 个区县地质灾害精细化调查。三是助推精准脱贫攻坚，加强技术指导和支持，组织对 18 个深度贫困乡镇开展隐患排查，制定“一点一策”，落实市级专项资金 7500 余万元，支持相关区县实施地质灾害隐患工程治理 16 个、乡镇整体搬迁 1 个、排危处置 8 个。四是加强综合治理，安排市级专项资金 1.2 亿元对 20 处重大隐患点实施工程治理；安排市级专项补助资金 2648.4 万元，支持 16 个区县对 183 处隐患点内威胁群众 6621 人实施搬迁避让金土工程。五是强化专项督查，联合开展防汛防地灾专项督查；科学调度，加强研判会商，动态掌握雨情并提前发布预警信息，调派领导干部和市级专家赴重点区县驻守指导，开展 2018 年忠县复兴镇谭家坝滑坡市级综合演练。六是积极争取中央财政资金支持，成功申报全国重点省市地质灾害综合防治体系建设，连续五年获得中央财政专项资金支持，2018 年中央专项补助资金已落实 4 亿元。

（二）矿山环境保护

一是加大力度推进历史遗留和关闭矿山地质环境治理恢复与土地复垦，全年治理（复垦）历史遗留和关闭矿山 701 公顷。制定《重庆市国土房管局关于印发历史遗留和关闭矿山环境治理恢复与土地复垦项目管理办法的通知》，严格项目管理及自然恢复与工程恢复项目的认定、验收标准。持续推进渝北玉峰山二、三期矿山地质环境治理项目，渝北羽田煤矿、前锋采石场、巴南洲欣采石场等 12 个市级投资矿山地质环境治理恢复与土地复垦项目。二是成功上线“重庆市历史遗留和关闭矿山环境治理恢复与土地复垦项目管理系统”，实现全市历史遗留和关闭矿山环境治理恢复与土地复垦项目信息化管理。三是以绿色矿山建设为抓手，积极推进矿山开发生态保护与修复工作，联合十个相关市级部门印发了《重庆市加快推进绿色矿山建设工作方案》，研究制定了《重庆市绿色矿山标准及评价体系》和《重庆市绿色矿山建设发展规划》，按照“边开采、边治理”的要求，截至2018年底全市共建成绿色矿山27个。四是严格执行矿业权设置区划及分区管理制度，制定采矿权设置及准入管理暂行规定，规范采矿权现场复核工作标准，把好采矿权空间、规模和矿种准入关口。发布全市主要矿产资源“三率”指标技术要求，提高矿产资源综合利用和节约集约利用水平。五是加大中央环保督察反馈问题整改力度，制定自然保护区内采矿权退出工作方案和奖补标准，自然保护区内采矿权退出33宗，“四山”管制规定发布后新批采矿权退出15宗。化解过剩产能，推进关闭煤矿采矿许可证注销和退还采矿权价款工作。2018年完成注销采矿权许可证111个，并积极开展关闭煤矿退还采矿权价款工作，全年退还煤矿已缴纳采矿权价款共计1.85亿元。

（三）地质遗迹保护

云阳普安恐龙化石发掘保护及研究工作取得了显著成果，发现了14层含恐龙化石、时代连续的岩石地层，连绵至少15公里，被誉为“埋在地下的恐龙化石长城”。同时，在新田沟组发现了恐龙化石，填补了恐龙演化序列年代的空白。截至目前，共发掘出侏罗纪沙溪庙组和新田沟组恐龙化石12805块，化石石膏包548个（内含化石，尚未揭开），含头骨、牙齿、颈椎、背锥、尾椎、肋骨等，几乎涵盖恐龙所有骨骼部位，经专家鉴定分属基干蜥脚型类、蜥脚类、兽脚类、鸟脚类、剑龙类等5个恐龙类别；撰写研究论文5篇，其中投向国内核心期刊2篇、发表1篇；陆续将向国际核心刊物投稿3篇；复原装架了蜥脚类、鸟脚类2种恐龙模型，云阳普安恐龙首次以直观的形象展现在世人面前；野外采样取得的侏罗系凝灰岩样品属四川盆地首次发现，对破解西南地区侏罗系地层绝对年龄这一迄今仍未解决的学术难题以及分析云阳恐龙集群死亡原因等方面的研究具有重要意义。万州盐井沟哺乳动物化石发掘及修复装架取得了较好的阶段性成果。目前已发掘大量的哺乳动物化石，其中有14具较为完整的化石骨架，包括剑齿象、熊猫、巨貘、犀牛、牛、麂、野猪、獾、鹿、羚羊、陆龟、小灵猫、豪猪、竹鼠等；完成了8具代表性强的化石模型骨架的制作。

（四）矿政储量管理

截至2018年底，全市发现矿产资源72种，查明资源储量的有46种，与2017年数据相同。锰矿、铝土矿、岩盐、饰面用灰岩新增资源量分别为5200万吨、1750万吨、5.6亿吨、3.3亿立方米。围绕地质勘查与储量管理工作任务，基础性公益性地质工作程度迈上新台阶，实现1∶200000区域地质调查全覆盖、1∶50000区域地质调查覆盖率75%目标，发现6924平方千米的富硒土地。助力精准扶贫，发现115处地质旅游资源体、25处矿点以及158处水资源点、200平方公里土壤质量情况。贯彻绿水青山就是金山银山理念，调查76080平方千米生态旅游地质资源区域，圈定865处生态资源点，全面退出自然保护区内探矿权21宗，清理过期（失效）探矿权40宗。全面落实依法行政要求，矿产资源储量评审备案及储量登记纳入政府权力清单行政确认事项，办理储量评审备案82件、储量登记70件，完成全国储量直报审查4次，审批建设项目压覆重要矿产资源16宗；开展探矿权人勘查公示信息实地核查，持续推进工程建设领域区域性压矿评估、陈列实物地质资料采集等专项工作。对表中央要求，发挥矿产资源规划指导和管控作用，认真落实分区管理、总量控制、开采准入制度，落实矿产资源储量管理制度，开展古生物化石监督管理工作，通过矿产地战略储备和安全监测预警等手段保障矿产资源安全。

（五）采矿权审批管理

继续以现场复核为着力点，进一步规范采矿登记管理。全市2018年完成现场复核矿权351宗。全市各级国土资源管理部门全年共办理采矿权登记业务462宗。着力推进矿产资源专项收入征收工作。2018年全市征收采矿权出让收益（价款）7.29亿元，其中市级征收4.49亿元，区县级征收2.80亿元。全年市级征收采矿权使用费150万元。加强采矿权市场培育，推出开发利用前景好、有市场需求的采矿权公开招拍挂出让，矿业权市场交易活跃度有所提高。2018年全市出让采矿权143宗，成交金额189493万元。其中市级出让35宗，区县级出让108宗。

（六）地质勘查

一是坚持地质先行，组织开展了1∶50000、1∶250000土地质量地质调查和1∶50000区域地质调查，为土地资源利用，以及发展特色农业和区域经济发展、生态旅游、地质环境保护治理等提供有力支撑和保障。二是科学部署矿产资源勘查工作，组织在城口、秀山开展锰矿整装勘查工作，预计分别探获资源量4500万吨、700万吨，有望提交3个大型锰矿床、3个中型锰矿床；黔江新增1个中型铝土矿床；城口、巫溪等探获饰面用灰岩3.3亿立方米。三是全力推进“18个深度贫困乡镇资源综合地质调查”，深度对接扶贫需求。

（七）页岩气勘探开发

统筹推进页岩气勘查开发工作，涪陵页岩气产气量稳中有升，渝西页岩气实现新突破，重庆页岩气公司足202-H1井获45.67万立方米/天测试产量，中石油西南油气田黄202井获22.37万立方米/天测试产量，展示了渝西地区页岩气资源具备大规模开发潜力。截至目前，全市页岩气勘查开发累计投资约428亿元，开钻页岩气井560口，投产370口，探明地质储量6008.14亿立方米，建成年产能100.63亿立方米，累计产气210.7亿立方米。其中，2018年开钻页岩气井56口，投产95口，预计全年产气66亿立方米，同比增加6亿立方米，增长10%。

（八）矿产资源执法监察

2018年，全市保持矿产资源执法高压态势，组织开展“打非治违”专项行动，全年查处矿产资源违法案件171件，共处罚没款625.82万元，移送公安机关15件17人，维护了矿产资源勘查开采秩序，防止了因非法采矿导致的安全事故。开展2018年度关闭煤矿专项督查，派出134名督察员对全市2013年以来的665个关闭煤矿开展了全面巡查，现场督察井口1750个，常规督察矿权243个。

（执笔人：任治淑、魏智兰）

生态环境

重庆市生态环境局

一、2018 年全市生态环境工作回顾

2018 年，市委、市政府高度重视生态环境保护工作，带领各区县、市级有关部门以习近平新时代中国特色社会主义思想为指导，全面贯彻党的十九大和十九届二中、三中全会精神，按照习近平总书记对重庆提出的“两点”定位、“两地”“两高”目标和营造良好政治生态、做到“四个扎实”的重要指示要求，深学笃用习近平生态文明思想，认真贯彻全国生态环境保护大会，持续强化对生态文明建设和环境保护的组织领导和工作推进，成立由陈敏尔书记、唐良智市长担任双组长的重庆市深入推动长江经济带发展加快建设山清水秀美丽之地领导小组，召开全市深入推动长江经济带发展动员大会暨生态环境保护大会，出台《关于深入推动长江经济带发展加快建设山清水秀美丽之地的意见》《重庆市实施生态优先绿色发展行动计划（2018—2020年）》《重庆市污染防治攻坚战实施方案（2018—2020 年）》《重庆市国土绿化提升行动实施方案（2018—2020 年）》等政策文件。通过全市上下的共同努力，全市主要环境指标持续改善，生态文明体制改革稳步推进，突出环境问题不断解决，环境法治体系进一步完善，库区环境安全得到有效保障，山清水秀美丽之地建设迈出坚实步伐。

（一）营造良好政治生态

坚定不移推进全面从严治党，成立局党组主要负责人任组长的党的建设工作领导小组，自觉维护习近平总书记党中央的核心、全党的核心地位，维护党中央权威和集中统一领导。扎实推进党支部标准化规范化建设，深化“两学一做”专题教育常态化制度化开展，使生态环境系统干部职工增强“四个意识”、坚定“四个自信”、落实“两个维护”、实现“三个确保”成为思想自觉、

行动自觉。深化“十破十立”，开展“以案为鉴，营造良好政治生态”专项治理，坚决肃清孙政才恶劣影响和薄熙来、王立军流毒，清除政治生态“污染源”；开展以史大平、陶志刚违纪案件为反面典型警示教育，推进生态环境系统全面从严治党向纵深发展。深入开展“兴调研转作风促落实”行动，局班子成员聚焦 10 个重点领域开展专题调研 400 余天，帮助基层解决实际问题 100 余个。严格落实中央八项规定精神，坚决执行党风廉政建设有关要求，持之以恒正风肃纪。坚持正确选人用人导向，打造一支政治强、本领高、作风硬、敢担当，特别能吃苦、特别能战斗、特别能奉献的生态环境保护铁军。

（二）构筑长江上游重要生态屏障

贯彻“共抓大保护、不搞大开发”方针，把长江生态修复放在首位，发布《重庆市生态保护红线》，划定生态保护红线管控面积 2.04 万平方公里（占国土面积的 24.82%），开展区县生态保护红线勘界定标试点，生态空间管控得到强化。严格执行长江干流及主要支流 1 公里、5 公里产业管控政策，“三线一单”（生态保护红线、环境质量底线、资源利用上线和生态环境准入清单）基本建立。成功申报国家山水林田湖草生态保护修复工程试点，武隆区成功创建全国第二批“绿水青山就是金山银山”实践创新基地。全市行政区域内流域面积 500 平方公里以上且流经 2 个及以上区县的 19 条次级河流全部建立流域横向生态保护补偿机制。

（三）改善生态环境质量

坚决打好污染防治攻坚战，建立“一把手总负责、分管负责人抓落实”指挥长制，成立水污染防治、大气污染防治等 6 个分指挥部，明确生态文明体制改革、环保督察等 12 个保障体系，全面开展中央环保督察整改核查等标志性行动。深入实施“碧水、蓝天、绿地、田园、宁静”五大环保行动，推进临江河、龙溪河等重点河流整治，新建工业集聚区污水集中处理设施 14 个，新增城市污水管网 450 公里、乡镇污水管网 2380 公里，长江干流重庆段水质总体为优，42 个国考断面水质优良比例为 90.5%（国家 2018 年考核目标 88.1%），城市集中式饮用水水源地水质达标率 100%，重庆市 2017 年度《水污染防治行动计划》考核结果为“优”。认真贯彻落实国务院《打赢蓝天保卫战三年行动计划》，实施工程措施 2700 余个，淘汰老旧柴油车 1.7 万余辆，治理挥发性有机物企业 112 家，整治餐饮油烟企业 2200 余家，全年空气质量优良天数达 316 天，同比增加 13 天，PM2.5 年均浓度为 40 微克 / 立方米，同比下降 11.1%。开展污染地块风险管控试点示范，完成农用地土壤污染详查，提供净地面积 80 万平方米，危险废物规范化管理达到国家 A 级，完成重金属减排年度任务，全市土壤环境质量总体稳定。重庆市 2017 年度《土壤污染防治行动计划》评估结果为“优”。强化噪声监督管理，在全国率先开展声环境功能区划分调整，查处夜间建筑施工、交通噪声等突出违法行为 14.2 万起，功能区声环境质量达标率提高到 95%。

（四）推动经济高质量发展

深化生态环境领域“放管服”改革，制定《关于优化营商环境促进民营经济发展十条措施》《关于进一步提高环境影响评价工作效率推动高质量发展的通知》《关于进一步做好环境执法工作服务经济发展的通知》，突出服务重点项目和重点工程建设，为企业发展营造良好的政务环境。出台《进一步深化“放管服”改革推动经济高质量发展工作方案》，提出 10 类 41 项具体举措，提高服务企业发展水平和效率。推进生态产业化、产业生态化，落实建设项目环评文件审批与规划环评、现有项目环境管理、区域环境质量“三挂钩”，推动高铁、轨道、水利等重大基础项目落地。全市审查产业园区等规划环评77个，审批项目环评3810个、涉及总投资约6235亿元，不予审批不满足环境质量改善要求的项目环评45个、涉及总投资约189亿元，为经济增长“添绿”。

（五）解决突出环境问题

持续抓好中央交办问题整改，中央环保督察涉及的37项整改措施和115个具体问题已分别完成35项和103个，中办二次回访明确的38项整改任务已完成33项，中办督察调研明确的44项整改任务已完成40项，均达到整改进度要求。县级以上集中式饮用水水源地保护、“清废2018”等专项行动发现问题全部完成整改。实现市级集中督察区县全覆盖，解决群众身边环境问题7400余个，反馈交办重点环境问题1400余个和责任追究问题94个，整改工作有序推进。实施环保专项督察、核查10余个，督促完成九龙坡大件码头搬迁、106艘餐饮船舶取缔、95宗自然保护区内矿业权退出等“硬骨头”问题整改，推动建成一批城乡污水管网、垃圾渗滤液处置等环境基础设施。强化区县和市级重点部门生态环境保护责任落实日常督察，加压落实约谈、挂牌督办、区域限批事项。贯彻习近平总书记在秦岭北麓违规建别墅问题、重庆缙云山国家级保护区违建突出“蚕食”林地上的批示精神，坚持问题导向，举一反三，深入开展各类自然保护区大排查大整治，缙云山、长江上游珍稀特有鱼类、水磨溪湿地等保护区突出生态环境问题整改取得阶段性成效。

（六）提升环保支撑能力

深化生态文明体制改革，34项年度改革任务全面完成。推进《长江三峡水库库区及流域水污染防治条例》《重庆市辐射污染防治办法》等修订制定，不断健全法规标准体系。出台《重庆市深化环境监测改革提高环境监测数据质量实施方案》，打击环境监测数据弄虚作假行为。建立水、大气环境管理市、区县两级大数据监管平台，完善生态环境监测网络。依法加强核与辐射安全监管，严防严控核与辐射环境安全风险。扎实开展第二次污染源普查，现场排查各类清查对象23万余个，纳入入户调查对象6.5万余个。持续加强云贵川渝协商合作，推进实施《长江上游四省市生态环境联防联控重点工作方案》，强化区域环境治理联防联控。

（七）保障生态环境安全

落实“用最严格制度最严密法治保护生态环境”要求，完善市高院、市检察院、市公安局、市生态环境局在信息共享、案件移送、会商督办等方面的联动协调机制，“刑责治污”工作不断强化。开展“利剑执法”专项行动，全市共发出行政处罚决定书5519件、罚款金额3.66亿元，其中查处五类重大案件640件，查封扣押195件，责令限产停产171件，移送公安机关行政拘留192件，涉嫌环境污染犯罪案件75件，保持了打击环境违法行为高压态势。切实把生态环境风险纳入常态化管理，开展沿江环境风险企业隐患排查3033家次，督促企业编制整改方案，均按计划及时进行整改。严格环境应急值班值守，稳妥处置易引发环境污染的突发事件35件，发生一般突发环境事件7件，同比减少5件，全年未发生重、特大突发环境事件。

二、存在的主要问题

对照高质量发展、高品质生活要求，生态环境工作还存在不少困难和问题。一是大气污染物减排的空间越来越小，交通污染占比呈上升趋势且涉及面广，治理投入大、周期长；濑溪河等国家考核断面水质尚未达标，整治难度大；土壤污染防治基础工作较薄弱。二是随着城镇化、工业化加快发展，环境容量与项目建设等矛盾日益突出，环保基础设施补“短板”任重道远。三是生态环境综合监管的手段和方法还比较单一，特别是应用大数据智能化核查、调度、整改的力度还需强化。四是生态环境“党政同责、一岗双责”在基层落实还不到位，环保责任规定还不系统，需根据新的“三定”方案修订。五是队伍建设还不能完全适应新形势新任务的要求，需引进培养更多的高技术专业人才，基层一线的队伍数量和能力还需增强。针对这些问题，我们将坚持问题导向，认真研究、分类施策，逐步推动解决。

三、2019 年工作目标

以习近平新时代中国特色社会主义思想为指导，全面贯彻党的十九大和十九届二中、三中全会精神，全面贯彻习近平总书记对重庆提出的“两点”定位、“两地”“两高”目标、发挥“三个作用”和营造良好政治生态的重要指示要求，全面落实党中央决策部署，深学笃用习近平生态文明思想，认真贯彻全国生态环境保护大会精神以及中共中央、国务院《关于全面加强生态环境保护坚决打好污染防治攻坚战的意见》，增强“上游意识”，担起“上游责任”，把加强生态系统保护作为首要任务，把解决好人民群众反映强烈的突出环境问题作为当务之急，筑牢长江上游重要生态屏障，加快建设山清水秀美丽之地，确保习近平总书记殷殷嘱托在重庆落地落实。

（一）进一步提升环境质量

坚决打好污染防治攻坚战，更加注重项目化、机制化、政策化落实，确保 2019 年长江干流水质为优，纳入国家考核的 42 个断面水质优良比例达到 90.5%以上；全年空气质量优良天数稳定在 300 天以上，细颗粒物达到国家考核要求，让重庆天更蓝、地更绿、水更清、空气更清新。

在水污染防治方面，将加强工业、城乡生活、农业农村和重点流域（区域）污染防治，保障饮用水水源安全，加快实施城市污水处理厂提标改造和乡镇污水处理设施技术改造，完善城乡污水管网，深入推进存栏生猪当量畜禽养殖污染治理和村农村环境综合整治，加快推进排污口整治试点，强化水陆统一监管。在大气污染防治方面，将严控交通、工业、扬尘和生活污染，增强监管和科研能力，推动高排放车辆限行，加快淘汰老旧柴油车及治理柴油车，推广新能源汽车，深入开展挥发性有机物等污染深度治理，建设和巩固扬尘控制示范工地，抓好公共机构食堂和餐饮业油烟治理。在土壤污染防治方面，将开展“无废城市”建设试点及农用地土壤环境质量类别划定，实施重点行业企业土壤污染详查，推进土壤污染综合防治示范区建设，确保净土开发。在生态保护修复方面，认真落实“共抓大保护、不搞大开发”方针，实施长江保护修复攻坚战行动计划，统筹推进山水林田湖草综合治理，保护好一江碧水、两岸青山。在噪声污染防治方面，将加强城市声环境管理，控制社会生活、交通、建筑施工和工业噪声。在服务高质量发展方面，将积极探索以生态优先、绿色发展为导向的高质量发展新路子，坚定贯彻新发展理念，进一步引导和支持民营企业参与污染防治攻坚战，注重统筹兼顾，避免处置措施简单粗暴；增强服务意识，帮助企业制定环境治理解决方案。

（二）进一步抓好精细治理

一方面，将坚持问题导向，落实好环保督

察、执法、暗访等制度性安排，加大暗查暗访力度，把生态环境问题找准、找实，进而做到分类指导、精准施策。特别是在改善水、大气环境质量方面，将在盯紧“三江”水质、黑臭水体整治等重点工作基础上，突出散乱洗车场废水、露天秸秆焚烧、路边烧烤等细节，坚决打好碧水保卫战、打赢蓝天保卫战。另一方面，将提高解决问题的能力，统筹抓好中央环保督察、中办二次回访、中央脱贫攻坚专项巡视反馈意见，以及市级集中环保督察发现问题等整改，精细化做好配合第二轮中央生态环保督察各项工作。把防范杜绝污水偷排、直排、乱排摆在突出位置，开展整治污水偷排偷放行为、环境安全隐患排查整治百日攻坚等专项行动，保障生态环境安全。

（三）进一步强化联动协作

横向上，推进修订《重庆市环境保护工作责任规定（试行）》，加强与市级部门联动，进一步落实“管发展、管生产、管行业必须管环保”要求，形成齐抓共管合力。纵向上，将着力强化与区县的沟通对接，完善市级生态环境保护督察机制，围绕水、大气、土壤、自然生态等重点领域开展点穴式、机动式督察，落实约谈、区域限批等督察手段，压紧压实生态环境保护责任。面向社会，将加强宣传教育、组织公众开放活动等，营造全民参与、共建共治共享氛围。生态环境系统内部，将以机构改革为契机，强化督察、执法、监测等职能职责、联动协作，统筹形成攻坚合力。

（四）进一步创新机制

深化生态环境监管体制改革，加快完成全市生态环境系统机构改革和监测监察执法“垂直”改革既定任务，深入推进生态环境保护综合行政执法体制改革，深化“放管服”改革，持续强化事中事后服务和监管。深化生态文明体制改革，对标对表中央、市委要求，围绕推进污染防治攻坚、生态优先绿色发展体制机制改革专题，加快建立“源头严防、过程严管、后果严惩”的生态文明制度体系。深化工作机制创新。将健全市生态环境保护委员会工作机制，进一步发挥中央环保督察整改领导小组、污染防治攻坚调度会等作用，研究解决实际困难、推动具体工作。

（五）进一步抓好保障

加强政治保障，将坚定不移推进全面从严治党，坚决扛起生态文明建设和生态环境保护政治责任，以实际行动兑现“三个确保”政治承诺。深化“十破十立”，开展“以案为鉴，营造良好政治生态”专项治理，坚决肃清孙政才恶劣影响和薄熙来、王立军流毒，营造良好政治生态。加强法治保障，将推进《长江三峡水库库区及流域水污染防治条例》等法规规章,《污染地块治理修复技术导则》等标准技术规范修订、制定工作，用制度保护生态环境。加强科技保障，将深化落实污染源普查，关联、整合环境统计、监测、总量减排等环境数据，形成生态环境“一套数”。加强环保“智库”建设，依靠大数据智能化、云计算、物联网等进行基础性、前瞻性研究和成果转化，优化形成智慧环保“一张图”。加强队伍保障，将坚决落实中央八项规定精神，坚持党的好干部标准，注重培养专业能力、专业精神，打造一支政治强、本领高、作风硬、敢担当，特别能吃苦、特别能战斗、特别能奉献的生态环境保护铁军。

（执笔人：刘晶）

城市管理

重庆市城市管理委员会

一、2018 年城市管理工作回顾

2018 年，全市城市管理行业干部职工在市委、市政府的坚强领导下，对标“精细化、智能化、人性化”的要求，实施大城细管、大城智管、大城众管，城市管理工作打开新局面，城市治理体系实现新突破，城市管理保障有了新提升，基本实现了“一年让群众有明显感受”的阶段性目标。

（一）城市综合管理机制更加顺畅

2018 年 11 月，根据全市机构改革统一安排，更名为重庆市城市管理局。成立了由市长任组长的城市综合管理工作领导小组，形成“周点评、月排名、季考核”工作机制，强化了对城市综合管理工作的组织领导和统筹协调。市长在每周的市政府常务会上点评城市管理工作，发挥了极大的推动作用。市政府印发了《重庆市城市综合管理提升行动方案》，组织召开全市城市综合管理工作大会，进一步明确了未来城市综合管理的方向、目标和任务。各区县、各部门一级抓一级、层层抓落实的责任机制不断夯实，“政府主抓、部门协同、市区（县）联动”的城市综合管理工作新格局基本形成。

（二）“马路办公”方式蔚然成风

2018年初，全市城市管理部门率先推行“马路办公”，坚持以路为岗，不断转变工作作风，消除城市管理盲区，推动解决了一大批群众关注的城市管理热点难点问题。一年来，“马路办公”已在全市蔚然成风，截至 2018 年 12 月底，全市“马路办公”共出动人员 17.9 万人次，开展巡查 5.79 万次，发现问题 24.63 万个，整改问题 23.79 万个。城市管理精细度和时效性得到大幅提升，“马路上办、马上就办”成为常态。2018 年 11 月 26 日，由新华社《瞭望东方周刊》、瞭望智库主办的“2018 中国幸福城市论坛”将我市“马路办公”评为“2018 中国最具幸福感城市最佳管理创新范例”。

（三）共建共治共享氛围愈加浓郁

城市管理热线、市民城管通 App 等民生连线服务日益完善，广大市民参与城市管理的途径不断拓宽。截至目前，12319 城市管理热线共收到群众意见建议 46976 件，按时结案率保持在 99% 以上。试行“五长制”和“门前三包”；广泛开展最美环卫工、最美城市管理执法队员、最美城市管理志愿者、最美城市景观大道、最美街巷、最美灯饰、最美公厕和城市治理创新范例等 8 项“最美”评选，吸引了众多市民参与，超过 2600 万次点赞。人民城市人民管、管好城市为人民的“大城众管”理念逐步深入人心。

（四）打造城市高品质生活成效凸显

围绕市政设施补短板强弱项，启动实施主城区隔离设施提升和桥梁、隧道整治等重点工作。共整治主城各类隔离设施 1015 公里，涂装城市桥梁 478 座、隧道 204 座，市政设施更加规范统一、整洁靓丽。牵头成功承办了在广阳岛举行的春季义务植树活动。开展嘉陵江渝澳大桥、长江大桥等 8 座跨江大桥桥头绿化景观提升，枯枝死树得到清理，一批未开发裸土洒上花籽、草籽，绿化景观品质得到提升。全市新增城市绿地面积 2618 万平方米，改建 710.1 万平方米；全市城市绿化覆盖率 40.7%，古树名木保护率 100%。全市新改建景观照明 104 项，新改建路灯 3 万盏；安装背街小巷、老旧社区路灯 6800 盏，消除暗盲区 875 处；主城区路灯亮灯率和设施完好率分别达 98.4% 和 98.2%，景观照明设施完好率 95%。山清水秀美丽之地的城市形象更加凸显。

（五）行业民生实事圆满完成

取消主城区路桥通行费，97.67% 的主城区居民对此表示满意。主城区新增公厕 343 座，其中新建公厕 113 座、新增对外开放社会公厕 230 座，部分公厕人性化地免费提供厕纸。商圈、广场、公园等人流密集的区域，增设了 456 个公共直饮水点。完成 5.39 万户老旧居民住宅用水提质改造工程，主城区饮用水质量在全国保持前列。实施“增绿添园”项目 131 个，其中综合性公园 30 个、社区公园 64 个、街头游园 37 个，市民休闲娱乐有了新去处。2018 年主城区还新增停车场 264 个，停车位 16.65 万个，共有备案登记及对外公示停车场 5077 个，停车泊位 147.31 万个，路内停车设置规范率 78%，市民“停车难”问题有所缓解。

（六）环卫精细化管理不断强化

加大道路冲洗保洁力度，城区主干道、重要路段机械化清扫率接近 90%；以洁净亮丽的城市环境保障了西洽会、智博会等全市重大活动的成功举办，得到来渝宾客好评。全年无害化处理城市生活垃圾 515 万吨，城市生活垃圾无害化处理率保持在 100%；主城区易腐垃圾单日最高收运量突破 2000 吨，其中餐厨垃圾单日最高收运量突破 1800 吨。市级公共机构实现生活垃圾分类全覆盖。各区县农村生活垃圾治理通过市级验收，并通过了国家验收，7882 个行政村生活垃圾得到有效治理，有效治理比例达到 90% 以上，超过全国平均水平。

（七）供水排水保障安全通畅

陆续开工建设观景口水厂、大江水厂，白洋滩水厂扩建工程、大学城水厂扩建及配套管网工程等供水项目超额完成投资任务，全市供水能力已达 860 万吨 / 日。坚持每月供水水质抽检和公示，综合合格率在 98% 以上。建立供水安全保障机制和保障体系，确保夏季高峰供水平稳度过，全年主城区安全供水 8.75 亿吨。着力开展污水处理工作，投运的 66 座城市污水处理厂处理达标排放污水 9.36 亿立方米。2018 年全市共产生污泥 61.88 万吨，污泥无害化处置率 80% 以上，其中主城区 33.75 万吨，无害化处置率保持在 100%。全市未发生较为严重的城市内涝事故，未发生一起水质超标排放和安全生产事故。

（八）城市秩序管理规范有力

完成市城市管理综合行政执法总队组建工作和执法人员换装工作，基本实现城市管理领域行政处罚权集中行使。扎实开展“三水共治”、市容环境卫生“三乱”行为治理等专项行动。累计出动执法人员 139.28 万人次，出动执法车辆 29.55 万台次，宣传教育违法相对人 81.57 万人次，扣押经营物品 4.93 万件，接办并处理各类投诉 2.85 万件，查处案件 4.62 万件。主城区整治违规广告 8910 块、违规招牌 5247 块，招牌设置备案 6809 块。在城市管理执法队伍中开展“规范执法行为年”主题实践系列活动，全市城市管理执法能力水平进一步提升，城市秩序维护进一步规范。

（九）信息化保障能力逐步提升

常抓不懈数字城管，完成所有区县数字城管平台建设，覆盖 1237 平方公里，各区县平均有 25 个以上单位接入数字城管平台中心；完成数字城管市级监管平台和 12319 系统升级改造，建成视频应急指挥系统，危险源监控点位累计 6388 个，2092 辆城管作业车辆实现 GPS 定位管理，城市照明智能控制系统建设完成率 90%。主城区主动发现城市管理问题 179.41 万件，处置问题 140.42 万件，结案率 89.12%。城市管理智能化水平不断提升。

（十）城市管理法规标准体系不断完善

启动《重庆市城市综合管理条例》《重庆市城市生活垃圾分类管理办法》《重庆市城市供水节水管理条例》《重庆市园林绿化条例》等 4 项立法编制修订工作。编制完成《景观照明设施维护技术规程》《城市桥梁运营状态监测技术规程》等 9 项地方标准，《重庆市饮用水消毒副产物控制技术导则》《重庆市农村生活垃圾收运系统设施设置标准》《重庆市常用盆花质量等级标准》《生态园林建设技术导则》等 15 项行业标准，完成了图文并茂的一套三分册的《重庆市综合管理手册（专业版）》，城市管理领域法规标准体系日趋完善。

二、2019 年城市管理工作重点

2019 年是中华人民共和国成立 70 周年，我们将深入领会把握习近平总书记对重庆提出的“两点”定位、“两地”“两高”目标、发挥“三个作用”和营造良好政治生态的重要指示要求，坚决把党中央和市委、市政府的决策部署落到实处。

（一）围绕大城细管，提升管理成效

一是加快推进《城市综合管理条例》立法工作，推动《重庆市园林绿化条例》等修订工作；制定出台一批政府规章和规范性文件。二是等高对接国内最高水准，完善市容市貌、市政设施、园林绿化等技术标准规范。三是在全市广泛推行“马路办公”，把远郊区县“马路办公”情况与主城区同步收集、同步通报、同步宣传，推进“马路办公”制度化建设，让“马路上办、马上就办”成为常态。

（二）围绕大城智管，优化管理手段

一是加快推进城管大数据中心和城管综合执法智慧平台建设，完成所有远郊区县与市级平台的数据共享对接。推广智慧城管、智慧园林、智慧环卫、智慧水务等应用系统，逐步实现城市管理智能响应、精准处置。二是大力推行“互联网+政务服务”，推进“12345一号通”政务服务热线优化整合，让“信息多跑路、群众少跑腿”。三是开发智能停车、智慧如厕、标识引导等便民功能，为广大市民提供更多人性化服务。

（三）围绕大城众管，发动市民参与

一是进一步建立完善城市管理月度新闻通气会制度，搭建与市民沟通互动的平台，发出城管好声音、讲出城管好故事。二是广泛宣传先进典型，开展城市管理进单位、进家庭、进校园、进社区、进企业、进军营和最美街道、社区、公园、单位和阳台等社会评选活动，激发市民主动参与城市管理工作的热情。曝光乱闯红灯、乱停车、乱吐乱扔乱种等不文明行为。三是夯实区县主体责任，加强市级部门联动；积极探索“五长制”“门前三包”，明确各类市场主体责任，进一步夯实“大城众管”的格局。

（四）围绕城市环境突出问题，抓好七项工程

一是实施“治乱拆违”工程。有序推进城市空中管线下地改造，规范设置道路杆箱，进一步规范空间秩序、交通秩序、经营秩序，让城市更加井然有序。二是实施“街净巷洁”工程。强化清扫保洁，保持大街小巷干净整洁；推行生活垃圾分类处理，推进城乡生活垃圾源头减量；加强环卫基础设施建设，深化“厕所革命”，改善城市整体环境。三是实施“路平桥安”工程。开展城市道路有机更新，不断提高道路的平整度、舒适度；完善城市桥梁隧道的安全防护设施，保障桥隧安全。四是实施“整墙修面”工程。主要开展城市临街临江、窗口地区、重要视线通廊建筑立面综合维护改造，加强店招店牌规范设置，依法拆除违规广告和招牌，让城市立面清爽整洁、协调美观。五是实施“灯明景靓”工程。完善高速射线功能照明，消除背街小巷、老旧社区照明暗盲区；提升景观照明水平，吸引游客来渝观灯赏景，把“重庆赏灯”打造成具有影响力的城市主题品牌。六是实施“江清水畅”工程。持续开展水域清漂保洁，确保江清岸洁；优化主城水厂布局，提升城市供水保障能力；加强城市污水治理，保护好一江碧水，让市民享受更多的亲水环境。七是实施“城美山青”工程。实施“增绿添园”，推广立体绿化，全面绿化主干道两侧、城区空地和荒山荒坡，推进生态绿道绿廊建设，发展壮大园林花卉产业，优化一批城市雕塑、亭台楼阁，让人与自然、城市与文化和谐共生。

（执笔人：张弛）

交通建设

重庆市交通局

一、2018年发展回顾

2018年，全市交通始终以习近平新时代中国特色社会主义思想为指引，紧紧围绕“两点”定位、“两地”“两高”目标和营造良好政治生态、做到“四个扎实”的要求，对标对表市委、市政府决策部署，深入落实“三大攻坚战”“八项行动计划”，大力实施城市提升交通建设“三年行动计划”，取得积极成效。

（一）全力争取各方支持，发展合力持续汇集

交通运输部将我市纳入全国首批交通强国示范区，与市政府签订新的《部市合作协议》，落实年度补助资金108亿元，为历年之最；铁路总公司明确支持我市加快高铁建设，与市政府联合批复《重庆铁路枢纽规划（2016-2030年）》和《重庆市利用既有铁路开行公交化列车实施方案》，共同成功举办“市域铁路与城市发展论坛”；中国民航局大力支持我市第二枢纽机场选址论证，批复同意江北国际机场容量放量，下达民航发展基金7.9亿元，与我市联合编制《国际航空枢纽战略规划》。召开3次重大项目招商推介会，成功引入高速公路建设资金230亿元，国开行、农发行等7家银行与市交通局签署战略协议。

（二）提速推进项目建设，综合交通网络持续完善

全年完成交通投资908.6亿元。“米”字形高铁网建设加快。市政府印发《高铁建设五年行动工作方案》，按照“五年全开工、十年全建成”目标，提速构建“米”字形高铁网。渝贵铁路、成渝高铁枢纽段、重庆西站一期和沙坪坝站建成投用，全市铁路营业里程达到2371公里，渝湘高铁主城至黔江段和重庆东站开工建设，郑万高铁等近800公里在建铁路稳步实施，渝万、渝西、渝昆等高铁前期工作有力推进。高速公路网

络日趋完善。江津至习水建成投用，全市通车总里程达到3096公里，省际对外通道增加至20个。巫溪至镇坪、巫山至大昌、合川至璧山至江津、大足至内江、渝广支线、万州环线和云阳至龙缸7个项目287公里开工建设，城口至开州等11个续建项目804公里提速推进，1000多公里项目前期工作基本完成。航道港口建设扎实推进。长江涪陵至朝天门段4.5米水深航道整治工可通过审查，嘉陵江利泽航运枢纽初设完成批复，涪江潼南航电枢纽建成投用。主城果园等枢纽港后续工程加快实施，忠县新生等重点港开工建设，全市港口货物和集装箱吞吐能力分别达到2.1亿吨和480万标箱。机场建设有序实施。完成江北国际机场第四跑道和T3B航站楼预可研编制，开展第二枢纽机场选址，基本建成巫山机场，稳步实施武隆机场建设和万州、黔江机场改扩建，有序推进永川大安、万盛江南等一批通用机场建设。全年新开通国际航线14条，为历年之最，总数达到82条，江北机场旅客吞吐量和国际旅客吞吐量分别突破4000万人次和300万人次。

（三）大力建设“四好农村路”，交通脱贫攻坚持续发力

农村公路“进村入户”加快实施。开工建设“四好农村路”2.8万公里，建成投用2.49万公里，新解决4132个村民小组通公路、8130个村民小组通油路或水泥路，全市村民小组通达率、通畅率分别达到91.3%、61.3%，行政村通客运率达到99.1%，创建万盛、武隆、奉节和永川4个“四好农村路”全国示范区县，以及涪陵、垫江、云阳、沙坪坝等8个市级示范区县。旅游、产业等扶贫路加快建设。启动改造普通干线公路4000公里，其中建成1100公里，中心城镇与重点景区、产业园区之间的有机衔接逐步加强。全市普通国省道次差路全部纳入计划，启动7000公里国省道和3000公里重要连接道设计或改造。大力推进干线公路小修保养和预防性养护，年度国检成绩居全国前列。贫困地区交通面貌加快改变。加大14个贫困区县交通扶持力度，重点聚焦18个深度贫困乡镇，逐一调研指导、加强对口帮扶，实行“三个优先”政策，全年安排深度贫困乡镇交通补助资金25亿元，开工对外通道623公里，建成通组公路1397公里。“快递下乡”“邮政在乡”加快推进。全市建制村直接通邮率、快递服务乡镇覆盖率均达100%。

（四）扎实做好运输服务保障，交通品质颜值持续提升

“公交都市”建设扎实推进。主城区公交优先道突破100公里，新增调整公交线路101条，公交线路数和车辆数分别突破700条和9000辆，65岁以上老年人免费乘坐公交；轨道运营里程达到313公里，日均载客量超过230万人次，公交与轨道衔接不断加强；北站与西站之间开行公交化列车；区县城区公交加快发展，巴南区实现公交全域覆盖，涪陵、永川城乡交通一体化试点初见成效。交通形象加快改善。整治餐饮船舶138艘，完成高速公路26座隧道照明、6对服务区、30个收费站和路域环境等品质提升，更新出租车外观内饰2000辆，完成2号线、3号线轨道车厢和长江索道轿厢外观美化。绿色交通建设有序实施。完成23座码头和39艘趸船污水处理设施改造，投用7座码头岸基供电设施和37个高速公路服务区充电桩，淘汰老旧客货柴油车7000多辆，建成三峡船型148艘。智慧交通服务不断优化。交通云平台和综合执法管理服务平台建成投用，主城所有公交车、1.3万辆出租车和135个高速公路收费站实现移动支付，高速公路ETC收费站实现全覆盖、用户达到145万户。交通降本增效成效明显。综合运输结构不断优化，铁水

联运货运量同比增长18.6%，占港口货物吞吐量比重提高到11.2%。开工建设新田港铁路集疏运中心，加快建设国际陆海新通道等3个国家多式联运示范项目。大力开展无车承运人、甩挂运输、城市配送等试点示范。高速公路“套餐通行费”有序实施，川渝省界10个收费站顺利取消，重大节假日小型客车免费通行、鲜活农产品运输绿色通道等减免通行费15.2亿元。

二、发展中存在的问题

交通发展不平衡不充分问题仍然存在，到周边地区的铁路线路技术标准偏低，射线高速公路通行能力不足，内部通畅水平有待提升，综合交通体系尚需完善。交通筹融资难度增大，资金紧张难题尚未有效解决。生态环保政策日渐趋紧，用地、环评、林业等前期审批更加严格，交通发展刚性约束因素增多。

三、2019年发展目标

（一）突出规划先行，扎实谋划交通发展

紧扣服务国家战略部署，完成《交通强国示范区纲要》等重大规划编制工作，扎实开展“十四五”规划前期研究。

（二）突出项目建设，加快补齐交通短板

铁路方面，力争开工渝万高铁、渝西高铁和渝昆高铁重庆枢纽段，稳步推进渝湘高铁、枢纽东环线以及重庆东站等续建项目建设，加快推进成渝中线、沿江货运铁路等项目前期工作，实施重庆站、重庆北站南场改造工程，启动老成渝铁路改造工作。高速公路方面，建成潼南至荣昌139公里，力争开工渝遂扩能、渝湘扩能和奉节至建始等项目，加快推进石柱至黔江等其余17个续建项目952公里建设。航运方面，争取交通运输部加快推进涪陵至朝天门4.5米水深航道整治前期审批，开工建设嘉陵江利泽航运枢纽，建设一批枢纽型港口。民航方面，力争开工江北国际机场T3B航站楼和第四跑道，统筹规划第二枢纽机场和货运机场，投用巫山机场和永川大安通用机场，基本建成武隆机场，加快万州、黔江机场改扩建。

（三）突出脱贫攻坚，努力改善贫困地区交通条件

建设“四好农村路”2.4万公里，新增一批村民小组通油路或水泥路。改造普通干线公路3000公里，更好服务旅游等产业发展。聚焦18个深度贫困乡镇，持续加大支持力度，尽快改变交通面貌。

（四）突出品质提升，认真做好城市提升交通专项

扎实开展主城“两江四岸”174艘停泊船舶整治、27座货运码头治理工作，继续推进高速公路服务区、收费站品质提升，完成绕城外318座隧道照明提升，进一步提高出租汽车服务质量，抓好主城旅游景区交通整治工作。

（五）突出运输保障，切实提高群众便捷出行水平

协助新建公交优先道50公里，调整优化公交线路40条以上，加强公交与轨道接驳，新开行一批公交化列车。巩固农村客运发展成果，提高农村客运通达深度。建成交通大数据共享开放平台，促进群众高效便捷出行。实施“平安交通三年攻坚行动计划”，加大监管执法力度，坚决杜绝重特大安全事故发生。

（执笔人：石光）

水利建设

重庆市水利局

2018年，全市到位中央水利投资52.4亿元，市级投资30.3亿元，完成各类水利投资160亿元。截至2018年底，全市已建成水库3076座，总库容126.1亿立方米。其中，大型水库18座（水利行业外管理的水库15座），总库容80.6亿立方米；中型水库103座，总库容26.5亿立方米；小型水库2955座，总库容19亿立方米。水利工程年供水量达到76亿立方米。新增有效灌溉面积4.1千公顷，新增节水灌溉面积16.97千公顷。水利部质量考核再获佳绩，成为全国5个连续4年获评A级的省份之一；全市2017年实行最严格水资源管理制度考核并获得全国优秀；2017年度全国水利安全生产监督管理工作考核位居省级水行政主管部门第一，荣获年度全市安全生产工作先进单位称号。

一、2018年发展回顾

（一）行业监管

一是抓安全监管。健全市级和全部区县级安全监管机构，落实各级安全工作主要负责人、分管负责人和安全工作人员；修订《重庆市水利局安全生产监督管理职责规定》，调整充实局安全生产工作领导小组，层层签订安全生产监督管理目标责任书，严格落实行业主管部门直接监管、安全监管部门综合监管、地方政府属地监管责任和生产经营单位的主体责任。统筹安排实施监督检查计划，全面建成水利安全监督信息平台，建立水利安全管理专家库，采取“行政+专家”检查方式，每月对4个区县安全开展常规检查，每季度对3个区县重点水利工程施工安全开展抽查，每月对3—4个区县农村水电站安全开展巡检。组成26个稽察组，派出164人次开展6个批次稽察，下发整改意见35份，通报1份，稽察发现问题314个。强化“两会”、节假日、低温雨雪、高温汛期等重点时段水利安全监管，确保稳定。二是抓建设管理。严格执行工程建设“四制”管理，印发各类水利项目前期工作、完成投资指导性计划和重点项目年度施工计划。以夯实诚信体系建设、扎实开展市级稽察、创新建设管理模式和技术为抓手，确保建设管理规范有序。对工程建设进度较慢、质量较差的区县约谈，按月通报建设进度，将重大水利工程建设任务、投资计划执行纳入市委、市政府对区县党政一把手实绩考核。三是抓运行管理。全市共有水利工程管理单位1092个、职工4750人，年运行管护总经费4.82亿元。修订《重庆市水利工程管理条例》，10个区县164座水库开展物业化管理工作。市水利局和市农村土地交易所共同推动小型水利设施使用权进入平台交易，荣昌区完成首例交易。璧山区同心水库、大足区龙水湖水库启动水库运行管理标准化试点工作。开展小型水库放水设施改造技术研究，研发形成了由成套技术和产品组成的整体解决方案，并在永川区进行了工程试点。四是抓河道管理。2018年，完成划界河段长度5430公里，划界岸线长度10958公里，设置界桩（界牌）26202处、公示牌（告示牌）1679处；完成水库划界280座，水库划界岸线长度924公里，设置水库管理范围界桩6523处、公示牌319处。2012年至2018年，全市累计完成河道及水库管理范围划界岸线长度42093公里（其中，河道划界512条岸线长度33415公里，水库划界3020座岸线长度8678公里）。完成了流域面积1000平方公里及以上42条河流河道调查及名录公布工作。严格河湖水域、岸线保护利用管理。开展“清四乱”专项行动，排查项目451项，完成整治377项。开展长江干流岸线利用项目清理整治，明确需拆除取缔项目61个、位于生态敏感区项目87个、可能存在重大防洪影响项目165个、其他需规范整改项目189个。开展固废点位排查工作，排查清理整治点位69处。加强涉河建设项目管理，重庆市转报长江委审批项目36个，市级受理并审批项目4个，区县审批项目505个。完成“两江四岸”、广阳岛、朝天门等重大涉河建设项目规划编制及修编，编制《重庆市河道管理年报导则》。加强采砂管理，重庆市办理长江采砂许可4件，许可采区11个，许可船舶13艘，许可开采量195.89万吨，实际开采量125.2万吨。开展了“两会”期间打击非法采砂、主汛期前打击非法采砂、全市河道采砂、长江非法采砂等系列专项整治行动，市级专项督查17次，例行明查暗访22次。日常巡查4959次（长江1693次），出动执法船艇554艘次（长江137艘次），专项打击281次（长江128次），罚款和没收违法所得177.4万元。

（二）水政

统筹法治政府建设16项年度任务、48项长期坚持任务落实，制定《政府采购合同范本（试行）》，完成152件文件、合同合法性审查，56件法律法规征求意见回复，60件法务咨询意见建议，行政诉讼已判案件无一败诉。扎实开展法制宣传，被水利部评为宪法知识网络答题活动优秀组织单位。抓好扫黑除恶专项斗争，研究部署工作23次，制定《扫黑除恶协作配合工作机制》《非法采砂刑事案件移送程序规定》等文件，常态化与公安、检察机关联动协作，召开6次联席协调会议。抓好“放管服”改革，制定行政审批事中事后监管指导意见，完成“四张清单”动态调整制定，协同推进区县“三级四同”、企业减负、建设项目审批改革试点，开展双随机检查事项6项，检查管理对象66个，所有事项实现“全渝通办”、一窗办理、“只跑一次”目标，审批办结时限由20个工作日压减至15个工作日，办结行政许可事项102件。抓好水法制体系建设，《重庆市水利工程管理条例》列为市人大2019年自主立法审议项目，《重庆市河长制规定》列为立法调研项目，修改《重庆市河道管理条例》等5

部地方性法规条款 20 余处，完成规范性文件常规清理及 8 次专项清理，废止《重庆市河道采砂监督管理实施细则（试行）》等 24 个规范性文件，4 个规范性文件通过市司法局备案审查。推进执法改革，扎实开展河库执法专项行动和水事矛盾纠纷化解排查，全市查处违法案件 543 件，罚款 807.36 万元，现场制止水事违法行为 1243 起。

（三）水资源及水生态文明建设

2018 年，全市用水总量 77.2 亿立方米，低于国家控制目标 19 个百分点；万元国内生产总值用水量和万元工业增加值用水量分别较 2015 年降低 23.8 个和 26.9 个百分点，农田灌溉水利用系数达到 0.4945，达到国家控制目标，全力助推经济社会高质量发展。全市完成取水许可审批 471 个，发放取水许可证共 667 个。通过对全市 3000 余条取水许可台账信息清理，强化取水许可审批与日常监管的结合。完成国控二期 155 个取水在线监测站点、12 个水源地水质在线监测站点建设及合同验收。市物价局、市财政局、市水利局等部门联合印发《重庆市建立健全城镇非居民用水超定额累进加价制度实施方案》，采取先试点、后扩面方式稳妥推进，2020 年底前，在全市范围内全面推行非居民用水超定额累进加价制度。加强水资源费征收力度，全年共征收水资源费 3.22 亿元，主要用于水资源管理、节约和保护。完成綦江高庙坝旅游度假区规划、中国西部（重庆）塑料生态产业园总体规划（梁平区）等规划水资源论证工作。加强河流水量分配管理，完成小安溪水量分配方案，并经市政府授权印发，对流域内的永川区、大足区、铜梁区、合川区进行水资源配置。

实施建设 3 个江河湖泊水系连通中央补助项目，分别为永川区孙家口水库群至临江河（城区段）河库水系连通工程、梁平区团结水库和备战水库至小沙河河湖水系连通工程和荣昌区清流河—黄桷滩—高升桥水库江河湖库水系连通工程，总投资 4.06 亿元，其中中央资金 1.58 亿元，3 个工程将改善 22 条（个）河流（水库）连通，年新增供水量 1267 万方，补充生态水量 2416 万方，建设生态护岸 38.53 公里，增加水面面积 3.98 平方公里，保护湿地面积 1.36 平方公里，防洪除涝面积 0.52 万亩。印发《重庆市建立流域横向生态保护补偿机制实施方案（试行）》，在龙溪河、璧南河等流域面积 500 平方公里以上且流经 2 个及以上区县的 19 条河流建立实施横向生态保护补偿机制，2020 年前实现流域区县横向生态保护补偿机制全覆盖。璧山区、梁平区于 2018 年通过国家水生态文明城市建设试点评估和行政验收。狠抓库区生态环境建设与保护，以“三水共治”项目为重点，投入三峡后续生态环境保护资金 14.78 亿元，实施项目 193 个。市政府发布《重庆市生态保护红线划定方案》，确定全市生态保护红线管控面积 2.04 万平方公里，占全市面积的 24.8%，其中，水土保持生态保护红线、水土流失生态保护红线、石漠化生态保护红线总管控面积 7653.95 平方公里，占全市总管控面积的 37.4%，主要保护森林、草地、湿地、河流生态系统以及保护物种栖息地，维护水土保持功能，减少水土流失，保障库区水质安全。

（四）水利规划

印发《重庆市水源工程建设三年行动实施方案》，完成《龙溪河水资源配置与防洪水生态治理方案》《长江流域防洪规划（重庆部分）中期评估报告》《重庆市水利发展“十三五”规划中期评估》《重庆市加快推进水利与旅游融合发展工作方案》《重庆市加快推进水利与旅游融合发展的指导意见》《长江经济带重庆市柑橘产业高效节水示范区建设总体方案》《重庆市小安溪流域水量分配方案报告》编制。推进《重庆市第三次全国水资源调查评价》编制并完成四次全国汇总和流域汇总，推进《重庆市城市乡镇防洪现状评估》编制，完成重庆市新总体规划中《重庆市水资源规划（2018-2035 年）》《主城区防洪规划（2018-2035 年）》专业规划和《重庆市水系保护与利用》专题研究编制初稿并通过市规委会办公室评审，开展《重庆市防汛抗旱水利提升工程实施方案》编制并取得初步成果。

水利工程前期工作，市政府印发《水源工程建设三年行动实施方案》，未来三年将重点建设水源工程项目 125 个（包括渝西水资源配置工程和 124 座水库），总投资 1000 余亿元。市水利局采取制定前期工作指导性计划、落实前期工作经费、简化优化审查审批环节和流程等措施，加快推动项目前期工作。全年共有 100 余座（处）水源工程开展前期工作，其中 21 座（处）完成初设审批，4 座完成可研审批，6 座完成长江委审核，7 座完成可研审查。渝西水资源配置工程纳入了国家 172 项重大水利工程调整初步方案，完成了可研及部分专题报告市级审查并报送水利部，开工建设试验段（油德隧洞）工程。藻渡水库渝黔两省市政府签订了备忘录，完成征地移民实物调查和有关公示、工程部分可研报告（初稿）和部分专题报告的编制或审查等工作。向阳水库可研报告通过水规总院审查。跳蹬水库完成水库可研报告和部分专题报告专家评审。福寿岩水库开展了可行性研究，大滩口水库扩建工程开展了前期论证。

（五）基本建设

2018 年各类工程完成投资 54.3 亿元，其中重点水源工程完成 32.2 亿元，小型水库完成 4.2 亿元，江河治理项目完成 9.8 亿元，中小河流项目完成投资 8.1 亿元。一是渝西水资源配置工程试验段油德隧洞 10 月 28 日开工建设，对破解渝西地区工程性缺水难题、提升区域经济社会水资源保障能力具有重大战略意义。二是全国 172 项重点水利工程中的观景口、金佛山两座大型水库顺利推进。观景口水库大坝主体于 4 月提前完工，输水线路顶管作业 7890 米；金佛山水利工程大坝填筑至 826 米。三是新开工 7 座中型水库，续建的 36 座中型水库有序推进。黔江老窖溪水库工程成功获得中国水利工程优质（大禹）奖，长寿龙门桥水库等 5 个项目获得水利部“文明工地”称号。四是 16 座抗旱小型水库项目，已有 13 座全面完工或完成主体工程建设，3 座完成竣工验收；城市备用水源中江津帽子洞项目基本完工，北碚丰子岩水库主体工程已开工；7 座水利发展资金项目水库主体已全部开工；跟踪督促区县推进的 18 处烟水援建等小型水库项目建设。五是江河治理工程持续推进。黔江阿蓬江二期、万州磨刀溪长滩镇、彭水县靛水新城、綦江区三江、桥河堤防工程 5 个新批项目及时开工建设；26 个续建项目有序推进，其中合川花滩、武隆大木桥、巴南木洞等 5 个项目主体工程基本完工，2 个施工难度较大的长距离隧洞项目酉阳分洪隧洞工程、彭水县靛水乡分洪隧洞全面贯通。六是中小河流项目累计治理河长 238 公里。

（六）水旱灾害防御

第一，2018 年全市洪旱灾害总体呈现洪旱并存、旱涝急转、涝重于旱的明显特征。洪旱灾害主要成因如下：一是降水量时空分布不均，东南部偏多，西部及东北部偏少，其余地区正常。全年出现 10 场区域性暴雨天气过程。二是大江大河和中小河流总体平稳，受工程调度影响，波动起伏频繁。长江来水基本持平，嘉陵江偏多 1 成，乌江偏少 2 成；中小河流中除秀山梅江较多年平均持平外，其余普遍偏少3—8成。长江、嘉陵江2条大江大河、6条中小河流出现超警或超保，600余条次中小河流出现1—12米不同程度涨水过程，嘉陵江因上游降水和工程调度出现复式涨水过程。三是全市平均气温较常年同期偏高，高温日数较常年偏多，共出现6次区域高温过程，极端最高气温为43.2℃，连晴高温造成22个区县土壤一度出现轻度缺墒。

第二，旱涝灾情程度。暴雨洪灾共造成全市35个区县74.62万人受灾，失踪1人（无人因洪涝灾害死亡），农作物受灾面积30.48千公顷，倒塌房屋1475间，直接经济总损失11.84亿元，其中水利设施损失1.84亿元。高温干旱导致全市农作物受旱面积38907公顷，其中受灾28947公顷，成灾10633公顷，绝收1473公顷，高峰时期3.85万人、1.78万头大牲畜临时饮水困难。全市洪涝灾害死亡失踪人口、直接经济损失，因旱饮水困难人数、牲畜数，分别为近5年同期均值的3%、30%、11%、12%。

第三，抓好防汛抗旱。一是领导高度重视。陈敏尔书记就防汛抗旱工作多次作出指示批示，在抗御"7·12"过境洪水的关键节点，亲自调度，现场察看，提出明确要求。水利部鄂竟平部长，魏山忠、叶建春副部长，长江委马建华主任等国家防总、水利部和长江防总领导高度关注，通过加密会商、水库群联合调度、现场检查等方式给予重庆市帮助指导。唐良智市长多次就抗洪救灾工作提出明确要求，吴存荣常务副市长、李明清副市长对全市防汛抗旱工作多次提出具体要求。市水利局局长吴盛海汛前、汛中多次进行专项部署。二是层层压实责任。按照"党政同责、一岗双责"的要求，全面压实"市、区县、乡镇、村"四级网格化防汛抗旱责任体系，汛前在《重庆日报》上公示防汛抗旱工作"三个责任人"及职责。三是狠抓汛前准备。汛前及时修编完善各类预案，完成防汛抗旱物资设备的维保工作，组建完成防汛抗旱应急救援队伍和专家队伍，完成2017年度水利设施水毁修复，开展专项演练和业务培训，参与全市军地民兵应急队伍联考联评。四是强化会商研判。加强同应急、气象、国土房管、城管、海事等部门的信息共享和联合会商，及时回顾前期防汛抗旱情况，分析研判后期洪旱趋势，提出各项防汛抗旱工作建议，共召开会商会21次。五是加强应急值守。全市防汛抗旱机构严格执行汛期领导带班和24小时值班制度，扎实做好信息收集、核实、报送和处置工作，共编发《防汛抗旱每日专报》429期、《防汛抗旱简报》49期。六是及时预警预报。累计印发重要通知41个、《重要水雨情通报》55期、预警短信4万余条，发布暴雨洪水Ⅱ、Ⅲ级预警信息各1次，启动市级防汛Ⅲ、Ⅳ级应急响应各1次。七是强化风险管控。针对全市梳理出的56个市级和258个区县级防洪重点区域及薄弱环节风险点，实施动态管理，每日研判和报告，形成有效管控。八是及时消除隐患。采取"四不两直"方式，多次对水库安全度汛、山洪灾害防御、河道防洪等方面实施督查。积极参加市委督查室、市政府督查室组织开展的全市防汛防地灾专项督查，对受灾较重的合川、铜梁、潼南等区县进行实地督查调研。九是科学水量调度。不断优化水库（水电站）汛期调度运行计划，积极协调国家防总、长江防总以及周边省防指对三峡水库、亭子口水电站、武都水电站等水库（水电站）及重庆市境内草街等水库（水电站）进行联合调度，抗御"7·12"过境洪水，有力有效保障了过境洪水期间沿江人民群众生命财产安全；在高温伏旱期间，最大程度保障了生活、生产、生态用水需求。十是加强宣传教育。建立信息发布机制，加强舆论引导，累计编发新闻通稿56期；同时开展进乡村、进社区、进学校等活动，向社会大众普及防灾避灾常识。

（七）农村水利水电

全市2017—2018年度完成农田水利基本建设总投资143.64亿元，占计划（142.2亿元）的101%；投入工日10486万个、出动机械台班2279万台；完成土石方量1.21亿立方米，修复水毁工程2730处、新修渠道1673.63公里、清淤沟渠5463.17公里、疏浚河道493.98公里、新修水库及病险水库除险加固193座、堰塘整治8971口、建设村镇供水工程3070处；改造中低产田面积7580公顷、治理水土流失面积520.73平方公里，新增旱涝保收面积6293.6公顷，有力支撑了农业稳定发展、农民持续增收、农村和谐稳定。

截至2018年底，全市共有农村小水电站1548座，装机容量287.4万千瓦，占小水电技术可开发量（380万千瓦）的75.6%。全市完成农村水电建设投资5.5亿元，争取农村水电扶贫工程和增效扩容改造项目中央资金16740万元；全年新增农村水电装机容量13.23万千瓦；开工建设农村小水电扶贫工程项目9个，已收取2016—2017年的扶贫收益金1036万元，帮扶8346户建档立卡贫困户增收；配合市发展改革委将农村水电扶贫项目纳入农林水利财政预算内基本建设投资项目股权化改革试点工作；完成水利部农村电气化研究对全市水电扶贫项目建设评价工作；完成55个农村水电增效扩容改造项目建设工作，启动农村水电增效扩容改造河流绩效评价工作；启动长江经济带小水电整改工作；配合市级有关部门完成“绿盾”2018年专项行动；完成中央环保督察生态问题电站419座整改任务；积极推进绿色小水电工作，创建2座绿色小水电站；积极推进GEF项目建设工作；完成40座电站安全生产标准化达标评级的招投标工作；开展了“重庆市农村小水电发展中存在的问题及对策”调研活动。

（八）节约用水

全面实施国家节水行动，努力建设节水型社会。市政府印发《重庆市节约用水管理办法（试行）》，明确市级各部门节水工作职责，提出节约用水管理、节水措施的具体要求。积极推动县域节水型社会达标建设，永川、铜梁、南川、璧山等4个区完成县域节水型社会达标创建并通过验收。出台《关于加强工业节水的指导意见》，积极推进工业结构调整，建立健全企业节水管理制度，推广普及节水新技术、新产品、新装备，减少废水排放，努力提高工业用水效率。印发《关于加强城市节水工作的通知》，开展节水型城市建设。修订并发布33个行业56个城市生活用水定额和9种作物792个灌溉用水定额，并将用水定额用于水资源规划编制、建设项目水资源论证、取水许可审批、计划用水管理等方面，有效加强了各行业用水管理。

（九）河长制工作

市委书记陈敏尔率“四大家”主要领导开展巡河，主持召开第一次市级总河长会议。市委书记和市长同时担任市总河长，市委副书记任常务副总河长，市政府分管副市长任副总河长，市人大常委会、市政协主要领导和全部市委常委、市政府副市长均任市级河流河长，市级河长达到20名，市级责任单位达到26个。全覆盖建立市、区县、街镇、村社区四级河长体系和三级双总河长架构，全市河长数量增至17551名。2018年，全市各级河长累计巡河60余万人次，其中市委书记陈敏尔、市长唐良智均巡河11次，其他市级河长巡河40余次，推动一批河库脏乱突出问题得到有力解决。完成全市“智慧河长”系统建设方案制定，并启动前期工作。完成全市23条市级河流和区县及以下5300条（段）河流“一河一策”编制工作。实施“清河一号”等专项行动，清理河岸垃圾22万吨、打捞河面漂浮物15万吨、处理非法排污案件580余件。同四川、贵州两省签订跨省界河流联防联控合作协议，张鸣常委与四川省政协崔保华副主席联合巡查琼江，在全国率先突破省级行政管理束缚，实现流域同治。与公安部门共同设立三级河库警长1000余名，重拳打击水域“乱采、乱捕、乱排、乱倒”等破坏河流生态环境的违法行为。会同市审计局选派河长制专责审计官近200名，完成对河长制执行情况的全面审计。探索成立“长江生态检察官办公室”，开展“保护长江母亲河”公益诉讼。挖掘“水利基层实干家”和“民间河长”先进事迹，“民间河长”何波获评2018年度“感动重庆十大人物”；举办“发现重庆之美——百万网民点赞重庆最美河流”大型主题宣传活动，评选出20条（座）最美河流和水库；协同团市委开展“河小青”青年志愿服务行动，在全市招募四级青年志愿河长8000余名；联合市妇联深入开展“巾帼护河”行动，“民间河长”队伍不断壮大。

（十）水土保持

调整市水土保持委员会成员，制定委员会职责和工作制度；把水土流失治理纳入党政机关及区县目标管理进行考核，全市新增治理水土流失1867平方公里；对全市4208条小流域建立身份证和完整空间数据库，实现监测数据自动化采集和信息化动态管理；完成渝西8个区、1.35万平方公里生产建设项目水土保持信息化区域监管工作；探索推进农村“三变”改革，在9个坡耕地水土流失治理工程项目改革试点，撬动社会资本3000万元。在梁平、城口2个区县开展以奖代补试点，引进社会资本1374万元；审批生产建设项目水土保持方案1074个，征收水土保持补偿费19515万元；发布2017年水土保持公报，印发《重庆市水土流失泥沙监测工作方案（2018~2020年）》，启动万州付沟、南川双河小流域水土保持综合监测站建设；西南大学何丙辉教授“进党校”水保课件成功入选市委组织部干部教育培训好课程，梁平区文化镇水保工程入选“体现直辖市水平和重庆特色现场考察点”，石柱县水土保持管理站站长龙海燕被评为“重庆十佳基层水利实干家”。

（十一）城乡供水

截至2018年底，全市水利工程（不含电站水库）蓄水25.24亿立方米，占应蓄水量的69.96%，比上年同期减少1.37亿立方米；全年累计供水量为26.78亿立方米，其中，人畜饮水8.36亿立方米、灌溉用水8.89亿立方米、发电用水8.44亿立方米、其他用水1.09亿立方米。2018年，我市农村饮水安全巩固提升工程建设规划投资13.93亿元，批复实施巩固提升工程2305处（分散式供水工程以村为单位打捆统计）。截至12月底，累计完成投资16.21亿元，占年度目标任务的116%。全年落实市级以上财政资金4.71亿元（其中，中央预算内投资2亿元，市级财政资金2.71亿元），区县财政资金1.81亿元，银行融资6.18亿元，整合涉农资金及其他社会资金3.51亿元。2305处巩固提升工程全面完工，受益人口达到330万人，占年度目标任务的110%。我市明确直接使用《农村饮水安全评价准则》（T/CHES18—2018），将其作为农村饮水安全精准识别、制定解决方案和达标验收的依据，认真核查、精准识别存在饮水问题的贫困村和贫困人口，优先安排资金，优先组织实施。

（十二）安全生产

修订完善水利安全生产“一岗双责”、安全生产例会、安全生产检查督查工作、水利安全隐患台账和重大安全隐患销号、水利安全生产隐患问题通报、安全生产有关情况定期报告等十项制度，印发水利行业安全生产应急预案管理、水利生产经营单位事故隐患日周月排查治理制度等实施方案，组织并指导区县开展各类安全生产应急演练，落实安全生产应急物资、队伍准备等情况，完善安全生产管理体系。在安全生产主体责任评级的基础上，开展水利运行单位标准化转段工作。组织召开全市在建重点水利工程安全生产管理暨文明工地创建现场会。加强安全宣传教育，制定全年安全生产教育培训计划，出台全市水利安全生产月宣传活动方案，在全国水利安全生产网络知识竞赛活动中列全国省级水行政主管部门第二名。开展水利安全生产大排查大整治大执法行动，坚持实行“隐患排查治理周报”，已执行450周。加强安全检查，排查一般隐患5632个，全部整改。推进水利安全生产执法，对14个区县26家单位实施通报批评、罚款、停工整改、纳入水利建设市场信用不良记录等处罚（处理），共处罚款9.5万元、违约金1.6万元，4座农村水电站被停工整改，16家单位被纳入水利建设市场信用不良记录。将安全生产工作纳入年度工作考核、实行安全生产“一票否决”。

（十三）科技与教育

积极开展科研课题研究。5个水利类市级科研项目成功立项，落实项目资金260万元。其中，《渝东北小微型水利工程防治洪旱灾害关键技术研究》《典型小流域泥沙溯源及土壤侵蚀精准阻控技术研发与应用示范》《库区小流域面源污染景观生态全程阻控机制及防治技术研究与示范》《长距离小直径输水隧洞微盾构顶管施工技术研究与应用》获立项重点研发项目；“基于大数据的重庆市山洪灾害监测预警系统构建及应用”项目研究，显著提高了防灾减灾效能，获得了重庆市科技进步三等奖。组织开展2018年度重庆市水利科技进步奖申报和评审工作，评出重庆市水利科技进步奖12项。办好《重庆水利》刊物，在巫溪开展《面向河长制的重庆市河流生态修复决策支持实用技术示范》项目研究，在渝举办重庆市水利先进实用技术推介会。加强干部教育工作，全年参加组织调训48人次，组织培训班93次，培训3234人次，培训经费459.05万元。

（十四）征地移民及后期扶持

推进渝西水资源配置工程、藻渡水库等42座大中型水利工程建设不同阶段、不同环节的移民安置工作，实施搬迁移民4908人，生产安置人口5953人。全市纳入后期扶持人口45.13万人，争取中央大中型水库移民后期扶持投资57619万元。市级水库移民后期扶持到位资金10000万元，完成年度目标任务。加强水利扶贫工作，向14个贫困县安排市级以上水利建设投资32.97亿元，占全市水利投入的42%。对每个深度贫困乡镇在攻坚期内增加市级以上水利项目投资不少于2000万元，已倾斜支持3.48亿元。14个国贫区县共实施农村饮水安全巩固提升工程2187处，受益农村人口223万人。在建大中型水源工程涉及贫困区县27项、总投资149亿元；14个国贫区县实施水库除险加固18座，开展中小河流治理160公里、山洪沟治理2.1公里，治理水土流失面积近365平方公里。配合水利部采取组团方式，持续在城口、巫溪、丰都、武隆、万州5区县开展定点扶贫。配合有关扶贫集团分别在丰都、云阳、万州、城口开展对口帮扶，重点支持供水工程、水源保障工程、山坪塘和居民点环境整治等项目建设。

（十五）信息化建设

按照“互联网＋政务服务”要求，优化水利行政审批和公共服务事项，进一步规范网站名称、域名，调整完善网站10余个二级栏目，主动公开文件200余条，市政府公众信息管理平台公开信息350余条。重点保障重大活动或重要时期水利行业网络安全及网络通信，圆满完成重庆智能产业博览会配合工作，成功展示水利部智慧河湖管理系统、全国水利一张图、重庆市潼南合川山洪灾害系统、重庆市中小河流预警预报系统。加强纸质档案数字化管理，图像扫描80000页、数据录入1200条。强化与市级交换平台数据共享交换，共享水利数据187类2700万余条，全国排名第二。完成23769个山坪塘数据入库和展示。“智慧河长”建设持续推进，重庆市河长制管理信息平台已完成PC端、移动端和微信端开发建设，日最高用户超过1万人。国家防汛抗旱指挥系统二期工程市级建设任务全部完成；重庆市防汛管理信息化建设项目（一期）已基本完成视频监测、数据收集整编、业务应用支撑平台建设。

（十六）三峡后续工作

2018年，国家拨付重庆市三峡后续工作专项补助资金31.2亿元、批复实施项目331个。2011—2018年，国家累计拨付重庆市三峡后续工作专项补助资金439.24亿元、批复实施项目3390个，已开工3351个（其中完工2807个），项目开工率98.85%、完工率82.8%。完成《三峡后续工作规划》中期评估调查、报告编制。申报2019年度三峡后续项目453个、总投资202.95亿元、申请三峡后续规划专项补助资金112.21亿元，占项目总投资的55%。2018年，投入三峡后续生态环境保护资金14.78亿元，实施项目193个；投入三峡后续地质灾害防治资金1.51亿元，实施项目28个；投入三峡后续自然与历史文化遗产保护资金预算0.3亿元，实施项目7个。建立外迁省市信访稳定联动机制，移民来信来访件批次和件人次分别同比下降29%和21%。全面贯彻实施《全国对口支援三峡库区合作规划（2014—2020年）》，库区14个区县实施对口支援经济合作类项目37个，项目协议资金559.62亿元，到位项目资金38.97亿元，历年经济合作类项目累计到位资金1676.77亿元；全年社会公益类项目（无偿援助）资金3.12亿元，历年累计到位资金43.36亿元；全年培训各类人员1055人次，干部交流25人次，对口支援省市来访44批次、501人次，全市出访38批次、367人次。

二、2019年发展目标

2019年将以习近平新时代中国特色社会主义思想为指引，深入贯彻落实党的十九大精神和习近平总书记“节水优先、空间均衡、系统治理、两手发力”的新时期治水方针，深入贯彻落实习近平总书记视察重庆重要讲话精神，按照市委市政府安排部署，抢抓西部大开发、长江经济带和“一带一路”建设的重大机遇，推动水利又好又快发展。一是加快实施水源工程建设三年行动。力争完成渝西水资源配置工程初设审批，新开工一批重要节点工程，稳步推进试验段项目建设。力争开工建设跳蹬、向阳2座大型水库，力争完成藻渡水库可研技术审查，启动开展大滩口水库扩建工程，推进近100座中小型水库工程前期工作。有序建设29座大中小型水库，力争观景口、金佛山2座大型水库下闸蓄水，2座中型水库竣工验收。二是纵深推进河长制。进一步落实“一河一长”，督促各级河长巡河履职，推动河长制从“有名”向“有实”转变；全面建立

“一河一档”，建设“智慧河长”，推动河库档案数字化管理、动态化分析、实时化监督；全面实施“一河一策”，以消灭长江一级支流Ⅴ类水为重点，统筹推进河道“清四乱”等专项行动，强化最严格水资源管理，加强三峡库区消落区生态环境保护。三是全力推进水利脱贫攻坚。做好水利行业扶贫、三峡库区移民帮扶、水利部定点扶贫和市人大对口帮扶工作。积极对接贫困地区种植、养殖、加工、乡村旅游等产业，加快实施农村饮水巩固提升，集中力量助推贫困区县，特别是深度贫困乡镇按计划脱贫摘帽。探索建立农村饮水工程可持续运行管护机制，启动试点，确保长久发挥效益。四是提速落实三峡后续规划。倒逼强推项目实施，提高三峡后续专项资金使用效率和质量。策划一批投资大、影响大的后扶项目，做好《三峡后续工作规划》中期评估，争取中央延长规划年限。拓展对口支援帮扶思路，深化产业合作，实现互利共赢。五是做好安全稳定工作。扎实做好三峡移民等重点领域信访稳定工作，全面开展已成水库、在建水利工程、三峡后续项目的安全生产大检查大排查，加强汛期水文监测预报，强化移民安置区高切坡防护，加强蓄退水安全监测与防范。

（执笔人：陈亮亮）

重庆商务

重庆市商务委员会

2018年，全市商务系统深学笃用习近平新时代中国特色社会主义思想，深入贯彻党的十九大精神，全面落实习近平总书记对重庆系列重要讲话和重要指示精神，按照市委、市政府统一部署，勠力同心、砥砺奋进，大力推进内陆开放高地和国际消费城市建设，努力做好各项工作，取得了积极成效。

一、2018年发展回顾

消费支撑贡献稳定，全市社零总额增长8.7%，商贸行业从业人员稳居非农行业首位；对外贸易逆势增长，经受住了外部环境严峻考验，外贸进出口总值突破5200亿元，增长15.9%，服务贸易进出口315亿美元，增长20.7%；利用外资势头强劲，实际利用外资102.7亿美元，外商直接投资（FDI）32.5亿美元，增长43.8%，列中西部第一位；城市会展影响提升，成功举办首届智博会，“渝洽会”升级为“西洽会”，会展拉动消费超过1500亿元；自贸试验区建设迈出新步伐，形成11项全国首创的创新成果，海关特殊监管区域“四自一简”监管创新被国务院推广，引进重大项目近千个，金额超2000亿元；商务改革创新突破，开放型经济体制改革成果丰硕，“3C免办”等5条服务贸易创新试点经验、内外贸融合发展等4项内贸流通体制改革创新成果在全国复制推广；商务扶贫成效显著，对口帮扶、电商扶贫、家政扶贫深入推进，帮助贫困户销售农特产品7.56亿元。

（一）坚持开放引领，内陆开放高地建设迈出新步伐

紧紧围绕习近平总书记提出的“两点”定位、“两地”“两高”目标和“四个扎实”要求，加快推进内陆开放高地建设。

一是牵头抓好内陆开放高地建设行动。按照

市委五届三次全会精神，立足重庆优势特色，聚焦内陆国际物流枢纽和口岸高地、开放平台、产业产品、市场主体、营商环境，坚持战略导向、目标导向、问题导向，谋划推进了开放通道拓展、开放平台提升、开放口岸完善、开放主体培育、开放环境优化五大行动，建立内陆开放高地评价指标体系，努力将重庆打造为内陆地区互联互通大枢纽、贸易畅通集散地、产业集聚新高地、投资者安心顺心新家园。

二是协调抓好开放功能完善。围绕东西南北四个方向，统筹铁公水空四种方式，大力发展多式联运，初步构建起“一带一路”和长江经济带在重庆贯通融合的新格局，“陆海新通道”建设上升为国家战略，中欧班列（重庆）功能更加完善。江津综保区封关运行，涪陵综保区、果园保税物流中心（B 型）成功获批，全市形成“1+2+7+8”的开放平台体系。推动开放平台协同发展，出台全市开放平台协同发展规划，建立全市开放平台现场观摩制度、重点开放平台联席会议制度，开放平台协同联动、互融互促的体制机制进一步健全。积极推动开放口岸能级提升，完善国际贸易“单一窗口”功能，深化 7 × 24 小时通关保障，进出口整体通关时间压缩 40%，通关便利化水平不断提升。

三是扎实抓好开放型经济发展。积极应对中美经贸摩擦，市政府成立全市稳外贸稳外资稳外经工作领导小组，出台“稳三外”和扩大进口的政策措施，最大程度降低不利影响。努力扩大外贸进出口，建立涪陵榨菜、潼南柠檬、丰都牛肉、荣昌纺织、长寿西药等 5 个国家外贸转型升级基地，开展平行进口汽车试点；组织相关部门和区县参加首届进口博览会，取得显著成效。全年进出口总额增幅比全国高 6.2 个百分点，加工贸易增长 26.9%，特殊监管区域进出口占比达 60.1%，西永综保区加工贸易突破 2000 亿元。打造服务贸易集聚区、服务外包示范区和服务贸易特色产业园，获批深化服务贸易创新发展试点，全年实现技术贸易总额 53 亿美元，离岸外包执行额 21.3 亿美元，均列中西部第一。稳步推进利用外资，全面实行准入前国民待遇加负面清单管理制度，推动实施外商投资商务备案和工商登记“一口办理”，建立外商服务多元化协调机制，外商投资便利化水平不断提升。全市新增外商投资企业 232 家，9 个区县实现利用外资零突破。持续深化对外投资合作，完善境外企业和对外投资管理机制，出台规范企业海外经营等系列政策，积极推动市内有条件企业以“一带一路”为重点“走出去”。创新对外投资方式，优化对外投资结构，全年非金融类直接投资超过 11 亿美元。

四是全面抓好自贸试验区建设。总体方案 151 项改革任务已落地 129 项，推出创新举措 141 项，复制推广自贸试验区改革试点经验和案例 127 项，21 项制度创新成果从自贸试验区推广到全市。陆上贸易规则探索实现突破，铁路提单跟单信用证实现批量化运用。创新实施商事主体注册登记“五办”，在基层推行“注册官”制度试点。成立自贸试验区法院和仲裁中心，探索建立纠纷多元化解机制。政策项目“双清单”制度运行取得实效，百度、阿里巴巴、腾讯三大互联网巨头区域总部落户，复星西南总部、金泰克内存生产基地、新加坡莱佛士集团独资医院等标志性项目落地，飞机保税租赁、跨境电商、汽车进口规模居中西部地区前列。

（二）坚持多措并举，消费转型升级取得新进展

实施《重庆市消费升级行动计划（2018—2022）》，主动适应社会主要矛盾变化，顺应居民消费个性化、多样化发展趋势，不断满足人民日益增长的美好生活需要。

一是着力提高消费供给品质。统筹推进中央商务区产业优化和能级提升，推进智慧商圈建设和特色街区、乡镇商业设施提档升级，解放碑纳入全国首批步行街改造升级试点。全市累计建成市级特色商业街 22 条、市级夜市 33 条、中华美食街 17 条、中国美食之乡 7 个、市级美食街（城）35 条、乡镇商贸综合服务中心 140 个，高品质供给能力有效提升。加快商品交易市场转型步伐，深入推进公益性农产品市场体系示范试点，扎实开展农产品冷链流通标准化信息化建设。进口商品分销体系不断拓展，进口商品经营网点累计超过 2000 个。

二是着力培育新兴消费。实施新消费培育工程，提升品牌集聚度、消费贡献度、消费创新度、时尚引领度和消费便利度，发展品质消费、时尚消费、健康消费、绿色消费、信息消费，满足人民群众日益增长的新消费需求。“线上 + 线下”“商品 + 服务”“零售 + 体验”的现代零售体系加快构建，跨境电商 O2O 体验店超过 1500 家。

三是着力发展电子商务。大力推动电子商务进农村、进社区，正式建成营运电子商务集聚区 40 个，集聚电商企业 3132 家。电商扶贫爱心购、“6 · 18 电商日”等活动反响良好。深入推进跨境电商综合试验区建设，引进培育壮大跨境电商市场主体。全市网络交易额突破 1.1 万亿元，网络零售额突破 950 亿元，跨境电商进出口及结算超 200 亿元。

四是着力发挥会展拉动作用。组织编制《重庆市会展业创新提升行动计划（2018—2020）》，搭建会展消费新平台，吸引外来新消费。积极引进培育一批品牌展会，世界木材交易大会、中国畜牧业博览会、全国摩配交易会、国际汽车工业展、中国零售商大会等专业展会带动外来消费作用明显，各类特色展会活动推动了商旅文体协同联动。全年全市举办各类展会 506 个，展出面积 913 万平方米，提振了区域商贸经济。

（三）坚持服务为本，商务发展环境优化实现新提升

把营商环境改善作为商务经济发展的基础性工程，对标国际通行规则，聚焦制度环境建设，强化改革系统集成，以发展环境的大提升服务商务经济的大发展。

一是深入推进商务领域“放管服”改革。推进“多证合一”和“证照分离”试点，加强商务领域事中事后监管，加大知识产权保护力度。开展审批标准化建设，全面实行行政许可事项“一口办理”，推行“网上办”“一次办”“限时办”“零收费”，行政许可、服务事项办结率达 100%。

二是深入推进商贸物流降本增效。开展供应链体系建设试点和应用创新，推广应用标准托盘突破 100 万张，商贸物流标准化信息化水平不断提升。积极开展城乡高效配送，重点绩效指标明显提升，部分绩效指标高位运行。推进共同配送模式和管理创新，率先在全国探索分区协同、城乡一体等共同配送模式。

三是深入推进服务质量和水平提升。实施服务质量提升行动，举办全行业服务质量技能大赛，开展服务质量标准建设，推荐申报地方标准 38 项，积极培育重庆服务品牌。加强市场秩序监管，完善肉菜流通追溯体系，强化商务领域诚信建设，营造“大胆消费、放心消费”市场环境。

四是深入推进商贸行业规范管理。全面落实粮食安全行政首长责任制，深化粮食储备体系建设。加强保供能力建设，沉着应对非洲猪瘟疫情，军民融合军粮保障服务项目顺利推进。积极推进再生资源回收体系建设，进一步规范成品油、液化石油气等各类特种行业经营秩序。加强行业安全排查，突出开展专项整治，督促安全隐

患整改，确保商务领域安全。积极支持茧丝绸行业发展，成功打造蚕业科普基地、铜梁安居丝绸文化创意小镇等一批茧丝绸文化基地，助力蚕农增收超 10 亿元。

（四）坚持招大引强，商务发展动能培育创造新业绩

全力以赴打好招商引资攻坚战、主动战，充分发挥招商引资“协调员”“战斗员”双重角色，积极推动一批重大项目落地，在渝世界 500 强企业达到 287 家。

一是加强招商引资统筹协调。严格落实市委市政府工作部署，做好全市一、三产业招商统筹，推动形成全市各区县、各开放平台上下联动、协调配合的招商机制。二是完善招商引资网络。设立重庆自贸试验区香港商务代表处，与商务部投促局合作，筹建美国投资促进中心、德国投资促进中心，推动形成“6+2”重点国别地区招商平台网络。三是创新招商引资方式。用好政策项目“双清单”制度，采取组团招商、上门招商、以商招商等多种形式，大力引进大型企业来渝设立综合总部、地区总部和功能总部。四是精心组织招商引资活动。充分发挥重大展会活动招商功能，西洽会、智博会签约项目 712 个，投资总额 1.1 万亿元，举办“央企重庆行”活动，深化央地合作。市长国际顾问团年会、台商重庆行、渝港合作推介会、进口博览会内陆开放高地推介会等活动深化了重庆与世界各地的经贸交流。

二、发展中存在的问题

2018 年商务工作形势更趋复杂。从外部看，中美经贸摩擦仍是商务经济发展中的首要外部风险和最大不确定因素。美国是我市第一大进出口市场，当前影响总体可控，但负面效应正在逐步显现，特别是对我市直接涉美贸易重点企业影响较大，切不可掉以轻心，要做好打长期战、持久战的准备。从市内看，一些深层次结构性矛盾和问题显现，经济面临较大下行压力，都对商务发展带来影响。一是扩大消费的压力加大。总体来看，我市社零稳中趋缓态势明显。2018 年全市社零总额增速较上年回落 2.3 个百分点。居民收入增长乏力等因素影响了消费意愿，居住成本增大对消费产生挤出效应，消费稳增长面临严峻考验。二是外贸增长的压力加大。国际市场环境存在较多变数，外贸新旧动能转换有待加快，2018 年出口形势预计更加严峻。加上我市开放型经济产业结构相对单一，以汽摩、电子信息为主的机电产品出口占外贸出口总额超过 80%。这种单一的出口经济，更易受国际经贸规则变动冲击。三是利用外资的压力加大。受世界经济形势和经贸摩擦影响，企业投资放缓，新招外资企业难度较大，现有外商投资企业增资较为谨慎。我市原有的汽车和电子产业本地化配套到一定阶段后，海外资金进入逐年下降，增资空间逐步缩小。四是创新发展的压力加大。中央对自贸试验区建设提出新的更高要求，我市重大制度创新面临新的挑战，需要有新的突破。开放平台创新能力仍有不足，在政策运用、产业发展、招商引资等方面的协同还需进一步加强。

三、2019 年发展目标

2019 年全市商务工作主要预期指标：全市社零总额增长 7%，力争增长 8%；进出口总额实现正增长，力争增长 5%，服务贸易增长 15%；实际利用外资稳定在 100 亿美元以上。我们将加强“三项统筹”，突出“四大聚焦”，抓好“五个着力”，推动商务发展各项事业走深走实。

（一）统筹推进内陆开放高地建设

一是统筹推进开放通道拓展。立足重庆承东启西、沟通南北、通江达海的独特区位优势，打造辐射东西南北四个方向、涵盖铁公水空四种方式的综合交通枢纽。做强东向开放通道，拓展西向中欧班列（重庆）功能，提升南向“陆海新通道”，做实北向“渝满俄”国际铁路班列，打造国际航空枢纽，加快推进内陆国际物流枢纽建设。二是统筹推进开放平台提升。充分发挥两江新区、自贸试验区、中新互联互通示范项目等战略平台在全市开放发展的核心载体作用，落实国务院《关于促进综合保税区高水平开放高质量发展的若干意见》，实施国家级经开区创新提升工程，推动完善开放平台体系，丰富开放平台功能，促进开放平台协同，形成开放发展聚合效应。三是统筹推进开放口岸完善。以提升通关便利化水平为目标，不断优化口岸布局，深化拓展国际贸易“单一窗口”功能，推进智慧口岸建设，进一步压缩进出口整体通关时间，打造“口岸体系全、功能配套齐、通关效率高、服务环境优、集聚辐射强”的口岸高地。四是统筹推进开放主体培育。深度融入“一带一路”建设和长江经济带发展，坚持盘活存量、引入增量、做大总量、提高质量，强化区域联动，深化区域协作，大力开展招商引资，积极承接沿海沿江产业转移，培育新的开放型经济发展支撑点。五是统筹推进开放环境优化。对标对表国际先进标准，坚持问题导向、企业需求导向，持续改善硬环境，不断提升软环境，全面优化市场环境、政务环境、法治环境、人居环境，加速国际化现代城市建设，大力支持民营经济发展，构筑具有国际竞争力的一流营商环境。

（二）统筹推进国际消费中心城市建设

一是统筹消费供给优化提升。培育中高端消费市场，增加国际优质消费品和高端产品供给。促进实物消费提档升级，优化发展住房租赁、汽车消费、绿色消费、信息消费等，完善“互联网 +”消费生态体系，推动传统商贸创新发展。推进服务消费提质扩容，放宽服务领域市场准入，推动平台型消费、共享经济等消费新模式快速发展。二是统筹消费环境优化提升。建立健全高层次、广覆盖、强约束的质量标准和消费后评价体系，完善全过程产品和服务安全防范机制。加强消费领域企业和个人信用体系建设，健全消费者维权机制，建设重要产品质量追溯体系，创建安全放心的消费环境。三是统筹消费支撑优化提升。推动完善有利于促进居民消费的财税支持措施，提升金融服务质效和居民可支配收入水平。加强消费领域基础设施建设，统筹整合各类消费服务功能。健全总消费促进机制，加强消费领域统计监测，研究建立较为全面反映服务消费发展水平和消费新业态新模式的统计指标体系。

（三）统筹推进内外贸融合发展

一是统筹培育内外贸融合发展产业。加强部门协同，形成合力，共同推动现代服务业融合发展，生产性服务业和生活性服务业联动互促。推动城市“菜篮子”工程建设与国际标准接轨，打造一批农产品出口示范基地，培育一批出口农产品品牌，推动重庆小面、火锅等特色品牌“走出去”。促进旅游服务贸易提质增量。二是统筹打造内外贸融合发展平台。围绕服务业和服务贸易融合发展，完善进口商品分销体系，加快进口商品分拨中心建设，做大做优两路寸滩保税商品展示交易中心，打造进口商品直销中心，引导进口商品经销企业加强购销对接和分销网点建设。加快建设保税港商圈。三是统筹壮大内外贸融合发展主体。引进一批国际化内外贸融合服务业市场主体，引导促进内外贸企业转型发展，支持内贸企业经营模式从物业型向渠道型转变，加强自主采购、自主经营，提高内贸市场的外贸货品比重。鼓励外贸企业整合资源，加大产品研发、品牌建设、市场推广力度，整合产业链条，布局内销网点，建立内销渠道，推动出口与内销协调发展。四是统筹完善内外贸融合发展政策。深入推进海关特殊监管区域贸易多元化、一般纳税人资格试点，整合配置资源，推动进口与消费、进口与出口、贸易与制造、批发与零售、保税与非保税的商贸功能融合发展。探索建立内外贸融合发展的公共服务平台。

（四）聚焦应对中美经贸摩擦“稳三外”

一是加快推进对外贸易结构转换。实施增品种、提品质、创品牌“三品”工程，做大做优一般贸易，做稳做实加工贸易，做强做新服务贸易。加快建设外贸转型升级示范基地、加工贸易承接转移示范地等，丰富“保税+”产业体系，持续推动跨境电商综合试验区建设，大力发展总部贸易、转口贸易，用好用活汽车平行进口试点政策，打造外贸新增长点。深化服务贸易创新发展试点，推动服务贸易产业聚集，支持服务贸易特色产业园和服务外包示范区建设，加快培育新兴服务贸易。积极稳定美国市场，深耕欧盟、东盟、日韩等传统市场，拓展“一带一路”沿线国家和南美、非洲等新兴市场，推进外贸市场多元化。二是加快推进利用外资机制创新。深化外商投资体制改革，全面清理负面清单以外的外资准入限制。用足用实各类利用外资优惠政策，开辟外商投资新渠道。完善外资项目跟踪服务协调机制，建立外商投资项目库，开通“重大项目直通车”，狠抓大项目落地。加强外商投资事中事后监管，建立外资企业信用监管体系。发挥平台集聚作用，推动各级各类开发开放平台成为利用外资的主力军。三是加快推进对外投资合作提质增量。大力培育国际化的市场主体，支持市内有条件的企业开展国际产能合作，带动重庆装备、产品、技术、服务和标准“走出去”，带动产品进口。积极发展对外承包，创新发展方式，推动传统工程业务向“投建营”一体化方式转变。构筑对外投资公共服务体系，建立对外投资及境外企业联络平台，搭建“走出去”公共服务平台，强化海外投资风险防控。

（五）聚焦转型升级扩消费

一是推动消费平台转型。提升消费和服务供给水平，探索打造“国际消费示范区”，开展步行街改造提升试点，推动智慧商圈示范试点，推进特色商业街转型升级，打造一批品质商圈、特色商业名街、品牌夜市。二是推动消费品牌升级。实施名品、名店、名街、名镇工程，持续推动“中华老字号”“重庆老字号”创新发展，提升重庆消费品牌美誉度。三是推动新业态新模式发展。大力发展新零售、新流通、智能商业项目，促进线上线下深入融合、商品消费和服务消费融合互动，打造一批商旅文体联动示范项目。四是推动消费促进机制完善。统筹开展系列消费促进活动，稳定汽车、百货消费，培育网络零售、绿色循环、文旅体育、康养家政等新增长点，进一步激发居民消费潜力。

（六）聚焦制度创新建好自贸试验区

一是推动改革措施全面落地。认真落实国务院关于支持自贸试验区深化改革创新的若干措施，细化工作方案，推动适用于重庆的41条措施尽快落地见效。加速推进总体方案尚未落地的改革试点任务，加力复制推广自贸试验区改革试点经验。二是推动重点领域先行先试。争取“非标用工”等改革赋权，推动“全球维修”“投贷联动”“市场采购贸易”等政策试点，争取更多金融开放试点政策落地。积极推进陆上贸易规则、多式联运运营机制、物流金融等个性化探索取得重大进展。探索“点菜”放权机制，推进“证照分离”全覆盖试点，推进“一本报告管全域”“建设项目一费制”等工程建设项目审批改革。推动出台《重庆自贸试验区条例》，为先行先试提供法制保障。三是推动新兴产业集聚发展。落实自贸试验区产业发展规划，重点打造航空构件、高温合金材料、航空内饰、现代物流等新兴产业，积极引进博世工业 4.0 创新技术中心等重点项目，力争新增市场主体 1.2 万户。

（七）聚焦优强企业招商引资

一是优化完善招商工作机制。建立新增项目分片对接工作机制，梳理国别地区优势产业，实现承接优势对接，推动利用外资布局的全面优化。强化招商统筹，坚持市区联动、部门协同、平台互动，实行重大项目“一事一议”，加强境内外委托代理招商机构管理。二是紧盯重点行业重点项目。紧紧围绕大数据、人工智能、智能超算、生物制药、新材料等战略性新兴制造业和物流、金融等现代服务业，瞄准重点国别、重点地区、重点城市和世界 500 强、行业 100 强及“独角兽”企业，引进创新型、领军型、总部型市场主体，激活存量、扩大增量。三是创新招商引资方式方法。用好自贸试验区、中新互联互通项目、两江新区等战略平台和综保区、经开区、高新区等开放平台，用活西洽会、智博会、市长顾问团年会等展会载体，积极对接达沃斯论坛、博鳌亚洲论坛、《财富》全球论坛、进口博览会等高端资源，提高招商引资层次和质量。立足优势产业长链条、建集群，引进更多相关企业落户。精心组织招商活动，推行专班招商、专业招商、联动招商、上门招商、点对点招商，提高招商引资针对性。

（执笔人：李娟）

卫生健康

重庆市卫生健康委员会

2018年，全市卫生健康系统坚持以习近平新时代中国特色社会主义思想为指导，紧紧围绕习近平总书记对重庆提出的“两点”定位、“两地”“两高”目标和营造良好政治生态、做到“四个扎实”的重要指示要求，实施“363”工作路径，谋思路、补短板、抓落实，卫生健康事业发展持续向好。

一、2018年发展回顾

（一）医改工作取得新进展

公立医院综合改革拓展深化，出台《关于加强公立医院党的建设工作实施意见》，落实党委领导下的院长负责制，落实现代医院管理制度，开展章程试点医院117家；公立医院薪酬制度改革扩面，参与试点医院58家；强化政府办医责任，补助政策性亏损经费3.88亿元，追加医疗服务能力建设经费3.45亿元。分级诊疗稳步推进，探索紧密型医共体建设，打造“横向、纵向、纵联横合”3种模式，推动“医通、财通、人通”；统筹医联体建设，建成医联体188个，县域内就诊率91.2%，患者下转率增长15%；推进50个病种基层首诊，完善家庭医生签约服务激励机制，履约服务2500万人次。药品供应保障制度优化完善，巩固“两票制”改革成效，开展“两票制”电子监管，健全短缺药品监测体系，完善部门会商联动应对机制；率先实施《国家基本药物目录（2018版）》，落实83个进口药品降价（包含抗癌药），平均降幅7.38%，降价范围和幅度均全国领先；全面动态调整药品价格1.6万个，平均降幅8.97%，估算节约费用14亿元。医保支付方式改革持续深化，推出新增医疗服务项目价格116项，164家医疗机构纳入全国异地就医结算平台。综合监管更加规范，完善医疗卫生行业综合监管制度，健全多元化监管体系，在8个领域开展“双随机一公开”，任务完成率和完结率均居全国第一；实施“你点名、我监督”行动，开展基层医疗机构静脉输注等10项监督检查，覆盖率99.6%。

（二）健康促进持续推进

健康素养不断提升，加强健康促进能力建设，发布居民健康白皮书，开展健康科普“五进”“健康中国巴渝行”“三减三健”等宣传活动，打造“不健不散”科普栏目，举办讲座2万场次，居民健康素养水平17.6%。启动公众卫生应急技能提升行动，6000余名公众接受到统一教材、师资和考核标准的自救互救技能培训。健康环境逐步改善，监测健康危险因素，推进农村“厕所革命”，改建卫生厕所42.9万户、农村公厕1245座，创建国家卫生乡镇6个，乡村振兴战略目标任务圆满完成。医养结合初见成效，制定健康老龄化3年规划，推进医养融合，形成“医中有养、养中有医、医养协作、居家医养”4种模式，医疗机构与养老机构签约744对，开设老年病科的二级以上医疗机构86个。健康服务业发展良好，打造健康旅游特色景区91个；支持举办连锁诊所，新增规模以上民营医院96家、投资112亿元，同比分别增长33%、15.7%。

（三）医疗卫生服务水平稳步提升

“美丽医院”启动实施，着力环境美、服务美、人文美，精细化管理、智能化水平得到提高。启动疑难病症诊治能力提升工程，重大项目加快推进，重医附二院江南院区、市中医院三期建设工程等建成投用，17个新增中央项目全部开工，新增中央投资5.98亿元，项目进度居全国第三。医疗水平持续提升，启动新一轮改善医疗服务行动，实施“优质服务基层行”活动，创建三甲医院2家，新增市级临床重点专科29个；抓好“五大医疗中心”，启动建设市级医疗中心20个；修订采供血机构设置规划，血液安全供给有效保障。信息化建设提速，实施“互联网＋医疗健康”行动，依托“卫生健康云”，建成全民健康智能管理服务、市级互联网医院监管等平台，建成智慧医院10家，公立医院数据接入全覆盖，DRGS医疗服务绩效评价工作居全国前列。圆满完成中央首长、外国政要来渝期间医疗卫生防病保障任务61批次229天，确保零差错、零失误，多次获得有关部门的书面表扬或感谢。

（四）公共卫生服务能力明显增强

健全防控体系，深化“三位一体”疾病防治模式，建立结核病、艾滋病专科联盟，启动社会心理健康服务体系试点，重精患者规范管理率90%。提升防控水平，实施14大类基本公共卫生服务项目，群众满意率70%；综合防治结核病、艾滋病，综合防控地方病、慢性病，全年无重特大传染病疫情；深化免疫规划，加强疫苗监管，规范预防接种门诊。平稳处置不合格疫苗事件，组织做好解惑释疑、续种补种、跟踪观察、供应保障等工作，百白破疫苗补种完成97.6%。强化卫生应急处置，圆满完成智博会医疗卫生保障任务；妥善处置“10·26”幼儿园伤人事件、“10·28”公交车坠江事件等突发事件，实施医疗卫生救援35起，救治伤病员359人，得到了市委、市政府以及社会各界的高度肯定。

（五）人才科技实现突破

人才队伍量质齐升，获评“万人计划”、选拔首席医学专家等“领航人才”304名，考核招聘基层急需紧缺人才1000名，招收住培学员1747名，轮训基层卫生人员7448人；全科医生注册6196人，达到2.04人/万人，提前1年实现国家目标；健全职称评价体系，打破学历资历和岗位限制，540名基层卫生人员晋升高级职称，占总数的23.5%，调动了基层卫生人员的积极性。我市3名全国卫生健康行业经济管理领军人才顺利毕业。科技创新全面提质，深化科卫协同，推动军地融合，获国家重点研发计划、重大专项10项和省部级重点实验室10个，重医附属儿童医院获批国家级临床医学研究中心，实现了“零”的突破；国科大重庆临床医学院成立，国科大附属重庆医院挂牌，医学资源样本库建设全面启动，推广卫生适宜技术172项。

（六）中医药事业传承创新

加强中医药文化建设，打造《名中医到社区》电视栏目。加速中医药服务能力提升，组建以县级中医院为龙头的县域医共体，新增市级重点专科4个、市级质控中心3个，基层中医特色专科58个。加大中医药人才建设力度，推进中医诊所备案制管理，开展确有专长人员医师资格考核，实施“百千万”人才培养工程，中国中医科学院“名医传承计划”落地重庆，新增全国和基层名老中医药专家传承工作室9个，新增全国中药特色传承人才、中医护理骨干等25名。

（七）生育服务逐步优化

实施人口发展战略研究，评估全面两孩政策效果，推进流动人口基本公共服务均等化，注重公共场所母婴设施配置，常住人口出生34万人，两孩占45%。实施母婴安全和健康儿童计划，开展危急重症救治等五大行动，实施先天性结构畸形救助等项目，发放免费避孕药具，开展青少年性与生殖健康促进等行动，孕产妇死亡率14.24/10万、婴儿死亡率4.13‰，出生缺陷发生率10‰以内。实施计生奖励扶助制度，建立“一户一档”信息库，“一户一策”精准帮扶，奖扶及时率85.9%，连续7年居全国前列。

（八）健康扶贫成效显著

筑牢“七道保障线”，抓实“三个一批”行动，落实“先诊疗后付费”“一站式”结算，贫困人口大病救治病种扩大到26种，贫困人口住院自付比例8.92%，特殊门诊自付比例10.17%。加大深贫乡镇帮扶力度，组织89家医院对口帮扶贫困区县医院、乡镇卫生院。统筹扶贫集团帮扶黔江金溪镇，落实资金2177万元，驻乡工作队被评为全市扶贫工作先进集体。深化鲁渝协作，签订3年行动协议，山东19所省市级医院与重庆14个贫困区县医院结对帮扶，实施项目40个，落实资金8075万元。选派100名专家“组团式”援藏，助力昌都市人民医院成功创建三甲医院。

（九）治理能力不断提升

提升法治能力，《重庆市中医药条例》纳入年度立法调研，制定《重庆市献血条例》配套文件4个，申报立法审议项目5个，地方标准立项4个，开展“每周一法”35期，办理行政诉讼、复议案件30件，无败诉案件发生。提升政务服务能力，抓实“放管服”改革，开展“我服务、你评议”活动，170项行政许可事项要素统一，全部纳入市政府网审平台。开展扫黑除恶专项斗争，“平安医院”建设受到公安部等5部委联合通报表扬。开展民生领域暨过度诊疗专项整治行动，强化不良执业行为记分管理，4149名医务人员受到通报批评或停止处方权或调离岗位等处罚，大型设备检查呈负增长态势，控制辅助用药、医用耗材取得初步成效。

（十）党建工作全面加强

扎实抓好政治建设，深学笃用习近平新时代中国特色社会主义思想和党的十九大精神，推进

"两学一做"常态化制度化，对习近平总书记重要讲话、重要批示，以及中央各项工作部署、市委要求，做到第一时间传达、第一时间学习。严守政治纪律，牢固树立"四个意识"，坚决做到"两个维护"，坚决肃清孙政才恶劣影响和薄熙来、王立军流毒，全系统政治生态持续向好、干部职工精神状态积极向上。落实意识形态管理责任，首次召开全系统思想政治工作会，加强期刊审读，规范行业社会组织管理、学术活动管理，将意识形态工作纳入党建考核内容，定期报告、定期督导。抓实宣传工作，实施"尊医重卫三百工程"，中央电视台、《人民日报》多次报道全市卫生健康工作成效、优秀医务人员事迹；成功举办"首届中国医师节"系列活动，唐良智市长出席表彰大会，评选表彰先进集体30个、优秀个人195名，营造了尊医重卫的良好氛围。夯实基层组织建设，成立卫生健康行业社会组织综合党委，出台加强社会组织党的建设工作实施意见，开展党支部标准化建设，将支部建在处室、科室。压实党风廉政建设责任，深入贯彻落实中央八项规定精神，定期分析研判系统党风廉政建设形势，抓实班子成员"一岗双责"，开展"以案四说"警示教育，用身边的事警醒身边的人，推动全面从严治党向纵深发展。

二、发展中存在的问题

转型升级亟待破题，全市卫生健康工作还处于从开好局向破好题、从攻坚战向翻身仗、从重速度向重质量、从重规模向重效率转变的初级阶段。薄弱环节亟待加强，基层基础、医疗服务质量、公共卫生保障、人才科研能力等短板还比较突出，公立医院运行、医疗服务价格调整、药品供应保障等机制还不够完善；整治形式主义、官僚主义，党风廉政建设和反腐败斗争还需常抓不懈。

三、2019年工作思路

2019年，市卫生健康委将坚持以习近平新时代中国特色社会主义思想为指导，深入贯彻落实党的十九大精神，全面贯彻习近平总书记对重庆提出的"两点"定位、"两地""两高"目标、发挥"三个作用"和营造良好政治生态的重要指示要求，全面加强党的领导，坚持以人民健康为中心，坚持稳中求进的工作总基调，围绕重党建、强基础、促发展、保稳定的工作重点，持续推进健康中国战略重庆实践，努力为人民群众提供全方位全周期健康服务，以优异的成绩庆祝中华人民共和国成立70周年。

（一）持续深化改革

深化医药卫生体制改革，加强公立医院党的建设，落实党委领导下的院长负责制。健全现代医院管理制度，完善医院治理体系。建设紧密型医共体，扩大"医通、人通、财通"试点区县范围。积极参与国家药品集中采购试点，探索建立动态调价工作机制，积极稳妥推进医疗服务价格调整。深化计生服务管理改革，强化生育健康全程服务，实施母婴安全、健康儿童行动计划，做好出生人口预警监测，推进医养结合和健康老龄化工作。深化"放管服"改革，出台支持民营医院发展措施，加强重点领域监管，实现"全渝通办""渝快办"事项上线率100%。

（二）夯实基层基础

强化项目规划建设，深化"美丽医院"建设，实施全民健康保障工程、市级十大健康惠民工程。强化人才队伍建设，按照国家要求扩大薪酬制度改革试点范围，推进副高职称权限下放试点。强化科技创新，推动重庆市医学资源样本库建设，创建新建市级临床医学研究中心、区域医学重点学科，开展肺癌、直肠癌、脑卒中等病种防治技术攻关，推广卫生适宜技术。强化中医药发展，抓好国家区域中医（专科）诊疗中心建设，实施国家中医药传承创新项目，推进区县中医医院改扩建项目。

（三）提升服务能力

提升公共卫生服务能力，启动实施“健康中国人行动计划”，加大健康促进力度，深化爱国卫生运动，推进“厕所革命”、健康村镇建设，提升资金使用效益，开展财政资金项目绩效评价。提升信息化水平，优化“互联网+医疗”平台，推进医联体内部信息互联互通，建设“智慧医院”。提升应急管理能力，加强应急规范建设，启动乡镇直升机起降网络试点，缩短应急服务半径。提升疾病防控体系，开展地方病三年攻坚行动；健全疫苗监管制度，保障疫苗质量安全。提升法治能力，加强依法行政监督指导，完成《重庆市中医药条例》等立法和标准制定。加强保健工作组织领导，强化责任担当，细化工作措施，狠抓工作落实，切实做好这一特殊的政治任务。

（四）开展专项行动

开展健康扶贫专项工作，优化“七道保障线”，落实“三个一批”，确保贫困人口住院个人自付比例控制在10%以内，特病门诊自付比例控制在20%以内。开展行业作风整治专项行动，健全医疗机构专项检查机制，严格查处“大处方、大检查”，严厉打击欺诈骗取医保基金行为，严肃查处“术中加价”“搭车售货”“欺诈医疗”等违法违规行为。开展扫黑除恶专项斗争，加大医闹、医托、医媒子等严重影响诊疗秩序、损坏行业形象的治理力度。加大监督执法力度，在医疗卫生领域有针对性地开展9大专项整治行动和3项“回头看”专项检查，依法查处违法违规行为。

（五）全面从严治党

加强政治建设，加强党内政治文化建设，树立正确选人用人导向，提高党内政治生活质量，营造良好政治生态。加强意识形态工作，坚持把意识形态工作与业务工作同落实、同检查、同考核，规范管理协会社团组织和学术活动。加强基层组织建设，推进党支部规范化建设，严密党的组织体系，配齐配强党务干部，加强党员管理。强化主体责任落实，严格落实中央八项规定及其实施细则精神，切实抓好五届市委第三轮巡视反馈问题整改，深入开展委属单位政治巡察，推动全面从严治党向基层延伸。加强党风廉政建设，抓好监督执纪，严格监管重点领域、重点岗位、关键环节，开展多样化警示教育，加大违纪违规案件查办力度，以“零容忍”的态度惩治腐败。

（执笔人：杨梅）

应急管理

重庆市应急管理局

一、2018年工作成效

安全生产方面，全年共发生各类事故998起、死亡1091人，分别下降5.6%、3.8%，连续29个月无重特大事故发生。事故死亡从最高年份的3613人降到1000人内，较大事故从最高年份的98起下降到16起。在历经事故高发、持续下降、基本稳定三个阶段后，当前正跨入稳定向好的新阶段。

自然灾害防治方面，全市共有万州、开州、彭水等36个区县（自治县）148.2万人受灾，因灾死亡（失踪）27人，紧急转移安置7.84万人，农作物受灾面积70.86公顷，绝收面积12.18公顷，倒塌房屋2335间，严重损坏房屋7899间，一般损坏房屋54900间，直接经济损失18.55亿元，启动市级Ⅳ级救灾应急响应4次（其中洪涝灾害3次），受灾群众基本生活得到有效保障。

表1　重庆安全生产发展的四个阶段

单位：人，起

阶段	时间	年均事故死亡人数	年均较大事故起数	年均重特大事故	表现
事故高发	1997—2003	3000	79	11	“无奈期”
持续下降	2004—2008	2369	67	3.8	“蛮干期”
基本稳定	2009—2016	1525	33	1.75	“双基期”
稳定向好	2017	967	17	0	“法治期”
	2018	893	16	0	

二、主要工作举措

（一）在责任落实上下功夫

市委、市政府将贯彻落实习近平新时代中国特色社会主义思想纳入中心学习组重要内容，作为全市党员干部增强“四个意识”、做到“两个维护”的具体体现，并成立以分管副市长为组长的专项工作组，开展贯彻落实习近平总书记对重庆应急管理、防灾减灾救灾、安全生产重要指示批示“回头看”专项行动，对标对表抓落实。市委常委会每季度研究一次安全生产工作，市政府常务会定期听取安全生产工作汇报，解决安全生产突出问题。市政府安委会主任由市长担任，市政府连续10年以“1号文件”安排部署安全生产工作。关键时段、重要节点落实厅长在片区、处长在区县、干部在基层、交警在路上、老板在企业的“五在”责任，切实做到“代表开会，安监保安；百姓过节，我们过关”。

（二）在安全预防上下功夫

一是大力推进执法强化。坚持“首查必罚”，推行检查诊断、行政处罚、整改复查的执法检查“三部曲”工作方法。全年检查企业102.6万家次，发现问题82万个，整改77.4万个，下发执法指令1.1万份，关闭取缔企业1815家，停产停业4668家，暂扣或吊销营业执照9140个，行政拘留507人，追责101人。二是强力推进专项整治。聚焦两客一危车辆“三超一疲劳”、货车“一改两超三假”（非法改装、超限超载和假牌、假证、假维保）、面包车“两超一非”（超速、超员和非法营运）等严重违法行为，集中开展专项执法行动，农村道路交通连续13年未发生重特大事故，公安部在重庆召开现场会，刊发专题简报大力推介重庆做法。制定助推旅游业大发展20条措施，强化网红景点管理。围绕高处坠落、物体打击、坍塌、触电、机械伤害和车辆伤害，深化“两防”专项整治（防高处坠落、防危大工程群死群伤事故），推进建设施工突出违法行为集中执法。持续深化工贸行业企业有限空间作业和涉尘防爆、涉氨制冷专项治理。三是加力推进诚信管理。出台安全生产领域失信联合惩戒和“黑名单”暂行管理制度，全年共向“信用重庆”累计信息查询2971次，触发信用145次，反馈次数86条，已实施联合奖惩5次，其中上报联合惩罚单位2家。出台《关于在高危行业领域强制推行安全生产责任保险的实施意见》，在矿山、危化烟花、交通、建筑、民爆等领域强制实施全生产责任保险。四是努力强化宣传培训。坚持从娃娃抓起，落实安全教育课时，保证全市中小学、幼儿园每周不少于0.5学时的公共安全知识课；组织开展41场区县“七进”现场会，实施安全“大篷车”宣传，全年在区县组织“大篷车”广场宣传30场；举办14场党员“面对面”演讲活动。

（三）在基础建设上下功夫

一是项目引导、规划先行。制定“十三五”规划，将安全发展纳入经济社会发展总体规划通盘考虑，确定7大类30个项目，累计投入65亿元，持续改善安全保障基本面。二是调优产业，优化结构。严格按照中央“共抓大保护、不搞大开发”长江经济带发展战略部署，依法注销非煤矿山365家，关闭9万吨以下煤矿9家；大力实施危化生产企业搬迁入园，完成了17家人口密集区危化生产企业的搬迁工作，危化生产企业入园率达到86.9%。三是夯实基础，弥补短板。新安装“生命工程”防撞护栏1000公里，改造危桥75座、危隧8条、渡改桥9座，拆解老旧船舶1240艘。四是实施科技兴安。以大数据和智能化为引领，推广应用危化自动联锁、建设施工在线视频监控、道路运输企业风险管理系统、高速公路路面结冰自动监测、公路护栏碰撞信息化自动反馈预警等系列科技装备和手段；实现“两客一危”车辆 GPS 安装率、上线率、违法查处率和出警率四个 100%。五是强化经费保障。将监管执法经费纳入同级财政全额保障范围，建立安全生产监管执法经费保障机制。加快乡镇安监办规范化建设，新增办公用房 3 万平方米。明确区县、重点行业部门和乡镇安监执法用车配备标准，建立公务用车租赁服务制度，彻底解决了车改后公务“用车难”的问题。

（四）在自然灾害防治上下功夫

成功应对 39 起较大自然灾害，启动 4 次市级救灾应急响应，累计下拨救灾资金 1.38 亿元，调拨帐篷 170 顶、棉被 3.5 万床、大衣 1.5 万件等救灾物资，恢复重建住房 1228 户 3635 间，维修一般损坏房屋 17337 户 37038 间，累计救助受灾群众 81.8 万人。针对地质灾害，落实 16568 名“四重”网格员巡查排查，对 33 个重大隐患实施工程治理，对 8 处重大隐患点实施专业监测，对 612 处高位山体地质灾害实施精细化调查，对 2000 个地质灾害隐患点开展自动简易监测预警预报。针对防洪抗旱，落实防汛抗旱“三个责任人”责任，强化会商研判、预警预报、沟通协调，成功应对 10 场区域性暴雨天气，实现水库堤防“零损失”和人员“零死亡”。针对森林防火，严格森林火灾责任制，建立防火联动机制，强化巡查管控力度，森林火灾发生起数、过火面积、受害森林面积与前 5 年分别下降 16%、27%、57%。

（五）安全改革步入新境界

率先在全国出台安全生产领域改革发展实施意见。以开州、巫溪等 6 个试点区县成效推动全市安全生产改革步入深水区。一是以 5 条标准、5 个要求、5 个专项为重点内容，细化明细了安全生产“党政同责、一岗双责”履职标准；建立了涵盖 34 个监管执法职能部门、16 个指导督促职能部门、12 个支持保障职能部门的安全生产职责清单。二是按照专门机构、专门编制、专职人员和有人做事、有能力做事、有条件做事的“三专三有”要求，改革乡镇安全监管机构，全市 1028 个乡镇街道共配备专职安监员 5658 名，38 个工业园均设置或明确安监机构。三是按照城市品质提升行动计划的总体部署和大城智管、大城细管、大城众管的总体思路，出台《关于推进城市安全发展的实施意见》，从规划控制引领、城市安全风险控制、城市安全共建共治、强化城市监管、加强保障措施等五个方面，细化制定 19 条具体措施，织密城市“安全网”。四是加快应急管理体制改革。2017 年 10 月 25 日，挂牌成立重庆市应急管理局，整合了 13 个部门的职责，重点厘清了与市能源局、市林业局、市水利局在煤矿安全监管、森林草原火灾防治、防汛抗旱抢险救援等方面的职责边界。目前人员已整合到位，“三定”工作方案已印发，设立市应急局一正五副领导班子、22 个处室，核定编制 483 名，区县应急机构已挂牌成立，改革加紧进行中。

三、当前面临的主要问题

10 多年前，由于客观安全条件恶劣、安全监管不力、重特大事故高发，重庆被列为全国 8 个安全监管重点地区之一。目前，全市安全生产和自然灾害防治能力显著增强，安全形势持续向好。但总体上看，我市安全基本面的一些基础性、源头性问题还远未有效解决，重庆依然是安全高风险区，不能因成绩高估水平、不能因效果低估风险、不能因进步忽视问题。一是安全生产基层基础基本素质仍然薄弱。总体上，目前我市仍然处于经济发展水平相对偏低的阶段，粗放的低水平发展特征仍然比较明显，产业基础水平、产业结构、产业布局等方面的问题导致安全生产风险相对偏高，事故防控压力较大。二是安全生产责任落实还有差距。个别地区政府和部门领导认识不到位，履职不落实。部分企业法律意识、安全意识淡薄，摆位不正，违法生产，责任、管理、投入、教育培训差距明显。三是一些部门监管执法能力差和力度弱。有的部门和监管人员法纪意识淡薄，有的责任意识不强，监管措施执行不硬，执法处罚力度不大，不敢执法、不愿执法、不会执法的现象仍然十分普遍，对企业违法行为缺乏强有力的法律震慑。四是治理手段落后，事故防控力不从心。机制建设和信息化、智能化技术运用不足，管理粗放，不能精准精细控制，事故掌握缺乏主动权。

四、2019 年工作目标

坚持边改革、边防治、边应急，以“控大事故、防大灾害”为核心目标，以大排查大整治大执法为工作主线，以创新的思路、改革的办法破局解难，实现全市安全生产与自然灾害防治工作稳步推进。

一方面，坚持“163”工作思路不动摇，务实开展各项工作。年初，市政府以“1 号文件”明确安全生产与自然灾害防治“163”工作思路：“1”，即一个核心目标，控大事故、防大灾害；“6”，即六大重点任务，理顺体制机制、压实主体责任、严格监管执法、创新社会治理、深化专项整治、夯实基础保障；“3”，即三项保障措施，强化组织领导、工作保障、激励约束。努力构建城乡一体、协同有效的安全生产与自然灾害防治工作体系，全年生产安全事故死亡人数同比下降 5%，较大事故控制在 18 起以内，坚决遏制重特大事故；森林火灾受害率控制在 0.3‰以内。水旱灾害损失同比下降 5%。

另一方面，以大应急、多灾种、全流程、多元化为目标，构建应急管理四大体系。一是构建“两委、九办、四指”应急组织指挥体系。调整市安委会，新下设 9 个专项办公室；设立市减灾委及 4 个专项指挥部。明确“两委”组织架构、职责分工和日常机构，做到面上整体统筹、专项强化落实、平时合力推进、“战时”统一调度。二是构建纵向到底、横向到边的应急行政管理体系。纵向构建“三级体系、五级网络”，将工作触角逐级延伸，夯实“最后一公里”。横向推进各级部门内设机构全覆盖，明晰职能职责，强化日常监管。三是构建市、区县两级“专、常、群”应急抢险队伍体系。配齐配强专业队伍、专业人员，尽快补齐深水搜救、大型特大型地灾救援、超高层火灾扑救等短板；以综合性消防救援常备队伍为依托，强化情景化演练和实战化训练；支持鼓励社会各界积极有序参与应急救援工作。四是构建应急制度保障体系。强化“党政同责、一岗双责”和“三个必须”要求，探索建立应急管理“3+8”运行机制。

（执笔人：徐佳地）

重庆审计

重庆市审计局

一、审计成果

2018年，全市审计机关以习近平新时代中国特色社会主义思想为指导，深入学习贯彻党的十九大和十九届二中、三中全会，以及中央审计委员会第一次会议精神，全面落实习近平总书记对重庆提出的“两点”定位、“两地”“两高”目标和营造良好政治生态、做到“四个扎实”的重要指示要求，树牢“四个意识”，坚定“四个自信”，坚决做到“两个维护”，坚决兑现市委“三个确保”政治承诺，紧扣党中央及市委市政府和审计署对新时代审计工作的部署要求，聚焦打好“三大攻坚战”、实施“八项行动计划”等重大任务，依法履行审计监督职责，有序推进审计机关机构改革，纵深推进全面从严治党，切实加强干部队伍建设，取得了较好成效。全年完成审计项目1433个，查缴及督促被审计单位归还财政资金266.83亿元，投资审计项目核减投资（结算）额88.15亿元，移送问题或案件线索846件。

（一）重大政策措施落实跟踪审计

紧紧围绕中央及市委、市政府决策部署和审计署工作安排，按月下发跟踪审计要点，组织全市审计机关对中央及市委、市政府重大政策措施落实情况进行跟踪审计，重点关注“六稳”“放管服”改革、涉企减负、创新驱动发展、乡村振兴等方面政策措施落实及重大项目推进情况，及时揭示问题并督促整改落实，促进完善100余项规章制度，推动重点项目加速建设，促进中央及市委、市政府重大决策部署落地生根。围绕打好防范化解重大风险攻坚战，先后对36个区县政府债务和隐性债务开展了审计核查。

（二）财政财务审计

聚焦财税改革热点，对市和区县两级财政预

算执行和决算（草案）、税收征管情况实施异地同步交叉审计，完成111个市级部门单位2017年度预算执行的全覆盖审计，揭示了预决算编制、专项资金管理、税收征管等方面的普遍性、典型性问题，提出健全财政资金预算、分配和监督相分离机制以及制定财政支出绩效评价实施细则、完善公车租赁和定点维修相关管理制度等建议，推动提高财政资金使用绩效。

（三）专项资金审计

围绕打好精准脱贫攻坚战，建立健全与审计署重庆特派办及纪检监察、巡视、相关主管部门的工作协作机制，修订完善全市扶贫资金审计工作方案，聚焦“精准、安全、绩效”主线，对全市33个有扶贫开发工作任务区县的扶贫资金实施审计，并按季对18个深度贫困乡镇脱贫攻坚情况进行跟踪审计，协同相关主管部门督促抓好审计整改，推动精准扶贫精准脱贫政策措施落实。完成全市2017年保障性安居工程跟踪审计、国外贷援款项目审计和全市2016—2017年度残疾人事业发展情况专项审计调查等项目，及时揭示反映了存在的问题，提出了相关审计建议，推动民生政策贯彻落实、资金规范管理使用。实施三峡后续工作专项资金审计，重点关注三峡库区后续项目实施、资金使用效益等方面的问题，促进三峡后续工作专项资金规范管理、高效运行。

（四）公共投资审计

全市审计机关共完成投资审计项目3938个，市审计局对全市2018年交通行动计划落实情况及环线二期和四号、五号、十号线一期4条轨道线建设情况开展跟踪审计，完成对市地产集团等3户市属国企储备土地运行情况的审计调查，对1所高校建设管理实施审计，及时通报发现问题并提出审计建议，促进项目顺利推进、规范管理、提高绩效。提请市政府出台《重庆市公共投资建设项目审计办法》并认真贯彻落实，对区县投资审计定位、履职的范围边界等进行全面规范。

（五）经济责任审计

按照“党政同责、同责同审”要求，全年共实施领导干部经济责任审计项目400多个，其中市审计局完成市管领导干部经济责任审计项目40个，审计报告严格遵循“三个区分开来”要求，坚持恪守边界定责、专题督促整改落实，有力促进领导干部依法主动有效作为。向市委、市政府报送了2017年度市管领导干部经济责任审计情况和整改情况报告，并对整改情况开展现场督查，推动举一反三、建章立制。22名市管领导干部按要求完成了离任经济责任事项交接工作。

（六）自然资源资产离任审计

提请市委、市政府印发《重庆市贯彻落实领导干部自然资源资产离任审计规定（试行）实施方案》，市级完成了对铜梁区、万盛经开区党政主要领导的自然资源资产离任审计，并以点促面、注重统筹，在经济责任、专项资金等审计中，加强对自然资源资产开发利用、管理责任履行等情况的审计，推动生态文明建设。全面启动40个区县河长制执行情况审计，制定《2018年度全市河长制执行情况审计工作方案》，完成对3个县长江经济带生态环境保护情况审计，及时提出审计建议，督促有关方面整改，助力山清水秀美丽之地建设。

（七）国有企业和金融审计

开展8户市属重点国企财务收支审计和46户国企经营收益专项审计调查，揭示国企经营管理中存在的典型问题，推进国资国企改革、促进国有资本保值增值。依托3家地方银行审计数据分析平台，持续对地方金融风险防控及资金流向情况进行跟踪审计，先后发送风险提示 9 次，推动国有担保公司完善内控制度 72 项。

二、审计整改情况

审计整改和结果运用机制进一步完善，积极配合市人大常委会对审计整改情况开展专题询问、专项督查，分项列表向人大常委会报告并公告审计结果及整改情况。按照市政府要求对中央和市级预算审计查出问题建立“问题清单”和整改台账，会同相关主管部门联合督查并定期检查通报，并将审计整改情况纳入对区县和市级部门单位的绩效目标考核，力促审计整改落实到位，相关行业主管部门和被审计单位扎实整改审计发现的问题，在财政管理、扶贫等领域制定完善相关规范性文件和管理制度 207 项。

三、内部审计

认真贯彻落实审计署加强内部审计工作的规定和全国内部审计工作座谈会精神，组织召开全市内部审计工作会，启动《重庆市内部审计工作办法》修订前期工作，并通过内部审计项目计划指导、内部审计座谈交流、内部审计人员培训、内部审计监督检查等方式加强指导监督，全市 2500 多个内审机构全年共完成审计项目 3 万个，促进增收节支 25.8 亿元。持续开展对社会中介机构相关报告的核查工作，对报告存在重大质量问题的中介机构移送相关主管部门处理，督促有关中介机构规范诚信执业，维护经济运行安全。

四、机构改革推进情况

深入贯彻党中央及市委、市政府和审计署关于推进审计管理体制改革、履行审计监督职责等方面的重要部署要求，及时研究制定了 30 余项贯彻文件并逐项推进落实。按照《重庆市机构改革方案》，制定印发审计机关机构改革工作方案，严格按节点有序推进机构改革各项工作。成立市委审计委员会，市审计局职责划入、转隶干部接收、新“三定”规定起草等工作有序推进。完善区县审计机关人财物统一管理体制，制定了《区县审计局主要负责同志述职报告工作办法》，完善审计整改督查、资产采购、干部教育培训以及年度考核等管理制度，持续加强对区县审计局的审计计划统一审批、审计工作报告审核和审计业务质量检查，市审计局对区县审计局的干部、业务、财务、政务等统筹管理不断加强。

（执笔人：刘鎏）

重庆税务

重庆市税务局

一、2018年发展回顾

（一）概述

2018年，面对经济高质量发展新要求，深化征管体制改革新任务，重庆市税务系统聚焦高质量推进税收现代化核心目标，紧扣“抓基层、打基础、提质效”工作主线，同心同向同行，坚持强化党建作引领、依法征收提质量、聚智聚力推改革、减税降负优环境、倾情带队激活力，全力打赢了机构改革攻坚战，圆满完成了深化增值税改革、个人所得税改革、金税三期系统并库上线等一系列重点税收任务，全市税收事业站上了新起点、实现了新作为。

（二）地方政府支持税收工作

中央政治局委员、重庆市委书记陈敏尔，重庆市委副书记、市长唐良智，重庆市委常委、常务副市长吴存荣等市领导，多次肯定税务部门在组织收入、深化改革、依法治税、服务发展、党的建设等方面取得的成绩，并作出肯定性批示。6月15日，市委常委、常务副市长吴存荣出席国家税务总局重庆市税务局挂牌仪式，为新机构揭牌，并代表市委领导班子作重要讲话。

（三）税费收入情况

全年累计组织税费收入4200.3亿元，同比增长11%；其中，税收收入完成2875.8亿元，同比增长8.3%；社保费及非税收入完成1324.4亿元，同比增长17.2%。海关代征税收完成136.9亿元，同比增长4.7%。

分级次看，中央级税收完成1276.8亿元，同比增长7.9%；地方级税收完成1599.0亿元，同比增长8.6%。

分税种看，国内增值税完成1162.6亿元，同比增长8.9%；企业所得税完成590.4亿元，同比增长13.3%；国内消费税完成118.8亿元，同比下降 16.9%；个人所得税完成 222.6 亿元，同比增长 22.4%；土地增值税完成 121.1 亿元，同比增长 44.2%；契税完成 200.7 亿元，同比增长 12.4%。

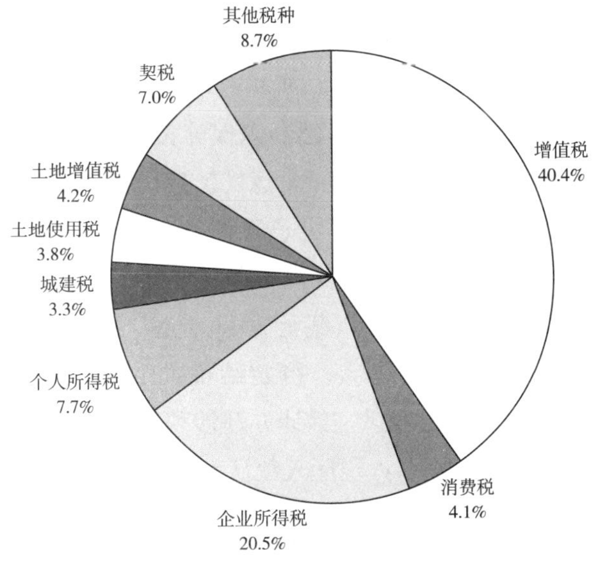

图 1 税费收入占比情况

（四）税收收入特点

一是税收贡献更加突出。地方级税收占全市一般公共预算收入的比重达 70.8%，同比提升 5.3 个百分点，税收对财政收入的贡献度显著提升。二是税收质量持续提升。16 个税种中，占税收总量 79.9% 的国内增值税、企业所得税、个人所得税、土地增值税、契税等五大税种实现较快增长，拉动全市税收增长 10 个百分点。三是新增减税兑现有力。2018 年，增值税税率下调、留抵退税、企业所得税优惠扩面等新增减税政策的宣传辅导和督导落实，有效降低实体经济负担，其中深化增值税改革、个人所得税改革等减税政策合计净减税 70.8 亿元。

（五）非税收入

全年累计组织非税收入 93.2 亿元，同比增长 15.8%。其中，地方教育费附加 27.4 亿元，同比增长 14.5%；文化事业建设费 1.7 亿元，同比下降 1.7%；工会经费收入 5.7 亿元，同比增长 18.4%。

（六）国税地税征管体制改革

重庆市税务局于 2018 年 6 月 15 日挂牌成立，承担 16 个税种、15 项非税收入、工会经费及社会保险费的征收管理任务，全年 13 条 118 款近 700 项税务机构改革任务全部落地落实。加强党对改革工作的全面领导，将党组改设党委，发挥总揽全局、协调各方的核心领导作用，全年全市税务系统共改设区县局党委 45 个，基层党组织 839 个，工会 55 个、共青团 44 个、妇委会 50 个。坚持机构“瘦身”，减少处级机构、科级机构设置，以改革为契机，做实做强风控中心、大企业专业化管理机构，持续完善“专业化 + 属地化”税源管理模式，并将优质资源向此倾斜，提升税收管理的精准化、科学化水平。顺利打赢新税务机构挂牌、落实“三定”规定等主攻战，社保费和非税收入征管职责划转有序推进。

（七）税收法治

推行重大执法决定法制审核、行政执法公示、执法全过程记录“三项制度”试点。完善公职律师制度和税收法律顾问制度，全系统现有公职律师 100 余名、法律顾问近百名。分类研究、交叉比对机构改革初期，原国税、原地税 408 个有效文件，确认为税收规范性文件的 163 件，全文废止 85 件，继续执行 20 件，修改名称 16 件，新制发文 13 件，全年新出台税收规范性文件 35 个，有力确保税收文件制发的有序衔接和规范统一。

（八）税种管理

深化增值税改革，累计组织相关培训 120 期，向社会发布各类改革信息 50 万条，关注人数超过 15 万次，全年纳税人因降税率减税 44.8 亿元，因转登记减税1.7亿元，实现留抵退税20.3亿元。试点车辆购置税完税证明无纸化，推动全程网上办，全市33.5万户纳税人通过网络办理相关业务，节省时间80%以上。继续加强企业所得税管理，开发企业所得税申报“一表集成”辅助系统，纳税人通过确认系统信息、填写简单数据即可完成申报，平均申报耗时压缩70%以上，扎实开展企业所得税汇算清缴工作，申报成功率、准确率均为100%。借助“重庆市社会公共信息资源共享平台”，获取职能部门涉税数据1467万条，对外提供数据1840万条，累计推送风险任务2.1万户次，依法补征税款49.7亿元、滞纳金3.6亿元。集成税种管理，土地增值税清算成效明显，房产交易实现多部门“一窗办”“网上办”，个人住房房产税试点平稳推进，烟叶税网上申报顺利实现，同时配合完成耕地占用税立法工作。社会保险费扩面工作稳步推进，缴费户数较上年同期增长超3万户，市级部门信息共享平台搭建完成，常态化工作交流机制初步运行，征收管理系统成功测试，职能划转顺利顺畅。

（九）纳税服务

全面深化实体办税服务渠道建设，开展纳税人办税堵点、难点排查整改工作，收集意见建议147条并逐步整改到位，编制办税事项“最多跑一次”“全程网上办”两个清单，涵盖358个涉税事项，“一厅通办”“一人通办”顺利如期落地。税收诚信体系不断完善，评定A级纳税人3963户，与22家金融机构开展“银税互动”协作，累计授信纳税人超3万户，授信贷款金额116.7亿元。加强寄递处理中心建设，依托邮政部门寄递渠道处理的发票业务量占全市总量的21.9%，税务总局副局长孙瑞标、总审计师刘丽坚实地调研指导，北京大学国情研究中心主任沈明明给予高度评价，北京、深圳、河北等30个省市税务局前来交流学习。

（十）电子税务

有序推进金税三期系统并库上线工作，为新应用系统平稳高效运行打下基础；自然人税收征管系统成功上线，获取相关职能部门自然人涉税信息1200万条；机构改革配套应用系统，实体化专网改造、基础资源保障按时完成，有力保障各项税收工作正常运转。建设智慧税务，整合原国税、原地税电子税务局，推行电子税务局体验师制度，增加网上办税功能，实现209项涉税事项网上办，截至2018年底，累计实名注册用户200.5万人，绑定纳税人119.2万户，基本覆盖固定业户，累计办理涉税业务2403万笔，纳税人滞留办税厅人数显著下降。

（十一）税务稽查

全年查补入库税收收入31.59亿元，立案检查2259户。优化全市税务稽查机构配置，将10个跨区稽查局兼并为7个，将原国税、原地税区县单位稽查局改设检查科，实现了全市范围内跨区稽查全覆盖、稽查职能深度整合。规范影视、房地产、建筑安装等行业税收秩序，开展打骗打虚专项行动，持续提升税收法治化水平。开展扫黑除恶专项斗争，与重庆市公安局建立联合工作机制，共查处4户涉黑运输企业、1户涉黑制造企业、1户涉黑涉恶管理咨询企业案件，查补税收收入及罚款近6800万元。落实“双随机、一公开”制度，开展随机抽查2479次。认定并公布税收“黑名单”63件，公安边防布控158人次，阻止13人出境，追缴税款及滞纳金1.4亿元。

二、发展中存在的问题

服务经济高质量发展方面，税收职能作用介入国家治理层次范围更广，以税咨政、服务决策的作用发挥还不够充分；征收管理方面，营造更加公平的税收法治环境任务艰巨，对涉税违法行为的预判能力还需加强；纳税服务方面，社会各界对办税便利化程度的期待越来越高，堵点、痛点、难点没有彻底解决；机构队伍方面，事业发展“事合人合力合心合”的有利局面正在形成，离“车同轨、书同文、行同路”的共同价值理念还有差距。

三、2019 年发展目标

2019 年，是新中国成立 70 周年，是决胜全面建成小康社会第一个百年奋斗目标的关键之年，也是国税地税合并后新机构展示新形象的开局之年。全市税务工作将以习近平新时代中国特色社会主义思想为指导，深入贯彻党的十九大和十九届二中、三中全会，以及中央、全市经济工作会议精神，认真落实税务总局党委和市委、市政府决策部署，牢固树立“四个意识”，坚定“四个自信”，坚决做到“两个维护”，坚持和加强党对税收工作的全面领导，紧扣“抓基层、打基础、聚合力、提质效”工作主线，着力实施质量、效率和动力“三大变革”，抓实基层基础建设“八项任务”，奋力开拓高质量推进新时代税收现代化的新征程，为服务全市经济社会高质量发展贡献更大力量。重点抓好党建引领统全局、减税降费增动能、抓实收入聚财力、规范监管优环境、深化改革促发展、培育人才强保障六个方面工作。

（执笔人：练鹏）

对外事务

重庆市人民政府外事办公室

一、2018 年发展回顾

2018 年，重庆外事深学笃用习近平新时代中国特色社会主义思想，紧紧围绕贯彻落实习近平总书记视察重庆重要讲话精神，在市委、市政府的坚强领导下，在外交部的指导支持下，切实做好地方外事各项工作，全力服务国家总体外交和全市经济社会发展，取得积极成效。

（一）牢固树立“四个意识”，健全外事工作体制机制

成功筹备召开市委外事工作委员会第一次会议，专题学习贯彻习近平外交思想，以实际行动坚决维护以习近平同志为核心的党中央权威和集中统一领导；审议通过市委外事委工作规则和市委外办工作细则，对今后一段时期全市外事工作作出战略部署，推动习近平外交思想全面贯彻落实。制定下发全市外事工作系列规范性文件，实现全市 38 个区县全覆盖，建立党委外事工作领导小组，推动部分区单独设置政府外办，进一步延伸外事工作触角，夯实基层外事工作基础。

（二）强化统筹谋划，全力服务国家总体外交

深入推进高层互访，构建以政促经格局。顺利完成市领导年度出访工作，组织参加国际机制性会议活动，不断深化对外合作；在中非合作论坛期间，成功接待几内亚比绍总统瓦斯、乍得总统代比来渝访问，大力宣介地方开放发展新形象；全年服务市领导在渝外事活动近 200 场，接待境外公务团组逾 2000 人次，对外交流始终保持活跃态势。积极助推重庆深度融入中国—中东欧国家、中俄两河流域、中国—东盟及中美、中澳省州长论坛等多双边合作机制，切实加快“一带一路”建设和长江经济带发展。着力强化对外工作总体谋划，系统推动涉外项目建设，服务国家总体外交大局。

（三）综合运用外事资源，助力内陆开放高地建设

成功筹备举办首届智博会，邀请到新加坡、蒙古国、老挝、菲律宾、乌拉圭等五国政要来渝参会，有效扩大重庆的国际影响力。成功筹备举办西洽会、市长国际经济顾问团年会，务实推动我市相关产业对外合作。围绕两江新区、自贸试验区、中新互联互通项目及“陆海新通道”、中欧班列（重庆）和国际口岸、国际航线建设，促进重庆在更深层次、更高水平的对外开放。广泛开展与各国驻渝蓉领事馆的交流合作，成功举办庆祝中华人民共和国成立69周年招待会，密切与各派遣国的友好关系，目前共有10个国家在渝设立总领事馆。围绕“一带一路”系统布局国际友城，新促成重庆与乌拉圭圣何塞省、江北区与意大利皮亚琴察市、万州区与白俄罗斯明斯克州科佩尔区正式建立友城关系，全市友城总数达45个。成功举办“2018中国·重庆国际友好城市市长圆桌会”，分享智慧城市建设经验，共商城市合作愿景。在“2018·中国国际友好城市大会”上，重庆市获“国际友好城市交流合作奖”。

（四）落实总体国家安全观，不断提高外事管理水平

完善“一带一路”境外安全保障机制，成功处置包括泰国“7·5”翻船事故在内的海外领保事件41起、涉外案（事）件26起，为重庆企业“走出去”和市民海外工作生活保驾护航。坚持以“一带一路”沿线地区为出访重点，实行出访任务项目化、具体化，严格出访审批程序和纪律，取缔无实质内容的出访安排，推动出访工作更加规范、更具实效。抓好常驻渝境外媒体记者的服务引导，巧用外媒讲好重庆故事，推动形成“正面引导、广泛宣传、良好合作”态势。配合外交部，成功承办“外交外事知识进重庆市委党校”活动，宣介习近平外交思想和中央对外工作方针政策，对全市400余名外事系统干部进行全覆盖培训，不断丰富重庆外事工作的思路举措，激发重庆外事干部队伍干事创业积极性。

（五）以为侨服务为宗旨，努力构建和谐侨界

大力实施侨爱惠民工程，成功组织开展“送温暖慰问”“敬老暖侨”“送温暖医疗队”系列活动，持续改善侨界民生。积极开展“中国寻根之旅”相关活动，加强外派教师管理和建设，推动提升华文教育水平，积极弘扬巴渝文化，以侨为桥沟通重庆与世界。着力加强“侨之家”平台建设，进一步夯实为侨服务公共体系建设。深入实施海外惠侨工程，组织开展中医关怀团计划，为海外华侨送去温暖。加强海外联谊，完善重庆籍海外华侨华人库，与海外重点社团及海外重点人士逐步建立稳定联系。积极组团参加“东盟华商大会”“华侨华人创业发展洽谈会”，宣传推介重庆发展，助力引资引智工作。

（六）以合作共赢为导向，密切同港澳地区的交流交往

加强与港澳地区的人员互访和经贸交流，在香港成功举办2018渝港合作推介会，促成24个重点合作项目集中签约。务实推动与香港特区政府驻重庆联络处、香港贸发局驻重庆代表办、重庆澳门之家的交流联系，实现重庆、港澳地区以及港澳驻渝机构的三方协同联动。顺利完成2014—2016年渝港公务员交流项目，有序开展2017—2019年渝港公务员交流项目，为重庆公务员队伍建设汲取“香港经验”。深入推进“制定完善便利香港、澳门居民在内地发展的政策措施”相关工作，积极为在渝港澳同胞营造良好生

活和工作环境。组织港澳青年走进重庆抗战文化，进一步激发民族认同感。

二、2019 年发展目标

（一）牢固树立“四个意识”，切实加强党对外事工作的集中统一领导

强化政治意识、大局意识、核心意识和看齐意识，坚持外交大权在党中央，全面贯彻党的对外工作方针政策，不折不扣把党中央关于外事工作的各项决策部署落到实处。充分发挥市委外事工作委员会及其办公室的职能职责，完善全市外事工作领导体制，落实党管外事工作制度，加强归口管理，强化对外工作的总体规划、统筹协调和监督检查，确保全市对外工作沿着正确的方向不断推进。

（二）服从服务国家总体外交，凸显地方外事重庆作用

一是全力服务中外政党交流。认真做好市委主要领导率中共代表团出访、外国政要和政党领袖来访等重大外交事务，更好响应中央运筹大国、经略周边、拓展全球的外交战略。二是积极参与重要多双边合作机制。积极参加中俄两河流域机制会议、中美省州长论坛、中新互联互通双边会议等机制性会议活动，高质量完成中央安排任务。三是积极借势发力，在多边国际舞台亮相发声。找准定位，发挥优势，在配合和服务中央总体外交行动中，积极推动我市重大对外交往合作项目，体现重庆元素，在多边国际舞台体现重庆作用。

（三）围绕中心突出重点，以大外事服务大开放推动大发展

一是统筹对外合作布局，科学谋划主要任务。围绕“一带一路”倡议和重庆重点发展目标、重点对接的国家地区、重点招商对象以及重点入境旅游客源地等，形成任务清单，扎实推进。依托对外交往重点国家促进外资集聚。主要与新加坡、日本、韩国、美国、德国、以色列、俄罗斯等国家开展精准合作，重点聚焦大数据智能化、战略性新兴产业、现代服务业、现代农业等领域，推动建立以重庆为中心的跨境跨区域产业生态圈。依托重要国际市场稳定外贸增长。针对我市重点进出口贸易国家或地区的贸易市场发展趋势，致力做大做强“一带一路”沿线国家特别是东盟国家市场，扩货源、抓订单，促进外贸持续增长。深化人文交流合作。瞄准美国、德国、英国、澳大利亚、加拿大、日本、韩国、乌克兰、白俄罗斯、乍得、埃及、泰国等国家，积极开展“山水重庆”全域旅游推介，加强教育医疗国际合作，推进智慧城市和生态环保建设。加强任务实施保障。结合重庆的重点对外交往方向，形成主要工作任务，统筹制定因公出访计划，并确保执行效果。

二是创新对外合作方式，着眼长远，久久为功，培育一批中长期友好交往对象国家。主要围绕中新互联互通项目国际陆海贸易新通道建设，以重庆与新加坡合作为重点，带动重庆与越南、泰国等东南亚国家“一对多”，重庆带动甘肃、广西等西部省份与新加坡的“多对一”，重庆带动西部省份与东南亚国家“多对多”合作模式。围绕环渝省（区市）中欧班列货物中转站建设，打造重庆与班列沿线的德国、俄罗斯、白俄罗斯等国家的全方位合作。

（四）依托外事资源平台，做大对外交往“朋友圈”

大力推动更多国家来渝设立领事机构；推动与美国肯塔基州和辛辛那提市、俄罗斯圣彼得堡市、德国北威州、澳大利亚墨尔本市、意大利古里亚大区、韩国首尔市等 12 个省州（市）结为

友城或友好交流城市，大力推动区县对外缔结友好城市；加快吸引更多国际组织、商业机构和企业入驻，不断做大对外交往“朋友圈”。

（五）用活特色外事资源，塑造外事工作品牌

一是高质量承办国家会议等活动。承接办好2019上合组织地方领导人会晤、“一带一路”陆海联动发展论坛、中新联委会、第二届亚欧合作对话会议等国际会议活动。二是积极争取重要国家领导人来访。争取外交部、中联部等部委支持，安排更多重点国家领导人来渝考察访问，推动建立外国政党在渝教育培训基地，构建党宾国宾参访活跃区。三是务实办好地方国际活动。依托“智博会”“西洽会”等活动，办好中国重庆国际友好城市市长圆桌会议、国际友好城市工商峰会，开展“外交官重庆行”“外事进高校”等品牌活动，不断拓展国际交流合作新渠道。

（六）谋划实施国别交往合作计划，发挥规划引领和参谋资政作用

一是制定实施国别交往合作规划。明确对外交往的重点国家、重点区域、重点任务，构建大外事服务大开放推动大发展工作格局。二是建立对外工作专家智库。以服从大局、服务全局为重点，依托中联部、外交部等国家部委资源，聘请国内外知名专家、学者为重庆开放发展献计出力。三是围绕重庆对外工作热点难点开展课题研究。形成高质量研究成果，发布权威国际信息，为重庆在西部地区实现带头开放、带动开放提供路径和行动参考。

（七）充分发挥中西部国际交往中心功能，切实增强对外服务能力

一是用好用活独有外事资源，打造外事与文化、旅游互动共融的交往平台。发挥鹅岭公园集聚美国、英国、法国、波兰、加拿大、印度等多国大使馆旧址优势，打造涉外交往集聚区；依托史迪威博物馆、韩国临时政府旧址等资源，积极配合中美、中韩等国家间交流；依托中国民主党派历史陈列馆等文旅资源，打造外事与旅游、文化互促共融的涉外活动场所。二是加快建设国际学校、国际医院和国际社区等服务机构。引进国际教育资源来渝合作办学，加快建设一批国际学校、国际医院、国际化社区，推进社区形态、公共服务、语言环境、社区治理国际化，全面提升重庆在全国开放的战略地位。推动重庆在政务服务、市场开放、知识产权保护和相关配套方面与国际接轨，持续提升城市管理和服务水平。三是大力提升国际化水平。以“行千里·致广大”为载体塑造精彩的重庆标识，不断提升重庆的国际知名度和美誉度。四是加快培育专业对外工作队伍。提升用国际视野谋划发展、用国际规则处理事务和用国际语言讲述重庆故事的能力，不断增强重庆对外干部的国际资源配置素养和水平。

（八）严守外事纪律，切实加强涉外管理服务

一是严守外事纪律红线。坚持外交大权在中央，外事工作授权有限的原则，严格外事工作程序；认真执行中央八项规定和因公出国（境）各项规定，严格因公出国（境）审批，确保各项外事工作安全高效。二是加强领事保护、涉外安全工作。妥善处理海外领保和涉外案事件，依法依规开展好涉外活动，认真服务好安全与发展大事。三是推动外事资源服务区县。将外事资源向区县延伸，服务区县开放发展需求。全力配合中央外办做好对口帮扶彭水工作。加强区县外事干部专业知识培训，提升基层涉外应急处置水平。

（执笔人：罗森）

国有资产

重庆市国有资产监督管理委员会

一、2018 年工作回顾

2018 年，面对外部环境深刻变化，经济下行压力不断加大，全市国资系统全面贯彻党的十九大精神，按照市委、市政府工作部署，稳步推进国资国企改革创新和发展任务，全面从严加强党的建设，推动企业高质量发展。主要工作成绩有：

一是国企发展质量效益有了新提高。据快报，2018 年全市国有企业实现利润总额 464 亿元，增长 12%。其中，市国资委监管的 35 户市属国企实现利润总额 299 亿元，增长 12%。全员劳动生产率增长 12%；市级部门监管国企实现利润 84 亿元，增长 86.6%；区县所属国企实现利润 81 亿元；中央在渝企业（不含在渝金融企业）实现利润 155 亿元。

二是国企市场化专业化改革重组实现了新突破。重庆商投集团专业化重组平稳完成。重庆粮食集团市场化重组改革进入实质推进阶段。重庆能源集团组建渝新能源公司，对优质煤电资产进行重组整合。重盐集团与中盐集团重组整合稳步推进。13 户市属国有建筑企业、27 户市属国有房地产企业完成专业化重组或市场化退出。

三是国企供给侧结构性改革取得了新成效。重庆能源集团关闭永川煤矿和兴隆煤矿，去过剩产能 87 万吨。完成处置“僵尸企业”37 户，压缩企业管理层级 26 户。对工业、商贸、投资企业分别实行 65%、70%、60% 的资产负债率投资警戒线监管，超出警戒线的严控企业新增商业性投资项目。市国资委监管的非金融企业平均资产负债率 61.2%，较 2017 年末下降 0.6 个百分点。市属国企和在渝央企“三供一业”、市政设施和社区管理分离移交基本完成，近 30 万名市属国企退休人员实行社会化管理。万盛经开区、永川区、江津区、九龙坡区、沙坪坝区、垫江县、铜梁区、忠县、彭水县等区县剥离企业办社会职能推动有力，效果明显。

四是国企创新发展培育了一批新动能。推出90个智能产业及智能化应用项目，完成投资86亿元。工业企业研发投入15.5亿元，占营业收入的比重为2.1%，同比提高0.2个百分点。庆铃集团国六产品进入量产准备阶段。中国四联集团创建全球仪表行业领先的智能化生产线。重庆机电集团所属西南计算机公司军民融合项目获2018年度国家科技进步一等奖。重庆商社集团推广刷脸支付、全覆盖安装客流计数器等智能化应用。重庆交运集团智慧出行服务平台获全国部级创新成果一等奖。重庆对外经贸集团所属国际集团入选全国供应链创新与应用试点企业。重庆交通开投集团打造智慧交通，主城区620条线路、8000辆公交车实现移动支付。市农投集团推进乳业智慧链建设项目，牧场人均年加工乳从2500吨提高到4000吨。重咨集团BIM技术研发与应用获批“国家高新技术企业认定”。重庆机场集团与阿里云计算公司、华为技术公司开展信息技术战略合作。重庆渝富集团主导的战略性新兴产业投资基金聚焦集成电路、液晶面板等半导体产业领域，累计完成投资项目13个、完成投资128亿元。

五是国企“三大攻坚战”取得了新进展。建立市属国企防范化解重大风险工作台账。全面清理处置、防范市属国有小贷公司、担保公司的经营风险、资金流动风险、P2P风险、债务违约风险，守住了不发生系统性风险的底线。重庆农商行、重庆银行、重庆三峡银行、重庆渝富集团、重庆渝康公司、市地产集团、市城投集团、千信国际公司大局意识强，在市国资委统筹调度下，协同化解部分国企、民企债务风险，发挥了重要作用。国企用心用力支持贫困区县脱贫攻坚，筹集资金4.09亿元专项用于巫溪、城口、彭水、酉阳县及奉节县平安乡扶贫工作，为4个深度贫困县新增贷款61亿元、新增担保增信34亿元，新增项目53个、新增投资37亿元。完成国企职工棚户区改造4.5万平方米、1200户。制定《市属国有企业深入参与长江经济带发展 加快建设山清水秀美丽之地的贯彻落实意见》，推动企业绿色发展，梨园坝煤矿、三汇二矿及杨柳坝石灰石矿退出自然保护区工作基本完成，中央环保督察组反馈意见和环保重点问题整改进展顺利。

六是国企落实城市提升行动计划作出了新贡献。适应投融资体制改革不断深化的需要，2018年实施百项重点关注项目43个，完成投资432亿元，占全市完成投资的34%。重庆交通开投集团作为项目业主的轨道交通四号线一期、轨道环线一期开通试运营，轨道交通运营里程新增49公里、累计突破300公里，主城区公交优先道运营里程达105公里。市地产集团作为项目业主的沙坪坝站、西站铁路综合交通枢纽、星光隧道、金山大道北延伸段建成投用。市城投集团作为项目业主的石马河立交二期、成渝高速中梁山隧道扩容改造如期竣工。市水务资产公司完成3万户老旧居民住宅用水提质改造工程、22项新改扩建污水厂区项目。重庆高速集团完成15座隧道品质提升、53对服务区污水整治和71万平方米路域绿化环境整治工作。

七是国企对外开放合作展现了新面貌。市属国企及西永微电园入驻企业完成外贸进出口总额2479亿元，同比增长15.1%，参加首届中国国际进口博览会签约进口协议金额约190亿元。重庆机电集团所属水轮机公司构建“1+N”EPC总包合作模式，带动水轮机设备出口近40个国家和地区。市水务资产公司所属三峰环境公司将垃圾焚烧发电设备及技术服务，出口德国、美国、印度、巴西等国家和地区。重庆对外经贸集团在非洲、东南亚等20多个国家和地区设立国际工程分支机构，海外工程新签合同份额占全市的20%以上。重庆江北机场年旅客吞吐量突破4000万人次，新增国际航线 13 条。中欧班列（重庆）突破 2000 列。重庆旅游集团与新加坡企业开展中新互联互通智慧旅游深度合作。

八是国资监管效能上了新台阶。完善国有资产监管制度，出台了《关于贯彻〈企业国有资产交易监督管理办法〉有关问题的通知》《关于加强企业国有资产评估管理有关事项的通知》《市属国有企业违规经营投资责任追究实施办法》《市属国有企业投资项目负面清单》等制度文件，扎牢国资监管制度"笼子"。运用上市公司国有股权管理信息系统，完成全市 117 户上市公司国有股东清查和信息登记。加强企业财务监督，持续开展违规转贷、违规担保专项治理。国有企业公务用车制度改革稳步推进。开展企业法治建设重点领域专项治理，将合法性审查嵌入企业"三重一大"决策程序。完成市属国企参股企业审计调查，开展小贷公司运营管理专项审计，发挥监事会作为出资人的监督作用，审计、监事会监督发现企业问题及时督促整改。

九是国企党的建设呈现了新气象。全面落实新时代党的建设总要求，统筹国企政治、思想、组织、作风、纪律建设和反腐败工作，全市国资系统不断增强"四个意识"、坚定"四个自信"、坚决做到"两个维护"，兑现市委"三个确保"政治承诺。按照市委"十破十立"要求，全面坚决肃清孙政才恶劣影响和薄熙来、王立军流毒，营造国企良好政治生态。坚持用习近平新时代中国特色社会主义思想武装党员，市国资委和市属国企开展党委会、中心组学习 1074 次。国企意识形态责任制逐步落实，加强"国资晓渝"等新媒体平台建设，树立国企改革发展良好形象。全面落实党的领导融入公司治理，全面实行"双向进入、交叉任职"领导体制，全面推行"四步工作法"。领导人员队伍建设持续推进，选拔任用国企领导人员 27 名，撤职免职有违规违纪、不担当不作为及因身体原因等履职不力的企业领导人员 5 名。推进企业人才培训培养，全系统培训各类人才 32.3 万余人次，引进本科以上各类人才 3716 名。基层组织建设扎实向好，全系统开展支部主题党日 8.4 万次、讲党课 3.2 万次，国企基层党组织"两个覆盖"质量持续提升。持之以恒落实中央八项规定实施细则及市委实施意见精神，紧紧盯住权力集中、资金密集、资源富集的领域和岗位，对腐败问题露头就打，国企腐败存量有效消减、增量得到一定遏制。全系统处置问题线索 628 件，立案 134 件，结案 131 件，给予党纪政务处分 162 人。对照中央第十一巡视组巡视重庆"回头看"反馈问题、市委巡视 4 户国企反馈问题，细化整改举措，限时整改到位。

二、发展中存在的问题

当前国企改革发展和党的建设仍面临一些突出问题，主要表现在：一是国企创新短板明显。产业、产品结构总体处于中低端，特别是工业企业大多处于传统产业，新兴产业、高科技企业较少，大数据智能化项目少，创新能力弱，企业高质量发展的新动能不足。二是部分国企混合所有制改革进度较慢。有的企业在推进混改上还存在思想认识不到位、政策掌握不精准、实招不多、对合作方把关不严、混改企业国有股权管理不到位、混改后公司治理未实质性优化等问题。三是部分企业资产负债率仍然处在高位。一些企业带息负债沉重，资金流动性紧张，面临融资渠道收窄、存量债务还本付息金额巨大的双重压力，降债压力大。四是部分企业市场化机制没有真正建立起来，活力不够。有的企业虽有现代企业制度之形，但"形似而神不似"，有些企业缺乏技术、管理等生产要素参与分配的有效机制。五是对照新时代党的建设总要求，市属国企在坚持党的领导、加强党的建设方面仍有不少差距。有的基层党组织工作质量有待提高，一些企业违反中央八项规定精神的问题禁而未绝，腐败案件时有发现，管党治党责任“上热中温下凉”现象仍然存在。

三、2019 年工作目标

2019 年国企高质量发展的主要预期目标是：全市国有企业利润同口径增长 7%，其中市国资委监管企业利润同口径增长 7% 以上；净资产收益率、国有资本保值增值率、全员劳动生产率、企业研发投入占营业收入比率、流动资产周转率稳步提升；非金融企业资产负债率降到 61% 以内。

（执笔人：隆洋）

重庆海关

重庆海关办公室

2018年，重庆海关紧紧围绕习近平总书记对重庆提出的“两点”定位、“两地”“两高”目标和营造良好政治生态，做到“四个扎实”的重要指示要求，按照党中央、国务院“将国家质量监督检验检疫总局的出入境检验检疫管理职责和队伍划入海关总署”等各项机构改革决策部署，稳步推进机构改革任务落地落实。4月20日，完成转隶组建，以重庆海关名义统一对外开展工作，一个形象、一个声音、一体执法；8月24日，新一届党组班子获海关总署党委任命；12月27日，完成处级干部集体任命，实现新设、升格和更名的隶属机构全部挂牌。同时，以机构改革为契机，全面展现新海关新气象，持续释放改革红利，助推重庆开放再上新高度。

据海关统计，2018年，重庆外贸进出口总值5222.6亿元，较2017年同期（下同）增长15.9%。其中，出口3395.3亿元，增长17.8%；进口1827.3亿元，增长12.5%。全年外贸总值继2014年的5862.1亿元峰值后，重回5000亿元规模，居西部地区第3位、全国第12位。其中，重庆加工贸易进出口2632.4亿元，增长26.9%，占同期重庆外贸总值的50.4%，比重较2017年提升4.4个百分点。

一、提前完成压缩整体通关时间目标

逐级签订压缩整体通关时间责任书，形成工作合力。全面推行一次申报和提前申报，优化放行环节，合并原关检放行岗，实现货物从申报到提离全程无纸化。主动加强与口岸、商务、物流等主管部门的沟通协作，拓展国际贸易“单一窗口”功能，实现报关单、进出境运输工具和舱单申报覆盖率100%。开发上线通关时效监控平台，实现整体通关实时监控查询和处置。2018年12月重庆口岸进出口整体通关时间比2017年分别压缩65.49%和93.78%，超额完成压缩三分之一年度工作任务。

二、严厉打击“洋垃圾”走私

坚决落实习近平总书记关于严禁洋垃圾进境的重要批示指示精神，始终保持打击“洋垃圾”走私的高压态势。结合关区实际，坚持“专项 + 联合”，突出“重点 + 全面”，深入构建“防控、监管、打击”三位一体的海关反走私工作体系。全年立案调查 9 起涉及固体废物类案件，退运禁限制类货物 27.5 吨，查获国家禁止进口固体废物 200 吨。侦办 2 起走私疫区冻品案，案值约 1 亿元，查证走私冻品 3600 吨。同时，持续推进固体废物进口管理制度改革，严格注册登记管理，加大装运前检验证书核查力度，严格口岸检验检疫，进口废物原料批次和重量同比分别下降 97.65% 和 97.21%。

三、全力推进自贸试验区建设

出台第二批 16 项支持举措，基本形成“投资贸易便利、监管高效便捷”的海关监管制度框架。创新“四自一简”监管制度。简化业务核准手续，减少企业核销工作量及时间约 2/3，被国务院纳入自贸试验区第四批改革试点经验复制推广，并被国务院办公厅作为地方优化营商环境的典型做法予以表彰。创新自贸试验区海关“两仓”监管制度。出入仓申请系统自动核准率达 95% 以上，企业报关成本降低 90% 以上。此外，飞机保税融资租赁首单落地，全球维修业务在特殊监管区域实现突破，以企业为单元集中、智能化管理的关区“一保通用”模式完全建立，第二批 6 项关税支持自贸政策举措已全面落地。

四、全方位助推国际贸易大通道建设

一是支持中欧班列（重庆）开行持续增长。在全国海关率先开展“关铁通”中哈合作试点，企业物流成本降低一半以上。推动中欧班列（重庆）在全国率先实现铁路承运国际邮包双向运输。全年中欧班列（重庆）双向运行 1337 班次，运载 11.08 万标箱，同比分别增长 1.1 倍和 1 倍。二是支持国际陆海贸易新通道加速构建。积极争取海关总署支持，推动中新（新加坡）海关关际合作，助推南向通道班列常态化运行。全年共监管班列 604 趟次、集装箱 9044 标箱；监管重庆—东盟“五定”班车 253 车次，进出口总值 1.43 亿元，同比分别增长 743.3%、1359.2%。三是支持国际航空货运通道建设全面提速。全力支持内陆地区国际航空门户和枢纽建设，率先开展国际航班境内续驶段混载业务试点。目前，重庆已开通国际（地区）航线 83 条，其中客运航线 60 条，货运航线 23 条，通航国家 23 个。

五、全面推动提效降费惠及企业

一是口岸收费清理工作成效显著。全面停征所有出入境检验检疫行政事业性收费，检疫处理相关业务收费降低 10%，进口废纸检疫处理收费降低 50%；通过整合项目申报，报关报检代理费降低约三分之一；实施“查检合一”，查验代理费降低约一半；实施作业场所整合和作业流程优化，企业物流成本降低 200~500 元 / 车。二是加大进出口环节监管证件联网核查力度。通关环节 46 种证件，除 4 种因保密等特殊情况外，其余 42 种已全部实现电子联网，并实现数据自动比对验核。三是大力支持免除查验没有问题外贸企业吊装移位仓储费用扩大试点工作。全年，累计为企业免除吊装移位仓储费 230.23 万元。四是有效降低企业通关时间成本。上线“互联网 + 海关”一体化网上办事平台，在江北国际机场空运口岸推行货物“即到即查即放”的基础上，其余口岸全面实行 7×24 小时通关机制。

六、全力以赴促进内陆开放

支持优化外贸营商环境。及时推出《重庆海关优化口岸营商环境促进跨境贸易便利化十六项工作举措》。积极主动建言献策。加强外贸走势分析和趋势研判，全年累计向市政府报送外贸分析报告 20 余篇次，提供数据服务 300 余次。稳步推进开放平台建设。助推江津综合保税区、西永综合保税区二期通过验收，支持涪陵综合保税区、果园 B 保获批准设立，为重庆建设内陆开放高地再添新引擎。切实落实降税和税收优惠政策。搭建降税商品分析参数模块，加强日常监控和降税政策情况跟踪。多途径宣传降税政策，确保企业充分享受降税政策红利。全年审核减免税款 8.74 亿元人民币。

七、主动创新服务举措

支持中欧班列（重庆）成功从果园港始发和中欧班列运邮班列首次成功回程，成功助推“陆海新通道”实现首趟冷链专列运输、进口整车通过“陆海新通道”自钦州港北上进入重庆和国际铁路联运（重庆—河内）班列双向测试。印发《重庆海关开通农副产品快速通关“绿色通道”工作方案》，推出原产地证书签发“即报即签”“快报快签”模式，为广大进出口企业带来极大便利。实施“多证合一”“多报合一”改革，参与企业占我关注册企业的 76.62%。实施进口食品化妆品许可单证联网核查，按总署授权扩大进境食品检疫审批终审权产品目录，实现让“数据多跑腿、企业少跑路”。探索开展追溯管理、异地监管、联动核销等 CCC 免办样品监管服务新举措，增加企业改革获得感，被国务院服务贸易发展部际联席会议宣传推广。

八、维护国门公共安全卓有成效

加强传染病监测防控。全年共检出有症状体征人员 414 人次，确诊传染病 110 例，检出重庆口岸首例输入性基孔肯雅热、诺如病毒和沙门氏菌病原体，迅速有效处置 2 起由诺如病毒感染引起的入境航班群体性腹泻口岸突发公共卫生事件，截获蚊、蝇等输入性病媒 14 种 21 批次。维护国门生物安全。加强非洲猪瘟疫情防控，先后在旅检、邮递渠道截获 6 批次来自非洲猪瘟疫区的禁止进境猪肉制品，口岸防控工作受到国务院非洲猪瘟疫情防控专项督查组肯定。全年共截获各类进境植物疫情 219 种类、365 种次，其中关区首次截获的有 58 种次。加强进出口商品安全管理。筹建国家进出口商品质量安全风险评估西部中心和国家质量安全风险验证评价西部实验室；首次启动缺陷商品召回，全国范围内召回 7040 件缺陷商品。商品安全监测抽查总量列全国第三，全年监管进出口食品化妆品 18368 货物批，货值 2.99 亿美元。

2019 年，重庆海关将深入学习贯彻习近平新时代中国特色社会主义思想和党的十九大精神，切实落实全国海关工作会议精神，按照市委、市政府的总体工作部署，以推动陆海联运新通道建设、促进海关特殊监管区高水平开放高质量发展为重点，全力支持重庆深度融入“一带一路”和长江经济带建设大局、深入实施内陆开放高地建设行动计划，在西部内陆地区带头开放、带动开放。

（执笔人：马正玲）

市场监管

重庆市市场监督管理局

一、2018年工作回顾

2018年，全市市场监管系统坚持以习近平新时代中国特色社会主义思想为指引，认真贯彻落实习近平总书记关于市场监管重要论述，紧紧围绕习近平总书记对重庆提出的“两点”定位、“两地”“两高”目标和营造良好政治生态、做到“四个扎实”的重要指示要求，积极改革创新，主动担当作为，各项工作取得明显成效。

（一）深学笃用习近平新时代中国特色社会主义思想

全系统带着感情学、全面系统学、及时跟进学、联系实际学，邀请市委宣讲团成员开展专题宣讲，举办干部职工集中轮训和基层党组织书记专题培训，推动领导干部带头学，带动各级干部深入学。坚持把学习贯彻习近平新时代中国特色社会主义思想作为党组会、中心组学习会、民主生活会、组织生活会、述责述廉、考核评议等首要内容，经常对标对表，及时查偏纠错，全系统“四个意识”明显增强、“四个自信”更加坚定、“两个维护”更加坚决。

（二）安全形势平稳可控

认真落实“四个最严”要求，扎实开展安全隐患大排查大整治大执法大督查行动，食品药品、工业产品质量、特种设备安全风险防控有效，舆情研判、引导、化解有序，守住了不发生系统性、区域性安全事件的底线。国家食品安全示范城市创建稳步推进，检查食品药品企业44万户次；抽查工业产品1.5万批次；检查特种设备生产使用单位7905家次，检查特种设备4.8万台，排除整改风险隐患1.12万个。

（三）市场环境持续向好

商事制度改革纵深推进，实现“三十一证合

一”和注册登记全程电子化，全面推开行政审批事项“证照分离”改革，企业开办时间减至3个工作日内。2018年，新设立市场主体41.18万户，创历史新高，总量突破250万户。实施企业简易注销改革，6.41万户企业退出市场。工业产品生产许可由38类减至24类。落实公平竞争审查制度，加大对公用企业限制竞争、商业贿赂等行为的打击力度。严肃查处涉企收费价格违法行为，转供电价政策执行情况全国名列前茅。强化水电气等重点领域合同格式条款监管。受理消费咨询投诉举报35万件，挽回消费者经济损失1.5亿元。加强广告监管，广告违法率保持全国低位。全系统共查办各类违法案件1.4万件，罚没金额2亿元。

（四）质量提升稳步推进

质量强市战略有效实施，省级政府质量工作考核结果居全国第六，获得争创中国质量奖1个，培育市长质量管理奖5个，创建全国质量强市示范城市1个、知名品牌示范区1个，制造业质量竞争力指数居全国第八、连续13年居西部第一。质量基础设施有效增强，新建社会公用计量标准26项，制定地方计量技术规范8个；推动制修订国际标准25项、国家和行业标准65项，发布地方标准58项，国家技术标准创新基地（重庆）基本建成；1029家企业获1.3万张3C证书，居西部首位；国家级检测中心达19个，国家检验检测高技术服务业聚集区获批筹建；国家质检基地初步建成，累计完成投资17亿元。知识产权战略有效开展，新增注册商标8.75万件、专利申请7.21万件、专利授权4.57万件。

（五）监管机制日益完善

建成“双随机、一公开”综合监管平台，实现“全域推广、进一次门、查多项事”。持续加强信用监管，依法将9.06万户企业列入经营异常名录。坚持大数据智能化引领，统筹建设市场秩序协同监管、特种设备安全监管、食品药品安全监管等信息化平台，防控风险、服务民生、辅助决策等能力进一步增强，监管执法成本进一步降低。实施“四新”经济审慎包容监管，探索自贸区事中事后监管改革，创新产业聚集区社会共治监管机制。

（六）服务发展成效明显

出台服务民营经济发展20条措施；优化微企支持政策，新发展微企6.43万户，解决就业28.14万人；扎实推进小个专非公党建和市场服务行业社会组织党建工作，党员“三亮”案例获评第四届全国基层党建创新优秀案例。做深做实职能扶贫和对口扶贫，投入专项资金，培育农民专业合作社户和家庭农场。深入开展扫黑除恶专项斗争，集中实施打击传销、违法会销等行动，打击传销工作连续居全国综合治理考核第一名。

（七）基础保障更加坚实

全面从严治党不断强化，严格执行党建工作目标考核、党支部书记抓党建工作述职等制度，对标对表开展巡视反馈意见整改，扎实推进“兴转促”行动，认真落实意识形态工作责任制。严肃监督执纪问责和监督调查处置。法治建设不断深化，落实行政执法“三项制度”，推进标准化、消费者权益保护等地方性立法工作，加强规范性文件合法性审查。突出提升干部能力，举办专题培训。政务运转、宣传思想、文化建设、财务管理、后勤保障、离退休干部、工青妇、协会学会等工作全面加强。

按照中央和市委关于机构改革的统一部署，2018年开始进行省级机构改革。10月26日，重庆市市场监督管理局正式挂牌成立，将市工商行政管理局、市质量技术监督局、市食品药品监督管理局的职责，以及市物价局的价格监督检查与反垄断执法职责，市商务委员会的有关反垄断职责整合，组建市市场监督管理局，作为市政府直属机构。市食品安全委员会的具体工作由重庆市市场监督管理局承担。不再保留市工商行政管理局、市质量技术监督局、市食品药品监督管理局。同时组建市药品监督管理局、市知识产权局作为市市场监督管理局的部门管理机构。

二、2019 年市场监管重点任务

2019 年是新中国成立 70 周年，是决胜全面建成小康社会关键之年。市市场监管局着眼未来 3—5 年发展，初步形成了今后一个时期全市市场监管“113661”工作思路：以习近平新时代中国特色社会主义思想为根本遵循，坚持稳中求进工作总基调，强化依法监管、开门监管、智慧监管三大理念，明确严守食品药品、工业产品质量、特种设备安全底线和营造良好市场准入、市场竞争、市场消费环境六大职责任务，在强队伍、牢基础、保安全、推改革、促发展、惠民生六个方面下功夫，把全面加强党的建设作为一切工作的根本保证，奋力开创新时代市场监管工作新局面。

2019 年，全市市场监管系统以习近平新时代中国特色社会主义思想为指导，深入贯彻党的十九大和十九届二中、三中全会精神，全面学习贯彻习近平总书记对重庆提出的“两点”定位、“两地”“两高”目标、发挥“三个作用”和营造良好政治生态的重要指示要求，坚持以人民为中心，落实新发展理念，深化市场化改革，推动高质量发展，创造高品质生活，以新担当、新作为服务改革发展稳定大局，以优异成绩庆祝中华人民共和国成立 70 周年。

（一）防范化解重大风险

认真贯彻落实习近平总书记关于防范化解重大风险的重要讲话精神，做实做深做细防范化解重大风险各项工作。强化食品药品安全监管，对标对表细化措施，开展乳制品、肉制品、保健食品、餐饮、农村食品安全治理，强化校园食品安全守护，开展食品生产加工小作坊、食品摊贩整治提升行动，强力推进“明厨亮灶”餐饮提升工程和农贸市场、超市食品安全规范化标准化建设。有序推进国家食品安全示范城市创建工作。强化工业产品质量安全监管，做好产品质量监督抽查、跟踪监测、风险研判工作，落实缺陷产品召回制度，建立健全产品质量安全事故强制报告、重大事故调查制度。制定实施重点产品监管目录，加强日用消费品、新兴消费品重点抽查，开展儿童玩具、电线电缆等专项整治。加强认证产品、获证企业和认证机构联动监管。强化特种设备安全监管，落实风险管理和隐患排查治理双控机制，深化危险化学品相关特种设备等专项整治，开展电梯门联锁失效、大型游乐设施乘客束缚装置等隐患排查治理，加大生产单位和检验检测机构监督抽查力度。完善电梯监管体系，修订电梯生产企业黑名单制度，开展按需维保改革试点，探索“互联网 +”等新模式。同时做好涉众型经济违法领域、意识形态、舆情、全系统工作运行等风险防范化解工作。

（二）高质量完成机构改革

持续深化市局机关改革、区县局改革、综合行政执法改革和事业单位改革。进一步理顺工作关系，厘清职责边界，健全工作机制，加强各业务板块统筹管理，加快实现全市市场监管组织体系和责任体系全覆盖；建立健全市药监局、市知识产权局对区县局有关工作的统筹指导机制；协调处理好市场监管部门统一监管与属地责任、相关部门分工负责的关系。强化改革统筹协调，指导区县局做好机构编制、干部人事、办公场所、资产划转等工作，积极争取地方党委、政府支持，及时研究解决具体问题，共同推进改革。狠抓监管执法队伍规范化建设，推动执法力量和资源向基层倾斜，打造一批市场监管示范所。推进事业单位改革，优化职能和人员结构，整合局属事业单位技术力量，推动技术资源优化配置、统一管理和融合发展。

（三）深化商事制度改革

围绕激发市场主体活力，在市场准入、审批许可等方面着力优化营商环境。促进企业准入改革，推行“全渝通办”，开展“减证便民”行动，推进“证照分离”改革，全面推行企业名称自主申报，加速建设企业开办和注销网上服务平台，进一步提升企业开办、注销便利度，实现准入、准营、退出同步提速。加快产品准入改革，将工业产品生产许可证管理目录从 24 类减至 15 类以下，对取消许可涉及健康、安全的产品转为强制性认证，食品经营许可、化妆品生产许可等 15 项审批时限压缩三分之一。强化审批审查改革，特种设备行政许可审批时限减至 20 个工作日，计量行政许可审批时限减至 10 个工作日，强检计量器具检定时限减至 15 个工作日，企业计量建标考评时限减至 60 个工作日，检验检测机构资质认定审批时限减至 22 个工作日，商标注册审查周期减至 5 个月以内。开展大型游乐设施安全监管“两取消、两转变、一推行”试点。

（四）推动高质量发展

推进质量强市战略，加强政府质量奖重点企业培育，促进质量技术基础协同服务。实施标准化战略，加快推动高质量发展的标准体系研究，完善标准制定、实施、监督机制，建立健全重点领域标准。推进标准联通共建“一带一路”行动计划，积极筹建长江经济带生态文明标准化研究中心，加强生态绿色地方标准制定。夯实计量技术基础，加强医用计量设备、水电气民用“三表”等重点计量器具检定和监管工作，制修订 10 项国家及地方计量技术规范，推动计量军民融合发展。完善认证认可和检验检测体系，抓牢抓实认证“双提升”行动，着力整治认证乱象，加快推进检验检测机构市场化社会化改革，培育和规范检验检测认证市场，开展高端品质认证。加强知识产权保护和运用工作，推行高质量发展。

（五）加大竞争执法力度

强化横向协同和综合治理，抓好重点领域违法行为查处，开展综合执法专项行动。落实公平竞争审查制度，探索建立第三方评估机制，构建竞争政策与产业政策协调机制，促进产业政策由差异化、选择性转向普惠化、功能性。加强“双反”执法，聚焦公用事业、金融等领域，大力查处垄断协议和滥用市场支配地位行为。开展涉企收费、电力、铁路运输、教育、医药等重点领域和民生价费热点专项整治，严厉打击价格欺诈、哄抬价格、违法违规收费等行为。加强重点领域监管，落实《电子商务法》，强化网络交易平台等电商主体的规范管理工作，开展“网剑”专项行动，做好网络市场监测研判，建设网络市场信用体系。强化广告宣传导向监管，完善广告监测机制，传统媒体广告违法率控制在 1% 以内。优化查处无证无照经营工作机制。强化直销企业监管，加大传销监测和查处力度，深化“双打”、扫黑除恶专项斗争。深化情报中心建设，加强违法行为监测研判。

（六）加强消费者权益保护

完善消费维权渠道，加快维权热线“五合

一”工作，建立集民意收集、舆情监控、风险研判、效能监督于一体的投诉举报平台。健全消费维权机制，抓好消费投诉信息公示，分析应用消费者诉求大数据，提升消费者满意度指数。深化 12315“五进”建设，推进线下无理由退货制度试点。开展新兴消费领域比较试验和调查评价。抓好放心消费创建活动，促进消费维权社会共治。加大消费维权力度，围绕百姓“舌尖上的安全”、虚假认证乱象等开展假冒伪劣整治行动。加强商品交易市场规范管理和重点领域格式条款监管。推进消费维权和市场监管执法联动，大力查办消费欺诈、霸王条款等行为。

（七）提升服务发展水平

推动民营经济、中小企业健康发展，落细落实服务民营经济发展 20 条措施，提高企业开办效率，降低企业经营成本，加大企业培训力度，积极为企业培养质量领军人才和专业技术人才创造条件。构建亲清政商关系，推动企业家参与涉企政策制定，建立走访企业制度。对重点企业、新兴技术企业予以“一企一策”支持。统筹推进脱贫攻坚和乡村振兴，贯彻落实习近平总书记在解决“两不愁三保障”突出问题座谈会上的重要讲话精神，紧扣职能扶贫和对口扶贫，在培育农村市场主体、壮大农村集体经济、推进农业标准化建设、发展农业品牌、整治农村市场环境等方面下功夫，在“访深贫、促整改、督攻坚”活动中见实效。促进医药食品产业转型升级，深化药品医疗器械审评审批制度改革，支持药品研发创新，持续推进仿制药质量和疗效一致性评价。推动建立完善食品行业（企业）标准和规范化操作流程，鼓励支持具有重庆特色的食品行业（企业）做大做强。提升技术服务能力，抓好国家质检基地建设和运营，争取国家智能网联汽车质检中心、国家汽车摩托车发动机产业计量测试中心获批筹建。加强北斗导航产品检测院士工作站、国家时间频率计量中心重庆应用中心建设。协同推进国家检验检测高技术服务业集聚区建设，引导形成规模化、专业化检验检测认证机构集群，深化对重庆科学城建设的检测技术支撑。扎实做好以婴幼儿、学生服装为重点的纤维及其制品的检验和监管工作。加强药品检验检测、审评审批、审核查验、监测评价等技术支撑机构能力建设。

（八）完善新型监管机制

落实“双随机、一公开”要求，在市场监管领域全面推行部门联合“双随机、一公开”监管。完成双随机抽查全流程整合，推动“一单两库”和工作平台建设，确保全系统“双随机、一公开”抽查市场主体比例超过 5%，抽查检查结果公示 100%。提升重点监管效能，强化大数据分析运用，实施点穴、机动抽查，提高问题多发地域、行业及失信企业抽查比例频次，对风险较高的抽查事项开展定向抽查。完善信用监管机制，深化“一库一网”建设，加强涉企信息归集共享，实现全系统行政处罚信息记于企业名下 100%、公示 100%。加强市场主体年报公示工作，确保企业年报率超过 85%。完善信用约束和失信联合惩戒机制，抓好市场主体强制退出工作。探索市场主体信用风险分类监管。深化自贸区事中事后监管创新。加快智慧监管建设，研究制定智慧监管规划，整合政务服务、监管执法、综合管理和技术支撑功能板块，提升事前事中事后监管预判和处置能力，以智慧监管推进精准监管、审慎监管和公平监管。

（九）加强法规制度建设

推进地方性法规立改废释，加快研究制定工作规划和年度计划，根据轻重缓急，推动一批以特种设备安全监察条例、标准化条例、消费者权益保护条例等为重点的地方立法工作，全面清理市场监管规范性文件。严格执法，全面推行行政执法“三项制度”。建立核审人员数据库，严格核审人员资格制度。做好重大复杂案件查处和跨区域执法的组织协调。强化执法监督，加强行政复议和应诉工作，开展案卷评查，提高行政处罚案件和行政许可质量。大力普法，抓好新法新规学习培训，创新普法方式和载体。

（十）强化市场监管保障

加强领导指导，抓好规划编制、政策制定、业务指导、干部培训、督促检查等工作。加强统筹协调，建立健全相关业务领域形势研判、问题会商、政策沟通、协同监管等工作机制；坚持上下联动，打通准入、生产、流通、消费等监管环节；发挥市级部门联席会议制度作用，协调推动重大改革任务和政策措施的贯彻落实。加强审计巡察工作，建立健全工作制度机制，研究制定工作计划并有序有效实施；抓好审计、巡察发现问题整改，促进预算执行，提高资金绩效，注重风险管控，推动建章立制。加强舆论宣传和引导，为做好市场监管工作营造良好氛围。加强基础支撑，建立健全市场监管综合统计体系，开展市场监管理论研究和市场环境形势分析。启动“十四五”规划前期工作。促进研究院所、检验检测机构、培训学校、协会学会等机构的能力建设。

（执笔人：王震宇）

林业管理

重庆市林业管理局

一、2018年发展回顾

（一）大力推进国土绿化提升行动

研究制定《重庆市国土绿化提升行动实施方案（2018—2020年）》，从2018年起用3年时间完成营造林任务1700万亩，实现到2022年全市森林覆盖率提高到55%左右、基本建成长江上游重要生态屏障的工作目标。提请市政府分管领导3次召开专题会议推动相关工作，代表市政府与区县政府签订了3年国土绿化目标责任书，指导区县编制国土绿化总体规划和年度实施方案，与市发展改革委等5部门研商下发营造林技术和管理指导意见，开展国土绿化提升“春季大行动”和“秋冬季百日大会战”。研究制定工程实施检查验收及考核办法，建立月通报、季检查、后进约谈以及严格实绩考核的工作机制。局领导分片对区县国土绿化提升行动进行广泛调研、督导，协调解决推进过程中的困难和问题。依托退耕还林、石漠化综合治理、三峡后续植被恢复等重点工程，加快推进城乡绿化一体化，2018年完成营造林640万亩，超年初570万亩目标任务12.3%，占三年1700万亩目标任务的37.6%，取得头年首胜。其中实施退耕还林156万亩，“压舱石”作用凸显。营造特色经济林175.7万亩，占新造林面积的71.2%，主要造林树种林木良种使用率达68%，为农业产业结构调整和脱贫攻坚提供了重要支撑。积极探索“互联网+全民义务植树”基地建设，照母山森林公园成为我市首个“互联网+全民义务植树”基地，全市累计参加义务植树1791.8万人次，植树7527.6万株。全市森林覆盖率提高到48.3%。

（二）持续加大资源保护力度

划定并严守林地、森林和湿地三条红线。实行林地用途管制和差别化管理，从严管控自然保护区、湿地保护区、森林公园、湿地公园、国有林场、主城“四山”等重点区域。印发《关于进一步加强林木采伐管理工作的通知》《关于加强木材经营加工监督管理工作的通知》，严格森林采伐限额和采伐许可管理，全面停止天然林商业性采伐。组织开展2018年度林地变更调查工作、森林督查工作，推进实施国家级公益林落界，将公益林落实到山头地块，全面落实4505万亩公益林管护责任。开展野生动植物保护和野猪非洲猪瘟监测防控，严厉打击涉林违法犯罪，侦破查处森林和野生动物案件2819起，打击处理各类违法犯罪嫌疑人3239人，收缴林木/木材1458.9立方米、野生动物8846只（头）。强化森林防火宣传教育、火源管控、预警监测、隐患排查、设施建设、科学扑救，2018年全市共发生森林火灾13起，没有发生重大森林火灾和人员伤亡事故。提请市政府成立由分管副市长任指挥长的重庆市重大林业有害生物防控指挥部，召开全市重大林业有害生物防控工作电视电话会议，与区县政府签订松材线虫病疫情三年防控目标任务书，持续加大防控投入，在全面深入“秋普”的基础上，开展以疫木清理除治为核心、疫木源头管理为根本的“百日攻坚”行动，林业有害生物新发生成灾率控制在3‰以下。

（三）发展壮大生态扶贫特色产业

完成重庆市林业产业发展规划（修编）和笋竹、木本油料、林下经济、森林旅游、森林康养5个专项规划，着力推进木本油料、笋竹、林下经济、森林旅游、森林康养、林产品加工贸易六大林业主导产业。新增笋竹和特色经济林130余万亩，累计建成笋竹基地423万亩、木本油料基地202万亩、中药材基地122万亩、花椒基地142万亩、林下经济510万亩、柑橘等水果636万亩、苗木花卉基地40万亩，生产供应苗木4.5亿株，生产花椒、林果、竹笋等初级林产品330多万吨。出台意见大力推进林旅深度融合发展助推打造旅游发展升级版，累计发展森林人家3300余家，仅7—8月进入我市林区纳凉避暑共达2600多万人次。提请市政府与中林集团签署战略合作协议，市林业局与中林集团签署《重庆市林业投资开发有限责任公司增资扩股协议》，共同推进重庆市国家储备林及林业生态扶贫等林业重点领域发展。争取国家林草局同意将我市500万亩国家储备林基地项目建设规模纳入全国总体规划，支持2019年启动实施。促成中国西部木材贸易港正式落地巴南区，中林集团重庆公司进港木材150万立方米，较2017年增长130%。大力扶持民营经济发展，走访民营企业34家，出台《重庆市林业局关于支持民营经济发展的实施意见》，落实涉林企业贴息贷款6.6亿元，全年林业产业总产值达到1260亿元。2018年对14个国家贫困区县安排的市级及以上的林业投入占全市的比重超过60%，其中落实18个深度贫困乡镇林业扶持项目129项、市以上补助资金1.89亿元，从14个国贫区县建档立卡贫困人口中选用生态护林员1.85万名，人均年管护费超过5000元。

（四）不断激发林业改革活力

提请市政府印发实施《重庆市实施横向生态补偿提高森林覆盖率工作方案（试行）》，推动形成各区县共同担责、共建共享的国土绿化新格局，获得国家林草局肯定。扎实推进国有林场改革，完成国有林场改革市级验收，全市国有林场改革主要任务全面完成，改革成效初显，国有林场经营管理森林面积较改革前增加26.6万亩，森林蓄积增加383万立方米。深化集体林权制度改革，认真落实市政府办公厅《关于印发重庆市完善集体林权制度实施方案的通知》，全市38个区县政府制订了完善集体林权制度具体实施方案。完成国家综合治理目标考核，加强集体林地承包经营纠纷调处，共调处纠纷 147 件，调处率 100%。积极稳妥推进农村林业“三变”改革试点，有 21 个区县确定了改革试点村，林地入股面积达 7 万余亩，入股户数 6043 户，人均增收 793 元。印发《关于进一步放活集体林经营权的通知》，促进乡村振兴，全市林地流转面积 692.2 万亩，比上年增长 10.5%，流转金额 31.66 亿元，新型经营主体达 1 万余家。积极探索森林保险改革创新，重庆人保公司在大足区创新试点“森林保险 + 支农融资”模式，发放融资款 500 万元。全市森林保险投保面积 4788 万亩，保险金额 383 亿元，公益林森林保险实现全覆盖。研究提出《林长（山长）制试点方案》，指导南岸区、渝北区启动探索建立山长制试点。开展重点生态区位非国有商品林赎买试点，武隆区、石柱县完成 3007 亩赎买任务，林农亩均受益 989 元。开展集体林业综合改革试验示范，实验区县由 6 个扩大到 14 个。南川区开展集体林地家庭承包经营权有偿退出试点，119 户村民签订林地退出协议，退出林地面积 658 亩，林农获得流转费 501 万元。创新提出《建立市场化生态补偿机制实现林地占补平衡的工作方案（试行）》，拟通过市场化购买等量的生态价值量，实现林地生态价值占补平衡。积极推进国家公园体制建设试点，完成并向市委、市政府上报了《三峡国家公园（重庆）可行性论证报告》。深化林业投融资体制改革，争取国开行授信 150 亿元建设国家储备林。

二、发展中存在的问题

一是林业产业化程度不高，林业产业社会化服务体系不够健全。二是协调生态保护与保障民生面临一些矛盾问题，退耕还林任务落地较难，造林补助标准偏低，退耕还林颁发林权证前农户继续享受耕地地力补助政策不够明确，一些地方任务完成不理想。三是林业改革创新体制机制还不健全，改革创新意识还不够，部分改革任务推进较为缓慢。

三、2019 年发展目标

2019 年，全市林业工作将持续深入学习贯彻习近平新时代中国特色社会主义思想和党的十九大精神，全面落实习近平总书记对重庆提出的“两点”定位、“两地”“两高”目标、发挥“三个作用”和营造良好政治生态的重要指示要求，学好用好绿水青山就是金山银山的“两山论”，走深走实产业生态化、生态产业化的“两化路”，全力推进全市林业高质量发展，力争实施营造林 600 万亩以上，全市森林覆盖率达到 50% 左右，全市林业产业总产值达到 1400 亿元，为建设长江上游重要生态屏障，把重庆建成山清水秀美丽之地夯实基础。

（执笔人：何龙）

药品管理

重庆市药品监督管理局

一、2018 年发展回顾

（一）概况

2018 年 10 月，根据党中央、国务院批准的《重庆市机构改革方案》，在原市食品药品监督管理局的基础上，剥离食品监管职能，组建市药品监督管理局，作为市政府部门管理机构，由市市场监督管理局负责管理。根据国家药品监管局“三定”规定，市药品监督管理局主要负责药品、医疗器械和化妆品生产环节的许可、检查和处罚，以及药品批发许可、零售连锁总部许可、互联网销售第三方平台备案及检查和处罚。药品零售、医疗器械经营的许可、检查和处罚，以及化妆品经营和药品、医疗器械使用环节质量的检查和处罚由区县市场监管部门负责。2018 年，市药品监督管理局全面落实党中央、国务院的决策部署和市委、市政府的工作要求，切实树牢“四个意识”，坚持“四个自信”，坚决做到“两个维护”，严格落实“四个最严”要求，坚持抓基层打基础，抓监管保安全，抓改革促发展，全市药品安全形势总体平稳可控。

（二）加强药品安全风险管控

2018 年，市药品监督管理局坚持以人民为中心的发展理念，主动融入市委、市政府“三大攻坚战”和“八项行动计划”，着力打好防范化解药品安全重大风险攻坚战，持续开展药品安全风险隐患大排查大整治大执法大督查“四大行动”，排查药品生产经营使用单位 35719 个，排查风险隐患 6275 个，建立风险隐患清单，逐一开展分析研判和处置。开展产品质量抽验，全年共抽验药品、医疗器械、化妆品 11337 批次，发现不合格产品 329 批次并 100% 地完成核查处置。探索开展药品、医疗器械、化妆品风险监测 409 批次。强化药品、医疗器械、化妆品不良反应（事件）监测，落实企业不良反应报告主体责任，全年共收到不良反应报告 42641 份，通过监测数据分析，及时提出风险信号。

（三）严格药品安全监管

2018 年，市药品监督管理局以检查、检验、监测三大技术手段相互支撑，强化对全市药品、医疗器械、化妆品从生产源头到流通使用全过程监管。强力推进检验检测基础设施建设，着力提升技术监督能力和水平。根据投诉举报、产品抽验不合格等线索，飞行检查药品、医疗器械、化妆品生产经营企业 109 家次，依法收回 GMP 证书 7 家，撤销和收回药品 GSP 认证证书 15 张，查实并处理 7 家医疗器械生产企业、4 家经营企业的严重违法违规行为，确保我市地产药品、医疗器械、化妆品质量安全。强化疫苗监管，按照每年度不少于 4 次的频率，对辖区内境外疫苗代理机构、疫苗配送企业和区域仓储企业执行药品 GSP 情况开展现场检查。组织开展特殊药品专项检查、中药饮片质量集中整治、无菌和植入类医疗器械监督检查、化妆品市场安全专项治理、网络销售化妆品等集中整治行动，着力解决突出问题，牢牢守住药品安全底线。

（四）严厉打击药品安全违法犯罪

2018 年，市药品监督管理局建立健全了市、区县、乡镇（街道）案件分级查办、线索归集分办、重大专案督办等多项制度，形成一线情报“收得上来”、有用线索“传得下去”、案件查办“动得起来”的药品安全“大稽查”格局。严格落实“处罚到人”规定，全年执行“处罚到人”14 件。强化行刑衔接，全年共查处药品、医疗器械、化妆品一般程序案件 1925 件，查获货值金额大、涉及面广、社会影响较大的案件 88 件，移送公安机关查处 79 件，有力震慑药品安全违法犯罪。

（五）深化改革助推高质量发展

2018 年，市药品监督管理局深入推进“放管服”改革，26 项行政许可纳入“全渝通办”。创新特殊药品“关联审批”模式，简化缩短企业办事流程。制定出台第二类医疗器械注册事权划分及程序，全市 10 家企业 78 个产品纳入优先快速审评审批通道，体系豁免 6 家企业 23 个产品。积极推动“证照分离”改革试点，全面部署和推进涉及药品行政审批的改革事项 18 项。积极争取增加非批签发管理生物制品通关及检验授权，国务院发布《关于支持自由贸易试验区深化改革创新若干措施的通知》，支持重庆设立首次进口药品和生物制品口岸，此项工作迈出实质性步伐。进口非特殊用途化妆品备案工作顺利从试点推向全面实施。深化药品医疗器械审评审批制度改革，牵头起草了《关于深化审评审批制度改革鼓励药品医疗器械创新的实施意见》并报市委办公厅、市政府办公厅联合印发。加快推进仿制药质量和疗效一致性评价，全市 6 个品种 10 个批文已通过仿制药一致性评价，通过数量位列全国第五。公开发布《重庆市医疗机构应用传统工艺配制中药制剂备案管理实施细则》并完成传统中药制剂备案信息平台建设。率先在省级区域内实施零售药店试行凭电子处方销售处方药、药品经营企业首营资料电子化等改革。在全国率先实施药品经营企业跨区设库、多仓协同、仓库共享等改革，全市 22 家企业享受政策红利。支持和鼓励第三方药品物流发展，全市 5 家第三方药品物流企业，共接受 92 家市内企业和 21 家市外企业入驻。积极助推药物临床试验机构建设，机构数从 7 家增加到 19 家，生物等效性实验室实现零的突破，增加到 8 家。积极争取创新医药器械快速审评审批，医用多孔钽材料和人工辅助心脏产品被纳入“创新医疗器械特别审批程序”绿色通道。大力推进智慧监管，运用执法系统办理各类执法案件16253件，运用日常监管系统开展各类检查94781次，运用许可审批系统办理各类许可审批事项194087件，数据中心收录监管基础数据近40万条，安全风险管控平台被国家药品监督管理局评为“智慧监管典型案例”。

（六）全力推动社会共治

2018年，市药品监督管理局依托市、区县两级食品药品安全委员会平台，认真落实部门协调联动机制，推动相关部门齐抓共管药品安全。积极开展“药品安全宣传月”、药品宣传“五进”、“5·25”护肤日宣传、“12331”宣传日等宣传活动，利用官网、官微、头条号、微信公众号等媒介，大力宣传药品监管工作，普及药品安全知识，不断提高药品安全宣传的到达率、阅读率、点击率，引导公众广泛参与，构建共识共治共享新格局。充分发挥“12331”投诉举报主渠道作用，全年共接收投诉举报40663件，同比增长39%，按时办结率100%，有效维护消费者合法权益，净化药品市场环境。

二、2019年发展目标

以习近平新时代中国特色社会主义思想为指导，深入贯彻党的十九大精神、习近平总书记视察重庆重要讲话精神和关于药品安全的重要指示批示精神，认真落实“四个最严”要求，坚持稳中求进的工作总基调，践行新发展理念，以强化药品全生命周期管理为重点，以推进监管科学发展为抓手，抓改革、保安全、提质量、强基础、惠民生、促发展，完善监管体制机制，创新监管方式方法，强化风险治理和责任落实，提高药品监管的科学化、法治化、规范化、精细化、信息化水平，推动社会共治共享，切实保障人民群众用药安全有效，推动新时代药品监管事业长足发展，以优异成绩迎接新中国成立70周年。

围绕深入贯彻习近平总书记关于药品安全的重要指示批示精神，市药监局党组根据市委、市政府要求和市市场监管局统一部署，集思广益、深入调研，梳理形成了药品监管“12341”的工作思路：以习近平新时代中国特色社会主义思想和习近平总书记关于药品安全工作的重要指示批示为根本遵循，以“牢牢守住药品安全底线、促进药品高质量发展高线”为目标，夯实“法治建设、能力建设、社会共治”三个支撑，落实“构筑药品监管体制机制、化解历史遗留问题、促进药品高质量发展、加强监管系统自身建设”四大任务，以坚持和加强党的全面领导为根本保障，沿着习近平总书记指引的正确方向扎实开展工作，将药品安全监管不断推向深入。

（执笔人：鲍安清）

第三编　产业状况

第一产业

2018年农村经济发展运行情况

市农业农村委

一、2018年发展回顾

2018年，我市农业结构调整纵深推进，农业劳动生产率、土地综合产出率分别比上年提高2000元/人、400元/亩，分别达到32000元/人、5900元/亩。农业增加值1405亿元、同比增长4.5%，比全国平均水平高0.9个百分点。农村常住居民人均可支配收入13781元、增长9%。

（一）现代山地特色高效农业发展再上新台阶

一是调结构。在稳定粮食生产、优化粮食结构基础上，大力发展柑橘、榨菜、柠檬、生态畜牧、生态渔业等特色产业，全年新发展166万亩，累计达2935万亩。二是树品牌。审定农作物新品种50个，推广应用146个，"神农优228"杂交水稻新品种荣获中国十大优质籼稻金奖；制定农业地方标准88项、累计达366项，建成农业标准化示范区202个、"三园两场"679个；整体打造"巴味渝珍"区域公用品牌，市级名牌农产品达到437个，有效期内"三品一标"达到4783个。三是促融合。实现农产品加工产值4000亿元、乡村旅游综合收入677亿元、农产品网络零售额80亿元，全产业链加快增值增效。四是强科技。农业科技进步贡献率达58.6%，主要农作物耕种收综合机械化水平提高到49%。9个产业技术创新团队推广技术174项、解决技术难题207项。农业农村大数据平台加快建设，柑橘自动灌溉等信息化示范面积达到100余万亩。

（二）产业扶贫更加精准有力

一是精准落实产业项目。对18个深度贫困乡镇92个贫困村安排产业扶贫资金，围绕"一村一品"，累计落实产业扶贫项目1.6万个，建立扶贫产业基地653万亩，出栏畜禽903万个猪单位，发展生态渔业23.7万亩，带动贫困户42万户。二是精准实施帮扶指导。组建18个产业扶贫技术指导组定向指导，33个有扶贫任务的区县共组织3715名专业技术人员开展科技帮扶。三是精准联结贫困农户。实施农业项目财政补助资金股权化改革项目918个，安排资金7.52亿元，贫困农户入股9.07万户，入股土地面积30.61万亩。引导1833家龙头企业参与产业扶贫，18个深度贫困乡镇共引入项目219个，协议投资87.6亿元。四是精准推动鲁渝扶贫协作农业合作。与山东省农业农村厅互访3次，组织龙头企业对接2次、赴山东参展交流3次，培训村党组织书记47人。

（三）农业农村发展更加“绿色”

一是扎实推进以“五沿”区域为牵引的农村人居环境整治。行政村生活垃圾、污水处理、卫生厕所普及、畜禽粪污综合利用率分别达到90%、63%、70%、72.6%。启动以“三清一改”为重点的“村庄清洁百日行动”。创建美丽庭院19661个、美丽宜居村庄62个、绿色示范村庄368个，获评全国首批改善农村人居环境示范村8个。二是切实加强农业面源污染治理。在7个区县开展有机肥替代化肥试点，由点及面推进高毒农药禁止使用试点，化肥、农药使用量均比上年降低0.5个百分点，完成43万头生猪当量粪污治理。三是大力发展生态循环农业。在6个区县开展生态农业创新试点、5个区县开展秸秆综合利用试点、7个区县开展畜禽废弃物资源化利用整体推进工作，建设大中型沼气工程59个，集成推广畜沼果（菜）等生态循环农业模式。

（四）农业农村改革更加深入

一是扎实推进农村“三变”改革试点。38个试点村共入股耕地3.78万亩，盘活集体闲置土地2.9万余亩、闲置农房535套、集体经营性资产4965万元，引入476个市场主体，撬动社会资本5.2亿元，7万名农民成为股东。二是深入推进农村承包地“三权分置”改革。基本完成农村承包地确权登记颁证工作。规范引导流转交易、入股合作，流转面积达到1528万亩，占家庭承包面积的43.9%；组建土地股份合作社3617个，入股土地146万亩。三是大力发展村级集体经济。启动农村集体经济组织登记赋码，2206个村（居）、16777个组（社）完成集体经济股份合作制改革，全年减少空壳村1224个，占比下降到44.3%；加强农村集体财务管理，9128个村建立民主理财机构。四是持续创新农村金融服务。深化农村土地经营权抵押融资，新增贷款66亿元、累计379亿元；发展政策性农业保险险种36个，保额409亿元。政策性农业担保服务覆盖所有涉农区县、乡镇，为9280个农业项目担保贷款39亿元。农业农村行政审批“放管服”改革深入实施，农业行政综合执法效能持续提升。

（五）农业农村发展动力进一步汇聚

一是加大人才回引力度。回引返乡就业创业农民工40万人，回引在村挂职、创业本土人才1.1万人，累计创办经济实体39.8万户，吸纳城乡劳动力就业178.7万人。二是规范引导工商资本“上山下乡”。建立市级农业招商引资重点项目库，策划储备重点项目114个、总投资1059.5亿元，签约107个，总投资452.5亿元，完成投资270.3亿元。三是加强新型职业农民培育。采取线上线下分类、课堂田间分段等培训方式，培育新型职业农民3万人，累计达到16万人。四是培育壮大新型农业经营主体。共发展家庭农场2.17万个、种养大户15万户、农民合作社3.3万个、区县级以上农业龙头企业3493家、社会化服务组织9532个。

（六）农业基础装备进一步完善

一是大力推进高标准农田建设和农田宜机化

整治。新建高标准农田 115 万亩，实施山水林田路综合治理 20.5 万亩。完成农田宜机化整治 2.7 万亩，累计达到 17 万余亩，亩均增效 350 元以上。二是加大新型农机具推广补贴力度。落实农机购置补贴“五到位”，推广补贴机具 39114 台。三是加强园区平台建设。新创建国家级现代农业产业园 1 个，批准创建市级现代农业产业园 20 个，建设市级农村创业创新园区（基地）44 个。4 个田园综合体建设加快推进。建设农村入户便道 8923 公里，农民出行条件持续改善。

二、发展中存在的问题

2018 年，我市农业农村经济发展取得了新成绩，但同时也面临一定困难。一是在宏观经济下行压力较大的形势下，农业转型、农民增收面临的困难增多；二是农业农村基础仍然薄弱，抵御自然、市场、疫病等风险的能力不强；三是农产品供给结构不够合理，规模小、标准低、链条短、增值少等问题仍然存在。

三、2019 年发展目标

2019 年，在农村经济发展方面，重点抓好以下工作。

一是深入推进农业结构调整。着力优化粮经、种养、区域、产业、产品、经营“六大结构”。围绕柑橘、榨菜、柠檬、生态畜牧、生态渔业、茶叶、中药材、调味品、特色水果、特色粮油、特色经济林等现代山地特色高效产业，优化区域布局，精准指导结构调整。加快基地建设，新发展农林特色产业 140 万亩。

二是着力建好现代农业产业园。开展“三级”联创，力争建成 1—2 个国家现代农业产业园，集中打造 20 个左右基础条件较好、具有代表性的市级现代农业产业园，各区县因地制宜建设 1—3 个区县级现代农业产业园。

三是加快推进一二三产业融合发展。着力发展农产品加工业，引导企业向区县、基地、园区布局，形成大中小配套的加工产业集群，全年产值实现 4200 亿元。拓展农业功能，培育新产业新业态，通过打造乡村旅游精品线路，将产业融合串起来；通过发展农产品电商，将产业基地与终端市场连起来。

四是持续加强农业“三品”建设。品种改良方面。加快发展现代种业，完善良种繁育推广体系。深入实施良种良法推广应用“双百工程”。品质提升方面，加强农业标准化建设，全年新制订 50 项，推动已制订的 366 项农业地方标准落地应用，重点抓好“三品一标”农产品生产和“三园两场”示范创建。品牌培育方面，抓好“巴味渝珍”营销推广，新授权品牌农产品 500 个以上，力争“巴味渝珍”系列产品销售收入 50 亿元以上。深入实施“重庆品牌农产品上京东行动”，重点推进“十大品牌百亿销售计划”。

五是大力推进农业科技创新。构建“产学研推”一体化的产业技术创新链。加快重点产业新品种、新技术研发。针对丘陵山区实际，加快大数据、智能化在农业生产、加工、流通中的应用。做实公益性农业科技服务，鼓励农业企业、农民合作社等开展市场化的技术服务。培育一批农业科技示范基地、示范主体。建立健全农业科研成果产权制度，落实兼职取酬、成果权益分配政策。

六是持续推进农业绿色发展。深入实施化肥、农药减量使用行动，化肥、农药使用量减少 0.5% 以上。重点抓好规模养殖场粪污治理，全年再完成 40 万头生猪当量污染治理。以畜禽粪污、农作物秸秆、废弃农膜等为重点，综合施策推进转化利用。畜牧养殖大县（区）粪污资源化利用整县（区）治理实现全覆盖。支持规模养殖场（户）设施装备改造、种养模式创新，新建的力争与种植基地配套。扎实做好水生生物保护区捕捞渔民退捕上岸。全面完成第二次农业污染源普查工作。

七是狠抓农业招商引资和对外开放。坚持“引进来”“走出去”并举。“走出去”方面，做大做强出口拳头产品，打造一批出口农产品生产基地；重点开拓沿海地区和东北地区等国内市场，大力开发俄罗斯、欧洲及东南亚等国际市场。“引进来”方面，重点围绕长三角、珠三角、京津冀等发达地区，有针对性地开展招商对接；跟踪做好招商企业落地、投资、发展等指导服务，加快达产见效。

八是加强农业综合生产能力建设。巩固完善750万亩水稻生产功能区划定工作，全面落实500万亩玉米生产功能区和250万亩油菜生产保护区划定任务。完成150万亩高标准农田建设任务。重点抓好10个万亩级整乡整村农田宜机化整治示范区建设。实施耕地质量保护提升行动，开展好土壤重金属污染修复试点，6月底前落实兑现耕地地力保护补贴。全年新增改善灌溉面积30万亩、高效节水灌溉面积11万亩。逐步扩大和增加农机补贴范围和机具类型，优化农机装备结构。

九是统筹推进农业农村改革。总结推广38个“三变”改革试点村经验做法，2019年每个区县增加2—3个村试点。深化承包地“三权分置”改革，做好第二轮土地承包到期后再延长30年政策衔接工作，全面完成农村承包土地确权登记颁证，建立健全工商资本租赁农地监管和分级备案制度。基本完成农村集体产权制度改革的村级集体经济组织要达到50%、区县达到17个。扎实做好农村集体经济组织登记赋码工作，实施村级集体经济发展领头人培育工程，多途径、多形式发展壮大村级集体经济。加快培育农业龙头企业，全年新增家庭农场2000个、新评定市级农民合作示范社500家。全年新培育新型职业农民2万人。深化农业项目财政补助资金股权化改革。统筹推进国家农村改革试验、宅基地“三权分置”改革试点、农业社会化服务等改革事项。

（执笔人：曾学政）

农业机械化

市农业农村委农机化管理处

一、2018 年发展回顾

（一）重庆农机化探索和实践的影响面进一步扩大

“宜机化”写入 42 号文件，国务院发布《关于加快推进农业机械化和农机装备产业转型升级的指导意见》，要求重点支持丘陵山区开展农田“宜机化”改造。“重庆市农田‘宜机化’改造步伐开始提速”，被评为全国农机化年度十大新闻。各界广泛关注。《人民日报》《农民日报》《中国农机化导报》《重庆日报》及重庆卫视等主流媒体纷纷聚焦，农业农村部农业机械化管理司、有关省区农机部门纷纷前来观摩交流，南方丘陵山区果茶桑麻生产机械化论坛暨农机装备展示演示会在我市成功举办。在全国大赛上获得优异成绩，在首届全国农业行业职业技能大赛上，我市选拔 6 名选手参加农机驾驶操作员和修理工技能竞赛，3 人获得二等奖，在西南地区首屈一指；在纪念农机化改革开放四十周年征文活动中，我市组织 11 篇文章获得 5 个奖次，数量和奖次均居全国前列。

（二）“宜机化”向体系化系统化深化

形成体系化推进，编制《丘陵山区宜机化地块整理整治技术规范》及其《要点释义》和《图文释义》、“规划设计样板”，出台“先建后补”“社会资本参与”“信贷担保或股权投资支持”等政策，打造了渝北、潼南、永川、荣昌、江津等一批具有代表性的示范基地，构建技术规范、机制创新、基地建设等“三位一体”的推进体系。在产业发展中高位推动，重庆“2018 经济圆桌会议”专题研究农业机械化发展的相关问题，“宜机化”引起市政府决策关注。李明清副市长作出重要批示：“重庆是典型的山地农业，推进农业现代化，耕地宜机化改造势在必行”。千万亩高标准农田宜机化配套建设工程成为全市乡村产业振兴的重要抓手。市政府将“宜机化”工作纳入2019年春季农业生产现场会主题。

（三）农机化各项工作扎实推进

牵头开展变型拖拉机专项整治工作并圆满收官。省际协查甄别工作实现历史性突破，底数基本摸清，录入市公安交管部门农村道路交通管理系统达100%，增量已杜绝，存量在有效消化。主要农作物全程机械化和现代山地特色高效农业全面机械化取得新成效。形成较为成熟的水稻、油菜、薯类、高粱和牧草等机械化技术及生产模式，垫江、梁平和巫溪三个区县承担的部级示范项目的综合机械化水平达到90%以上。柑橘果园、茶叶、榨菜、烟草、萝卜、麻竹等特色经济作物机械化生产技术在江津、长寿、涪陵、武隆、彭水、潼南、荣昌等区县推广应用。农业资源利用和环境保护机械化水平提升。积极探索种养循环模式，综合运用绿肥种植和农业废弃物消纳还田等工程和生物措施，提高秸秆、粪污等农业废弃物资源化利用的机械化水平，形成一批典型示范的技术和生产基地。技能人才培育走在行业前列。启动智汇农机手金蓝领成长计划，发挥农机重点工种导师工作室作用，改革培训内容，创新培训方式，提升从业者的驾驶操作、维修服务、经营管理等技能水平。引起各界重视和支持，市委组织部开展农村党员农机操作技能示范培训，市人力社保局举办宜机化高标准农田建设高级研修班；多次受邀在全国有关培训班上介绍重庆经验。“基地＋产业＋新主体”一体化的发展格局正在形成。猪—沼—橘循环利用、猪—沼—竹循环利用、“农机经销＋服务＋基地”、“基地生产＋社会化服务”等发展模式不断完善。

二、以42号文件为指引推动重庆农机化在后发跨越中转型升级

自《农业机械化促进法》颁布实施以来，我市农业机械化经历了小机器十多年的快速发展期，耕种收综合机械化水平达48.5%以上，迈过了增长缓慢的初级阶段，进入了可以加快发展的中级阶段的入门期。纵向比有进步，但横向比差距大，且有拉大之势。

重庆是典型的丘陵山区，农业生产的自然禀赋条件差，在“四化”同步建设进程中，农业现代化的农机化保障和助推作用一直是短板。在如何实现机械化的问题上，从领导到群众、从行业内部到行业外部都存在林林总总的认识误区。特别是全市农机化发展面临“平台式”徘徊的危险，表现为“好种的地已种满、好干的活已干遍、好用的人开断档”，“小地块难施展、小机器趋饱和、小农户难见效”。

42号文件对加快推进丘陵山区农机化发展作了明确的要求和安排，是做好农机化工作的纲领性文件。要增强荣誉感、使命感、责任感和紧迫感，牢牢把握用机械化的思维和机械化的手段推进农业生产体系现代化理念，走出片面的“以机适地”误区。坚定树立在耕种收各环节、种养加各方面全程全面机械化观念，坚定树立土地宜机化整治是农业现代化的治本之策观念。创新思维、创新驱动，敢于担当，奋力冲破平台式困境，促进后发跨越。

三、做好2019年农机化转型升级开局之年的各项工作

（一）集成整合政策助力农机化

强化顶层设计，加快推动《重庆市农业机械化促进条例》、国务院42号文件实施意见的出

台。主动担当积极作为，对上争取支持、对外积极协调、对下指导服务，整合资源，聚焦聚力，集成购机补贴、农田建设、现代农业产业园区建设、现代山地特色高效农业产业发展、发展壮大村级集体经济、美丽乡村建设、脱贫攻坚等政策，着力于良田良机、良种良法、人机地的配套成龙，形成基础改善、装备提升、产业繁荣的生动局面，切实解决农机化动力不足、政策零碎的问题。

（二）深入推进农田“宜机化”改造

一是坚持完善和提升标准，努力将现行标准提升为行业标准，纳入高标准农田建设标准，制修一批配套标准，申请荣誉性的知识产权和奖项。二是扩大战果，从市到区县分级抓一批示范项目，市里 2018 年将导入竞争机制，聚焦一批万亩级项目建设。三是坚持有效的效益效率机制，实现以小博大，以快制胜，让一块钱当作两块钱用、三步并着两步走的灵活机制得到巩固。四是推进产业发展，让“宜机化”农田成为聚焦产业、优化装备、培育主体、创新机制、推广技术、聚集资金的综合平台，助推优势产业高质量发展。

（三）厘清优化提升装备结构的认识和思路

粮油生产、划定“两区”、规模经营，逐步大中化、联合化、复式化；现代山地特色高效农业因地制宜，分类分段突破，大中小并举，大中马力的主力机型干主活、干重活，“小、简、智”的辅助机型干小活、干巧活。在机器的性能上，围绕先进适用、稳定可靠、安全环保、服务到位的总要求进行阶梯式提升。高度关注大数据、智能化及互联信息科技爆炸时代的颠覆性成果逐步在农机装备和机械化作业上的推广应用。

（四）厘清全程全面机械化的认识和思路

水稻、油菜、马铃薯三大主要农作物的栽植环节，果、菜、茶等多经作物和畜禽水产养殖领域，渝东北和渝东南两个区域，是全程全面的短板和弱项。要狠下功夫，统筹兼顾，政策倾斜，示范引领，推动主要农作物全程机械化深化和现代山地高效农业全面机械化重点与薄弱突破，突出丘陵山区全程全面机械化的重庆特点。

（五）为农业废弃物资源循环绿色发展提供装备支撑

通过机械化参与农业资源循环、环境友好行为，实现了“零”“零”转换、有效消纳、节本增效，可充分利用半季地、冬闲田、果园行间空闲地，做到无废物循环、各环节榨干吃尽。要树立提高农业废弃物资源化利用的机械化水平是实现农业“一控两减三基本”的必然路径的理念。近几年探索的高速旋耕灭茬、灭草、灭秸、粪污干湿分离、机械深松管道浇粪、机械化绿色生产和利用等行之有效的技术，要巩固扩面。

（六）培育壮大农机化复合型市场主体

在生产作业上“自有基地 + 社会化服务”，在经营形态上“生产服务 + 综合农事服务”，在产业链条上“接二连三”，在装备结构上“配套成龙”，在操作维修上“保障有力”，把农机化新型市场主体建设为乡村振兴的生力军、辐射服务周边的桥头堡、链接小农户与现代农业有机衔接的纽带和载体。

（七）突出标准对农机化的引领作用

加强宣贯，提高全社会对农业机械化标准的认知度和贯彻标准的自觉性。深入实际，调查研究，因地制宜，在农机制造、生产作业、管理服务等领域制修一批标准，扩大农机化标准的覆盖范围，促进农机产品质量、作业质量、维修质量和服务质量的提升。继续执行农机行业标准制修的激励措施，在制修标准中锻炼队伍。

（八）着力办好农机化民生实事

在购机补贴便民上要有新举措，以信息化促进购机补贴便利化、规范化，“让数据多跑路，让群众少跑腿”，有效提高管理服务水平。在农机安全监理上要巩固提高，巩固变形拖拉机整治成果，提高监管服务水平，确保农机安全生产作业。在农机质量投诉受理和质量调查上要更加积极主动，积极开展农机新产品试验鉴定和质量认证，强化事中事后监管，维护农机使用者合法权益。在农机社会化服务千家万户上要有新覆盖，围绕贫困地区特色产业，加强技术指导、主体培育和示范带动，提高产业扶贫的机械化水平。在农机技能培训上要有新拓展，实施智汇农机手金蓝领成长计划，推行现代学徒制人才培育模式，提升农机从业者的驾驶操作、维修服务、经营管理等技能水平，着力培育爱农业、懂技术、善经营的农机高技能职业人才。

（执笔人：杨培成）

烟草业

重庆市烟草专卖局

一、2018 年发展回顾

（一）烟草商业

重庆市卷烟商业实行母分公司管理体制，市公司下属销售分公司、烟叶分公司、物流分公司 3 家专业分公司和 39 家区域分公司，1 家烟叶复烤企业、1 家全资子公司（多元化经营企业）、1 个烟草科学研究所。2018 年，全市系统以习近平新时代中国特色社会主义思想为指导，在市委、市政府和国家烟草专卖局的正确领导下，在全市烟草产业发展领导小组具体指导下，坚持稳中求进工作总基调，贯彻新发展理念，坚持高质量发展，积极应对市场环境深刻变化，围绕确定的目标任务，抓党建、强管理、保规范、促发展，各项工作扎实推进，较好的完成了各项目标任务。实现主营业务收入 412.62 亿元，增长 2.6%；税利总额 106.36 亿元，增长 2.3%；税金 76.98 亿元，增长 2.26%；净利润 29.38 亿元，增长 2.41%。

一是以市场为中心的理念继续坚持和深化。服从和服务于全国统一大市场建设，尊重品牌市场选择，全年引入新品规 61 个，清退滞销品规 45 个。根据市场需求变化，加强适销对路货源组织，紧俏品规购进量同比增长 32.8%。顺应消费升级趋势，加强品牌培育，重点品牌销量增长 2.51%，“311” 品牌销量占比达到 69.48%。高度重视地产烟销售培育，出政策、腾空间、育品牌，全年销售地产烟 50.23 万箱，实现销售收入 110.3 亿元，地产烟继续保持市场主导地位。

二是卷烟营销模式不断创新。尊重和维护零售客户的自主选择权，聚焦供需匹配，分五个片区制定并实施差异化投放策略，推进零售客户 “积分法” 分档，试行 “积分商城” 营销活动，全市需求预测准确率同比提高 0.88 个百分点，订货成功率提高 1.15 个百分点，卷烟供给质量持续提高。

三是卷烟市场调控力明显增强。坚持 “控制大户、发展中户、扶持小户”，合理调控销售节奏和投放节奏，加大对中小客户紧俏溢价卷烟投放力度，发挥客户自律互助小组稳价格、增盈利的积极作用，全市大户占比由3.45%降至1.7%，零售户毛利率同比提高1.05个百分点，“稍紧平衡”的市场状态较好保持。

四是服务为本的宗旨更好践行。深入推进物流非法人实体化运行，在18个区县单位实施卷烟配送业务外包，全市物流配送准时到货率达到100%，年节约配送成本805万元，物流服务保障作用有效发挥。组织客户开展经常性业务培训，推行“一户一策”客户拜访服务，全市客户拜访到位率达到97.6%，客户投诉下降8.38个百分点。有序推进文明吸烟环境建设，构建了良好的卷烟消费环境。

（二）烟草专卖管理

2018年，市烟草专卖局在市委、市政府和国家烟草专卖局的正确领导下，在全市烟草产业发展领导小组具体指导下，坚持服从和服务于改革发展大局，坚持依法行政，改进执法方式，加大执法力度，保持高压态势，着力净化市场环境秩序。

一是市场监管科学化水平持续提升。深化“铁拳”“渝铁一号”专项行动，拓展“百人团”机动稽查，重点整治真烟非法流通，严管违法违规大户、名烟名酒店、铁路“背包客”。全面实施异地执法、交叉执法、错时执法，全年查获涉烟违法案件10003起，查获违法卷烟10966件，实物案值1.22亿元，其中查获非法流通真烟数量同比增长45.11%，市场净化率保持在98.6%以上。

二是打假破网取得丰硕战果。抓住全市扫黑除恶专项斗争有利契机，持续深化联合执法机制，完善办案奖励政策，调动打假破网积极性，全年共办结网络案件32起，其中国家局级17起，市级15起，超额完成年度目标任务。国家局高度关注和充分肯定的“9·25”制售假烟特大网络案件，查获实物案值600余万元，逮捕25人，直诉2人，形成了强大震慑。

三是零售许可“放管服”改革不断深入。扎实推进行政许可标准化，疏通零售许可办证“堵点”，积极推进“一网通办”“全渝通办”，实现零售许可申请只跑一趟。落实“双随机一公开”监管要求，强化执法监督，专卖执法透明度和公信力稳步提升。严格零售许可“宽进严管”，全年新办零售许可证1.66万个，依法注销异常许可证1.43万个，依法取消经营资格117户。

四是内部监管持续加强。严肃整改国家局规范卷烟经营专项督查反馈问题，压紧压实规范经营责任，紧盯规范经营动态，坚决问责违规经营行为，全年行政处分12人。深入开展违法违规零售户治理，加强分类处置，全年限投、停投敏感品规28个，依法取缔违规大户52户，降低违规零售户订货级档2630户次。

（三）烟叶种植业

2018年，市烟草专卖局在市委、市政府和国家烟草专卖局的正确领导下，在全市烟草产业发展领导小组具体指导下，以烟叶供给侧结构性改革为主线，以重庆“渝金香”特色烟叶品牌打造为抓手，推进烟叶产业发展由数量规模向质量效益转型升级。

一是烟叶产销规模总体平衡。严守计划红线，积极争取工业订单，全市种植烤烟40.57万亩，收购烤烟93.3万担；种植晾晒烟1.33万亩，收购3.27万担；实现烟叶税2.77亿元，计划任务圆满完成。加大烟叶营销力度，提高复烤均质化加工水平，全年复烤加工烟叶90.39万担，调拨结算烟叶110.74万担，其中新烟43.58万担。

二是烟叶供需更加匹配。将生产计划向工业需求旺盛的优势区域集中，全市烤烟基地单元生产量占比达93.3%，同比提升2个百分点。根据工业品牌原料需求，完善“渝金香”特色烟叶综合标准体系，对标开展烟叶生产，提前烟叶育苗、移栽，主推“三项技术”，集成绿色防控、土壤改良等关键技术措施，有效提升烟叶内在品质。全市上等烟、上中等烟、中等烟比例分别提高20.15个、9.77个、13.38个百分点，均创历史新高。国家局检查收购等级合格率达到82.3%，烟叶品质受到上海、河南、湖南、安徽等地众多工业企业好评。

三是促农增收形成良好工作格局。坚持“以烟为主”促农增收，落实烟叶种植保险，兑现政策性补贴，全市烟叶收购公斤均价同比提高4.56元，在计划调减的情况下烟农总收入增加1.13亿元，户均收入增加2.88万元，达到9.53万元。坚持“多元发展”促农增收，结合全市农村“三变”改革，全面启动烟农合作社公司制改革，依托规范的合作社大力发展农家肥、花卉、食用菌等辅助产业，为烟农创收2170万元。

四是烟叶生产基础设施建设稳步开展。坚持用好存量，合理安排增量，维修改造烤房3657座、育苗大棚168座，试点推进新能源烘烤，常规新建项目如期推进。加大协调力度，加快建设进度，12项援建水源工程2项完工、4项工程进度明显提速。

（四）烟草工业

重庆烟草工业由卷烟制造和烟叶复烤加工两部分组成，其中烟叶复烤加工企业由重庆市烟草专卖局管理。

重庆烟叶复烤有限公司是按照现代企业制度组建的股份制打叶复烤企业，隶属重庆市烟草专卖局（公司）。公司下辖重庆烟叶复烤有限公司万州复烤厂（原重庆万兴烟叶有限责任公司）和重庆烟叶复烤有限公司彭水复烤厂（原重庆金益烟草有限责任公司）。公司注册资本金98109.85万元。

2018年，复烤公司认真学习贯彻习近平新时代中国特色社会主义思想，在市局（公司）党组的坚强领导下，紧紧围绕“构建优势、打造重庆复烤品牌”的目标任务，坚定不移抓质量，坚定不移优服务，坚定不移控成本，坚定不移提效率，坚定不移推项目，各项工作取得新成效。加工原烟90.39万担，实现营业收入18355.39万元，实现税利1648.33万元；项目立项调整报告获得国家局批复；公司安全平稳运行，被市局（公司）评为年度“安全稳定工作先进单位”。

一是打叶复烤水平持续提升。以工业企业需求为导向，坚定不移抓质量，着力解决产品质量短板和薄弱环节，助力“渝金香”烟叶品牌打造，为“大品牌、大市场、大企业”发展战略和中式卷烟产品创新提供稳定原料保障。着力抓好均质化加工。截至2018年底，2018烤季加工的29.66万担烟叶均质化水平进一步提升。在烟碱变异系数方面，彭水厂平均烟碱变异系数3.13%，万州厂平均烟碱变异系数4.1%，两厂烟碱变异系数均控制在国家局要求的5%以内。在水分变异系数方面，彭水厂平均水分变异系数2.11%，万州厂平均水分变异系数1.95%，两厂水分变异系数均优于国家局2.5%的要求。在叶片结构方面，彭水厂平均大片率48.71%，平均中片率34.16%，叶片结构指标控制基本稳定；万州厂平均大片率45.86%，平均中片率37.3%，在“降大片提中片”上取得长足进步。着力抓好设备平稳运行。认真落实设备完好和平稳运行是加工质量基础的理念，两厂不断强化设备的巡查、点检、预防性维修，定期开展设备日常维护保养，充分利用生产淡季突出抓好设备全面维修，在设备日益老化的情况下保证了全年设备平稳运行，为稳定、提升加工质量提供了坚强保障。着力抓好创新工作。认真贯彻落实全市系统科技工作会议精神，充分调动员工主观能动性，积极开展管理创新、技术创新、工艺创新活动。彭水厂优化烟叶整选流程、改进选后烟叶打包方式，解决了选叶能力不足、打包效率低的问题；优化厂内烟叶物流组织，改进烟叶搬运作业，提高了作业效率。万州厂调整原料理化指标检测评价方法，提高了检测效率和精度，更好地指导烟叶分选和加工工作；改进整选打包方式和摆把投料方式，更好地控制了杂物，片烟纯净化进一步提升。两厂积极组织开展QC小组活动，万州厂“降低复烤生产线打叶段故障耗电量”和彭水厂“降低烟叶粉碎机故障率”项目获得市局（公司）QC活动三等奖，彭水厂“烟末干燥装置”项目获得市局（公司）科技创新成果三等奖。创新工作为产品质量的进一步提升插上了翅膀。

二是营销工作扎实推进。2018年，全国烟叶种植计划再次调减300万担、重庆烟叶种植计划调减12.2万担、市内烟叶外调加工近20万担，复烤公司以“优服务、稳客户、争外调、拓副产品销售”为营销工作中心，全力推进市场营销工作。首先，切实提升服务客户质量。认真落地“全员服务客户、机关服务生产经营一线、上游工序服务下游工序”服务理念，坚持“首问负责制”“客户经理制”，快速响应客户需求，尽力改善客户工作、生活条件，精心组织整选烟叶75.42万担、加工烟叶90.39万担，整选质量、加工质量客户满意，基本实现了让客户“加工放心、生活舒心”的目标，两厂客户满意度调查均为98分。其次，千方百计争市场。努力稳定市内加工市场，充分利用各方资源争取市外烟叶调入加工，2018烤季年度，共调入市外烟叶6万担，原定外调加工的工业客户留在公司加工2.5万担，增加加工量8.5万担。最后，大力拓展副产品销售。在副产品销售市场十分不景气的情况下，大力拓展副产品销售渠道，变废为宝，共销售长梗1606.15吨、短梗2500吨、烟末553.96吨、废弃烟叶484.29吨；与云南中烟再造烟叶有限责任公司签订3年期副产品购销合作框架协议。

三是精益管理稳步开展。深化精益管理，着眼于补短板、强弱项，练内功，管理基础不断夯实，管理水平持续提升。规范管理不断加强。重点强化物资采购、工程投资规范运行，新建、优化相关制度3个；认真落实“应招尽招”“真招实招”要求，全年公开招标项目比92.59%、金额比97.68%，过程规范，程序严格，资料完整。强化采购过程监管，全年无不规范行为、法律纠纷发生。成本管控取得实效。按照必须、有效原则严控投资规模，全年审减固定资产投资项目6个，缩减投资规模项目1个，共减少投资总额109万元。认真落实降本增效任务，全年降本增效156万元。万州厂积极争取锅炉煤改气补贴80万元到位，充分挖掘仓储潜力，合理利用仓储资源，退租外租库3500平方米，节约资金70余万元。安全稳定工作稳步推进。严格落实安全稳定责任制和网络安全责任制，逐级签订安全稳定目标责任书300份，制定涵盖185个岗位的安全生产责任清单；大力开展安全隐患排查整改，全年共排查出各类安全隐患210项，整改率100%；完成9大系统13个专业安全评估工作，安全技术管理体系顺利通过重庆市应急管理局审核。彭水厂荣获彭水县人民政府授予的“安全生产工作先进单位”、“消防安全工作先进单位”和“生态环境保护先进单位”称号，万州厂荣获万州区经信委授予的“安全工作先进单位”称号。

二、发展中存在的问题

全市烟草商业系统的发展还存在一些不平衡

不充分的矛盾和一些不协调不可持续的问题，集中表现在：一是中高端地产烟培育遭遇瓶颈，地产烟销售面临较大压力；二是重庆烟叶工业可用性有待提高，烟叶市场拓展力度还需加大；三是打击假私非烟任务依然艰巨，市场监管水平还需提升；四是管理基础仍需持续夯实，创新的能力和水平还需进一步提高。

三、2019 年发展目标

2019 年全市系统以习近平新时代中国特色社会主义思想为指导，在国家局党组和市委、市政府的坚强领导下，全面贯彻党的十九大和十九届二中、三中全会精神，贯彻落实全国烟草工作会议和全市经济工作会议精神，坚持稳中求进工作总基调，坚持新发展理念，坚持高质量发展，以供给侧结构性改革为主线，抓住巡视整改营造起的良好政治环境和发展环境，以党的建设为统领，统筹推进稳增长、调结构、增税利、强基础、保规范工作，提高发展质量和效益，推动经济运行稳中有进、稳中向好。

主要预期指标是：全年销售卷烟 115.5 万箱，种植收购烟叶 88.1 万担，实现主营业务收入 442 亿元，税利总额 109 亿元，同比增长 2.6%。

（执笔人：王智）

第二产业

重庆市工业经济发展综述

重庆市经济和信息化委员会研究室

2018年，面对错综复杂的国内外经济形势，全市经信系统深入贯彻党的十九大精神和习近平总书记视察重庆重要讲话精神，按照市委、市政府总体部署，坚持稳中求进工作总基调，突出大数据智能化引领，全力抓好工业运行调度、新项目开工投达产、新产品研发上市、战略性新兴产业培育等工作，高质量发展的力度更大、创新发展的基础更牢、智能化发展的氛围更浓、企业发展的环境更优。全市实现全口径工业增加值5998亿元，增长1.1%，占地区生产总值的比重为29.5%，对全市经济增长的贡献率6.8%，拉动地区生产总值增长0.4个百分点。其中，规模工业增加值5072亿元，增长0.5%。从三大门类看，采矿业工业增加值全年下降13.1%，制造业增长0.4%，电力、燃气、水的生产和供应业增长8%。全市完成工业投资2500亿元，增长7.3%。规模工业利润总额1218.7亿元，下降7.7%。

一、2018年发展情况

（一）扎实推进智能化发展

一是成功举办首届智博会。习近平总书记专致贺信，韩正副总理亲临会议并作重要讲话，重庆成为智博会永久会址。30多个国家和地区、2万余名中外嘉宾出席大会各项活动，537家企业参展、展览面积超18万平方米，观展人数63万余人次，举办18场高端及专业峰会，签约智能化项目501个，成立中国数字经济百人会，发布《中国智能化发展指数报告》《中国大数据发展指数报告》等多项前沿理论成果。二是大力推动智能产业快速聚集。集成电路、新能源及智能网联汽车、智能手机等一批重点项目相继实施，智能产业基础不断夯实。智能网联汽车、机器人产量增长50%以上，智能手机增长28%，其他行业加速发展。智能产业实现销售收入4640亿元，增长19.2%。三是深入实施智能制造。制定出台智能制造实施方案，实施203项智能化改造项目，认定76个市级示范性数字化车间和智能工厂，示范项目生产效率平均提升67.3%，不良品率降低32%，运营成本降低19.8%。工业互联网标识解析国家顶级节点（重庆）启动运行，中移物联网等一批综合性工业互联网平台相继建成，企业“上云上平台”基础进一步夯实。

（二）稳步提高产业发展质量

一是进一步完善重点产业政策。先后出台集成电路、新能源汽车和智能网联汽车、“互联网+先进制造业”等扶持政策，通过产业政策的引领带动，相关产业呈现良好发展态势。二是加快发展新兴产业。工业发展新动能蓄积发力，生物医药、高端装备、新材料等产业发展进入快车道，战略性新兴产业和高技术产业增加值分别增长13.1%和13.7%，新产品、新技术、新业态、新模式持续创新发展。三是深入推进供给侧改革。去产能成效明显，淘汰191家企业烧结砖瓦落后产能；化解5万载重吨船舶、245万吨水泥、87万吨煤炭过剩产能；处置僵尸企业48家。重庆市2017年度化解钢铁过剩产能工作受到国务院通报表扬。四是加速推进产业生态化。宗申动力等6家企业入选国家绿色制造系统集成项目，制造技术绿色化率和制造过程绿色化率均提高20%以上，资源环境影响度下降15%以上。工业园区特色化集约化趋势明显，新增7个市级特色产业建设基地、2个市级特色产业示范基地和1个国家新型工业化产业示范基地，园区规上工业产值约占全市的83%。

（三）持续增强企业创新能力

严格落实研发准备金、重大新产品研发成本补助等专项政策，全年建立研发准备金制度企业1294家、增长63%，规模工业企业研发投入320亿元、增长13.9%，研发投入强度达到1.4%、提高0.05个百分点。加强研发机构建设，新培育各类企业研发机构158家，全市有研发机构企业1300余家、增长24%，有研发活动企业2300余家、增长20%。深入推进制造业创新中心建设，智能网联汽车市级制造业创新中心正式成立，工业大数据、先进功能纤维等市级制造业创新中心建设有序推进，制造业创新生态体系不断健全。

（四）全力抓好重点项目建设

牢固树立“抓项目就是抓发展、谋项目就是谋未来”的思想。全力推进招商引资，整合全市优势资源，完善招商引资机制，新签约亿元以上重点工业项目1119个。其中，10亿元以上项目237个，50亿元以上项目42个。全力推进重点项目建设，推动京东方第6代柔性面板线、SK海力士二期等54个亿元以上项目实现开工，福特高级乘用车、OPPO智能生态科技园等一批重点项目序时推进。完成技改项目1200余个，技改投资990亿元，增长20.7%，占工业投资的39.7%。全力抓好投达产项目管理，推动118个亿元以上项目实现投达产，新增产值1100亿元，对全市工业产值增长贡献率超过100%。

（五）全面激发中小企业活力

强化市场主体培育，实施“专精特新”中小企业培育工程，全年新设立中小企业13万家、“专精特新”企业259家、“小巨人”企业30家、“隐形冠军”企业10家，创建国家级小型微型企业创业创新示范基地11个，建成国家级中小企业公共服务示范平台10个。帮助企业多渠道开拓市场，打造9个产业互联网平台，帮助22万余家中小企业开展网络营销，实现线上交易额333亿元。持续开展重庆企业家培育提升计划，培训企业副总以上人才2050人。

（六）着力提升服务水平

大力推进审批制度改革，一般工业项目拿地至开工审批时间由50天压缩至15个工作日；专项资金管理审批公示、资金拨付办理由90天压缩至30天。在全国创新开展中小企业商业价值信用贷款改革试点工作，持续优化转贷应急机制，解决过桥资金310亿元，支持小微企业票据贴现680亿元，鼓励挂牌企业融资600亿元，促进融资服务机构助力企业融资110亿元。积极降低企业生产经营成本。全面放开大用户直供电交易门槛，降低用电成本16.7亿元。大力降低企业采购成本，引导重庆市龙头企业本地配套采购650亿元，降低企业物流成本2.8亿元。持续优化转贷应急和小微企业票据贴现机制，降低企业融资成本8.9亿元。

二、发展中存在的问题

一是内外部形势带来的不确定性。从国际看，中美经贸摩擦的不确定性长期存在，美国加征关税、出口管制对企业出口预期的影响将继续显现。同时，受发达国家集中发力于高端制造、新兴市场国家低端制造争夺加剧的多重影响，我们将面临“引进来”的双重挤压和“走出去”的围追堵截。从国内看，我国总体仍处在结构调整期，实体经济困难加剧、预期不稳，经济下行压力进一步加大，工业经济增速下滑趋势未能有效遏制，企稳回升仍需时日，国内市场需求增长放缓，消费能力部分外溢，进一步加大了全市工业经济稳增长的难度。

二是产业发展面临转型阵痛。从产业结构来看，传统产业亟待升级，新兴产业发展不足，特别是现有产业结构单一，汽车、电子两大产业占全市比重近50%，受汽车产业下滑影响，工业增加值占比被拉低3.5个百分点。从供需结构来看，重庆市工业品基本处在中低端，产品市场供大于求，而居民个性化、多样化消费的高端产品供给却得不到充分满足。从动力结构来看，投资拉动、传统要素驱动效应递减，新动力支撑不足，特别是创新驱动发展存在短板。

三是产业生态不够完善。产业集群规模普遍较小，全市支柱产业中单项产品集群规模上百亿元的不足20个，仅有汽车、笔电、手机等3个产业集群超千亿元，产业链纵向延伸不够，关键环节缺失较多，产业集群竞争力普遍偏弱。产业配套水平较低，围绕产业发展的创新链、资金链、生活配套服务等尚不完善，导致产业自身发展的土壤不够肥沃，对产业健康发展支撑不够。区县主导产业不突出、产业特色不鲜明，同质化问题严重，相互之间竞争激烈，产业空间与市场容量严重不足，造成资源浪费。

四是创新能力较弱。重庆市规模工业研发经费投入强度为1.4%，远高于全国平均水平，但就研发投入的用途看，主要集中在应用研究和试验发展上，特别集中在试验发展方面，近三年重庆市规模工业企业在试验发展上的研发支出占到企业研发投入总量的98%以上，而基础研究方面的研发支出几乎为零。从研发投入的结构看，过于集中于大型企业和汽车产业，占全市规模以上工业企业数3%的大型企业，研发投入却占全市的一半以上；汽车产业产值占比20%，而研发投入占全市的37.6%。同时，重庆市科技服务业发展滞后，研发设计、检验检测、模具试制、样机制作以及咨询服务等企业数量不足，导致大量的新产品从设计到生产之间缺乏衔接，降低了科技成果转化效率。

五是产业龙头企业稀缺且带动力不强。在全市重点工业企业中，主营业务收入过千亿元的仅1家，百亿元以上的17家，其中进入中国制造业

500 强的制造企业只有 15 家，且绝大部分位于第 300—500 名，没有一家进入行业前十行列，更缺少全国行业龙头企业。与全国行业龙头企业相比，重庆市龙头企业大而不强、经济效益不好、带动能力较弱。

三、2019 年发展目标

2019 年是实现“十三五”目标的冲刺期，是新中国成立 70 周年，是决胜全面建成小康社会第一个百年奋斗目标的关键之年。全市工业和信息化工作的总体思路是：以习近平新时代中国特色社会主义思想为指引，坚持稳中求进工作总基调，坚持新发展理念，坚持以产业高质量发展为根本目标，以供给侧结构性改革为主线，深入推进大数据智能化发展战略，着力培育壮大以智能产业为主导的新兴产业，做优做强传统产业，扎实推进企业技术创新，切实降低企业成本，统筹推进产业政策、园区布局、招商引资、人才培养、要素保障，推动产业高新化高端化高质化发展，奋力开创工业和信息化事业新局面。

主要预期目标是：全市规模工业产值增长 6%；规模工业增加值增长 4%；规模工业利润增长 5%；战略性新兴产业、高技术产业增加值均增长 15%。智能产业产值增长 27%。工业投资增长 10%。技术改造投资占比 40%。规模企业研发投入增长 10%。

（执笔人：苏波）

工业投资运行与发展

重庆市经济和信息化委员会规划与投资处

2018 年，在市委、市政府的坚强领导下，全市工业投资战线坚持稳中求进工作总基调，以高质量发展为主题，以供给侧结构性改革为主线，以大数据智能化发展为主攻方向，滚动实施“四个一批”重点项目计划，狠抓招商引资和成果转化，工业投资在一季度同比下降 8.2% 的不利开局下走过艰难的一年，最终逆势而上赶超全国平均水平，有力支撑了全市工业经济平稳健康发展。

一、2018 年发展回顾

全市工业投资战线迎难而上，超前谋划，系统推进各项重点工作开展。一是抓好重点项目建设，全力稳定工业投资基本面。聚焦开工、续建、投产、达产等关键环节，印发《关于做好 2018 年工业投资工作的通知》（渝经信投资〔2018〕5 号）、《关于进一步做好重点在建项目和重点达产项目推进工作的通知》（渝经信投资〔2018〕11 号），全面加强与国土、规划、环保、金融等部门的横向沟通和与各区县、开发区的纵向联系，每月开展工业投资预测和重点项目调度，加强重点项目现场走访，全力推进一批重点项目建设。二是注重培育新兴动能，推动智能产业加快发展。新签约联合微电子中心、比亚迪动力电池等项目，新开工 SK 海力士 12 英寸存储芯片封测二期、深科技智能制造产业园等项目，新投产万国半导体 12 英寸功率半导体、翊宝苹果手表（一期）等项目。集成电路领域已形成“芯片设计—晶圆制造—封装测试—原材料配套”全产业链，全年集成电路产量 5.4 亿块，增长 16.7%；新型显示基本形成“玻璃基板—液晶面板—显示模组—终端器件”全产业链，全年生产液晶显示屏 1.43 亿片，增长 56.2%。三是以智能化改造为核心，推动传统优势产业转型升级。全面启动实施技术改造专项行动，鼓励企业应用工业机器人、高档数控机床、自动化成套生产线、先进检测与测试设备等智能制造装备，全面加快建设一批数字车间和智能工厂。

通过多措并举，2018 年全市工业投资在一季度下降 8.2% 的不利开局下，最终以增长 7.3% 收官，反超全国平均增速 0.9 个百分点，高于全市固定资产投资增速 0.3 个百分点。

工业投资持续向制造业集中。全市制造业完成投资 2151 亿元，增长 9.3%，“十二五”以来连续多年快于全市工业投资增速；采矿业完成投资 61 亿元，下降 26.6%，占比 2.4%；水、电、气、热生产和供应业完成投资 293 亿元，增长 3.5%，占比 11.7%。

民间投资和技改投资形势持续向好。全市民间工业投资增长 9.4%，快于全国平均水平 0.3 个百分点，快于全市工业投资增速 2.1 个百分点；技术改造投资增长 20.7%，高于全国平均水平 7.9 个百分点，占工业投资的比重达到 39.7%，较 2017 年提高 12.4 个百分点。

工业项目情况持续好转。全市新签约亿元以上项目 1140 个，总投资 8740 亿元，增长 67.6%，其中 10 亿元以上项目 217 个，总投资 6572 亿元，增长 49.2%；全市开工 10 亿元以上项目 41 个，较 2017 年增加 2 个，计划总投资 1269 亿元，同比增加 407 亿元。

二、存在的问题

在取得较好成绩的同时，全市工业投资工作也存在一些值得关注的倾向性问题。从点上看，与基础设施类、线性工程涉及问题集中在征地拆迁和行政审批等领域不同，工业项目进展主要取决于企业对未来的市场预期，一旦出现现有产能释放不充分、产品市场价格走低等情况，企业实施项目将更趋谨慎，放缓建设步伐、缩减建设规模甚至停止项目实施，而政府对此的调度作用则极其有限。从面上看，工业利润变化会先于工业投资变化 1 年左右，2018 年全国工业企业利润增长 10.3%、同比降低 9.7 个百分点，工业和信息化部预测全年全国工业投资增速为 4.5%—6.5%，反映出企业投资能力与意愿仍然不容乐观，将为重庆市招商引资带来更大困难。特别是重庆市 2017 年工业利润下降了 7.7%，本地企业投资能力将受一定影响。

三、2019 年发展目标

一是以实施大数据智能化为引领的创新驱动发展战略为统领，以重大项目实施为动力支撑，继续保持适度投资规模，强化技术改造促进投资结构改善，加快发展先进制造业，提升“重庆制造”的质量效益，推动全市工业经济高质量发展，力争全市工业投资增长 10% 左右，技术改造投资占工业投资的比重提高至 40% 以上。二是全力以赴抓好招商引资和成果转化。加强项目策划和储备，利用好智博会等国际会展平台，力争引进 30 个 30 亿元以上的重大招商项目，投资总额达到 1000 亿元。三是重点推进 468 个“四张清单”项目建设。推动联合微电子中心等 37 个签约项目落地（计划总投资 1000 亿元）；推动华峰己二酸（四期）等 173 个亿元以上项目加快建设，当年完成投资 510 亿元以上；推动海尔年产 209 万台欧式滚筒洗衣机等 80 个项目投产和翊宝智慧电子年产 1000 万台智能终端产品等 72 个项目达产，全年新增产值 925 亿元；推动莱宝第五代光刻线等 106 个项目开展机器换人、建设数字车间和智能工厂等活动。四是抓好智能化改造，加快传统产业转型升级。推动 500 家企业开展数字化设备改造升级，推动 400 家企业建设并应用企业信息管理系统，推动 100 家企业开展智能制造新模式应用，进一步完善工业互联网标识解析国家顶级节点功能。

（执笔人：周翼）

工业企业改革与转制

重庆市经济和信息化委员会企业处（信访办）

一、2018年发展回顾

（一）全市国有企业“三供”分离移交成效明显

认真落实2018年度国有企业“三供”分离移交计划，建立市区（县）联动、问题梳理、情况通报、难题破解、巡回督导工作机制，对问题集中、矛盾突出、困难较多的綦江、万盛、荣昌、合川、北碚、万州、九龙坡、南岸、巫山等13个区县进行督导检查和协调指导，有效解决了西南兵工局、西南铝业、成都铁路局、中石油公管中心、重庆能源集团、机电集团、轻纺集团、江津潍柴动力等19家企业（集团）的56个突出问题和矛盾，有力促进了工作开展。全市38个区县、35家中央在渝企业、19家市属企业集团、431家主办企业全部完成“三供”分离移交实施协议签订工作，签订实施协议49.71万户（在渝央企27.06万户、市属企业22.65万户），实现了实施协议签订、工程开工建设、财政补助资金补助到位率三个100%，圆满完成了市政府2018年提出的目标任务，为企业轻装上阵、提质增效、参与市场公平竞争提供了可靠保障。

（二）企业兼并重组工作持续推进

通过组织召开培训会、编印政策汇编、修订工作方案、建立市级重点兼并重组企业项目库等方式做好动员准备工作，会同市级相关部门对本年度企业兼并重组重点申报项目进行了专题研讨，确定了入库企业名单。

（三）创新企业管理积极引导

严格落实重庆市《关于推进企业管理创新降本增效工作的意见》和《关于推进新型工业化加强企业管理的指导意见》，以《新型工业化与先进制造企业管理工作指南》为基础，会同区县和管理咨询公司指导企业开展创新财务管理、精益化管理、风险管控等管理创新试点，会同市企业联合会开展企业管理创新成果评选，推荐优秀成果报送国家企业管理创新成果审定委。

（四）厂办大集体改革平稳有序

多次召集相关企业分析研究厂办大集体改革核销办法，协调市级有关部门指导中冶建工、西南铝业等30余家企业的厂办大集体改革，规范操作程序，妥善解决职工安置。

（五）棚户区改造工作扎实推进

组织开展了2017年在渝央企棚户区资金使用及绩效考评工作，会同市住建委督促虎溪电机厂完成审计整改，配合市住建委制定了2018—2020年在渝央企棚户区改造规划（在渝央企5家、棚户区总量3130户）。

（六）遗留问题的解决积极稳妥

按期完成了在渝央企三类人员（2034人）生活医疗困难补助资金、职幼教教师（1940人）生活补贴、中小学未移交遗留问题退休教师（191人）待遇补偿资金申报审核工作，牵头处置合成化工厂有限公司职工安置遗留问题，帮助企业解决日常的困难和问题。

二、改革中存在的问题

一是兼并重组项目推进较为缓慢。国家层面没有新的企业兼并重组相关的政策文件，且兼并重组涉及企业生产经营商业秘密，项目收集困难。二是区县和企业推行创新管理的积极性高，但缺乏资金、政策支持和专业指导。三是厂办大集体改革稳定问题突出。由于地方配套政策滞后，加之企业经营困难，缺乏积极性和主动性，当前厂办大集体改革工作进展整体较为缓慢。四是“三供”剥离移交问题解决难度大。国有企业涉及住户多，职工居住分散、改造成本高，特别是生产经营困难的企业反映预付资金压力大；部分区县供水、供气单位为民营性质，资产移交存在一定障碍，协调和操作难度大、矛盾多；部分企业现行供能价格未与市场接轨，职工和转供户长期享受企业福利和补助，实行市场化收费较为困难，存在稳定风险；随着移交改造的深入，一些企业遗留问题聚集，不确定性、难预见性风险加大。五是企业改革改制职工安置历史遗留问题多，退休人员期望值高，信访稳定压力大。

三、2019年改革目标

贯彻落实习近平新时代中国特色社会主义经济思想，按照全市工业和信息化工作会议要求，强化政治认识，强化担当作为，充分发挥牵头协调作用，加快推进全市国有企业“三供”分离移交工作，确保2019年全面完成分离移交任务。积极指导帮助企业建立和完善现代企业管理制度，加大企业管理创新成果的推广宣传力度，组织开展企业管理培训，促进更多企业提升管理水平。指导企业持续做好历史遗留问题解决工作。及时收集掌握厂办大集体、职幼教教师、“三类”人员以及职工分流安置等历史遗留问题的新情况、新变化，对表对标，着力推进，确保特殊群体、遗留问题稳控化解。

（执笔人：邓浩）

工业绿色发展状况

重庆市经济和信息化委员会环境和资源综合利用处

一、2018年发展情况

（一）持续提升企业能效水平

加强重点用能企业节能管理，制定出台《重庆市重点用能企业能效赶超三年行动计划（2018—2020年）》，开展300家企业节能目标责任制落实情况监督检查；大力实施工业节能监察，对360家企业开展能耗达标和落后机电设备监督检查，对5家能耗不达标企业下发限期整改通知书；积极推广节能先进技术和节能新机制，新登记备案节能服务公司37家，组织大型节能技术培训2次，涉及企业130家次。开展火电水泥能效领跑者评选，万州港电、梁平海螺等5家企业（生产线）成功获评重庆市能效领跑者。

（二）加快构建绿色制造体系

制定印发《重庆市绿色制造体系建设三年行动计划（2018—2020年）》《重庆市绿色园区和绿色工厂认定管理办法（试行）》，以构建绿色工厂、绿色设计产品、绿色园区、绿色供应链、绿色服务平台为重点内容，发挥财政政策引导作用，推动建立高效、清洁、低碳、循环的绿色制造体系。2018年，玖龙纸业（重庆）有限公司等6家企业成功创建国家级绿色工厂，长寿经开区成功创建国家级绿色园区，28家企业和1个园区成功创建市级绿色工厂和绿色园区。

组织实施国家绿色制造专项。组织重庆通用工业（集团）有限责任公司等6家企业申报国家绿色制造系统集成项目，全部项目均得到工业和信息化支持，获得中央财政补助资金7100万元，推动企业制造技术绿色化率和制造过程绿色化率提高20%以上，资源环境影响度降低15%以上，大大减少了制造过程对环境的影响，提升制造绿色化率。

组织实施市级绿色制造工程。利用市级工

业和信息化专项资金支持工业企业绿色改造，进一步提高企业绿色生产水平。统筹安排3068万元市级财政补助资金，支持33个节能节水清洁化改造项目，实现年节约标煤3万吨，节约水量100万吨，新增工业固废利用量80万吨；年减排SO_2、NOx、VOCs等污染物5000余吨。

（三）积极推动工业固体废物综合利用

认真开展全市工业固体废物综合利用大排查，目前全市工业固废综合利用企业335家，年利用量为9140万吨，销售收入167.45亿元，从业人数2.82万人，享受税收减免9170万元。起草《重庆市工业固体废物资源综合利用评价管理实施细则（试行）》，引导企业开展工业固废资源综合利用评价，支持企业享受相关税收优惠。转发《国家工业资源综合利用先进适用技术装备目录》，加强工业资源综合利用先进技术装备宣传，开展先进技术进企业等活动。

（四）持续推动工业水效提升

制定印发《重庆市工业企业水效提升三年行动计划（2018—2020年）》，划定100家重点企业名单，明确工作路径，细化保障措施，切实推进企业节水改造。积极推进节水型企业创建，联合市水利局印发《关于深入开展节水型企业创建工作的通知》；加大工业节水技术宣传力度，举办2期节水技术专题培训班。支持企业节水改造，安排财政资金374万元支持节水改造项目4个，预计年节水量67万立方米。

牵头负责分管副市长担任河长的藻渡河河长制落实工作。通过政府购买服务方式，确定第三方机构编制完成藻渡河“一河一策”方案。筹备市领导2次赴藻渡河綦江段、万盛段现场巡河，协调召开年度河长制工作推进会议。加强统筹协调，建立信息定期报送制度，推动解决万盛平翔和联创2个煤矿矿井水污染治理、南川头渡和金山2个镇生活垃圾污染治理等问题，完善工作长效机制。

（五）大力推进清洁生产

制定印发《重庆市清洁生产水平提升三年行动计划（2018—2020年）》，以企业清洁生产诊断为抓手，对全市107家企业免费开展清洁生产审核，帮助企业查找生产工艺、能耗、物耗、污染物排放等问题，提出改进措施和改造建议，引导企业实施清洁生产技术改造。加大清洁生产技术宣传推广力度，承办全国绿色设计产品评价管理培训班，支持重庆市企业积极申报国家环保装备制造企业名录。

二、存在问题

一是工业节能监察队伍能力有待提升；二是节能、节水、综合利用技术产品推广力度有待进一步加强；三是绿色制造体系构建力度有待进一步加大。

三、2019年工作安排

一是着力推动工业能效提升，牢牢牵住300家重点用能企业节能管理工作的“牛鼻子”，要坚持问题导向，不断加大工业节能监察力度。二是着力推动工业水效提升，抓好《重庆市工业企业水效提升三年行动计划》有效落实，确保工业节水有目标、有重点、有措施、有保障。三是着力构建绿色制造体系，按照《重庆市绿色制造体系建设三年行动计划（2018—2020年）》《重庆市绿色园区和绿色工厂认定管理办法（试行）》，积极构建以绿色产品、绿色工厂、绿色园区、绿色供应链为主体的绿色制造示范体系，重点在冶金、化工、建材等高耗能行业积极推行绿色生产模式，推动企业节能、节水、清洁生产改造。四是着力提升工业清洁生产水平，通过抓源头、抓过程、抓运用、抓激励，不断推动《重庆市清洁生产水平提升三年行动计划（2018—2020年）》落实落地。五是着力推广绿色技术产品，根据国家部委发布的《国家重点节能低碳技术目录》《节能机电设备（产品）推荐目录》《国家鼓励的工业节水工艺、技术和装备目录》《国家工业资源综合利用先进适用技术装备目录》等先进技术和产品目录，结合重庆市工业结构特点，适时修订重庆市相关技术产品目录，积极组织节能、节水、综合利用技术产品推广活动。

（执笔人：秦崇伟）

汽车工业

重庆市经济和信息化委员会汽车工业处

一、2018 年发展回顾

全国汽车产业进入深度调整时期，产销量同比出现 28 年来的首次下滑，全年产销汽车分别 2781 万辆和 2808 万辆，同比下降 4% 和 3%。重庆汽车制造业由于长期积累的深层次问题集中爆发，出现龙头企业大幅下滑、少数骨干企业停产等。内外不利因素叠加，导致重庆汽车制造业经济运行出现罕见的大幅下滑，增加值同比下滑 17.3%。

（一）基本情况

截至 2018 年底，重庆有汽车生产企业 41 家，其中整车生产企业 21 家，改装车生产企业 20 家，已形成年产 400 万辆的综合生产能力。汽车制造业规模以上企业 961 家，其中，汽车零部件企业 873 家，已具备发动机、变速器、制动系统、转向系统、车桥、内饰系统、空调等各大总成较完整的供应体系，具有 70% 的汽车零部件本地配套化率。规上汽车制造业完成产值 3671 亿元，同比下降 17.6%。其中，汽车整车制造业完成产值 1755 亿元，同比下降 32.1%，改装车制造业完成产值 144 亿元，同比增长 2.6%，汽车零部件制造业完成产值 1772 亿元，同比下降 1.8%。

（二）生产运行

全年产值呈现持续低位运行的态势。1 月是全年唯一实现正增长的月份，产值同比增幅为 6.9%。11 月产值同比降幅全年最大，同比下滑 35.6%。全年汽车制造业产值降幅（17.6%）低于全市工业产值增幅（2.9%）20.5 个百分点，产值占全市工业总产值的比重为 18.1%，较 2017 年（22.7%）下降 4.6 个百分点。

（三）产品结构

汽车产量 205 万辆，同比下降 27.5%，产量占全国的比重（7.4%）较2017年（10.3%）下降近3个百分点。其中，乘用车产量161万辆，同比下降35.1%，占全市汽车产量的比重为78.6%。乘用车方面，基本型乘用车（轿车）、运动型多用途乘用车（SUV）、多功能乘用车（MPV）和交叉型乘用车（微客）的产量分别达到46.4万辆、102.4万辆、6万辆和6.3万辆，同比分别下降43.6%、22.3%、77.7%和12.8%。商用车产量达到43.9万辆，同比增长27%，占全市汽车产量的比重上升到21.4%，比2017年（11.5%）提高近10个百分点。改装汽车产量3.4万辆，同比增长10.8%。

（四）经济效益

完成主营业务收入3710.6亿元，同比下降17.4%；亏损面大幅度上升，规上亏损企业179家，较2017年（120家）增加59家，亏损企业亏损总额为53.8亿元，同比增长206.9%；完成利税总额301.8亿元，同比下降53.7%，其中，利润总额144.6亿元，同比下降64.6%。

（五）骨干企业

长安集团（含市外分支机构）销售汽车213.8万辆，位居全国汽车集团第四，同比下滑25.6%；实现主营业务收入1763.7亿元，同比下滑32%。长安集团在渝企业（包括长安汽车、长安福特、长安铃木、长安跨越）完成产量122.9万辆，同比下降39%，完成产值1058.6亿元，同比下滑43.3%，占全市汽车产量的60%、占全市汽车制造业产值的29%。长安汽车乘用车销量87.4万辆，位居全国乘用车企业销量第8名。小康股份在渝整车产值和产量分别完成192.3亿元和32.4万辆，同比分别增长8.9%和7%。银翔集团汽车整车产值和产量分别完成73.2亿元和14.4万辆，同比分别下降25.1%和51.4%。华晨鑫源产值和产量分别完成120亿元和18.3万辆，同比分别增长23.4%和12.9%。上汽依维柯红岩产值和产量分别完成165亿元和5.6万辆，同比分别增长25.5%和15.8%。庆铃公司产值和产量分别完成108亿元和6.7万辆，产值同比增长5%，产量同比下降5.5%。力帆集团汽车整车产值和产量分别完成24.4亿元和3.5万辆，同比分别下降51.5%和55.4%。上汽通用五菱重庆工厂产值和产量分别完成114.5亿元和33.4万辆，产值同比增长6.3%，产量同比下降3.8%。众泰汽车重庆公司产值和产量分别完成29.7亿元和4.3万辆，同比分别增长249.8%和157.7%。北京现代重庆工厂产值和产量分别完成58.5亿元和7.8万辆，同比分别增长345.6%和183.9%。

（六）支柱拳头产品

骨干车企的多款车型进入全国细分大类市场销量排行榜前列。长安逸动以12.6万辆的成绩进入全国自主品牌轿车销量排行榜前10名。长安CS55、CS75、CS35分别以16.5万辆、14万辆、13.1万辆的销量列全国自主品牌SUV销量排行榜第6、第8、第9名。东风小康的风光580，长安福特的福睿斯，长安汽车的CS55、CS75、CS35，上汽通用五菱的五菱宏光等乘用车产品全年销量均超过10万辆。

（七）战略性新兴产业

生产新能源汽车4万辆，同比基本持平，全国占比3%，较2017年下降约2个百分点。推广应用新能源汽车1.4万辆，同比下降25%，年度推广应用量未排进全国前十。生产中低等级智能网联汽车15.2万辆，同比增长53%。

二、发展中存在的问题

重庆汽车制造业发展中主要存在以下问题。

一是战略性新兴产业规模偏小。新能源和智能汽车产业规模仍然太小，行业转型升级步伐还不够快。2018 年，全市新能源汽车产量只有 4 万辆，全国占比只有 3%，占全市汽车产量的比重只有 2%。

二是整体研发能力不够强。除长安汽车外的其他整车企业自主研发能力普遍偏弱。全市汽车产业研发投入强度约 1.5%，整车企业的研发投入强度为 3% 左右，与国际一流车企 5% 左右的研发投入强度差距较大。

三是配套能力还需继续提升。重庆汽车零部件核心配套，特别是汽车电子、自动变速器等高技术含量、高附加值的关键零部件配套相对薄弱，新能源和智能汽车方面的电池、电机、智能驾驶系统、智能网联终端等尚处于培育或引进发展起步阶段。

三、2019 年发展目标

2019 年，重庆汽车制造业将深入贯彻实施大数据及智能化发展战略，坚持新发展理念，坚持质量第一、效益优先，推动质量变革、效率变革、动力变革。以发展新能源和智能网联汽车为主线，以推动汽车和先进制造、信息通讯、互联网、大数据、人工智能深度融合为主要途径，以创新为抓手，固优势、补短板、强弱项，优环境、提品质、创品牌、增效益，推动转型升级，实现由高速增长向高质量发展转变，巩固在全国的领先地位，增强对全市经济发展的支撑作用。全市汽车制造业全年实现汽车产量 210 万辆、产值 3800 亿元，分别同比增长 3.4%、4.1%。

附件：

2018 年重庆汽车制造业及重点企业产值产量

企业	产值		产量	
	完成（亿元）	同比（%）	完成（万辆）	同比（%）
汽车制造业	3671.2	-17.6	-	-
汽车整车	1755.1	-32.1	205.0	-27.5
改装车	143.7	2.6	3.4	10.8
汽车零部件	1772.4	-1.8	-	-
长安汽车	523.7	-19.8	62.6	-21.7
长安福特	434.1	-55.7	39.5	-52.8
长安铃木	49.3	-47.6	5.3	-46.6
长安跨越	51.8	11.0	15.6	37.2
银翔集团	73.2	-25.1	14.4	-51.4
小康股份	192.3	8.9	32.4	7.0
华晨鑫源	120.0	23.4	18.3	12.9
力帆集团	24.4	-51.5	3.5	-55.4
众泰汽车重庆公司	29.7	249.8	4.3	157.7
庆铃公司	108.0	5.0	6.7	-5.5
上汽依维柯红岩	165.0	25.5	5.6	15.8
上汽通用五菱	114.5	6.3	33.4	-3.8
北京现代重庆工厂	58.5	345.6	7.8	183.9

注：银翔集团、小康股份、力帆集团产值数据仅包含汽车整车部分。

（执笔人：王昭杰）

摩托车工业

重庆市经济和信息化委员会汽车工业处

一、2018年发展回顾

重庆摩托车制造业在整车企业引领下，充分利用重庆摩托车行业技术、人才、配套等优势，不断向通机、装备、农机等产业延伸，持续推动产品创新，加快推进结构调整，积极拓展海外市场，实现了产值、利润双上升，提质增效初见成效。

（一）基本情况

截至2018年底，全市有摩托车整车企业36家，规上零部件企业450余家，已形成了年产1000万辆整车和2000万台发动机的综合生产能力，具备发动机、离合器、车架、减震器、转向、轮毂、轮胎、仪表等各大总成完备的配套能力。

全市生产摩托车389.1万辆，同比增长5.5%，全国占比25.0%；实现产值846.46亿元，与上年持平；实现主营业务收入791.7亿元，同比下降0.7%；实现利润总额57.3亿元，同比增长6.5%；实现利税总额87.8亿元，同比增长4.0%。

（二）生产运行

全国摩托车月度产量增幅呈先升后降走势。重庆市摩托车月度产量增速呈现出“V”字形走势。1月、2月同比大幅下降，3月降到最低（-20.6%），上半年呈负增长态势，8月起开始增长，直到11月达到全年最高点（28.6%），12月同比增长23.8%。

（三）骨干企业

市内独立报统的摩托车企业中，产量居前十位的是隆鑫、宗申、航天巴山、力帆、建设雅马哈、大隆宇丰、利爵、润通动力、鑫源、望江，分别达到75.3万辆、41.3万辆、37.5万辆、30.9万辆、26.9万辆、23.2万辆、23万辆、18.5万辆、13.8万辆、8.4万辆。上述十家企业合计生产摩托车 298.7 万辆，全市占比 76.8%。包括市外分支机构在内，2018 年，重庆隆鑫、力帆、银翔、宗申共 4 家企业进入全国摩托车销量排名前十，销量分别达到 109.67 万辆、99.81 万辆、97.41 万辆、80.61 万辆，分列第 2、第 3、第 4、第 6 位。

（四）出口情况

实现出口交货值 171.6 亿元，同比增长 7.7%。包含市外分支机构在内，重庆隆鑫、宗申、银翔、力帆 4 家企业进入全国摩托车出口金额排名前十，出口金额分别达到 4.67 亿美元、3 亿美元、2.52 亿美元和 2.41 亿美元，分列第 1、第 4、第 6、第 7 位。隆鑫、银翔、力帆、宗申、航天巴山 5 家企业进入全国摩托车出口量排名前十，分别出口 88.15 万辆、47.49 万辆、41.38 万辆、39.25 万辆、26.41 万辆，分列第 1、第 3、第 4、第 5、第 10 位。

（五）产品情况

摩托车企业大力开展技术创新，不断研发适销对路的新产品。隆鑫代工的 350 摩托车、建设雅马哈的踏板车等填补了重庆市踏板摩托车产品空白；隆鑫、宗申、鑫源、望江等面向欧洲等发达地区推出了大排量摩托量产品，为重庆摩托车企业进入大排量高端发动机及整车领域奠定了基础；同时，宗申、隆鑫、鑫源等依托摩托车产业基础在无人机、农机等领域也取得了较好成绩；隆鑫及银钢的复古车和边三轮、环松的沙滩车、广本万强的雪地车等成为特色产品，进一步丰富了重庆摩托车的产品种类。

二、发展中存在的问题

2018 年，重庆摩托车制造业发展中主要存在以下问题：一是产品结构不尽合理。摩托车的主力产品主要是近年销量持续下滑的中小排量跨骑车和弯梁车，结构相对单一且档次和盈利能力不高，增长较好的踏板车方面，仅建设雅马哈实现大批量生产，超过 3000 万辆的电动两轮车还没有较为成熟的产品，大排量高端摩托车产品的整体规模也偏小。急需抓住新国标实施契机，在加快传统摩托车转型升级的同时，加快踏板及电动摩托车的发展。

二是研发能力仍然不足。全市摩托车产业的研发投入强度尚不到 1%，除少数重点企业的研发投入在 3% 左右外，不少企业的研发投入均不到 0.5%。同时，虽然重庆市宗申、隆鑫、力帆等企业建有国家级企业技术中心，不少企业也建有市级技术中心，但还有一大批企业特别是一些中小零部件企业几乎没有技术研发机构，缺乏自主研发能力。

三是产品的可靠性和耐久性需尽快提升。相比国际知名品牌，重庆市摩托车产品整体上的可靠性和耐久性还有较大差距，已成为重庆市摩托车产品声誉的重要影响因素，急需高度重视和加快提升。

四是品牌意识需要加强。虽然重庆市不少摩托车品牌在国内市场拥有一定知名度，但因产品品种未跟上市场需求变化等，现品牌影响力已明显有所下降。而国际市场，重庆市绝大部分的出口产品多为贴牌销售，缺乏有影响力的自主品牌支撑，导致平均单车出口价值较低（600—700 美元 / 辆），对价格和规模的依赖度较高，利润低，抗国外市场政治、经济形势影响能力弱。

五是融合发展的紧迫感需要增强。智能化、网联化技术发展迅猛，新材料、新工艺持续涌现，对制造业发展已带来巨大的影响。而重庆市摩托车产业多数企业对新技术、新材料、新工艺发展对产业的影响力认识还不足，相关应用滞后，急需提高认识，增强紧迫感，加大相关融合发展力度。

三、2019 年发展目标

重庆摩托车制造业将加快推动转型升级发展。加快产品结构调整，积极拓展踏板和电动摩托车市场，形成新的发展优势；引导支持摩托车企业开展智能化改造，建设智能高效的生产体系，大力提升产品质量；在国家“一带一路”政策引领下，支持企业大力拓展国外市场，强化企业出口自主品牌培育，加强出口产品质量管理，优化国外市场售后服务，形成完善的国外市场发展体系。产销摩托车 400 万辆，规上企业实现工业总产值 850 亿元，实现小幅增长。

附件：

2018 年重庆市摩托车重点企业产量

单位：辆，%

序号	单位名称	2018 年产量	2017 年产量	同比增长
1	重庆隆鑫机车有限公司	753164	641869	17.3
2	重庆宗申机车工业制造有限公司	412702	453171	-8.9
3	重庆航天巴山摩托车制造有限公司	375393	382098	-1.8
4	力帆实业（集团）股份有限公司	309121	254984	21.2
5	重庆建设雅马哈摩托车有限公司	268574	213696	25.7
6	重庆大隆宇丰摩托车制造有限公司	231598	145325	59.4
7	重庆利爵摩托车制造有限公司	229733	128810	78.4
8	重庆润通动力制造有限公司	184837	174489	5.9
9	重庆鑫源摩托车股份有限公司	137686	155831	-11.6
10	重庆望江摩托车制造有限公司	84278	87763	-4.0
11	重庆尊赐摩托车有限公司	81651	9479	761.4
12	重庆光宇摩托车制造有限公司	71822	70094	2.5
13	重庆恒胜集团有限公司	69899	79768	-12.4
14	重庆安第斯摩托车制造有限公司	59249	139942	-57.7
15	重庆东本摩托车制造有限公司	55962	55257	1.3

（执笔人：甘汁冰）

轻工业

重庆市经济和信息化委员会消费品工业处

一、2018 年发展回顾

（一）行业经济运行稳中有进

轻工行业规模以上企业 742 家，实现工业总产值 1301.81 亿元，同比增长 3.6%；出口交货值 41.69 亿元，同比增长 3%；实现利税总额 100.62 元，同比下降 1.8%。重点子行业情况如下。

造纸及纸制品行业：规模以上企业 112 家，主营业务收入共计 316.17 亿元，同比增长 17%；利税总额 23.64 亿元，下降 16.3%。

塑料制品业：规模以上企业 256 家，主营业务收入共计 318.55 亿元，同比下降 0.3%；利税总额 35.75 亿元，同比下降 1.8%。

家居行业：规模以上企业 85 家，主营业务收入共计 84.66 亿元，同比增长 2.9%；利税总额 12.14 亿元，同比增长 21.7%。

印刷和记录媒介复制业：规模以上企业 109 户，主营业务收入共计 129.22 亿元，同比增长 4.3%；利税总额 15.43 亿元，同比下降 0.8%。

文工体用品制造业：规模以上企业 42 家，主营业务收入共计 93.24 亿元，同比下降 0.5%；利税总额 11.6 亿元，同比增长 13.9%。

照明器具及燃气具制造业：规模以上企业 26 家，主营业务收入共计 49.3 亿元，同比下降 16.3%；利税总额 8.8 亿元，同比下降 21.8%。

（二）特色化产业集群发展格局加速形成

一是梁平生态塑料产业培育集聚效应显现。累计引进广东狮特龙、江苏金坛博盟、江苏彬源、山东名正电子等 80 余家大中型塑料企业，计划总投资 133.54 亿元，设计年产值 201.31 亿元。已投产浙江中财集团、福建融康包装、豪威尔塑胶制品等塑料项目 38 个，完成投资 35.61 亿元，达产年产值 55.83 亿元。美粒子新材料、重庆泽通管业等 25 个项目正在建设，计划总投资 51.3 亿元，设计年产值 75.4 亿元。福建茶花、天津禧天龙等塑料龙头企业正在开展招商洽谈，雄安新区塑料产业转移承接工作有序推进。

二是荣昌、奉节眼镜产业集群持续发力。荣昌眼镜产业园17.7万平方米标准厂房已基本建成，入驻浙江方氏眼镜、重庆睿盟光学、重庆索途光学、重庆意匠眼镜、重庆丽海眼镜等20余家企业，其中8家已试生产，已生产销售眼镜100万副并成功出口欧洲和东南亚。以园区入驻企业为纽带，建立了政府、企业、协会、高校合作机制，引进天津职业大学建设眼镜创新孵化中心，委托中央美术学院设计眼镜产业园景观，以“旅游+工业”为特色的“视界小镇”园区风貌以及市区两级联合制定的产业承接政策，为该园区吸引沿海眼镜产业转移奠定了坚实的基础。奉节县眼镜产业园累计入驻眼镜产业企业15家，包括镜架生产7家、镜片生产4家、隐形眼镜1家、配件生产1家、眼健康产品生产1家、产品包装生产1家，计划投资4.7亿元。其中4家企业投产、1家试生产、5家在建、5家计划11月陆续入场开工。

三是家具产业集群培育势头强劲。长寿工业园区荣膺“中国家居（木业）产业基地”“中国十大木业产业加工园”“中国套装门之都长寿生产基地”等全国性荣誉称号。“长寿家居”集体商标注册申请获得国家知识产权局受理。园区拥有重庆市名牌产品2个、重庆市著名商标13个。家居产业用地已达2平方公里，产值规模突破百亿元大关，豪迈、佳禾、双羽、恒固席勒等50余家全国知名家居企业落户园区，已形成规模达1000万套木质套装门、30万套橱柜、30万套办公家具及智能家居类的家居产业集群，以及与其配套的建筑材料和家居五金配饰配件产业。开州区临江家居产业园已签约企业48家，总建筑面积39.22万平方米，一期工程进展顺利，已完成总工程量的70%，在8月中旬交付12家企业入驻进场装修。项目建成投产后，可实现工业产值15亿元，解决5000人就业问题。

二、行业发展中存在的问题

一是部分重点项目建设遭遇政策瓶颈。受长江经济带严禁新增造纸产能的环保政策影响，丰都山鹰纸业投资100亿元的200万吨造纸招商项目、长寿亚太纸业62万吨文化纸生活纸新建项目和江津玖龙纸业第四期50万吨、武隆灵烽纸业45万吨技改扩能项目均处于搁置状态。

二是企业经营压力不断加大。受要素成本提升、市场拓展能力不足的双重挤压，2018年，2个子行业产值同比下滑，分别是照明器具制造产值51.6亿元，下滑18.2%；木材加工业产值35.7亿元，下滑6.5%。

三是转型升级压力大。重庆市大部分轻工企业规模小、实力不强，自主创新能力弱，产品以中低端为主，存在一定的结构性矛盾。企业转型升级内生动力不足，在新技术和新工艺的研发应用上投入不够，精细化管理体系有待提升。产品品牌效应不强，参与国内统一市场竞争和开拓国外市场压力大。

三、2019年发展目标

聚焦居民消费需求升级和消费行为变化趋势，开展基于大数据应用的个性化定制、基于优化生产流程和品质管控的智能化应用；提升行业生产效率、研发水平和销售能力；探索构建消产业生态资金链的新模式；利用南向通道，打通家具行业原材料进口渠道，瞄准原料供应、辅料生产等产业链短板，完善产业链，构建产业生态，力争产业实现产值1380亿元。

附件：

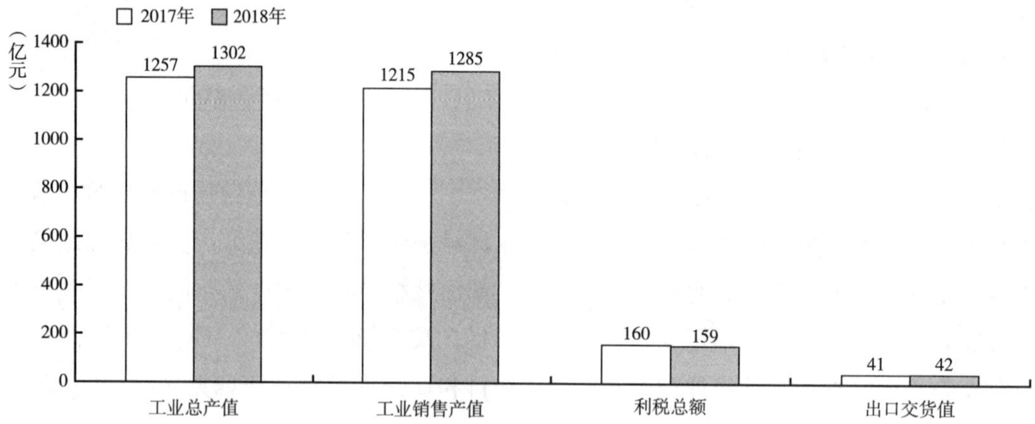

图1　重庆市轻工业主要经济指标

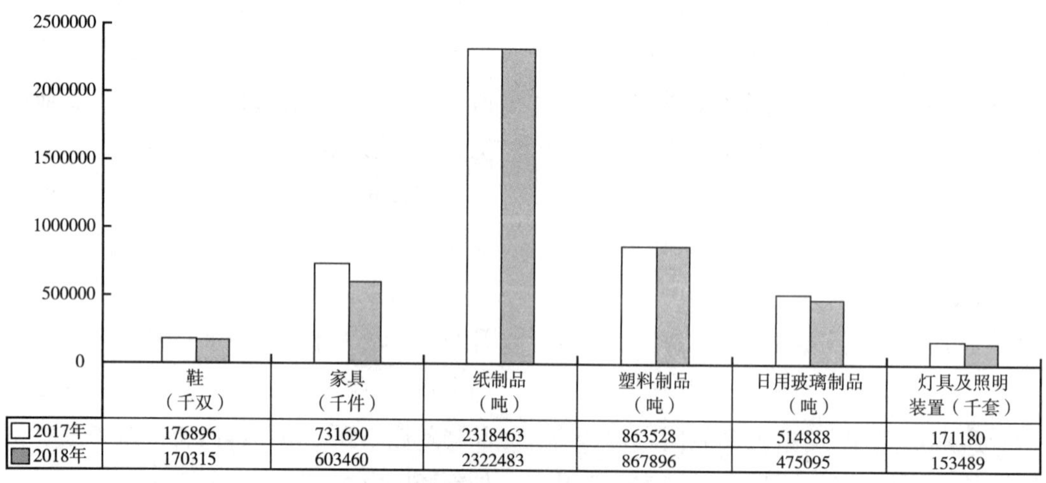

	鞋（千双）	家具（千件）	纸制品（吨）	塑料制品（吨）	日用玻璃制品（吨）	灯具及照明装置（千套）
□2017年	176896	731690	2318463	863528	514888	171180
■2018年	170315	603460	2322483	867896	475095	153489

图2　重庆市轻工业主要产品产量

（执笔人：余菲）

纺织工业

重庆市经济和信息化委员会消费品工业处

一、2018年发展回顾

（一）行业经济运行受宏观经济形势影响持续走低

受统计口径调整、中美贸易摩擦以及网上营销渠道冲击等综合因素影响，重庆市规模以上纺织服装企业224家（纺织77家，服装75家，制鞋业72家），完成工业总产值314.98亿元（纺织63.9亿元，服装69.85亿元，制鞋181.22亿元），同比下降7.9%；实现出口交货值26.74亿元，同比下降25.4%。

从行业效益看，实现主营业务收入306.23亿元，同比下降6%；实现利润29亿元，同比下降2.7%。

（二）服装订单加工产业增量培育取得阶段性进展

荣昌区重点在工贸一体化、产业链配套和智能制造上下功夫，新引进洪德服饰、尚伟服装、花珈服饰、魅美服饰、阿邦思服装检测中心、德国DVC订单发布中心等企业（机构）7家。合同总金额5.2亿元，其中固定资产投资额约4.1亿元，全部建成后可解决3000人以上就业问题，实现产值20亿元以上。

酉阳县重点在利用返乡创业资源、走产业扶贫之路上做文章。新引入服装加工企业超过80家，新增就业人员2000余人。其中由我处牵头的带动性项目有江苏国泰集团项目、浙江张氏服装项目和江苏东奥制衣扩能项目。上市公司江苏国泰集团和浙江省大型服装生产企业蓝翔反光材料公司分别落户板溪园区和小坝园区。全县年加工各类服装约2500万套（件），预计可实现产值约8亿元，较2016年增长了12倍。总就业人员4000多人，其中建卡贫困户达800余人，月平均工资达2000元以上。张氏服装公司在7个贫困村建成了扶贫车间，有效带动农村富余劳动力就地转移就业。

二、行业发展中的问题

一是创新发展动能积蓄不够。受国际国内市场结构调整影响，以中小企业为主的重庆市纺织行业因抗风险能力低、智能制造能力弱、研发投入不足、营销渠道传统单一等原因，创新驱动发展新动能积蓄不够。

二是产业生态体系不完善。纺织行业织造、印染和后整理环节薄弱，原料和市场两头在外，服装业对面辅料等配套环节议价能力较弱，市场反应速度慢，产品竞争力不强。

三是产业集群化效应未达预期。现有纺织服装集聚区因融资环节缺乏有力支撑，园区集聚效应未充分释放。

三、2019 年发展目标

以智能化为引领，以纺织服装创新培育为中心，运用技术创新和制度创新的双轮驱动，重构重庆市纺织服装产业供给结构。加快行业上下游企业供需对接，完善产业链；搭建行业共性技术研发中心、服装设计平台等，构建创新链；完善供应链金融服务机构，引入资金链；进一步加强学习、解放思想，延长服务链；力争纺织行业产值超 350 亿元。

（执笔人：余菲）

装备制造业

重庆市经济和信息化委员会装备工业处

一、2018年发展回顾

以住房、汽车为主的经济带动作用减弱，外贸摩擦时有发生，整个国民经济增长放缓，重庆市装备制造工业继续保持增长，但增幅有所回落。全年1080家规模以上企业工业增加值增长4.8%，比全市规上工业平均增幅（0.5%）高4.3个百分点，完成工业总产值1827亿元，同比增长5%，比全市规上工业平均增幅（2.9%）高2.1个百分点，但增幅比上年低7.3个百分点；实现销售产值1793亿元，增长5%，增幅比上年低7.4个百分点。

实现出口104亿元，增长15.9%，增幅比上年高6.1个百分点，其中通用设备制造业出口52.9亿元，同比增长23.2%（如重庆宗申通用动力机械公司出口10.4亿元，增长23.9%，重庆大江动力设备制造公司出口8.5亿元，增长18.7%），电气机械和器材制造业出口22.9亿元，增长18.9%（如神驰机电股份有限公司出口5.1亿元，增长74.4%）。

实现利润147亿元，同比增长2.3%，其中专用设备制造业实现利润33亿元，同比增加3.7亿元，增幅12.7%，通用设备制造业实现利润61亿元，同比增长4.4亿元，增幅7.6%，是利润增幅最大的两个子行业。电气机械和器材制造业实现利润13亿元，同比减少7.9亿元，降幅38.1%，是利润下降幅度最大的子行业（如重庆水轮机厂实现利润109万元，同比减少1.1亿元，降幅99%，重庆海装风电设备公司实现利润3065万元，同比减少2亿元，降幅86.6%，重庆ABB变压器公司实现利润0.9亿元，减少1.4亿元，降幅62.4%）。

（一）子行业

一是金属制品业完成工业总产值437亿元，占全行业的比重为23.9%，同比增长3.4%。其中结构性金属制品制造业和金属表面处理及热处理加工业分别完成197.1亿元和40亿元，同比增长10.9%和7.9%；金属丝绳及其制品制造业完成16亿元，同比增速持平；集装箱及金属包装容器制造业、铸造及其他金属制品制造业、金属工具制造业分别完成18.2亿元、113.1亿元、52.7亿元，同比下降16.7%、3.8%、2.1%。

二是通用设备制造业完成工业总产值708亿元，占全行业的比重为38.8%，同比增长7.1%。其中，金属加工机械制造业、其他通用设备制造业、物料搬运设备制造业、锅炉及原动设备制造业、轴承齿轮和传动部件制造业、通用零部件制造业、烘炉风机包装等设备制造业分别完成114.5亿元、47.6亿元、68.6亿元、151亿元、74.5亿元、97.6亿元、79亿元，同比增长16.4%、10.8%、8.6%、8.3%、7.6%、4.3%、0.5%；泵阀门压缩机及类似机械制造业完成75.3亿元，同比下降1.4%。

三是专用设备制造业完成工业总产值367亿元，占全行业的比重为20.1%，同比增长5.9%。其中，食品饮料烟草及饲料生产专用设备制造业、纺织服装和皮革加工专用设备制造业、印刷制药日化及日用品生产专用设备制造业、采矿冶金建筑专用设备制造业、环保邮政社会公共服务及其他专用设备制造业、农林牧渔专用机械制造业分别完成1.1亿元、10.8亿元、14.5亿元、96.4亿元、84.7亿元、75.5亿元，同比增长40.6%、32.7%、22.1%、10.7%、8.2%、5%；化工木材非金属加工专用设备制造业完成83.5亿元，同比下降4.4%。

四是铁路、船舶、航空航天和其他运输设备制造业完成工业总产值66亿元，占全行业的比重为3.6%，同比下降7.8%。其中，铁路运输设备制造业、航空航天器及设备制造业、非公路休闲车及零配件制造业分别完成18.3亿元、2.5亿元、9亿元，同比增长36.5%、21.9%、15.4%；助动车制造业、船舶及相关装置制造业、城市轨道交通设备制造业分别完成0.5亿元、23.1亿元、12.3亿元，同比下降68.5%、21.3%、0.1%。该子行业产值下降主要是因为船舶产品市场仍较低迷，多数船舶生产企业产销下降。丰都县丰平船舶公司产值2.8亿元，同比下降25%，重庆泽胜投资集团有限公司产值1.2亿元，同比下降14.4%，重庆科发船舶修造有限公司产值1.3亿元，同比下降14.5%。

五是电气机械和器材制造业完成工业总产值249亿元，占全行业的比重为13.6%，同比增长2.2%。其中，电机制造业完成104.2亿元，同比增长15%；输配电及控制设备制造业、其他电气机械及器材制造业分别完成143亿元、1.5亿元，同比下降3.6%、20%。

通用设备制造业和专用设备制造业占全行业产值比重大，增幅相对较大，对装备行业增长贡献较大。

（二）重点企业

50家行业龙头企业完成工业总产值360亿元，同比增长12.1%，增幅高于全行业7.1个百分点。与前两年相比，龙头企业经过转型升级和智能化改造，生产经营状况、产品竞争力、市场情况、主营产品盈利情况等都显著改善，行业带动性逐渐凸显，如康明斯、机床集团、江东机械、长江轴承、气体压缩机厂、科凯前卫、三峰卡万塔等企业。

（三）重点产品

一是智能制造装备产量增长势头强，数控机床、数控装置、工业机器人产量分别为3925台、1387套和2836台，同比增长59.6%、11.5%和64.1%。二是清洁能源装备产量增长可喜，发电设备产量141万千瓦，同比增长36%，其中水电设备116.6万千瓦，增长34.2%，风电设备24.4万千瓦，增长45.2%；变压器产量4209万千伏安，高压开关设备（11万伏以上）1.4万台。三是多数专用设备增长形势较好，矿山专用设备3.7万吨，增长15.3%，建筑工程用机械2288台，增长254.2%，农产品初加工机械1.7万台，增长60.8%，电子工业专用设备863台，增长17.7%，机械化农业及园艺机具46.4万台，增长4.9%。

二、发展中存在的问题

一是产品中低端化严重。重庆市传统机械行业产值占全行业的比重达70%以上，产品低端、同质竞争现象突出，同时传统企业研发投入长期不足，基础零部件、输配电装备、农业机械、船舶等行业技术创新能力较弱，缺乏市场竞争力。

二是新产业新产品培育乏力。战略性新兴产业规模小，机器人及智能装备、高端交通装备、环保装备产业规模均不足200亿元。同时产业链不完整，增材制造装备、激光加工装备、在线监测装备、智能仓储物流装备等整机还未实现本地制造，减速器、控制系统等关键零部件仍未取得突破。

三是带动性强的龙头企业和龙头产品不足。年产值百亿元以上的只有机电控股集团、重庆船舶工业公司2家企业，40亿~100亿元的企业数为零，行业集聚性不够。轨道交通装备、风力发电装备整机年产值均不足40亿元，龙头产品少且带动性不足。

三、2019年发展目标

深入贯彻落实《重庆市发展智能制造实施方案（2019—2022年）》，力争引进智能制造关联产业企业100家以上，智能制造关联产业产值突破220亿元；抓好招商引资，推动40个储备项目尽快签约落地，并力争在关键领域取得突破；规上企业实现产值1925亿元，同比增长5.4%。

（执笔人：王刚）

材料工业

重庆市经济和信息化委员会材料工业处

一、2018 年发展情况

按重庆市“6+1”产业分类，材料工业主要包括冶金和建材产业，是重庆市传统优势产业和培育发展的支柱产业之一。有规模以上企业 1076 家；实现总产值 2663.6 亿元，同比增长 20.2%；增加值同比增长 11%；利润总额 219.6 亿元，同比增长 78.1%。

（一）供给侧结构性改革有序推进

一是巩固供给侧结构性改革成效。严格落实产能置换政策，建立长效机制，严格审查产能过剩行业项目。指导永航、足航严格按照市政府公告的产能置换方案建设；完成东升铝业、天泰铝业、拉法基产能置换公告；完成 4 家钢铁企业实施差别电价政策企业甄别工作并向社会公告；引导金凯特殊钢公司通过转型升级退出钢铁行业；淘汰关闭落后烧结砖瓦企业 191 家；完成拉法基南山工厂关停收尾相关工作。

二是严防“地条钢”死灰复燃。严格对标对表建立严防“地条钢”死灰复燃长效机制，对 31 个区县 284 家企业 723 台中（工）频炉逐一落实责任单位和责任人，定期更新监管台账，每月对异常企业进行排查。发现并处理 13 条疑似新增产能和“地条钢”线索。召开专题片区会，针对性开展专项抽查。

三是钢铁去产能工作得到国务院表彰。作为化解钢铁、过剩产能工作成效总体较好的省（区、市），国务院办公厅对重庆市进行了通报表扬。

（二）高质量发展步入良性轨道

一是引导行业高质量发展。制定完成《重庆市冶金工业发展规划（2018—2020 年）》。完成对全市铝、铜、陶瓷、锰及铁合金、不锈钢产业发展以及生态红线划定对全市工业影响的专项调

表 1 2018 年重庆市材料工业主要产品产量

类别	名称	计量单位	2018 年	2017 年	同比增长（%）
冶金产品	生铁	万吨	577.95	384.10	50.5
	其中：重钢股份	万吨	577.95	364.10	58.7
	粗钢	万吨	638.16	411.44	55.1
	其中：重钢股份	万吨	638.15	411.40	55.1
	钢材	万吨	1183.93	869.39	36.2
	重钢股份	万吨	611.07	390.47	56.5
	万达薄板	万吨	470.02	353.94	32.8
	外购钢材再加工生产钢材	万吨	333.66	299.83	11.3
	铝材	万吨	189.39	175.76	7.8
	其中：西南铝	万吨	110.59	103.82	6.5
	铜材	万吨	13.13	13.70	-4.2
	铁合金	万吨	63.04	31.49	100.1
	十种有色金属	万吨	57.67	55.56	3.8
	氧化铝	万吨	73.60	68.50	7.5
	电解铝	万吨	51.49	50.38	2.2
	铝合金	万吨	61.03	66.44	-8.1
	其中：剑涛铝业	万吨	10.41	8.87	17.5
	顺博铝合金	万吨	13.61	17.59	-22.6
	新格有色	万吨	4.57	5.71	-20.1
建材产品	水泥	万吨	6577.54	6153.13	6.9
	商品混凝土	万立方米	7047.44	6998.08	0.7
	石灰石	万吨	5373.70	5313.77	1.1
	平板玻璃	万重量箱	1589.15	1445.06	10.0
	玻璃纤维纱	万吨	64.52	47.05	37.1
	玻璃纤维布	万米	7975.00	7667.48	4.0
	陶瓷砖	万平方米	4310.57	6515.68	-33.8
	其中：瓷质砖	万平方米	1267.83	1458.68	-13.1
	陶质砖	万平方米	3042.75	5057.00	-39.8

表2　2018年材料工业子行业增量及对材料工业增长贡献率

单位：亿元，%

行业类别	子行业名称	增量	增长贡献率
冶金工业	钢铁行业	143.79	32.12
	有色加工业	54.14	12.10
	有色冶炼业	2.61	0.58
	铁合金行业	49.71	11.11
建材工业	水泥及制品行业	161.51	36.08
	陶瓷行业	7.80	1.74
	玻璃纤维及复合材料业	8.81	1.97
	非金属矿采选业	-26.33	-5.88
	砖瓦、石材制造业	12.69	2.84
	玻璃行业	0.32	0.07

研报告。制定新材料产业链完善指南，31家新材料企业获得2196万元资金奖励。引导企业推动大数据智能化改造，推动完成13个机器换人项目、5个智能工厂和数字化车间建设示范建设，争取大数据智能化方向奖励资金1352万元。

二是夯实新材料产业发展基础。探索新材料研发与应用新模式，推动川渝新材料测试评价平台和长安新能源汽车轻量化材料生产应用示范平台建设，参加了工信部投标工作。万州金龙铜管开始筹备建立院士工作站、中纳科技和南涪精密制造在两江新区建设研发中心。

三是加快推进行业绿色发展。对33家水泥企业、533家烧结砖企业实施错峰生产，每条水泥生产线平均错峰停产96.5天、烧结砖企业平均错峰停产91.8天。

（三）重点工作高效落实完成

一是推进重大项目建设。紧抓“五个一批”项目建设，强化重点项目跟踪，及时协调解决有关问题，确保“五个一批”重点项目总体平稳推进。对材料工业2018年27个市级重点项目建设项目以及11个达产项目进行了走访跟踪服务，随时掌握企业运行动态，提升材料工业增长后劲。

二是开展招商引资。通过组织和引进中国金属冶金展、中国国际新博会、锂电资本峰会、中国铁合金国际会议、智博会、进博会等重要会展平台，完善新材料上下游产业链。推动綦江、永川与营口铝产业园、佛山铝产业园对接，组织区县赴上海、广东、四川等地考察招商，帮助城口对接陕西钢铁集团推动锰产业提档升级。对材料工业10个重点目标企业开展招商，金龙铜管二期、云天化国际复合高模量玻纤等项目成功落地签约。

三是服务民营企业发展。对永川、南川、涪陵等区县40家材料工业重点民营企业走访实地服务，支持61个民营企业项目奖励资金9667万元，项目个数占全行业的79.2%，资金支持额度占全行业的76.2%。民营企业投资亿元以上重点项目24个，完成投资51.6亿元，其中新开工8个，续建6个，已投产11个，实现材料工业民营经济平稳较快增长。

（四）新材料产业保持稳中有进

一是前沿新材料发展增长较快。墨希科技

与恒大（重庆）高科技公司完成增资扩股，拟订具体的发展计划，实现产值 0.8 亿元，首个产业化产品石墨烯美容仪成功推向市场。华碳新材料（重庆）公司石墨烯导热膜、导电膜实现销售产值 320 万元。重庆启越涌阳石墨烯 X 射线管进入试生产。重庆石墨烯研究院在石墨烯应用方面取得较大进展，已经与宗申动力、恒大集团展开合作。两江新区烯成石墨烯测试中心已经正式挂牌运营。中纳科技绿色环保纳米新材料产业化项目二期工程进入试生产，防护口罩生产线已经投产，电池隔膜生产线建成开始调试设备。

二是关键战略材料进展顺利。轻量化材料方面，中铝西南铝 7050 铝合金预拉伸厚板通过中国民用航空适航鉴定，获得中国商飞授权，进入 C919 飞机合格产品目录，成为国内唯一国产大飞机用铝材合格供应商。同时西南铝还承担“大飞机”飞机轮毂、窗框等部件生产示范线项目。金世利钛业一期航空钛合金项目完成投资 9 亿元，基本建成并已经试生产，填补重庆市钛合金产业空白。重庆超硅半导体 8 寸片已实现量产，12 寸片设备正在进行安装调试，已出样片，实现产值 1.2 亿元。鑫景特种玻璃项目建成试生产。特瑞新能源电池材料项目一期达产，实现 1.5 万吨磷酸铁锂产量。五龙动力正在研制高能量密度的三元锂电正极材料。国际复合 F05 高性能玻纤生产线投产。在长寿区、大渡口区用于汽车结构件的玻纤复材项目开工。

三是先进基础材料基础增强。西南铝完成部分主体设备改造，部分生产线正在进行智能化改造，已经建成年产 5000 吨铝汽车车身板生产线，产品已供应上汽等大型车企。万州平湖金龙铜业二期正在调试，达到了 8 万吨铜管产量。海亮铜业落户江津，厂房主体结构已经完成，主要生产精密铜管和高品质铜排。涪陵南涪精密制造有限公司新能源汽车轻量化材料项目二期已开始试生产，年新增产值 6 亿元，生产的新能源汽车电池托盘占据全国 60% 的份额。华峰年产 20 万吨铝板带箔项目熔铸、热轧车间开始试生产，实现产值 13.8 亿元，冷轧和精整车间建成开始调试设备。

二、存在的问题

一是结构性问题突出。冶金行业钢铁、铝材低端供应过剩，“城市矿产”资源利用不够充分，企业利润及生存空间有限，企业与市内支柱产业上下游协作还存在障碍，与汽车、电子等优势行业配套的精深加工产业规模亟待扩大；建材产业集中度偏低，导致龙头、规模效应无法完全显现，不利于资源利用效率最大化。

二是创新能力不强。研发投入强度仅 1.04%，行业生产应用协同创新体系尚未建立，新材料产业生态体系培育缓慢，产业链尚不完整，推广应用力度不够，新材料产业产值仅占全市材料工业的 15.4%（含化工、电子新材料），动能转换任务依然艰巨。

三是原料短缺限制产业发展。重庆市缺煤、无油、电贵、少矿，虽然天然气（页岩气）相对比较丰富，但天然气供应不受重庆市调配，使产业发展壮大缺乏足够的要素保障。生态环保政策规定日趋完善，采矿业受影响较大，石灰石、石膏、白云岩、白泡石等矿石原料采购难度加大、成本提高。上游原料产业发展受限对于下游深加工产业链支撑有限，不利于冶金、建材工业做大做强。

四是空间布局压缩造成物流成本提高。材料工业属于大宗物流行业，对物流成本敏感，沿江码头无法满足部分企业的运输需求，长江干流和主要支流沿岸 5 公里范围内禁止新布局工业园区，但新的高效低廉物流体系尚未构建完成，长江黄金水道的物流优势未充分发挥，造成企业物流成本有所提高。

五是招商引资压力大。钢铁、电解铝、水泥、平板玻璃被定位过剩产能，所有新建项目均需通过产能置换完成，产能指标获取较为困难；国家限制严重过剩产能行业出台优惠政策，规定对钢铁、电解铝、水泥、平板玻璃行业禁止自行实行电价优惠和电费补贴；重庆市材料产业生态链、科技创新优势还未形成，但成本、要素优势已不明显，龙头企业和配套产业对招商的作用未充分发挥。多重因素导致材料工业招商引资难，压力较大。

三、2019年工作打算

一是调整优化产业结构。鼓励企业技术改造，调结构、补短板、增供给，引导行业高质量和绿色发展。严禁产能过剩行业新增产能，巩固钢铁化解过剩产能和取缔“地条钢”工作成果，继续实施水泥、墙材企业错峰生产。二是补齐行业发展短板。继续推进创新平台、测试平台、推广应用平台建设，做好各平台建设前期工作，做好海南中航特种玻璃项目、河钢集团特钢项目的前期工作。三是大力推进大数据智能化与行业的融合。推动新材料智能制造和传统材料的智能化改造，重点推动一批“机器换人”项目、工业控制系统改造和传统工业智能化改造项目，加快数字化工厂、智能化车间示范项目建设。四是抓好重点项目投产达产。协调项目中的重大问题，继续推进忠旺铝型材基地、东鹏智能家居等在建项目服务工作，做好鑫景特种玻璃、华峰铝业以及永航、足航产能置换等重点项目的投产达产。五是做好行业服务工作。加强与“双百”企业、行业重点企业联系，抓好重点企业产能发挥，继续宣传各类支持政策，跟踪掌握材料行业生产运行态势，解决企业实际困难，做好“三服务”工作。六是全力以赴招商引资。加快新材料产业发展和招商引资，开展以展招商工作，重点对接龙头企业，重点推动绿色建材、新型铜材加工、铝轻量化基地、工业陶瓷、不锈钢加工等项目取得进展。

（执笔人：夏正伟）

城镇天然气工业

重庆市经济和信息化委员会环境和资源综合利用处

一、2018年发展情况

（一）发展基础更加稳固

坚持统筹兼顾，督促全市城镇天然气经营企业切实加大管网基础设施建设和天然气推广普及力度，全市城镇天然气行业规模不断扩大，发展基础更加稳固。截至2018年底，全市城镇燃气经营企业共147家，压缩天然气（CNG）加气站149个，各类用户840万户，供气总量达到99.5亿立方米，同比增长4.7%。城市门站内各类管线里程达到27100余公里，输配站场317座，储气装置98套，主城区“两环线八连线”主干骨架基本建成，全市38个区县城区供气100%实现管输化，65%的乡镇集镇供气实现管输化。

（二）服务民生卓有成效

深入开展全市城镇天然气行业服务质量提升活动，全行业企业认真贯彻落实“放管服”改革，进一步规范企业安装、通气、咨询投诉、接警处警等服务行为，提高服务效率和质量，客户投诉下降30%，天然气报装效率提高20%，推动营商环境不断优化。认真贯彻落实“乡村振兴”战略，扎实推进乡镇供气工程，实施乡镇供气设施建设43处，35个特色小镇管道天然气设施覆盖率达到97%。全市城镇天然气经营企业为工业企业降价减支3.5亿元。

（三）安全生产持续向好

深入开展涉油涉气领域安全生产专项整治、城镇天然气场站安全生产专项整治、户内安全专项整治，以及春节“两会”期间安全生产“百日攻坚”等专项活动，积极推进许可延续整改活动，企业安全运行管理更加规范，隐患排查治理能力进一步提升，应急预案体系更加完善，应急处置能力进一步增强，主体责任进一步落实。全年市、区县两级采取“四不两直”“双随机一公开”以及专项检查等方式，对企业的安全检查实现全覆盖。我委坚持常年开展安全检查工作，全年共计下发隐患整改通知书 11 份，督促整改较大以上隐患和问题 130 处，整改率 100%，全年未发生安全生产责任事故。

（四）制度体系不断健全

进一步明确市级、区县主管部门监管责任和企业安全生产责任制，工作界线更加明确，责任更加具体，建立了横向到边、纵向到底的安全生产责任制。强化企业应急物资管理制度建设，进一步完善物资存储、维护、使用等管理要求。进一步完善行政许可制度，制订资料清单、审查细则等标准，指导、规范区县审批行为。配合市人大常委会推进《重庆市天然气管理条例》修订工作，已完成二次审议。

（五）行业秩序持续规范

深入开展供区清理确认专项整治，推进供区规范管理，着力化解经营区域交叉、跨区域经营等历史遗留矛盾纠纷，完成永川、巴南、垫江等 14 个区县供区规范工作。开展乡镇天然气经营市场专项整治，重点整治无证经营行为，全面杜绝无证经营行为。开展用户设施安装市场整治，规范企业宣传、安装、收费、售后等行为，营造公开、公平、公正的市场环境，保障群众切身利益。

二、发展面临的挑战

一是安全压力大。重庆市天然气开发利用历史悠久，老旧管网设施数量多、分布广，但老城区管道通道走廊资源有限，开挖协调难度大，改造整治难度大。同时，用户数量已达到 840 万户，用户安全用气意识不强，整改隐患的主动性和积极性普遍较差，存在安全风险。

二是管理难度大。目前，乡镇经营企业有 103 家，用户数仅有 70 万户，占全市总用户数的 8%，平均用户数不足 1 万户；年供气 0.3 亿立方米，仅占全市供气总量的 3.3%。这些乡镇经营企业，受重庆市大山区、大库区、大农村的特性影响，难以做大做强，但又不可或缺，给行业安全规范管理带来极大困难。

三是发展压力大。一方面，受我国天然气对外依存度高达 40% 以上的影响，每年冬季上游企业采购大量的高价管道气和 LNG，导致城镇天然气经营企业购气成本难以疏导。一方面，落实降低制造业企业成本的政策，进一步增大了城镇天然气经营企业的困难。这些困难和问题，导致企业投入不足，难以保证基础设施持续投入和安全发展需要。

三、2019 年工作打算

继续以保障安全生产和民生服务为出发点，强化企业主体责任、区县属地监管责任、行业监管责任的落实，坚持问题导向，突出重点环节，加强督促检查，进一步推动全市城镇天然气行业安全稳定健康发展。

（一）推动安全生产能力提升

组织开展城镇天然气行业安全生产教育活动，着力增强全民安全用气意识和应急自救能力，提升从业人员素质和专业技术水平。组织开展运行管理能力提升活动，完善基础台账和运行管理制度，加强从门站到末端全流程设施设备运行管理和隐患整治。深入开展乡镇经营企业能力素质提升行动，强化乡镇经营企业工程建设管理、运行管理、用户安全管理，提高安全保障能力。同时，采取定期检查、随机抽查等方式，强化过程监督检查，严格执法，确保巡查和运行维护落到实处。

（二）推动输配保障能力提升

加大渝东南、渝东北区域供气干线设施、主城区管网互联互通设施建设力度，推进主城区“两环线、八连线”、云奉巫复线、两江新区页岩气利用管网等重点工程项目建设，提高供气保障能力。加大渝东南、渝东北区域乡镇供气设施建设力度，采取管道气源、CNG 气源、LNG 气源等多种方式，提高乡镇天然气普及率。继续加强老旧管道设施监测管理，及时整改隐患，加大更新力度，提高老城区供气保障能力。

（三）推动公共服务质量提升

进一步完善服务质量管理长效机制，厘清用户、城镇天然气经营企业和其他市场主体关系，规范相应市场行为，保障用户、企业合法权益。着力探索、推行专属经理、专属服务员、首问责任制等服务新机制，提高服务咨询投诉、故障报修、接警处警的及时性、便捷性。进一步落实月报、督办、约谈等服务质量提升活动机制，加强过程跟踪督导，推动服务质量不断提升。

（四）推动行业管理能力提升

结合工程建设项目审批改革相关要求，针对用户设施、市政设施进一步简化和明确相关流程、标准，强化站场、主干管线等关键设施和设计、施工、验收等关键环节的管理。研究制订户内设施安装维修管理、燃气设施新建（改动）审批相关管理办法，开展城镇天然气企业运行管理、燃气燃烧器具安装、燃气设施工程建设等地方标准研究。进一步完善城镇天然气经营企业、CNG 加气站经营企业执法监管机制，杜绝未批先建、无证经营、超范围经营等违法违规行为。

（执笔人：沈翱）

化学工业

重庆市经济和信息化委员会化工工业处

一、2018年发展情况

重庆市化学工业有规模以上工业企业301家，其中，基础化学原料制造业71家、化学肥料制造业31家、化学农药制造业9家、涂料颜料染料制造业37家、合成材料制造业25家、专用化学用品制造业55家、炸药火工及焰火产品制造4家、橡胶制品38家、其他31家。产品涉及化学矿山、化学肥料、化学农药、基础化学原料、涂料、颜料、染料、化学试剂、催化剂及助剂、黏合剂、炸药及火工产品、信息化学品、塑料、合成橡胶、合成纤维、橡胶制品、化工设备制造等17个大类。资产总额1399.3亿元，从业人员6.1万人。

规模以上化工企业主要经济指标完成情况：完成工业总产值1095.9亿元，比2017年增长7.9%；完成销售产值1053.1亿元，比2017年增长5.4%；完成出口交货值50.6亿元，比2017年增长19.9%；产销率为96.1%，比2017年降低2.3个百分点；实现主营业务收入1020.6亿元，比2017年增长5.7%；实现利税总额161.3亿元，比2017年增长26.9%（其中，利润总额114.9亿元，比2017年增长38%）。

规模以上化工企业实现主营业务收入1020.6亿元，比2017年增长5.7%。按行业类别分，基础化学原料制造业391.5亿元，比2017年增长8.1%，占化工行业的38.4%；化学肥料制造业100.4亿元，比2017年下降0.1%，占化工行业的9.8%；化学农药制造业23.5亿元，比2017年增长12.3%，占化工行业的2.3%；涂料油墨颜料制造业71.7亿元，比2017年下降9.6%，占化工行业的7%；合成材料制造业63.3亿元，比2017年增长13.9%，占化工行业的6.2%；专用化学产品制造业71.4亿元，比2017年增长2.7%，占化工行业的7%；炸药火工及焰火产品制造12.8亿元，比2017年增长5.6%，占化工行业的1.3%；橡胶制品业101.2亿元，比2017年下降10.1%，占化工行业的9.9%；其他制造业184.8亿元，比2017年增长20.9%，占化工行业的18.1%。

（一）发展特点

一是生产运行平稳增长。重庆化工累计工业总产值增速由年初的6.1%上升到年底的7.9%，处于平稳增长状态。9个子行业中，基础化学原料、肥料、农药、涂料油墨染料、合成材料、专用化学品、炸药火工、其他化工等8个子行业保持比2017年增长，只有橡胶制品比2017年下降。基础化学原料（行业产值占比37.4%）比2017年增长10.4%，高于行业平均增幅；肥料（行业产值占比11.1%）比2017年增长2.7%。

二是重点企业生产情况良好。重点监测的45家企业，产值比2017年增长的有36家，比2017年下降的有9家。45家重点企业完成工业总产值711.4亿元、占行业总量的64.9%、比2017年增长14.9%，高于化工行业增幅7个百分点，有力拉动行业增长。

三是行业效益持续向好。行业利润持续上升，盈利能力明显增强。完成利润114.9亿元、比2017年增长38%；利润率11.3%，比2017年提高2.6个百分点；亏损企业36家、比2017年减少6家，行业亏损面12%、比2017年收窄2.2个百分点；亏损企业亏损总额5.4亿元、比2017年下降62.7%。

四是行业转型升级稳步推进。一是行业结构持续向好。肥料制造业占比11.1%，比2017年减少0.6个百分点；农药等精细化工行业快速增长（产值比2017年增长18.7%）；化工新材料产值191.4亿元，同比增长14.4%。二是化工集聚区进一步优化发展，长寿、涪陵、万州、潼南等化工集中区完成化工产值773.1亿元、占化工总量的70.5%，比2017年提高0.1个百分点。

五是产品价格受市场波动影响较大。基础化学原料、肥料等传统行业是重庆市主要化工行业中类，50%的化工产品集中在基础化学原料和肥料行业，这些产品属于大宗通用性产品，精细化程度较低，附加值不高，市场竞争力弱、市场话语权较少。产品价格受市场波动较大，跟踪的64个化工产品有所回落，尤其是大宗产品。与上年12月价格相比，上升的有14个、下降的有26个、持平的有6个。

（二）招商引资

已签约项目14个，总投资150亿元；在谈项目17个，总投资224亿元；策划项目19个，总投资338亿元。一是与重点区县就招商项目专题沟通。借助“三服务”调研，与长寿经开区、龙桥组团、白涛工业园区、万盛煤电化园区专题探讨产业发展和招商问题，逐一了解招商项目情况及拜访计划，加强招商指导。二是与区县、园区联动招商。参与甲基丙烯酸甲酯、三氟化氮、聚酯瓶片、乙醇等项目招商，赴上海、浙江开展招商工作，拜访重点招商企业10余家。

（三）项目建设

投资同比增长23.7%。13个市级重点项目，当年计划投资37.5亿元、完成投资42.8亿元，完成计划投资。建设目标基本完成：新开工5个、续建项目5个、完工项目3个。重庆奕翔化学有限公司甲基丙烯酸甲酯等特种酯、华峰氨纶年产10万吨差别化氨纶扩建等项目顺利开工；重庆元利科技有限公司年产3万吨脂肪醇、重庆江川化工（集团）有限公司电子灌封材料生产、万利来化工股份有限公司年产2000吨电子级三氟化氮和1500吨超纯氨气体等建设按进度进行；重庆关西涂料有限公司迁址及扩建和重庆大禹防水科技发展有限公司防水材料等3个项目均已完工，已经投产。

（四）区县生产总量前 10 名情况

区县前 10 名情况：2018 年重庆 31 个有化工企业的区县，按工业总产值由大到小排序，前 10 名依次为涪陵、长寿、江津区、九龙坡区、永川区、荣昌区、万州区、垫江县、大足区、巴南区。

二、存在的问题

（一）原料短缺或者供应不稳定

一是天然气 / 页岩气供应短缺。重庆市主要天然气企业如建峰、卡贝乐和川维等，受冬季供暖影响，从每年的 11 月开始到来年的 3 月，天然气减量或者停止供应，稳定生产不能持续。二是本地缺乏烯烃、芳烃等重要原料，受原料供应商限制较大。二季度彭州石化停产检修，重庆市所需要的 PX 和苯等原料供应均受到影响，导致蓬威石化等相关企业停产或减产。

（二）结构层次较低，产品受市场波动影响较大

基础化学原料、肥料等传统行业是重庆市主要化工行业，50% 的化工产品集中在基础化学原料和肥料行业，这些产品属于大宗通用性产品，精细化程度较低，附加值不高，市场竞争力弱、市场话语权较少。产品价格受市场波动较大，尤其是大宗产品。

（三）产业发展氛围不浓

重庆市地处长江沿线，化工空间布局进一步收缩，未来可落户化工项目的园区减少，新项目落户选择减少，企业搬迁也面临异地搬迁甚至无处可搬的风险。

三、2019 年发展目标

影响重庆市化工发展的主要因素如下：一是国际国内经济不确定性增加，全球经济格局重组继续加快，对外是中美贸易摩擦对化工产品的出口有一定的影响，对内过剩产能淘汰步伐加快。二是行业投资可能会在 2019 年继续回升，2018 年重庆市化工行业投资疲软，投资持续负增长。目前行业产能仍在收缩，处于产能周期的底部，2019 年投资开始回升，局面得以改善。三是随着一系列环保安全政策的实施，重庆市原料和市场两头在外的企业将持续受影响。上游下游企业环保整改工作如果未完成，将影响原料的采购和产品的销售，企业库存增加，生产计划会相应减少。某些产品尤其是大宗产品市场价格可能回落。综上，预计 2019 年化工行业运行基本平稳，工业总产值同比增长 6%。

（执笔人：兰劲）

电子制造业

重庆市经济和信息化委员会电子制造业处

“十二五”以来，重庆市电子制造业华丽转身，实现飞跃式发展。建成全球最大的笔记本电脑生产基地，两亿台级手机生产基地，在集成电路、平板显示等关键核心零部件领域取得突破，奠定重庆工业蓬勃发展的基础。

一、2018 年总体情况

（一）全行业情况

1. 行业规模快速增长

重庆市电子制造业产值由 2010 年的 626 亿元增长至 2018 年的 5285 亿元。2018 年产值增速高于全市工业增速 9.6 个百分点，占全市工业产值的 26.1%，对全市工业增长贡献率达 103%，拉动全市工业增长 3 个百分点。

2. 产业地位不断提升

2010—2018 年，行业产值年均增速超 30%，远远高于全国电子制造业的年均增长率 13%；重庆市电子制造业主营业务收入在全国的排名从第 17 位跃升至第 8 位。

3. 结构调整初见成效

计算机整机及配套产业占比 49.8%，手机及配套产业占比 17.9%，电子核心部件、家电、机电、智能仪表等其他电子产业合计占比 32.3%。初步形成了各产业多点开花、齐头并进的较为合理的结构。

4. 笔电基地逆势增长

2018 年，在全球笔记本电脑市场萎缩 2.5% 的情况下，重庆市笔记本电脑产量 5730.2 万台，同比下降 3.8%，约占全球产量的 35.6%。除了惠普、宏碁、华硕三家品牌企业外，富士通、小米、华为等全球知名品牌均已在重庆市下单，重庆市笔电产量已连续 5 年居全球第一；2019 年戴尔有望在旭硕上马笔电项目。除此之外，苹果已在重庆布局全球穿戴式设备和平板电脑制造基地，有意将重庆打造成全球知名的制造中心，其代工企业主要为翊宝，全年累计产值169.7亿元，为稳增长提供重要支撑。

5. 制造模式向智能化转变

移动智能终端企业共计投入资金约8亿元（其中，笔电约2.6亿元、手机约1.6亿元、配套约3.8亿元）实施产线智能化改造工程，成效明显。降低人力成本约3.4亿元/年；笔电代工企业全员劳动生产率提升至29.3万元/人，比全市工业行业平均水平（29.1万元/人）高2000元/人。纬创、笨瓜等8家企业获评全市数字化车间或智能工厂。英业达因成功运用人工智能于自动光学检测而入选2018年重庆市人工智能与实体经济深度融合十大成果，重庆盟讯的智能工厂项目入选2018年重庆市物联网十大应用案例公示名单，富士康等4家企业有6个大数据智能化改造项目入选重庆市2019年工业互联网（工业智能化）试点示范项目公示名单。

6. 智能终端成拉动重庆市出口“第一动力”

全年完成出口2477.6亿元，同比增长14.7%，占全市出口的72.2%，拉动全市出口增长10.4个百分点，对全市出口增长贡献率86.8%。同时，智能终端货运量约占中欧班列货运量的40%，占国际航空出项的90%。

（二）重点产品生产情况

全年智能终端产量3.46亿台，同比增长27.8%。其中，手机产量1.89亿台，同比增长19.5%，智能机首次突破1亿台，占比55%（较2017年提高7个百分点），手机单价由2017年底的357元/台提升为377元/台，同比上升5.6%。计算机类产品产量9812.6万台，同比增长28.4%，其中笔电5730.2万台，约占全球的35.6%。显示器2529万台，同比增长6.8%，其中富士康产量1293万台，同比增长12%。谷歌音响2499万台，增长2.4倍。苹果平板634.4万台，苹果手表508万只。打印机1589.5万台，同比增长9.5%；手机1.89亿台，同比增长19.5%。集成电路5.4亿块，同比增长16.7%；液晶显示屏14261万片，同比增长56.2%；印制电路板740.4万平方米，同比增长19%。

（三）重点项目推进情况

现有29个电子制造行业项目列入市级重点项目（新开工9个、完工3个），总投资826亿元人民币，计划实现产值1150亿元人民币，所有项目按预期总体推进顺利。其中，有5个被列为市政府重点关注项目（京东方第6代AMOLED显示面板项目、SK海力士二期项目、万国半导体AOS项目、华润微电子基板级扇出封装项目、重庆神华铜铟镓硒薄膜太阳能电池一期项目）。目前，新开工项目9个，其中SK海力士二期、重庆平伟实业IC封测、神华薄膜太阳能电池、妙格科技半导体芯片、珠海光宇高能量密度锂离子电池智能化制造项目、长芯半导体IC封装项目6个项目按时开工实施；京东方第6代AMOLED显示面板项目前期工作滞后，8月中旬拿地后，正在准备土石方招标文件，预计年底前进场施工，2019年3月主体施工。华润微电子基板级扇出封装项目、恩瑞实业半导体芯片等2个项目正在进行前期准备工作。完工项目3个，重庆三峡电线电缆已于6月完工投产、万国半导体12寸功率半导体芯片项目已于6月1日封测线开始试生产，晶圆线开始启动设备安装。目前已完成绝大部分预期建设内容。世纪之光塑料光纤项目顺利推进，预计年底前完工。智能终端方面，翊宝公司一期工程已投产，新增智能终端产能约1000万台/年，产值120亿元/年；广达重庆制造基地三期工程已投产，新增智能终端产能约360万台/年，产值70亿元/年；维沃公司一期工程已投产，新增手机出货量2000万台/年，产值180亿元/年；OPPO公司一期项目正在进行厂房建设，预计2019年10月正式投产，预计新增手机出货量1100万台/年，产值110亿元/年。

（四）核心关键零部件发展情况

集成电路方面，已拥有中电科两条6英寸芯片生产线，华润微电子8英寸芯片生产线，SK海力士、平伟实业、嘉凌新科技封装测试线，奥特斯IC载板生产线和超硅12英寸硅片，成功引进紫光展锐，初步建成IC设计—晶圆制造—封装测试全流程体系。2018年全年生产集成电路5.4亿块，同比增长16.7%。新型显示方面，引进了京东方、惠科两条8.5代新型显示生产线、京东方6代AMOLED生产线和富士康、惠科、莱宝、美景光电等多个显示器件项目，以及康宁玻璃基板、住友化学等20余家配套企业，形成玻璃基板—新型显示—显示模组—显示终端全产业链。2018年全年生产液晶显示屏14261万片，同比增长56.2%。

（五）招商引资成效明显

一是突出重点策划项目。在继续将集成电路、平板显示、智能终端作为重点的基础上，拓展了汽车电子作为重点招商领域，策划储备招商项目200余个，项目库总投资额近3000亿元，预计销售收入超过2000亿元。

二是扩宽渠道精准招商。利用行业协会专家、专业投资机构等资源寻找招商项目，同时，围绕落户重庆的企业的上下游进行招商，并通过举办和参加展会寻找项目。

三是市、区合力联动招商。组织召开电子信息产业市、区联合招商工作推进会，委领导与各区深入探讨电子制造业重点方向和招商举措。截至目前，2018年电子核心部件板块全力推进了40多个项目，其中，13个重大项目已经签约，4个项目即将签约落地（17个项目预计投资额1400亿元，达产后可实现产值约1100亿元），20余个项目正在谈判推进之中，预计投资额超2500亿元。智能终端板块围绕打造生态链的目标进行招商，全年新引进项目93个，含紫光1个百亿级项目，深科技、珠海光宇电池、联创电子等21个十亿级项目。制定了《5G硬件产业专项工作方案》《物联网行动方案》，为下一步招商及产业发展做好准备。

二、发展面临的问题

一是笔电和手机产业面临压力。全球笔电市场持续萎缩，但市场集中度在提升，造成笔电品牌商在重庆市下单量出现波动，如惠普2019年在渝下单量上升5.5%、华硕下降15.6%，同时，中美贸易摩擦引发品牌商考虑转移订单到中国以外工厂生产。受手机换机频率变缓、创新程度降低等因素影响，手机产量自2017年以来连续下滑，影响手机产业成长。

二是招商引资竞争激烈。全国各地纷纷重视发展电子信息产业，不断加大政策扶持力度，在智能终端、集成电路、平板显示等多个领域成为重庆市招商引资强力的竞争者。

三是亟须寻找新增长点。全球主要IC制造商对12英寸芯片项目的布局已基本完毕，面板行业预计单价下降，且重庆市各类尺寸的生产能力基本齐备。此外，以笔电、手机等为代表的终端产品占电子制造业的比重达70%，由于主要属于加工环节，附加值较高的核心零部件和基础部件的本地配套能力不够，重庆市笔电零部件品种本地化率达95%，但价值量仅为50%。重庆市手机产业本地配套也存在同样的问题，高端零部件基本无本地供应，制造成本增高。同时，手机企业对供应链金融依存度较高，重庆市供应链金融尚属起步阶段，无法满足产业发展需要。

四是创新能力仍然薄弱。近年来，重庆市电子制造业从量上膨胀式爆发，创新能力虽有所提升，但整体仍然薄弱。其中移动智能终端产业从规模上实现了快速增长，但创新能力明显薄弱。笔电代工企业的研发中心集中在台湾等地区；手机企业的研发中心集中在深圳、上海等沿海地区，行业内研发类企业较少，公共服务平台力量有待加强。

五是人才不足。企业缺乏懂技术、懂管理的领军型人才和懂系统、懂业务的复合型人才。同时现行人才政策主要针对高层次人才，看重头衔、称号、学历，但对工作满5年的实用型研发类人才，目前尚无专门的引才政策，制约了行业的创新发展。

三、2019年发展目标

按照电子制造业整体规划，在稳存量、促增量上下功夫，大力发展战略性新兴产业，努力实现行业较快增长。力争实现产值5725亿元，同比增长8.3%。全行业研发投入占主营业务收入的比重达到0.7%，研发机构数量达到140个，每年专利授权量达到2000个、新产品销售收入占主营业务收入的比重达到35%。建成具备较强核心竞争力的电子制造业集群，占全国的比重排名上升，成为中西部地区最大的电子制造业基地。

（执笔人：左翊君）

智能终端产业

重庆市经济和信息化委员会计算机和通信产业处

一、2018年发展回顾

（一）发展特点

1. 出台智能化改造鼓励政策

市经济信息委贯彻落实以大数据智能化为引领的创新驱动发展战略，为促进智能终端产业高质量发展，通过精心调研，于2018年4月专门出台了《关于鼓励智能终端生产企业进行智能化改造的通知》（渝府办发［2018］69号）等政策，引导推进行业重点企业实施大数据智能化改造，补助企业智能化改造资金0.4亿元，撬动企业投入资金约8亿元，减少用工6426人，降低人力成本约3.4亿元/年，产品不良品率平均降低46.3%，人均产能平均提高78.2%，成效明显。

纬创、笨瓜等8家企业获评全市数字化车间或智能工厂，重庆盟讯的智能工厂项目入选2018年重庆市物联网十大应用案例公示名单。英业达因成功运用人工智能于自动光学检测进而入选2018年重庆市人工智能与实体经济深度融合十大成果名单，富士康等4家企业有6个大数据智能化改造项目入选重庆市2019年工业互联网（工业智能化）试点示范项目名单。

2. 成功举办2018第二届重庆·国际手机展

11月15—17日，计通处筹办的2018第二届重庆·国际手机展成功举办，参展企业约250家，吸引了德国历德、法国电信、南非电信等20多个国家和地区的海外优秀运营商、知名企业代表组成海外采购团前来，现场签约企业15家。

3. 指导成立重庆市通信智能终端产业协会

12月20日，重庆市通信智能终端产业协会成立。

4. 一批重点项目投产或开工

翊宝公司一期工程投产，新增智能终端产能约1000万台/年，产值120亿元/年；广达重庆制造基地三期工程投产，新增智能终端产能约360万台/年，产值70亿元/年；维沃公司一期工程投产，新增手机出货量2000万台/年，产值180亿元/年；OPPO公司一期项目开工，2019年10月正式投产，预计新增手机出货量5000万台/年，产值180亿元/年；深科技项目动工，计划2020年投产，预计年产华为Mate系列手机600万台，产值180亿元/年。

5. 连续5年成为全球最大笔电生产基地

笔电产量5730.2万台，同比下降3.8%，约占全球产量的34.9%。

6. 手机产量排全球第三

手机产量1.89亿台，同比增长19.2%，约占全球产量的11.7%。智能手机产量首次突破1亿台，占手机产量的55%（较2017年提高7个百分点）。

7. 智能终端是拉动重庆市出口增长“第一动力”

2018年完成出口2477.6亿元，同比增长14.7%，占全市出口的72.2%，拉动全市出口增长10.4个百分点，对全市出口增长贡献率86.8%。

（二）主要经济指标

1. 产量

智能终端产量3.46亿台，同比增长27.8%。其中，手机产量1.89亿台，同比增长19.2%，智能机首次突破1亿台，占比55%（较2017年提高7个百分点）；计算机类产品产量9812.6万台，同比增长28.4%，其中，笔电5730.2万台，同比下降3.8%。

2. 产值

2018年手机及配套累计产值945.7亿元，同比增长36.1%。计算机及配套累计产值2632.2亿元，同比增长10%。

3. 出口

2018年手机及配套累计出口236.2亿元，同比增长74.3%。计算机及配套累计出口2241.4亿元，同比增长10.8%。

二、发展中存在的问题

一是创新能力仍显薄弱。重庆市移动智能终端产业从规模上实现了快速增长，但创新能力明显薄弱。笔电代工企业的研发中心集中在台湾等地区；手机企业的研发中心集中在深圳、上海等沿海地区，行业内研发类企业较少，公共服务平台力量有待加强。

二是人才不足。一是企业缺乏懂技术、懂管理的领军型人才和懂系统、懂业务的复合型人才。二是重庆市现行人才政策对工作满3年或5年的实用型研发类人才，目前尚无专门的引才政策，制约了行业的创新发展。

三是产业链仍需进一步完善。以笔电、手机等为代表的终端产品占电子制造业的比重达68%，由于主要属于加工环节，附加值较高的核心零部件和基础部件的本地配套能力不够，目前重庆市笔电零部件品种本地化率达95%，但价值量仅为50%；富士康等企业反映，所需传感器均需进口。重庆市手机产业本地配套也存在同样的问题，高端零部件基本无本地供应，制造成本增高。

三、2019年发展目标

在我国外部不稳定不确定因素明显增加、国内经济下行压力加大的形势下，稳定笔电产业，推动VIVO等手机企业在渝持续扩大产量，力争实现智能终端产业产值增速接近5%。

（执笔人：彭华荣）

医药工业

重庆市经济和信息化委员会医药产业处

2018年，在全国经济增长明显放缓的背景下，在市委、市政府的坚强领导下医药处紧紧围绕“坚持创新驱动发展战略，加强政策指导，推动供给侧结构性改革，抓好平台建设和大品种培育”，坚持创新驱动，加快培育新兴产业，推动医药工业取得良好发展态势。

一、2018年发展回顾

生物医药规上企业共实现工业产值615.07亿元，同比增长11.9%，实现医药工业投资73.1亿元，同比增长18.8%。重庆现有规上医药企业176家，其中，年产值亿元以上企业97家，10亿元级企业12家，50亿元级企业1家；有11家沪深交易所上市医药企业。

（一）加大招商力度，项目招引成效显著

加大招商引资力度，围绕“完善医药产业发展瓶颈环节，建立一体化创新孵化体系”的工作目标，积极开展招商引资工作。在以色列、印度和深圳组织3场生物医药专场招商推荐活动，邀请40余家企业参加。拜访国药集团、复星医药、北京泰德等国内外医药龙头企业及美迪西、昭衍新药等知名第三方研发服务平台40家次。成功策划市政府领导带队赴俄罗斯拜访贝伍凯德公司洽谈单克隆抗体药物产业化项目；桂平副市长带队赴德国美天旎公司洽谈合作建设细胞治疗药物GCP试验平台及中试生产基地项目；分管副市长带队拜访日本参天制药中国区总部、上海美迪西科技、北京泰德制药等市外招商活动。成功邀请德国美天旎公司、俄罗斯BIOCAD公司、国药集团、复星医药、天津红日药业、四川新绿色、深圳安科生物、浙江明峰医疗等20余家企业来渝考察，其中，国药与重庆市深化战略合作项目、红日药业配方颗粒基地项目、华润三九配方颗粒基地项目、明峰CT生产基地、新生源医药科技

孵化平台项目等15个项目签署投资协议。国药集团医疗器械研究院、嘉美腾医药持牌公司等项目达成初步合作意向。

（二）坚持创新驱动，产业发展提质增效

统筹推进市内企业加大创新研发投入，落实促创新、强基础、补短板，推动重庆市医药产业发展。精准生物Car-t细胞治疗药物临床试验申请获得国家药监局受理；重庆惠源（美国Athenex公司）高活性药物生产基地申报的国内首个紫杉醇胶囊等品种进入临床试验阶段，有望在两年内获批；永仁心项目作为全国唯一获批临床试验项目，进展顺利，截至目前，成功完成10例试验，已正式向国家药监局提出提前进行上市审批申请并获得受理，有望提前获批上市；复创医药在研的10个创新药物中5个产品获批进入临床试验阶段；润泽医药人体植入材料多级双连续多孔钽通过国家食药监局注册审批。智翔金泰抗体药物产业化项目已有3个品种获得临床试验批准并进入I期临床阶段；宸安生物重组蛋白药物产业化项目已有2个品种获批临床试验。博唯佰泰基因工程疫苗产业化项目2个品种进入临床试验阶段。积极支持仿制药一致性评价工作开展，累计向81个品规的药品发放奖补资金2290万元。截至目前，药友制药阿法骨化醇片、盐酸克林霉素颗粒、圣华曦左乙拉西坦口服液等5个品规的药品，同品种全国前三批通过国家食药监局仿制药一致性评价。已通过一致性评价药品数量居全国第6位。

（三）加强平台建设，重点项目有序进展

推动中关村医学工程转化（重庆）中心孵化项目15个。重庆市精神卫生中心I期临床试验研究中心投入运行（截至2018年9月底，中心承接20项人体生物等效性试验）。肿瘤医院GCP平台完成建设工作。金迈博生物科技公司自主培育并搭建了全人源转基因小鼠动物筛选平台。智睿生物医药产业园、惠源医药高活性药物生产基地项目等重点项目有序推进。正在与美迪西、昭衍新药、美国AGI、美国PPD等国内外知名CRO企业洽谈来渝建设第三方研发服务平台。

（四）加强对外开放，国际化水平进一步提升

德国美天旎公司与植恩药业、市肿瘤医院合作建设了细胞治疗GCP试验平台及中试生产平台，并与国内免疫细胞治疗领先企业展开项目对接。成功引进韩国Binex公司阿柏西普注射液品种并与植恩药业开展产业化合作，目前正在洽谈进一步引进其他品种及共建CDMO生产平台。俄罗斯BIOCAD公司抗体药物产业化平台进入实质性谈判阶段。推动新加坡Articares公司上肢康复机器人项目、新加坡南洋理工大学按摩康复机器人项目落地重庆。山外山医疗出口血透机近1000台。中元生物在东南亚、南亚等的15个重点国家进行中元血球线、生化线、免疫POCT线产品的注册。

（五）推动智能制造，积极争取国家支持

希尔安药业儿童中成药数字化车间项目和山外山高性能医疗器械（透析机及透析器）智能制造车间建设项目分别获得工信部智能制造专项资金900万元和1200万元。

（六）强化市区联动，提高三服工作质量

增强服务意识，加强市区联动，每一个区县均安排专人对接做好招商引资工作。2018年，共计走访巴南、合川、南岸、江津、沙坪坝等10余个区县，拜访企业50家，帮助区县和园区招商引资项目20余个，收集问题30余个，办结率超过90%，对不能办结的原料药环评等问题，已会同园区处形成专报报市政府。

二、发展中存在的问题

重庆市医药产业普遍存在研发投入和技术储备不足、项目资源匮乏、产品附加值低、公共服务平台紧缺、企业布局分散等问题，与沿海等发达地区相比仍存在较大差距。一是大项目招商引资有待加强，针对大型跨国药企的招商引资项目效果不明显。二是创新品种引进有待加强，在国家政策日益收紧的背景下，重庆医药产业受到的冲击较大。三是部门联动有待加强。随着机构改革，重庆市内医药产业相关的市级部门发生了较大变化，工作合力尚未形成。四是平台建设有待加强。许多产品平台仍然空白，产业发展软环境有待提升。

三、2019 年发展目标

实现医药产值 670 亿元，同比增长 11%。亿元以上重点项目顺利推进，实现开工 10 个，投产 4 个，达产 4 个。新增招商引资项目 10 个以上，协议投资 50 亿元。建成产学研用一体化的公共服务平台 3 个，产业创新能力明显提高。力争建成具备国内影响力的覆盖生物药、化学药、中药和医疗器械的 CRO 平台和 CMO 平台，为市内企业提供从研发到生产的完整产业配套体系。

（执笔人：魏彦杰）

建筑业

重庆市统计局

2018年，重庆建筑业坚持以习近平新时代中国特色社会主义思想为指导，坚持稳中求进工作总基调，按照“稳增长、促改革、调结构、惠民生、防风险”的要求，贯彻新发展理念，深化供给侧改革，推动行业转型升级，不断扩大产业规模，放缓增长速度。同时，随着市场环境不断优化，开放程度不断提高，我市建筑企业发展布局加速外向化，积极开拓市外、海外市场，为企业带来新的业务增长点。

一、全市建筑产业规模不断扩大，增速放缓

2018年，全市资质以内总承包与专业承包建筑企业（以下简称“总专包”建筑企业）实现总产值7819.42亿元，同比增长2.8%，较上年增速回落5.3个百分点。其中，建筑工程产值7070.06亿元，增长3.1%；安装工程产值481.50亿元，增长6.5%。

（一）分行业看

2018年，全市房屋建筑类“总专包”建筑企业实现总产值5758.43亿元，增长0.2%，增速较上年回落6.5个百分点。超七成的房屋建筑类企业施工量回落，是全市建筑业总产值增速放缓的主要原因。

2018年，全市固定资产投资中的基础设施投资增长11.5%，带动土木工程类“总专包”建筑企业实现总产值1543.12亿元，增长10.0%，担纲全市建筑业发展之主动力。其中，市政道路工程类“总专包”建筑企业在中建隧道建设有限公司、中建桥梁有限公司和中铁二十局集团第三工程有限公司等企业的支撑下，实现建筑业总产值514.91亿元，增长56.0%。

全市建筑安装类“总专包”建筑企业保持20%以上较快增速，实现总产值242.14亿元，增长20.3%。其中，电气安装类建筑企业在电力

系统安装、信息化系统安装、智能化系统安装等工程大力发展的推动下，实现建筑业总产值同比增长 38.6%。

（二）分地区看

与 2017 年相比，2018 年全市都市区、渝东北地区、渝东南地区建筑业总产值增速普遍回落，渝东北地区回落幅度最大。

具体来看，都市区“总专包”建筑企业全年实现产值 5724.66 亿元，增长 6.0%，增速较上年回落 2.9 个百分点。在都市区中，主城九区的“总专包”建筑企业因资质高、实力强等优势而发展加快，合计实现建筑业总产值 2609.53 亿元，增长 3.2%，增速较上年提高 1.0 个百分点。渝东北地区“总专包”建筑企业全年实现产值 1841.09 亿元，下降 6.6%，增速较上年回落 12.3 个百分点，是全市回落幅度最大的地区。渝东南地区“总专包”建筑企业全年实现产值 253.67 亿元，增长 7.7%，增速较上年回落 2.8 个百分点。

表 1　2018 年分地区建筑业总产值情况

单位：亿元，%

项目	建筑业总产值	同比增速	上年增速
都市区	5724.66	6.0	8.9
# 主城九区	2609.53	3.2	2.2
渝东北地区	1841.09	-6.6	5.7
渝东南地区	253.67	7.7	10.5

二、建筑企业走出重庆，布局加速外向化

2017 年 2 月，国务院办公厅下发《国务院办公厅关于促进建筑业持续健康发展的意见》（国办发［2017］19 号），提出优化市场环境，建立统一开放市场，促进建筑业持续发展，打造“中国建造”品牌。在意见指导下，重庆建筑企业积极开拓外埠市场。2018 年，有 677 家“总专包”建筑企业出渝承揽工程项目，比上年增加 87 家，增长 14.7%。这些企业在外省完成建筑业产值 1483.99 亿元，增长 19.1%，比上年提高 1.1 个百分点。

高资质建筑企业成为外出揽工主力军，2018 年全市特、一级“总专包”建筑企业在外省完成产值占比超七成。其中，8 家特级资质企业，在外省完成产值 252.16 亿元，增长 8.8%，占全市在外省完成产值的 17.0%；355 家一级资质企业，在外省完成产值 851.01 亿元，增长 17.8%，占全市在外省完成产值的 57.3%。

2018 年，我市“总专包”建筑企业承接项目遍布全国 31 个省、直辖市、自治区，“云贵川”成为主要集聚地。其中，在贵州省完成 347.53 亿元，增长 21.7%，占我市企业在外省完成产值的 23.4%；在四川省完成 270.19 亿元，增长 31.1%，占比 18.3%；在云南省完成 110.48 亿元，增长 18.3%，占比 7.4%。

2018 年，我市一些建筑企业紧跟国家“一带一路”建设，大力拓展海外市场，海外业务快步发展。据了解，以重庆对外建设（集团）有限公司、中冶建工集团、中铁十一局集团第五工程有限公司等为代表的 7 家优质企业加快融入“一带一路”建设，在亚洲、非洲等国家和地区承建了近 60 个大中型国际工程项目，实现境外产值近 50 亿元，为企业带来新的业务增长点。

三、惠民生、稳就业，新设备提高劳动生产率

建筑业属于劳动密集型行业，就业弹性远高于国民经济全行业平均水平。2018 年，全市建筑业增速有所放缓，但庞大的建筑体系仍然为社会提供大量就业机会，吸纳大量劳动力，稳就业作用明显。2018 年，全市“总专包”建筑企业中，

年末从业人数226.47万人，比上年末增加1.8万人；直接从事生产经营活动的平均人数238.80万人，与上年人数基本持平。同时，基于日益更新的现代建筑技术，建筑企业不断加大现代化建筑机械设备投入，提升企业装备现代化水平，提高工作效率。2018年，全市“总专包”建筑企业自有施工设备总台数16.14万台，总功率421.55亿千瓦，实现“总专包”建筑企业劳动生产率32.74万元/人，增长3.0%，增速较上年提高4.8个百分点。

（执笔人：罗继明）

第三产业

道路运输

重庆市道路运输管理局

一、2018 年发展回顾

2018 年，紧紧围绕习近平总书记对重庆提出的“两点”定位、“两地”“两高”目标、“四个扎实”要求，以及习近平总书记参加重庆代表团审议时的重要讲话精神。围绕建设“交通强国”和全市交通基础设施建设提升战略行动的决策部署，坚持新发展理念，深入落实重庆市交通工作会议精神，按照“打好三大攻坚战、实施四轮驱动、夯实三大基础”总体思路。2018 年重庆全道路运输行业团结一心，“干”字当头，围绕大局抓重点，攻坚克难促改革，突出主业优服务，务实进取抓转型，政治引领强党建，行业发展持续良好。2018 年全年完成客运量 5.2 亿人次，客运周转量 260.4 亿人次公里，分别下降 2.2% 和 10.1%，货运量 10.7 亿吨，货运周转量 1152.8 亿吨公里，分别增长 12.7% 和 7.8%。重庆市运管局连续 11 年获评市政府安全生产先进单位，多项工作走在全国前列，出租车服务智博会获陈敏尔书记高度肯定。

（一）强化责任担当，中央、市级各项决策部署在全行业落地生根

始终把政治建设放在首位，树牢“四个意识”，坚定“四个自信”，以实际行动坚决践行“两个维护”“三个确保”，坚决拥护中央、市委机构改革决定精神，主动接受市委第九巡视组的巡视，上级各项决策部署在全行业不折不扣贯彻落实。“脱贫攻坚”全力推进，深度贫困乡镇行政村通客车 157 个，通车率 91.3%。“扫黑除恶”深入开展，上报线索 7 条，配合政法机关精准打击忠县杨某某、綦江残疾人等案件，办理市扫黑办交转件 13 件。旅游市场秩序整治有序推进，网红景点、交通枢纽等运输市场乱象有效整治，实现旅游客运“零投诉”。兴调研、转作风、促落实行动有力落实，智博会等重大活动、春运等

重要节点运输任务圆满完成。

（二）聚力改革创新，行业发展新动能加速成长

出租车行业改革持续深化。新增网约车平台7家、车辆3.5万辆，许可总量居全国前列。网约车数据全面接入、有效监管。主城区1.3万辆巡游车新增扫码支付和离车评价功能。客运领域改革全面发力。着力转型，开行定制客运、夜间班车11条。成立旅游集散中心联盟，运游融合发展不断深化。严格实名制管理，5个汽车站试点人脸识别检票。货运监管模式不断拓展。綦江70%以上个体业户集中统一监管；万盛重点货运企业和车辆全部集中监控。全市16个区县实施货运安全监管创新举措。驾培、维修改革稳步推进。驾培监管信息系统在全国率先与公安互通共享学员信息。414家驾培机构全部升级计时系统。维修电子健康档案系统全市推广，普货车辆“三检合一”完成，全市71家检测机构全部联网。

（三）优化出行服务，行业有效供给能力显著提升

农村客运快速发展。新增通客车行政村130个，通客车率99.1%。扶持政策持续发力，市级购买农客保险4726万元，发放营运补贴2315万元，为农客车辆、公交、出租油价补助2.3亿元。公交体系更加优化。新增调整线路101条，主城区所有公交车实现移动支付。巴南全域公交覆盖，涪陵公交都市建设有序推进。远郊区县公交IC卡全覆盖。19个区县交通一卡通互联互通，发卡量居全国第一。轨道运营安全管理有力增强。4号线一期、环线东北段开通，全市轨道交通运营里程313公里，日均客流量235万人次，同比上升14.5%。出租汽车服务质量不断提升。启动主城区巡游车“服务质量提升三年行动”，提升车辆档次，更新外观内饰2000辆，一年一个主题地推进服务质量上台阶。开展《租赁管理办法》修订前期工作。物流业降本增效成效明显。无车承运、甩挂运输等试点示范和南向通道建设深入推进，新增城市配送车辆392辆，退出不合规运输车2332辆。在全国率先取消4.5吨以下普货车辆道路运输证。绿色运管建设深入推进。二环外区域推广新能源公交车387辆、远郊区县推广2055辆，淘汰老旧客货柴油车7093辆，有力助推“山清水秀美丽之地”建设。

（四）转变管理方式，行业治理现代化进展迅猛

“依法治运”能力不断提升。公交条例出台，市道条修订持续推进。“放管服”改革不断深化，网上行政审批等持续开展。全年查处案件2.13万件。“数字运管”建设有力推进。大数据应用充分，重点营运车辆联网联控考核，我市连续6个月位居全国前二。客运监测辅助决策平台投用，每日上传数据350万条，弥补了我市客运信息化监测的空白。

（五）夯实基层基础，行业安全稳定根基进一步筑牢

有效应对轨道6号线、万州“10·28”等突发案件，全行业连续140个月未发生10人以上重特大事故。妥善处置“冉龙平刑事案件”遗留问题、网约车“以租代购”等不稳定因素。办理来信来访736件次、人大建议和政协提案41件，办结率100%。行业安全稳定形势总体平稳。

（六）强化自身建设，行业核心竞争力持续增强

深入落实全面从严治党要求，压紧压实党风廉政建设“两个责任”，廉政风险防控实现常

态化，作风建设有力增强。深化行业人才队伍建设，组织参加各级培训 2692 人次，连续 5 年举办全系统干部培训班。对内对外宣传全面发力，中央、市级主流媒体宣传 53 次，精神文明创建蓬勃开展，机关文化建设成效显现。“金佛快巴”获“中国运输领袖品牌”单项奖“服务创意品牌”。

二、发展中存在的问题

2018 年，重庆市道路运输行业在形势复杂、压力倍增的情况下，取得了新的成绩。但是，也存在一些不容忽视的困难和问题，主要表现如下。

重庆道路安全运输形势仍然较为严峻，个别客运企业、客运站安全主体责任意识不强，安全主体责任还没有完全落实到位。

道路运输服务意识有待进一步增强，部分驾驶员只重视经济效益，而忽视运输服务，存在驾驶行为不文明现象。

道路运输服务能力有待进一步提升，部分驾驶员驾驶操作不规范、教育培训不到位。

个别企业安全生产管理不斗硬、不严格，管理水平不高，存在安全隐患。

货运企业多、小、散，基层基础管理薄弱状况还未根本改变，存在监管难的现象。

三、2019 年发展目标

2019 年，重庆道路运输行业要以习近平新时代中国特色社会主义思想为指导，继续深入贯彻党的十九大精神，牢牢把握习近平总书记对重庆提出的“两点”定位、“两地”“两高”目标、“四个扎实”的要求，紧紧围绕城市提升交通建设“三年行动计划”的决策部署，坚持新发展理念，坚持以人民为中心，深入落实全市交通工作会议精神，进一步振奋精神，攻坚克难，强化落实，在“一个根本、一个关键、三项重点”上发力，推进道路运输工作再上台阶，努力以优异成绩为新中国成立 70 周年献礼。

（一）围绕“一个根本”：以更高的政治站位和更坚决的行动落实“两个维护”

进一步提高政治站位。旗帜鲜明讲政治，坚决践行“两个维护”“三个确保”，坚决贯彻落实党中央和市委各项决策部署。

纵深推进全面从严治党。坚决扛起管党治党政治责任，深化市委巡视组巡视成果，进一步强化政治担当、锻造过硬作风、强化队伍建设。

深入推进党风廉政建设。强化“两个责任”，落实中央八项规定精神，保持反腐倡廉高压态势。强化意识形态工作，传播行业正能量，唱响发展主旋律。

（二）把握“一个关键”：全力维护行业安全稳定良好局面

紧盯客运重点、货运难点，落实企业主体责任，坚决杜绝重特大事故、管控较大事故、压减一般事故。准确把握新常态、新形势，深入学习贯彻“枫桥经验”，持之以恒保证行业安稳大局。

（三）紧抓“三项重点”：坚持目标导向、精准施策，抓好各项重点工作

1. 抓核心，确保中央、市级各项部署落实到位

深入推进“脱贫攻坚”，新增通客车行政村 38 个，通客车率达 99.6%。深度贫困乡镇新增车辆 100 辆。积极落实“城市提升”行动，开展巡游车服务质量专项治理、“两江四岸”公交品质提升，形成轨道交通常态化疏运方案。扎实推进

扫黑除恶专项斗争，持续治理行业乱象。支持民营经济发展，当好民营企业的信息员、服务员、联络员。做好重要节点、重点时段、重点地区的旅客运输保障工作。

2. 增动力，进一步推进行业转型升级

继续深化出租汽车行业改革。大力推进经营机制改革，进一步强化科技监管手段，建立网约车协同监管联席会议制度。

进一步提升公共交通服务品质。深化二环外客运构调整，强化与轨道的接驳换乘。加强轨道交通运营安全监管，全面推广“互联网购票”“扫码乘车”。

有效提升城乡客运服务水平。试点定制客运线路 10 条，加快长途客运接驳运输发展。深化“运游”融合发展，制定全市旅游客运服务标准，进一步推进城乡客运一体化发展。

加快传统货运构调整步伐。全面推进普货车辆网上年审，取消 4.5 吨以下普货车辆营运证核发。深入推进无车承运试点甩挂运输、城市配送等运输方式发展。

不断提升驾培维修行业保障能力。加快驾培监管服务系统建设，全面推广“先学后付”模式和教练员继续教育。做好维修企业行政许可取消后的事中事后监管，抓好安全服务质量考核，加快新能源车辆应用。

3. 强基础，不断强化行业治理能力

加快法律体系建设。推进市道条、汽车租赁管理办法等修订。深化“放管服”改革，强化“信用交通市”创建和“双随机一公开”等工作。

加快信息化建设。坚持以大数据智能化为引领，推进“三平台一系统”建设，开展“两个项目”研究，强化 GPS 监管。

航空运输

民航重庆监管局

一、2018年发展回顾

（一）运输生产稳步增长

2018年，民航重庆地区共计保障运输航班313565架次，完成旅客吞吐量42875831人次、货邮吞吐量384372.62吨，同比分别增长5.3%、8.11%、4.19%；重庆江北国际机场保障运输航班299692架次，完成旅客吞吐量41595887人次、货邮吞吐量382160.8吨，同比分别增长4.26%、7.44%、4.34%；其中过站旅客670774人次，同比减少15.87%；平均出港客座率85.3%，平均出港载运率69.2%，同比分别提高0.9个百分点和0.3个百分点；重庆万州五桥机场保障运输航班8950架次，完成旅客吞吐量870042人次、货邮吞吐量2048.42吨，同比分别增长27.78%、32.59%、下降18.12%；重庆黔江武陵山机场保障运输航班4923架次，完成旅客吞吐量409902人次、货邮吞吐量163.4吨，同比分别增长48.28%、41.96%、35.6%。虽然江北机场第三跑道及东航站区已于2017年投入使用，基础设施条件明显改善，12月17日年旅客吞吐量首次突破4000万人次，但由于空域和时刻限制，运输生产能力并未充分发挥。

（二）机队规模持续扩大

2018年底，江北机场过夜飞机138架，6家基地航空公司（厦门航空重庆分公司尚未完成补充审定）机队规模175架，比2017年底分别增加14架、16架；重庆地区4家通用航空公司共有直升机22架，对比2017年底增加2架。

（三）安全态势总体平稳

2018年，通过航空安全信息系统共收到各类不安全事件报告690条。按事件性质划分，通用航空一般事故1起（神龙通航安徽坠机），运输航空严重事故征候1起（华夏航空“7·4”双发空中关车），一般事故征候27起（同比减少13

起，其中天气意外21起，地面保障2起，机组3起，地面保障和机组共同原因1起，其他原因2起）；其他一般不安全事件661起。按事件原因分类，地面保障原因56起（同比增加5起）、机务原因5起（同比增加1起）、机械原因127起（同比减少24起）、机组原因102起（同比减少30起）、第三方原因5起（同比减少4起）、空管原因7起（同比增加5起）、无线电干扰2起、外来物击伤1起、天气及意外原因236起、其他原因149起。

（四）江北机场高峰小时容量标准扩容

4月26日零时（北京时间）起，江北机场目视间隔和目视进近正式实施；5月2日，江北机场高峰小时容量标准调整为49架次（分步骤实施，夏秋航季执行47架次/小时，冬春航季早10时和晚10时执行48架次/小时）；7月18日，西部航空通过《大型飞机公共航空运输承运人运行合格审定规则》（CCAR-121-R5）补充运行合格审定，成为全国首家正式获得CCAR-121-R5运行资格的航空公司；10月26日，厦门航空重庆分公司正式成立，重庆地区基地航空公司数量增加到7家；12月28日，西部航空郑州分公司通过补充审定正式颁证运行，这是重庆地区基地航空公司成立的首家分公司；万州机场、黔江机场改扩建工程和武隆、巫山机场新建项目按计划进行；潼南、开州、石柱、忠县等通用机场选址、建设等相关工作继续推进。

（五）国际航线开发取得重大突破

2018年，在民航局的大力支持和地方政府的全力推动下，重庆国际航空枢纽战略规划有序推进，江北机场相继开通越南河内、越南胡志明、越南岘港、柬埔寨西哈努克、美国芝加哥（经停北京）、加拿大多伦多（经停北京）、尼泊尔加德满都、泰国甲米、美国波士顿（经停上海）、美国西雅图（经停上海）、法国巴黎、斯里兰卡科伦坡等航线，直达欧、美、澳、中东的航线网络进一步完善，国际（地区）航线突破80条；江北机场全年国际（地区）旅客吞吐量首次突破300万人次，完成3017817人次，国际（地区）货邮吞吐量124614.9吨，同比分别增长12.21%和10.31%。万州机场开通泰国包机航线（5月开通芭堤雅，10月变更为清莱）。

（六）民航服务质量体系初步成形

制定《2018年重庆地区“民航服务质量体系建设”专项行动实施方案》，要求企事业单位按照要求、结合实际，成立专项行动组织机构，制定具体实施方案，对标管理，完善企业自查和内部考核机制，加大资源投入，注重新技术应用，实现服务水平有效提升。推动“无纸化”登机和机场餐饮同城同质同价，江北机场先后推出自助行李托运、刷脸安检通关、智能手推车、反向寻车等服务措施和“重庆飞畅逸行”服务品牌，持续提升服务质量。

（七）通用航空监管走出新路

积极贯彻“放管结合、以放为主”的方针，放开对运输航空飞行无影响的临时飞行空域，满足通用航空飞行活动需要。对确实存在影响的临时飞行空域，督促空管保障部门简化、优化保障流程，指导通航企业与空管单位签订保障协议，明确安全责任，落实保障措施，减少空域使用矛盾。督促空管运行单位不断提高“低、慢、小”航空器非法飞行干扰航班运行应急处置能力，修订完善相关工作程序，既确保安全又避免或减少人为因素对航班正常运行造成影响。

（八）AR-121-R5审定闯出全国第一

高度重视《大型飞机公共航空运输承运人运

行合格审定规则》(CCAR-121-R5)审定，协助飞标司在重庆地区开展相关调研，积极参加专题培训。3月、5月和8月，西部航空、重庆航空和华夏航空3家主管121航空公司陆续启动补充运行合格审定。7月18日，西部航空通过121-R5补充运行合格审定，成为全国第一家正式获得121-R5运行资格的航空公司。其他两家公司已完成文件审查，进入验证检查阶段。

二、发展中存在的问题

机场不停航施工安全压力较大。万州机场跑道延长及站坪扩建不停航施工项目复杂，且缺乏大型不停航施工项目的管理经验，安全压力大。

部分企业发展速度快，安全基础薄弱，保障能力欠缺，安全责任落实不到位，人为原因不安全事件时有发生；外籍机组管理、新机型保障、基地航空公司驻外基地管理、航空公司维修外包及一线维修人员紧张、企业重组改制中的队伍稳定、大面积航班延误及处置等方面仍然存在薄弱环节。

航空器噪声投诉量大，需要高度重视，避免发生群体性事件；白市驿机场搬迁周期较长，江北机场空域条件短期内难以根本改善。

通用航空安全基础仍然薄弱，市场竞争激烈，企业生存压力大，专业人员流失严重，安全监管力量短缺的问题较为突出。

三、2019年发展目标

持续重点关注江北机场东航站区运行，充分发挥基础设施作用，不断提升运行效率和航班正常率；推进东区机坪运行管制移交和A-CDM建设，更好地服务人民群众出行需求。

继续以“调速”为抓手，放管结合把握安全发展平衡点。对资源保障能力充足、安全管控能力强的航空公司，如提前落实CCAR-121-R5的单位给予政策鼓励，在飞机引进、补充审定上给予优先；对资源保障能力不足、安全管控能力弱、安全问题多发的航空公司，下调其发展速度。

以“班组建设”为核心，人员资质排查为抓手，技能比拼为平台，加强委任代表、危险品教员等队伍建设，持续稳步推进“三基”建设工作。

关注支线机场保障能力建设，重点是专业人员数量和设施设备；加强支线机场不停航施工安全监管，协调推动万州机场、黔江机场加快ADS-B设施及管制自动化设施建设。

着力完善各专业风险评估和防控工作，加强体系建设，加大对人为差错监管力度，继续督促航空公司加强运行控制系统建设，推进空管运行单位SMS建设，切实落实发动机防空停和高原机场运行管理要求。

着力提高通航不安全事件调查能力，鼓励并支持通航企业建立健全不安全事件调查各项制度，在严格系统化培训、完善人员资质能力的情况下自我开展相应级别的不安全事件调查。按照《民航西南地区管理局通航不安全事件委托调查实施办法(试行)》，做好2019年西南地区通航不安全事件委托调查试点的推进工作。

探索通用机场安全监管工作，协助地方政府职能部门统筹规划重庆行政区域内飞行服务站布局，督促、指导在建飞行服务站相关准备工作持续推进，为开展运营前符合性测试评估创造条件。

(执笔人：赵天烁)

重庆水运

重庆市港行局

一、航运经济概况

航运企业集约化、规模化程度不断提高，全市航运企业平均运力提升至3.2万吨。铁水联运、江海联运、水水中转等运输组织方式加快发展。2018年全年完成港口吞吐量2.04亿吨、货物运输量1.95亿吨、货运周转量2238亿吨公里，同比分别增长3.6%、5.1%、5.3%。周边省市货物通过重庆港中转比例达到45%，水路货运周转量占综合交通比重超过60%，全市90%以上外贸物资通过水运完成，航运对沿江产业布局优化、地方经济社会发展的支撑作用持续增强。

（一）水运基础设施建设

一是"一干两支"航道网络基本形成。长江涪陵至朝天门段、嘉陵江、乌江以及库区主要支流航道整治加快，乌江银盘、涪江潼南等航电枢纽建成投用，嘉陵江利泽航电枢纽建设前期工作有序推进。累计渠化支流航道716公里，目前全市航道里程达4472公里（长江干线679公里），四级以上高等级航道达1400公里，5000吨级船舶可常年直达重庆主城。二是"四枢纽九重点"港口建设步伐加快。主城果园、涪陵龙头、江津珞璜、万州新田等枢纽港后续工程加快实施，忠县新生、丰都水天坪等重点港开工建设。全市港口货物吞吐能力和集装箱吞吐能力分别达2.1亿吨和480万标箱。重庆港已成为长江南京以上最大的内河港口及长江上游地区最大的集装箱集并港、大宗散货中转港、滚装汽车运输港及邮轮母港。

（二）船舶运力调整

累计投入资金12亿元，全力推进船型标准化工作，淘汰拆解高能耗、高污染、高风险非标船舶1345艘，新建三峡船型船舶148艘，全市货运船舶运力已达760万载重吨。全市货运船舶船型标准化率达83%、平均吨位3235载重吨、水运平均运距1150公里、水路运输方式齐全度等多项指标均居全国内河领先地位，船舶安全环保技术水平不断提升。

（三）水上交通安全

巩固深化“四会四制、片区联系、网格化管理”工作机制，推动落实企业主体、区县属地、行业监管“三个责任”。持续夯实安全基础，改造渡口410个，新建高洪水位地锚设施1050处，新建监督站点76个，配备执法艇趸167艘。更新短途客船411艘、投放库周渡船183艘，全市客渡船标准化率已达100%。狠抓安全源头整治，拆解省际客船28艘、危化品船29艘、低抗风标准客渡船490艘，深入开展危化品港区风险评估、砂石船舶整治等各类专项行动，排查整改安全隐患，一大批历史遗留问题得到有效解决。围绕应急装备、队伍、预案“三个贴近实战”，加快推进地方水上应急救援体系建设，“一中心、六基地”应急救援体系作用凸显，全市水上交通已连续15年未发生重特大事故。

（四）绿色航运发展

一是绿色航运水平明显提升。认真开展非法码头整治，取缔沿江非法码头118座，收回岸线资源17公里。在全国内河率先实施船舶防污染治理，运输船舶防污染设施安装率达100%。大力推进“两江四岸”水上交通治理，138艘餐饮船舶污染“顽疾”得以根治。推广运用港口岸电技术、船舶电推技术、LNG环保能源等新技术、新能源，全市139座港口码头具备岸电使用条件，2艘LNG动力示范船投入运营，全市船舶单位能耗降至1.9千克/千吨·公里。二是航运发展环境持续优化。切实加强航运政策研究和信息发布，积极解决企业调整运力、扩大经营范围等发展需求，及时协调我市重点物资优先过闸，全面加强企业经营资质动态跟踪，行业发展环境不断优化。航运金融、保险、交易等服务范围逐步拓宽，船东互保组织在全国内河率先推出，2018年完成航运交易额80亿元。

二、2019年发展目标

2019年是新中国成立70周年，全市港航系统将深学笃用习近平新时代中国特色社会主义思想，在市委、市政府和市交通局的坚强领导下，按照机构改革后确定的职能职责，重整行装再出发。一是全面加强党的建设，认真贯彻新时代党的建设总要求，层层落实全面从严治党责任，着力提升党建及党风廉政建设水平。二是持续推动港航事业健康发展，立足改革定位，继续围绕“抓党建、促发展、强安全、重生态、优服务”工作思路，加快推进长江上游航运中心建设。三是千方百计做好当前重点工作，坚决打好春节、“两会”等重点时段的安全稳定攻坚战，切实做好节日期间安全督查、运力保障和信访稳定工作，严管涉客涉危船舶等重点对象，严守景区、渡口码头等重点部位，严惩“三无”船舶、农自用船非法载客等违法行为，全力确保群众安全、便捷、畅通、高效出行。

（执笔人：张鑫欣）

通信业

重庆市通信管理局

一、2018 年发展回顾

2018 年，全市信息通信业紧紧围绕习近平总书记对重庆提出的“两点”定位、“两地”“两高”目标和“四个扎实”要求，以供给侧结构性改革为主线，深入实施“网络强国”战略，信息通信业发展活力和创新能力持续增强，保持了良好发展势头，行业运行呈现稳中有进、稳中有新的态势，全市信息通信业累计完成电信业务总量 1541.3 亿元，同比增长 152.2%（全国同比增长 137.9%）；完成电信业务收入 265.13 亿元，同比增长 2.7%（全国同比增长 3%），对全市生产总值增速拉动达到了 1.7 个百分点。五家电信运营商完成税收 7.69 亿元，为促进地方经济高质量发展发挥了重要支撑作用。

（一）网络能力持续提升，行业发展成效显著

一是网络供给能力持续提升。着力实施重庆信息通信基础设施提档升级三年行动计划。光纤宽带网络覆盖范围进一步扩大，全市光纤宽带用户规模达到 956.1 万户，光纤用户占比达到 89.3%，百兆宽带成为我市固定宽带主流速率，100M 以上固定宽带接入用户占比达到 56.6%。4G 用户规模达到 2553.1 万户，4G 用户渗透率达 69.93%。二是目标任务提前完成。网络提速降费的“三降低一取消”目标均提前完成，对标 2017 年底，流量资费、家庭宽带资费、中小企业专线资费分别下降 70%、35%、46.5%。固定宽带家庭普及率从 78.3% 上升至 90%（全国为 86.2%），移动宽带用户普及率从 81.7% 上升到 93.8%（全国为 93.6%）。

（二）通信基础设施提档升级，增强数字经济发展动能

一是进一步完善基础通信设施。4G 网络建设向纵深发展，全市 4G 基站新增 7958 个，达到

10 万个，100% 的行政村接入 4G 网络。全市光纤到户端口达到 2023.2 万个；骨干直联点网间互联带宽达到 300G，省际出口带宽达到 21.2T，互联网直联城市达到 30 个。重庆铁塔大力推动公共基础资源整合，不断完善 4G 网络覆盖，探索与国网重庆市电力公司开展资源“综合共享”模式。二是加快推进 IPv6 规模部署。三家基础电信企业均已完成 LTE 网络端到端 IPv6 改造及固定宽带网络与门户、网厅和手厅及自营 App 的 IPv6 改造，加速 IPv4 向 IPv6 演进升级。三是推动物联网发展见成效。建成 NB-IoT 基站 2.3 万个，物联网用户达到 1256.5 万户。完成中国移动 OneNET 物联网开放平台落地。四是推进中新数据通道建设。通信管理局会同有关部门编制《中新国际数据通道建设运营总体规划方案》，通过了工信部组织的专家组评审。

（三）践行以人民为中心思想，保障和改善民生服务

一是大力推进乡村振兴和脱贫攻坚工作。基本实现人口聚居区自然村光纤和 4G 网络覆盖。二是推动农村信息化服务精准扶贫。重庆市移动公司推出的“精准扶贫大数据分析平台”可全流程展现贫困户的脱贫路径，提高了精准扶贫实效。三是出台惠民政策，开展网络扶贫。针对我市建档立卡贫困户推出精准扶贫套餐，并对正常套餐资费“减半”实施。

（四）5G 建设取得政策支持，推动 5G 发展驶入快车道

2018 年市政府第 33 次常务会议审议通过《关于推进 5G 通信网建设发展的实施意见》。三家基础电信企业均在车联网领域开展了 5G 联合创新试验。重庆铁塔全方位推进监控杆、灯杆、电力塔等社会资源统筹，提前布局 5G 站址资源。成功举办首届智博会“5G 与未来网络高端论坛”，组织参加工信部“绽放杯”5G 应用征集大赛。

（五）技术创新能力持续提升，助力行业转型升级发展

一是专利申报数持续增加。深入开展科技创新和技术创新，2018 年行业累计申报国家专利超 700 项，获批专利超 165 项。二是技术创新屡获殊荣。重庆电信主导的智能随选网络项目获集团科技进步一等奖和 SD-WAN 峰会优秀应用奖；重庆移动基于分级决策的 5G 自动驾驶体系构建及应用获“绽放杯”5G 应用征集大赛一等奖；重庆联通构建以互联网 + 用户思维为核心的网络优化管理体系获央企“航天科工杯”青年创新铜奖；重庆邮电大学获得国家级、部级和市级科学技术奖 19 项。三是企业微创新持续发力。

（六）国家级顶级节点落成，工业互联网发展迈入新阶段

一是建成工业互联网国家级顶级节点。搭建了“省级工业互联网安全监测平台”。二是推进重庆工业互联网创新中心建设。三是发挥示范作用，保障重点项目实施。重庆电信公司积极开展智慧城市建设，着力打造“云网”融合，一体化集约运营，以互联网专线、组网专线、IDC 端口及云的应用助力工业互联网发展。

（七）深化信息通信领域改革，构建健康发展市场环境

一是坚决落实国家机构改革部署。在全国率先顺利完成安全分中心转隶、专用局划转工作。重庆联通深入推进互联网化运营，实现混改转型新突破。二是持续优化审批流程，提升服务效能。实现企业申报“一网通办”，降低企业成本。三是

放宽市场准入，鼓励民资投入。出台《关于支持民营经济发展的实施意见》，从放宽市场准入、优化审批制度、降低经营成本等九个方面予以扶持。四是推进信用体系建设，加强信用监管。建立电信业务不良名单和失信名单，将信用信息共享使用嵌入行政管理业务流程。五是持续深化“放管服”改革，强化市场管理。以国务院大督查反馈问题为抓手，营造公平有序的市场环境。六是增强互联网应用服务能力，助力“双创”蓬勃发展。重庆邮电大学科大讯飞人工智能学院成立。重庆有线推出了“来点”语音遥控器，在百度语音识别 + 人工智能应用方面实现破局。猪八戒网打造“全球知识工作者社区”，持续扩大平台双边连接网络效应，降低中小企业创新创业成本。

（八）提升信息安全监管能力，创新性丰富社会治理手段

一是加强警通深度合作，形成融合监管格局。推进防范打击通讯信息诈骗工作，协助破获案件 2.4 万余起，冻结止付资金 4 亿余元。打掉伪基站犯罪团伙 16 个，发送防范打击通信诈骗公益短信 4.8 亿余条。二是深入推进互联网融合治理，营造清朗网络空间。配合有关部门处理违法违规网站 387 个，向有关部门移送涉嫌违法违规网站线索 108 个。三是整治信息环境，推进骚扰电话治理。

（九）加强突发事件管理，提升应急通信保障水平

成功举行 2018 重庆市应急通信保障联合演练，圆满完成了“智博会”“进博会”等国家重大活动和重要节假日的通信保障任务。

二、发展中存在的问题

我市经济正处在转变发展方式、优化经济结构、转换增长动力的攻关期，正持续实施以大数据智能化为引领的创新驱动发展战略行动计划，促进智能产业、智能制造和智慧城市加速发展，迫切需要信息通信业在为高质量发展提供新动能方面发挥更加重要的作用，这是当前我们面临的挑战。一是研究行业自身高质量发展路径，在创新驱动发展、深化改革开放、强化安全保障上再进一步。持续开展高速率网络建设、下一代网络部署工作，完善信息通信技术应用发展基础。二是探索行业与实体经济深度融合协同发展的举措，深入实施工业互联网创新发展战略，支撑加快 5G 商用部署，扎实做好标准、研发、试验和安全配套工作，加速产业链成熟，加快应用创新。

三、2019 年发展目标

2019 年主要目标：全市电信业务总量增长 135%，固定宽带家庭普及率达到 92%，移动宽带用户普及率达到 96%，推动流量资费进一步下降，推动面向中小企业专线的精准降费，扩容重庆骨干直联点网间互联带宽达到 320G。

（执笔人：温俊锋）

邮政业

重庆市邮政管理局

一、概况

2018 年，重庆市邮政行业业务总量 134.77 亿件，较上年增长 34.84%；业务收入（不含邮政储蓄银行直接营业收入）111.50 亿元，较上年增长 20.60%。其中，快递服务企业业务量完成 4.57 亿件，较上年增长 39.11%；业务收入完成 58.04 亿元，较上午增长 29.74%。

二、邮政行业安全监管

2018 年，市邮政管理局创新“政府监管 + 专家会诊”模式，引入专业第三方安全管理企业和安监专家开展教育培训，提升政府依法监管和企业安全生产水平。制定《重庆市邮政业安全生产监督检查工作手册（试行）》，督促企业“照单履责、全程留痕”落实安全监管台账。印发《2018 年度化解安全生产领域重大风险攻坚战实施方案》，促进邮政行业突发事件风险防控管理进一步规范化、系统化和科学化。建立季度政企联席会工作机制，开展行业运行综合分析，全面加强风险研判预警。以落实“实名登记、开箱验视、过机安检”为核心加强与市级相关部门联合执法，有力维护寄递渠道平安稳定。认真落实“双随机一公开”，推出《事中事后监督管理通知单》，做到放管有机结合。连续两年获评“全市安全生产先进单位”。

三、邮政行业服务现代农业助力精准扶贫

2018 年，市邮政管理局深入推进“快递下乡”和“邮政在乡”，提升服务现代农业和农村电商能力。积极推进快递、现代农业、电商零售等跨界融合发展，发挥行业服务支撑“乡村振兴”战略。邮政快递企业入驻物流园区 24

个，建设邮乐购站点10533个，邮政企业参与配送农特产品进城14769.64吨，农特产品交易额15204.6万元；建设乡镇快递服务站1328个，村级快递服务点4932个，全市快递服务乡镇覆盖率达100%；快递服务现代农业项目18个，其中“快递+”金牌工程4个。服务形成快件量2100万件，业务收入1.8亿元，直接服务农业产值7.5亿元。中央媒体采访团先后两次来渝就“双11”旺季服务保障、快递下乡、电商快递协同发展和国际邮件进口测试成功进行专题报道。

四、绿色邮政发展

2018年，市邮政管理局鼓励企业结合实际，整合资源，科学调度，优化运输路线和配送组织方式。协助公安交管部门为企业办理新能源车辆通行证1832张。推动主要品牌快递企业电子面单使用率达100%，离地铺设率达100%，布放智能快件（信包箱）26160组，网点标准化率达99.18%，校园规范收投率100%。出台《关于推进快递业绿色包装回收循环使用的实施意见（试行）》，推进包装减量化、绿色化和可循环。主城区投放共享快递盒3000余个，推动校园快递服务网点设置包装回收区全覆盖。主要快递企业引入智能化、自动化分拣设备，主要分拣中心均使用循环中转袋。

五、邮政行业服务质量

2018年，市邮政管理局多举措加强信用体系建设和消费者申诉处理工作，促进行业服务质量不断提高。印发了《重庆市快递业信用体系建设工作实施方案》，成立了重庆市快递信用评定委员会，完成1659家快递企业主体名录库信息补录审核，入库率100%，完成近2万名从业人员信息审核，全部纳入快递业信用管理信息系统。印发《邮政业申诉处理质量考核办法（试行）》，开展申诉处理工作培训，加强对企业申诉处理工作考核。进一步完善申诉中心内部管理制度，规范申诉处理流程，提升投诉申诉工作水平。全年共受理申诉24879次，为消费者挽回经济损失106.4万元。消费者对邮政管理部门申诉处理满意率为99.5%，同比增加0.4个百分点；对邮政企业申诉处理满意率为100%；对快递企业申诉处理满意率为99%，同比增加0.8个百分点。

（执笔人：陈彩龙）

知识产权

重庆市知识产权局办公室

一、2018年发展回顾

2018年，全市知识产权系统坚持以习近平新时代中国特色社会主义思想为指导，深入学习贯彻党的十九大和十九届二中、三中全会精神，全面落实习近平总书记对重庆提出的“两点”定位、“两地”“两高”目标和营造良好政治生态、做到“四个扎实”的重要指示要求，认真贯彻市委、市政府和国家知识产权局工作部署以及市市场监管局党组工作要求，大力推进知识产权强市建设，各项工作取得明显进展。

——知识产权综合实力再上新台阶。全年专利申请72121件，同比增长11.56%，发明专利申请22685件，同比增长17.56%；专利授权45688件，同比增长31.36%，发明专利授权6570件，创历史新高，同比增长7.04%。每万人口发明专利拥有量达到9.08件，居全国第十位，同比增长25.24%。有效注册商标总量达到37.57万件，马德里国际注册商标总量达到249件，中国驰名商标总量达到151件，地理标志总量达到246件，有效注册商标、驰名商标、地理标志总量继续居西部第二位。打击侵权假冒工作绩效考核列全国前三位、专利行政执法工作考核居全国前五位。

——知识产权运营服务成效显著。市场主体利用知识产权出资入股、转让、许可、质押融资金额达到100亿元，同比增长12%。全市500家科技型企业获得知识价值信用贷款13.03亿元，企业融资成本降低约50%。知识产权服务业收入达到4.57亿元，同比增长14.3%。中国专利奖获奖数量居西部第二位。长安、龙湖、力帆、太极、宗申、隆鑫等品牌跻身2018世界品牌实验室“中国500最具价值品牌”行列。

——知识产权领域改革深入推进。我市成为国家首批知识产权军民融合试点地方。知识产权注册便利化改革稳步推进，实现商标“变转续”、马德里商标国际注册等业务在渝办理，专利代办服务周期进一步压缩。科技型企业知识价值信用融资新模式、行政司法一体化的版权保护工作机制、覆盖区域重点产业的专利导航服务体系等3项改革纳入全国第一批30项知识产权强省建设试点经验和典型案例，并予以复制推广。

过去一年，重点抓了四个方面的工作。

（一）扎实推进重点产业知识产权服务

坚持聚焦新兴产业发展，以知识产权保护、专利大数据运用为重点，强化产业风险防控和路径引领，推动产业转型升级。围绕集成电路、生物医药等8个产业建立国家专利导航项目（重庆）研究和推广中心产业分中心，围绕新能源汽车、智能网联汽车、物联网等产业技术领域建立专利数据中心37个，围绕智能制造、电子信息、新材料等产业实施专利导航项目、重大研发项目技术创新专利导航计划、高价值专利培育等项目90个，组建智能制造产业领域知识产权联盟2个。汽车产业转型升级专利导航成果得到市政府领导加快示范推广的批示。

（二）不断强化知识产权保护和运用

深入推进打击侵权假冒工作，各级行政机关立案查处各类侵权假冒案件3660件，建立长江经济带11省市联合协作执法机制。开展“护航”“雷霆”“溯源”等专项执法行动，立案调处专利侵权纠纷案件477件，查处假冒专利案件279件和各类商标侵权案件344件。加强展会现场知识产权执法维权，实现智博会、高交会等大型展会知识产权保护“零投诉”。建立专业市场知识产权纠纷多元化解决机制，“保护知识产权、销售正版正货”承诺活动深入人心。中国重庆（汽车摩托车）知识产权快速维权中心通过验收并投入运营。市场主体运用专利、商标等知识产权实现质押融资9.3亿元。国家新一代专利检索系统登录量、检索功能使用量、分析功能使用量、文献浏览量等四大指标均居全国前三位。

（三）逐渐完善区域知识产权资源布局

首批国家知识产权区域布局试点工作通过国家验收，建成知识产权可视化平台，智能网联汽车与新能源汽车、智能装备和机器人、通用航空、生物医药等产业知识产权导向目录在相关部门、区县和龙头企业得到推广运用。自贸区知识产权综合服务改革试点工作稳步推进，自贸区知识产权服务专区建成并接入自贸区网站。九龙坡成为继江北之后第二个国家知识产权示范城市，巴南、璧山、两江新区、空港工业园试点工作通过国家验收，南岸、巴南跻身国家知识产权示范创建城市行列。北碚、璧山、梁平等试点城市持续开展专利质量提升、专利助推产业转型升级等试点工作。推动涪陵、梁平、大足、铜梁、合川、九龙坡、江北建成国家区域专利信息服务（重庆）中心区县分中心，服务企业1200余家。进一步促进专利高质量发展，江北、涪陵等16个区县启动专利资助奖励政策修订工作。

（四）大力营造知识产权文化氛围

立足大力弘扬“尊重知识、崇尚创新、诚信守法”的知识产权文化理念，不断创新工作方式，加大宣传力度。首次在渝举办第十五届知识产权南湖论坛，参加人员规模历届最大。首次发布全市企业专利创新百强榜，建立与百强企业知识产权工作对接服务长效机制。组织开展知识产权宣传周、专利周等系列活动300余项，发布知识产权保护状况白皮书，举办中国知识产权名家讲坛和法官讲坛9期。开展知识产权进校园活动，认定首批市级中小学知识产权教育试点学校20所。不断加大知识产权人才培养力度，全年累计培训各类知识产权人员2万余人次。

二、发展中存在的问题

虽然2018年全市知识产权工作取得了长足发展和显著成效，但面对新形势、新任务、新要求，我们也清醒地认识到全市知识产权工作中还存在一些薄弱环节，创新主体知识产权意识有待加强，知识产权整体质量有待提高，知识产权服务能力和人才培养有待提升，知识产权保护体系建设亟须加强，知识产权综合运用效益尚未充分体现。

三、2019年发展目标

2019年是新中国成立70周年，也是完成知识产权机构改革之后的开局之年。全市知识产权系统将紧密团结在以习近平同志为核心的党中央周围，坚持以习近平新时代中国特色社会主义思想为指导，深入学习习近平总书记视察重庆系列重要讲话精神，全面贯彻总书记对重庆提出的“两点”定位、“两地”“两高”目标、发挥“三个作用”和营造良好政治生态的重要指示要求，认真落实市委、市政府部署安排和市市场监管局党组工作要求，齐心协力、开拓创新，不断开创知识产权事业发展新局面，力争实现每万人口发明专利拥有量达到10件，万户市场主体商标拥有量达到1380件，有效注册商标总量达到43万件，地理标志总量达到250件以上，专利、商标等知识产权质押融资达到10亿元，知识产权综合运用效益进一步凸显，全社会知识产权文化氛围和保护满意度进一步提升，基本形成司法保护、行政执法、维权援助等多元化知识产权保护体系，为努力营造良好营商环境、促进经济高质量发展作出积极贡献。

（执笔人：龚举清）

银行业

重庆银保监局

一、概况

2018年，在市委、市政府和银保监会的坚强领导下，重庆银行业继续保持稳健运行，服务全市经济社会的能力再上新台阶。

（一）机构情况

截至2018年末，重庆辖内法人机构和市级分行达到109家，从业人员7.21万人，总量继续领跑中西部地区。年内，推动成立2家自贸试验区分行、7家自贸试验区支行，已设立的离岸中心等区域性功能性总部中心达到7家，自贸试验区分支行8家。指导引入了辖内首家台资银行富邦华一，在渝外资银行分行数量位居中西部第一，指导花旗银行升级辖内零售网点为全国首家空中财富管理中心，渣打银行试点西部地区综合性支行，机构聚集效应进一步凸显、服务体系进一步丰富。

（二）资产情况

截至2018年末，全市银行业总资产4.93万亿元，同比增长4.5%。全市银行业总负债4.71万亿元，同比增长4.2%。其中，各项存款余额3.69万亿元，同比增长5.8%。表内同业资产、负债规模较年初净减少，主要表外业务增速放缓或负增长，银行业资产负债表结构持续调整、业务模式进一步回归本源。

（三）业务情况

截至2018年末，全市银行业各项贷款余额3.22万亿元，同比增长13.5%。其中，中长期贷款增长15.1%，为主要增长动力；民营企业贷款占企业贷款的比重为26.7%。新增贷款投向的前五大行业为个人贷款、租赁商务服务业、水利环境公共设施管理业、交通运输仓储邮政业、制造业，合计占新增贷款总量的77.5%。

（四）盈利情况

2018年，全市银行业实现税后利润538.4亿元，同比增长12.5%。其中，商业银行实现净利润425.9亿元，同比增长20.7%。银行业资产利润率1.12%，较全国水平高0.24个百分点。法人机构资本利润率11.75%，较全国平均水平高0.66个百分点。

（五）风险情况

截至2018年末，全市银行业风险状况整体可控。银行业不良贷款余额352.6亿元，不良率1.08%，继续分别保持全国第五低、第四低的水平。逾期90天以上贷款与不良贷款之比降至100%以内，资产分类真实性较高。银行业处置不良贷款393.3亿元，同比增长43.5%。银行业拨备覆盖率240.6%，高于全国平均59.7个百分点。法人机构资本充足率14.07%，较全国平均水平低0.13个百分点。

二、成效

（一）对外开放水平不断提升

一是统一银行准入标准。按照银保监会《关于进一步放宽外资银行市场准入相关事项的通知》等的要求，放宽、取消对辖内中资银行外资持股比例限制，实施内外一致的股权投资比例规则，持续完善金融服务体系，外资银行开办代客境外理财业务、代客境外理财托管业务等四项业务由审批制改为报告制。允许外资银行开展代理发行、代理兑付、承销政府债券业务，允许符合条件的外资银行分行经营人民币业务和衍生产品交易业务，引入首家台资银行富邦华一。

二是推动重大战略落地。以支持内陆开放高地建设为着眼点，配合修订《自贸实验区管理办法》和《中新互联互通工作要点》，深化“放管服”改革，推动简化自贸区机构、高管准入事项50余件，依托自贸区打造区域性功能性总部中心7家，投向“一带一路”和长江经济带等领域资金突破1万亿元，占各项贷款余额约1/3，重大战略资金保障能力持续提升。

三是创新金融服务产品。指导辖内银行用好自贸试验区“1+4”监管政策和中新示范项目“1+3”金融服务体系，探索跨境金融新产品，降低融资成本。工商银行重庆市分行开立全球首份铁路提单国际信用证，率先在内陆地区实现铁海多式联运信用证结算，星展银行等机构通过“房地产投资信托基金（REITS）+银团贷款”方式帮助重庆本地企业砂之船集团在新加坡交易所成功上市，募集资金3.96亿新币全额流入境内，帮助企业降低融资成本1.6个百分点，被新交所评价为在亚洲地区具有示范效应的经典案例，“本外币、境内外、离在案”一体化的金融服务体系不断完善。

（二）公司治理体系不断优化

地方法人机构初步建立起党的领导与公司治理有机融合的治理机制，并将党的领导写入公司章程。督促地方法人银行认真落实《商业银行股权管理暂行办法》，股权结构、管理架构进一步优化，全面风险管理和内审稽核体系建设持续加强。重庆农商行、重庆银行、重庆信托等地方法人机构在全国同业中的品牌地位不断提高，金融租赁公司、财务公司、村镇银行转型发展逐步加快。

（三）风险防化能力不断提高

一是强化银行市场乱象整治。组织开展公司治理、理财展业、违规销售、非法集资等重点领域专项检查，实施行政处罚17次，处罚金额920万元，对2人同时作出“禁止终身从事银行业工作”和“取消高管任职资格终身”的顶格处罚，市场乱象得到有效遏制，银行业发展环境进一步净化。

二是强化企业债务风险化解。先后印发《关于进一步加强银行业金融机构债委会工作的通知》《关于进一步加强重庆银行业债权人委员会工作的意见》，助力防化企业债务风险，保护银行债权。截至2018年末，辖内共组建债权人委员会1012家，实现融资余额1亿元以上企业债委会全覆盖，为重点企业新增贷款768亿元、续贷转贷2632亿元，有力支持力帆、银翔、隆鑫、东银、能投等企业化解债务风险。按照《银行业金融机构联合授信管理办法》要求，在全国率先完成联合授信试点企业签约，压降10家企业集团过度授信336亿元，充分发挥联合授信机制规范企业融资及防范多头授信、过度授信风险的积极作用。

三是强化重点领域风险防控。指导辖内银行机构处置不良贷款393亿元，同比增长43.5%，压降不良“剪刀差”至91%，较年初下降10个百分点，三年来首次低于100%。压降信用卡不良率至2.28%、呆账率至1.5%。推动落实差别化房贷政策，有效遏制全市居民杠杆率上升态势，辖内融资平台贷款继续保持无逾期、无不良。

（四）支持实体发展不断巩固

一是大力发展普惠金融。推动大中型银行和地方法人银行普惠金融事业部、三农事业部、绿色金融事业部落地。出台“降成本十条”措施，辖内银行业金融机构圆满完成小微贷款“两增两控”目标，全年贷款利率6.78%，小微企业首次办贷时长缩减40%。

二是积极支持乡村振兴。印发《关于金融服务乡村振兴战略的实施意见》，涉农银行和3家地方法人银行出台专项行动计划和实施意见10余项，涉农贷款余额5344亿元，同比增长6.4%，重庆全辖38个区县、850个乡镇、8492个行政村，实现了农村基础金融服务100%全覆盖，覆盖率较2017年末提高0.41个百分点。出台《关于进一步做好扶贫小额信贷工作的通知》，推动扶贫小额信贷由18个扶贫重点区县向其他15个有扶贫开发任务的非重点区县延伸，截至2018年末，全市扶贫小额信贷余额42.87亿元，较年初增加22.35亿元，增幅108.93%，已获贷款贫困户数10.3万家，增幅102.68%。战略性新兴产业的融资余额为2550亿元，较年初增长17%。

三是不断推动创新发展。坚持底线思维、红线思维，鼓励辖内银行业金融机构创新体制机制，对新产业、新业态、新模式给予恰当的融资支持，促进产业转型升级创新发展，辖内银行支持科技型企业贷款余额1133亿元，户数3851户，分别较年初增长42%和267%。战略性新兴产业的融资余额为2550亿元，较年初增长17%。

附件：

表 1 重庆银行业金融机构统计指标

单位：亿元，%

时间	2018 年一季度	2018 年二季度	2018 年三季度	2018 年四季度
总资产	47555.91	48122.78	48477.89	49296.18
比上年同期增长	6.13	5.92	4.91	4.49
总负债	45531.05	46043.12	46293.18	47065.24
比上年同期增长	5.63	5.34	4.39	4.17
不良贷款比例	1.13	1.14	1.08	1.08
比年初增减	−0.03	−0.01	−0.08	−0.08
税后净利润（累计）	157.36	297.64	431.86	538.44

数据来源：重庆银保监局非现场监管信息系统。

（执笔人：白鹏举）

保险业

重庆银保监局

一、概况

2018年，在市委、市政府和银保监会的坚强领导下，重庆保险监管工作扎实有序开展，保险业服务重庆经济社会的能力再上新台阶。

（一）保费规模稳步增长

2018年，全市原保险保费收入806.2亿元，同比增长8.3%，高出全国水平4.3个百分点，较上年末下滑15.5个百分点，较前三季度上升1.3个百分点。全市保费规模在全国排名第18位，较上年同期排名基本持平，增速在全国排名第17位，较上年同期排名下降9个位次。其中，产险公司保费收入232.1亿元，同比增长10.2%；寿险公司保费收入574.1亿元，同比增长7.5%。

（二）保障能力稳步提升

2018年，全市赔付支出277.4亿元，同比增长8%。其中，产险公司赔款支出131.6亿元，同比增长13%；人身险公司赔付支出146亿元，同比增长3.8%。保险业为全市经济社会发展提供风险保障共42.5万亿元，其中，财产风险保障26.5万亿元，同比增长22.4%，人身险风险承保1.4亿人次，同比增长15.3%。截至2018年12月底，行业为全市经济社会发展积累各种责任准备金1844.3亿元，较年初增长11.9%。

（三）业务结构持续优化

保险业持续助推重庆实体经济发展，与实体经济密切相关的非车非人身险业务表现继续好于全国平均水平，整体保费收入39.8亿元，同比增长34.1%，高出全国水平7.2个百分点。其中，企业财产保险同比增长10.2%，高出全国水平2.3个百分点；工程保险同比增长23.6%，高出全国水平14.1个百分点；责任保险同比增长20.7%，低于全国水平10.2个百分点；保证保险同比增长

105.4%，高出全国水平35.3个百分点；船舶保险同比增长11.9%，高出全国水平1.4个百分点；农业保险同比增长50.9%，高出全国水平31.3个百分点。此外，保障属性较强的健康险快速增长，保费收入130.5亿元，同比增长25.3%。

（四）市场风险总体可控

2018年，全市寿险公司满期给付规模持续减小，满期给付支出70.5亿元，同比增长-11.9%。全市寿险公司退保金额增幅进一步收窄，退保金151.4亿元，同比增长12%，较全国水平低5.8个百分点，增幅较三季度收窄10.9个百分点，退保率7.6%，高出全国0.8个百分点。全市保险业整体偿付能力充足，四季度末，在渝5家法人机构和52家保险分公司的法人机构综合偿付能力充足率全部达标（>100%）。

二、成效

（一）着力服务社会经济重大改革发展

为实体经济发展保驾护航。货运类保险服务保障“一带一路”建设，为中欧班列（重庆）回程货物、长江航运等基础建设提供保险保障3004亿元；全市森林保险承保面积达到4066万亩，年风险保额322亿元。出口信用保险支持自贸区发展，保障小微企业出口风险25亿美元、赔付550万美元，帮助小微出口企业获得保单融资7379万美元。推进农业保险创新发展，推动市政府出台《农业保险保障倍增计划实施方案》，提高6种中央财政补贴型保险保额。积极发展特色农险，在27个区县因地制宜开办柑橘、渔业、中药材、榨菜等20余个特色效益险种。农产品收益保险试点区县扩大到21个，品种增加到6个。探索重要农产品“保险+期货”试点。

（二）助力精准扶贫工程

“精准脱贫保”覆盖全市33个区县167万名贫困人口，涵盖贫困户大病补充、小额意外、疾病身故、贫困户学生重大疾病、农房保障等5个险种，累计赔付1.84亿元、赔付15.01万人次，实现“政策全覆盖、资金高效能、运行可持续”的预期效果。扩大普惠型农险覆盖面，协调市级相关部门延续贫困户参保政策性农险减免5%保费的支持政策，提供风险保障3.04亿元，6.7万贫困户受益。在27个区县因地制宜开办柑橘、渔业、山羊、中药材、蔬菜、榨菜等20余个特色效益农业险种，支持相关产业向贫困村、贫困户延伸。“产业扶贫保”支持深度贫困乡镇，争取区县财政给予贫困户每户1.5万元保障额度，保障范围覆盖贫困户发展的各类种养殖项目，目前已在18个深度贫困乡镇落地，承保贫困户1.1万户。

（三）深度服务医药卫生体制改革大局

承办服务全市大病保险。城乡居民大病保险保障人数约2583万人，累计赔款近5亿元、赔付101.31万人次；城镇职工大额医疗互助保险保障人数约608万人，累计赔款达20亿元、赔付194.91万人次。支持平安集团与市卫计委合作，搭建市级DRGs（疾病诊断关联性分组）云平台、医院处方点评系统以及完善医改监测平台，初步实现对二级以上公立医院的绩效评估和处方监测，辅助实现226家公立医院数据实时接入，为重庆市健康医疗大数据中心建设和医疗体系现代化治理提供支撑。

（四）着力服务社会治理现代化

民心工程稳定特殊群体。“孝老安康”工程为全市34.54万余名老年人提供意外风险保障逾

119.17亿元，累计赔付1265.81万元，有效降低老龄群体“意外返贫”“意外致贫”风险。“民政惠民济困保”项目帮扶约123万名低保对象、特困人员、孤儿和享受国家定期抚恤补助优抚对象，累计赔付1.02亿元。失独家庭父母住院护理保险项目为5.5万余名失独家庭父母提供保障逾60亿元，累计赔付1508万元，帮助解决失独家庭父母住院无子女照料的后顾之忧。

（五）责任保险预防安全事故纠纷

医责险施行市级统保，并强化三方调解和理赔服务中心建设，累计承保医疗机构4436家，提供风险保障20.74亿元。开辟医患双方合法权益维护新渠道。安责险在八大高危行业领域强制实施，实现煤矿、渔船统保和应保尽保，非煤矿山、危险化学品、烟花爆竹、金属冶炼等领域已正式启动承保。持续推进首台（套）重大装备保险、环责险、食责险、电梯责任险等，全方位服务公共安全治理体系建设。

（六）“警保联动”改善道路交通事故处理

加强与市公安局交通管理局沟通，试点保险机构人员参与路面巡查，提高查勘时效，开辟道路交通事故快速理赔新方式。推进道路交通事故互联网在线快速处理，完成交管12123系统与保险理赔核心系统对接，为当事人提供在线事故定责、损失确定、保险赔付等服务。指导保险机构参与元旦、国庆等重大节假日联动处理高速公路交通事故，相继进驻7个高速公路路口，参与处理交通事故273件。

（七）诉调对接缓和社会矛盾

完善保险纠纷调解机构，新设12个区县的人民调解委员会，全市人民调解委员会总数达到25个，加上4个专业化调解室，诉调对接工作覆盖面进一步扩展。先后在15个区县试行道路交通事故纠纷“网上数据一体化处理”通过诉前、诉中等多形式调解，帮助保险消费者降低诉讼时间成本，助力提升审判效率。2018年，全辖受理保险纠纷案件3123件，较2017年增长40.23%；调解达成2933件，增长44.84%；达成调解金额14796万元，增长62.84%；调解达成率为93.92%，同比提高3个百分点。

（八）着力防范和化解保险风险

突出风险隐患预警排查。深化市场运行监测，强化信用保证保险、农业保险等重点险种非现场监管，引导公司提高风险防范能力。以满期给付与退保为主要内容，持续开展监测与预测，对重点公司的销售渠道和时间分布等进行专项分析，摸清风险底数。针对人身险公司异动指标预警公司15家次、下发风险提示函11份、对13家次公司开展现场督导、召开7家重点公司风险提示座谈会，累计对12家中介机构进行风险提示谈话。持续推进“三查”机制。促进保险机构自主排查、区县市场巡查、业务处室专管员督查相结合，不断延伸监管触角和及时获取市场动态信息，全年累计收集风险信息83条，违法违规线索15条，内容涵盖涉嫌非法经营、机构管理混乱等。

（九）重点强化市场乱象治理

启动6项专项检查，包括车险后续检查、农险专项检查、人身险“治乱打非”、规范中介市场、非法商业保险活动专项治理以及消费者权益保护“精准打击行动”等。全年累计现场检查66家次，投入人力1379人/天。其中，产险机构11家次，寿险机构19家次，中介机构35家次，业外机构1家次。对37家保险机构、43名责任人、1名个人保险代理人实施行政处罚，罚款 785.8 万元，责令其中 1 家保险机构停止接受新业务 6 个月。处罚的违法违规总事项与罚款总额分别较上年增加近 70%，对保险市场乱象形成震慑。

（十）有效处置风险隐患

落实终止非寿险投资型产品试点的工作安排，推行关键数据周报监测制度，督促安邦产险、天安产险重庆分公司积极稳妥处置存续业务，未发生现金流风险。针对“盛云穆迪”“深圳同盈”非法集资案件风险问题，加强与市金融办、市信访办等沟通，协同处置风险。督促相关保险机构加强风险排查，跟踪指导重点公司处理退保争议，防范群访群诉。扫黑除恶防范保险欺诈，联合市公安局开展“安宁 2018”反保险欺诈专项行动，累计筛查可疑线索 239 条，涉及金额约 3602 万元，对 18 件涉嫌保险欺诈案件立案，涉案金额 669 万元，抓获犯罪嫌疑人 10 人。

（十一）着力抓好保险消费者权益保护

畅通保险投诉维权渠道。全年，保险消费 12378 维权热线累计接听消费者来电 1.2 万个，接通率 95.98%，满意度 99.57%，综合考核居全国前列。累计处理保险消费投诉 2173 件，对涉嫌违法违规问题受理调查 99 件，为保险消费者维护经济利益 1365.63 万元。

（十二）优化保险机构服务评价体系

修订完善保险机构服务评价办法，完善评价体系和指标要求，相关评价结果在业内通报，督促保险机构整改服务弱项。评价显示，车险赔案报案支付周期由上年的 17.3 天缩短为 16.2 天，人身险 13 个月保费继续率由 91.3% 上升至 92.2%。

（十三）持续加强保险消费者教育

利用“‘3 · 15’维权日”“‘5 · 15’打击经济犯罪”“‘7 · 8’全国保险公众宣传日”“金融知识宣传月”等活动契机，普及保险知识，累计发放宣传资料 30 余万份，在全市 1000 余部电梯电视投放知识宣传片。梳理近年来辖内保险欺诈案件，深入剖析 6 件典型案例，在保险业和汽修业进行风险警示，其中 4 件入选全国保险欺诈典型案件汇编。

（十四）稳妥处置突发理赔事件

在泰国普吉岛沉船、巴南区新世纪幼儿园突发伤人、万州公交坠江等事件发生的第一时间，立即指导辖内保险机构开展承保信息排查，对相关保险消费者及时安抚、及时赔付。如在泰国普吉岛沉船事件中，指导相关保险公司安排工作组赴泰国，全程护送被保险人家属，并会同市外办、泰领馆做好善后处置工作。在万州公交坠江事件中，配合相关部门快速响应，相关工作得到银保监会领导肯定。

（执笔人：黄赞科）

证券业

中国证券监督管理委员会重庆监管局

一、2018 年重庆资本市场发展回顾

2018 年，在中国证监会和市委、市政府的坚强领导和关心支持下，我市资本市场充分发挥服务实体经济的功能，为全市经济社会发展目标的实现提供了有力支持。

（一）直接融资服务功能持续发挥

2018 年，我市企业境内资本市场直接融资规模有所回落，全年累计实现融资 2452.83 亿元，同比下降 15.73%。其中，再融资和重大资产重组融资 34.84 亿元，同比减少 47.98%；新三板挂牌公司增发融资 9.12 亿元，同比减少 66.13%；发行公司债融资 457.94 亿元，同比增加 28.79%；交易所资产支持证券融资 1866.08 亿元，同比减少 21.12%；区域性股权市场融资 84.85 亿元，同比增加 42.7%。

（二）拟上市企业资源库不断夯实

截至 2018 年末，我市境内上市公司 50 家。此外，2 家公司已通过证监会 IPO 审核，5 家公司在证监会排队待审，21 家公司已在重庆证监局辅导备案；132 家公司在新三板挂牌；755 家公司在重庆区域性股权市场挂牌。同时，一批优质企业具备上市潜力，积极谋求上市发展，为重庆上市公司五年倍增计划打下良好基础。

（三）上市公司继续发挥行业引领带动作用

2018 年，我市上市公司经营状况总体平稳，从三季度报告披露情况看，上市公司资产总额 9932.19 亿元，同比增长 10.25%；实现营业收入 2864.24 亿元，较上年同期增加 11.33%；实现归母公司净利润 170.63 亿元，较上年同期减少 5.29%。加权平均净资产收益率 6.38%。此外，

上市公司积极利用并购重组做优做强。如蓝带传动拟定增收购台冠科技，涉足车载触控屏领域，为顺应乘用车智能化发展方向，走软硬件一体化发展道路奠定基础，该重大资产重组申请已获证监会受理。

（四）证券基金期货经营机构新发展

2018 年，我市机构数量有所增加。截至 2018 年末，我市共有证券公司 1 家；证券分公司 39 家，比年初增加 2 家；证券营业部 207 家，比年初增加 5 家。期货公司 4 家，期货分公司 3 家，期货营业部 32 家。公募基金 1 家，基金管理规模 400.61 亿元，专户产品管理规模 507.45 亿元，新华基金子公司管理规模 342.21 亿元。证券基金期货业总资产 818.28 亿元，较年初增加 1.84%。2018 年全年证券基金期货业累计净利润 3.94 亿元。此外，我市在中国基金业协会登记的私募基金管理人 219 家，管理规模 1466.35 亿元。CEPA 框架下合资证券设立申请获证监会受理，相关工作正稳步推进。

（五）证券经营机构服务实体经济能力不断提升

我市证券经营机构抓住资本市场支持供给侧结构性改革的机遇，加大上市、挂牌、重组、债券发行等业务开展力度，为服务实体经济发展做出应有的贡献。2018 年，西南证券积极开展财务顾问、债券承销以及挂牌推荐等投行类业务，完成再融资项目 1 个，承销金额约 4 亿元；完成债券类项目 32 个，合计承销金额 192.23 亿元；新增推荐挂牌企业 12 家（其中重庆企业 1 家）；帮助 30 家新三板挂牌企业通过定向增发融资 9.76 亿元（其中我市 5 家企业总计融资 3.22 亿元）。此外，我市证券分支机构依托、协同公司资源优势和业务能力，支持企业发展，如财通证券、申港证券等 5 家机构帮助我市企业通过发行公司债券、一级市场股权融资、股票质押融资等方式筹集资金，累计融资金额近 30 亿元。

（六）期货经营机构立足自身优势服务产业发展

2018 年，我市期货经营机构大力开展风险管理和创新定价服务，引导和帮助产业链上下游企业利用期货市场套期保值。进一步扩大“保险 + 期货”业务试点规模，共开展了天然橡胶、鸡蛋、玉米和白糖 4 个涉农产品的 9 个“保险 + 期货”项目，惠及重庆、四川、云南等 11 个地区，为农户提供了相应收入保障，促进了相关农产品行业持续健康发展。重庆铝期货交割库自 2017 年开库运营以来，改善了我市电解铝供应短缺的局面，巩固和促进了铝产业健康发展。

（七）积极推动资本市场服务国家扶贫攻坚战略

一是上市公司、新三板公司结合自身产业优势，带动贫困地区产业发展，如部分拟上市公司、新三板挂牌公司发挥了在农业种植、文化旅游等方面的带动作用，增强了贫困地区经济发展活力。二是证券经营机构落实“一司一县结对帮扶”倡议，创新差异化扶贫方式，进一步提升结对帮扶质量和效果。三是重庆股份转让中心设立产业引导基金，支持秀山等贫困区县企业发展。初步统计，2018 年，我市 30 家上市公司、45 家挂牌公司通过产业帮扶、教育帮扶及公益捐助等方式，累计投入扶贫资金约 2.6 亿元。证券期货经营机构累计捐赠现金、物资合计金额约 374.5 万元，为企业对接产业扶贫资金约 50 万元，帮助贫困区县企业实现融资约 17 亿元，正在推进 32 亿元的债券融资项目。

二、发展中存在的问题

（一）资本市场服务供给侧结构改革任务艰巨

我市资本市场在为企业降低融资成本、深

化产业结构调整、支持经济薄弱环节等方面的作用还未能充分发挥。特别是服务科技型中小企业能力有所欠缺，我市大批中小企业通过资本市场筹集资金的渠道还不够通畅，一批发展较快的新型材料工业、医疗器材制造业等相关企业还没有上市。

（二）区域金融风险防范工作压力加大

我市企业公司债券兑付陆续进入高峰期，私募基金违规经营及兑付风险时有发生，非法证券期货经营活动屡禁不止，给防控区域性金融风险带来了挑战，需要相关部门切实加强风险监测和监管协作，守住不发生系统性风险底线。

三、2019年重庆资本市场监管发展目标

我局将继续深入贯彻落实习近平总书记关于资本市场的一系列重要指示批示精神，紧紧围绕深化金融供给侧结构性改革、防范化解金融风险和增强金融服务实体经济能力，发挥各方合力，促进我市资本市场健康发展。

（一）提高上市挂牌公司规模和质量

一是重点着力IPO，做好拟上市企业辅导备案相关工作，加强与沪深交易所的沟通协作，积极推动我市拟上市企业尽快发行上市，提高股权融资比重、降低企业杠杆，争取上市公司家数进一步增加。二是指导区县政府选择有潜力的企业持续培育，落实好企业上市挂牌各项支持政策。同时，引导区县政府借助投行力量，为不同阶段的企业提供专业指导，充实拟上市企业后备资源库。三是做好上市公司拟实施重大资产重组或再融资服务工作，支持鼓励我市上市公司通过资产注入、引入战投、吸收合并等多种方式做优做强，实现存量资源优化整合，去除无效产能。

（二）助力国家脱贫攻坚战略

一是进一步加强资本市场扶贫政策宣传力度，以培训企业上市挂牌为抓手，贯彻落实贫困地区企业申报IPO“绿色通道”政策。二是督促我市市场主体结合实际开展精准扶贫，鼓励上市公司和新三板挂牌企业与贫困地区的企业进行资金对接、资源对接和人才对接，通过造血扶贫增强贫困地区产业发展能力。三是加大“一司一县”结对帮扶力度，广泛动员行业力量成立专项扶贫基金，因地制宜开展金融扶贫。四是发挥期货公司在价格管理、风险管理方面的专业优势，扩大“期货＋保险”试点，为涉农主体提供合作套保、仓单质押、仓单回购等专业定制服务。五是普及资本市场发展理念，充分发挥网点带动作用，提供智力帮扶，广泛开展公益帮扶，增强贫困地区脱贫的内生动力。

（三）牢固树立风险防控底线思维

一是拓展监管信息共享深度和广度，健全风险监测预警和早期干预机制，织密防范金融风险交叉感染的安全网，突出金融监管的专业性、统一性、穿透性，防止出现监管真空。二是及时更新上市公司、公司债、私募基金等重点领域风险台账，进一步加强与地方政府、交易所等沟通联系，完善上市公司、公司债、私募基金风险监测和处置协作机制。三是进一步完善突发事件应急预案，巩固与地方公安、工商以及区县等部门的多方协作，保持信息渠道畅通，及时沟通风险情况和线索，稳妥化解和处置风险。

（执笔人：吴周）

文化产业

重庆市文化和旅游发展委员会

一、文化产业发展情况

（一）整体规模持续提升

2018 年，我们以习近平新时代中国特色社会主义思想和党的十九大精神为指引，对标对表总书记对重庆提出的“两点”定位、“两地”“两高”目标要求，紧紧围绕“文化强市”和“世界知名旅游目的地”目标，全面贯彻落实全市旅游发展大会精神和敏尔书记讲话精神，研究起草了《关于推动全市文化产业高质量发展的意见》，已经以市委、市政府的名义印发，是全国省级层面第一个出台推动文化产业高质量发展政策文件的省市。2018 年我们主动作为、超前谋划，以文化产业高质量发展为主线，以文旅融合发展为动力，推动全市文化产业高质量发展迈上新台阶。截至 2018 年，全市文化产业增加值预计实现 632 亿元，同比增速 5.9%，文化产业增加值占全市生产总值的比重 3.2% 左右。全市主营文化产业市场主体达 11.8 万家，同比增长 16.98%。

（二）市场主体茁壮成长

自 2014 年开始持续实施成长型文化企业扶

表 1　文化产业增加值

单位：亿元，%

年份	2012	2013	2014	2015	2016	2017	2018
增加值	365.89	425	474.36	536	593	597	632
增长率	26.13	16.16	14.59	13	10.63	0.20	5.9
占全市生产总值比重	3.19	3.2	3.4	3.4	3.39	3.2	3.2

持计划，加大对文化企业在上市、融资等关键环节的扶持力度。推进华龙网、重庆数字传媒、猪八戒网等文化企业上市。目前，重数传媒创业板 IPO 申报获证监会受理，重庆有线、新华传媒上市方案获中宣部批复。截至目前，全市上市文化企业总数已达 16 家，重庆四平塑料包装股份有限公司、重庆必然传媒股份有限公司、重庆软岛科技股份有限公司等文化企业先后成功在新三板挂牌。截至 2018 年，全市主营文化产业市场主体 11.8 万家，同比增加 16.98%，注册资本 7850.88 亿元，同比增加 112.01%，新增文化市场主体 24185 家，同比增加 24.8%，新增注册资本 1184.04 亿元，同比增加 66.61%，全市文化及相关产业预计实现主营业务收入 1920.56 亿元。

（三）平台搭建链接资源

成功举办重庆市文化产业发展协作推进签约仪式，市文化旅游委与 17 个区县、9 所高校、3 家银行机构、9 家投资企业达成 161 个文化产业发展合作项目，获得 300 亿元银行授信额度和 1850 亿元企业意向投资，形成了部门、区县、学校、银行、企业五方联动助推全市文化产业发展的格局；成功举办文化和旅游部第十二期文化和旅游精品项目交流对接会暨重庆市文化和旅游产业重点项目合作签约仪式。全国部分兄弟省市文化厅（局）的领导和嘉宾、重点文化企业、文化产业精品项目负责人、市内外金融、投资机构负责人、各区县人民政府分管领导、文化委主任、媒体代表等 400 余人参会。忠县忠义城、巴人部落主题公园等 6 个项目现场路演，元帅小镇、虚拟实境等 8 个项目进行了实景展示。为我市文化和旅游项目策划和设计提供生动教材和打造样板。在潘毅琴副市长及文化和旅游部、市文化和旅游委、市招商局、江北区政府等有关部门领导的见证下，集中举行了 7 个批次 30 个项目的签约仪式，总投资 1699 亿元。

（四）特色集聚区形成规模

通过政府引导、市场运作、招商引资先后建成了一批特色文化产业集聚区。截至 2018 年，全市市级文化产业示范园区 17 个，市级文化产业示范基地总数已达 84 个。已经建成綦江农民版画、巴国城、洪崖洞、猪八戒网等 7 个国家级文化产业示范基地，建成两江新区数字出版基地、出版传媒创意中心 2 个国家新闻出版产业基地。南滨路文化产业园区正在创建国家文化产业园区。下发《关于推动乡村文化乐园提质升级的意见》，成功召开全市乡村文化乐园建设现场会，全市 38 个区县及有关企业负责人近 200 人参会。全市已建成各类特色乡村文化乐园 30 个。下发《重庆市文化委员会文化创意产业园区创建工作方案》《重庆市文化创意产业园区评选管理（暂行）办法》，完成首批市级文化创意产业园区创建，重庆互爱科技产业园、金山意库文化创意产业园、万州文化创意产业园等 6 家园区获评首批文化创意产业园区，共入驻企业 525 家，其中，文化创意企业 347 家。

（五）文化惠民消费成效显著

为繁荣我市文化消费市场，推动全域旅游发展，提升居民的消费获得感，抢抓文化部布局国家首批文化消费试点城市机遇，争取市级财政支持 1000 多万元，以“品味巴渝文化，惠享美好生活”为主题，将文化企业消费联盟的加盟企业扩展至 5000 家，联合山城通 App 平台和阿里大文娱集团旗下大麦、淘票票、飞猪、口碑四大平台，推出了涵盖温泉套票、景区门票、文旅产品打折卡在内的总价值上亿元的文化旅游“大礼包”。2018 年 12 月底在南川区举办第三届文化惠民消费季，市政府分管领导、各区县（自治县）政府分管领导、文化委主任到场观摩，中央驻渝媒体及重庆各大主流媒体参与报道。本届惠民消费季是我市历时最久、参与主体最多、覆盖面最广的大型文化活动之一。全市35个区县共推出270余项冬季文化旅游惠民活动，涵盖文旅集市、温泉养生、乡村采摘、冰雪运动、迎新庙会等方面。

（六）品牌影响力不断提升

坚持将文化产业品牌会展作为巴渝文化品牌“走出去”的重要支点，持续组织我市文化企业参加中国深圳（国际）文化产业博览会、中国西部文化产业博览会、中国北京国际文化创意产业博览会等国家级文化产业博览会，取得良好的经济和社会效益。成功组织我市壹秋堂夏布有限责任公司、重庆猪八戒网络有限公司等13家知名文化企业参加2018年第十四届中国深圳（国际）文化产业博览会，共展出100多个种类800余件产品，展现了巴渝文化资源创造性转化、创新性发展成果。中共中央政治局委员、中央书记处书记、中宣部部长黄坤明同志视察重庆展馆并给予充分肯定。万石博览会、重庆演出季、重庆美术展等展会活动作为本土文化产业合作交流的主阵地，连续多年成功举办系列品牌会展活动。

二、存在问题和不足

尽管我市文化产业发展工作取得了一些成效，但仍旧存在一些不容忽视的问题和不足。一是整体实力不强。“十三五”时期要把文化产业培育成国民经济支柱型产业，文化产业增加值占地区生产总值的比重达到4%，我市文化产业增加值届时要突破1000亿元，才能实现这一目标。但从目前整体来看，还有400多亿元的缺口，差距较大。二是市场主体偏弱。尽管目前全市文化企业突破10万家，但95%以上的文化企业为中小企业，全市产值1亿元以上的文化企业不足100家，没有年收入100亿元以上的文化企业，目前仅有猪八戒网1家获得全国文化企业30强提名，10亿级民营文化企业仅2家，文化企业整体竞争力不强。三是政策扶持较弱。市级文化产业专项扶持资金规模不大，对文化企业和项目的扶持资金不足。文化产业发展长期以来受用地贵、融资难、税费高的困扰。

三、下一步工作打算

今后，我们将以党的十九大精神为指引，全力抓好政策落实、项目推进、主体培育、集聚发展、消费拉动，推动我市文化产业发展迈上新的台阶。我们将重点抓好以下七个方面的工作。

一是继续抓好顶层设计。贯彻落实《关于推动文化产业高质量发展的意见》，进一步增强文化产业在财税、用地、人才培育等方面的作用，尤其是要用好用活文化产业专项扶持资金，坚持投补并重，加大“补”的力度，为文化产业发展提供保障。二是继续抓好重点项目。继续统筹协调好市级部门和区县资源，加快推进巾帼土司城、巴人部落、元帅小镇、飞行学院等一批重点投资项目的落地实施。三是继续抓好企业扶持。继续实施成长型文化企业培育计划，全力培育一批有实力、有影响的本土文化企业，使其成为行业“龙头”，扶持一批民营文化“小巨人”，推动一批文化企业上市发展，重点关注1000家年递增率超过30%的快速成长的小微文化企业，力争扶持华龙网、猪八戒网等一批有实力的重点文化企业上市融资。四是继续抓好集聚发展。大力扶持南滨路创建国家级园区，储备一批国家级园区和基地后备力量。加强远郊区县文化产业项目发展规划，争取今后每年对远郊区县策划并落地 1 个投资额 1 亿元以上的规模项目，力争在“十三五”期间，为每个远郊区县落地一个文化产业集聚区或文化产业园区。五是继续抓好新兴文化产业发展。落实党的十九大提出的培育新兴文化业态的要求，深入实施“互联网 +”、智能化大数据发展战略，以智能化、数字化发展为文化产业发展的核心和动力，大力发展数字出版、游戏动漫、影视制作等数字文化产业，为新兴文化产业发展提供更加强有力的支撑。六是不断深化文化惠民活动。基于第三届文化惠民消费活动，认真做好文化惠民消费试点的经验总结工作。七是继续扩大品牌影响。借助深博会、西博会等重量级文化产业项目交流合作平台，充分发挥重庆国际文化产业博览会、中国西部动漫节、万石博览会、重庆美术展、重庆演出季等市内文化产业交流合作平台作用，为全市文化产业发展提供支撑。

（执笔人：李明证）

旅游产业

重庆市文化和旅游发展委员会

一、基本情况

党的十八大以来，在市委、市政府的正确领导下，全市文化旅游行业坚持以习近平新时代中国特色社会主义思想为指引，深入贯彻落实习近平总书记对重庆提出的“两点”定位、“两地”“两高”目标、发挥“三个作用”和营造良好政治生态的重要指示精神，紧紧围绕“把旅游业培育成为综合性战略支柱产业，建设国际知名旅游目的地”目标，全力推进旅游产业改革发展、转型升级、提质增效，特别是2017年下半年以来，市委高度重视旅游业发展，把旅游业作为全市五大经济新增长点之一，制定实施关于加快全域旅游发展的意见，召开全市旅游发展大会，打造重庆旅游业发展“升级版”，旅游发展各项工作强力推进，全市旅游工作力度和发展热度前所未有，展现出新起色、新气象。中商情报网发布2017年中国最热门的50个旅游城市排行榜，重庆排名第一；根据2017年世界旅游及旅行理事会（WTTC）发布的报告，重庆连续两年列全球发展最快的10个旅游城市榜首。2018年年初，市委陈敏尔书记在我委报送的《关于贯彻落实全市旅游发展大会精神情况的报告》上批示:“卓有成效、方兴未艾”。

一是旅游产业呈现“地位提升、规模壮大”的良好态势。将旅游投入总量及增长率、旅游消费总额及增长率等指标纳入区县党政实绩考核体系，2018年又将旅游管理水平纳入该考核体系，增强了区县党政一把手主抓旅游发展的积极性和主动性。党的十八大以来，全市旅游经济主要指标持续快速增长，旅游总收入年均增长17.3%，旅游外汇收入年均增长11.3%，领先全市经济增速。2018年，全市接待游客5.97亿人次，实现旅游总收入4343.5亿元，同比分别增长10.1%和31.3%。2018年1—4月全市接待境内外游客18375.6万人次，实现旅游总收入1620.3亿元，同比分别增长 11.1% 和 33%。

二是旅游行业呈现“业态丰富、要素健全”的可喜局面。2012 年以来，通过大力实施精品景区提升和市级旅游度假区建设，成功推出了南川金佛山、酉阳桃花源、万盛黑山谷、江津四面山、云阳龙缸等一批精品景区；创建命名市级以上旅游度假区 15 个，其中仙女山度假区获批全国首批 17 个国家级旅游度假区之一；南川金佛山成功入列世界自然遗产，全市世界遗产达到 3 个；武隆区和万盛经开区入选国家级旅游业改革创新先行区。全市 A 级景区达到 242 个，比 2012 年净增 109 个，5A 级景区由 3 个增加到 8 个。全市旅行社达到 622 家，比 2012 年净增 144 家；出境游旅行社 95 家，新增 62 家。全市星级饭店达到 210 家，其中五星级饭店 28 家。建成温泉旅游景区 36 个，获“中国温泉之都”和“世界温泉之都”称号。五星级及按五星级标准建造的内河邮轮达到 27 艘。全市旅游业态体系不断丰富，旅游要素更加健全。

三是旅游经济凸显“拉动强劲、支撑有力”的突出效应。全市旅游对地方经济发展贡献度稳步提升，2017 年全市旅游增加值占地区生产总值的 6.92%，支柱产业地位进一步强化，对服务业的拉动作用更加显著。近五年来，我市乡村旅游接待人次和旅游收入年均分别增长 15% 和 23.5%。据原国家旅游局发布的国庆期间乡村旅游大数据报告，重庆乡村旅游接待人次连续两年居全国之首。休闲农业与乡村旅游有效融合，共创建全国休闲农业与乡村旅游示范县 12 个、示范点 23 个，全国特色景观旅游名镇 14 个、名村 7 个，涌现出一批乡村旅游精品，乡村旅游从业人员 130 万人，其中带动农民就业 100 万人，带动 33 万贫困人口脱贫增收，有力促进了农业增效、农民增收、农村繁荣和全市脱贫攻坚进程。

四是旅游市场呈现“繁荣有序、安全满意”的积极形象。持续打造“山水之城 · 美丽之地”旅游品牌形象，在央视和美国 ABC 电视台推出重庆旅游形象片，“四季重庆”旅游宣传不断深入，国内外重点客源市场宣传推广持续深化，重庆旅游知名度和影响力进一步提升。大力实施旅游环境集中综合整治，持续加大“春季行动”“暑期整顿”“秋冬会战”力度，突出抓好“一日游”“三峡游”“两江游”“出境游”等系列整治，加大“双随机一公开”执法检查机制运用力度，有效推动市场环境明显好转，旅游安全形势保持稳定。

二、主要做法及成效

（一）坚持围绕国家战略，强化全景式规划

市委、市政府高度重视旅游发展，认真贯彻落实供给侧结构性改革和大力发展全域旅游国家战略。2017 年 5 月 16 日，市委、市政府召开了全市旅游发展大会，把旅游产业发展地位提升到了前所未有的高度。陈敏尔书记多次就旅游发展做出重要指示，唐良智市长亲自担任市旅游经济发展领导小组组长，多次研究、部署、推动旅游产业发展工作，为全市旅游发展理清了思路、指明了方向。组建成立重庆市旅游发展委员会，出台了《关于加快推进全域旅游发展的意见》及 16 个配套方案，构成“1+16”旅游发展政策体系，为全域旅游发展提供了有力保障。近年来先后印发了《关于推进长江三峡旅游金三角一体化发展实施意见》《关于加快乡村旅游发展的意见》《推进水利与旅游融合发展指导意见》等政策文件，编制了《重庆市旅游发展总体规划》《长江三峡旅游金三角一体化发展规划》等 10 余项旅游专项规划和《仙女山旅游度假区总体规划》等 15 个市级旅游度假区规划；各区县编制印发区县旅游业“十三五”规划，进一步细化国际知名

旅游目的地建设任务，促进规划实施落地。系列旅游实施方案、专项规划构建了旅游业发展规划体系，有力推动旅游业发展各项任务的实施，全市上下重视旅游、参与旅游、发展旅游的思想共识、政策举措和体制机制已经基本形成，全市旅游业迎来黄金发展期。

（二）坚持改革创新推动，强化全社会参与

坚持政府搭台、企业唱戏，着力培育市场主体，积极推进旅游景区（点）、旅游度假区、旅游星级饭店、公园、休闲农业和乡村旅游项目、旅游基础设施及其他相关要素等业态建设，着力提升星级饭店服务功能，加快推出主题酒店、精品民宿、主题乐园、特色小镇、专题实景演出等旅游产品。积极引导大型企业参与旅游开发建设，支持旅游企业在主板、创业板、新三板上市或挂牌，支持社会资本以 PPP 等方式参与旅游开发建设。其中，2017 年集中签约 55 个项目，签约金额 3499 亿元；2018 年签约文旅项目 109 个，签约金额 4861 亿元。全面唱响“山水之城 · 美丽之地”“行千里 · 致广大”，重庆城市形象宣传推介连续两年亮相纽约时报广场新年倒计时活动，重庆文旅融合发展全球金点子大赛、区县“晒文化 · 晒风景”大型文旅推介活动成效明显，重庆旅游知名度不断提升。持续举办中国西部旅游产业博览会、中国长江三峡国际旅游节、渝东南民族生态旅游文化节，策划举办不同主题、不同系列的“四季重庆”旅游推广活动，强力拉动旅游消费。坚持“走出去”与“请进来”相结合，先后赴 64 个境内外重点客源市场举办系列推广活动。举办全球旅行商大会和重庆国际旅游交易会，组织数百名境外旅行商采购重庆旅游产品，全面展示和推介重庆旅游特色产品资源，同步推出境外旅游团队来渝办理旅游口岸签证政策、境外游客购物离境退税政策等一系列旅游便利政策，境内外全球旅行商组客来渝的积极性和主动性持续增强。促进中新项目务实合作，与新加坡国家旅游局、新加坡中国文化中心签订战略合作备忘录，与新方众多旅游机构建立常态联系，推出“重庆—新加坡打包旅游产品”，通过产品打包，带动国际游客畅游重庆。联合携程拓展入境旅游市场，由携程作为执行单位开展“再游长江 · 归来三峡”主题推广活动，并在纽约联合国总部正式启动招募。推出《重庆好礼旅游商品名录》、“重庆好礼”App，在全国各类旅游商品大赛上获金、银、铜奖 40 多项，其中 2018 年获奖 17 项。全市推出乡村旅游精品线路 100 余条，极大地促进乡村旅游消费和旅游扶贫。2017 年 5 月以来，重庆一举成为全国第一网红旅游城市；携程集团大数据显示，2017 年暑期在全国热门收费景区（适合亲子游的乐园和涉水景区）排行榜中，重庆黑山谷风景区位居第四；在“2018 暑期国内景区人气”排行榜上，重庆长江索道景区位居第三；在国内暑期跟团游人气目的地排行榜中，重庆位居全国第十；重庆成为全国暑期红色旅游第四大目的地。《中国旅游大数据》显示，重庆入选全国酒店类住宿业规模十大城市，酒店类住宿设施排名全国第一，客房总数列北京、上海、广州之后，排名全国第四。各类市场主体竞相发展的市场格局逐渐形成，旅游业逐步从以景区为主体向全域、全要素转型发展，向多产业融合发展。

（三）坚持提升产品质量，强化全产业发展

近年来，市政府着力推进融合发展，创新旅游业态。一是推动重庆温泉国际化发展。充分发挥重庆作为“世界温泉之都”的品牌效应，与世界温泉与气候养生联合会建立长期合作关系，成功举办中国首届世界温泉与气候养生旅游国际研讨会，世界温泉与气候养生联合会重庆代表处、

重庆国际温泉与气候养生研究院、重庆温泉旅游行业协会和国家气候养生示范基地挂牌成立，酝酿推出《世界温泉与气候养生旅游重庆共识》，世界温泉谷建设正式启动，重庆温泉国际影响力逐步扩大。二是大力开展旅游休闲营地示范区建设。着力提升高速公路服务区等设施服务旅游的水平。冷水、武隆、大路3对服务区荣获“全国百佳示范服务区”称号，冷水自驾营地被评为中国高速公路第一自驾营地，餐饮、住宿、房车车位等旅游服务设施不断完善。推动建设25个露营基地，5个纳入国家重点项目。三是加快发展养生养老旅游。先后出台《关于推进医疗卫生与养老服务相结合的实施意见》《加快推进生态康养和休闲避暑旅游发展实施方案》《加快推进重庆市健康旅游发展实施意见》，进一步明确健康旅游发展路径，提出一系列操作性强的具体措施。依托丰富的中医药资源，打造旅游产品。目前，垫江县依托中药材种植基地建成牡丹樱花世界等4个中药生态旅游观光园，年接待游客100万人次以上；南川区金佛山药用植物博览园，成功创建3A级旅游景区，成为首批15个国家中医药健康旅游示范区创建单位之一，建立医养联合体479个，医养结合经验入选世卫组织经典案例。云阳、石柱、涪陵、武隆等地区依托生态资源发展基地养老、生态养老、康复养老，健康养老新业态不断涌现。四是推进低空旅游发展。出台通用航空机场布局意见，编制通用航空规划，大力发展通用航空，新建永川、万盛等一批通用机场，不断满足高端旅游需求。积极发挥在“一带一路”和长江经济带联结点上的战略优势，推动低空旅游基地建设，依托以机场快速路、渝邻高速、机场专用线、绕城高速和快速路为主的交通网络，依托中新（重庆）互联互通示范项目航空产业园项目，进一步推进小型飞机、直升机、水上飞机、飞艇、热气球、滑翔伞等低空旅游产品研发。打造推出武隆、奉节、巴南、巫山等区县航空产业园或低空旅游飞行营地项目，积极发展城市、峡谷、水域、田园等飞行体验观光旅游线路。五是推进体育旅游发展。重点布局主城休闲体育旅游中心、渝东北水上运动娱乐、渝东南户外运动和民俗体育休闲旅游的空间格局。六是推进工业旅游发展。充分发挥龙头企业示范带动作用，提升产品附加值，企业带动示范效果明显；改造工业旧址用以发展旅游，改造“贰厂文创公园”用于发展旅游休闲观光，利用重钢整体搬迁的工业遗存和展陈物件，打造重庆工业历史和建设成果的工业博物馆，并成功申报为首批国家级工业遗产；通过运用声光电效果，模拟还原涪陵816地下核工程遗址原有部分功能，让游客在原生态基础上感受到更多视觉、听觉所带来的综合性体验；引进社会资本打造重庆建川博物馆，通过对重庆建设工业集团生产区改造，把24个防空洞打造成8个博物馆聚落，成为全国首个洞穴抗战博物馆。

（四）坚持以人为本理念，强化全方位服务

积极推动旅游公共服务设施提升完善工作，推进旅游支线机场、旅游集散中心、智慧旅游体系、旅游厕所工程、旅游休闲营地等旅游公共服务设施建设。旅游“厕所革命”三年行动实施以来，建成各类旅游厕所2546座，其中新建1931座，改建615座，超计划完成237座，累计完成旅游厕所建设投资9.32亿元。大力发展都市旅游观光巴士，主城区开行观光巴士线路13条，都市旅游观光巴士网络稳步拓展；大力发展旅游集散中心，建成市级旅游集散中心7个、区县旅游集散分中心22个，开发旅游产品78个，旅游线路143条。智慧旅游建设稳步推进，成立重庆市旅游数据中心，顺利完成所有4A以上旅游景区视频接入，在35个景区景点试点推行客流实时监测与分析。旅游人才培养不断加强，目前我市

在全国旅游监管服务平台登记在册导游 12000 余名，全市旅游专业院校、旅游职高及旅游职业培训机构达到 72 所，旅游类专业在校学生 4.2 万余人。建立了长江邮轮旅游、“两江游”、集散中心、观光巴士、汽车营地官方网站、微信公众号等一批交通旅游信息化共享平台。

（五）坚持依法兴旅治旅，强化全区域管理

认真贯彻《中华人民共和国旅游法》，修订出台《重庆市旅游条例》，创新“1+3+N”旅游管理体制，助推全域旅游发展。在全市范围内集中开展旅游环境集中综合整治，强化旅游服务质量监管，以“不合理低价游”为重点，持续开展“春夏秋冬”四季整治行动，针对“一日游”“两江游”“三峡游”“出境游”存在的问题开展专项检查，原国家旅游局 4 次来渝督查检查，对相关工作给予充分肯定。强化旅游景区、星级饭店、星级游船等服务质量监管，撤销 A 级旅游景区资质 8 家，延期复核星级饭店 8 家，取消星级饭店资质 21 家。开通 96111 投诉热线，组织 203 家旅行社签订《旅行社诚信经营承诺书》并予以公布，在万州、渝中等地设立旅游投诉现场受理点。“十三五”以来，累计出动检查人员 5400 余人次，检查旅行社、分社及门市部 830 余家次，领队导游 520 余人次，景区 80 余个次。2016 年我市游客综合满意度在全国 60 个重点城市中跃升第一；2017 年全市旅游企业检查数量、立案数量和案件办结数量 3 个主要指标均排名全国第一；2018 年，全年共受理旅游投诉案件 348 件，同比减少 239 件，下降 40.7%，市旅游监察执法总队被文化和旅游部评为 2017—2018 年度全国文化市场十大办案单位之一。始终把旅游安全摆在重要位置，在全国省级旅游部门率先成立安全处，先后妥善处置“8 · 8”九寨沟地震游客撤离、导游何永杰在泰国救助游客遇难等多起涉旅突发事件，受到原国家旅游局书面通报表扬。全市旅游安全形势保持平稳，近年来未发生旅游安全责任事故。

三、存在的主要问题

全市旅游业发展在取得一定成绩的同时，也存在一些亟待解决的问题。一是旅游基础设施配套不健全。高铁发展相对滞后；邮轮母港缺乏，长江三峡沿线旅游码头建设、“城景通”“景景通”严重滞后；旅游交通集散能力不足，尤其是乡村道路普遍达不到旅游道路等级要求，“最后一公里”问题比较突出；城市配套设施和服务保障条件不够完善，特别是诸多“网红景点”的交通通达能力、旅游接待和服务管理条件亟待提升和完善。二是旅游产品供给不平衡。一方面，档次低、同质化严重的粗放型旅游观光产品结构性过剩，不能适应不断升级的多样化、个性化的旅游消费市场需求，造成实质性有效需求降低。另一方面，品质高、个性化的精品旅游产品供给不足，巴渝文化、三峡文化、红色文化等大量特色文化内涵挖掘不够，文化旅游附加值远没有体现，跟不上游客不断升级的旅游消费需求。三是旅游消费结构亟待提升。旅游供给与市场需求不够匹配，休闲度假产品和旅游消费产品开发不够、质量不高，靠人海战术、门票经济的传统观光型旅游仍是主流，“过境游”“一日游”占比偏大。四是涉旅产业融合发展不够充分。旅游业与文化、工业、商业、农业、金融等行业的融合还不够，主题鲜明、特色突出的旅游产品特别是旅游综合体项目相对缺乏。各地旅游业发展依然各自为政、单打独斗，旅游产品串点连线成片严重不足，不易形成符合旅行特点、特色鲜明、方便快捷的旅游线路产品，旅游竞争力和吸引力难以有效提升。五是旅游国际化程度不高。国际旅游

产品单一且竞争力不强；面向境外市场的宣传营销投入不足、办法不多且未形成合力；入境游客占总旅游人数的比重偏低；国际航线不多，国际航线的开通政策扶持不够精准，部门之间的协同性还不够。六是旅游人才队伍建设需加快。高中端人才缺乏，不能满足快速发展旅游业的需求。

四、下一步工作打算

认真贯彻落实全市旅游发展大会精神，着眼“山水之城·美丽之地”目标定位和“行千里·致广大”价值定位，积极适应高质量发展、高品质生活要求，全力打好“五张牌”，打造重庆旅游业发展升级版，努力把重庆建设成为国际知名旅游目的地，重点抓好以下工作。

（一）做大做强四大项目集群

一是中国温泉谷项目集群。以建设世界一流温泉旅游城市和全球著名的温泉康养基地为目标，充分发挥所拥有的世界级温泉地热资源和已开发的国内一流的存量资源优势，对标世界知名温泉旅游胜地，引进和打造一系列温泉养生国际化旅游项目，通过整合和植入的方式对现有的优质温泉资源进行提质增效，丰富温泉旅游产品的供给品种，提升服务质量和品质，推动温泉与文化、体育、中医等有机融合，高标准拓展温泉景区休闲度假、康体养生等功能，做强“五方十泉”、做优“一圈百泉”并形成项目集群，使“世界温泉之都”成为全球知名品牌。二是长江三峡国际旅游集散中心项目集群。以打造长江三峡国际黄金旅游带为目标，着眼加速推进我市最具国际竞争力的长江游轮旅游国际化进程，突出高峡平湖壮丽景观和历史文化厚重底蕴，以“壮美长江·诗画三峡”为主题，全力打造以万州为中心的“水、公、铁、空”国际旅游集散中心。以供给侧结构性改革为主线，抓好现有长江系列游轮提档升级和提质增效，打造“水上巴士”快速观光游船，开发以“水、公、铁、空”为支撑的“旅游+”和“+旅游”系列产品和项目集群，满足游客对游览时间和品质的不同需求，使长江三峡旅游“水、公、铁、空”无缝衔接，真正实现由“一线游”向“一片游”全面转型升级。三是重庆都市旅游项目集群。着眼“山水之城·美丽之地”的目标定位，打造世界上独一无二的8D魔幻都市旅游品牌。高水平规划“两江四岸”旅游线路，打造国际一流滨江旅游休闲带国际品牌，精心设计和建设特色鲜明、感染力极强的“两江汇”精品灯光秀，整体营造山水交融、美轮美奂的都市美景。实施“两江游”提档升级行动，建成山水都市旅游的知名品牌和拳头产品。深入挖掘重庆丰富悠久独特的人文资源，把文化元素植入景区景点、融入城市街区、嵌入美丽乡村，打造主城区大型实景旅游演艺等文旅项目，做深做优都市“网红景点”的人文内涵。以地铁、轻轨、索道、游轮、有轨无轨公交以及直升机等立体旅游交通为依托，串联各个“网红景点”、自然景观和历史文化街区，形成精品旅游线路和产品集群。四是立体气候四季康养项目集群。以打造四季皆宜的国际一流气候康养胜地为目标，充分利用重庆大山、大川、大库区及优质的生态和气候资源，着眼实现四季康养目标，推动气候养生旅游与温泉旅游、都市旅游、美食、中医、山地运动、民俗文化体验等有机融合，实现由单一的“避暑旅游”向“气候养生”“四季康养”全面转型升级。采取新建和改造并举，将功能各异、各具特色的世界级气候养生项目植入各类旅游度假区、高中低山地休闲度假项目，打造中高端全产业链气候康养服务国际品牌体系和气候康养项目集群，把我市建设为国际知名的气候养生旅游示范区和目的地。

（二）以国际化为主线，全面提升重庆旅游的国际影响力

立足建设世界知名旅游目的地，充分发挥旅游在扩大对外开放中的独特作用，唱响“山水之城·美丽之地”，让八方游客来重庆“行千里·致广大”，让更多的人了解重庆、走进重庆、参与和分享重庆发展。一是引进国际机构落户重庆。加快“世温联”亚太办事处、美中友好协会亚太办事处、泰国国家旅游局重庆办事处等一批国际机构尽早落户重庆，推动双向旅游交流合作向纵深发展，提升重庆旅游文化的国际影响力和对外开放水平。同时筹备召开全球旅行商大会，吸引境外旅行商来渝参会。二是开展境外宣传营销活动。将重庆旅游海外推广工作与全市外事交流、人文交流、招商引资等工作结合，每年举办“世界温泉与气候养生论坛”“长江三峡国际旅游节”“世界大河歌会”“全球旅行商大会”“国际旅游交易会”等国际推广活动，搭建“国际旅游文化传播中心”，委托专业机构在国际航线所达城市及重要客源地设立重庆旅游文化代表处或形象展示店，形成境外旅游推广强大合力。三是出台推行入境旅游奖励政策。结合当前入境旅游市场发展实际，进一步加大奖励力度，对中新合作、“一带一路”交流、旅游对口支援等设置奖项，调动境内外旅行商的组客来渝积极性，确保全市入境旅游人数持续快速增长。

（三）以改革创新为引领，全力培育旅游发展新业态

抓住我市实施以大数据智能化为引领的创新驱动发展战略机遇，多措并举，加快推进我市旅游投融资体制机制的改革创新，建设全市智慧旅游云，推进大数据、智能化在旅游领域应用全覆盖，全面提升全市旅游发展的质量和效益。一是加大资金支持力度。围绕市委、市政府关于旅游产业的战略部署，重点支持四大产业集群项目，推动重庆旅游持续加大投入。二是强化大数据应用。依托文化和旅游部数据中心重庆分中心（西南中心），加快区域性旅游数据收集、运用和共享，统筹开发各类涉旅数据，为行业发展和部门管理提供决策依据。三是推动智能化发展。着眼全市智慧旅游建设相关规划计划，加快推进全市A级旅游景区、星级旅游饭店、度假区、旅游城镇（乡、村）视频监控、门禁票务数据接入，不断完善视频监控、门禁票务、无线网络等设施覆盖，以及信息感知、数据采集、数据传输等设施设备布设，实现涉旅场所免费WiFi全覆盖；利用信息化手段全面提升旅游服务水平，推动旅游产品网络化定制、旅游商品全渠道营销、旅游服务在线预售预订、旅游管理在线实时调度，让游客高兴而来、满意而归。

（四）按照全域旅游理念，全面推动旅游业大发展

基于打好“五张牌”客观需要，从政策支持、基础设施、旅游环境等多个方面狠下功夫、抓实保障，为全市旅游发展提供更好更优的发展环境条件。一是抓政策和制度保障。持续抓实抓好《关于加快推进全域旅游发展的意见》及16个配套方案的落实落地。扎实开展旅游服务标准化年建设活动，全面提升全市旅游服务标准化水平。二是抓基础设施保障。全力推动邮轮、游艇等港口、码头和航道建设，推动“景景通”“城景通”旅游路建设。坚持以优化服务为重点，持续落实“厕所革命”新三年行动计划，对全市A级以上旅游景区标识标牌系统进行规范和提档升级，推进景区内部摆渡车、索道、轨道等交通体系建设和提档升级，打造公交专用道、骑行专用

道、登山步道等慢行系统，逐步实现主城区观光巴士线路全覆盖。三是抓旅游环境保障。抓住扫黑除恶专项行动机遇，全面深入整治“四黑”“不合理低价游”等重点难点问题，始终保持旅游市场秩序综合整治高压态势，不断净化优化旅游市场环境。深化“文明出游·人人有礼”和“山水重庆·文明同行”两项活动，加强队伍建设，健全完善旅游安全责任制，突出抓好旅游交通安全、食品安全、住宿安全、景区安全监管，确保旅游发展始终安全稳定。

（执笔人：李明证）

房地产业

重庆市统计局

2018 年，全市以增加有效供给、遏制投机炒房为抓手，强化市场调控，确保房地产市场平稳健康发展。全年房地产开发投资比上年增长 6.8%，商品房销售面积比上年下降 2.6%，市场呈现出稳中趋缓的基本态势。

一、全市房地产开发市场运行特征

2018 年，全市共完成房地产开发投资 4248.76 亿元，比上年增长 6.8%，增速较上年前三季度回落 1.2 个百分点，与上年持平。从各月

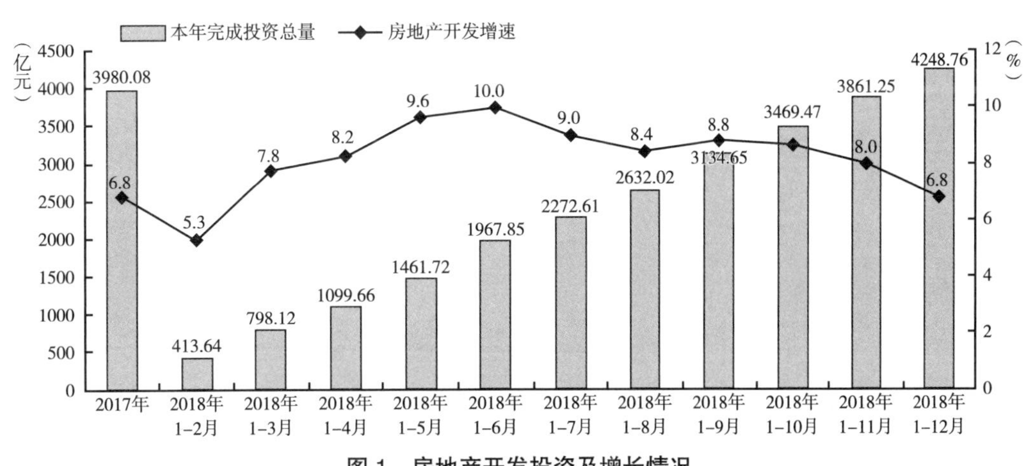

图 1　房地产开发投资及增长情况

投资完成情况看，增速在上年上半年达到最高点，之后呈逐步放缓态势。

具体来看，开发投资呈现以下特征。

（一）土地购置费增速高位趋缓

2018 年以来，全市房地产企业土地购置费成为影响开发投资增速波动的主要原因。上半年，全市土地购置费增速由年初的同比下降 7.0% 上升到增长 242.5%，直接带动全市房地产开发投资增速由 5.3% 上升到 10.0%；下半年，土地购置费增速高位趋缓，逐步回落至 1—12 月的 109.1%，影响房地产开发投资增速同步回落至 6.8%。当前，土地购置费占房地产开发投资的比重达到 34.9%，较上年提高了 17.1 个百分点，占比创历史最高水平。经测算，2018 年，土地购置费对房地产开发投资贡献率达 288.4%，直接拉动房地产开发投资增长 19.5 个百分点。

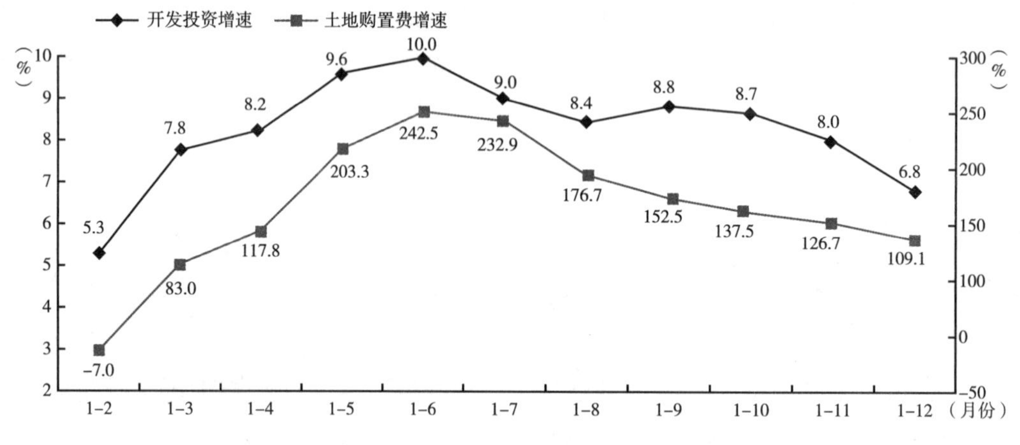

图 2　2018 年各月房地产开发投资与土地购置费同比增速

（二）建安投资大幅回落

从开发投资构成看，建安投资一直在开发投资中占主导地位，自 2018 年 3 月以来，建安投资增速持续回落，由正转负，呈持续下降态势。下半年随着工程建设进度的加快推进，建安投资才止跌企稳，降幅逐月收窄。2018 年，全市房地产开发共完成建安投资 2490.94 亿元，比上年下降 15.5%，较上年前三季度收窄 1.3 个百分点，占开发投资的比重由年初的 79.8% 下降

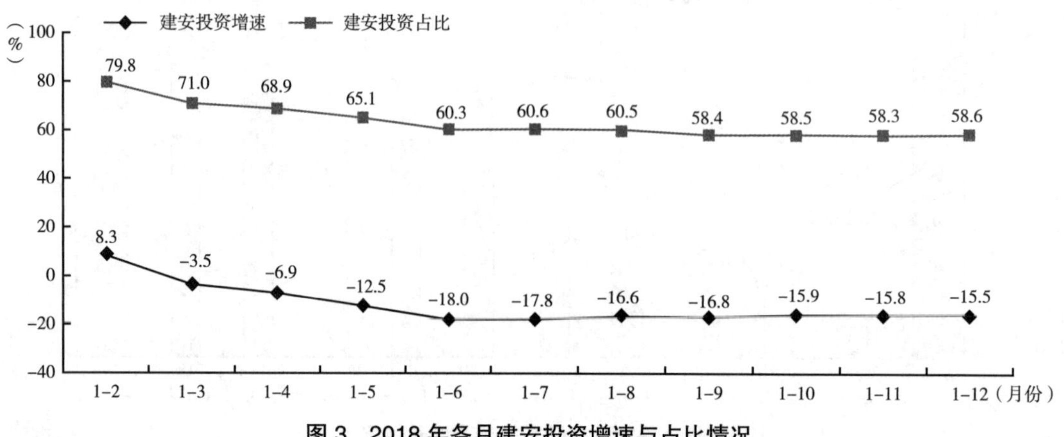

图 3　2018 年各月建安投资增速与占比情况

至 58.6%，成为制约房地产开发投资增长的主要瓶颈。

（三）住宅投资一枝独秀

按房屋类型来看，商业、办公楼投资下滑，住宅投资保持了较高增速。2018 年，全市商品住宅完成投资 3012.65 亿元，比上年增长 14.4%，比全市房地产开发投资高 7.6 个百分点；办公楼完成投资 104.81 亿元，比上年下降 33.4%；商业营业用房完成投资 564.66 亿元，比上年下降 15.9%。住宅投资占全市房地产开发投资的比重达到 70.9%，较上年提高了 4.8 个百分点，拉动全市房地产开发投资增长 9.5 个百分点，是全市房地产开发投资保持正增长的主要力量。

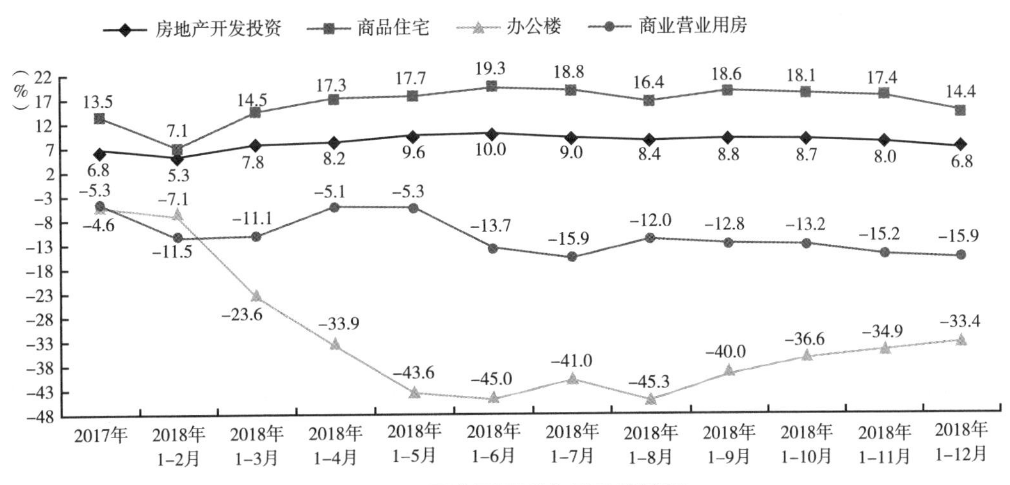

图 4 不同房屋类型各月投资增速

（四）片区投资增速出现分化

分区域看，2018 年，主城片区、渝西片区、渝东北片区、渝东南片区房地产开发投资增速出现明显分化，主城片区、渝东北片区投资增速加快，分别达到 12.2% 和 10.0%，渝西片区和渝东南片区开发投资明显下降，全年呈负增长，分别为 -8.5% 和 -10.1%。主城片区、渝西片区、渝东北片区、渝东南片区在全市占比分别为 69.0%、19.3%、9.5% 和 2.2%。主城片区占全市开发投资的比重较上年提高 3.4 个百分点，是拉动全市开发投资增长的火车头。

二、商品房销售面积增速低位徘徊

2018 年，全市商品房销售面积 6536.25 万平方米，比上年下降 2.6%，降幅比上年降低 9.9 个百分点。商品房市场需求在前两年高速释放后，开始理性回归。

（一）商品房销售面积增速低位波动

2018 年，全市商品房销售面积 6536.25 万平方米，下降 2.6%，增速比上年回落 9.9 个百分点。从全年各月增速走势来看，2018 年，全市商品房销售面积同比增速在一季度首次出现负增长，同比下降 1.5%，1—4 月同比下降 4.1%，为全年最低，6 月以来回升至正增长，1—10 月、1—11 月、1—12 月分别是 -1.0%、-3.5% 和 -2.6%，全年商品房销售面积增速呈现低位徘徊。

（二）各类型商品房销售面积均呈下降趋势

从销售面积构成看，2018 年，商品住宅、

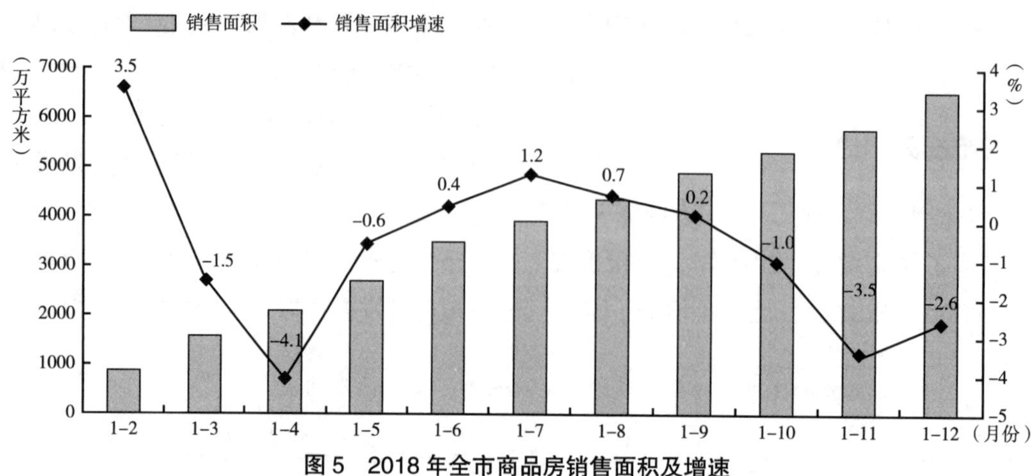

图5 2018年全市商品房销售面积及增速

办公楼和商业营业用房销售面积增速较上年均有不同程度的回落。其中，商品住宅销售面积5424.76万平方米，比上年下降0.5%，较上年降低7.3个百分点，办公楼销售面积下降24.4%，商业营业用房销售面积下降19.0%。

（三）12月单月成交支撑全年降幅收窄

从2018年各月度销售数据看，上半年所有月份单月销售均突破500万平方米，最高的6月单月销售达到801万平方米。进入下半年，市场形势急转直下，单月商品房销量仅有9月、12月突破500万平方米，下半年成交整体弱于上半年。在翘尾因素影响下，12月单月销售面积达到756.03万平方米，成为全年单月销量亚军，促使全年商品房销售面积降幅较1—11月收窄0.9个百分点。

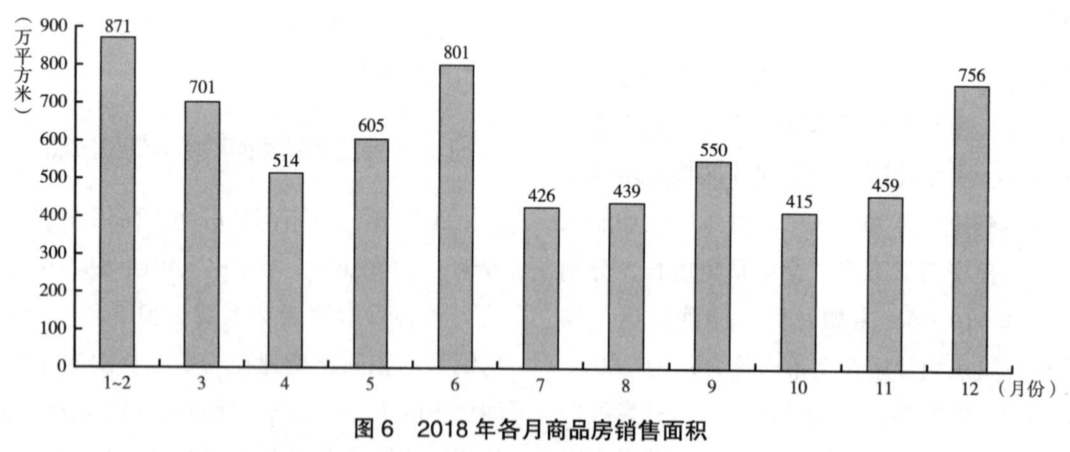

图6 2018年各月商品房销售面积

三、房地产开发先行指标保持平稳

（一）新开工面积高位盘整

2018年上半年，全市销售延续上年火热态势，随着企业房屋销售的活跃和房屋库存的下降，企业土地储备和开工意愿明显增强，带动了全市房地产开发土地购置面积及新开工面积等指标增速出现回升。从全年商品房新开工面积看，

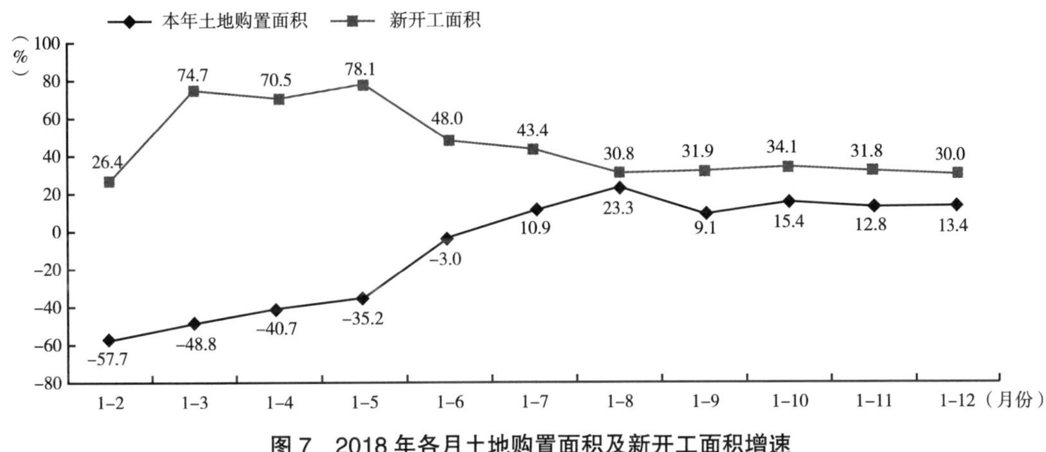

图 7　2018 年各月土地购置面积及新开工面积增速

增速由 1—2 月的增长 26.4% 提高至 1—5 月的 78.1%，提高了 51.7 个百分点，之后高位盘整，呈平稳回落趋势。2018 年，全市商品房新开工面积 7386.16 万平方米，同比增长 30.0%；其中住宅新开工面积 5145.20 万平方米，增长 36.9%，高于商品房新开工面积增速 6.9 个百分点，住宅新开工面积占比达到 69.7%，较上年提高了 3.5 个百分点。

（二）土地购置面积稳步增长

从土地购置面积指标看，在上半年销售市场的刺激下，企业拿地热情高涨，购置面积增速逐月回升，在 1—7 月实现由负转正，1—8 月达到 23.3% 的高点后，受全国土地市场大环境渐冷的影响，土地购置面积增速开始回落。2018 年，全市房地产开发企业土地购置面积比上年增长 13.4%，仍保持了稳步增长。

分区域看，2018 年，渝西片区、渝东北片区、渝东南片区土地购置面积均呈现大幅增长，增速分别达到 77.6%、86.5%、98.7%，主城片区土地购置面积增速较上年下降 40.8%。主城片区增速下降，一是上年度土地出让较多；二是优化土地结构，以出让熟地提升品质，减少生地供应。主城片区以外区域土地购置面积出现大幅增长，主要是去库存政策效果明显，开发企业补库存意愿加强。加之上半年房屋销售持续火热，较低的土地价格吸引不少房企在远郊区县拿地，布局新一轮发展，其中不乏绿地、碧桂园等全国知名房企。

（执笔人：吕磊）

生产性服务业

重庆市经济和信息化委员会生产性服务业处

2018年，重庆市生产性服务业以工业设计、工业金融结算、工业营销及工业旅游为重点，努力为重庆市传统工业的转型升级提供服务。

一、2018年发展回顾

（一）做强工业设计

一是起草制定《关于加快重庆市工业设计产业发展的若干意见》。目前已基本形成初稿，正按程序报批，该意见将强化新时期对工业设计支持方向和发展重点的政策引领，形成支持设计订单外包、服务中小企业的共性设计平台建设、样机制作及模具开发等关键核心领域的产业政策。

二是加强设计产业宣传推广。积极推进工业设计“进区县、进园区、进企业”活动，组织四川美院、重庆大学、重庆交通大学等高校以及浪尖、嘉兰图等专业设计公司，赴西山科技、耐德、大明汽车电器等公司，宣传工业设计产业政策、指导工业设计中心建设、推进产业合作，营造推进设计创新发展氛围。

三是培育工业设计中心。引导天骄航空、小康动力、鑫源汽车、平伟汽车、迪马工业等20余家企业创建市级工业设计中心。充分发挥市工业振兴发展专项资金引导作用，支持长安、宗申、力帆等国家级工业设计中心，隆鑫、宇杰、迪科等市级工业设计中心加大设计投入，提升样机制作、模具设计制造、检验检测等工业设计产业链关键环节创新能力。

四是推进“重庆工业设计城”项目建设。积极学习广东、合肥工业设计城的成功经验，支持协助沙坪坝区政府规划建设“重庆工业设计城”，已基本落实场地选址，正在制定建设方案。工业设计城的建设将有力促进重庆工业设计全产业链集聚发展，整合消费者行为研究、产品设计、中试生产、模具开发、品牌策划、投融资等产业链创新资源，打造全市设计产业发展的驱动器和设计创新创业的高地。

五是开展工业设计师培训及职称评定。组织重庆理工大学、重庆师范大学等院校设计专业学生赴力帆、浪尖等企业开展“设计游学”活动；组织35名国家级、市级工业设计中心、市内相关制造企业、设计公司的设计骨干参与工业设计领军人才培训；与市人社局合作，在全国率先推动在工业设计领域建立职称评定制度。

六是加强产业交流合作。组织宗申、力帆、锦晖等3家国家级设计中心参加第二届中国工业设计展览会组展，做好重庆地方展区组展及搭建工作。推荐110件优秀作品参加2018年中国优秀工业设计奖评奖，展现重庆市工业设计发展水平和成果。承办国家级工业设计中心（汽车摩托车行业）建设交流座谈会，20余家国家级设计中心参会，交流分享发展经验。

（二）推进工业金融结算

一是积极推进打造伟仕佳杰千亿级结算项目集群，企业在渝集团总部建设稳步推进，伟仕佳杰电子、伟仕佳杰创赢等一批新的营销结算项目落地，全年结算量达468亿元，营业收入达202亿元，外贸进出口额9亿美元。二是积极配合市财政局做好惠普结算中心政策延期会谈，妥善处理结算中心撤离后续事宜。

（三）做好工业营销

做大做强工业展会平台。3月成功举办第十八届中国金属冶金展，展会面积近4万平方米，现场成交总额超10亿元，其中，重庆共100余家企业参展，获得近5亿元采购订单。5月成功举办第十九届立嘉国际机械展，展会面积8万平方米，实现采购订单20亿元，其中，重庆市江渝机械设备公司、华数机器人等150余家企业参展，获得近8亿元采购订单。9月成功举办第四届中国（重庆）国际塑料工业展，展会面积2.3万平方米，现场成交总额超4.2亿元，其中，重庆共30余家企业参展，获得近亿元采购订单。

（四）推动工业旅游

一是开展国家工业遗产保护利用。组织市内企业开展申报第二批国家工业遗产项目，已梳理“816军工小镇”和“重庆胜利·C97文创项目”两个工业遗产项目报工信部审核。

二是推动市内工业旅游发展。印发《重庆市工旅融合发展实施方案》，推动建川博物馆、重庆工业博物馆等市内工业旅游景点建设，引导和鼓励工业企业开发休闲食品、工艺品、文创产品等旅游商品，积极打造旅游产品产业集群。

二、2019年工作目标

重点围绕服务全市支柱产业和战略性新兴产业，根据企业和市场需求，以工业设计为重点，大力推动发展与制造业紧密相关的研发设计、检验检测、模具制造、专业服务等生产性服务业，促进生产型制造向服务型制造转变。力争新培育认定国家级工业设计中心1家、市级工业设计中心6家，开展工业设计师职称评定，重庆工业设计城建设形成雏形，组织开展骨干设计人才培训30名，组织本地高校设计专业学生500人次开展设计游学活动；组织开展1—2场招商推介会；完成电脑销售80万台；推动工业旅游发展，打造2个重点工业旅游项目；组织举办2次以上全国性专业展会，展览面积累计超过10万平方米；建立完善市经信委信用信息目录，加强信用“红黑名单”的查询使用。

（执笔人：吕立）

第四编　开发区与园区建设

工业园区发展综述

重庆市经济和信息化委员会工业园区处

2018年，全市工业园区（含两江新区各工业开发区、各开发区工业集聚区、市级特色工业园区，下同）以习近平新时代中国特色社会主义思想为指导，全面落实习近平总书记对重庆提出的"两点"定位、"两地""两高"目标和"四个扎实"要求，坚持以大数据智能化为引领，围绕稳增长、促改革、调结构、惠民生、防风险，扎实做好开发建设、招商引资、产业发展等各项工作，加快推动创新、智能、集群、绿色、和谐园区建设，较好地发挥了全市工业增长的核心支撑作用。

一、2018年发展回顾

（一）经济支撑作用强劲

全市园区规模工业总产值1.68万亿元，占全市规模工业总产值的83%，投产规模工业企业每平方公里用地产出83亿元以上，对全市工业增长贡献率超过80%。两江新区、西永综保区、江津园区等园区进入千亿级园区行列。

（二）特色发展质效突出

以特色产业基地创建为抓手，推进特色优势产业集聚集群发展。新增合川汽车1个国家新型工业化产业示范基地，江津粮油食品、荣昌陶瓷等9个市级特色产业基地，全市累计创建市级特色产业基地57个、国家新型工业示范基地合计11个，特色产业基地所在园区产值占全市园区的50%以上，特色产业集群规模不断壮大、产业生态不断完善、支撑能力不断提升。

（三）开放活力持续增强

围绕加快建设内陆开放高地的战略部署，大力推动园区开放发展，现已成为全市重要的开发开放平台。世界500强工业企业有193家入驻园区，占入渝世界500强工业企业的86%，实际利用外资占全市工业的 40% 以上，进出口总额占全市工业的 70% 以上。近三年，每年引进工业项目 1000 个以上，协议引资 3000 亿元以上。

（四）承载能力加快提升

坚持产城融合发展，加强园区开发建设，加快提升产业承载能力。新增建成区面积约 50 平方公里，建成区总面积近 700 平方公里；新建标准厂房面积超过 220 万平方米、累计超过 2500 万平方米，较好保障了中小企业入园发展空间。

（五）智慧园区建设启动

全面启动智慧园区建设，作为推动全市工业园区转型发展的主要任务。按照“基础设施网络化、开发管理精细化、功能服务专业化、产业发展智能化”的建设思路，印发了《重庆市智慧园区建设总体方案》，组织开展了 5 场专题培训活动，指导 27 个园区完成了智慧园区建设方案的编制，完成了 2018 年度智慧园区试点征集和评审工作。

（六）绿色发展持续推进

紧扣长江经济带建设，坚持工业绿色发展，深入推进绿色园区建设。市发展改革委、市经济信息委联合印发《关于严格工业布局和准入的通知》，明确了沿江产业布局的有关要求；市生态环境局、市经济信息委共同督促推进 12 个工业集聚区污水集中处理设施建设，督促做好 7 个化工产业集聚区空间布局优化、基础设施完善、管理责任强化三项化工污染整治专项工作。

二、发展中存在的问题

一是发展不均衡不协调。大都市区（主城、渝西片区，下同）占全市园区的 90% 以上，渝东北、渝东南仅占不到 10%；大都市区园区平均产值 545 亿元，而渝东北、渝东南平均只有 90 亿元，产值最低的不到 10 亿元。同时，大都市区集群发展态势明显，上下游协同配套能力较强，而渝东北、渝东南仍然停留在项目集聚的初级阶段。

二是产业发展生态比较脆弱。从区域协同发展、单个园区产业布局来看，区域同质竞争、特色不够鲜明、产业链条还不完整等问题仍然十分突出，园区特色发展、集群发展、智能发展的产业生态还比较脆弱。

三是产城景融合发展水平有待提升。从总体上看，绝大多数园区都规划在区县城市或交通较为便利的城镇中，基本上实现了产城融合发展，但仍然有少数园区建设规划的前瞻性、系统性不强，没有科学划分功能分区，工业集聚区不能实现集聚功能，建设用地零星散乱布局，城市建设和产业发展相互挤压，居住、商业、休闲等公共服务不能配套，企业职工生活十分不便，也难以吸引高端人才集聚。个别园区物流关键节点“最后一公里”未打通，园区整体物流成本偏高。

三、2019 年发展目标

经济贡献持续加大。全年园区规模工业总产值较全市平均水平高 1 个百分点以上，园区规模工业集中度较上年提高 1 个百分点以上。

集约发展水平提升。全市园区每平方公里投产企业净用地实现产出较上年提高 1 亿元以上。

特色发展支撑有力。新创建特色产业基地 5 个以上，基地特色产业产值占园区产值的比重提高 1 个百分点以上。

（执笔人：曾华武）

两江新区

重庆两江新区经济运行局

一、2018年发展情况回顾

过去一年，在市委、市政府坚强领导下，两江新区坚持以习近平新时代中国特色社会主义思想为指导，坚持稳中求进工作总基调，认真落实“三大攻坚战”“八项行动计划”，积极应对龙头企业大幅下滑严峻形势，推动经济稳中求进、以进促转、转中提质。全域GDP增长4.2%，固投增长12.4%，社零总额增长6.6%，一般公共预算收入增长9.2%；直管区GDP增长3.1%，固投增长14.3%，社零总额增长11%，一般公共预算收入增长9%。经济发展呈现出“五快一好”特点，加快向高质量发展轨道迈进。

（一）工业转型升级加快

汽车产业向绿色智能方向转型，在传统汽车产量大幅下降情况下，新能源汽车产量增长20%。长安多款新能源汽车投放市场，金康新能源汽车形成5万辆产能，车和家新能源汽车以及安靠动力电池、众联驱动电机等项目落地。电子产业向“芯屏器核”和新一代智能终端全产业链发展，万国半导体、超硅半导体、奥特斯、联创电子等一批企业相继投达产，新增产能近百亿元；紫光智能安防、展讯等一批新项目启动建设；翊宝、纬创、仁宝、旭硕等企业智能化改造投入3亿元，降低综合生产成本近30%，推动保税港区实现规上工业产值770亿元、增长20.5%。人工智能产业快速崛起，新引进科大讯飞、商汤科技等项目，海云数据等一批企业加快成长，云从科技营业收入增长8倍并成为行业独角兽。航空航天产业加快布局，聚集了航天科技低轨卫星、航空钛合金、零壹火箭等项目。生物医药及医疗器械初具规模，集聚企业100多家，完成产值72亿元，形成600亿元的产能布局。

（二）结构优化调整加快

从产业结构看，服务业能级稳步提升，增加

值增长19.3%，高出全市7个百分点，占GDP的比重从2017年的34%提高至52%，其中金融业增加值增长15.2%。高技术制造业快速发展，产值增长16.3%，占工业总产值的比重达42%。从投资结构看，基础设施完成投资209亿元，增长约22.7%；工业投资缓中趋稳，完成234亿元，降幅逐季收窄至1.1个百分点；民间投资增长60%，占投资总额的60%。从收入结构看，税收收入完成135亿元，税收占一般公共预算收入的比重达88%，高出全市16.4个百分点。

（三）新兴动能培育加快

招商引资成效明显，签约项目240个，合同投资1729亿元、增长28%，呈现“三多”：一是重大项目多，亿元以上项目114个；二是工业项目多，签约73个、投资976亿元，占投资总额的56%；三是产学研一体化项目多，签约30个，总投资40亿元。研发平台加快搭建，引进新加坡国立大学等研发机构8个，市级以上研发平台达到234个，其中新型高端研发机构7个，居全市第一；R&D经费占GDP的比重达到3.6%，高出全市1.7个百分点。加快国家级数字经济产业园建设，吸引投资近500亿元，新增数字经济类企业560余家。启动建设10平方公里的两江协同创新区，西北工大、同济大学等高校科研院所相继落地。规划布局10平方公里的礼嘉智慧城，形成智能智慧集聚区，2平方公里体验园率先启动建设。江北嘴集聚36家世界500强企业、190余家金融机构、50余家全国及区域性总部金融机构、12000多亿元金融资产，成为具有全国影响力的金融核心区、总部聚集区和高端商务集聚区。

（四）改革开放深化加快

供给侧结构性改革深入推进，售电侧改革为企业节约用电成本1.6亿元，工业用地弹性出让为企业节约用地成本30%。开展优化营商环境十项行动，一般工业项目缩减到14个工作日，房地产及社会投资类项目缩减到34个工作日。国企改革纵深推进，六大国有集团功能定位进一步明晰，国资布局更加优化。开放水平明显提高，“保税+跨境电商”完成交易额28亿元、增长1倍，占全市的58%；“保税+融资租赁”完成飞机租赁6架；保税展示交易中心国家馆增至15个。港务物流加快建设智慧港口，平均降低翻箱率5%以上，集卡移箱距离平均减少28%，集装箱系统与“长江江海联运平台”成功对接，实现“船、港、货”江海联运物流数据等公共信息交换共享。果园港建成中欧（重庆）班列第二始发站，果园保税物流中心（B型）获批。中德、中瑞等6个国际合作产业园建设加快。会展功能充分释放，举办西洽会等展会209次，首届智博会在悦来国际博览中心成功举办。

（五）城市品质提升加快

生态环境持续改善，空气质量优良天数比上年同期增加27天，14公里河道达到治理目标，水体质量、土壤环境质量总体稳定。完成悦来18平方公里国家海绵城市试点建设任务。建设城市公园90万平方米，实施绿化品质提升工程15个，发展绿色生态小区31个。两江四季广场和两江高铁广场建成投用，投资11亿元的千亩凤栖湖加快建设。推进大城智管，政务信息资源共享交换平台建设走在全市前列，打造智慧工地400余个，建成全市首个示范智慧小区。莱佛士医院等具有区域影响力的国际化医疗资源投入运营。

（六）外资外贸好于预期

积极应对中美经贸摩擦，“稳”字当头。利用智博会、进博会狠抓外资项目引进，签约哈罗协信英伦小镇等外资项目8个，投资金额近20亿元；加速推进伟巴斯特扩能等3个外资项目开工，万国半导体、新视家等2个外资项目投产。累计引进世界500强外资企业89家，全年实际利用外资28.8亿美元。组织近100家企业300余人参加首届进博会，与新加坡托克集团、台湾仁宝等企业签订合同，金额约28亿元。鼓励企业扩大出口，深入76家外资外贸企业开展专题调研，为60余家企业争取国际市场开拓资金近千万元，进出口总值增长10%达到1800亿元。

二、存在问题

2018年两江新区紧扣“智能化、供给侧、高质量”要求，沉心静气、真抓实干，取得了明显成效，但一些突出问题仍不容忽视。一是龙头企业下滑趋势仍未遏制。受外围环境和产品结构调整等因素影响，长安福特和长安股份呈负增长态势，下行压力可能延续到2019年上半年，应引起高度重视。二是发展环境有待进一步优化。主动靠前服务企业意识不强、方法不多，企业办事的便利性不够，市场主体总量不足，必须加大培育力度，加快形成“大企业顶天立地、小企业铺天盖地”的局面。三是政策红利有待进一步转化。对政策和资源红利的深度挖掘和应用不够，各类开放平台的辐射带动能力不强，萌发的原始创新不多，政策优势未能充分转化为新区的竞争优势、产业优势。

三、2019年发展目标

2019年是全市全面建成小康社会的攻坚之年，是新区推动高质量发展的关键之年，2019年工作总的要求是：以习近平新时代中国特色社会主义思想为指导，全面贯彻党的十九大精神和习近平总书记殷殷嘱托，深入学习贯彻中央、全市经济工作会议精神，紧紧围绕总书记对重庆提出的“两点”定位、“两地”“两高”目标和营造良好政治生态、做到“四个扎实”的重要指示要求，坚持稳中求进工作总基调，坚持新发展理念，坚持推动高质量发展，坚持以供给侧结构性改革为主线，坚持深化市场化改革、扩大高水平开放，加快建设现代化经济体系，扎实落实中央“六稳”要求，坚决打好“三大攻坚战”、实施“八项行动计划”，统筹抓好稳增长、促改革、调结构、惠民生、防风险工作，进一步在全市经济社会发展中发挥“领头雁”“排头兵”作用，全面体现新区站位、展示新区形象、彰显新区特色、凝聚新区力量，以经济高质量发展的成效和社会大局稳定庆祝新中国成立70周年。经济社会发展的主要预期目标是：地区生产总值增长7%，规上工业总产值增长5%，固定资产投资增长8%，社零总额增长9%，进出口总值保持1800亿元以上，空气优良天数稳定在300天以上。

（执笔人：向悦文）

经开区

重庆市经开区管理委员会

一、2018年经济发展情况

2018年，是重庆经开区积极稳妥应对经济下行压力，保持战略定力沉心静气强产业、搞建设、抓招商、促改革、谋发展的关键一年。我们坚持以习近平新时代中国特色社会主义思想为指导，深入贯彻党的十九大精神和中央决策部署，紧紧围绕习近平总书记对重庆提出的“两点”定位、“两地”“两高”目标和“四个扎实”要求，在市委、市政府和区委、区政府的坚强领导下，在区人大、区政协的监督支持下，围绕“三生三宜”品质城市建设目标和重庆经开区“12345”发展战略，突出抓好产业发展、开发建设、招商引资、改革创新、环境提升、风险防范工作，凝心聚力、扎实苦干，努力推进重庆经开区迈出高质量发展步伐。

2018年，重庆经开区完成地区生产总值286亿元，同比增长3%；固定资产投资87亿元，同比增长12%；财政收入22.7亿元，同口径增长17%；区级税收收入11.8亿元，同口径增长12%；实际利用内资21亿元；实际利用外资6.8亿美元，同比增长8.5%；外贸进出口总额11亿美元。经开区进一步发挥主引擎、增长极作用，工业、外资、进出口等领域支撑作用明显；财税收入连续7年保持10%以上快速增长。一年来，主要推进了以下工作。

（一）智能驱动提质增效，产业发展再上台阶

一是大数据智能化产业快速发展。以中国智谷（重庆）科技园建设为契机，加快发展智能终端、物联网、数据存储处理等大数据智能化产业，产业规模达到600亿元，同比增长15.5%，核心产业链不断丰富，产业品质大幅提升。智能终端产业做实向优。手机出货量达到5000万台，智能手机占比超过80%，维沃通信持续发挥品牌效应扩能放量，新增6条生产线，产量提

高75%，实现产值190亿元，同比增长90%，同时部分手机企业产销收窄，促进产业链整体做实向优。物联网产业加快集聚。中移物联网连接数达到4亿个，中交通信“全国车联网监管与服务公共平台”、中交兴路“全国道路货运车辆公共监管与服务平台”提速发展，高通“中国智能物联网联合创新中心”、阿里“飞象工业物联网”、中国信通院“物联地带·渝”等产业创新孵化平台正式投运。大数据产业初具规模。国家信息中心能源大数据中心、城投金卡RFID智能交通联合工程研究中心、易华录城市数据湖示范湖等大数据项目落地运营，聚集大数据相关企业约300家。二是传统产业加快转型升级。美的制冷生产智能空调360万套，实现产值48亿元，同比增长48.2%，带动钺行汽车、兴伟顺电子等存量企业转型成为美的配套商。传统装备制造产业与互联网、大数据、智能化深度融合步伐加快，重庆机床、长江轴承、通用工业、集诚汽车、神箭汽车齿轮等企业完成智能化改造。三是现代服务业稳步发展。以迎龙医药城为载体，全力打造京东云“一基地三中心”。重庆石油天然气交易中心5月正式上线运行以来，累计实现交易额102亿元，会员注册量超过1400家。新加坡毅鸣基金发起设立10亿元现代服务业产业发展基金。原尚物流西南项目、九州通医药物流中心二期项目主体竣工，领安仓储物流基地开工建设。四是科技创新促进作用更加凸显。通过调动企业创新主动性和积极性，加大研发投人，持续发挥科技创新对产业发展的促进作用。全年新增高新技术企业7家、科技型企业70家，科技创新水平显著提升。积极加强创新型人才引进，推动高科技人才集聚，成功创建市级博士后科研工作站，丰富高层次人才载体。新增重点实验室、工程技术（研究）中心、企业技术中心10个，市级以上创新平台达到170余个。

（二）抢抓机遇精准发力，开发建设稳步推进

一是对接市级战略抓紧完善城市规划。广阳岛·长江生态文明创新实验区规划方案基本确定，经开区2/3的区域纳入规划范围，打造“长江风景眼·重庆生态岛”成为全市重大战略。重庆东站暨渝湘高铁重庆至黔江段开工建设，同步推进重庆东站综合交通规划和控规修编，站前区城市设计启动全球方案征集，迎龙商务区站前区综合开发项目可研和实施方案等专项成果基本确定，智轨交通项目启动规划设计研究。围绕市级战略，加快推进经开区城市总体规划修编，优化区域功能布局、厘清城市发展空间、科学谋划未来发展蓝图。二是提速重点项目建设。全年实施基础设施项目22个，完成投资14.2亿元，建设城市主干道21公里、立交2座、桥梁3座，南涪路改扩建工程石塔立交至迎龙隧道段主线通车，生态园立交、迎龙隧道开挖等控制性节点工程有序推进。经开立交、C-D连接桥等重点工程加快实施。东西南北干道整治工程主线初通。开成路北段二标段、纵三路昌龙段、横六路东段等5条道路完工。加快水电气讯配套设施建设，长生水厂一期工程开工，新建给水管网12.5公里、排水管网23.4公里、电力管沟51公里、燃气管线25公里，每平方公里光纤敷设里程累计达到26.8万芯公里。金科博翠园、合能枫丹江屿、碧和原千屿、恒大同景国际城博达组团、恒大滨河左岸等房地产项目抢抓建设，新开工90.8万平方米，同比增长150%，竣工43.5万平方米；新出让综合用地343亩。三是有序推进征地征收。全年共实施征地项目20个、9476亩，长江防洪护岸等项目加快推进，新启动长生水厂、东港学校等5个项目、500余亩，完成纵二路中段、横十三路一标段等8个项目、约5000亩，实现交地3045亩。再生资源交易市场自治式征收基本

完成，河口场、迎龙老街征收项目有序实施。加强“已征未建”土地管护，清理落实整治管护责任30余处。

（三）招商引资互利共赢，开放合作不断深化

一是招商引资质量稳步提升。成立招商公司实施专业招商、精准招商，秉持“与巨人握手、与第一合作”理念，坚持招优选强。全年签约项目37个，神州长城100亿元迎龙湖乡村振兴示范园区、易华录50亿元数据湖产业园、中铁建20亿元重庆总部基地、韩国信慕20亿元半导体研发生产基地、卡斯因10亿元3D缝纫项目等重大产业项目落地，累计签约金额326亿元。与高通、京东、阿里巴巴等知名企业开展项目合作，新增德富莱、机床集团神箭公司等一批智能制造项目，引进重庆工程质量监督检测中心国家3A级实验室等国家重点科研平台。二是外资外贸水平有效提高。推行新的外商投资准入负面清单，将中外合资、中外合作、外商投资企业设立和变更审批时限压缩至10个工作日。不断改善利用外资结构，积极促进谊品弘科技、仕勉商贸、泉慷供应链、科莱博4家外商投资企业在区投资，实现外资到位7898万美元，推进厚泽小贸等金融类企业通过增资和外贷等方式利用外资8522万美元。努力扩大对外贸易，维沃、五峰、融讯等重点企业进出口份额超过经开区进出口总额的70%。鼓励伊士顿电梯、力宏化工等30余家企业到俄罗斯、巴基斯坦、印度和新加坡等“一带一路”沿线国家投资和拓展境外业务。三是开放合作高地加快建设。全面融入“一带一路”和长江经济带建设，积极推进中新（重庆）战略性互联互通示范项目，不断深化合作领域。普洛斯物流基地项目基本建成、永翔国际电商物流产业园项目启动建设。加强与南京经开区、上海虹桥经开区等国家级开发区合作共建。积极融入重庆自贸区建设，探索“飞地经济”模式，建立协同招商工作机制，实现区域间融合发展。积极参与首届中国国际智能产业博览会，组织33家企业、100余种产品参展，签约合作项目4个。

（四）深化改革创新服务，营商环境全面提升

一是民营经济发展改革试点深入推进。围绕深化“放管服”改革，深入开展“疏堵解难”专项行动，打造高效透明的政务环境，大力促进民营经济发展。完成经开区行政服务中心办事大厅整合提升，推出构建经济建设领域行政审批管理闭环、实行“一窗受理”、建立企业审批服务代办制等16项改革举措，全面落实建设工程领域审批制度改革任务，涉企审批事项办理时间总体压缩60%，一般工业项目从立项到开工审批时限实现全市最快。建设“智信经开·区域经济大脑”综合服务平台，以“互联网+政务服务”推动涉企服务事项全口径、全流程线上办理，打通企业服务“最后一公里”。结合“兴转促”深入开展“疏堵解难”专项行动，全面落实金融支持、研发创新、技术改造等“十条扶持政策”，着力破解民营企业发展的痛点、难点和堵点，有效解决新天泽破产重整、翌辰光电融资、都市和谐家园验收等民营企业生产经营问题300余个。引进重庆华西宏赐股权投资基金管理有限公司，设立产业引导基金10亿元；开展“金融+信用”合作，创新方式为企业提供低成本、无抵押贷款1.9亿元；兑现企业扶持资金3亿元。二是国有企业改革活力初现。经开区投资集团建立健全现代企业管理制度，基本实现分级管理运营，坚持市场化用人导向，通过竞聘上岗、社会招聘等方式优化人才队伍。加强债务管理和风险管控，到期偿债率实现100%。强化园区配套服务，购入北斗新苑10000平方米商业门面为维沃片区提供生活配套，购置皇冠国际4300平方米、代租科

创中心2900平方米办公用房保障重点招商项目落地。加强资产管理，及时处置经开大厦、A8标准厂房等存量资产。顺利完成重庆朝天门国际商贸城公司股权划转和恒祥实业公司M6地块、重庆新汇商公司股权收购。三是安全稳定形势保持平稳。完善安全生产责任体系，坚持把安全生产“三同时”纳入项目准入标准，严格落实企业主体责任和政府监管责任；构建安全生产技术体系和信用体系，新创安全生产标准化企业47家，基本实现规模以上工业企业安全生产标准化建设全覆盖；探索“互联网＋安全监管”新模式，重点抓好建筑工程施工安全、工贸企业生产安全及防汛防灾工作，全年未发生较大及以上安全事故。全力抓好信访维稳，妥善处置征地拆迁、工程建设、国企改革等领域的群访、集访事件，积极开展扫黑除恶专项斗争，确保辖区安定祥和。

二、发展中存在的问题

一是综合经济实力不强，工业经济明显下滑，主导产业自主创新力、核心竞争力、抗风险力弱，第三产业发展有待进一步提升。二是受广阳岛·长江生态文明创新实验区、重庆东站控规影响，部分项目暂停办理前期手续，开发建设进程暂时放缓。三是外向型经济薄弱，缺乏具有带动性的对外开放平台和企业，对外技术、资金、人才合作还需进一步加强。

三、2019年经济发展目标

2019年主要经济指标确定为地区生产总值增长8%左右，规模以上工业总产值增长9%左右，财政收入同口径增长12%左右，区级税收收入同口径增长10%左右，全社会固定资产投资增长10%左右，实际利用内资完成22亿元，实际利用外资完成7亿美元，外贸进出口总额完成12亿美元。为确保顺利完成上述工作目标，我们要着力抓好以下工作。

（一）聚焦产业升级，提高核心竞争力

一是持续提升科技创新能力。大力实施以大数据智能化为引领的创新驱动发展战略行动计划，研究出台科技创新产业扶持政策，努力营造大众创业、万众创新氛围。加大创新主体培育力度，全年力争新增市级以上研发平台10个，引进新型研发机构1个，新增高新技术企业10家、科技型企业100家。持续加强知识产权保护与应用，建立知识产权质押、知识价值信用贷款体系，指导企业开展知识产权贷款。成立专业引导基金，带动全社会研发投入，力争R&D指标提高至2.98%。二是加快建设大数据智能化产业集聚区。结合中国智谷（重庆）科技园“三区一城”发展定位，大力发展智能终端、物联网、智能家电、智能装备、人工智能等产业，加快建设大数据智能化产业集聚区，力争产值增速达到16%。依托维沃、百立丰等龙头企业，持续提升中高端智能手机规模占比，高质量构建智能终端产业集群。推动中移物联网、中交通信、中交兴路、城投金卡等企业发展壮大，扩大物联网应用示范范围，高效助推物联网产业基地优势发展。鼓励美的等智能家电龙头企业提质扩能，实现产销一体化，成立IPM独立运营公司，引导上下游企业联动发力，做大做强智能家电产业集群。发挥重庆机床、盟讯科技等智造标杆企业带头作用，强化与阿里、信通院、赛迪等智造服务平台的合作，建设一批智能产线、智能车间、智能工厂，持续推进智能制造装备产业提档升级。积极发挥重邮科大讯飞人工智能学院、人工智能研究院带动效应，积极推进深兰人工智能制造基地项目落地，着力培育人工智能产业集群。三是积极

推动现代服务业发展。大力发展融资租赁、工业设计、供应链金融、大型商业市场等生产性服务业。加强与阿里健康科技的合作，支持莱美、圣华曦、桐君阁等存量医药企业做大做强，积极引导大健康医药产业集聚。四是加快产业项目建设步伐。新开工维沃重庆生产基地B项目二期、信慕研发及生产基地、普洛斯东港物流园二期、飞龙电子商务仓储物流基地、澳兹重庆电商天地二期、通用工业高效节能通风系统绿色设计平台等12个产业项目。加快中铁建重庆总部基地、京东云“一基地三中心”等总部项目建设。积极促进经开区南坪区域康师傅、美心、科瑞等企业“退城进园”。

（二）聚焦开发建设，提升城市承载力

一是全面完成城市规划修编。按照广阳岛·长江生态文明创新实验区、重庆东站规划成果，结合“三生三宜”品质城市建设要求，进一步优化空间格局和功能布局，力争上半年完成经开区城市总体规划修编。二是全力推进重点区域开发。按照市委、市政府总体部署，深度参与广阳岛·长江生态文明创新实验区开发建设，加快实施征地拆迁，保障项目用地。全力配合重庆东站及辖区高铁线路建设，完成站前区城市设计和控规修编，高水平策划站前区综合开发项目实施方案，全面开展征地拆迁，适时启动站前核心区配套设施建设。三是大力推动重点项目建设。计划投入资金7亿元，新建道路6.1公里，竣工18.7公里，东港北滨路、横十路中段、月季路西段、牡丹路等道路启动建设，南涪路改扩建工程、经开立交、东西南北干道综合整治工程、C-D连接桥等项目全面完工，东港片区主次骨架路网全面形成。计划实施征地10000亩，完成征地5000亩，力争交地3000亩，全力保障重点项目用地。

（三）聚焦引资引智，增强区域吸引力

一是大力提升专业招商能力。完善招商公司运作机制，配齐配强招商人才队伍。以大数据智能化为引领开展产业链招商，激励技术平台和龙头企业“以商招商”，促进招大引强。推进中住数据、阿里健康科技、海信智能交通、国轩高科动力电池等重点招商项目落地，力争完成正式签约项目20个，签约金额250亿元。二是加快推进人才高地建设。制定促进人才发展政策，健全人才服务保障体系，大力实施引才育才工程，积极谋划“智谷菁英计划”，同步推进博士后创新实践基地、博士后科研工作站建设，助推人才高地建设。三是积极促进开放合作。全面融入“一带一路”建设，积极推进中新（重庆）战略性互联互通示范项目。积极参与长江经济带沿线开发区协同发展，与南京经开区、上海虹桥经开区和新疆霍尔果斯口岸不断深化合作领域，持续注入发展新活力。充分发挥国家级经开区、自由贸易试验区叠加优势，推动经开区与重庆自贸区南岸板块融合发展。四是持续提高外资外贸水平。加大外资引进力度，努力寻找外资增长点，加快引进和培育新的外贸项目，加强用地项目引进外资，推动存量企业厚泽小贷、谊品弘科技等外资企业增资或境外借款，促进世玛德、科莱博、商理信息等项目实现外资到位。积极用好开放型专项扶持资金帮助进出口企业扩大市场，推动外贸增长。

（四）聚焦改革创新，夯实发展原动力

一是推进体制机制改革。按照全市机构改革部署和市委、市政府对开发区体制机制改革安排，完善运行机制，调整机构设置，厘清职责边界，积极争取经开区范围拓展，激发开发区改革创新活力，推动经开区高质量发展。二是深化促进民营经济发展改革试点。持续深化“放管服”

改革，大力促进民营经济发展，力争为全市提供可复制、可推广的经验。推行承诺审批、容缺审批，探索联合勘验、联合审图、联合验收，实行审管分离，全面实现综合窗口审批，完善产业投资项目审批代办服务机制。完成“智信经开·区域经济大脑”综合服务平台一期建设，实现“智慧+信用”功能，通过“互联网+政务服务”实现涉企事项便捷化线上运行。深入开展“疏堵解难”专项行动，坚持对口联系服务企业制度，优化企业服务工作体系，强化“四上”企业和在建项目全方位服务，切实帮助企业解决生产经营困难。完善金融扶持政策，推进产业引导基金、天使基金、担保公司运作，缓解企业融资难题。三是推动国企做大做强。充分利用银行贷款、公司债券、中期票据、超短融等融资手段，积极拓展PPP投融资渠道。引入优势资源激活朝天门国际商贸城，稳步推进迎龙医药城与京东云战略合作。有效经营新购置商业资产，提高园区配套服务水平。组建混合所有制公司，积极探索对外投资经营，提高资本运作效率。

（执笔人：何炫颖）

高新技术产业开发区

重庆高新区管委会办公室

一、2018 年发展回顾

2018 年实现地区生产总值增长 5.6%，战略性新兴制造业、高新技术产业产值分别增长 14.3%、6.5%。全社会研发经费支出占比 4.7%，万人发明专利拥有量达 33.6 件，科技进步贡献率 66%，均全市领先。国家高新区综合排名全国第 27 位，提升 1 个位次，可持续发展能力居全国高新区第 8 位。

（一）着力强创新，国家自主创新示范区建设扎实推进

坚持制度创新和科技创新双轮驱动，创新对发展的支撑能力不断增强。制度创新激发活力。强化战略设计，出台重庆高新区国家自主创新示范区建设实施方案，推动制定重庆国家自主创新示范区条例的议案在市两会成功立案。深化科技体制改革，知识价值信用贷款改革助 155 家科技型企业获贷超 2.8 亿元，全市率先落地中小企业商业价值信用贷款改革试点并促成单笔最大金额贷款，科技成果初始权益分配、国有无形资产管理等改革加快试点，创新创意产品采购、博士博士后人才流动等改革措施加快出台，“渝新券”新增上市挂牌券、累计发券近 1.6 亿元、惠及企业超千家次。优化政策供给，出台全市首个自创自贸领域科技金融配套等政策，实施“人才龙卡”，完善高成长性科技企业、孵化平台等扶持政策，加快制定软件和集成电路产业等产业政策，兑现各类扶持资金 6.4 亿元。科技创新增强动力。壮大创新主体。国家科技型中小企业入库 124 家，居全市第一。国家高新技术企业增至 265 家，居全市第二。新认定市级科技型企业和高成长性科技企业分别 192 家和 51 家，总量分别达 626 家和 68 家，新增量和总量均全市领先。院士专家工作站、市级博士后工作站分别增至 4 个、14 个，获批设立重庆海智工作站，市级及以

上科技创新创业人才达 67 人次。拓展创新平台。中国工程物理研究院、航天信息西南研发中心等落户，清研理工汽车研究院、生物医药研发共享服务平台等加快建设。重庆重大产业技术研究院有限公司等 4 家企业获评重庆新型研发机构，重庆车检院获批全国首批自动驾驶路测资质。突破集成电路设计、精准医疗等领域关键技术，石墨烯重大新技术研究处于全国前列。新增市级及以上研发平台 26 家、累计达 112 家。新认定高新技术产品 228 个，获市级及以上科技奖励 16 项。创新服务水平持续提升。完善转化孵化服务。重庆科技要素交易中心完成商标专利成交 911 件、金额 2160 万元。重庆科技服务大市场累计完成技术交易及服务总额 120.4 亿元。新增创业黑马等孵化平台 3 个，市级及以上孵化器、众创空间增至 12 个，全市获评国家 A 类等级的科技企业孵化器均在重庆高新区。夯实金融服务。种子基金累计投贷项目 80 个、金额 2855 万元，引入中科汇富等产业基金，各类股权基金规模超 28 亿元。发行全国首单公募类“双创债”，促成全市首单非上市企业商标权质押融资贷款。首获中央财政中小企业发展专项资金支持。辉腾能源挂牌新三板，累计上市和挂牌新三板企业 20 家、全市领先。营造创新氛围。继续举办中国创新创业大赛片区赛，首次承办全国总决赛。组织举办科技金融创新发展论坛暨知名创投机构重庆行等创新创业活动 200 余次。

（二）着力促升级，创新型产业体系引领高质量发展

坚持供给侧结构性改革主线，强化大数据智能化引领，产业发展向高质量坚实迈进。新旧动能接续转换。招大引强不断突破。围绕打造六大千亿级主导产业集群，引入阿里体育等项目 153 个、合同协议投资额 788.1 亿元，100% 为战略性新兴产业和现代服务业项目，其中投资额 10 亿元级重点项目 18 个。新招商项目开工率、竣工率、投产运营率分别达 53%、42%、40%。军民融合发展助推转型升级。兵科院西南分院等重大项目落户，五九所等项目加快建设，太鲁科技等企业民用产品广泛应用于国防装备，实现军民融合企业产值 32 亿元。大数据智能化引领提质增效。完成工业技改投入 23.7 亿元，支持 45 家企业技改扩能和转型发展，7 个项目纳入市制造业和互联网融合项目，5 个项目纳入市工业互联网（工业智能化）试点示范项目，3 家企业获评大数据智能化领域市级工程研究中心，1 家企业获评市数字化车间和智能工厂。26 家企业获认定市“专精特新”企业。规上工业企业万元产值能耗下降 5.8%、主营业务收入利润率达 7.4%，投产规模工业企业用地产出强度达 142 亿元 / 平方公里。战略性新兴制造业加快培育。新一代信息技术及未来信息网络产业聚集软件企业 160 家，占全市的 10%，支持邬江兴院士团队发布全球首款商品级超宽带可见光通信专用芯片组。人工智能产业加快打造重庆 AI 中央公园，集成电路产业园获批筹建国家级“芯火”双创基地（平台）。生物医药产业产值增长 33.3%，开工全市首家中药配方颗粒生产园区。新材料产业全球率先发布石墨烯轻颜嫩肤仪、眼周仪等新产品，实现一维二维三维石墨烯产品全覆盖。高端装备产业加快智能化升级，增材制造等新技术应用引领集群不断壮大。战略性新兴制造业产值占规上工业总产值的比重增至 58.7%。现代服务业优质发展。国家质检基地聚集国家级检验检测项目 8 个，创建国家技术标准创新基地取得实质进展。重庆数码城加快转型升级，依托阿里生态提速打造世界级电子体育特色街区。全国首家内容创作和数据分析新媒体产业园建成运营，吴晓波频道知识付费等行业龙头企业成功入驻。重庆软件园等 8 栋特

色楼宇聚集现代服务业企业196家，实现营业收入40亿元。微客巴巴、玖玖约车等新经济释放新潜能。汇集金融服务机构106家，实现金融业增加值23亿元、增长15%。完成高技术服务业收入151亿元、增长23.8%。

（三）着力优环境，创新创业承载力显著提升

构建国际化、便利化、品质化发展环境，为创新创业提供坚强保障。开放环境不断提升。营造开放氛围。成功举办CGTN全球媒体峰会暨CCTV+全球视频媒体论坛，百余国家（地区）近200家知名机构参加，获《人民日报》、中央电视台《晚间新闻》《东方时空》等全面报道。世界电子竞技运动会（WESG）全球总决赛永久落户。高新成果在进博会、智博会、西洽会、军博会充分展示。深化国际合作。与德国美天旎、韩国BINEX公司等达成战略合作意向，法国安卡创投亚洲总部、俄罗斯贝伍凯德、新加坡能源集团重庆总部等国际合作项目落地，新增外资企业21家、投资总额7.7亿美元。推动利迈陶瓷、明品福物流等企业拓展海外市场、开展国际产能合作。实际到位内资67亿元、利用外资1.5亿美元，实现进出口总额16亿美元。营商环境持续优化。深化“放管服”改革。开展“证照分离”试点，在全市首批落实“三十一证合一”改革。率先开展建设行业企业资质审批告知承诺试点。打造公平竞争市场环境。推进信用监管，加快建设社会信用体系，建立诚信“红黑名单”。加强事中事后监管，全面推行“双随机、一公开”监管，对新产业、新业态、新模式实施包容审慎监管。优化政务服务。全面推行“最多跑一次”改革，推进“互联网＋政务服务”，加快建设金融综合服务平台、创新创业公共孵化服务平台，行政服务效能全市第一。新增市场主体12516户，其中企业6273户。城市环境逐步改善。坚持规划引领。围绕打造首座人工智能城市，推进以高新区西区为核心的九龙西城重庆科学城规划纳入全市总体规划，完成地下综合管廊等专项规划编制。优化城市空间。实施棚户区改造14万平方米，征收房屋9.8万平方米，征收土地3161亩。完善城市功能。轨道5号线及环线、红岩村大桥等市级重点项目提速实施，青龙咀立交等道路通车，打通断头路8条，新增道路12公里。建成天桥地通项目2个，新建公共停车位1731个。开工建设净慈110KV变电站，启动白含污水处理厂三期建设，新改建排水管网8.4公里。提升城市品质。提速建设国际社区、生态园区、智慧楼宇，江厦星光汇、启迪科技园等建成投用，新增国际办公区面积21.3万平方米、商业商务面积75.8万平方米、公园绿地面积7万平方米。突出生态环境保护。完成白鹭保护区生态修复。推进梁滩河综合整治工程，建设主河道和支流截污干管约30公里，新改建污水处理站7个，完成年度水质达标任务。

二、发展中存在的问题

一是制度创新体系活力不足。科技金融结合、科技成果转移转化等方面取得先行先试成效，但政策机制不够优，首创性改革成果不多，离国务院批复在8个方面全面探索、作出示范的要求差距较大。管理体制和运行机制对改革创新发展的支撑不足，缺乏法律和制度保障。二是技术创新体系有待加强。高新技术企业等创新主体的集聚度居全市第一，国家级创新平台建设水平居全国高新区前列，但整体投入强度不够大，缺少重大科学工程等国家战略科技力量支撑，高层次人才、独角兽企业等优质创新主体短板明显，引领性和突破性创新成果较少，尚未形成科技创新全面驱动和引领经济社会发展局面。三是新型

产业体系亟待提升。培育引进了一批新兴产业优质企业，企业吸引投资能力等跻身国家高新区前列，但经济运行质量不够高，工业对经济贡献不足，传统产业占比大，重点打造的主导产业集群尚在培育周期，军民融合产业未形成规模效应，国际创新合作、产能合作较少，没有具全国重要影响力的产业集群。四是创新创业生态系统还需完善。初步构建起要素聚合、主体协同、服务优良、氛围浓厚的创新创业环境，但孵化功能不强，金融支撑力度不够，创新创业政策不优，国家自主创新示范区建设的承载空间和城市品质还需提升，发展环境不够好。

三、2019 年发展目标

2019 年重庆高新区将坚持以习近平新时代中国特色社会主义思想为指导，全面贯彻党的十九大和十九届二中、三中全会精神，深入学习贯彻中央经济工作会议精神，紧紧围绕习近平总书记对重庆提出的“两点”定位、“两地”“两高”目标、发挥“三个作用”和营造良好政治生态的重要指示要求，按照市委市政府部署，明确发展定位，以科学城规划建设为抓手，统筹大学城、西永微电园等重要板块资源，做好“高”和“新”两篇文章，建设好高新区这个战略平台，推动西部槽谷地区高质量发展。坚持贯彻新发展理念，高标准规划，对标一流，强化统筹，整合资源要素，完善空间布局，促进空间结构与产业布局、城市功能、生态环境和历史文脉相协调，建设宜居宜业宜游的现代化新区。进一步优化营商环境，强化招商引资，加快培育壮大高新技术产业，推动大科学装置等一批标志性项目落地。进一步主动担当作为，勇于攻坚克难，以时不我待、只争朝夕的精神投入高新区“二次创业”，为高新区发展建功立业。

（执笔人：彭鑫峰）

西永微电子产业园区

重庆市西永微电子产业园区管理办公室

一、2018年发展回顾

2018年，西永微电子产业园区实现规上工业产值1724亿元、增长12%；实现区内外贸进出口值2067亿元、增长20.6%，园区外贸进出口值约占全市的42%，比上年提高4个百分点。园区实现税收109.3亿元，全年新签约招商项目113个，其中百亿级项目3个。

一年来，西永微电园认真贯彻落实以大数据智能化为引领的创新驱动发展战略行动计划和全市内陆开放高地建设行动计划，狠抓产业招商，全年签约产业类项目75个，合同投资额251亿元，预计新增产出300亿元以上；积极融入国家“一带一路”和“陆海新通道”发展战略，各类新型对外贸易业务蓬勃发展，全年新引进贸易类项目38个。

（一）智能终端产业放量稳增长

大力推进加工制造企业开展智慧工厂建设，全年累计投入2亿元以上，建成无人工厂1个，智能化改造153条生产线，园区削减用工七分之一，实现节约用工1万余人。大力推动原有代工企业上新订单、新产品，广达和英业达产量分别增长34.4%和16.6%，电脑、打印机、显示器等传统产品集中度大幅提升，产量分别达到7065万台、1581万台、1293万台，分别增长27.8%、8.9%、10.2%；谷歌、华为和小米等新品牌产品分别增长1.7倍、6.2倍和0.97倍；新增可穿戴设备和手机产量分别260万台和290万台，成为新的增长动力；新引进的英业达制造二期项目将产品线向智能化设备、汽车电子、医疗电子方向延伸，新引进的平遥煤化集团导光板项目、溢哲渝二期项目将产品线向核心零部件方向延伸，进一步壮大园区智能终端产业集群。2018年，园区智能终端产业实现产值1547亿元、增长10.6%，为重庆经济稳住基本面作出了重要贡献。

（二）集成电路产业新局面开始形成

加快构建集成电路产业生态，引进一批影响较大的集成电路项目，总投资近 300 亿元。其中，与中国电子科技集团合资成立 CUMEC 联合微电子中心，将投资 105 亿元打造世界一流的先进产品设计与高端工艺制造协同研发平台，并组建特色工艺创新联盟；与华润微电子合作打造全国最大功率半导体基地、建设全球领先的基板级扇出芯片封装项目和 12 吋功率半导体芯片制造项目；SK 海力士二期项目已开工建设，达产后将成为 SK 海力士全球最大封装基地；英特尔 FPGA 中国创新中心项目将形成 FPGA 高性能芯片研发、加速孵化平台和 IC 设计产业创新生态圈。目前，园区已构建起从芯片设计、制造到封装测试的全产业链，并初步形成涵盖人才培养、产业孵化、IC 设计平台、工艺中试平台的创新链条和产学研有机互动的产业生态。2018 年，集成电路实现产值 139 亿元、增长 21.4%，占全市集成电路产业的 80% 以上。

（三）互联网大数据产业开始起步

英业达个人计算机研发中心、SK 海力士研发中心、华润功率半导体创新中心、博世工业 4.0 创新技术中心、英特尔 FPGA 中国创新中心等项目先后落户，提升了园区产业研发能力。积极引进电子科大、西安电子科大等专业院校来园区设立产业研究院和教学科研基地，积极打造产学研协同平台。依托微软云孵化器、斯欧智能制造研究院、重庆机器人与智能装备联合会等创新平台，吸引 200 余家软件开发、服务外包、机器人技术应用、“互联网 +” 创新企业聚集发展。新引进的索为、云智汇等项目，正推动园区加快形成以工业互联网为重点的互联网大数据产业氛围。

（四）自贸区建设有序推进

全市 151 项自贸试验区试点任务中与西永园区相关的 70 项，已完成 47 项，141 项重庆创新举措中与西永园区相关的 80 项，已完成 43 项，153 项全国复制推广制度中与西永园区相关的 100 项，已完成 50 项；在全国首推企业网银“跨境 e+” 业务创新和个人经常项下跨境人民币结算 2 项业务创新，共办理业务金额 4000 多万元；智慧综保区建设全面启动，被海关总署列为改革试验田内容，系统一期项目即将上线，将大幅提升通关效率，降低通关成本，增强综保区开放竞争力。

（五）货物贸易加快推进

以电子料件、日用品消费、汽车及汽摩配件为主的一般贸易大幅增长。积极突破跨境电子商务发展瓶颈，探索国际知名品牌集散分拨业务发展模式，建成达能等进口商品分拨仓，在全市率先通过中新互联互通陆海新通道实现跨境电商货物运输，开启了对外贸易新方向，全年完成跨境电商交易额 24.8 亿元、增长 35.5%，占全市总交易额的 47.6%。积极克服市场困难环境，稳步推动平行进口汽车发展，完成清关 637 台，南山汽车公园项目开工建设。

（六）服务贸易稳步推进

全年保税文化贸易完成外贸进出口额 2415 万美元，增长 215%，建成自贸区文化贸易展示区。保税融资租赁业务逐渐扩量，实现外贸进出口额 8153 万元、增长 22%。返区维修业务实现 1046 万美元，完成全市首单大型工程机械全球维修业务，为探索返区维修业务转型升级积累了经验。以惠普、广达为主的跨境金融结算稳步增长。

二、发展中存在的问题

2018年以来，西永微电园虽然推进了一些工作，收到了一些成效。但是，从产业来看，园区以订单为主的加工贸易占比较高，产业结构脆弱，外贸依存度较高，在中美经贸磋商未知多变的情况下，稳增长压力仍然较大；高新技术产业中的芯片产业体量不大，区域竞争激烈，创新中心不多，向微笑曲线两端延伸不够，产业核心竞争力不足，园区产业转型升级还任重道远。从园区来看，市内海关特殊监管区域之间竞争加剧，综合保税区高水平开放高质量发展的21条措施给园区带来春天和机遇的同时，也提出了更高的发展要求；自贸试验区创新对标内陆开放高地建设标准还有较大差距。

三、2019年发展目标

2019年，是新中国成立70周年，是决胜全面建成小康社会第一个百年奋斗目标的关键之年。2019年西永微电园将重点抓好以下四个方面的工作。

（一）强化招商，推动园区产业升级发展

要坚持以产业为根本，深入贯彻落实以大数据智能化为引领的创新驱动发展战略行动计划，聚焦以智能终端、集成电路、互联网大数据、汽车电子为主的智能产业开展精准招商。鼓励帮助现有代工企业向品牌商争取更多新产品、新订单，争取引进更多智能终端项目。进一步厚植集成电路产业生态，重点依托英特尔FPGA和CUMEC两大创新平台搭建的可将芯片开发周期从两年缩短至半年的国内领先IC设计产业生态，大力引进集成电路设计企业，再建2个高校产业研究院，加快建设集成电路设计园产业园。进一步培育互联网大数据产业氛围，再搭建1—2个创新平台，推动互联网大数据与实体经济深度融合，全年新引进产业项目30个以上。

（二）强化创新，提升开放招商核心竞争力

要坚持以创新为第一动力，以自贸区建设和综合保税区功能拓展为契机，加大开放创新力度，加快建设一批巨型科技孵化器，大力营造企业创新发展环境，不断优化营商环境，提高企业服务水平。加快推进智慧园区建设，大力引入5G网络，重点推进智慧综合保税区建设，确保一期工程上线运行，大幅提升企业在提高通关时效和降成本上的获得感。鼓励制造企业加快智能化改造，打造全市重要智能制造示范园区。加强投资和贸易便利化政策创新，不断拓展自贸区、综保区和开放口岸功能。

（三）依托“一带一路”，提升贸易发展质量

坚持以开放为核心，深入贯彻落实内陆开放高地建设行动计划，积极融入国家对外开放和区域发展战略，不断拓展贸易新领域，加快改造和新建一批保税仓库，推动汽车电子和整车分拨中心建设，打通与中亚、俄罗斯的贸易通道，着力优化贸易多元支撑结构，逐步提升一般贸易和服务贸易占比，统筹做大对外贸易进出口值。

（四）全面改善园区环境，推动园区城市升级

坚持以人才为关键，深入贯彻落实城市提升行动计划，加强园区生态和文化建设，大力开展规划完善、城市留白、道路扩宽、公园打造、电网下地、停车场建设、广告管制等工作，不断提升城市宜居性，全方位打造与科创人才相匹配的城市环境，形成以科创为特色，集创业工作、生活学习和休闲娱乐于一体的新型宜居新城，推动西永从“园区”向“城市”转变。

（执笔人：徐舒佩）

万州经济技术开发区

万州经济技术开发区管委会办公室秘书科

一、2018 年发展回顾

2018 年，万州经开区坚持以习近平新时代中国特色社会主义思想为指导，深入学习党的十九大精神和习近平总书记系列重要讲话精神，认真落实习近平总书记对重庆提出的“两点”定位、“两地”“两高”目标和“四个扎实”要求，坚持稳中求进工作总基调，统筹推进“五位一体”总体布局，协调推进“四个全面”战略布局，贯彻新发展理念，落实高质量发展要求，有效应对外部环境深刻变化，聚焦主责主业，以“五个一批”为抓手，迎难而上、锐意进取、扎实苦干，各项工作取得了新的成效。

（一）经济发展

2018 年，万州经开区新增入园企业 23 家，累计达 307 家。完成规上工业产值 190 亿元，其中民营经济占 79.5%。完成地方财政收入 13.1 亿元，其中一般公共预算收入 7.57 亿元。实现限额以上贸易额 365 亿元、增长 45%。固定资产投资增长 15%。新增就业 1.2 万人，直接和拉动就业超过 6 万人。绿色照明、智能装备、食品医药、汽车、新材料等五大重点产业占工业总产值的 52%。成功创建重庆市照明电气特色产业园。金龙铜管集团总部迁到万州，实现铜管产销 50.8 万吨、年销售收入 360 亿元、利税 4.5 亿元，创历史最好成绩，成为第一家总部在万州的中国 500 强企业，建成西南地区规模最大、技术最先进的精密铜管研发生产基地。长安跨越公司产销汽车 15 万辆、增长 50%，位居全国轻型车行业前三、增速第一。创新驱动能力增强，投入资金 3.3 亿元，实施长安跨越公司新产品开发、三峡纺织公司 3 万锭包芯纱等 14 个技改项目，新增产值 8 亿元；实施大全多晶硅、施耐德电气等 5 家企业“机器换人”项目；万州第一个半导体芯片项目威科赛乐微电子产业园（一期）基本建成，万州科技创新中心主体工程竣工。新增高科技企业2家、战略性新兴企业1家，战略性新兴产业实现产值47.5亿元、增长15%。

（二）招商引资

2018年，万州经开区突出工业招商“主抓手”，聚焦“五大”重点产业，下深功夫开展招商宣传推介、洽谈项目落地，签约苏美达长江制衣、欣天利年产300台（套）热处理工业炉及年产5万支钎杆等39个项目，协议总投资135.7亿元、到位资金93亿元。开工建设三雄极光LED绿色照明扩产、江东机械装备制造产业园、四行源物流5万吨食品冷链加工等40个项目。竣工投产三雄极光LED芯片封装、三铭重工年产8000台（套）建筑矿山机械（一期）、铁公水万州现代综合物流中心等27个项目，其中迈尼美LED照明及智能家居产品制造、乐仁汽车年产16万套整车线束、航英汽车年产30万辆汽车全散件出口等13个项目实现“当年签约、当年开工、当年投产”。

（三）开发建设

2018年，万州经开区完成九龙园、五桥园控规修编成果报批、新田园控规新编方案和高峰园中心区城市设计优化。推进基础设施建设项目98个，完成投资12亿元，新增建成区面积1平方公里达到23.5平方公里；完成场平1500亩，建成道路14.6公里，新建自来水管道8公里、污水管道26公里、电力管线61公里、天然气管道26公里；高峰污水处理厂尾水工程等20个项目竣工，天子湖公园及周边区域海绵城市试点工程等46个项目建设达到形象进度，综合保税区等32个项目前期工作有序开展。新取得土地征转批文7600亩，完成土地供应3200亩、收取土地款5.6亿元；启动征地拆迁1100多亩，解决拆迁“老大难”问题30余个，确保10余个重点项目用地需求。完成居住用地开发投资16.4亿元、增长47%，商品房新开工、竣工、销售面积分别达46.96万平方米、46.03万平方米、28.33万平方米；新增绿化面积14.5万平方米，高峰湿地公园建成开放，天子湖公园配套完善，白岩寨公园一期工程完成50%；万二中高峰校区进入主体工程建设，电报路幼儿园高峰校区开园，万州医药产业园合作建设医疗卫生项目；投入8000万元，为征地还房小区新配建5000平方米社区用房、1600平方米农贸市场、11500平方米幼儿园。经开区建成区道路、市政、环卫、绿化等移交区政府职能部门管理。

（四）发展保障

2018年，万州经开区强化投融资保障，严控债务风险，全年筹集资金68.48亿元，按期偿还债务30.34亿元。推进直属国企改革，将经开公司整合为资产规模450亿元、年收入600亿元以上的经营性集团公司。全面推行领导联系企业、重点企业“直通车”和“四个一”在建产业项目协调服务工作机制，实行代办帮办、并联审批制度，深入开展走访服务民营企业活动。落实安全生产企业主体责任和行业部门监管责任，全年未发生较大及以上安全事故。贯彻落实“共抓大保护，不搞大开发”的长江经济带发展战略，投入巨资实施三阳化工公司环保搬迁，完成高峰园、九龙园规划环境影响跟踪评价，全年未发生环境污染事故。扎实开展征地拆迁、企业劳资纠纷、民工工资兑付等重点领域信访稳定工作，全年未发生到市进京非正常上访和影响恶劣的群体性事件。

二、发展中存在的问题

企业运行困难。经济下行压力加大，多数入

园企业创新能力不够，融资能力不强，产能释放不足，抵御市场风险能力较弱，工业经济总量不大、质量不高。

招商引资不易。企业扩大再生产投资欲望普遍不强，招商引资扶持政策吸引力不强，生产综合成本较高，引领性大项目、好项目签约落地少，部分在建产业项目未实现竣工投产目标。

投融资能力不强。经开区收入少、支出大，自身造血能力不足，支撑发展需要的能力不强，加之融资平台尚不完全适应新形势要求，还债压力增大，资金筹集趋于紧张，开发建设节奏放缓。

三、2019 年发展目标

2019 年，万州经开区的目标任务是规上工业产值增长 10.5%，固定资产投资增长 15%，一般公共预算收入增长 10%，新增建成区面积 1 平方公里。为实现上述目标任务，将着力抓好以下五个方面工作。

（一）强筋骨，大力发展工业经济

发挥经开区新型工业化主战场作用，一手抓存量优化，一手抓增量扩大，加快互联网、大数据、人工智能和实体经济深度融合，推动工业企业转型升级，挺起万州工业“主脊梁”。

（二）强招商，提升项目引进质量

优化招商引资体制机制，配强招商专业队伍，学懂现代招商知识，营造大招商、招大商氛围，紧扣五大重点产业，适时调整招商引资政策，快速建设一批标准厂房和产业发展节点项目，打造最优投资环境，全力引进好项目、大项目。

（三）强基础，提高开发建设水平

坚持高起点规划、高标准建设，深入实施城市提升行动计划，着力完善新区功能、优化公共配套、提升宜居水平，加快建设生态美、产业兴、百姓富的产城融合新区。

（四）强保障，不断优化发展环境

强化投融资保障，积极防范金融风险，加快平台公司市场化转型，申报发行经开公司债券，优化金龙集团公司债务结构。认真落实支持实体经济大发展政策措施，用好用活产业发展专项扶持资金，帮助企业降低运行成本；深化“放管服”改革，加快实现行政审批事项网上办理，做到审批更简、服务更优；创新服务企业方式，全力提供要素保障，切实帮助企业解决困难和问题，做到“企业动嘴、我们跑腿”，构建“亲”“清”新型政商关系。

（五）强能力，持续加强自身建设

坚持落实全面从严治党要求，持续加强政治建设、思想建设、组织建设、作风建设、纪律建设，深学笃用习近平新时代中国特色社会主义思想，认真做好巡视整改工作，树牢“四个意识”，坚定“四个自信”，坚决做到“两个维护”。紧盯领导干部这个“关键少数”，突出工程建设、征地拆迁等重点领域和环节的监督管理，扎紧扎牢扎密制度笼子，以零容忍态度惩治腐败，构建“干净干事”的长效机制。

（执笔人：何俊）

忠县工业园区

忠县工业园区管理委员会

2018年，是贯彻落实党的十九大精神的第一年，是改革开放40周年，也是决胜全面建成小康社会、实施“十三五”规划承上启下的关键之年，更是各项工作的“全面落实年”。一年来，工业园区全体同仁不忘初心、牢记使命，以习近平新时代中国特色社会主义思想为指导，坚持稳中求进工作总基调，坚持新发展理念，主动担当，迎难而上，牢牢锁定重大及重点项目，加快推进乌杨新区建设，圆满完成各项目标任务，推动了特色工业的高质量发展。

一、2018年工作总结

2018年园区完成固定资产投资33亿元，实现工业总产值150亿元，税收5亿元，分别同比增长10%、24%、104.5%，园区规模工业集中度将达到85.8%，与上年相比增长2个百分点，可顺利实现对县经济发展指标考核，保持了平稳发展的良好态势。

（一）抓党的建设，突出引领作用

一是加强政治建设，严明政治纪律和政治规矩。深入学习习近平新时代中国特色社会主义思想和党的十九大精神，扎实开展“不忘初心、牢记使命”主题教育，接受县委第四轮政治巡察，对巡察发现的6方面23个问题认真进行整改，增强“四个意识”，坚定“四个自信”，坚持“四个服从”，加强法治和德治建设，坚决肃清孙政才恶劣影响和薄熙来、王立军流毒，坚决维护党的领导核心和政治核心地位。全年累计开展中心组学习17次，学习篇目达110篇，开展党（工）委学习26次，学习篇目171篇，开展全体职工政治学习约30次，学习篇目200余篇，参加人员2500余人次。二是加强思想建设，坚定理想信念。全年召开分析研判意识形态领域情况会议2次，对重大事件、重要情况、重要社情民意中的苗头倾向性问题有针对性地进行引导，并将班子成员意识形态工作责任制落实情况作为党建工作述职考评的重要内容。依托“两学一做”“三会一课”“支部主题党日”等活动，累计开展学习70余次，学习篇目达210余篇。三是加强组织建设，筑牢党建根基。成立了联合党支部，新建党建活动“阵地”，严格党费收缴，强化党员管理，摸清党组织关系，全年发现2名“口袋党员”，新转入6名党员组织关系，实现组织关系应转尽转。开展了“践行十九大·争做新时代追梦人”庆祝建党97周年暨文艺演出活动，评选表彰了2个先进基层党组织、7名优秀共产党员。将党建联络员融入企业服务，选派党建经验丰富的6名领导担任党建联系人、15名支部党员担任党建指导员，依托党群服务中心指导开展非公党建工作，开展活动30余场，每月定期走访企业、摸清实情、解决困难，全年群工系统累计办结259件，接待来访人员3800余人，召开非公党建推进会及工作部署会6次，接待各类会议60余次，指导入园企业建立党支部1个、工会组织2个、共青团组织3个。2018年党群服务中心群团站被评为“市级群团示范点”“干部教育培训基地”。四是加强作风建设，强化责任担当。加强党章党规学习，结合“兴调研转作风促落实”行动扎实开展“用脚步丈量大地，以实干推动发展”调查研究，召开作风建设专题学习会3次，多形式抓作风建设。开展党员“双亮”活动，评比“党员示范岗”“员工标兵岗”“先进科（部）室”，加强出勤考核和绩效考核，提高工作执行力，确保工作落实，严格追责问责，促进党员干部作风转变。开展“解放思想·提高执行力”干部作风专项整治行动成果回头看，推进园区干部纪律作风建设长效化。五是加强纪律建设，体现严实要求。落实主体责任、监督责任，主动邀请县纪委驻县经济信息委纪检组参与园区重大决策监督和日常监管，全年共计30余次。学习《监察法》，更新“益廉室”，每周五常态化开展廉政教育和警示教育，如实填报党员干部涉权事项，全面落实中央八项规定精神，确保干部清正廉洁。六是加强制度建设，促进规范管理。修订了《重庆市通瑞农业发展有限公司制度（试行）》，完善规章制度90条，节约各类经费20万余元。建立干部家访制度，主要领导家访分管领导6次，分管领导家访园区管委会、信息科技服务中心职工23次，通瑞公司职工52次，实现“组织关心职工，职工关心工作”。建立干部关爱制度。分批次组织干部职工开展体检，关心职工健康。建立干部教育培养制度。集中开展各类培训10余次，鼓励干部进行继续教育并参加专业技术职称考试，提升干部职工综合素质、业务水平和办事能力，全年共计2名职工被评为助理工程师。

（二）要素保障支撑有力

一是全年共计征地报件1405亩，获取土地批文1284亩、取得征地计划指标1093亩，完成林地调规、报批147.46亩，获取林地批文84.46亩，出让、划拨土地931.01亩，配合乌杨街道加快推进征地拆迁，完成率达到99.3%，保障了项目用地。二是通瑞公司获取主体信用等级AA评定、债券发行AA评定。争取财政政策资金2.42亿元，融资获批22.24亿元、实际到位7.54亿元，偿还债务6.05亿元，进一步保障了项目建设资金。

（三）项目攻坚全面发力

编制完成乌杨新区总体规划和控制性详细规划，修改报批乌杨镇总体规划。策划储备项目22个，总投资约56.2亿元。建成主一路南北连接道、龙兴大道（二期）、主六路道路、园区污水处理厂、乌杨镇岸线环境综合整治等工程。优化建设管理机制，完成12万平方米标准厂房1#—7#楼和13.8万平方米安置房主体建设任务。完成装备制造基地一期660亩场平、特瑞二次场平。乌杨新区中学、乌杨公用码头一期等项目加快推进。建成投用公交班车、超市、员工食堂、卫生服务站、物流配送中心，解决了入园企业难题。

（四）招商服务质效提升

一是2018年全年协助新引入园项目24个，协议引资154.35亿元。外出招商80天，拜访企业45家，接待企业75家，牵头引项目7个（高档集装袋、复合材料杆塔、绿色大米、IDC大数据及中玻光电、嘉木华、华方众选总部结算项目），在谈项目2个。二是明确“项目秘书”，开展联合服务，欣业光真空镀膜、春垦农业、橘都三品集装袋、贝亨源预拌砂浆、彤典艺术品、鑫龙达科技、同舟电子、台光电子、航亚科技、纳塑电子、姣泰乳胶等11个项目建成投产。

（五）安全稳定坚持不懈

顺利通过国家、重庆市安全环保督察，出台安全生产管理“一张图”和环保“一张图”，全力开展安全环保排查整治工作，整治率均达到100%。针对征地拆迁、工程建设等重点领域大力开展扫黑除恶斗争，严厉打击违法犯罪行为，抓早抓小抓苗头化解信访矛盾，维持了安全稳定的发展大局。

（六）脱贫攻坚持续发力

一是深入实施城乡支部结对联建。解决乌杨街道、白公街道、石子乡等乡镇（街道）村（居）党建阵地建设费17万元，激发基层党组织在脱贫攻坚工作中的“战斗堡垒”作用。二是持续加大扶贫捐赠力度。捐赠乌杨街道20万元、官坝镇10万元支持脱贫攻坚工作，慰问县域重点中学34.8万元，支持教育事业发展，切实解决了贫困乡镇（街道）贫困户及入园企业职工子女上学问题，实施教育扶贫。三是积极开展结对帮扶工作。选派3名干部充实到扶贫工作队，驻村常态化开展扶贫工作，督促帮联责任人加强与贫困户沟通，帮助解决贫困户生产生活中的困难和问题，全年支付危房改造补助资金6万元。

尽管2018年园区工作再创佳绩、再上台阶，但我们也清醒地认识到，资金、土地等依然是制约园区发展的最主要因素，主要表现为土地包装报件难、建设资金筹措难、债务还本付息压力大，发展形势仍旧严峻。

二、2019年工作计划

2019年，园区将抓好重大及重点项目建设，加速完善配套设施和功能服务，全力推动新区建设和产业发展，力争全年实现工业总产值160亿元，税收5.5亿元。

（一）补足资金短板，全力保障项目建设

一是通过展期、债转股方式化解大额到期债务风险。力争全年融资29.8亿元以上（其中，企业债发行18亿元，农发行整体城镇化项目9.8亿元，三峡银行乌杨新区中学项目2亿元）。二是尽快组建经营性公司，整合资源，盘活园区污水处理厂、公用码头、标准厂房、倒班房等经营性资产，提高资产利用率，优化资产结构，提升盈利水平。三是按照乌杨新区控制性详细规划，园区已完成三幅商住用地征地拆迁安置工作，根据市场需求，实施启动商住用地“招、拍、挂”工作，及时收回土地成本。四是持续不断争取财政各类政策资金和补助，为新区建设提供助力。

（二）加强项目管理，推动基础设施建设

一是加强工程管控。落实《乌杨新区国有投资项目建设管理考核办法》，夯实项目参建单位和人员主体责任，按照《建筑法》《安全生产法》及相关规章制度，确保安全、质量、环保、进度和投资目标，保证项目建设平稳有序推进。二是加快项目建设。预计投资 10.98 亿元启动装备制造一期道路、管网、装备制造二期场平 1000 亩建设与园区拓展区西部 1000 亩场平、10 万方标准厂房、20 万平方米 D 区安置房建设，开工建设乌杨新区公园、园区拓展区（一期）道路等项目，加快推进生态工业园场平工程（二期）、乌杨新区中学等续建项目建设，全面完善基础设施。三是提升平台承载力。力争适时出让 100 亩商住用地，推进产城融合发展，已完成连同 D 区安置房共 340 亩的商住用地概念性设计方案，2019 年加大招商引资力度，适时出让居住、酒店用地，全面提升新区承载力。四是大力打造智慧园区。预计 2019 年 6 月底完成忠县智慧园区建设总体方案编制、评审等前期工作；9 月完成重庆智慧园区建设试点申报工作，整体提升园区竞争力。

（三）提升招商服务质量，推动产业集群发展

一是牢固树立“招商引资是经济工作的生命线”意识，敏锐捕捉招商有用信息，充分运用以商招商、亲情招商、情怀招商、政策招商、专业招商等模式“走出去”招商，争取睿澜环保医疗废弃物处置等项目早日落地入园。始终坚持以四大特色产业为指引精确招商，尤其注重引进整体实力强、具备产业带动力的优质企业，弥补产业发展短板，补齐主导产业链条，推动产业发展壮大。按照市县关于大数据智能化发展要求和大力建设智慧园区安排部署，大力引进大数据、智能化平台服务企业，创新推动园区科学管理服务水平提升。二是落实党建指导员、项目秘书联合服务机制，定期深入园区企业，全面摸清基本情况，了解发展实情，找准突出问题，研究对策措施，及时解决困难，推动项目建设和企业发展，快速完善学校、公园、酒店等配套功能服务，营造良好发展环境。鼓励支持特瑞公司转型升级，提高产品竞争力，推动二期建设。力争在入园企业中引导至少 4 个企业向智能转型，降低生产成本，提高生产效率，实现投产达效。解决碳酸钙循环经济产业化项目准入问题和资金问题，保证项目顺利实施。确保三一绿色智能建筑产业项目、复合材料杆塔项目、年产 6 万吨绿色大米建设项目早日开工建设，确保庆之都建材年产 1000 吨地板胶塑料制品项目早日投产达效，促成睿澜环保公司成功收购展茂塑胶构建筑物，解决民工工资和材料款拖欠问题。加快成立资产运营管理公司，引进物业公司，强化污水处理厂、公用码头、标准厂房、倒班房等资产管理，提高新区管理水平，力争 3—5 年内将园区打造为市级高新技术产业开发区。

（执笔人：邹勇）

万盛经开区

万盛经济技术开发区管理办公室

2018年极不寻常，面对错综复杂的国内外形势和宏观经济下行压力，全区上下迎难而上、扎实工作，走过了一段不平凡的历程，续写了万盛转型发展新的篇章。一年来，我们深入贯彻党的十九大精神，高举习近平新时代中国特色社会主义思想伟大旗帜，在市委、市政府和党工委的坚强领导下，在市级相关部门的大力支持下，坚持稳中求进工作总基调，落实高质量发展要求，坚决打好“三大攻坚战”，大力实施“八项行动计划”，突出工业强区、全域旅游、全民健身“三个抓手”，统筹做好稳增长、促改革、调结构、惠民生、防风险各项工作，全区经济运行平稳健康，社会大局和谐稳定，资源型城市转型发展取得新进展。全年地区生产总值增长6%，固定资产投资增长12.4%，社会消费品零售总额增长7.6%，一般公共预算收入同口径增长6.7%，规模以上工业增加值增长6.3%，城乡常住居民人均可支配收入分别增长8.3%、8.4%。

一、抓产业、调结构，发展质量稳步提升

坚持质量第一、效益优先，加快构建现代产业体系，经济创新力和竞争力进一步增强。工业经济提质扩量。推动企业由“制造”向“智造”转变，福耀玻璃等20家企业完成智能化改造，国电恒泰成功申报为市级“两化”融合企业，全区智能产业企业达34家。推进工业集群化，成功引进北大未名、珠海光宇等工业项目20个、计划总投资197亿元；新开工工业项目17个、投产14个，高科幕墙、顺安盛钛等项目建成投产，新增规模工业企业7家，园区规模以上工业集中度达61%。全年工业投资增长31.3%，规模以上工业总产值增长14.7%。全域旅游提档升级。丰富旅游产品，鱼子新区完成景观建设，奥陶纪恐龙冰雪世界、21米悬崖秋千等项目火爆亮相，累计建成景区景点22个，新增市级特色景观旅游名镇（村）3个；新建、改建旅游厕所103座，

累计建成旅游公路200余公里、观景平台70余个，住宿接待设施达710家。强化旅游营销，举办市级及以上重大旅游活动18场次，“山水重庆·全景万盛”形象广告在央视、重庆卫视推出，奥陶纪高空挑战项目火遍网络，黑山谷景区荣获“2017年全国最具影响力景区”称号。全年接待游客增长22.24%，旅游收入增长59.94%。商贸服务提速发展。壮大商贸经济，国能奥特莱斯成为城市商业新地标，国际商贸物流园完成主体工程；全年批零销售额增长22.2%，住餐营业额增长12.2%。大力发展电子商务，“邮乐购”电商服务站点达57个、农村淘宝服务站点达20个，全年电商交易额10.8亿元、网络零售额2.05亿元。现代农业提质增效。大力发展特色产业，茶叶、猕猴桃、方竹笋、食用菌、蜜柚五大特色农业总规模达10万亩。推进农业“接二连三”，西南地区规模最大、智能化自动化程度最高的食用菌工厂化项目全面投产，建成年加工50吨茶叶全自动化生产线2条，万盛被评为国家农村一二三产业融合发展先导区。

二、抓统筹、靓形象，城乡环境更加宜居

统筹城市提升与乡村振兴，加快城乡一体化建设，逐步实现城乡各美其美、美美与共。城市品质显著提升。持续刷新城市“颜值”，投入6.7亿元建成“海绵城市”47万平方米，完成城市棚改9.2万平方米，改造人行道板10.5万平方米；高速路口至黑山谷大道绿化美化有序推进，城市门户形象明显提升。完善城市功能配套，万盛首座城市立交桥——万东南路立交桥建成通车，南桐大道建成投用，城市综合管廊项目完成投资1.45亿元，新增停车位5062个。深入实施“大城细管、大城智管、大城众管”，智慧管理指挥中心、综合管理平台、综合区情系统等建成投用。乡村振兴深入实施。硬化油化“四好农村路”195公里，行政村实现公交车和天然气全覆盖，50%以上行政村完成农网升级改造，农村卫生厕所覆盖率达77%，我区农村生产生活条件明显改善。以乡村旅游带动农村发展，累计建成农家乐537家、休闲观光农庄43个、旅游民宿105家，乡村旅游综合收入达30亿元。弘扬乡风文明，大力整治“活人墓”，创建全国文明村镇2个。生态环境明显改观。全面打响污染防治攻坚战，完成国电恒泰2号机组超低排放改造，城区空气质量优良天数实现316天；煤电化园区污水处理工程和3个煤矿矿井废水处理扩能工程全面完工，规模养殖场粪污处理设施配套率达80%以上，建制镇集中式饮用水源地水质达标率92.8%；集镇生活污水处理率达80%，农村生活垃圾治理覆盖率达100%。

三、抓项目、建平台，转型基础不断夯实

强化投资拉动作用，筑牢产业发展平台，转型发展的基础更加牢固。重点项目有序推进。坚持以项目补短板、增优势、强支撑，扎实推进109个重点项目建设，全年完成投资66亿元。其中，新开工100万套天窗总成、鸿元展印等项目，完成投资22.2亿元；有序推进东方希望碳酸二甲酯、铁锚玻璃等续建项目，完成投资43.8亿元。特别是珠海光宇项目完成投资6.6亿元，创造了年内签约、年内开工、年内投产的“万盛新速度”。园区建设全线发力。投入7.5亿元，实施园区基础设施建设项目22个。平山园区东西侧环道桥梁、鱼田堡道路及智能终端产业园基础设施建设等项目全面建成，煤电化园区排洪沟和化工二路等工程投入使用，高新技术产业园标准厂房完成总工程量的80%。完善工业园区生活服务设施，完成园区公厕建设、路灯线路改造、园

林绿化等工作。平山园区创建为全国模范劳动关系和谐工业园区。基础设施加速完善。渝黔高速公路扩能境内段全线开工、完成投资 10 亿元，重庆江南机场完成投资 6.8 亿元，丛黑公路建成通车，万正高速公路进入可研阶段，对外通道建设取得新突破。鲤鱼河引水工程、松涛湾水库等建成投用，汤家沟分干渠全线贯通，水资源瓶颈制约有效缓解。

四、抓改革、促开放，经济动力日益强劲

深入推进改革开放和创新发展，内外结合、联动发力，发展潜力、市场活力和社会创造力竞相迸发。重点改革实现新突破。推进医疗保险改革，首批 25 个医保药品带量采购成功落地，价格平均降幅达 18.8%，万盛与全国 4.2 万家定点医院实现医保异地联网结算。推进涉企社保改革，为企业降费减负 1.33 亿元。深化国有企业改革，形成“1+4+6”区属国有重点企业架构，完成混合所有制改革 5 家。实施农村“三变”改革，“三资”管理规范公开率达 100%。对外开放呈现新格局。招商引资创历史新高，全年签约招商项目 62 个，其中投资亿元以上项目 15 个；协议引资 216 亿元，同比增长 206.8%；签约项目多为国家、市级鼓励类产业，投资业主多为行业龙头企业，项目质量实现重大突破。全面参与“陕煤入渝”战略计划，实现煤炭销售收入 19.9 亿元。积极开拓国际市场，圆满完成智博会、西洽会参展任务和首届中国国际进口博览会采购工作。大力发展外资外贸，新引进外资企业 3 家，新增外贸企业 14 家，实际利用外资 8940 万美元。创新驱动展现新成效。组建 3000 万元创业种子投资基金、1 亿元知识价值信用贷款风险补偿基金，新增国家高新技术企业 3 家、国家科技型中小企业 17 家。加大招才引智力度，新引进创新创业项目 9 个、各层次人才 200 余名。全年万人发明专利拥有量超过 7 件；预计规模以上工业企业研发经费投入占 GDP 的比重达 1.73%，高新技术企业产值占工业总产值的比重超过 30%。

五、抓服务、提效能，营商环境更加优良

深入贯彻落实全国民营企业座谈会、全市民营经济发展大会精神，不断强化服务措施、提高服务效能，推动民营经济实现高质量新发展。强化政策扶持。出台《关于全面优化营商环境促进民营经济发展的意见》等文件。设立 3000 万元创业扶持担保基金，创新开展民营经济市场主体免担保、免抵押创业贷款。全年减免企业税费 3.3 亿元，帮助民营企业争取上级资金 3500 万元，用电用气大户同比减少电气成本 2900 万元。深化简政放权。持续推进“放管服”改革，取消行政许可事项 8 项，编制“马上办、网上办、就近办、一次办”清单 990 项，“互联网 + 政务服务”网络实现村（社区）全覆盖，建设领域审批时限提速 50% 以上。积极推进商事制度改革，全面落实“三十一证合一”等改革措施，企业注册当日办结率达 90% 以上，全年新增市场主体 3136 户。开展精准服务。建立区领导联系帮扶民营企业制度，成立民营经济发展协调处置领导小组，扎实开展集中走访精准服务民营企业活动，研究解决民营经济发展的现实困难 117 个。落实行政审批服务全程代办制度，开展一站式、“一对一”精准服务，协调解决项目行政审批手续办理。

六、抓民生、强保障，人民生活持续改善

始终坚持在发展中保障和改善民生，全年投入民生资金 16.3 亿元，占一般公共预算支出的 56.2%，人民群众获得感、幸福感、安全感不

断增强。脱贫攻坚成效明显。深入实施精准扶贫，改造贫困户危房94户，帮助2613名贫困劳动力实现转移就业或创业，贫困人口医保参保率达100%，符合条件的贫困户养老保险参保率达100%。全年减少贫困人口100人。凉风“梦乡村”获得全国精准扶贫典范奖。在2017年市对区脱贫攻坚考核中，我区名列15个非重点贫困区县中第2位。全民健身深入推进。持续完善体育基础设施，千里健身步道建成投用，文体中心体育场、老体育馆完成提升改造。加快体育产业发展，运动商城入驻率85%以上，羽毛球拍生产基地等项目全面投产。全年举办大型群众体育活动超过50项次，国民体质合格率94.4%。万盛作为世界6座活力城市代表之一，在全球活力城市建设研讨会上交流发言。我区成为国家全民运动健身模范区创建试点城市。民生保障持续增强。强化社会保障，发放各类救助资金2400余万元，城市、农村居民低保标准分别提高9.2%、17.1%，养老保险、医疗保险覆盖率均达95%以上。着力推进创业就业，落实创业就业补贴2476.2万元，实现城镇新增就业6904人、创业2900户，城镇登记失业率稳定在市下指标以内。加强养老服务体系建设，开工建设老年养护中心，建成4个社区养老服务站，发放高龄补贴540.9万元。社会事业全面发展。大力发展教育事业，中盛小学扩建工程建成投用，进盛中学扩建、职教中心实训基地建设顺利推进，智慧教育完成投资2000余万元；顺利通过义务教育发展基本均衡复查验收，8所中小学创建为国家级、市级特色学校；万盛职教中心建成全市中职学校唯一ICT培训基地。加快发展医疗卫生事业，妇幼保健综合业务楼和残疾人康复中心建设进展顺利，公立医院综合改革和“全国健康促进区”创建工作有序开展。繁荣发展文化事业，持续推进50个村（社区）基层综合文化服务中心建设，“溱州楼”主体工程完工，万盛“全媒体中央厨房”申报为全市首批6个区县媒体融合发展试点项目之一。社会治理再上台阶。扎实开展信访稳定四项攻坚，坚决防范化解重大风险，积极开展扫黑除恶专项斗争，八类主要刑事案件下降25%，群众安全感指数达99.6%、名列全市第二。持续开展道路交通、建设施工、消防、特种设备、食品药品等重点行业领域安全专项整治，生产安全事故起数同比下降30%。

与此同时，统计、审计、机关事务、外事、气象、保密、应急救灾、民防、公共资源交易、民宗侨台、档案、地方志、老龄、残疾人、工会、青年、妇女儿童、关心下一代和老干部等工作也取得新成效。

一年来，面对各种挑战和复杂局面，我区先后获得“绿色亚太2018环保成就奖”、全国农村创业创新典型县、“四好农村路”全国示范县等殊荣，圆满承办首届中国药品安全技术大会、全市安全宣传工作暨安全文化建设现场会、全市“四好农村路”建设现场会、全市体育旅游产业发展大会等国家、市级重大会议活动；我区在2017年度全国262个资源枯竭城市转型绩效考核中名列第4位，并在全国资源枯竭城市转型发展经验交流现场会上作了发言。拼搏的历程充满艰辛，取得的成绩令人鼓舞。这是市委、市政府和党工委坚强领导的结果，是人大代表、政协委员和社会各界大力支持的结果，是全区广大干部群众共同努力的结果。

安不忘危、兴不忘忧。我们清醒认识到，万盛转型发展基础仍然薄弱，经济社会发展还面临一些突出矛盾和问题。比如，宏观经济运行稳中有变、变中有忧，国内市场需求增长放缓，经济下行压力加大；国家信贷政策收紧、风险管控加强，融资难度较大；传统产业链条不长、效益不高，战略性新兴产业处于培育起步阶段，对经济增长支撑不够；个别党员干部担当意识不强，存在为官不为的消极现象和心态等。对此，我们将在今后工作中采取更有力、更有效、更精准的措施和行动认真加以解决。

2019 年是新中国成立 70 周年，是全面建成小康社会关键之年。面对时代赋予的新任务、新要求和人民群众的新期盼、新向往，我们必须准确把握新形势，全力抢抓“一带一路”、长江经济带、西部大开发等战略机遇，深度融入陆海新通道和渝黔合作先行示范区建设，为全面建成小康社会、加快建设资源型城市转型发展示范区打下坚实基础；必须切实找准新坐标，严格按照陈敏尔书记、唐良智市长来区调研的指示要求，充分发挥万盛处于重庆工业发展重要板块的作用，大力推动数字产业化、产业数字化和生态产业化、产业生态化，努力实现资源型城市高质量转型发展；必须积极展示新形象，正视问题、直面差距、理清思路，铆足滚石上山劲头，发扬自我革命精神，重整行装再出发，坚定信心再前行，推进万盛转型发展焕新颜。

（执笔人：宋玮）

巫溪县工业园区

巫溪县工业园区管委会办公室

一、2018 年发展回顾

2018 年 1—12 月，园区预计完成工业总产值 5.2 亿元，同比增长 48.9%；规模企业预计完成产值 4.1 亿元，同比增长 29.4%；全年预计完成固定资产投资 2.1 亿元，实物量同比增幅明显；新升规企业 3 家，园区规模以上企业总数达到 11 家，园区集中度占比大幅提升，园区经济运行已回归上升通道。

园区尖山组团重庆和利源大理石加工项目已于 4 月 7 日建成投产；凤凰组团中小企业孵化园已完成项目可研、立项以及初步方案设计；育才教育装备项目全面启动规划设计等工作，园区已开工建设项目地块进场道路及场平工程；厚德马铃薯深加工项目已完成地块银行解押、土地收储委托，目前已进入土地招拍挂程序，项目可望在年底前正式动工；园区主干道路——星凤路项目已进场施工，目前已完成土石方开挖路基回填 7500 立方米。

二、2018 年工作成效及特色亮点工作

2018 年，县工业园区紧紧抓住企业培育工程“牛鼻子”，克服资金紧缺、包袱沉重、运转困难等多种不利因素，强力推进工业园区转型升级，大力招商引资，强化企业服务，盘活厂房存量，一批企业密集落地投产，企业培育工程取得积极进展。

（一）园区基本进入两个正常化轨道

一是企业生产进入正常化轨道。2017 年入园企业共计 32 家，正常生产企业 12 家，停产 17 家，在建 3 家。通过多方协调逐个消解遗留问题，凤凰组团重庆乾鼎石材公司、巴山佳芋公司等一批企业陆续复工或转型升级复产。尖山组团重庆启翔塑胶公司、重庆和利源石材公司、巫溪县苏渝再生资源公司等一批企业陆续建成投产。到 2018 年底，入园企业共计 35 家，正常生产企

业22家，在建企业2家。同时园区正在稳步开展三峡玉龙、迪纳木业、薯光农业等僵尸空壳企业的清退工作。二是存量厂房运营进入正常化轨道。园区共有标准厂房53679.13平方米，2018年已租赁使用厂房面积51195.13平方米，仅尖山组团原大宁塑胶3号厂房（面积2484平方米）未出租，租赁使用率达到95.37%。目前，园区正全力推进整体回购凤凰组团原隆望丝绸公司的厂房及配套设施，拟再吸纳安排2家企业入驻。

（二）招商引资及项目落地态势良好

2018年，县领导率县工业园区等部门先后外出考察9次，共接待意向企业来巫溪考察38次，洽谈项目12个，拜访企业65家，截至11月底新签约企业5家，新增入园企业3家。一是筑巢引凤，招商引资。目前正在积极洽谈新型建筑构件、外贸服装、新型TPU鞋材、汽车模型生产加工等多个招商项目，其中，重庆华科投资公司近期将与县人民政府签订入园协议，拟建新型技术建筑装配材料基地总投资3亿元。二是多方联动，全程服务。切实加快已入园企业建设速度，实现和利源大理石材、巫姑食品、苏渝环保冷底子油等企业投产达效。三是真情帮企，锲而不舍。切实帮扶停产企业消解遗留问题，促使企业尽快复工复产，2018年帮助已停产近两年的乾鼎石材公司复工复产；帮扶因转型停产的巴山佳芋公司研制投产了全新的“芋硒王”保健饮品，投放国内5个大城市试饮效果超过预期。四是重点支持，做大做优。全力支持后溪河水电、绿盛源、华南生物单采血浆站、启翔塑胶等企业做大盘强，其中后溪河水电、绿盛源、华南生物单采血浆站三户企业2018年产值均已突破5000万元，正向亿元产值企业冲刺；启翔塑胶公司实现当年投产、当年升规。五是吸纳企业，入园培育。积极创造条件，将县内符合条件的企业搬迁入园，2018年，同利中药材、鸿池鞋业扶贫车间先后搬迁入园，并均已达到规模以上工业企业标准。

三、目前工业园区存在的问题和困难

（一）资金短缺融资困难

目前，我县工业园区正处于转型发展升级的关键时期，需要加快推进招商引企落户园区，稳步推进部分僵尸空壳企业清退出园，不断完善水、电、路等基础配套设施，加快推进征地拆迁、厂房建设等工作，这都需要大量的资金作支撑。前些年，园区通过银行贷款、政府债券等多渠道筹融资，债务总量共计7.12亿元，每年需要偿还资金利息2500万元左右。2018年以来，受国家严控新增政府债务政策影响，商业银行贷款受限，政策性银行资金使用难度高，导致园区基础设施建设及项目推进举步维艰，部分历史遗留问题无法妥善处理，严重制约工业园区健康快速发展。

（二）体制机制运行不畅

园区严格按照我县“国企改革”的力度和进度，实现政治和经济职能的相互分离，工业园区管委会已与工业园区建设开发公司政企分开，园区公司的人、财、物管理及相关工作均已自主化，园区管委会除督促工作进度之外，已经与园区公司脱离关系，园区公司已不再受园区管委会的领导和管理，加之园区公司资金短缺等困难，使得很多工作无法及时开展，耽误园区建设进度，制约园区健康发展。

四、2019年工作思路和重点工作

（一）基本思路

围绕县委、县政府年度目标，坚持山水工

业、生态园区“一个定位”，突出提升工业园区经济总量、提高园区企业发展水平“两个中心”，切实做好强化基础、补齐短板、招商引企、企业服务、转型升级、激发活力“六个重点”，努力实现园区产值大幅回升、园区企业活力增强、园区形象明显改观“三个目标”。

（二）预期目标

一级指标：全年预计实现固定资产投资3亿元；预计实现总产值6.5亿元，规上企业产值5亿元以上。二级指标：全年计划招商引企5家以上，新增规模以上入园企业2—3家，园区内亿元产值企业达到1家、5000万元产值企业达到2家。

（三）重点工作

1.强化基础建设

强化已建项目规划建设、环评、土地手续报批，加强新入园自建企业规划管控，加快土地例行督察项目整改，大力消化历年历史遗留问题，遵循新的城市控规，促进凤凰组团星凤路、北岸路网等基础建设项目完工，启动建设凤凰组团中小企业孵化园一期项目工程，补齐企业用电、给排水等园区配套短板，园区形象大幅提升。

2.突破招商引企

立足巫溪资源优势，重点围绕“绿色食品基地”突破招商引企，深入挖掘马铃薯、腊肉、魔芋、黄牛、山羊、清脆李、中药材、老鹰茶等特色农产品，链条式、集群式发展绿色食品精深加工，做大做强做响“绿色食品”这块标志性牌子。在此基础上，统筹发展石材加工、旅游商品、服装、制鞋等产业，形成“1 + N”产业新格局，走出一条具有巫溪特色的工业园区转型升级新路子。

3.项目建设落地

加快推进一批签约项目落地，实现凤凰组团重庆育才教育装备项目一期工程建成投产；重庆厚德实业马铃薯深加工项目一期工程完工；加快推进新型建筑装配材料基地建设。

4.强化企业服务

进一步落实新入园企业全程代办制、入园企业“一对一”服务机制，协助企业转型升级提质发展，切实帮助企业解决生产、经营、环境等方面的问题和困难。加快企业用地、建设、环保各项手续办理，切实优化项目施工环境，帮助企业尽快开工建设、投产达效。

5.激发内生动力

积极拓展园区公司功能，主动对接深度贫困乡镇脱贫项目开展土地整治、厂房建设等经营性业务，用好用活教育建设公司牌子，增强园区公司的自身“造血功能”。策划、包装一批新的融资项目，“抱团”争取银行贷款，打破园区基础设施建设的资金“瓶颈”。进一步理顺园区各项产权关系，盘活土地房屋资产，确保国有资产保值增值；积极推进凤凰组团、尖山组团商住用地开发，将闲置资产变现为现实价值。

（四）统筹推进各项综合性工作

坚持党建工作常态化、制度化，结合园区实际创新性策划举办主题党建活动，统筹推进纪检监察、组织人事、宣传思想、统战、群团各项工作。坚持安全环保管理经常性、有效性，强化基层基础，塑造标准示范，做好应急值守，确保不出现安全事故。按照全县统一安排，扎实做好脱贫攻坚、“四项创建”工作。积极回应群众诉求，妥善处理园区各类遗留问题，大力化解各类信访矛盾，保持园区形势总体稳定。加强经济运行调度，按时保质填报各类经济数据。做好信息采集，加强舆情管控工作。

附件：

表 1 工业园区 2019 年一般重大项目建议计划

序号	项目名称	立项文号	建设性质	建设规模及主要内容	总投资（万元）	2019 年工作目标					项目前期开展情况	新增用地需求	责任领导	项目责任单位	相关责任单位
						2019 年计划完成投资（万元）	资金来源（万元）			年度工程形象进度目标任务					
							市、县财政资金	业主投资	其他及社会资金						
1	工业园区凤凰组团北岸（育才项目）场平及道路建设项目	巫溪发改发［2016］（361）号	续建	凤凰组团北岸三段道路全长 1722 米；育才项目 87 亩场平、挡墙及安置补偿等	3750	3200		3200		4 月完成场平及挡土墙工程，8 月底完成工程建设	建设阶段		刘勇	工业建设开发公司	工业园区管委会、凤凰镇
2	工业园区凤凰组团星凤路建设项目	巫溪发改发［2016］（113）号	续建	道路全长 1183 米，道路幅宽 25 米及道路附属工程、边坡工程、雨污水管网及强弱电工程等	2700	810		810		8 月底完工	建设阶段		刘勇	工业建设开发公司	工业园区管委会、凤凰镇
3	工业园区凤凰组团中小企业孵化园标准化厂房建设项目		续建	总占地 40 亩，建设楼宇式标准化厂房、企业员工配套用房 20000 平方米	4900	2000		4900		5 月开工建设	建设阶段		刘勇	工业建设开发公司	工业园区管委会、凤凰镇

（执笔人：钟双玲）

永川高新区

重庆市永川高新区管委会办公室

2018年，在市委、市政府和区委、区政府的正确领导下，在科技部、市科技局指导帮助下，永川高新区全面贯彻习近平新时代中国特色社会主义思想和党的十九大精神，全面落实习近平总书记对重庆提出的“两点”定位、“两地”“两高”目标和“四个扎实”要求，全面落实中央经济工作会议、全国科技工作会议，以及市委、区委全会精神，准确把握升级为国家高新区后的新特征、新优势、新任务，围绕“兴业兴城、强区富民”总任务，锁定“创新驱动中心·产业升级引擎”总目标，抢抓发展战略机遇，加速聚集科技创新资源，加快产业转型升级，积极引进培育战略性新兴产业，努力推动永川高新区高质量发展，取得了一定实效，并呈现以下亮点。

一、2018年十大工作亮点

（一）成功升级为国家高新区

2月28日，国务院正式批复永川高新区升级为国家高新技术产业开发区，永川终于有了第一个国家级开发区。

（二）顺利完成审核并明确了管辖范围

顺利完成国家开发区审核公告，2月26日国家发改委等六部委联合发布《中国开发区审核公告目录》，核准永川高新区面积为16.8087平方公里；4月26日，市政府批复永川国家高新区管辖面积33.4639平方公里，下辖凤凰湖、港桥、三教、软件、职教五大产业园。在现有基础上，正在推进高新区总体发展规划编制工作，总体规划面积230多平方公里，为高新区未来发展预留空间，增强承接国家战略和重大项目的承载能力。

（三）保持稳中有进发展趋势

2018年，永川高新区实现营业收入1012.7亿元，其中，高新技术企业营业收入429.1亿元；规上工业总产值810.6亿元，五大主导产业782.2亿元，占比达96.5%，其中，智能装备产业实现产值125.5亿元，电子信息193.7亿元，汽车及零部件135.5亿元，特色轻工219.5亿元，软件与信息技术108亿元。高新区地区生产总值460亿元，其中，工业增加值295.8亿元。进出口总额36.01亿元，固定资产投资额154.8亿元，R&D投入占比4.5%，呈现出有质量、有效益、势头足、可持续的经济增长态势。

（四）创新创业生态不断优化

成功获批国家双创示范基地。文理学院百川兴邦众创空间升级为国家级众创空间，13家市级以上众创空间总面积12万平方米。成功举办"互联网"创新创业大赛重庆决赛活动、全国双创活动周重庆分会场活动、永川创新创业节季度创新创业大赛和永川区"高新杯"创新创业总决赛，累计600多个项目参赛。"抗ED和肺动脉高压一类新药开发"获得中国CFDA和美国FDA临床批文，并取得美国、中国台湾发明专利授权。培育贯通创新周期的新金融，推进"资本+科技+产业"三位一体，构建"131科技金融体系"，科技型企业获银行授信2.2亿元，38家企业获得4990万元贷款。全面落实市"涉企30条"和区"工业企业降成本34条""高端数控机床发展17条""职业教育发展24条"等政策，发放稳岗补贴及技改投入、配套产品采购等补助资金1196万元，实施社保降费减负3.7亿元。全面清理规范转供电环节不合理加价行为，一般工商业电价降低0.08元/度。千方百计破解企业融资瓶颈，累计发放中小企业风险补偿贷款5.3亿元、应急转贷7.2亿元，贷款担保2.1亿元，银行支持工业企业贷款余额增长26.3%。

（五）各类创新要素加速汇集

继续深入实施创新驱动战略，各类创新要素加速汇集，科研人才和各类研发机构充分发挥作用，带动高新区的科研实力显著提升。2018年高新区授权专利1760件，其中发明专利申请318件，有效发明专利总量758件。继续推进科技型企业入库和百家高企培育行动计划，新增科技型企业105家，总量达到301家，高新技术企业申报86家。

（六）产教城融合深入互动

以智慧城市国家试点为契机，先后建成智慧医疗、智慧交通、数字城管等智慧应用73个，正加快推进电子政务外网、信息惠民、智慧消防等9个项目建设。以"互联网+政务服务"为核心，打造线上平台+线下门店结合的"服务公社"体系，现已正式上线，融入政务服务事项185项，建成社区门店200余家，完成支付改造523家。共建政校企产学研一体化人才平台，达瓦学院与文理学院合作共建达瓦大数据虚拟现实研究院，共同开展VR/AR产品研发和影像外包服务，首批培训+项目落地400余人；文理学院、城科院等院校与携程、电讯盈科等企业联合开展实习实训1100余人；科大讯飞与重庆城市职业学院、重庆科创职业学院分别合作共建重庆市大数据学院和人工智能学院，中国普天与重庆水电职业学院合作共建普天大数据产业学院，首批共计招生600人。

（七）对外合作取得新成效

引进美国加州大学洛杉矶分校与市科技局、重庆文理学院在永川高新区共建智能制造技术研究院，总投资1亿元以上，主要从事新材料、生物传感和医疗技术等领域的研发，打造国外技术引进和转化、人才培养及学术交流的新型科技平台。

（八）积极争取项目政策支持

围绕国家、重庆发布的系列科技专项，组织申报双创特色载体、新型高端研发平台、高新技术领域重点项目、社会民生重点项目、基础研究与前沿项目、技术预见与制度创新项目200余个，申报资金总额1.3亿元。永川高新区成功申报国家财政部、科技部、工信部特色双创载体项目，获中央财政资金支持总额5000万元，第一批2500万元已落实到位。

（九）强化高新理念提升高新素养

先后组织高新区干部职工、高企、科研院校及相关部门和镇街负责同志到厦门大学、清华大学举办的创新驱动发展和高新技术产业发展研修班脱产学习；积极参加全国高新区主任培训班、国家高新区战略研究班等共计180余人次，从多角度和多层次提升和丰富高新区干部队伍的高新理论水平和实践经验。

（十）加大对外宣传提升了知名度

制作完成永川国家高新区形象宣传片。组织产业园区和科技型企业参加西洽会、重庆高交会、重庆智博会等展会，充分展示形象，获人民网、新华网、《重庆日报》等媒体重点推介和关注。抢占户外宣传资源，在首都机场、江北机场和重庆北站、永川东站、成都西站等地进行宣传；在G85渝昆高速、重庆三环高速及永川收费站LED屏和区内交通要点通过登机牌、LED电子联播屏、大灯箱、机场推车通过T型牌、形象指路牌、灯杆旗等进行户外宣传，营造浓厚氛围，提高国家高新区知名度。

二、2019年工作目标

2019年，永川高新区将坚持以习近平新时代中国特色社会主义思想为统领，认真贯彻落实党的十九大精神和市委、市政府的决策部署，按照稳中求进工作总基调，围绕“引领示范区域经济发展、国家高新区排名后发赶超”目标，在推动高质量发展先行区的建设过程中，不遗余力地抓投资、抓项目、抓创新、抓服务，勇当发展主支撑、创新主引擎、改革主阵地、开放主窗口。

力争全年实现营业收入1200亿元，同比增长20%；规上工业总产值增长10%；规上工业增加值增长10%；固定资产投资增长15%；高新技术企业新增20家，科技型企业新增50家，招商引资项目数50个，合同引资额150亿元；实际利用外资3000万美元。同时，完成市委、市政府下达的深化改革、精准扶贫、环境保护、安全生产、社会治理、法治建设等任务指标。

三、2019年重点任务

（一）完善规划编制提升战略指引力

借鉴全国优秀高新区规划理念，坚持“一张蓝图干到底”，按照“创新驱动中心·产业升级引擎”总目标，智能化制造集聚区、大数据应用示范区、高水平双创活力区、产教融合科技新城“三区一城”发展定位，采用“一核两翼”布局，到2025年建设用地面积101.34平方公里，到2035年永川高新区建设用地面积178.43平方公里，到2050年永川高新区建设用地面积236.6平方公里，重点发展先进制造、现代服务、大健康、职业教育等产业，根据相关规定走规划程序，拟近期提交区规委会审定，争取2018年内获得市政府批准。

（二）加大项目建设提升项目承载力

一是完成国家高新区大楼的装修并入驻，提升对外形象。二是切实加大各产业园的重大基础设施建设力度，推进土地指标争取、拆迁征收平整，完善交通道路和水电气给排水等网络建设及相关配套设施建设，不断提升项目承载能力。三是积极推进重点项目建设，加大运行力度，增强业主信心，积极推进长城汽车、东鹏智能家居等重点项目建设，力争早建设早投产。

（三）壮大体量提升产业集聚吸引力

以招商引资工作为抓手，在抓好已签项目的落地开工的同时抓好新项目的引进，重点围绕智能装备、汽车及零部件、电子信息、新材料、软件与信息技术等特色产业集群，继续推进招大引强项目，抓产业龙头，围绕龙头企业推进产业链招商、以商招商，扎实做好“建链、强链、强链、延链”各项工作，力争招商引资与引智引才相结合，重点引进河北中立、浙江宏利等长城汽车配套项目和德国温泽、MAG、意大利普瑞玛等高端数据企业，以及晨阳水漆、招商铝新材料等百亿级产业项目，不断增强产业集聚效应。高新技术企业达到110家，科技型企业达到400家。

（四）优化环境提升创新创业竞争力

抓好高新区国家特色双创载体和环重庆文理学院创新生态圈建设项目，集中兑现永川“创新30条”优惠政策，推动双创升级。突出“高”和“新”，加快科技资源集聚。重点围绕传统产业转型升级、培育高新技术产业和战略性新兴产业，引进培育科研平台、技术转移中心、创新创业服务平台，吸引科技人才，以创新能力提升提高产品质量和效益，以大数据智能化提升生产效率，以节能环保技术应用推动绿色生产，最终实现科技赋能、产业创新。

（五）完善制度提升建设管理凝聚力

按照市委、市政府明确的高新区“小政府、大服务”的管理方式，形成责权配套、运转高效的高新区管理体制。先期统筹设立正处级永川国家高新区管理委员会，主要承接市级、区级部门下放的管理职责，依法承担承接事项的审批责任和管理职责，规范行政审批程序，切实提高承接能力和审批效率，主动接受上级部门的指导监督，确保权力运行顺畅高效。

（六）强化考核提升高新建设执行力

对标对表国家科技部考核五大类50个指标，市委、市政府单独考核17个指标，年初早安排早行动抓落实，规范和提高各产业园及高新区涉及的月报、快报、年报工作，力争2019年永川高新区进入1000亿级营收序列，在国家科技部火炬中心对全国高新区的考核排名中进入前80名，确保在重庆市级国家开发开放平台考核中全面完成各项指标，争取排名靠前，以考核提升建设管理的执行能力。

（执笔人：杨杰）

长寿经开区

重庆市长寿经开区管理委员会办公室

一、凝心聚力、攻坚克难，2018 年成绩来之不易

（一）经济运行稳中向好

一是主要指标快速增长。全年实现规上工业总产值750亿元，增长13.8%；实现税收30亿元，增长20%；实际利用外资2.3亿美元，增长46%；完成外贸进出口额100亿元，增长39%。保障供电55.5亿度、供水7800万吨、供煤620万吨、供蒸汽110万吨，分别增长11%、9.6%、32%、7.1%。二是重点企业持续盈利。实现规上工业利润52亿元、增长25%。龙头企业支撑明显，22家重点企业实现利润45亿元，增长38%；重钢实现利润17亿元、增长380%；川维实现利润1.4亿元、增长110%；巴斯夫实现利润10.4亿元。正新、小康发展势头强劲，分别实现利润2.5亿元、3.8亿元。三是民营经济稳步发展。99家民营企业实现工业产值429亿元、增长18.3%，实现利润24亿元，税收13亿元，贡献率达57%。永航钢铁70万吨特殊钢项目历时10个月完成装置改造，已实现全线试车。环松、中橡等一批民营企业持续稳健发展，成为经开区经济发展的中坚力量。

（二）产业发展提质增效

一是招商引资取得突破。全力推动项目招商，新签约项目62个，协议引资304亿元。其中战略性新兴产业项目24个，投资255亿元。成功引进重庆世界村生命健康产业园100亿级项目1个，合众锰业氢氧化锂项目、奕翔化工新材料项目等30亿级项目4个。SK电子特气、无锡双象超纤合成革项目签订框架协议。二是项目建设加快推进。全年新开工项目62个，续建42个，投产43个，完成固定资产投资85亿元，新增产能200亿元。欧中电子特气、川维PVA等16个项目开始基础施工；奕翔化工MMA、德国

梅塞尔气体等8个项目进入主体施工，世纪之光PMMA、宏大化工双氧水等5个项目开始设备安装，云天化锂离子电池隔膜、大禹防水材料等20个项目顺利投产。三是产业转型成效明显。钢铁冶金、新材料新能源、装备制造、生物医药、电子信息五大主导产业的产值比为34∶37∶13∶7∶5，合众锰业等优质新材料企业入驻，云兴网晟等电子信息企业陆续引进与建成，产业结构持续优化。

（三）创新发展蹄疾步稳

一是着力搭建创新平台。科技创新园预计10月建成投用，可入驻研发机构40余家。建成45万方市级科技企业孵化器，正投资1.2亿元建设4.3万方电子类标准厂房，计划投资8亿元建设国际合作产业园创新创业基地，完善苗圃—孵化—加速—产业园全产业孵化链条，打造国家级科技孵化器集群。二是大力培育创新主体。新增国家高新技术企业6家、科技型企业28家、高新技术产品53个。支持企业加大研发投入，规上工业企业研发经费支出8.2亿元、增长23.3%，占地区生产总值的2.3%。建成重庆化工专利数据库平台、院士专家智库、望变电气集团院士专家工作站，知识产权运营服务平台正在加快建设。三是全力推进智能化发展。小康动力年产25万台发动机智能化生产线建成投运，获评市级智能工厂第1名。成元、星宇等企业新增智能机器人1000余台，和信、德洋中车等5家企业智能化车间改造有序推进。恩瑞半导体芯片等智能化项目即将开工建设，美客无双3D打印校地企合作创新基地落成。

（四）园区全面协调发展

一是平台功能更加完善。坚持以项目土地需求为导向，顺利完成水口水库、环松西侧用地控规编制，调整修改中同运、新崛物流等30个地块土规控规，完成BDO地块、乙烯片区等公用工程配套方案。完成基础设施投资10.5亿元，平整土地2000余亩，新建改造道路8条12公里，电力、管网等线路搬迁94公里，为40余家企业建设投产提供有力保障。重大功能型项目加速建设，市级重点项目长江二桥完成投资3.7亿元，占总投资的25%，预计2020年竣工通车。二是园区环境有所改善。推动基础设施改造提升，完成化北三支路、化中路等3条道路路面修复，中法水务扩建工程持续推进。加速打造绿色园区，完成晏家河整治工程、铁路沿线景观工程、望变电器绿化工程，实施绿化32万平方米。推动扬尘攻坚整治，严厉打击“抛撒滴漏”违法运输行为，加大清扫洒水力度，整治成效明显。三是以产促城加速推进。新增就业人口2000余人，带动区域商贸、餐饮、医疗等产业快速发展。优化八颗组团功能布局，加速引进电子信息等劳动密集型企业，实现与城区人力、资金和技术等资源无缝对接。积极与重庆化工职业学院等高等院校进行人才对接，消化技能型人才1000余人。

（五）环境质量日益好转

一是主体责任有效落实。持之以恒抓污染治理，完成中央环保督查、自然资源审计20余个反馈问题整改，推进28家企业有机废气深度治理，园区水污染、大气污染、固废污染态势持续好转。持续推进大排查大整治大执法行动，开展受限空间、粉尘防爆、油漆喷涂专项检查1000余家次，排查整改隐患4200余项，整改率达99.7%。持续完善应急救援体系，组织开展应急演练、培训10余次，数字园区功能进一步完善。在国务院大督查、国家环保督查中均获好评，被评为中国“绿色园区”。二是服务体系持续完善。建立健全企业网格长制度、新建项目联络员制度及有关会议制度，制定出台《长寿区企业安全环保标准化建设工作指导意见》，持续完善安全环保管理体系。严格中介机构、企业承包商管理，抓好重点企业帮扶，30余家重点企业安全环保管理水平明显提高。建立安全环保设施改造激励机制，撬动企业投入3亿元开展安全环保整改提升。投资1000余万元引进安全环保第三方服务机构，为企业提供隐患排查、整改、知识培训免费服务，效果明显。三是防控能力加速提升。加速提升水环境风险防控能力，启动川维片区事故池建设，完成北区化工污水管网可视化企业接管工作，实现晏家组团化工企业和电镀企业污水管网可视化全覆盖。持续提升大气污染防治能力，新建成大气环境安全监测系统，正式启动有毒有害气体突发环境事件风险监测项目建设。国家危险化学品应急救援重庆基地加速建成，应急联动、应急处置能力进一步增强。

（六）营商环境持续优化

一是运行保障持续有力。强化规划调整、征地拆迁和土地解押，实施征迁面积1700余亩，保障企业用地29宗1800余亩。积极推动电力体制改革，全年46家企业参与直购电交易22亿度，降低企业成本6000余万元。入股1.24亿元支持公用工程企业建设，持续完善经开区能源供给、贸易流通服务平台。加大资金保障力度，完成融资51亿元。发挥财政资金杠杆作用，拨付企业产业发展资金3.6亿元。二是审批改革纵深推进。推进建设项目行政审批流程改造，在实行项目建设“一卡通”的基础上，实施建设项目行政审批首席代表制，审批效率提升30%以上。目前正在修订完善建设项目行政审批告知承诺制实施方案，后续将加速落实。

回顾一年工作，经开区主要经济指标实现两位数增长，重点企业全部实现盈利，经济社会各项事业全面发展。这得益于区委、区政府、经开区党工委的坚强领导，得益于区级各部门、相关街镇的大力支持，得益于各企业家的不懈奋斗，得益于经开区全体干部职工的辛勤付出。在此我谨代表经开区党工委、管委会，向同志们为经开区建设发展所做出的贡献表示衷心的感谢和崇高的敬意！

看到成绩的同时，也要清醒地看到，我们还有不少短板：一是经济总量、质量有待提升，产业链需整合优化，新兴产业培育力度还不够；二是创新水平不够高，创新手段、投入不足；三是安全环保任务艰巨，敏感环境问题整治任重道远；四是各类风险隐患较多，生态治理、安全生产、信访维稳和政府债务风险化解等压力仍然存在；五是体制机制有待完善，项目建设效率有待提升，干部职工激励机制、市场化管理需加快推进。我们要坚持问题导向，以“等不起”“慢不得”“坐不住”的责任感紧迫感，尽快加以解决。

二、不忘初心、砥砺奋进，2019年发展再创佳绩

2019年是新中国成立70周年，是全面建成小康社会关键之年，也是经开区转型发展的进击之年。2019年工作的基本思路是：以习近平新时代中国特色社会主义思想为指导，深入学习贯彻中央和全市经济工作会议精神，坚持稳中求进工作总基调，坚持新发展理念，坚持推动高质量发展，坚持以供给侧结构性改革为主线，坚持深化市场化改革、扩大高水平开放，充分发挥工业经济主引擎作用，牢牢抓住招商引资“生命线”，始终坚守安全环保“底线”，准确把握控债与发展的矛盾，正确处理控债与发展的关系，推动经济发展质量变革、效率变革、动力变革，奋力打造经济质量高、产业结构优、发展动力足、生

态环境好的国家级经济技术开发区。预期目标是：规上工业产值增长25%，固定资产投资增长15%，工业利润增长20%，税收增长20%，利用外资、外贸进出口额增长10%。

重点抓好以下五个方面工作。

（一）以项目招商和建设为抓手，推动经济发展行稳致远

狠抓招商引资。大力开展聚商选资深化年活动，力争实现协议引资250亿元，引进100亿元项目1个、50亿元项目2个、10亿元项目10个。聚焦生物医药、新能源汽车、高端装备制造等领域，全力推进医药制剂、电子特气、半导体封装测试、光电通信材料等重点项目招商，签约引进一批优质项目，不断优化产业“基因库”。狠抓项目建设。重点推动重庆世界村生命健康产业园、合众新能源电池级氢氧化锂、云兴网晟同城双活数据中心等60个项目尽早开工，推进欧中电子特气、川维化工PVA膜等56个项目加快建设，促进世纪之光PMMA、宏大化工双氧水等25个项目尽快投产。狠抓存量挖潜。加大对特色产业板块发展的扶持力度，引导企业与行业龙头开展合作，实现龙头企业引领，提升集群竞争力。

（二）以优化结构为导向，构建现代产业体系

大力发展新兴产业。重点打造以高性能树脂、功能性膜材料、电子材料等为特色的新材料产业集群，以新能源汽车为主的新能源产业集群，加快培育贝利新材料、奕翔树脂、欧中电子特气等项目，力争产值达到370亿元。积极构建优势突出、链条完备的生物医药产业集群，加快培育华邦原料药、合汇原料药、福安原料药与制剂等项目，力争产值达到210亿元。促进现代汽车零配件项目稳产达产，力争装备制造业产值达到90亿元。坚持智能化引领。支持企业实施以大数据智能化为引领的创新驱动发展战略，积极发展芯片封测、信息通信等电子信息产业，推动恩瑞半导体芯片、云兴网晟同城双活数据中心等智能化项目快速开工建设，新建智能化工厂1个、数字化车间2个、自动化生产线3条，力争再引进一批智能化工业项目。加速供给侧改革。推动钢铁、化工领域的落后产能置换，力争腾笼换鸟企业2家。支持重庆钢铁高端钢材、川维化工PVA等重点项目建设。

（三）以科技创新为驱动，增强发展内在动力

推动企业创新发展，新增国家高新技术企业5家、科技型企业20家、高新技术产品40个，规上工业企业研发经费支出增长20%。夯实创新平台。持续推动科技创新园建设，力争年内投运，打造成兼具创新人才引进培育、先进技术研发、科技成果转化和创新创业服务为一体的“经开智谷”。进一步完善经开区光电产业研发基地、化工专利数据库、企业研发中心等创新要素功能，加速构建科技创新服务大平台。推进人才创新，实施更加积极的创新人才引进政策，着力培养集聚一批科技领军人才、企业家人才，进一步充实经开区创新发展“智力库”。

（四）以系统治理为手段，推进安全环保管理水平再提升

从2018年起开展为期三年的安全环保再提升行动，以最大的决心和勇气补齐安全环保突出短板。推动绿色低碳发展。加快构建绿色产业链体系，鼓励企业开展节水、节材和资源综合利用等技术改造，确保GDP能耗大幅下降。推进循环经济产业园建设，开展绿色工厂创建，实施市级节能与工业循环经济重点项目6个、清洁生产重点企业2家。贯彻执行《长寿区企业安全环保标准化建设工作指导意见》，推进重点污染源

企业环保设施建设和运行监管。狠抓环境综合治理。坚持源头治理、全民共治，全力抓好中央、市环保督察突出环境问题整改。编制完善经开区“十三五”挥发性有机物削减方案，完成有机废气深度治理企业16家，督促相关单位全面完成污染物总量减排目标任务。严控安全生产形势。按照“党政同责、一岗双责、齐抓共管、失职追责”的要求，以责任追究倒逼企业落实安全生产主体责任，切实做到守土有责、履职尽责。驰而不息聚焦承包商管理、中介机构管理等薄弱环节，建立管理机制，明确管理措施，落实管理责任，确保事故量、伤亡量双下降。加快危化品停车场建设，启动化工片区软封闭工程，持续完善数字园区功能，进一步提升园区安全设施水平。

（五）以企业满意为追求，不断提升企业获得感

突出规划引领。继续推进水口水库、环松西侧用地控规编制，加快乙烯片区、新恒阳等项目控规调整，跟踪做好中航油、川维MTO等项目的公用工程配套方案。推进功能配套。持续推进11个区级重大项目建设，做好乙烯片区、水口水库、正新北侧、国复三期等地块公用工程配套，确保科技创新园一期工程顺利投运，长江二桥、移民园标准厂房建设工程等顺利推进。强化要素保障。做好土地供给，完成土地供应23宗面积1530亩；做好水电气煤等生产要素供应。完善审批服务。持续抓好经开区行政审批告知承诺制改革试点工作，简化审批流程，提高审批效率、服务水平，让企业快速开建、安心发展。

三、全面加强经开区自身建设

（一）加强政治建设

坚持以习近平新时代中国特色社会主义思想为指导，树牢“四个意识”，践行“两个维护”，落实市委“三个确保”政治承诺，全面彻底干净肃清孙政才恶劣影响和薄熙来、王立军流毒。协同推进机关党建和企业党建，充分发挥支部战斗堡垒和党员先锋模范作用，以党的建设带动群团建设。

（二）转变工作作风

坚持求实务实抓落实的工作作风，开展兴调研转作风促落实行动，沉到一线摸实情，帮助企业和群众解决现实问题。提升服务效能，加快制定出台一批打基础、利长远的政策措施，实施建设项目行政审批承诺制，全力支持企业健康快速发展。坚持以上率下，发挥关键少数感召作用，锻造一支敢担当、愿担当、善担当的干部队伍。

（三）加强廉政建设

严格落实全面从严治党主体责任和“一岗双责”，深入推进党风廉政建设和反腐败工作，构建高压反腐败长效常态机制。严格执行中央八项规定精神及实施细则要求，全面强化重点领域、关键环节和要害岗位监管，严格做到多“设防”、不“撤防”，知敬畏、守底线，以清廉形象凝聚起推动经开区改革发展的强大力量。

（执笔人：巴川江）

正阳工业园区

重庆市正阳工业园区管理委员会办公室

一、2018年经济发展回顾

2018年，园区完成工业总产值132亿元，同比增长16.2%。其中，规模以上企业实现工业产值117.7亿元，同比增长16%。完成固定资产投资34.6亿元，其中，产业投资21.2亿元，基础设施投资13.4亿元。开工建设政府性投资项目5个，产业项目9个。签订招商引资项目合同24个，协议引资42.7亿元。

（一）调结构、提质量，推动产业集群发展

一是"四大产业园"加快建设。材料产业园中，40万吨无碱玻纤项目一期第一条生产线投产，全年生产玻璃纤维纱5.5万吨；京宏源实业铝加工环节转型发展，累计实现销售收入5.7亿元。纺织产业园中，双河丝绸二期厂房建成，新诚服饰重组复产，花神丝绸、联宝维美地毯提速扩能增效，贞馨家纺投产运行。环保产业园中，垃圾填埋场渗滤液预处理项目正式投运，一般工业固废填埋场项目达到投用条件。食品产业园中，蓬江食品、佰裕佳食品等企业稳定发展，国甜农业、璞琢农业等10家企业生产步入正轨，食品产业园入驻企业达37家。二是支柱性产业稳步发展。卷烟食品、生物医药、新型材料、轻纺服装、节能环保和智能产业六大支柱产业发展呈现齐头并进的趋势。其中，新型材料产业实现产值55.5亿元，同比增长33.8%，轻纺服装产业实现产值8.2亿元，同比增长4.7%。

（二）转方式、谋转型，加快创新驱动发展

一是市级高新区创建工作提速推进。成立黔江创建市级高新区指挥部，创建工作常态化开展，《黔江创建重庆市市级高新技术开发区工作实施方案》《黔江创建重庆市市级高新技术开发区工作实施意见》《黔江工业发展暨创建市级高新技术产业开发区产业扶持政策》《重庆黔

江高新技术产业开发区产业发展规划（2018—2020年）》印发实施，高新区创建前期工作基本完成。二是推动企业创新纵深发展。积极引导企业开展商标、专利、品牌创建等方面的工作，2018年以来，共申请专利194件，同比增长10.9%，新授权专利139件，同比增长26.4%。组织指导17家企业开展高新技术企业申报工作，园内6家企业通过市科技局初审，进入科技部备案。黔江区级茧丝绸院士专家工作站成功挂牌，三磊玻纤、衡生药用胶囊成立企业研发中心，全区市级研发机构及分支机构达到14家，市级以上科技服务机构或分支机构达到22家。三是积极开展智能化改造。联宝维美地毯开展机器换人行动，装配数码自动化智能制造地毯生产线25条，工作效率提高6—8倍；三磊玻纤公司引进全自动高位立体库、AGV智能无轨小车等先进物流系统，进出库实现无人操作，库房节省人力90%。园区战略性新兴产业全年实现工业产值16.2亿元，占规上工业产值的13.8%。

（三）推项目、夯基础，提升平台承载能力

一是加快推进启迪科技园项目在黔落地。扎实推进与清华遥感大数据研究中心、广东启迪公司三方合作，启迪（黔江）科技城挂牌成立，安软集团、启迪桑德、启迪数字学院、清慧云通4家企业签约入驻。二是基础设施项目建设稳步推进。园区“基础性、生产性、生活性、行政性”四大公共服务工程建设全面启动，深入推进产程融合发展，新黔大道、冯家污水处理厂、玻纤边坡治理、工业园区管网升级改造、黔永大道拓宽、玻纤南路等基础设施项目建设稳步推进，为园区产业升级提供有力保障。三是产业项目建设加快推进。年产12万吨高碳烙铁、高频变压器电子元器件等10个项目建成投产，年产40万吨沥青拌合、年产30万吨沥青砼生产基地等项目完工投产，青杠110kV变电站、民生燃气调峰站等项目加快建设。

（四）走出去、引进来，增强园区发展后劲

一是大力开展“全员招商引资”工作。成立园区全员招商引资工作领导小组，编印《2018年正阳工业园区全员招商工作指南》和《产业结构调整指导目录》，出台《正阳工业园区2018年全员招商引资工作方案》《正阳工业园区重点产业招商实施方案》，主动赴广州、江苏、浙江等地开展招商活动30批次，接待来访客商100余批次，搜集招商引资项目信息120个，涉及总投资200余亿元。二是产业培育成效明显。强力实施中小企业培育壮大计划，全年新培育规模以上工业企业6家，民生能源集团公司总部整体迁移黔江并注册成立股份有限公司，黔江启迪科技城等一批重大招商引资项目入驻运行。三是加快盘活停产企业。完成历年入园供地项目协议清理工作，京宏源实业与重庆国储有色金属有限公司联营合作，承租武陵硅业设备的左石矿业在我区注册新公司，实现本地化经营。

（五）优服务、破瓶颈，保障企业正常运行

一是积极践行“全员服务企业”工作。扎实推进“两集中两到位”工作，执行企业问题台账销号制度，实现企业联系覆盖率达100%，企业困难和问题建档率达100%；扎实开展集中走访精准服务民营企业活动，收集512个企业问题并分解责任，有效推动解决356个。二是累计接待企业群众310余次，解答各类政策咨询120余次，参与接待各类检查指导30余批次，未出现1起企业投诉案件；受理51家企业73个审批事项申请，梳理建立台账61个，代办（领办）各类事项51个，办结率达83.6%。三是出台《正

阳工业园区标准化厂房管理办法（试行）》，简化标准化厂房企业入驻程序，免除新入驻企业3年租金，推动完成标准化厂房供电资产移交工作，“一户一表”即将改造结束；推动标准化厂房执行新电价政策，入驻企业电价由1.03元/度降到0.6932元/度，降幅达38%。四是协助区交委、建设施工企业等相关单位，按期完成黔江火车站450万吨货场建设用地相关工作；积极对接协调成都铁路局涪陵车务段、黔江火车站，签订园区重点工业物资运输业务协议，解决了三磊玻纤、左石矿业等企业铁路货运问题。五是加强企业配套性保障住房服务。对租住廉（公）租房缴费情况进行了清理，采取了园区僵尸企业的强制清退措施，为三磊玻纤、新诚服饰等企业提供公租房135套。

（六）优环境、抓环保，实现园区绿色发展

一是坚持对园区道路保洁、市政绿化开展常态化执法巡查，坚决杜绝带泥上路、冒装洒漏和不文明施工现象发生，园区市政环境进一步改善，创文巩卫成果得到进一步巩固和夯实。二是对园区企业突出环境问题进行了梳理并形成问题整改台账，落实企业联系人制度，督促和指导多家入驻标厂企业完善环保手续。三是跟踪督促中央环保督察反馈意见3项未销号任务整改工作，积极配合市级环保督察并开展问题整改，积极引导园内48家企业办理环评手续。四是督促落实绿色发展理念。坚定践行“绿水青山就是金山银山”理念，推动产业生态化、生态产业化，积极鼓励园区企业实施清洁能源改造，推进黔正纸业、双河丝绸等企业使用天然气等清洁能源，推动企业减少烟尘排放。

二、发展中存在的问题

一年来，园区建设发展虽然取得了一定的成绩，但依然面临不少问题，主要表现在：一是企业经营困难。宏观经济下行压力持续增大，企业融资难、融资贵问题依旧存在。二是市级高新区创建工作完成全年目标难度大。三是招商引资效果不理想。客商对外扩张的动力不足，投资落地意愿明显减弱。

三、2019年发展目标

全年实现规模以上工业增加值同比增长10%以上（其中，战略性新兴产业增加值占规上工业增加值的15%以上）；完成固定资产投资26亿元；全年正式签约项目25个以上，实现招商引资到位资金30亿元。

（执笔人：胡凡）

第五编　区县经济

万州区

万州区政府办公室

一、2018年发展回顾

2018年，万州区在市委、市政府的坚强领导下，以习近平新时代中国特色社会主义思想为指导，紧紧围绕习近平总书记对重庆提出的“两点”定位、“两地”“两高”目标和营造良好政治生态、做到“四个扎实”的重要指示要求，聚焦学好用好“两山论”、走深走实“两化路”，围绕打好“三大攻坚战”、落实“八项行动计划”，科学谋定了“一心六型”两化路径，打造长江上游“产业生态化、生态产业化”先行示范区的思路，广泛汇聚了推动高质量发展的坚定信心和强大合力，政治生态持续向好，干部群众精神状态积极向上，经济社会发展各项事业稳步向前。

（一）着力推进产业发展

绿色照明、智能装备、食品医药、汽车和新材料五大重点产业产值占规上工业产值的62%；战略性新兴产业产值增长18%，占规上工业产值的22.7%。平湖金龙年产8万吨精密铜管等20个项目竣工投产，厚捷万州医药产业园等10个项目序时推进，威科赛乐微电子产业园等20个项目开工建设，初步形成20亿级绿色照明、30亿级新材料、50亿级汽车产业集群。批发和零售业商品销售总额增长15.7%，住宿和餐饮业营业收入增长12.3%。成功创建“中国烤鱼之乡”“中国电商百佳示范县”，举办“三峡美食文化节”等大型会展活动。全年货物周转量432.15亿吨公里，港口货物吞吐量3692万吨。成功承办第九届中国长江三峡国际旅游节，世界大河歌会、旅游文化灯光秀等重大活动取得圆满成功。全年接待游客1973万人次、旅游综合收入111.7亿元，分别增长29.5%、31.8%。商品房新开工面积290万平方米，增长45.3%，竣工面积168.55万平方米，比上年增长1.8倍，销售面积206.52万平方米，增长11.3%。

（二）加快实施乡村振兴战略

粮食总产量49万吨。新建高标准农田4.3万亩、标准化特色产业基地3.5万亩。新增农业机械3000台（套），农业综合机械化率43%。新增家庭农场12个、农民合作社85家、区级以上农业龙头企业10家。新培育“三品一标”农产品30个、区域性公共品牌5个，农产品商品率提高到69%。实施“四好农村路”1392公里，新建人行便道1000公里。建成农村饮水巩固提升工程387个，农村集中供水率89.8%。改造农村危房2536户、农村厕所42837户。完成农村环境连片整治项目15个，农村集镇垃圾集中处置率98%。创建市级美丽宜居示范村庄3个、绿色示范村庄28个、美丽庭院1500个。农村土地制度和集体产权制度改革有序推进，完成农村土地承包经营权确权登记颁证、291个行政村农村集体资产股份合作制改革；实施财政补助资金股权化改革项目102个，发放农业支持保护补贴1亿元。

（三）提质推进城镇建设

出台城市提升行动计划实施方案，推动城市美学与规划设计深度融合，开展城市更新规划设计，完成新一轮城市总规大纲编制、高铁片区核心区城市设计、“三区三线”划定方案。高标准推进高铁片区、密溪沟片区开发，精心打造城市“五带”。城市“六大工程”完成投资17亿元，长江三桥成功合龙，高梁入城大道、南滨大道下延段基本建成。新增城市绿地71万平方米，完成5平方公里海绵城市建设。建立“马路办公”“五长制”等城市管理机制，“数字城管”实现建成区全覆盖。郑万高铁天城隧道提前贯通。渝西高铁、成达万高铁、万达直线高速前期工作有序推进。高铁万州北站综合交通枢纽开工建设。建成新田港一期工程3号、4号泊位。万州机场改扩建完成跑道回填，T2航站楼建设前期工作有序推进。实施普通干线公路升级改造119.2公里。40个镇乡污水处理厂主体设施，7个撤并场镇污水处理及管网工程有序推进，镇乡污水集中处理率82%。

（四）持续增强发展动能

市、区两级146项改革事项扎实推进。机构改革有序实施。区级行政许可事项优化调整为315项，向镇乡街道新下放管理权限16项。实施新一轮镇乡街道财政管理体制改革。整合重组国有企业76家，筹建集团公司7个。完成23家经营类事业单位体制改革。清理注销“僵尸企业”、空壳公司26家。积极开展集中走访精准服务民营企业活动，帮助民营企业融资15亿元，民营经济市场主体占比97.3%，上缴税金占全区税收收入的64.2%。外贸进出口总额8.5亿元、增长16.4%，实际利用外资1.4亿美元、增长114.9%，新增进出口备案登记企业14家，离岸服务外包执行额突破1亿美元。综合保税区申报建设积极推进。川渝合作达万协同发展示范区建设加快推进，与白俄罗斯明斯克州科佩尔区缔结友好城市。获批国家级科技创新项目13个、市级创新计划项目50个。授权专利786件，新增有效发明专利30件。新增国家科技型中小企业26家、高新技术企业13家，新培育市级科技型企业99家、高成长性企业8家、高新技术产品47个。46家企业设立研发准备金5.1亿元，万州科技创新中心建设有序推进。

（五）不断改善民计民生

发放教育资助等资金2.4亿元，惠及学生26.5万人次。新增公办幼儿园54所。万一中玉安校区等16个项目竣工。高考重本上线率28.5%。职业院校输送技能型人才2.5万人。取消药品加成1.4亿元。5家医院开展现代医院管理试点。7家二级以上医院与16家基层医疗机构组建医联体。组建家庭医生签约服务团队473个，签约服务覆盖率35.4%。兑现计划生育利益导向金9085.8万元。开展学习贯彻党的十九大精神“六进”文艺宣传活动52场。成功举（承）办区第五届运动会、中国之队国际足球邀请赛等赛事。城镇新增就业4.3万人，城镇登记失业率2.93%。发放创业担保贷款2.5亿元，回引农民工返乡就业创业2.7万人。社会保险累计参保303.7万人次，兑现社保待遇77.4亿元。社保降费3.8亿元，惠及企业5710家。兑现失业保险稳岗补贴1013万元，稳定就业岗位4.5万个。发放城乡低保等资金5.1亿元。三峡后续项目拨付专项资金15.1亿元。获批2018年度项目22个，下达补助资金6.7亿元，申报2019年度项目89个。争取对口支援无偿援助资金1.2亿元。发放农村移民后期扶持直补等资金5136.4万元。完成移民小区综合帮扶项目41个、移民发展扶持项目36个，开展移民技能培训8829人次。

（六）深入推进“三大攻坚战”

减贫1991户5001人，贫困发生率降至0.69%。深度贫困镇实施项目116个，19个扶贫开发重点村实施项目89个。易地扶贫搬迁1927人。2.1万人次建卡贫困户享受“两降低一提高”医保优惠政策。建立2600万元健康扶贫医疗基金，重病兜底保障1.8万人次。划定生态保护红线面积741平方公里。城区空气质量优良天数336天。深入落实河长制，综合治理次级河流8条，长江干流万州段水质总体保持Ⅱ类。明镜滩等污水处理厂提标工程竣工投运，新建城市污水管网42公里，城市生活污水集中处理率93%。完成营造林22.6万亩，全区森林覆盖率、长江两岸森林覆盖率分别提高到51.5%、66%。实施有机肥替代化肥3.2万亩，农药减量6.8吨，完成2.8万亩农田面源污染治理、3.8万头生猪当量污染治理。新增金融机构2家，银行业存贷比59%，不良贷款率1.47%。置换存量政府债务5.7亿元。整改安全生产突出问题24个，新建社区微型消防站58个，实施老旧居住建筑消防设施改造215栋。深化“3+3”信访突出问题专项治理，化解矛盾纠纷2.5万件、市级交办重点问题13件、区级重点领域问题45件。侦办黑恶团伙7个，破获涉黑涉恶案件66件，主要刑事案件、侵财案件立案分别下降21.2%、15.8%。开展综合性应急演练45次，妥善处置“10·28”公交车坠江事件。

二、发展中存在的问题

经济韧性不强、张力不足，传统产业转型升级任务艰巨，新兴产业尚处于起步阶段，规模和质量有待进一步提升；实体经济运行较为困难，微观经济活力和经济发展内生动力还不强，生产经营成本依然偏高；平台支撑能力有待提升，创新短板明显，工业支撑尚需夯实，招商引资成效需进一步扩大，有效投资后劲不足；城乡基础设施、生态环保、公共服务、民生改善欠账较多，新兴税源培育不足，财政收支压力大。

三、2019年发展目标

坚持以习近平新时代中国特色社会主义思想为指引，深入学习贯彻习近平总书记对重庆提出的重要指示要求，按照市委决策持续抓好“三大攻坚战”和“八项行动计划”，落实区委部署大力实施“一心六型”两化路径，统筹推进稳增长、促改革、调结构、惠民生、防风险工作，进一步稳就业、稳金融、稳外贸、稳外资、稳投资、稳预期，提振市场信心，激发微观主体活力，增强人民群众获得感、幸福感、安全感，持续营造风清气正的良好政治生态，保持经济持续健康发展和社会大局稳定，为全面建成小康社会收官打下决定性基础，以优异成绩庆祝中华人民共和国成立70周年。地区生产总值同比增长6%，固定资产投资增长8%，社会消费品零售总额增长6%，外贸进出口总额10亿元，一般公共预算收入增长3%，全社会研发经费支出占GDP比重达到0.75%，城镇登记失业率控制在3.5%以内，居民消费价格指数控制在103以内，城镇、农村居民人均可支配收入分别增长7.5%、8.5%，单位地区生产总值能耗下降2%。

（执笔人：容会宁）

黔江区

黔江区政府研究室

一、2018年发展回顾

2018年，全区实现地区生产总值247.3亿元，增长7.4%。其中，第一产业增加值增长5.1%，第二产业增加值增长8.1%，第三产业增加值增长7.3%。实现固定资产投资增长8.1%。规模以上工业增加值增长8.2%。社会消费品零售总额增长8.3%。一般公共预算收入同口径增长12.8%，税收收入增长18%。城乡常住居民人均可支配收入分别达到32435元和11806元，分别增长8.8%和9.4%。

（一）着力强调度稳运行，经济基本面持续向好

千方百计扩大有效投资，坚持基础设施和产业投资并重，新增入库入统项目96个，产业投资占比提高到37.8%；坚持招商为重、招商为先，新签约项目82个，正式合同投资170.7亿元。强化产业调度服务，出台“1+6”产业扶持政策，兑现企业优惠政策资金6.2亿元；扎实开展集中走访精准服务民营企业活动，帮助企业解决发展难题300余件；深入开展金融服务实体经济试点，帮助企业获得贷款23.1亿元、上级专项资金0.7亿元。加大资金筹措力度，新增政府债券资金11.8亿元，争取到位上级专项资金43.1亿元、增长32.4%。处置银行不良贷款2.4亿元。

（二）着力攻深贫强振兴，“三农”工作提质增效

整合涉农资金14.8亿元推进脱贫攻坚和乡村振兴。打好精准脱贫攻坚战，88个深度脱贫攻坚项目有序推进，李家溪易地扶贫搬迁市级示范点开工，新减少贫困人口2692人，贫困发生率降至0.88%，黔江作为全国唯一贫困区县代表参加中国扶贫改革40周年座谈会并发言，成为“全国贫困县摘帽案例研究”重庆唯一样本区县。

把实施乡村振兴战略摆在优先位置，成功申创全市乡村振兴战略综合试验示范区，“3+1+5+22”示范体系建设初见成效。土地流转率45%，粮经比55∶45。蚕茧产量连续8年居全市第一，连续11年获“全国生猪调出大县”称号，收购烟叶7.8万担。六九畜牧科技公司成为农业产业化国家重点龙头企业。新获地理标志商标4个、“三品”认证15个、市级名牌农产品3个，国家无抗生猪养殖标准化示范区通过中期评估。农村土地承包经营权确权登记颁证工作顺利推进，完成“三变”改革试点。扎实开展“大棚房”问题清理整治。完成农村环境综合整治项目20个，新增市级卫生乡镇3个。行政村生活垃圾治理率达95.7%，顺利通过国家检查验收。

（三）着力优存量扩增量，工业发展稳中育新

深入推进“工业强区”建设，预计工业总产值增长14%。卷烟生产止跌回升，烟厂实现产值43.9亿元、上缴税费22.5亿元，分别增长11.1%和5%。“四大产业园”框架初步成形，年产40万吨无碱玻纤项目有序推进，年产12万吨高碳铬铁等项目投产；新诚服饰、花神丝绸重组复产；垃圾填埋场渗滤液预处理项目正式投运，一般工业固废填埋场项目达到投用条件；食品产业园入驻企业37家，农产品加工企业运行良好。新培育规上工业企业5家、乡镇农产品加工企业8家。突出大数据智能化创新，启动创建市级高新技术产业开发区，新培育高新技术企业10家、科技型企业81家，科技型企业总量居渝东南首位，联宝维美地毯等企业实现“机器换人”。降低企业运行成本，免除新入驻标准厂房企业3年租金，标准厂房入驻企业电价每度下降0.34元。

（四）着力兴商旅扩消费，现代服务业稳步发展

深入推进“旅游大区”建设，全年接待游客2046.2万人次、综合收入107.4亿元，分别增长40.2%和70.8%。濯水景区毕兹卡水乐园、旅游电商中心、智慧旅游系统投用，获评全国唯一“中国韵文化景区”，创建5A级景区正待国家验收。濯水古镇入选首届40强重庆文化旅游新地标名录。芭拉胡景区通过市级景区管理服务业标准化试点示范项目验收。爱莉丝庄园成功创建国家4A级旅游景区。完成芭拉胡梦幻大峡谷和5D玻璃廊桥招商。成功举办第二届中国山地马拉松赛、“乡土中国”纪实摄影展等大型文体活动，大型原创民族歌舞诗剧《濯水谣》出国展演，濯水古镇成为2018年重庆春晚唯一分会场。成功举办重庆市巴渝“工匠杯”导游技能大赛总决赛。居然之家、红星美凯龙开业运营，大十字智慧商圈提档升级，新培育限上商贸企业9家、限上个体经营户240家。成功创建全市公益性农产品市场体系建设示范区，全国电商进农村综合示范区创建以优秀等次通过中期绩效评估。举办展会促销活动200余场次，实现销售收入超10亿元。新引进金融机构3家，渝东南首家全国性股份制商业银行恒丰银行黔江支行落户开业，2家企业在重庆OTC挂牌，2家企业纳入重庆上市企业储备库，实现巨灾保险全覆盖。

（五）着力强管理提品质，城市宜居环境进一步巩固

实施城市提升行动计划，深入推进“城市靓区”建设，“创卫”成果持续巩固，全国文明城区创建获提名资格并接受首次年度测评。新城新增1万余人，常住人口城镇化率提高1个百分点。完成“多规合一”编制，新版城乡总体规划大纲通过市级审查。黔龙公园正式开园，魏家塘河堤人行通道开放通行，新城污水主管网全线运行。投用骨科医院、党校迁建项目。恒大等品质楼盘开盘，销售商品房58.5万平方米、增长3.4%。

推行城市综合管理“马路办公”方式，“门前四包”机制进一步巩固。市政设施即坏即修机制更加完善，城市道路清扫率达100%、保洁率达96%，城市生活垃圾全部实现及时清运和无害化处理，新增城市绿地面积10万平方米。攻坚推进开发小区“两违”整治，拆除、整改违法建筑1.2万平方米。优化城市交通组织，城区新增停车位4700余个，“行车堵”“停车难”问题有所缓解。智慧城管建设有序推进，获评“中国数字城市建设示范区”。

（六）着力强基础增后劲，发展支撑能力持续增强

大力推进交通建设“三年行动计划”，黔张常铁路、渝怀复线铁路建设进度超90%；黔石高速公路、黔江东南环线高速公路加快建设，实施“四好农村路”640公里，通乡通村公路率先在渝东南实现“6个100%”，通组公路提前实现通达100%、通畅80%；武陵山机场改扩建工程有序推进，新开通珠海航线，加密重庆、成都、杭州、宁波航线。老窖溪水库枢纽工程荣获国家水利工程建设最高奖项“大禹奖”，罗家堡水库、瓦窑堡水库加快建设，阿蓬江防洪治理二期工程开工，巩固提升6.3万农村人口饮水安全。渝东南天然气储备调峰输配送中心主体完工，清洁能源惠民工程实现乡镇街道全覆盖。秀山至黔江220千伏输变电复线工程建成运行，青杠110千伏输变电工程主体完工。新增光纤到户6.6万户。

（七）着力促改革拓开放，发展动能加快培育

深化供给侧结构性改革，平稳出清“僵尸企业”和空壳公司344家，涉企收费一律按下限标准执收。持续深化“放管服”改革，行政许可标准化工作获评全市“优秀”等级。全面建立国企监事会外派制度，国企内部市场化试点初见成效，区级部门出资企业和经营性资产全部实现集中监管。全面实施财政零基预算、零结转和项目公开评审，财政“趴窝”资金规模大幅下降。黔江海关实现“7×24小时”通关和“单一窗口”报关。新培育进出口企业10家。深化与中信集团的合作，在旅游开发、产业培育、融资等领域取得积极进展。加强东西扶贫协作和对口帮扶，与山东日照市、市卫生健康委、永川区建立了更加紧密的合作关系。建成院士专家工作站2个，新增国家级星创天地和众创空间各1家。

（八）着力强环保优生态，绿色发展优势正在集聚

打好蓝天保卫战，城区空气质量优良天数达357天、同比增加22天，居全市第二位，PM2.5平均浓度下降22.2%。实施国土绿化提升行动，有序推进绿色矿山建设，完成营造林19.4万亩，森林覆盖率达65%，居全市第四位。全面落实河长制，阿蓬江两河断面水质保持在Ⅱ类以上。全面取缔饮用水源保护区内农家乐和小南海湖面游船，城市集中式饮用水源地水质稳定达标。全面完成城市黑臭水体治理。乡镇污水处理厂实现全覆盖。基本消除畜禽粪污面源污染。扎实推进环保督察反馈问题整改，整治市级自然保护区环境问题37个。

（九）着力惠民生促和谐，人民生活持续改善

安排民生支出47.2亿元，支出占比达73%，15件重点民生实事年度任务基本完成。城镇新增就业2.5万人，城镇登记失业率控制在3.2%以内。投用2所城区迁建小学，基本消除义务教育“超大班额”问题。中考上全市联招线人数比例逐年上升，普通高考一本硬上线人数居渝东南首位，职教中心纳入重庆市高水平中等职业学校建设计划，学前教育普及率和普惠性持续提升，

科技、艺体等青少年竞赛项目取得历史最好成绩。黔江体校运动员获得2018年世界举重锦标赛挺举冠军。城区医疗卫生资源布局调整工程加快推进，区乡两级医疗机构实现医联体全覆盖，定点医疗机构全部实现“一站式”结算和建卡贫困户“先诊疗后付费”，人均住院费用较医改前减少700元左右。民族医院创“三甲”通过市级预评审。荣获“全国无偿献血先进区”称号。全面完工三台书院、草圭堂维修保护工程。市级非遗项目新增10项、总数达到33项。统筹保障城乡困难群众生活，村社区养老服务场所建设有序推进。建卡贫困人口养老、医疗保险实现应参尽参、应保尽保。国家食品安全示范区创建通过市级评估评价。深入开展扫黑除恶专项斗争，八类案件、可防性案件立案分别下降14.8%、37.3%，人民群众安全感持续提升。信访工作实现“三个零”目标。生产经营性安全事故起数、死亡人数实现双下降，全年未发生较大以上安全生产事故。

二、发展中存在的问题

一是有效投资支撑减弱，社会消费增长趋缓；二是实体经济企业生产经营困难，产业转型升级任务艰巨；三是政府债务负担重，财政收支矛盾尖锐，金融风险不容忽视；四是深度脱贫攻坚任务繁重，教育、医疗等领域优质资源供给仍然不足。

三、2019年发展目标

全区经济社会发展的主要预期目标是：地区生产总值增长7%，规上工业增加值增长7.2%，一般公共预算收入同口径增长2%，固定资产投资增长5%，社会消费品零售总额增长7.5%，城乡常住居民人均可支配收入分别增长9%和9.5%，节能减排等约束性指标完成市上下达任务。

（执笔人：李荣途）

涪陵区

涪陵区政府办公室

一、2018年工作回顾

2018年，是涪陵经济社会发展总体平稳、稳中有进、进中向好的一年。在市委、市政府的坚强领导下，我们坚持以习近平新时代中国特色社会主义思想为指导，坚持稳中求进工作总基调，深入贯彻新发展理念，开启了高质量发展、高品质生活的美丽涪陵、幸福涪陵建设新征程。

——质量变革成效明显。完成地区生产总值1070亿元、增长7%，成为主城之外首个千亿区县。城乡常住居民人均可支配收入分别增长8.6%、9.3%。全国文明城区、国家生态文明建设示范区、国家卫生区、国家森林城市“四城同创”推进顺利。城区环境空气质量优良天数提高到333天，森林覆盖率达到52%。

——效率变革进展顺利。规上工业增加值增长8%，高于全市平均水平6个百分点以上。战略性新兴产业增加值占规上工业增加值比重达到20.7%。智能工厂、数字化车间分别占全市的16.7%、19.6%。全员劳动生产率提高7.2%。单位地区生产总值能耗、主要污染物排放总量持续下降。

——动力变革加速推进。三大国家级平台建设取得重大突破，重庆涪陵综合保税区获批筹建，国家现代农业产业园获批创建，涪陵高新区入列科技部新一批国家级高新区“以升促建”重点名单。全社会研发经费支出占比达到2%，新培育国家高新技术企业30家。人口持续净流入，常住人口城镇化率提高到68.7%。

（一）突出实体经济，经济平稳健康发展

扎实推进“六稳”工作。着力打好稳就业、稳金融、稳外贸、稳外资、稳投资、稳预期工作组合拳，稳住了经济运行基本面。新增城镇就业2.96万人；进出口总额增长10.9%；实际

利用外资增长28%。全力优化营商环境。大力开展服务企业“三百”行动。政务服务事项集中办理率提高到70%，行政审批网上可办率达到86%。多措破解发展制约。深化供给侧结构性改革，为企业减税降费12亿元。助保贷、转贷应急周转金等资金池为中小微企业融资、转贷3.2亿元。直供电、优惠气为企业降低成本1.7亿元。

（二）突出提质增效，产业基础有力夯实

工业量质齐升。完成规上工业总产值1516亿元、增长13.5%。园区规模工业集中度突破90%，以清洁能源、装备制造、新材料、食品医药、信息技术为主导的工业产业体系基本形成。服务业稳步发展。限额以上企业网络零售额、农产品网上零售额分别达到33.2亿元、2.3亿元。接待游客、旅游综合收入分别增长22.7%、22.3%。农业稳产增效。完成农业增加值64.3亿元、增长4.5%。以榨菜、中药材产业为主导的“2+X”特色效益农业产业体系基本形成。

（三）突出夯基拓能，城乡统筹全面推进

规划引领作用不断强化。城乡总规在全市率先获批，实现“多规合一”一张图。城市功能配套加快完善。大力推进“两线三片一城”项目建设，建成区绿化覆盖率提高到42.5%，山水城市魅力日益彰显。农村基础条件持续改善。村民小组公路通达率、通畅率分别提高到90%、75%。农村集中供水率达到90%。农村用户光纤覆盖率提高到90%。城乡管理水平同步提升。拆除违建40余万平方米。新创建绿色示范村庄21个、美丽庭院1085户。

（四）突出互促共进，发展动能持续增强

创新驱动加力提速。国家火炬涪陵现代中医药特色产业基地建设正式启动，获批重庆市战略性新兴服务业（科技研发）集聚示范区、重庆首批专利信息服务试点区县。华为云计算数据中心建成，主城之外首个5G基站投用。获评重庆市科技进步奖3项。重点改革纵深推进。国企分类改革步伐加快，财税改革深入推进，农村“三变”改革试点和集体资产量化确权改革稳步推进。开放水平不断提高。渝怀铁路二线、南两高速公路加快建设，渝万高铁、涪陵北环高速公路前期工作有序推进。成功创建国家级外贸转型升级基地。新签投资1亿元以上项目38个、产值50亿元以上项目6个。

（五）突出保护治理，生态环境明显改善

加强生态系统保护。建成全市区县首个“智慧河长”系统。治理水土流失面积28平方公里，新增营造林12.5万亩。治理突出环境问题。中央环保督察反馈问题年度整改任务全面完成。船舶垃圾上岸集中处理率达到100%。完善监管体制机制。在全市率先建立区级环保集中督察机制。编制完成生态环保“三线一单”。

（六）突出民生改善，群众福祉不断增进

脱贫攻坚稳步富民。整合扶贫资金16.2亿元，强力推进十大精准扶贫行动。民生实事广泛惠民。城乡养老、医疗保险、社会救助保障水平持续提高。社会事业提质利民。完成义务教育阶段薄弱学校改造任务，普通高考上线率达到99.5%。职业教育获全国技能大赛一等奖15个。成功创建全国基层中医药工作先进区。平安建设和谐安民。安全生产形势稳定向好，森林防火、防汛抗旱、地灾防治等工作成效显著。扫黑除恶专项斗争扎实开展。

此外，我们在自身建设方面持续用力，深化转职能、转方式、转作风，政府行政能力明显提升，政务生态环境不断改善。在工作实践中，我们还深刻认识到存在的一些突出问题：创新内生动力不足，破除传统路径依赖、加快新旧动能转换更显迫切；空间、资源等发展瓶颈凸显，推动高质量发展面临更大考验；教育、医疗、养老、出行等基本公共服务供给还有不少短板；少数政府部门及工作人员抓落实的力度还不够。对于这些问题，我们必须增强忧患意识，拿出硬措施，下足苦功夫，切实加以解决。

二、2019 年工作安排

2019 年是新中国成立 70 周年，是全面建成小康社会、实现第一个百年奋斗目标的关键之年。2019 年政府工作的主要预期目标是：地区生产总值增长 8%，规上工业增加值增长 9%，全社会研发经费支出占比达到 2.1%，固定资产投资增长 10%，社会消费品零售总额增长 10%，进出口总额增长 12%，一般公共预算收入增长 3.5%、其中税收收入增长 8%，城乡常住居民人均可支配收入分别增长 8.5%、9.5%，城镇登记失业率控制在 4% 以内，单位生产总值能耗、主要污染物排放等约束性指标完成市上下达任务。

（一）合力攻坚克难，坚决打好“三大攻坚战”

针对突出问题，进一步集中资源、聚焦重点、细化措施，确保高质量高标准完成年度目标任务。坚决打好防范化解重大风险攻坚战。加强经济运行监测和风险预警，强化政府债务动态监管。发扬新时代“枫桥经验”，深入推进扫黑除恶专项斗争。坚决打好精准脱贫攻坚战。着力解决好影响“两不愁三保障”突出问题。坚决打好污染防治攻坚战。深入实施“五大环保行动”，全面完成中央环保督察问题整改。完成第二次全国污染源普查。

（二）夯实工业支柱地位，推动产业协调发展

以大数据智能化为引领，加快建设重庆重要的现代制造业基地、商贸物流中心。加快提升智能化水平。力争智能产业规模达到 80 亿元，新增智能工厂 2 个、数字化车间 10 个、数字化生产线 100 条。加快推动产业提质增效。力争四大园区产值分别增长 16%、17%、20%、15%，五大主导产业产值分别达到 310 亿元、500 亿元、390 亿元、290 亿元、50 亿元。加快发展现代服务业。开业运营万达广场、红星美凯龙家居生活馆。加快推动武陵山大裂谷创 5A 级景区、816 地下核工程创 4A 级景区、武陵山旅游区创国家级旅游度假区，力争接待游客突破 2000 万人次。

（三）进一步优化营商环境，激发各类市场主体活力

积极支持民营经济发展。着力破解民营企业准入、融资、降本增效、引才用工、创业、转型升级等难题。积极深化国资国企改革。加快推进监管职能转变，推动国企做精主业、分离辅业、转型发展。积极营造良好营商环境。全面落实“全渝通办”，提升行政审批服务“四办”水平。巩固服务企业“三百”行动成果。

（四）全力提升城市品质，增强城市综合承载能力

着力优化城乡空间结构。围绕区域性中心城市定位，抓好城乡总体规划落地，高水平利用“多规合一”成果。着力攻坚“两线三片一城”。突出新城区主战场地位，打造生态新城、科技新城、智慧新城和美丽新城。建好建美老城区，持

续推进城市提质减载和有机更新。着力提升城市管理水平。推进城市细管、智管、众管，深入实施“马路办公”，全面落实“五长制”和“门前三包”责任制。

（五）实施乡村振兴战略，加快农业农村发展步伐

大力发展特色高效农业。高标准推进国家现代农业产业园创建工作，启动建设大顺中药材特色小镇。大力推进农业农村改革。大力改善农村人居环境。

（六）增强集聚辐射能力，强化科教支撑和人才保障

持续推进科技创新。全力冲刺国家级高新区创建，着力打造“环高校创新创业生态圈”。持续深化产教对接、做好人才、推动军民融合。

（七）积极扩大开放，打造内陆开放高地重要支点

强化交通枢纽建设。完善对外通道，强化区域联结，推进港站枢纽建设。强化开放水平提升。确保重庆涪陵综合保税区按期封关运行。强化招商引资工作。力争全年新引进投资亿元以上项目 35 个。

（八）认真做好“三篇大文章”，建设山清水秀美丽之地

加快构筑绿色屏障。持续开展国土绿化提升行动。清理整治自然保护地生态破坏和“大棚房”问题。加快发展绿色产业。加快建立健全以产业生态化和生态产业化为主体的生态经济体系。加快建设绿色家园。积极推进国家森林城市创建，力争成功创建国家生态文明建设示范区。

（九）坚持以需求为导向，切实保障和改善民生

完善制度，守住底线，扩大公共服务供给，提高公共服务质量，努力在发展中解决群众期盼问题，顺应人民对美好生活的需要。着力做好就业社保工作，倾力办好重点民生实事，聚力协调发展教育事业，致力保障人民群众健康，大力繁荣发展文化事业。

（执笔人：刘蓁）

渝中区

渝中区政府办公室

一、2018年工作回顾

2018年，渝中区全年地区生产总值（GDP）1203.9亿元，增长0.9%，地均生产总值60.0亿元/平方公里，人均生产总值为182540元。全年第二、第三产业增加值分别为38.4亿元、1165.5亿元，分别增长13.0%、0.5%。第二、第三产业比例为3.2∶96.8，第二产业对GDP的贡献率为59.4%。第二产业中，工业和建筑业增加值分别为6.0亿元和32.3亿元，分别增长2.5%和15.6%。全年区域税收收入208.0亿元，下降1.4%，占GDP的比重为17.3%。一般公共预算收入46.4亿元，下降6.7%，其中税收收入37.8亿元，下降4.6%，税收收入占区级公共财政预算收入的比重为81.5%；一般公共预算支出71.3亿元，下降15.4%。

——全力发展现代服务业。着力稳住金融、商贸"基本盘"，新引进天弘基金、国融证券等市级金融机构4家，金融机构人民币存贷款余额超过9000亿元，金融业增加值占地区生产总值的26%；迦达、蔻蕊等10个国际知名品牌相继入驻，37个全新品牌首入重庆并落地解放碑和大坪商圈，两大商圈社会消费品零售总额分别达到570亿元和160亿元，全区商品销售总额3500亿元、增长10%，商贸业增加值占地区生产总值的24%。文化旅游活力迸发，以洪崖洞、长江索道为代表的旅游景区持续火爆，以红色经典、老街老巷为代表的历史文化旅游加速升温，国家全域旅游示范区创建有序推进，获评"全国首批国民休闲旅游胜地""全国最受欢迎全域旅游目的地"，解放碑商圈荣获"全市最具人气商圈"称号，新增重点文旅企业25家，规模以上文化旅游业营业收入1000亿元、增长12%，全年旅游收入达到380亿元、增长20%。数字产业迅速发展，大力实施以大数据智能化为引领的创新驱动发展行动计划，成功承办智博会区块链分论坛、举办重庆市人工智能与大数据院士论坛，全力建设重庆“链岛”智能产业集聚区，重庆市区块链产业创新基地入驻企业28家，规模以上信息产业营业收入28亿元、增长15%。专业服务业、健康医疗业亮点纷呈，人力资源、工程管理、法律服务等行业持续增长，规模以上专业服务业营业收入162亿元、增长25%；启动“环重医创新生态圈”建设，新引入重庆适达口腔、瑞力医疗美容等中外合资医院及机构，仁品耳鼻喉等民营专科医院开业投用，规模以上健康医疗服务业营业收入300亿元、增长10%。楼宇经济、总部经济不断壮大，现代服务业集聚区建设提速增效，凯德来福士、重庆中心项目等一批高端载体加快推进，光控朝天门中心项目等一批商务楼宇开放运营，推动商社大厦、创意大厦、民生大厦等30栋老旧楼宇完成改造，新增酷狗科技、港力环保等总部及重点企业50余家，新增税收亿元楼宇3栋、总数达37栋。

——全力提升城市品质。稳步推进城市有机更新和历史风貌保护，“城市双修”七大专项行动266个项目有序实施，山城巷、马鞍山、李子坝等传统风貌区和鲁祖庙、戴家巷等山城老街区建设提速提质，十八梯传统风貌区首开区、湖广会馆及东水门历史文化街区首开区完工，白象街传统风貌区一期开街运营，金汤街等8个特色老社区改造完工，保护修缮中苏文协旧址、中法学校旧址等15处文物，提档升级怡园、巴蔓子墓综合环境，顺利启动韩国光复军总司令部旧址、朝天门城墙等22项文物保护项目。扎实开展基础设施建设提升行动计划，曾家岩大桥和轨道9号线、10号线等重点项目推进顺利，渝澳大桥两路口分流道等道路建成投用；继续完善路网系统，解放碑地下环道三期、雷家坡立交等重点项目稳步实施，解放碑、朝天门品质提升项目有序推进，山城步道加快建设、佛图关公园步道和古城墙定远门—临江门段步道顺利完工，完成渝州路、菜袁路等主次干道隔离设施改造102公里，新建公共停车场9个、新增停车位900个；完善管网、能源、通信等基础配套，改造排水管网4.5公里、老旧燃气管道50公里，完工朝天门110千伏输变电站工程，新增4G基站325个，重点公共场所免费WiFi全覆盖，城市功能价值有效提升。以“绣花”功夫狠抓城市精细化管理，坚持大城细管、大城智管、大城众管，定人定岗定责常态化开展“马路办公”，率先实施城市综合管理“五长制”。坚决打好污染防治攻坚战，大力推进生态优先绿色发展行动计划，深入实施“五大环保行动”，全面落实河长制，圆满完成两江沿线餐饮船舶整治工作，全力抓好中央和市级环保督察反馈问题整改，饮用水水源地水质达标率100%，实现空气质量优良天数306天、同比增加35天，PM2.5等6种主要污染物浓度首次实现“全下降”，城市人居品质持续改善。

——全力深化改革开放创新。深入落实12项全区性重点改革专项、78项具体改革项目，持续推进供给侧结构性改革，切实抓好“三去一降一补”，商品房销售面积74万平方米、商业商务楼宇招商去化50万平方米，处置“四久工程”3个、“僵尸企业”285家。国企改革力度加大，推动区级党政机关和事业单位所属企业纳入集中统一监管，坚持市场化方向、推进国企投资方式变革。“放管服”改革持续深化，“全渝通办”行政审批和公共服务事项上线运行，行政审批事项平均要件减少15%，新增市场主体1.2万户。深入推进重庆自贸区和中新合作示范项目建设，落实自贸区改革试点任务112项，在全市率先出台34项自贸区并联审批服务清单，增值税一表集成工作经验在全国推广，新增外资企业及分支机构36家，落地项目10余个、签约金额167.3亿元。解放碑、化龙桥服务贸易产业园服务贸易额分列全市前两名，全区进出口总额110亿元，实际利用内外资210亿元，利用外资结构进一步优化。持续优化营商环境，大力实施“一助二优三转”行动，集中走访企业1800余家，协调解决企业反映共性问题900余件；鼓励民营企业做大做强，严格落实企业减负三十条，用好用活产业扶持政策和发展引导基金，实现税费政策兑现“全覆盖”，累计为企业和个人减负33.1亿元。注重精准招商，搭建“1+11+N”招商工作体系，新增世界500强、中国100强企业5家，签约项目和企业1000余个、涉及投资总额超过2000亿元。对外交流进一步增强，圆满完成新加坡等14个国家政要团参观访问渝中接待工作。创新发展活力不断释放，新增国家高新技术企业30家、科技型企业100家、牛羚企业13家、瞪羚企业1家，支持科技计划项目106个，有效发明专利增长10%，建成智慧景区8个、智慧社区23个。

——全力提升人民生活水平。着力扩大惠及面、提高精准度、增强实效性，大力实施以需求为导向的保障和改善民生行动计划，群众福祉不断增加。用心用情办好15件民生实事，完成棚户区改造10万平方米、房屋“两证”遗留问题化解19.8万平方米、老旧住宅加装电梯21台，一批群众关切的问题加快解决，连续两年在市考核中取得佳绩。坚决打好对口帮扶·城市解困攻坚战，重点群体关爱帮扶投入1.6亿元、惠及50万人次，城镇新增就业4.5万人，社会保障水平稳步提高，继续做好对口帮扶巫溪工作。公共服务优质均衡发展，全面落实科教兴区和人才强区行动计划，3篇德育案例入选全国德育工作典型经验，名师、特级教师工作室达到28个，优化大坪石油路片区校点布局，加快中华路小学外国语学校等10个项目建设，积极推动回购原武警一支队营房用地支持办学，中小学幼儿园集团化办学覆盖率达66%，公办园在园幼儿占比达40%、普惠性幼儿园覆盖率超过71%，巴蜀小学申报的《基于学科育人功能的课程综合化实施与评价》获评国家级教学成果特等奖；国家公共文化服务体系示范区创建成果不断巩固，创新引入社会资本打造曾家岩书院、的米24小时城市书房等公益图书馆，精心组织文化惠民活动600场、惠及20万人次，荣获市级以上文艺奖项17个；综合医药卫生体制改革取得新进展，中医骨科医院迁建项目土石方基本完成，新增家庭医生工作室15个、签约率达25%，荣获全国十佳慢性病综合防控示范区，圆满完成全国精神卫生综合管理试点工作评估；广泛开展全民健身活动，建成新都巷、上肖家湾社区体育文化公园；保障6677户城市住房困难家庭居住需求；持续扩大养老服务供给，新增社区养老服务中心（站）5个，提供政府购买居家养老服务、惠及8000余人次，获批全国第三批居家和社区养老服务改革试点区。

——全力维护社会安全稳定。持续深化社区治理“三社联动”模式，建成社区便民服务中心9个，充分发挥劳务纠纷、建筑行业纠纷等10个专业性调解组织作用，成功化解矛盾纠纷3500余件，完成市交办积案13件。重要景点节日期间，增派机关干部、安保人员、城管力量，加强应急值守、巡逻防控、市容秩序维护，全力防控“旅游热”带来的安全风险。严格落实安全责任，深入推进安全生产大排查、大整治、大督查、大执法，拉网式排查整治校园安全、道路交通、地质灾害等重点行业领域安全隐患563个，全区安全生产形势平稳向好。切实加强经济领域风险防控，严厉打击违法违规金融活动，政府性债务绿色可控。深入推进扫黑除恶专项斗争，打掉恶势力犯罪集团和组织3个，抓获涉黑涉恶犯罪嫌疑人301人，刑事案件、侵财案件发案率连续三年下降。

二、存在的问题和困难

一是受外部经济下行、基数相对较高、地域空间限制、总部企业搬迁等诸多影响，地区生产总值、区级一般公共预算收入、固定资产投资等指标低于预期。二是对照新时代的职责使命和人民群众日益增长的美好生活需要，有限空间内推动高质量发展、创造高品质生活依然是我区面临的最大任务。三是对标发达城市中心城区，在壮大经济发展总量、深度融入"一带一路"建设和长江经济带发展、释放自贸区带动效应等方面依然存在较大差距。四是对应人文渝中建设工作要求，传统风貌保护、山水资源挖掘、城市精细化管理依然是长期努力方向。五是面对"旅游热"做到"冷思考"，在推动"人气"变"财气"、"游客"变"顾客"、"流量"变"产量"等方面更需靶向攻坚、精准施策。六是安全稳定压力较大，社会治理任务繁重，民生保障和改善更要迎难而上、久久为功。

三、2019 年发展重点任务和目标

在确保发展质量效益的前提下，从实际情况出发，2019 年经济社会发展主要预期目标是：地区生产总值增长 3%，区级一般公共预算收入 44.5 亿元左右，社会消费品零售总额增长 7.5% 左右，固定资产投资总额 200 亿元左右，城镇居民人均可支配收入增长 8% 左右，实际利用内外资 230 亿元左右。围绕实现 2019 年经济社会发展目标，着力做好以下四个方面工作。

一是持之以恒加快产业转型升级，努力推动高质量发展。牢牢把握现代服务业发展新趋势，推动资源集约、要素集聚、产城融合，加快增量崛起、存量变革、动能转换，持续提高经济发展质量和效益。二是用心用情保障和改善民生，倾力创造高品质生活。坚持实施以需求为导向的保障和改善民生行动计划，着力解决群众最关心、最直接、最现实的利益问题，让群众有更多的获得感、幸福感、安全感。三是坚定不移深化改革开放，大力建设内陆开放高地。坚持改革推动、开放带动、创新驱动，立足破解难题、释放活力、提升效率，着力增添发展新动能、构筑竞争新优势。四是持续提升城市品质，全力建设山清水秀美丽之地。贯彻落实"一尊重五统筹"要求，深入实施城市提升行动计划，着力提升城市经济品质、人文品质、生态品质、生活品质，努力实现干净整洁有序、山清水秀城美、宜业宜居宜游。

（执笔人：刘冠男）

大渡口区

大渡口区统计局

一、2018年发展回顾

2018年，是全面贯彻党的十九大精神的开局之年，是改革开放40周年。2018年以来，面对复杂多变的宏观环境和艰巨繁重的改革发展任务，全区上下坚持以习近平新时代中国特色社会主义思想为指导，主动把握和积极适应经济发展新常态，牢固树立和践行新发展理念，持续推进产业转型升级，着力推动高质量发展，经济运行基本面稳定。

全年实现地区生产总值228.1亿元，同比增长2.7%。完成社会固定资产投资204.1亿元，增长9.5%；社会消费品零售总额增长2.6%；规上工业增加值同比下降9.9%；一般公共预算收入21.4亿元，同比增长10.6%；全区居民人均可支配收入实现37443元，增长8.2%。

（一）经济总量实现新跨越，第三产业占据主导

经济总量完成新突破。2018年，全区GDP总量首次突破200亿元，达到228.1亿元，同比增长2.7%。

第三产业支撑作用明显。在第一、第二产业对GDP增长负拉动的情况下，第三产业实现增加值150.3亿元，同比增长6.2%，对地区生产总值贡献率146.9%，占地区生产总值的比重达65.9%。其中，批发和零售业增加值增长7.1%，房地产业增加值增长5.0%，交通运输、仓储和邮政业增加值增长4.2%，住宿和餐饮业增加值增长2.3%，分别拉动地区生产总值增长0.6个、0.4个、0.2个、0.1个百分点。

（二）工业经济优化升级，高质量发展夯实基础

从工业投资结构看，技改创新投入不断加大。2018年，国际复合、秋田齿轮等17家企业实施智能化改造，全区工业企业全年完成技改投资7.1亿元，占比48.9%，较上年提高18.9个百

分点。培育市级新型研发机构2个，各类研发平台40个，企业研究与试验发展投入占地区生产总值的比重预计为2.4%。

从工业产品结构看，新兴产品产量高速增长。数字激光音视盘机、卫星导航定位接收机、玻璃纤维纱等新兴产品分别增长59.6%、3.3倍、14.4%，明显优于传统产品（如水泥、混凝土、皮鞋等）的产量，为工业转型升级奠定了坚实基础。

（三）固定资产投资增势平稳，房地产销售规模空前

固定资产投资保持平稳增长。全年全社会固定资产投资完成204.1亿元，同比增长9.5%，增速在22区中排第14位，带动建筑业和房地产业增加值分别增长7.1%和5.0%，共同拉动GDP增长0.8个百分点，贡献率达45.5%，比两行业增加值占全区生产总值的比重（21.6%）高23.9个百分点。

房地产销售规模创历史新高。全年房地产市场类投资162.3亿元，同比增长13.9%，占房地产总投资额的96.0%；商品房新开工面积260万平方米，增长25%；商品房销售额达到177.8亿元，增长40.3%；佳兆业滨江新城、融科滕王阁、华润万象汇等多家楼盘销售规模空前，实现销售面积192万平方米，增长6.7%，在22区中排第6位，规模创历史新高，有力支撑了全区经济稳健发展。

（四）财政收支快速增长，金融领域稳健运行

财政收支较快增长。全区全年完成公共财政预算收入21.4亿元，同比增长10.6%。三大主要税种增值税、企业所得税和个人所得税分别同比增长6.7%、39.6%和40.1%。完成公共财政预算支出35.5亿元，增长2.3%。

金融运行态势良好。截至12月底，金融机构存款余额为486.41亿元，同比增长15.7%，其中，居民储蓄存款269.8亿元，同比增长7.1%；贷款余额为655.83亿元，增长24.7%。

（五）转型升级持续推进，新兴动能加速壮大

新兴产业蓬勃发展。作为经济发展的新动能之一，高技术产业和战略性新兴产业的发展带动了经济的转型。全区新认定国家高新技术企业20家，实现产值70.3亿元，同比增长27.1%，占规模以上工业的38.2%；战略性新兴产业实现工业总产值74.2亿元，增长16.1%，高于全区工业18.1个百分点，拉动全区工业增长5.5个百分点，是推动全区工业发展的重要动力。

新兴业态增势良好。2018年，全区规模以上战略性新兴服务业、科技服务业、高技术服务业等表现较好，分别实现营业收入12.2亿元、7.2亿元、12.3亿元，同比增长18.3%、17.8%、17.4%，成为带动服务业发展的中坚力量。

创新创业活力迸发。2018年，万人发明专利拥有量达17.5件。全区市场主体大幅增长，工商新登记企业1669家，新登记个体工商户3210户。

（六）质量效益明显提升，居民收入稳步增长

企业效益逐步向好。1—11月规上工业企业实现利润总额12.5亿元，同比增长1.9%；主营业务收入利润率实现7.8%，成本费用利润率8.5%，均与上年基本持平；规上服务业企业实现营业收入45.4亿元，增长34.5%；实现营业利润5.1亿元，营业利润率达到11.3%；1—3季度（4季度财务表免报），建筑业企业实现营业收入145.6亿元，增长5.4%；实现利润总额6.5亿元，增长10.0%；

民生福祉持续改善。全年全区居民人均可支配收入达37443元，同比增长8.2%。从城乡来

看，城镇常住居民人均可支配收入 37911 元，增长 8.2%；农村常住居民人均可支配收入 19847 元，增长 8.2%。

二、发展中存在的问题

2018 年以来，经济运行稳中有变，我区处在经济转型过程中，发展不平衡不充分的问题也较为明显。一是传统行业发展低迷，调整转型尚需纵深推进。二是支柱产业规模偏小，新兴产业尚需培育壮大。三是非公经济经营艰难，营商环境尚需持续改善。四是后续增长动力不足，投资结构尚需不断优化。

三、2019 年发展目标

2019 年大渡口区经济社会发展主要预期目标是：地区生产总值增长 3%，规上工业增加值增长 3%，规上工业企业利润增长 5%，四大支柱产业增加值占地区生产总值的比重达到 25%，全社会研发经费支出占地区生产总值的比重达到 2.5% 以上，固定资产投资增长 6%，社会消费品零售总额增长 3%，一般公共预算收入增长 6%，全区居民人均可支配收入增长 6% 以上，城镇登记失业率控制在 3.7% 以内。

江北区

江北区人民政府办公室

一、2018 年工作回顾

2018 年，江北区坚持以习近平新时代中国特色社会主义思想为指导，牢固树立“四个意识”，做到“两个坚决维护”，全面贯彻落实党的十九大精神，紧扣习近平总书记对重庆提出的“两点”定位、“两地”“两高”目标和营造良好政治生态、做到“四个扎实”的重要指示要求，在市委、市政府和区委的坚强领导下，在区人大、区政协的监督支持下，聚焦“高质量”“供给侧”“智能化”，坚决打好“三大攻坚战”，大力实施“八项行动计划”，扎实做好“六个稳”，坚决肃清孙政才恶劣影响和薄熙来、王立军流毒，沉心静气，奋力攻坚，打赢了一些硬仗，攻克了一批难关，经济社会发展跃上新台阶。

一是经济总量实现历史性跨越。地区生产总值突破千亿元大关，增长 9%，增速位居主城第一；人均生产总值超过 11 万元，跻身全市第二；城乡居民收入增长与经济增长基本同步，均位居主城前列。全口径税收完成 254.2 亿元，一般公共预算收入 77.8 亿元，全口径税收和一般公共预算收入总量均保持全市第一。存贷款余额突破 1.3 万亿元、占全市的近 20%，总量位居全市第一。全社会固定资产投资 410 亿元，增长 9.1%。规模以上工业总产值 888.5 亿元，增长 8.6%。商品销售总额 3668.6 亿元，增长 10.2%。

二是“智能江北”先行优势凸显。组团长安、海尔、西门子、思科等重点企业精彩亮相智博会，全面呈现大数据智能化为江北“经济赋能、生活添彩”的新气象。海尔工业园投资 4 亿元数字工厂改造基本完成，思科、阿里云等 17 个智能产业项目签约落地，全市首个“智能党建”、智能监察大数据平台建成投用，行政审批事项 100% 接入全市网上政务大厅，智慧城管项目入选中国“互联网 +”优秀案例，“智能江北”成为驱动高质量发展的强劲“芯片”。

三是营商环境持续优化。全区掀起招商引资热潮，签约项目 492 个，为高质量发展积蓄新动能；建立“三送两办一访”机制，区领导带头主动联系重点企业 148 家，仅用 10 天为海尔公司拖延 10 年的 69 万平方米厂房办理产权证，上市公司财信发展成功回归江北，发出服务企业发展、壮大实体经济的最强音；“放管服”改革创新推行“容缺受理”机制，窗口接件效率翻倍，大胆尝试依法附带限期的行政许可模式，为大九街等历史文化街区建设松绑，激发社会投资；空气质量优良天数达 317 天，位居主城第一；顺利通过全国文明城区复审，巩固全国社会治安综合治理最高奖“长安杯”，竭力优化宜居宜业的发展环境。

四是一批大事难事取得重大突破。一举拆除非法餐饮船舶 41 艘，困扰全市 20 余年的环保污染顽疾在江北率先取得重大突破。持续攻坚克难，全面完成中办督办项目果园港征收交地工作；强力攻坚寸滩黑石子村环境综合整治，短短 4 个月完成 90% 的整治任务，为根治黑石子村“脏乱差污危”打下坚实基础；突破债务受控融资受限瓶颈，促成 500 亿元半导体产业发展基金和长安新能源汽车发展基金落地；轨道环线东北环、轨道 4 号线建成投用，寸滩、铁山坪地区结束无地铁历史。

五是江北形象进一步彰显。成功举办首届长江上游城市花卉艺术博览会，江北成为重庆“山水之城，美丽之地”最靓丽的展示窗口；顺利举办江北嘴新金融峰会，加快打造中国西部最权威的金融论坛和江北对外开放新名片；承办第五届中国未来学校大会，吸引上千名国内外专家学者激荡思想智慧，极大提升了江北的知名度和美誉度；顺利完成迎接国务院大督查、中央扫黑除恶第 9 督导组督导、中央信访督察任务，马善祥同志上榜党中央表彰百名“改革先锋”，集中展现了新时代江北党员干部干事创业的精气神。

六是科技创新成效显著。以大数据智能化为引领的创新驱动发展战略行动计划精彩开局，紫光南方云互联网信息技术研发院、再生医学与健康技术研究院、迈基诺基因技术研究院等 10 家高端新型研发机构落地，启迪协信科技城开工建设，累计柔性引进 28 位院士、专家实质性参与技术创新项目，开发高技术产品 21 个。全年新增高新技术企业 27 家，新入库重庆市科技型企业 216 家，在国家科技型中小企业评价系统新备案企业 55 家，累计培育 4 家科技企业挂牌新三板、OTC 进入资本市场，全社会 R&D 投入占生产总值的比重达 3.3%。新增平伟汽车零部件等 4 家国家知识产权优势企业，全区万人发明专利拥有量达 22 件。

七是加快建设内陆开放高地示范区。果园港站上“新起点”，获国家启运港退税政策支持，重庆果园保税物流中心（B 型）正式获批，中欧班列（重庆）“德国曼海姆港—果园港”班列成功开行，果园港成为“一带一路”和长江经济带联结点的关键支撑。承接中新项目“扛重担”，新引进新加坡易通教育等重点项目，中信银行国际业务运营中心、江北嘴国际投融资路演中心等一批标志性项目活力释放。自贸试验区建设“树标杆”，全面复制推广自贸试验区改革试点经验，“构建商标网络化交易新模式”作为首批创新典型案例在全市推广，成功召开全市自贸试验区现场观摩会，江北自贸板块新设企业 952 家、签约项目 119 个。妥善应对中美经贸摩擦，实现整车进口 761 辆，跨境电商交易额 18 亿元，口岸物流 71 万标准箱，完成外贸进出口总额达 330 亿元，实际利用外资 6 亿美元；组织 26 家企业赴上海参加首届进博会、完成采购额 208 亿元；支持进出口企业稳外贸，润际远东新材料公司出口逆势增长。招商引资“喜报传”，接待拜访今日头条、阿里体育、网易等企业 840 家，成功引进恒大高科等一批辐射带动力强、科技含量高、财税贡献大的龙头项目，其中投资额达千亿元的 1 个，超五十亿元的 8 个，超十亿元的 44 个，总投资额 3166 亿元，实际利用内资 197 亿元。加强对外交往，与意大利皮亚琴察市缔结正式友城关系。

八是民生保障更加有力。住房保障实现全覆盖，公租房成功配租 6000 余户，完成棚户区改造安置 2300 余户、D 级危房改造 142 户，安置征地群众 1.2 万余人。改造小天鹅花园、山水天城等小区老旧电梯 33 台。健全完善低保制度，再次提高医疗救助标准，对特困供养人员等 5 类重点救助对象全额资助参保，全年累计救助各类困难群众 10 万余人次、4975 万元。全面启动社区养老服务“千百工程”，新建市级示范社区养老服务中心 2 个、区级社区养老服务站 8 个。投入学生营养改善计划等各类资助 4500 余万元，惠及学生 4.2 万人次。投入近 3000 万元开展中小学课后服务工作，有效解决“课后三点半”难题。就业创业政策全面落实，城镇新增就业 5.5 万余人，城镇失业人员再就业 1.4 万余人，城镇登记失业率控制在 2.5% 以内，城乡养老保险、医疗保险参保率均稳定在 95% 以上。成功处置 11 起拖欠农民工工资案，为 1733 名农民工追讨工资 3500 余万元。

九是政府自身建设全面加强。深入开展“兴转促”行动，法治政府建设深入推进。主动接受人大法律监督、工作监督和政协民主监督，坚持重要工作、重大事项向人大报告、与政协协商，邀请人大、政协领导列席区政府常务会，认真听取意见，及时接受监督，支持和配合人大代表和政协委员开展工作，办理人大代表建议和政协委员提案 679 件，办结率达 100%、满意率和基本满意率达 99% 以上。认真落实“三重一大”决策制度，修订完善政府工作规则。深入推进政务公开和政府信息公开，完善社会公示和听证制度，保障人民群众的知情权、参与权、监督权。政府各部门实现法律顾问全覆盖。推进全民守法，顺利通过全市“七五”普法中期检查。廉政建设切实加强。坚决履行政府系统全面从严治党主体责任，狠抓中央八项规定精神落地生根，围绕建设廉洁政府目标，深化标本兼治，加快转变政府职能，以零容忍态度惩治“四风”和腐败，加大重点领域和关键环节腐败整治力度。领导干部带头“明大德、守公德、严私德”，政治生态持续优化，坚持“以案四说”警示教育常态化制度化，廉洁从政向纵深发展。积极支持纪检监察机关认真履行执纪监察职责，强化重点领域廉政风险防控，加大审计监督力度，严格“三公”经费预算管理。

二、发展中存在的问题

一是经济发展面临转型升级跨越关口，“三大变革”迫在眉睫，供给侧结构性改革任务艰巨；二是城乡区域发展不平衡不充分，城市功能不够完善，基本公共服务存在短板；三是资源环境约束趋紧，环境质量还需进一步提升；四是优化法治环境、创新社会治理任务依然艰巨；五是营商环境有待进一步改善，民营经济发展仍然存在诸多障碍；六是党风廉政建设和反腐败工作仍需常抓不懈。

三、2019 年发展目标

2019 年，江北区国民经济和社会发展的主要预期目标是：地区生产总值增长 7.5% 左右，规模以上工业增加值增长 5.5% 左右，社会消费品零售总额增长 7% 左右，全体常住居民人均可支配收入增长 8% 左右，单位生产总值能耗下降 3.55% 以上，城镇登记失业率控制在 2.5% 以内。

（执笔人：杨颖睿）

沙坪坝区

沙坪坝区人民政府办公室

一、2018年沙坪坝区经济社会发展回顾

预计完成地区生产总值950亿元、增长3.5%，工业增加值310亿元、增长9%，社会消费品零售总额370亿元、增长5%，固定资产投资总额391亿元、下降10%，一般公共预算收入55.21亿元、下降17.7%，辖区税收203亿元、增长22.3%，全体居民人均可支配收入3.7万元、增长8%，为实现全面建成小康社会目标奠定了坚实基础。

一年来，主要做了以下工作。

（一）着力创新引领，科创智核聚力打造

聚集科研主体，引进中科大·中电科量子通信联合实验室、中软国际智能研究院、重庆模具及成型智能研究院等研发机构18家，与中国航天科工、中国电子科技、中国机械工业集团等6家央企和华中科技大学、中国石油大学、重庆大学等9所高校签署合作协议。夯实转化平台，引进中电光谷、武汉光电工业研究院、北京英诺等创新服务平台6家。优化创新环境，新增市级新型高端研发机构1家、院士专家工作站2家、科技型企业137家、国家高新技术企业11家，引进产业基金3支，柔性引进两院院士、领军学者等高层次人才19名，R&D投入占比3.1%，万人发明专利拥有量保持全市第一。

（二）着力产业提质，转型升级加快推进

加快提振先进制造业，大连光洋精密数控机床、小康三电、未动科技等36个亿元级项目签约，万普隆能源科技产业园、中科纳通电子材料产业园等4个项目开工建设，旺成科技、科旭生物医药等4个项目投产，高端智能装备等特色产业逐步集聚；细化芯片产业链，引进渝芯微芯片设计研究院、东微科技集成电路研发中心等项目5个。提质发展现代服务业，万达广场、沙磁

巷开街投运，杭州传化智联、美国安博物流中心、普洛斯跨境贸易基地等25个商贸物流项目签约，新增商贸设施面积26万平方米；签约陕旅金碧正街、北京奥山冰雪、华宇文旅综合体等旅游项目18个，旅游总收入增长3.6%；全国首个国际货运支付结算平台锦程付汇通落地，锦程物流网、美团小贷、万达小贷等7个项目签约，丝路担保、中银国际、金诚互诺互联网保险等3家金融机构落地。加大招商引资力度，实施精准招商，2018年正式签约金额突破1000亿元，其中10亿元以上22个、100亿元以上4个，工业项目投资占比达44%。

（三）着力改革开放，动力活力持续增强

持续深化重点改革，完成年度重点改革任务17项，为企业减负14亿元，供给侧结构性改革取得实效；启动区属国有企业投融资体制改革；启动农村"三变"改革试点，53个村完成农村集体产权制度改革。持续推进对外开放，中新互联互通项目"陆海新通道"上升为国家战略、开行班列600班，中欧班列（重庆）突破1200班，沙坪坝成为"一带"与"一路"连接支点、多条国际铁路物流通道起点；自贸区落实创新举措63项，铁海联运信用证探索案例在全国复制推广；新增外贸企业61家，进出口总额、实际利用外资分别增长15%、8.9%。持续优化营商环境，深化"放管服"改革，行政审批事项清理取消16项，审批时限压缩48.7%；出台12项举措支持民营经济发展，扎实开展集中走访精准服务民营企业活动，帮助解决企业困难200余个。

（四）着力城乡融合，环境品质改善提升

实施城市提升战略，建成站东路下穿道等12个项目，保障"两站"顺利开通；轨道环线通车，打通富洲路延伸段等8条"断头路"，新增停车位6000个，新建人行步道10公里。新增绿地120万平方米，"增绿添园"14个、靓化隧道12座；开展白公馆、渣滓洞、烈士墓红岩景区周边环境和磁器口、大学城等重点区域综合整治。攻坚征地尾欠户623户；依法拆除违法建筑555万平方米；成功获评全国文明城区提名区。实施乡村振兴战略，加快7个示范村打造；新增"四好农村路"100公里、改厕1400户，66个行政村4G网络和光纤全覆盖；打造萤火谷农场等项目27个，新增市级名牌农产品3个，成功申报农旅融合试点区；回引本土人才84名。

（五）着力治污攻坚，生态治理成效明显

落实环保督察整改任务，全面完成中央和市级环保督察交办的整改任务，缙云山自然保护区42个督办问题全部销号。打好污染防治攻坚战，落实"河长制"，三级河长巡河2.2万次、督促解决问题3300余个，建成排污管网90公里、扩建污水处理厂3个，饮用水源保护区餐饮船全部取缔，清水溪等4条溪河消除黑臭，梁滩河等13条河流水质持续改善；整治大气污染源600余个，坚决打赢"蓝天保卫战"。

（六）着力共建共享，民生福祉不断增进

加强民生保障，推进普惠性、基础性、兜底性民生建设，完成2866户棚户区改造，办成21件民生实事；新增就业6.9万人，城镇登记失业率控制在3%以内；精准扶贫帮困2506户，发放各类救助金6500万元；启动居家和社区养老服务改革试点。发展社会事业，新增普惠性幼儿园26所，建成投用中小学5所，规范义务教育招生，加强青少年心理健康教育，创成全国数字化学习先行区。区人民医院井双院区启动前期工作，区中医院新院区投用。区档案馆、方志馆基本建成。加强风险防控，围绕“不断链、促发展”，加强盘活资源、增收节支、精细管理，债务总额下降35亿元，债务风险总体可控。深入开展“扫黑除恶”专项斗争，打掉恶势力犯罪集团、团伙7个，破获涉恶案件142起；深入开展安全生产大排查、大整治、大执法活动，一般生产安全事故起数、死亡人数分别同比下降20%、17.1%。

二、发展中存在的问题

（一）经济结构与质量不优

一是工业大而不强。总量2000多亿元，但未形成多点支撑的格局，电子信息产业“一业独大”。二是服务业不优。社零指标持续下滑。全区消费市场总体处于中低端水平，总部型商贸企业缺乏。三是收入结构不优。从区域税收行业占比来看，房地产一枝独秀，房地产税收的不可持续性决定了我区税收结构亟待优化。

（二）债务管控与持续发展的矛盾突出

我区债务规模在全市居前列。同时，全区发展尤其是民生领域，重点项目需要大量资金，在禁止新增债务的约束下，发展矛盾比较突出。

（三）城市基础设施还存在“不齐备”“不均衡”问题

东部城区功能超载，人口过于密集，西部城区功能不完善导致人气、商气不足。交通拥堵问题尚未根本扭转，一些路段高峰时段的拥堵比较严重；城市立面视觉效果有待提升，城市坡、坎、崖、桥下等空间美化绿化不足；全区部分高楼消防设施不完善，安全隐患突出；违法违章建筑量大面广，散乱污企业大量存在；“一山（中梁山）一河（梁滩河）一部（城乡结合部）”环境治理压力大，治污基础设施短板仍需加快补齐，管网错接、漏接大量存在；治污能力与排污现状不匹配，污水排放量远超处理能力；等等。

三、2019年发展目标

基于2019年我区经济社会发展工作的总体要求，综合各种因素，提出主要经济预期目标：地区生产总值增长4%；固定资产投资总额增长5%；社会消费品零售总额增长6%；进出口总额增长8%；工业增加值增长8%；一般公共预算收入增长6%；全体居民人均可支配收入增长8%。

（执笔人：向锦扬）

九龙坡区

九龙坡区人民政府办公室

一、2018年发展回顾

2018年，九龙坡区坚持以习近平新时代中国特色社会主义思想为指导，紧扣习近平总书记对重庆提出的“两点”定位、“两地”“两高”目标和营造良好政治生态、做到“四个扎实”的重要指示要求，坚持稳中求进工作总基调，聚焦高质量、供给侧、智能化，紧紧围绕“三高九龙坡、三宜山水城”总愿景，大力弘扬“九心归一、龙行天下”人文精神，聚力推进“九龙一坡”十项重点任务，谋划打造“五个升级版”，切实抓好止滑促增“十件急事”。

全区实现地区生产总值1211.3亿元、增长3.6%，全社会研发经费支出占比达到2.8%、提升0.15个百分点。固定资产投资增长0.1%，社会消费品零售总额增长6.2%，一般公共预算收入增长14.8%，进出口总值、服务贸易额、实际利用外资分别增长31.3%、8.0%、17.2%，存贷款余额增长13.5%。三次产业结构调整为0.5∶38.0∶61.5。万人发明专利拥有量19.7件，科技进步贡献率66%。市场主体17.4万户，上市挂牌企业、规上工业企业及市级以上认定研发和创新创业服务机构、市级以上认定科技型企业总量稳居全市前列。

（一）坚持抓重点补短板强弱项，三大攻坚战开局良好

打好防范化解重大风险攻坚战。强化源头治理、动态管理、应急处理。破获全市涉案人数最多“套路贷”涉恶诈骗犯罪团伙专案，银行业不良率、小贷不良率、担保代偿率保持低位。实施政府隐性债务化解方案，政府存量债务全部置换为低成本债券。打好精准脱贫攻坚战。全覆盖摸清入库帮扶基数1.1万户，实施精准帮扶1.7万人。全面完成对口帮扶城口县三年计划年度任务。打好污染防治攻坚战。改扩建污水处理

厂4个，梁滩河水质达标，跳磴河完成清水绿岸整治，长江干流九龙坡段水质保持优等。建成大气网格化监测及预警平台，PM2.5平均浓度下降9.3%。主要污染物排放总量持续下降。

（二）坚持稳底盘调结构强韧性，产业转型升级稳健深入

强化工业立区。规上工业企业增量总量排全市第一、主营业务收入利润率4.8%，规上高新技术企业和规上战新制造业企业产值分别增长4.9%和10.9%，获评市级优秀创新型企业10家，创建市级以上两化融合贯标试点企业12家，技改占工业投资的比重达44.8%。培育城市经济。重庆高新区获批国家检验检测高技术服务业集聚区。创建全市首批战略性新兴服务业集聚示范区2个，34栋重点楼宇营业收入超过400亿元、税收超亿元楼宇达10栋。跨境电商交易额和旅游综合收入分别增长58.4%和15.1%，高技术服务业收入突破150亿元。大力招商引资。签约项目合同协议投资额2242亿元、增长163.8%，落户高端创新主体23家、投资亿元以上项目117个。重庆中小企业智能化赋能中心、中国中药重庆产业园等16个重点项目开工建设，福中集团重庆总部、精准生物二期等21个重点项目加快实施，隆鑫宝马摩托车整车、忽米网全球工业服务平台等21个重点项目投产投运，中迪广场、江厦星光汇建成投用。优化营商环境。公布政务服务“四办”清单1122项，全市率先实施“证照分离”改革等4项试点。全国小微企业创业创新基地城市示范累计带动新增小微企业7.7万户。集中走访规上限上民营企业926家，推行服务专员制度。

（三）坚持优布局建体系育生态，国家自主创新示范区取得新进展

从改革源头上供给阳光。示范推进科技体制综合改革6项试点，成功创建国家知识产权示范城市，专利授权7305件、注册商标3.4万件、驰名商标21件，均居全市前列。从平台载体上优渥土壤。市级以上认定研发和创新创业服务机构、市级以上认定科技型企业、市级以上创新创业高层次人才分别达到285家、1628家和481名，树兰医疗集团与区人民医院共建九龙坡区首个区级院士专家工作站。从要素融通上蓄积养分。知识价值信用贷款改革累计帮助区内155家企业获贷2.8亿元，全市率先试点并获批单笔最大中小企业商业价值信用贷款，“渝新券”累计发券1.57亿元，重庆科技要素交易中心挂牌运营，重庆科技服务大市场累计实现交易额120亿元，成功发行全国首单公募类“双创债”。从人文生态上涵养空气。引入阿里巴巴、创业黑马等知名品牌，承办中华国际科学交流基金会科学与艺术发展论坛、舒曼国际青少年钢琴大赛亚太选拔赛、首届重庆开放数据创新应用大赛等展会赛事，科普文化重庆云终端实现城乡社区全覆盖，城市创新开放人文气息更加浓厚。

（四）坚持挖潜力增活力提动力，改革开放不断推向前进

制定区属国企激励约束管理办法。国库集中支付电子化和公务卡改革实现全覆盖。实现环保费税制度顺利转换，税收占一般公共预算收入比重提高2.3个百分点。农村土地承包经营权确权登记颁证基本完成调查测绘。建立耕地及永久基本农田保护激励机制。创建全市劳动保障监察执法示范区。启动医养结合三年行动计划，国家慢性病综合防控示范区通过国家复审。全市首个24小时自助图书馆、首个城市体育服务综合体建成开放。划定生态保护红线42.5平方公里，落实四级河长全覆盖，启动梁滩河流域横向生态保护补偿改革试点。全面落地自贸试验区60项改革试

点，注册企业、市场主体增量均居全市首位。融资租赁企业达到10家，对外投资企业和超千万美元出口企业分别达到37家和26家，新增外资企业43家。完成驻区部队全面关停有偿服务项目任务。

（五）坚持筑本底塑骨架强管理，城市品质迎来全域提升

塑造城市骨架。渝昆高铁九龙坡站纳入全市枢纽总图，青龙咀立交、仰天湖110千伏变电站等竣工投用，14条断头路实现贯通，新改建城市道路31公里、供水排水主管网26公里、天然气管线4公里，基础设施投资增长37.2%。建设智慧城市。区数据共享交换平台及智慧政务体系落地建设，建成全市首个智能立体停车楼，布局汽车分时租赁网点200个，实施免费无线局域网覆盖项目46个，完成“宽带中国”示范城市建设任务。深化五率一专项工作。城市房屋征收138万平方米、集体土地征收7083亩，棚户区改造3820户。盘活利用存量土地8401亩，查处违法用地171亩，消除违法建筑138万平方米。房地产销售381万平方米，新增商业商务面积80万平方米。推进大城智管、大城细管、大城众管。“马路办公”成为常态，全面完成城市管理品质提升八项重点工作。修补市政道路7.7万平方米，新改建停车位6.3万个、天桥地通3座，新增、优化公交线路13条。整治老旧社区和背街小巷10个，实现公共机构生活垃圾分类全覆盖。推动城乡融合生态涵养。滚动实施乡村振兴十大重点建设项目，建成“四好农村路”86公里。完成长江干流消落带治理试点，国土绿化提升行动完成植树造林8800亩、新增绿地99万平方米，新建公园16个。

（六）坚持兜底线促均衡增福祉，社会民生建设扎实推进

建成公共直饮水点45个，新改建公厕41座、农村卫生改厕1.7万户，“三无”高层建筑消防设施维修70栋，老旧居民住宅用水提质1.5万户，15件重点民生实事全面完成，一批老百姓的烦心事得到解决。新增城镇就业5.4万人。城乡养老、医疗参保率巩固在96%以上。实施困难群众救助36万人次、政策保障住房1.1万人。新建社区养老基础设施14个。新改建基础教育阶段学校4所，学前教育普惠率提升10.5个百分点，高考被重点大学录取3773人。计划生育扶助4.4万人次。文体惠民基础设施建成84个，文体活动惠及群众30万人次。新改建社区便民服务中心20个，建成三级公共法律服务平台226个。上级交办疑难信访案件化解率100%，重大矛盾纠纷化解率88.4%。安全生产事故起数和死亡人数分别下降5.1%和8.9%，较大及以上事故零发生。扫黑除恶专项斗争工作获中央督导组肯定，“雪亮工程”入网镜头达4万个，群众安全感满意度持续向好。国防动员和后备力量建设稳步推进，优抚安置双拥工作深入开展。

二、发展中存在的问题

经济结构仍处在深度调整震荡期，传统支柱产业正经历转型关口，新动能成长尚缺乏牵引性项目和成熟产业体系支撑；自主创新离功能分担要求差距明显，高端创新主体源头供给不足，托底孵化技术、产业、制度创新的生态系统尚未构建成型；国土空间不适应当期发展尤其前瞻需求，现状规划突出问题亟待解决，西部槽谷城市基础设施欠账严重；城市治理与社会治理、实体经济与资源环境、财政运行与公共供给问题缠绕交织，教育、医疗、养老、收入、住房、安全等民生领域仍有不少短板，企业生产经营诸多难题现实紧迫。

三、2019年发展目标

2019年经济社会发展主要预期目标为：地区生产总值增长6%左右，全社会研发经费支出占比达到3%；规上工业增加值、固定资产投资、社会消费品零售总额、一般公共预算收入分别增长5%、6%、7%、3.5%；城镇登记失业率控制在4.7%以内，全体居民人均可支配收入增长8%左右；市级以上认定研发和创新创业服务机构、市级以上认定科技型企业和上市挂牌企业、规上工业企业、市场主体总量均保持全市前列，万人发明专利拥有量达到20.5件，科技进步贡献率达到67%，节能减排降碳完成下达任务。

（执笔人：徐皞）

南岸区

南岸区人民政府办公室

一、2018年发展回顾

2018年，南岸区坚持以习近平新时代中国特色社会主义思想为指导，在市委、市政府的坚强领导下，保持定力，坚定信心，扎实抓好“三大攻坚战”“十项重点工作”，聚焦高质量、发力供给侧、推进智能化，迈出了高质量发展的新步伐。

一是经济发展做实向优。全年地区生产总值同比增长2.9%（达到724.8亿元）；三次产业结构比例为0.5∶38.4∶61.1；大数据智能产业规模达到805亿元、增长10.1%，智能终端出货量占比达到82%；全社会研发投入占GDP的比重达到2.9%；固定资产投资增长6.2%（达到353.5亿元）；税收收入增长7.2%（达到55.5亿元），占一般公共预算收入的87.3%，提高13.8个百分点；社会消费品零售总额增长6.9%（达到442.9亿元），商品销售总额增长10.1%（达到1689.1亿元），住宿餐饮营业额增长11.5%（达到116.8亿元），旅游收入增长38.2%（达到168.2亿元）；实际利用外资增长23.8%（达到8.86亿美元），进出口总额增长17.9%（达到15.5亿美元）；城乡居民收入分别达到38703元、21039元，分别增长8.2%、8.3%，农村居民收入连续18年位居全市第一。招商引资签约项目96个，合同总额1550亿元、增长24倍，发展后劲进一步增强。

二是智谷建设起步良好。中国智谷（重庆）科技园建设全面启动。高通中国智能物联网联合创新中心、阿里“飞象工业互联网”等产业创新孵化平台揭牌投运。国家信息中心全国能源大数据中心启动建设，中交通信“全国车联网监管与服务公共平台”等大数据运营平台提速发展。城投金卡RFID智能交通管理技术国家地方联合工程研究中心、易华录城市数据湖示范项目等大数据项目竣工运营，中国信通院西部分院基地开工建设。维沃通信、美的制冷等智能制造企业快速发展，韩国信慕半导体等引领型智能制造项目落地。引入京东、紫光软件、日海智能、芯讯通、医渡云等行业龙头企业研发应用项目。与重庆邮电大学合作，加快筹建中国智谷·环重邮创新创业生态圈。与中国科学院大学、清华大学、同济大学、中国地质大学等知名高校成功合作，打造协同创新示范基地。

三是重大项目扎实推进。重大基础设施加快布局补短板，迎来了崭新的历史机遇。高铁重庆东站和轨道 10 号线二期开工建设，轨道环线东北环通车，规划建设轨道交通新增 91.5 公里、增加 2.3 倍，路网密度位居主城第二。江南立交改造工程等项目启动建设，朝天门大桥下层连接道建成投用。重庆国际马戏城、弹子石老街等一批商旅文融合的城市新地标开业迎宾。重医附二院江南院区等一批惠及民生的公共服务项目如期完成。攻克了一批“老大难”问题，困扰多年的铜元局变电站顺利竣工，烂尾十年的辅仁小区建成交房。

四是城市提升与乡村振兴协调并进。启动实施城市净化、绿化、美化、文化、智能化、服务优化“六化工程”，扎实开展治脏、治乱、治差、治丑“四治”行动。全面完成慈母山隧道、南山隧道、真武山隧道涂装，渝航大道、内环快速路等“窗口门户”和主干道绿化彩化进一步提升。创新实施“五长制”。新增改建绿地面积 389.9 万平方米，涂装城市护栏 161 公里，新建改建社区公园 8 个，新增停车泊位 2.1 万个。改造城市棚户区 19.3 万平方米，整治违法建筑 85.9 万平方米。深入实施乡村振兴战略行动计划，引入神州长城公司，投资 100 亿元打造迎龙湖乡村振兴示范区。农村承包地确权登记颁证、“大棚房”整治取得阶段性成果。动物重大疫病有效防范。启动建设“四好农村路”82 公里，农村小康路村民小组通达率 98%、通畅率 96%。

五是改革开放不断深化。重庆经开区深化“放管服”改革试点示范扎实推进，重庆经开区行政服务中心、自贸试验区政务服务“单一窗口”投入运行，涉企审批事项办理时间提速 60% 以上。以管资本为主的国资监管体系基本建成。国家服务业综合改革试点加快推进，重庆石油天然气交易中心线上交易额突破 100 亿元，百年人寿保险公司保费收入突破 10 亿元，重庆 3D 打印应用创新中心等项目投入运营。南滨路创建国家级文化产业示范园区全面启动，商旅文体联动发展成效显现。成功举办首届重庆全球旅行商大会等展会，重庆国际马拉松赛等品牌效应持续增强。重庆经开区、自贸试验区、中新合作等开放平台融合互动，欧盟中国委员会、中国贸促会在区设立分支机构，国际集团、渝贸通等市级重点贸易企业入驻。完善区领导联系服务民营企业、“双向评价”等机制，制定扶持民营企业发展“十条政策”，累计为民营企业减负 3 亿元，全年新增民营经济市场主体 1.8 万户。

六是生态文明建设进一步加强。协同做好广阳岛·长江生态文明创新实验区规划和生态保护，广阳岛成功入选全国第三批山水林田湖草生态保护修复工程试点。从严保护长江水生态，依法取缔南滨路沿线餐饮船舶 12 艘。全面启动南山生态环境综合治理，整治“四山”范围违法建筑 33.4 万平方米。坚决打好污染防治攻坚战，全区空气质量优良天数创历史新高（达到 305 天），中央环保督察反馈问题整改基本完成。南山石院子污水处理厂等工程竣工，长生桥垃圾填埋场生态修复加快推进。群众环保投诉量下降 16.4%、投诉处理满意度达到 99.3%。

七是社会民生持续改善。市区两级民生实事全面完成。新增普惠性幼儿园 50 所，普惠性幼儿园覆盖率达到 60%。全区基础教育教学成果首次荣获全国二等奖、全市一等奖。区人民医院成功创建二甲医院，国家慢性病综合防控示范区建设通过复审。在全市率先启动和谐劳动关系综合试验区建设，城镇新增就业5万人，城镇登记失业率控制在2.5%以内。城乡医疗和养老保险参保率保持在95%以上。国家公共文化服务体系示范区启动创建。精准扶困持续深化。全国社区治理和服务创新实验区建设通过民政部验收，“三事分流”经验在全国推广。

八是切实打好防范化解重大风险攻坚战。组建区债务委员会，制定并落实化解债务方案，政府债务绿色可控。扫黑除恶专项斗争扎实推进，打击处理涉恶人员348人，破获涉恶案件135件。完善信访维稳机制，矛盾纠纷调解率90%以上。“雪亮工程”加快建设，整合视频资源2.3万个。刑事案件立案、八类主要刑事案件同比分别下降14.1%、25.3%，群众安全感和满意度均超过90%。全年安全生产事故起数和死亡人数同比分别下降7.4%和10.3%，连续12年荣获全市安全生产目标考核一等奖。

二、发展中存在的问题

2018年，南岸区经济社会发展虽然取得了一定的成绩，但前进道路上仍面临着一些困难和问题：经济的韧性不强，创新驱动能力较弱，一些中小企业经营困难；产业接续动能转换较慢，传统产业转型升级进展不快，经济持续增长的支撑不足；生态建设和环境保护任务仍然繁重，资源环境约束趋紧；政府债务管控与发展资金需求、偿债压力的矛盾突出，发展中的各种问题和风险相互交织；基础设施领域欠账大，基层基本公共服务短板较多；政府职能转变和作风建设永远在路上，部分干部知识更新和能力建设与新时代的要求还有差距。

三、2019年发展目标

2019年，南岸区将坚持以习近平新时代中国特色社会主义思想为指导，全面贯彻党的十九大和十九届二中、三中全会精神，紧紧围绕习近平总书记对重庆提出的“两点”定位、“两地”“两高”目标和营造良好政治生态、做到“四个扎实”的重要指示要求，认真落实中央和全市经济工作会议精神，按照区委决策部署，统筹推进“五位一体”总体布局，协调推进“四个全面”战略布局，坚持稳中求进工作总基调，坚持新发展理念，坚持推动高质量发展，坚持以供给侧结构性改革为主线，坚持深化市场化改革、扩大高水平开放，加快建设现代化经济体系，聚焦“大数据、大健康、大生态”，继续打好“三大攻坚战”和抓好“十项重点工作”，不断激发微观主体活力，统筹推进稳增长、促改革、调结构、惠民生、防风险工作，保持经济运行在合理区间，进一步稳就业、稳金融、稳外贸、稳外资、稳投资、稳预期，提振市场信心，增强人民群众获得感、幸福感、安全感，持续营造风清气正的良好政治生态，保持经济持续健康发展和社会大局稳定，为全面建成小康社会收官打下决定性基础，加快实现“南岸起风景”，以优异成绩庆祝新中国成立70周年。

2019年经济社会主要预期目标是：全区地区生产总值增长6.5%；规模以上工业总产值、增加值均增长6.5%；社会消费品零售总额增长8%，商品销售总额增长13%；一般公共预算收入和税收收入均增长6%；固定资产投资增长8%；实际利用外资7亿美元，进出口总额15亿美元；全社会研发投入占生产总值比重达到2.95%；城乡居民收入与经济增长同步，全面完成各项控制性指标。

（执笔人：吴梦泽）

北碚区

北碚区人民政府办公室

一、2018年发展回顾

2018年，是全面贯彻落实党的十九大精神的开局之年，也是我区转型升级、爬坡上坎、迈出坚实步伐的重要一年。我们在市委、市政府和区委的坚强领导下，深入贯彻落实习近平新时代中国特色社会主义思想和党的十九大精神，认真落实习近平总书记对重庆提出的“两点”定位、“两地”“两高”目标和营造良好政治生态、做到“四个扎实”的重要指示要求，坚持稳中求进工作总基调，贯彻新发展理念，落实高质量发展要求，以供给侧结构性改革为主线，着力打好“三大攻坚战”，实施“八项行动计划”，狠抓缙云山自然保护区综合整治、民营经济发展、校地合作三项重点工作。全年地区生产总值增长5.7%；规模以上工业增加值增长0.5%；固定资产投资增长14.1%；社会消费品零售总额增长5.7%；进出口总额15.38亿美元，增长8.3%；一般公共预算收入41.95亿元，增长9.1%；城乡居民收入分别增长8.4%和8.5%。

（一）强化责任埋头苦干，三项重点工作成效明显

全面开展缙云山自然保护区综合整治。严格贯彻落实习近平总书记批示精神和市委、市政府决策部署，以最坚决的态度、最迅速的行动、最有力的措施，不折不扣务实推动缙云山综合整治工作。在保护区群众配合参与下，累计调查核实保护区内建筑2192处，拆除保护区内违法建筑5.9万平方米，覆土复耕复绿6.6万平方米，集中整治阶段205个生态环境突出问题基本整治到位，保护区环境秩序有效改善。全面推动民营经济发展。编制民营经济发展规划，出台30余项政策措施，构建亲清新型政商关系典范区。全覆盖开展“集中走访精准服务”民营企业行动，帮助协调解决民营企业发展问题2800余件。加大

财政对民营经济支持力度，引导驻碚金融机构服务民营经济发展。举办全国重庆商会会长联席会暨知名企业家北碚行活动。3家企业获评重庆市优秀民营企业，4名企业家获评重庆市优秀民营企业家，颜宏齿轮获中国驰名商标认定。全年新发展市场主体14110户，增长46.5%。我区成为全市唯一的民营经济综合改革示范试点，被中国企业联合会评为“营商环境十佳城市”。全面深化校地合作。与西南大学共建产业技术研究院、国家柑橘公园，打造环西南大学创新创业生态圈，启动校园周边业态升级和环境整治。支持西南大学“双一流”建设，帮助驻区高校解决了一批制约学校发展的问题。承办复旦大学纪念抗战西迁80周年系列活动，中国科学院大学重庆学院落户水土高新园。

（二）大力推动经济结构调整，产业转型升级步伐加快

创新发展成效初显。开展科技创业投资种子基金和知识价值信用风险补偿基金试点，引进重庆航天科创中心等110个信息化项目，大正仪表、和贯科技分别在新三板和重庆股份转让中心挂牌。新增国家级高新技术企业25家（含复审），入库市级科技型企业138家，新增市级高新技术产品（服务）82项，新增市级新型高端研发机构、市级技术创新中心各1个。全社会研发经费支出占生产总值比重达到4.2%，万人发明专利拥有量位居全市第三。先进制造业加快发展。京东方第6代柔性显示项目等16个项目开工建设，万国半导体等12个项目建成投产，完成工业固定资产投资89亿元。重庆超硅等6家企业获智能工厂或数字化车间认定。60家数字经济企业产值占规上工业总产值比重达到55%，战略性新兴制造业产值增长13.5%。现代服务业加快培育。天生丽街、滨江路等特色街区启动建设，京东优品、苏宁小店等新零售业态加速布局，必维检测等生产性服务业项目签约落地。服务业规（限）上企业达到305家。休闲度假旅游业集聚发展。举办中国首届温泉与气候养生旅游国际研讨会等节会活动，世温联重庆代表处、亚太温泉与气候养生旅游研究院落户北碚。金刚碑历史文化街区核心区修缮保护、莫氏7度等一批重点文旅项目加快推进。实现旅游实际收入80亿元，增长32%。

（三）狠抓城市建设管理，城市品质稳步提高

坚持规划引领。配合全市新一轮国土空间规划编制，形成全区空间发展研究成果，城市规划空间拓展到139平方公里。强化基础设施建设。持续推进“南下东进”战略，水土大桥等10个重大项目进展顺利，建成城市道路25公里，打通城区断头路10条；建成城市公园4个，新增公共停车位3100个。加强城市管理。常态化推行“马路办公”，提高日常保洁管护标准，开展“百日攻坚”专项行动，整治老旧社区14个，解决了天生新村马路市场等一批城市管理顽疾，完成南京路片区风貌改造和缙云山景区公路等重点区段综合整治，绿化美化荒山荒坡330余万平方米，整治违法建筑97.8万平方米，实施生活垃圾分类试点。

（四）扎实推进“三农”工作，乡村振兴全面启动

农业发展提质增效。新（扩）建农业标准化基地15个，新增“三品一标”认证产品11个，9个系列产品被评为重庆市名牌农产品。建成农村电商综合服务站点9个。静观镇获评全国产业强镇。乡村振兴示范试点镇村启动建设，“三变”改革试点深入推进。农村环境不断改善。建设“四好农村路”180公里，改造提升干线公路56公里。启动62条141公里乡村旅游道路建设，

完成3条35公里道路改造工程。开工建设龙凤桥槽上疏干区管网配套工程，建成3个农村饮水巩固提升项目。改造农村户厕4854户。启动首批3个美丽乡村示范村建设，创建绿色示范村庄8个，实现农村垃圾治理全覆盖。天府列入全国第三批重点采煤沉陷区综合治理工程试点。打好精准脱贫攻坚战。实施重点扶贫产业项目6个，改造农村危房220户，贫困发生率降至0.05%，返贫率保持为零。对口支援的巫山县实现高质量整体脱贫摘帽。

（五）持续深化重点改革，发展活力不断增强

国资国企改革扎实推进，公司制改革基本完成，兼并重组、压减层级、提质增效取得新进展。建成区级政务服务“一张网”，全面推行“扫码办事”服务，“最多跑一次”事项达到63%。区政府网站获评2018年度中国政务网站优秀奖。推进“证照分离”改革和工程建设项目审批制度改革试点。行政审批时限总体压缩65%以上。在全市率先推行“住改商”负面清单。实现区级部门预算公开评审全覆盖，强化政府债务管理。深化公立医院改革。启动政府机构改革。

（六）主动融入全市开放大局，开发开放水平有效提升

自贸区蔡家区域加快建设。自贸区现场指挥部、综合服务中心、引道工程建成投用，国际文化艺术交流中心、国际法律服务中心正式运营，累计注册企业1465家。北碚服务贸易特色产业园通过市级验收，入驻服务贸易企业150家，完成服务贸易额1.2亿美元。园区平台加速发展。启动蔡家片区产业升级规划研究，同兴工业园区拓展区启动一期征地，水土高新园12.5平方公里纳入两江数字经济产业园建设范围。清理园区闲置用地，盘活低效用地258亩、闲置厂房8.4万平方米。招商引资取得新突破。新签约复星西南总部等产业项目172个，协议引资1390亿元，创历年新高。建设人才“一站式”服务平台，与西南大学联合举办人才活动周暨“智汇北碚”行动、创新创业成果展，承办“创业英雄汇”重庆站海选活动。

（七）坚持绿色发展，生态文明建设取得新成效

绿色生态本底不断夯实。划定150.3平方公里生态保护红线，完成营造林3.1万亩、土地整治8900亩，建成高标准农田1.8万亩。启动国家森林城市创建。五大环保行动深入推进。建成大气污染防治预测预警网格化体系，全年空气质量优良天数310天，同比增加27天，PM2.5浓度下降9.8%，空气质量综合指数、噪声环境质量均居主城区第一。全面落实河长制，建成全市首个湖库自动监测站，开展梁滩河流域横向生态补偿试点。完成梁滩河生态修复一期工程，4条黑臭水体及城市集中式饮用水水源地整治通过国家专项督查。强化土壤污染管控和修复，在全国率先开展第二次污染源普查试点和风险场地管控标准化建设。中央环保督察反馈问题完成整改。建成长滩污水处理厂和水土污水处理厂（二期），新（改）建城区污水管网31公里，建设镇级缺失污水管网7.7公里。完成5艘餐饮船舶拆解，餐饮船舶彻底退出嘉陵江北碚段。开展自然保护地大排查、大整治，完成5宗自然保护区采矿权退出工作。

（八）大力发展社会事业，民生保障水平持续提升

坚持教育优先发展。财政性教育投入14.8亿元，朝阳中学新城校区等11所中小学项目加快推进，学前三年幼儿毛入园率达到96%，在园

幼儿普惠率提高到64%。2所学校获国家级基础教育教学成果一等奖，获奖数量、等次均为全市第一。获评重庆市中小学研学旅行先进区县。加强健康保障。编制“健康北碚2030”规划，开工建设区中医院专科楼，通过全国基层中医药服务先进单位复审。加快推进医养结合，举办中国民族医药协会专家智库成立暨民族医药与康养产业发展大会，引进中国民族医药康养产业研究院。加强食品药品监管，保障人民群众饮食用药安全。促进文化事业蓬勃发展。北碚历史文化陈列馆建成开馆。举办全国部分文化馆联盟优秀合唱团展演暨第二十五届“缙云之声”合唱节等文体活动，政府购买文化服务进基层810场，完成偏岩古镇禹王庙等文物修缮保护工程。强化民生保障。社会救助投入1.2亿元，救助困难群众36.3万人次。城乡养老保险、医疗保险参保率分别稳定在95%、96%。新增城镇就业2.5万人，登记失业率控制在2.5%以内。城乡低保标准分别提高9.2%、17.1%。建成安置房20.5万平方米，完成城市棚户区改造823户5万平方米，配租公租房4680套。新改建社区养老服务中心6个。北碚城区殡仪服务中心建成投用。加强和创新社会治理。开展综治·网格化服务管理“双中心”建设，建成三级公共法律服务体系，“雪亮工程”3500个背街小巷视频投入试运行。深入开展扫黑除恶专项斗争，立体化社会治安防控体系不断完善，社会治安大局持续稳定。入围“全国禁毒示范城市”创建提名。强化信访矛盾问题化解攻坚，一批信访稳定问题得到妥善解决。不断提升应急管理水平，安全生产形势保持平稳。

二、发展中存在的问题

一是经济总量较小，发展质量效益有待进一步提升；二是改革力度不够大，园区特色发展、错位竞争，城乡融合、区域协同的体系有待完善，国资国企管理体制机制亟须优化；三是“三大攻坚战”任务艰巨，教育、医疗、养老、住房、环境等民生领域还有不少短板；四是部分公职人员服务意识和执行能力有待提高。

三、2019年发展目标

全区地区生产总值增长5.5%左右，规模以上工业增加值增长3%左右，固定资产投资增长8%，社会消费品零售总额增长5%，全体居民人均可支配收入增长8%，空气质量优良天数稳定在300天以上，节能减排降碳完成国家约束性指标。

（执笔人：陈果）

渝北区

渝北区人民政府办公室

一、2018年发展回顾

刚刚过去的2018年，是全面贯彻党的十九大精神的开局之年，我们深入贯彻习近平新时代中国特色社会主义思想，在市委、市政府和区委的坚强领导下，在区人大、区政协的监督支持下，围绕“全面建成小康社会，加快建设国家临空经济示范区”奋斗目标，全力打好“三大攻坚战”，实施“十项行动计划”，突出做好“六稳”工作，全力稳增长、促改革、调结构、惠民生、防风险，经济运行总体平稳，内陆开放高地建设提速，山清水秀美丽渝北建设加快，高质量发展步入新阶段，高品质生活迈上新台阶，国家临空经济示范区建设迈出坚实步伐。

（一）发展质量效益持续提升

一是产业结构不断优化。三次产业结构由1.9∶55.6∶42.5调整为1.5∶41.1∶57.4。现代服务业向高端化转变，咨询设计服务、大数据云计算服务等新业态发展迅猛，重庆基金小镇、临空经济总部等平台迅速成长，智博会、渝交会等大型会展成功举办，带动服务业增加值增长14.8%，占比首次超过50%，成为拉动经济增长的重要力量。传统制造业向智能化转变，智能终端产业加快崛起，产值增长58.9%，智能手机、新能源汽车、光电子器件等智能制造产品产量分别增长130.8%、60.9%、45.5%，支撑战略性新兴制造业和高技术制造业产值分别增长17%和24.6%。“数字渝北”加快推进，数字经济总量增长20%。二是动力结构不断优化。经济从单一的投资拉动向投资、创新“双轮驱动”转变。首创实施前期工作记录制度和“三方日志”，推动固定资产投资增长21.9%。40个市级在区重点项目全部达到进度要求，208个区级重点项目加快建设，两江国际商务中心等重大项目开工建设，投资完成率、开工率均超过80%。创新竞争力不断增强，仙桃国际大数据谷加快建设，投用创新研发楼宇36万平方米，新增再升科技、金山科技等国家级企业技术中心2家、市级工程研究中心3家，国家高新技术企业达到339家，科技创新指数全市领先，全社会研发经费支出占地区生产总值比重达到3.94%。三是市场主体结构不断优化。全年新增市场主体2万家，其中企业9000家，新培育科技型企业305家，市场主体竞争力显著提升。新增新三板、重庆OTC挂牌企业22家，有友食品成为2017年全市唯一A股上市企业，民营经济增加值占地区生产总值比重达到47%，较上年同期提高2.4个百分点。

（二）重点领域改革持续深化

一是供给侧结构性改革深入推进。筹集2亿元技改扶持资金，兑现1亿元，推动56家企业智能化、自动化改造，形成一批新供给。落后产能和无效供给基本退出，深渝北斗等企业完成兼并重组。全面贯彻落实国家和市里减税降费政策，探索开展大用户直购电试点等改革，减少企业社保缴费12亿元。防范化解重大风险攻坚战初战告捷，化解处置企业债务7亿元，置换政府债务10.4亿元，政府债务率控制在90%以内，保持在绿色安全区间。发行中期票据10亿元，国有企业资产负债率同比下降8.8%。二是营商环境不断优化。“放管服”改革取得新突破，工业项目审批时间进一步缩短，开办企业时间压缩至5天。开展“一本报告管全域”试点，商事制度改革受到国务院通报表彰。探索“基金+直投”模式，成功撬动社会资本138亿元。公共信用信息平台建成投用，归集信用信息数据4万余条。新征地3.5万亩，获得国家用地激励指标1000亩，为项目落地腾出空间。三是民营企业转型发展试点全面启动。成为全市民营企业转型发展试点区。召开民营经济发展大会，建立民营经济联席会议制度和区领导联系民营企业制度，组建32个服务组开展集中走访精准服务民营企业活动，为企业解决生产经营中的困难和问题300余个。设立3亿元“升级贷”和3亿元“科信贷”，累计发放“助保贷”“助创贷”1.1亿元，民营企业“四化转型”步伐加快。

（三）开发开放动力持续增强

一是对外开放水平不断提升。国际航空港建设稳步推进，基地航空公司达到7家，航线总数达到329条，其中国际航线82条，客货吞吐量分别达到4159.5万人次、38.2万吨，增长7.4%、4.3%。航空小镇骨架路网基本成型，天羽飞训等一批航空直接关联企业相继落户，“一场一园一镇”建设初见成效。国家临空经济示范区加快建设，与机场集团共同成立的临空经济开发公司开业营运，核心区D6地块开发实质性启动。洛碛码头一期工程前期工作推进顺利，正在加快形成空铁水“三港联动”格局。二是外向型经济蓬勃发展。中新互联互通项目加快推进，新引进宗申融资租赁等12个新加坡项目。自贸试验区加快建设，新增法人企业1574家，总数突破4000家。全市首个国际贸易示范园建成投用，汽车整车进口、飞机保税租赁等新业态飞速发展，智能手机等“渝北造”商品远销全球。积极应对中美贸易摩擦，全年进出口贸易总额达到1413.8亿元。三是服务两江新区加快发展。全年为市级平台新征地1.45万亩，与两江新区实现联合招商、联合接待，合作关系更加紧密。龙兴工业园完成产值45.6亿元、增长21.5%。四是区域合作纵深推进。深化与邻水合作，一批载体项目加快建设。与四川资阳签订深化临空经济和车产业发展合作协议，实现优势互补、合作共赢。与云阳建立对口帮扶机制，划拨到位3040万元帮扶资金。五是招商引资成效明显。成功引进厦门航空西部基地、宝能供应链总部等产业项目371个，计划投资1760亿元，其中投资亿元以上项目160个。东方嘉盛、秦嵩科技等一批供应链、军民融合知名企业签约落户。

（四）城市建管水平持续提高

一是城市功能配套不断完善。主城区交通缓堵行动计划加快推进，完成投资约60亿元，共实施城市基础设施建设项目187个。轨道4号线一期、轨道环线开通试运营，新建成城市道路20公里，打通横五路一期等断头路9条，新增公共停车场19个、公共停车位2680个，拥堵指数排名从主城第2降至第6。完成城区1000公里管网勘察和汉渝路等5个区域雨污分流治理方案设计，改造城区雨污混流管网20公里。爱融荟城、新光里等城市商业综合体开业运营，路虎、雷克萨斯等12个知名汽车品牌签约入驻西南国际汽贸城，两路农贸市场、双凤水果市场批发功能顺利外迁，城市人气商气加速集聚。二是城市品质形象稳步提升。城市提升行动计划启动实施，中央公园等重点片区开发提速提档，改造城市棚户区和危旧房31万平方米，新改建公园游园及社区体育公园11个，新增城市绿地88万平方米，完成城区2.5万余根灯杆、93座桥隧设施、71公里护栏美化涂装和红锦大道等33条道路绿化提质改造，获评全市最美迎春灯饰工程，城市品质提升工作保持全市领先。三是城市管理能力显著加强。“大城智管、大城细管、大城众管”做实做细，740名社区网格员利用手机App进行“智慧”监管。生活垃圾分类处理试点“1234工作法”经验在全市推广，与城市综合管理模式创新同步推荐入选全市城市管理创新范例。

（五）乡村振兴战略持续实施

一是临空农业加快发展。建成特色高效农业基地1.5万亩，统大路柑橘产业基地成为农业农村部推进南方丘陵山区发展现代农业样板。“村之道”农村电商公共服务平台正式投用，统景镇成功创建全国首批互联网特色小镇。赵春江、荣廷昭院士专家工作站落户。“三环十景”项目全面开建，“巴渝乡愁”率先开放“重庆乡愁博物馆”，两江影视城成功创建4A级景区，旅游综合收入达到98亿元、增长21.7%。二是美丽乡村加快建设。南北大道延伸段等“十纵十横”骨架路加快推进，新增“四好农村路”515公里，硬化村社便道520公里，在全市率先实现安保工程全覆盖。大盛天险洞等农村人居环境整治示范片13个、示范点13个加快建设，成功通过国家农村生活垃圾治理检查验收。洛碛、茨竹等2个中心场镇提档升级和石船青杠等9个撤并场镇综合整治项目基本完工，大湾太和等4个居民新村启动建设。三是农民收入稳步增长。古路乌牛村“三变”改革成为全市试点，预计农村常住居民人均可支配收入达到17950元、增长8.7%。脱贫攻坚扎实开展，深化“三个到户、四个到人”扶贫政策，建立大数据精准识别系统，选派900余名机关干部全脱产抓扶贫，启动扶贫项目600余个，解决实际问题800余件，现有“四类重点对象”C、D级危房全面消除。

（六）生态文明建设持续推进

一是主体功能区战略深入实施。划定“三区三线”范围，玉峰山森林公园纳入全市生态保护红线勘界定标试点，资源环境管控能力大幅提升。山清水秀美丽渝北建设开篇破题，召开长江经济带发展动员大会暨生态环境保护大会，形成“1+2”政策体系。二是污染防治攻坚战进展顺利。实施环保“五大行动”，城区空气质量优良天数达到309天，非法餐饮船、采砂船全部取缔，建新食品等企业启动环保搬迁，完成38个地下油罐防渗改造，农村面源污染得到有效控制。完成碧津湖等3个城区湖库水生态修复，基本消除城市黑臭水体。办理办结中央和市环保督察问题43件。三是生态保护修复力度加大。曹家山煤矿复垦项目通过市级验收，修复治理矿山1695亩，治理水土流失面积12平方公里。国土绿化行动成效明显，拆除自然保护区违建10万平方米，森林覆盖率和绿化覆盖率分别达到39.2%和45%。石坪污水处理厂一期基本建成，洛碛垃圾焚烧发电站加快推进，"三所一队"等6个乡镇污水处理厂和洛碛第二污水处理厂建成投用。启动恒通客车等企业清洁化改造，工业综合能耗持续下降。新增绿色小区4个、绿色学校3所、市级生态村3个，成功创建市级生态文明建设示范区。

（七）居民生活品质持续改善

一是基本公共服务均等化加快推进。新增公办幼儿园53所、小学2所，黄炎培中学改扩建工程建成投用，义务教育入学率、毕业率均达100%。新中医院主体工程进展加快，新人民医院装修工程和设备采购工程加快推进，区精神卫生中心建成投用。成功创建全市首个"全国流动人口基本公共卫生计生服务均等化示范区"。碧津美术馆、渝北历史文化陈列馆正式开馆，全民健身中心室内场馆主体完工。二是城乡社会保障体系基本完善。国家技能人才激励计划试点工作扎实开展，建成5个国家级、市级人才培训基地，城镇新增就业7万人，城镇登记失业率1.93%。职工"五险"新增扩面21.9万人次，城乡养老、医保参保率分别稳定在95%、96%以上。环湖雅居B区竣工投用，新增安置房28万平方米，1.6万名征地群众乔迁新居。民生实事加快推进，改扩建敬老院4个，实施燃气"一户一表"改造14200户，更新改造及老旧住宅加装电梯393部。三是社会治理能力不断增强。深化"枫桥经验"重庆实践行动现场会在我区召开。"扫黑除恶"专项斗争取得阶段性成果，侦办涉黑涉恶犯罪团伙3个，完成矫正人员、刑满释放人员摸排，实现现任村居干部违纪违规全审查处理。"雪亮工程"持续推进，公共区域视频监控初步实现全覆盖。八类暴力案件、可防性案件同比分别下降22%、7.65%。

二、发展中存在的问题

一是产业发展正处于转型的"阵痛期"，汽车一业独大、一企独大的结构没有根本改变，而且传统汽车产业已逐步进入衰退期，战略性新兴产业还处于培育期，多点支撑的增长格局仍然没有形成，发展的持续性稳定性还有待增强。二是增长动能正处于"换挡期"，拉动经济增长的旧"三驾马车"动力逐步减弱，而创新、改革和开放三大新动能尚在加快培育中，还不足以支撑经济高质量发展。三是社会民生补短提质正处于"攻坚期"，"上学难""看病难""停车难"等问题仍然较为突出，高质量的教育、医疗服务仍然稀缺，城乡公共服务水平与人民群众对美好生活的向往仍有较大的差距。

三、2019年发展目标

2019年是新中国成立70周年，也是决胜全面建成小康社会的关键之年。2019年我区将以习近平新时代中国特色社会主义思想为指导，全面贯彻党的十九大和十九届二中、三中全会精神，深入学习贯彻中央、全市经济工作会议精神，紧扣习近平总书记对重庆提出的"两点"定位、"两地""两高"目标和营造良好政治生态、做到"四个扎实"的重要指示要求，统筹推进"五位一体”总体布局，协调推进“四个全面”战略布局，坚持稳中求进工作总基调，坚持新发展理念，坚持推动高质量发展，坚持以供给侧结构性改革为主线，坚持深化市场化改革、扩大高水平开放，加快建设现代化经济体系，统筹推进稳增长、促改革、调结构、惠民生、防风险工作，继续打好“三大攻坚战”、大力实施“十项行动计划”，扎实做好“六稳”工作，不断提振市场信心，增强人民群众获得感、幸福感、安全感，持续营造风清气正的良好政治生态，始终保持奋发有为的良好精神状态，加快国家临空经济示范区建设，确保经济持续健康发展和社会大局稳定，为全面建成小康社会收官打下决定性基础，以优异成绩庆祝中华人民共和国成立70周年。

综合考虑各方面因素，2019年经济社会发展主要预期目标是：地区生产总值增长6%左右，规模以上工业总产值增长2%，固定资产投资增长8%，社会消费品零售总额增长8%左右，进出口总额保持平稳增长，一般公共预算收入增长6%，全社会研发经费支出占比保持在3.5%以上，城镇登记失业率控制在3.2%以内，城乡居民收入实现稳定增长，单位生产总值能耗和主要污染物减排达到约束性要求。

（执笔人：程洋）

巴南区

巴南区人民政府办公室

2018年，巴南区深入贯彻党的十九大精神，深学笃用习近平新时代中国特色社会主义思想，认真落实习近平总书记对重庆提出的“两点”定位、“两地”“两高”目标和营造良好政治生态、做到“四个扎实”的重要指示要求，在市委、市政府的正确领导下，扎实推进“三大攻坚战”“八项行动计划”，推动经济社会持续健康发展。

一、经济运行稳中向好

实现地区生产总值781.2亿元、同比（下同）增长7.1%，增速居主城九区第2位。全社会固定资产投资、社会消费品零售总额、规上服务业营业收入分别增长15.4%、7.9%、48.4%。一般公共预算收入48.1亿元，增长27.6%、居全市第一位；其中税收收入43.4亿元，增长30.2%；非税收入占比10%，收入质量居全市第二位。金融机构存款余额、贷款余额分别增长10.2%、15.1%。引进投资5000万元以上产业项目80个，到位资金310亿元。

二、工业经济提质增效

工业总产值835.6亿元、增长2.1%，工业增加值199.5亿元、增长2.9%。战略性新兴产业持续增量，12个产业项目建成投产，32家战略性新兴制造业企业实现产值187亿元、增长7.6%，占全区规上工业产值的30%。其中，平板显示产业实现产值152亿元、增长23%；重庆国际生物城挂牌，12个项目签约落地，投资增长185%，抗肿瘤疫苗等药品填补我市高端生物制药空白。传统工业智能升级，12家存量企业实施34个合资合作项目，建成1个智能工厂和3个数字化车间；轻工服装产业实现产值107亿元、增长19.8%。

三、现代服务业加快发展

公路物流基地成为国际陆海贸易新通道起点，纳入全市“1+3”国际物流分拨中心规划。公路保税物流中心（B型）进出区货值19.5亿元，增长10倍。重庆东盟班车6条班线全面开通，实现中南半岛国家全覆盖，开行班次、运送货值分别增长400%、增长230%。京东9个项目落地，限上电商零售额实现97亿元，占全市的1/4。旅游接待3300余万人次、增长8%，实现收入111亿元、增长9.3%。规上文化服务业实现营业收入227亿元、增长53.6%。商品房销售额499.4亿元、增长54.3%。

四、民营经济稳步发展

按照“投资有回报、企业有利润、产品有市场、职工有收入、政府有税收、环境有改善”的总体要求，支持引导民营企业健康发展。设立2亿元工业发展专项资金，区委、区政府、区人大、区政协领导带头精准服务企业。落实减税降费政策，让利于企业30.7亿元，促进工业企业产品本地消纳93亿元，民间投资和民营经济增加值分别增长8%和6%。新增市场主体1.5万户，增长10.4%。

五、城市品质不断提升

新增建成区面积9.5平方公里，在建工程2164万平方米。华熙体育文化中心投用，1.6万个室内坐席创西南之最，成为重庆国际体育文化新地标。西流沱商街建成运营。轨道交通5A线、佛耳岩长江大桥等重大项目纳入全市规划。龙洲湾隧道提前贯通。铁路枢纽东环线（巴南段）、渝黔高速扩能、南环立交开工建设，南（川）两（江新区）高速加快推进。主城首条自行车健身道建成投用。扎实开展“百万市民共治五乱”“市容环境四项整治”等专项行动，治理荒坡菜地、城市空地940万平方米，新增城市绿地166.8万平方米。新建改建城市公园25个。

六、乡村振兴精准施策

加快农业结构调整，新发展品牌茶叶、精品果蔬、“稻+N”等特色产业2万余亩，新增“三品一标”73个。扎实开展脱贫攻坚回头看、大排查、大整改，81户181人实现脱贫退出，实施3060户农村“四类”重点对象D级危房改造。精准推进云篆山、天坪山、五彩丰盛“三百”区域建设。获评“2018年重庆十大春游目的地”“全国首批国民休闲旅游胜地”，全年接待游客3300余万人次、实现综合旅游收入111亿元，分别增长8%和9.3%。完成农村改厕8128户，建成“四好农村路”165公里。

七、生态环境持续改善

大力整治工业废气、工地扬尘、餐饮油烟，空气优良天数增加21天、达309天，创历史新高。花溪河、一品河、黄溪河黑臭水体基本消除，长江巴南段水质稳定保持Ⅲ类标准。划定生态保护红线面积184.6平方公里、国家级公益林69.6平方公里，全面落实产业禁投清单、环境准入负面清单。叫停高能耗、高污染投资项目7个，整合减少采石场项目。饮用水源地保护、次级河流水质、土壤污染防治、区域环境噪声等指标全面达标。

八、“放管服”改革有序推进

全面推行政务公开、办事公开和公共资源交

易电子化，行政服务模式从传统的群众跑腿优化为数据跑路，实现“一网对外”和“网上能办”业务。创新企业注册登记方式，实现新办企业登记3个工作日内办结，企业变更登记5个工作日内办结。大幅度“瘦身”行政审批事项，行政审批事项从443项精简至259项，行政服务办理时限比法定时限压缩一半以上。

九、民生保障更加有力

民生支出52.9亿元，占一般公共预算支出的63.2%。城镇登记失业率2.7%。城乡居民人均可支配收入达到3.9万元、1.8万元，分别增长8.7%、9%。西南大学华南城中小学等5所学校建成开学。区人民医院迁建项目、区中医院三期进行工程扫尾，公立医院薪酬制度改革试点做法在全市推广。率先实现主城区二环外公交全覆盖，惠及40万名群众。新增公共体育场地14万平方米，开展全民健身活动300余场。

巴南区正处于产业转型升级的关键阶段和经济高质量发展重要机遇期，经济社会发展还存在新的挑战：一是创新驱动动能不足，创新要素集聚度偏低，创新生态体系有待完善。二是工业经济不够强，战略性新兴产业规模偏小，民营经济发展环境还需改善。三是聚焦大数据、人工智能和智能制造招商力度不够大，整合招商力量、招商资源等方面存在不足。四是基础设施补短板任务重，重大功能性项目布局欠缺，产业园区生产生活配套不足。五是城乡环境改善还需持续用力，污染防治、“两违”整治和城乡结合部、背街小巷环境提升等任务十分艰巨。

2019年，巴南区将以习近平新时代中国特色社会主义思想为指导，扎实贯彻中央和全市经济工作会议精神，深入实施“三大攻坚战”“八项行动计划”，认真落实市委、市政府各项决策部署，以提振实体经济为首要任务，着力抓好乡村振兴和城市提升“两大基本面”，突出南部新城、重庆国际生物城、高等职业技术教育城“三城”建设，全面实施“十项重点项目和民生工程”，全力推动经济高质量发展，创造高品质生活，以优异成绩向新中国成立70周年献礼。

（执笔人：胥伟）

长寿区

长寿区人民政府办公室

一、2018年工作回顾

2018年，长寿区坚持实干兴区，对标习近平总书记对重庆提出的“两点”定位、“两地”“两高”目标和“四个扎实”要求，坚决打好“三大攻坚战”，大力实施“八项行动计划”，统筹推进稳增长、促改革、调结构、惠民生、防风险各项工作，全区经济社会发展保持良好态势。全区地区生产总值597.5亿元，同比增长6.2%；地方财政收入94.1亿元，增长3%，其中一般公共预算收入36.8亿元，增长1.3%；全社会固定资产投资233.9亿元，增长1.5%；社会消费品零售总额137.2亿元，增长5%；全体居民人均可支配收入增长9%。

（一）千方百计稳工业

坚持工业优先、工业立区，工业经济强势回升。稳住龙头强支撑，60户重点工业企业完成产值655亿元，增长19%，千信国际、紫光化工等16家企业产值增幅超过50%，11家企业税收突破亿元，巴斯夫实现税收6.3亿元，增长9倍。做大增量调结构，奕翔树脂、欧中电子特气等62个项目开工，云天化锂离子电池隔膜等43个项目投产，现代汽配企业放量生产，新材料新能源、装备制造、电子信息产业多点发力、强劲崛起。做优存量增效益，钢铁、化工产业焕发生机，重钢全年实现产值252亿元，增长80%，利润17亿元；川维实现产值57亿元，增长1%，利润1.7亿元。78家企业实施技改项目101个，技改投资增长50%。狠抓保障强运行，工业供电、供水、供煤、供蒸汽分别增长16.3%、9%、42.3%、7%。黄草峡天然气地下储气库前期工作有序推进。

（二）全力以赴扩内需

牵住重大项目“牛鼻子”，210个重大项目开工 91 个、完工 77 个，开工率和完工率分别达 85% 和 89%。发挥工业投资主力军作用，完成投资 105 亿元，增长 8%，占市场类投资总额的 65%。编报三峡后续项目 87 个，争取补助资金 7.7 亿元。发展大宗商品消费，千信国际销售额突破 200 亿元，天旭化工贸易结算中心销售额达 130 亿元。发展楼宇经济、总部经济和康养经济，引进北京新发展集团和中健医疗，盘活存量资产 6.5 万平方米。投入 1.2 亿元实施协信商圈凤城大厦、桃花商圈世纪广场改造升级，三大百亿级专业市场全面开工。举办大型会展活动 26 场次，拉动消费 11.5 亿元。

（三）坚定不移促开放

外向通道进一步拓宽，渝长高速扩能改造项目长寿段进度过半，明月山综合交通新通道研究取得突破性进展，两江新区至长寿快速通道完成设计招投标和勘察招投标，沿江高速长寿支线二期（东南环线）完成可行性研究，长江二桥建设进展顺利。完成长寿港区整合提升规划编制，全市唯一的长江沿岸铁矿石保税仓启动建设。平台支撑进一步增强，加工贸易梯度转移示范园、服务外包示范区提速发展，经开区西药国家外贸转型升级示范基地获商务部考核认定。外贸主体进一步壮大，新注册服务外包企业 3 家，总数达 31 家，离岸服务外包执行额 1.2 亿美元。18 家单位参加首届中国国际进口博览会，采购额、投资意向额均超 5 亿元。

（四）扭住聚商选资生命线

实施聚商选资“深化年”行动，建立“双组长”制，组建 10 个专业组。把制造业作为主攻方向，合同引资 420.1 亿元，居全市第 3 位。把大项目作为关键带动，引进合众锰业等产值 100 亿级项目 5 个，聚光科技等产值 10 亿级以上项目 25 个，华邦制药等产值亿元级以上项目 61 个。把高新技术产业、战略性新兴产业作为核心突破，引进飞尔康芯片等战新项目 36 个，合同引资 415.6 亿元，占工业引资的 84.5%。在谈韩国 SK、新特新能源汽车等项目 664 个，产业“基因库”全面提质，按下高新发展快进键。

（五）激活大数据智能化主引擎

把发展数字经济、智能产业作为转型升级的重要方向，恩瑞半导体、中国电信 5G 应用示范与物联网基地等项目开工，泓禧科技电子线束、长芯半导体等项目投产。促进传统企业“智能 +”转型，智能化技改投资增长 50%。小康动力年产 25 万台发动机智能化生产线建成投运，获评市级智能工厂第 1 名。成元、星宇等企业新增智能机器人 1000 余台，和信、德洋中车等 5 家企业智能化车间改造有序推进。博腾制药、金刚化工等 3 个项目纳入重庆市工业互联网试点示范项目。经开区孵化基地统计信息化平台正式运行。参加首届国际智博会，与 7 家企业达成意向投资 70.9 亿元。

（六）打造旅游业发展升级版

加快以旅游聚人气、汇文气，全年接待游客人次、旅游收入均增长 10%。在全市率先完成旅游资源普查，完成旅游总规编制。长寿湖景区优化提质，国家级旅游度假区创建工作有序推进，长寿湖高铁站换乘中心、恒大特色小镇一期、龙鑫欢乐世界即将完工，高铁站至景区旅游专线、东岸环湖路、乐温大桥破土动工，重庆远恒佳学校顺利开学。菩提山景区环山公路竣工通车，三倒拐历史文化街区保护性修缮项目稳步推进，长寿缆车站成为网红景点。邻封镇、万顺镇成功创建市级特色景观旅游名镇。隆重举办首届海峡两岸姊妹湖产业协作年会，“天赐长寿 · 人人向往”唱响神州大地、海峡两岸。旅游洼地效应凸显，恒大、绿地等15家著名企业纷至沓来、洽谈合作。

（七）壮大民营经济生力军

回应民营企业对营商环境、信贷融资、降本增效的突出关切，出台扶持民营经济发展意见，制定亲清新型政商关系行为规范，细化政商交往正负“两张清单”。开展集中走访精准服务民企活动，走访民营企业500余家次，协调解决具体问题600余个。实现民营经济增加值365亿元，增长8%，占地区生产总值的比重达60%；实现税收33.4亿元，增长11.7%，占全区税收收入的57.8%以上。民营经济从业人员占城镇从业人员的88%以上，民营高新技术企业占全区总数的84.2%。

（八）供给侧结构性改革成效显著

逐步出清无效供给，永航钢铁淘汰落后产能后续工作顺利推进。房地产去库存任务基本完成，市场转暖回温，以市场化途径盘活乐至公司库存房源9万平方米。综合施策降成本，减少企业税负11.6亿元，降低非税负担3亿元，取消行政事业性收费12项，新增直供电企业41家。银行业金融机构存贷款余额分别增长6.6%、12.9%，发放中小企业贷款75亿元，占新增贷款的50%；使用转贷应急周转资金7.1亿元，帮助108家企业缓解资金压力；发放“助保贷”1270万元，设立1亿元风险补偿金开展“政银担”合作贷款。出台支持企业上市扶持政策，新增重庆OTC挂牌企业2家。

（九）重点领域改革蹄疾步稳

深化“放管服”改革，发布“马上办、网上办、就近办、一次办”清单，取消审批事项41项，减少证明事项38项。在全市区县中最先完成政务信息共享交换平台与市级联网，网上可办事项达80.2%。在全市率先开展工业投资项目行政审批告知承诺制试点，审批时限压缩至20个工作日。深化商事制度改革，推行“三十一证合一”。加快信用体系建设，守信激励、失信惩戒扎实推进。深化财税、国资改革，预算公开评审、绩效评价稳步推行，完成股权划转、闲置资产清理。深化统计制度改革，完成全国第四次经济普查单位清查，全区法人单位数量较上次普查增长60%，为优化产业结构、服务高质量发展打下坚实基础。节约集约用地工作获国务院1000亩土地指标奖励。

（十）创新驱动发展势头强劲

大力培育创新主体，新增高新技术企业12家、科技型企业101家、市级企业技术中心7家，博腾制药、鼎盛印务获评2018年市级优秀创新型企业。支持企业加大研发投入，开展科技型企业知识价值信用贷款试点，全社会R&D经费增长32%，占地区生产总值比重达2%。全区万人有效发明专利6.67件、增长133.9%，居全市前列。加快搭建全要素、低成本、便利化公共创新服务平台，成立长寿经开区创新服务中心，长寿工业园区成功申创市级高新技术产业开发区。

（十一）乡村振兴破题起步

高举新时代“三农”工作新旗帜，以敏尔书记蹲点联系长寿乡村振兴为契机，抓点带面、先试先行，龙河、洪湖两镇四村市级试点成效初显，乡村振兴综合试验示范区建设迈出坚实步伐，实现农业总产值68.7亿元、增长4.1%。以“六大重点项目”为龙头促进产业融合升级，龙河“长寿慢城”一期加快建设，洪湖橘香悦动村核心景区投运，田园乐温、清迈良园二期完工，邻封田园综合体民宿示范项目加快推进，渔业休闲园区成功实现项目招商。以打造“三品”带动增产提效，实施2.3万亩柑橘品种高换改造，发布“自然长寿”农产品区域公用品牌，“三品一标”总量达320个，邻封村、四坪村获评全国“一村一品”示范村。打好改善农村人居环境第一场硬仗，投入6.5亿元实施“五化”“五改”“五治”。加快推“三变”、融“三社”、促“三增”，组建了75个村级新型农村集体经济组织，136个村摘掉了“空壳村”帽子；在市级试验示范村试点组建村级股份合作社4个，村民参股率达100%，预计村集体经济年收益20万元以上。完成农村承包土地确权颁证75万亩，区农村产权交易中心规范流转土地经营权2.3万亩、交易额达1.2亿元，居全市前列。累计培育新型农业经营主体1510个。

（十二）城市品质优化提升

扎实推进城市提升行动计划，新一轮总规修编大纲通过初审，预计新增建设用地50平方公里，完成城市水资源论证、滨江区域品质提升等专项规划，智慧城市顶层框架建设接近尾声。完成“多规合一”成果，科学划定“三区三线”。着眼内畅外联，提高城市的通透性和微循环，开工阳鹤组团南北中路、站北片区污水管网等基础设施项目15个。开工建设国省干线12条84公里，长寿火车北站综合交通枢纽完成主体工程。调整公交线路7条，解决中央公园、凤西等4个片区群众出行问题。实施“增绿添园”行动，启动城市空地、边坡、山头绿化美化项目，实施北城大道、渝长高速城区段、桃花溪城区段等景观提升项目，新增城市绿地86万平方米，基本建成三段石移民广场。改造LED路灯1万余盏，改造棚户区3.7万平方米，新建改造公厕14座，整治存量违法建筑28.7万平方米。深化“马路办公”工作机制，试点“五长制”工作模式，数字城管系统受理案件3.5万件、办结率99.4%。

（十三）环境质量有效改善

坚决打好污染防治攻坚战，推进PM2.5和臭氧污染攻坚整治，开展经开区刺激性异味专项治理。深入推进河长制，建立河库警长制。继续治理桃花溪“母亲河”，西岸截污干管、延时曝气等项目全面完工。实施龙溪河、御临河上下游跨境水污染生态补偿，龙溪河流域综合整治纳入国家示范试点，并获国务院第五次大督查通报表扬。完成14个街镇污水管网修复，提标升级19座乡镇污水处理厂，实现24小时在线监测全覆盖。畜禽粪污综合利用率达80%以上。危险废物、医疗废物规范处置率保持100%。实施自然保护地排查整治和生态修复，启动明月山29家非煤矿山关闭退出工作，完成水土保持生态治理10平方公里。开展国土绿化提升行动，实施营造林5.4万亩，森林覆盖率达45.7%。

（十四）民生福祉持续增进

坚持精准扶贫精准脱贫方略，全面完成224户463人建档立卡贫困户减贫任务。放宽农村服务型岗位政策，公益性岗位累计安置2445人就业。在全市首创贫困户医疗兜底制度，设立500万元医疗兜底基金，将贫困户区内住院、门诊自费比例分别降到5%、10%以下。新配租公租房2300套，解决5700余人住房困难。实施社区养老服务“千百工程”，新建3个社区养老服务站，城乡养老保险、医疗保险参保率分别达97.9%、100%。为2.7万余人发放各类救助金1.2亿元。发展普惠性学前教育，新建公办幼儿园4所，学前教育公办率46.2%、普惠率79.9%。资助留守儿童、贫困学生共计17万人次7032万元，覆盖率分别达 93%、100%。着力缓解群众看病就医负担，在全市率先建立集预约诊疗、综合支付等五项功能于一体的区域卫生信息平台；职工医保住院政策范围内报销比例提高到 82%，跨省异地就医住院费用实现联网直接结算；四家公立医院的“药占比”下降 6.6 个百分点，住院患者人均费用下降 13.4%。14 类基本公共卫生服务项目全面落实。深入开展扫黑除恶专项斗争，侦办黑恶势力团伙 4 个，实施“渝警行动 2018”专项工作，全区刑事案件、八类案件、侵财案件分别下降 9%、18.2%、10.4%。严打非法金融活动，立案查处 1 件、化解陈案 3 件，为群众挽损 348 万元。狠抓安全生产“五大责任体系”，国家危化品应急救援重庆基地基本建成，生产安全事故起数、死亡人数分别下降 25.9%、30%，危化企业、规上工贸企业安全生产标准化达标率 100%。实施食品药品放心工程，国家食品安全示范城市创建工作有序推进。健全社会稳定风险评估机制，开展防范化解社会矛盾风险攻坚行动，矛盾化解率达 95% 以上。

二、发展中存在的问题

经济总量不够大，产业结构不够优，创新能力不够强；对外开放水平有待提升，外向通道、口岸枢纽等一些影响发展的关键问题尚未解决；城乡区域发展有短板，乡村振兴、城市提升任重道远；能源、资金等要素保障存在制约；社会事业还有弱项；少数干部“庸懒散怠”现象依然存在，行政效能仍需提高。

三、2019 年发展目标

主要预期目标是：地区生产总值增长 10% 左右，固定资产投资增长 8%，社会消费品零售总额增长 10%，一般公共预算收入（同口径）增长 5%，全社会 R&D 投入占比达到 2.2%，全体居民人均可支配收入增长 8%，城镇登记失业率控制在 4% 以内。

（执笔人：李西平）

江津区

江津区人民政府办公室

一、2018年发展回顾

2018年，江津区全年实现地区生产总值902.3亿元、增长10%，增速居全市第二；规模以上工业总产值1313亿元、增长10.8%；全社会固定资产投资577.4亿元、增长10.2%，其中工业投资269.2亿元、增长8%；社会消费品零售总额278亿元、增长12.7%。

（一）“三大攻坚战”开局良好

一是打好防范化解重大风险攻坚战。全面摸清债务底数，制定融资负面清单，规范国有企业融资举债行为，遏制政府隐性债务增量。着力防范金融风险，银行业不良率低于全市平均水平，小贷公司和融资担保机构风险总体可控。二是打好精准脱贫攻坚战。20个扶贫集团结对帮扶，5483名干部奔走扶贫一线，投入扶贫资金5.5亿元，分类解决“两不愁三保障”问题。全年完成脱贫2567人，超额完成年度任务，贫困发生率降至0.2%。三是打好污染防治攻坚战。全面推行河长制，全区水环境质量国控、市控考核断面达标。深入开展蓝天行动，实现优良天数286天、同比增加41天。扎实开展净土行动，实现镇街餐厨垃圾集中收运处置全覆盖。“十项行动计划”务实有序开展，取得阶段性成果。

（二）产业质量稳步提高

认真落实新发展理念，着力推动产业转型升级，三次产业结构比优化为10.3∶57.5∶32.2，第三产业占比提高3.9个百分点。一是突出工业主导地位，425家规模工业企业主营业务收入、利润分别增长12%、25%。全区工业税收增长21%，规模工业企业资产负债率下降2.2个百分点。大力发展商贸服务业，实现商品销售额805亿元、增长15.2%，其中双福农贸城、和润汽摩城、五金机电城、攀宝钢材市场实现商品流通额602亿元。二是大力发展全域旅游，实现旅游综合收入141.2亿元、增长23.1%。四面山景区获评首批国民休闲旅游胜地，恒大养生谷、蓝光·水果侠等项目签约入驻。三是大力发展金融业，人民币存贷款余额1505.5亿元、总量居渝西第一。中信银行、华西证券入驻江津，霏洋环保在"新三板"挂牌。四是大力发展特色农业，实现农业总产值131亿元、总量居全市第一。加强农产品质量安全监管，非洲猪瘟防控成效显著。被授予中国特色农产品优势区（江津花椒）、全国农村一二三产业融合发展先导区。

（三）城乡融合加速推进

统筹抓好乡村振兴和城市提升，加快城乡一体化建设，促进城乡各美其美、美美与共。扎实开展农村人居环境整治，改造农村危房7429户、厕所2.9万户，创建绿色示范村庄14个。"大棚房"问题清理整治取得实效。扎实推进新型城镇化，新增城镇常住人口3.4万人，城镇化率提高到68.43%，四屏镇获评"中国最美乡镇"，石蟆镇、吴滩镇入选中国历史文化名镇。扎实推进"一轴两翼"重点区域开发建设，中心城区建成87.6平方公里、人口64万。轨道交通五号线跳磴至江津段等融城通道建设有序推进，几江长江大桥南引道续建工程、海汇小学建成投用，滨江新城获评"全国2018绿色发展示范开发区"。以"三城联创"为抓手，深度治理城市"顽疾"，城区品质不断提升。

（四）改革创新协同发力

深入推进各项改革，大力支持技术创新，形成推动发展的强大动力。深化供给侧结构性改革。持续开展"三去一降一补"，为企业社保减负2.6亿元、用能减负1.7亿元，全年累计减税16.1亿元。着力推进各项改革任务。教育管办评分离改革、全市区域教育综合改革分获全国优秀奖和全市一等奖。推进国企改革，重组华信集团、滨江集团、四面山旅游集团，组建综保区开发建司。着力推进科技创新。全社会研发经费支出占地区生产总值比重达2.5%，兑现企业科技创新补助5520万元、技改设备补贴3060万元。积极培育创新主体，引进浪尖工业设计研究院等研究机构，新增龙煜铜管等两家市级院士专家工作站。扎实开展集中走访精准服务民营企业活动，全区入库税收和生产总值分别占全区的67.2%和60%。

（五）对外开放取得突破

始终把开放作为推动发展的强大引擎，对外开放水平实现大幅提升。一是努力打开跨区域合作新局面，与新加坡国立大学、南洋国际商学院、佳士集团等签署合作项目12个，与遵义、泸州等地签署《渝川黔毗邻地区经济社会发展协作会框架协议》。二是积极拓展对外开放大通道，渝贵铁路、江习高速建成通车，合璧津高速江津段、珞璜长江枢纽港、珞璜铁路综合物流枢纽、白沙长江大桥等重点工程推进顺利，江津—北部湾班列实现双向对开。三是加快构建对外开放大平台，江津综保区封关运行，全年完成进出口59亿元。中国西部（重庆）东盟商品、农副产品分拨中心落户并开市运营。新引进明峰医疗高端装备产业园、金果源进口水果分拨加工中心等项目23个、总投资207.5亿元。

（六）生态环境持续改善

认真落实"共抓大保护、不搞大开发"方针，共同筑牢长江上游生态屏障。一是把修复长江生态环境摆在压倒性位置。完成营造林15.5万亩，其中长江干流生态廊道造林2.6万亩。推进长江沿线环保突出问题整改，新建污水处理设施6座、技改29座，拖移、拆解餐饮船舶8艘，关停沿江沿河砂石码头28个、畜禽养殖场24家，长江干流543名渔民实现退捕转产。与永川、璧山、綦江建立流域横向生态保护机制。完成三五三三、三五三九、江洲粉末等企业环保搬迁。依法关闭矿山34家。二是深入开展自然保护地大排查、大整治。四面山市级自然保护区生态环境综合整治有力推进，缓冲区农家乐经营行为全面取缔，生态优先绿色发展正成为普遍形态。

二、发展中存在的问题

产业结构不优、能级不高，工业经济大而不强，农业“接二连三”不充分，第三产业仍是短板，科技创新能力不足，发展质量效益有待提升；城乡区域发展不平衡，交通等基础设施互联互通水平还不高，中心城区品质提升和农村人居环境整治还需加大力度；“三大攻坚战”任务依然艰巨，教育、医疗、养老等民生领域还有不少短板，一些环保突出问题解决难度较大；“放管服”改革仍需深化，优化营商环境还有不少工作要做；少数部门和有的工作人员责任意识、担当意识、服务意识、廉洁意识不强，不作为、慢作为甚至乱作为现象依然存在，正风肃纪和反腐败斗争还需常抓不懈。

三、2019年发展目标

2019年，全区经济社会发展主要预期目标是：地区生产总值增长9%左右，工业增加值增长9%左右，固定资产投资增长10%左右，社会消费品零售总额增长10%左右，进出口总值增长10%左右，城镇登记失业率控制在3.2%以内，城乡居民收入增长与经济增长基本同步，节能减排降碳完成市里下达任务。

合川区

合川区人民政府办公室

一、2018年发展回顾

2018年，在市委、市政府和区委的正确领导下，坚持稳中求进工作总基调，着力抓好稳增长、促改革、调结构、惠民生、防风险各项工作，坚决打好“三大攻坚战”，实施“八项行动计划”，保持了经济社会平稳健康高质量发展。全年实现地区生产总值增长6.5%，突破700亿元，全社会固定资产投资增长11.4%，社会消费品零售总额增长12.3%，一般公共预算收入40.7亿元、增长10.6%，城乡常住居民人均可支配收入分别为34875元、17254元，增长8.6%、8.9%。

（一）经济发展稳中有进

面对宏观经济下行态势，进一步加大工作力度，保持了基本面平稳向好。工业经济提质发展。多方共促北汽银翔复工复产，天顶组团获批国家新型工业化汽车产业示范基地。草街信息安全产业城获批市级信息安全特色园区。医药健康产业逐步成型，聚集关联企业46家。新增规模以上工业企业23家。三大主导产业产值增长11.9%。现代农业稳步增长。乡村振兴“一镇两村”示范点建设全面铺开。改造高标准农田6万亩，因地制宜发展特色效益农业6.7万亩，粮食总产量、生猪出栏量、水产品产量均保持全市第一，我区被认定为首批市级特色农产品（合川黑猪）优势区。组建农机社会化服务组织28个，培育农业新型经营主体1010个，新增“三品一标”农产品72个、市级名牌农产品8个。旅游产业日趋活跃。钓鱼城遗址申遗和5A级景区创建同步推动，钓鱼城范家堰衙署遗址考古发掘项目获“田野考古奖”三等奖，“钓鱼城号”游船下水运营。发起组建了嘉陵江文化旅游产业联盟，启动纪录片《嘉陵江》拍摄。全年接待游客数量、旅游收入分别增长18.6%、24%。商贸服务业保持繁荣。全年新增限额以上商贸企业27

家。中农联合川农贸城一期开业运营。农村电商体系覆盖90%的行政村。承办专业性会议100余场次，举办各类展会31场次，拉动消费近40亿元。

（二）创新活力逐步增强

坚持以大数据智能化为引领，加快创新驱动发展。创新主体不断壮大。新增高新技术企业27家、科技型企业133家，新增牛羚企业11家、瞪羚企业4家。工业园区获批市级高新技术产业开发区。创新平台加快建设。与中国汽车工程学会、浙江大学、成都电子科大等高校院所建立合作关系。新增市级企业技术中心4个、市级中小企业技术研发中心13个。创新人才加速聚集。柔性引进沈昌祥、倪光南等12名院士及专家团队。3人获重庆市“鸿雁计划”人才认定。评选了一批科技拔尖人才团队、产业高层次人才和合川工匠。创新氛围日益浓厚。国家知识产权试点城市创建有序推进。新增国家知识产权示范企业1家、优势企业6家和市级优势企业4家、贯标企业16家，注册商标增长19.3%。每万人有效发明专利4.5件。

（三）改革开放纵深推进

突出重点领域和关键环节，以点带面，深入推动。供给侧结构性改革取得新成效。深入推进“三计划一行动”，扎实开展集中走访精准服务民营企业活动，为企业兑现政策资金6.3亿元、减免税费14.3亿元，综合施策降低企业用气用电等要素成本1.5亿元。重点领域改革取得新突破。机构改革、国有企业改革有序推进。深化“放管服”改革，发放“多证合一”营业执照1.4万户，取消一批区级行政审批事项。稳步实施农业农村改革，流转适度规模经营土地1.1万亩，落实股权化改革财政资金3200余万元，我区入列创建国家农村集体产权制度改革试点区。对外开放迈出新步伐。深化与“一带一路”沿线国家有关城市交流合作，参加西洽会、智博会、进博会等展会活动30余场次。全年新签招商项目165个，协议资金644亿元，到位资金225亿元。实现外贸进出口3亿美元、增长40.5%。

（四）城乡环境持续改善

围绕基础建设、生态优化、品质提升，大力推动城乡融合发展。交通网络日渐完善。合川火车站站前广场建成开放，三环高速天顶互通提前两年通车，合长高速、合安高速、合璧津高速、渝广高速支线加快建设。45条209公里出境公路提质改造完成75%，改造干线公路188公里。建成“四好农村路”768公里。城市品质优化提升。深入推进全国文明城区创建。新建城区雨污管网10.8公里，完成11个单体楼院“六有六无”整治、8栋老旧住宅楼电梯加装。东津沱滨江公园西半段、花滩市政北公园建成开放。镇村建设统筹推进。完成1404户农村危房、2.2万户农村卫生厕所建设改造，在全市率先启动农村25户以上集聚区生活污水处理设施建设。河长制工作继续走在全市前列，嘉陵江、渠江、涪江水质总体达Ⅱ类。

（五）民生福祉不断增强

始终把保障和改善民生抓在手上，努力把增强群众获得感的事情办好办实，29件民生实事完成年度目标。脱贫攻坚精准显效。把提高脱贫质量放在首位，发展扶贫产业1万余亩，改造贫困户C、D级危房701户，833人脱贫摘帽，贫困发生率下降至0.08%。金星玻璃、天嘉实业获批全国就业扶贫基地。教育事业稳步发展。以基础教育品质提升工程为抓手，努力办好人民满意的教育。全面完成薄弱学校改造，新增幼儿园

9 所，学前教育普惠率、公办率分别达 90.2%、49.1%。育才职教中心入列首批市级高水平中职学校目录。医疗卫生事业取得成效。扎实推进全国健康城市建设试点，居民健康素养水平从 11% 上升到 21.3%。启动 13 家医疗单位改扩建，建成市级重点专科 2 个。分级诊疗基层就诊比例达 63.9%，家庭医生签约有序推进。基本公共卫生服务绩效考核列全市第一。文体事业蓬勃发展。努力扩大文化供给，图书馆新馆获评国家一级馆。举办国际龙舟联合会世界杯、区九运会等大型体育赛事 7 场。坚持以更高站位和标准加强历史文化保护，完成二佛寺摩崖造像抢险加固和板桥寺修缮，新增市级代表性传承人 6 名。社会保障更加完善。城镇新增就业 2.6 万人、登记失业率 2.04%，引导返乡创业就业 2.2 万人。城乡居民养老和医疗保险参保率均稳定在 95% 以上。还房到户 1603 套，累计配租公租房 8037 套。

（六）社会大局保持稳定

坚决打好防范化解重大风险攻坚战，深化平安建设，创新社会治理，公众安全感、群众满意度进一步提升。风险管控卓有成效。积极化解政府债务，出台政府性债务管控“1+6”工作方案，扎实开展全口径债务风险评估，政府债务风险率由橙转绿。开展非法集资专项治理，新增非法集资案件下降 37.5%。社会秩序稳定向好。坚持居民自治，构建基层大调解体系，人民调解成功率 99.8%。加强信访法治化建设，群众到区集访件次下降 25.5%。推进社会治安综合治理，破案率连续 9 年保持 100%。扎实开展扫黑除恶专项斗争，打掉恶势力犯罪集团、团伙 5 个，群众安全感指数达 99.5%。安全生产全面加强。扎实开展大排查、大整治、大执法，经营性生产安全事故起数和死亡人数实现“双下降”，较大及以上事故零发生。有效应对“7 · 12”洪灾和非洲猪瘟疫情，保障了人民群众生命财产安全。

二、发展中存在的问题

一是工业结构不够优，抵抗风险能力弱，企业提质增效、产业转型升级任务繁重；二是城乡区域发展不够均衡，基础设施欠账较多，保障和改善民生仍需持续用力；三是资源环境约束趋紧，生态环保突出问题尚未彻底解决；四是政府工作与发展所需、群众所盼还有差距，推动高质量发展的能力有待提升。

三、2019 年发展目标

2019 年是新中国成立 70 周年，是决胜全面建成小康社会第一个百年奋斗目标的关键之年。合川将紧紧围绕习近平总书记对重庆提出的“两点”定位、“两地”“两高”目标、发挥“三个作用”和营造良好政治生态的重要指示要求，坚持稳中求进工作总基调，统筹推进稳增长、促改革、调结构、惠民生、防风险各项工作，努力推动高质量发展、创造高品质生活。力争实现地区生产总值增长 7% 左右，全社会固定资产投资增长 10%，社会消费品零售总额增长 10%，一般公共预算收入增长 5%，城乡常住居民人均可支配收入增速高于区域经济增速。

（执笔人：黄昌贵）

永川区

永川区人民政府办公室

一、2018 年发展回顾

2018 年，在市委、市政府和区委坚强领导下，永川区坚持以习近平新时代中国特色社会主义思想为指导，紧紧围绕把党的十九大精神和习近平总书记殷殷嘱托全面落实在永川大地上这条主线，团结依靠全区人民，深入落实永川发展“一二三四”总体思路，以“三大攻坚战”“八项行动计划”为重要抓手，倾力打造高质量发展先行区，较好地完成了区十七届人大第二次会议确定的主要目标任务，实现了发展速度与质量的双提升。

（一）经济发展保持平稳较快增长

全区实现地区生产总值 845.7 亿元，增长 9.9%；全社会研发经费支出占比达 2.4% 左右；固定资产投资增长 10.2%；社会消费品零售总额 344.8 亿元，增长 14.3%；一般公共预算收入 46.6 亿元，同口径增长 5%，其中税收 29.4 亿元，增长 5.7%；城乡常住居民人均可支配收入分别达到 36749 元、18244 元，增长 9.1%、9%；城镇登记失业率 3.05%。

（二）致力优化产业结构，转型升级取得新成效

支柱工业集群规上产值 785 亿元、增长 16%，战略性新兴产业规上产值 378 亿元、增长 18%。智能装备产业不断壮大，签约德国 SW 机床、广数时栅传感器项目，广数工业机器人、恒拓高工业自动化模组模块项目建成投产，数控机床制造企业达 35 家，机床总销量占全市的 1/3。汽车及零部件产业快速集聚，中交 STS 电动车项目签约，迎洲压铸（二期）投产，瑞悦车业开工建设。长城汽车项目完成投资 20 亿元，厂房建设即将完工。电子信息产业加快转型，产值增长 20%。特色轻工产业扩能增效，理文生活原纸扩产项目建成投产，港桥工业园成为全国最大的卫

生用纸生产基地。能源及新材料产业提速发展，东鹏智能整体家装产业园、帝欧家居智能卫浴项目签约，中交世通重型钢构项目建成投产，泰石岩棉主体完工。页岩气日产气量超过50万方。签约渝西医药交易市场，华茂国际中心建成运营。全区商品销售总额996.2亿元、增长36%，住宿餐饮营业额106.7亿元、增长17%。阿里巴巴全球人工智能交付中心、达瓦大数据先进影像中心签约，科创讯飞人工智能学院、普天大数据产业学院相继挂牌，软件园累计入驻项目达268个，座席8000余个，从业人员1.3万人，实现产值91亿元。签约中交航空港、勾正科技、中城投等总部项目，中铁二十一局五公司总部建成投用，总部经济项目实现产值50亿元。签约西部欢乐城、茶山竹海养生谷项目。全年接待游客1856.7万人次、增长16.62%，实现旅游收入108.76亿元、增长31.04%。茶叶基地面积达9万亩、产量7000吨、产值7.38亿元；食用菌袋栽达1.3亿袋、产量6.5万吨、产值7.5亿元，生产规模占全市的70%；名优水果种植总面积达23.2万亩、产量16.2万吨、产值5.5亿元；新增花椒基地2000亩，花椒油产值达8000万元；永川豆豉实现产值12.5亿元、增长8%。农产品网上交易额2.12亿元。

（三）致力改革开放创新，发展活力得到新释放

依法关闭36家烧结砖瓦企业。深入落实“工业企业降成本34条”和减税降费各项政策，为企业降成本5.6亿元。发放中小企业风险补偿贷款2.5亿元，使用中小微企业转贷应急周转资金3.8亿元，区中小企业担保公司担保余额3.7亿元。守住了不发生区域性系统性风险的底线。开展工程建设项目审批制度改革试点，社会投资项目审批时限压减至50个工作日以内。深化国资国企改革，组建国有资产运营公司，22家区属国有企业整合为8家。永川海关正式挂牌运行。外资企业达51家、进出口实绩企业达48家，外贸进出口总额36亿元、增长17.3%，实际利用外资4.2亿美元、增长10.6%。成功举办第八届世界木材与木制品贸易大会。永川高新区成功创建国家高新区。全年新增高新技术企业24家、科技型企业105家、高成长性企业15家，新成立市级以上研发平台16个，获批市级重点实验室3个、科技型企业孵化器2个。有效发明专利总量达736件，增长97.32%，万人发明专利拥有量6.57件，综合科技创新指数增长率跃居全市第1位。

（四）致力改善人居环境，城乡面貌展现新变化

中心城区面积达75平方公里，常住人口城镇化率达69.76%，永川成为人口净流入城市。规划展览馆建成开馆。建成萱花路环形人行天桥，优化渠化拥堵节点12个。开展城区违法占道停车联合执法行动，整治“三无小区”57个。“三城同创”全面启动。实施农村人居环境整治三年行动，建设“四好农村路”728公里、农村人行便道311公里，改造农村户厕9900户，改造农村C、D级危房1630户，创建市级美丽宜居村庄3个。大安通用机场项目主体完工。朱沱港朱沱作业区工程前期工作加快推进。永泸高速控制性工程全面开工。城市轨道交通前期线网研究、规划设计正式启动。永和大道延伸段建成通车。永川“公铁水空”区域性综合交通枢纽已具雏形。金鼎寺水库、南瓜山水库全面完工。

（五）致力推进社会事业，民生福祉实现新进步

幼儿园普惠率达82%。凤凰湖中学、五洲小学建成投用，子庄小学启动建设。出台“职教发展24条”实施细则，职教院校新增专业17个，新增学生6900人。科创华数智能制造学院、中

德工程师学院等校企合办学院相继挂牌。重庆科创职业学院升本列入教育部规划。二级及以上医疗机构全部实行预约诊疗服务。人民医院红河院区正式投用，新设立儿童医院，新妇幼保健院主体完工。永川博物馆开馆运行。成功举办永川国际女足锦标赛。重庆市第六届运动会前期筹备工作有序推进。落实各类就业援助资金1.05亿元，发放创业担保贷款8473万元，城镇新增就业3.68万人，新增创业12146户，带动就业近3万人。发放社会救助资金3.55亿元，惠及城乡困难群众8万余人。累计投入扶贫资金1.2亿元，完成建卡贫困户危房改造869户，医疗救助建卡贫困人口2452人次，落实教育资助资金4692.7万元、资助人员达41659人次，386户936名农村贫困群众实现脱贫，贫困发生率降至0.14%。

二、存在的问题

一是经济转型仍然困难，持续稳定增长的基础还不牢固，发展韧性、接续动能、创新能力有待进一步加强。二是城乡发展不平衡，城乡基础设施、生态环保等存在不少欠账，公共服务水平有待进一步提高。三是财政收支矛盾日益突出，债务管控压力加大，财政资金使用绩效有待进一步提升。

三、2019年经济发展目标

坚持以习近平新时代中国特色社会主义思想为指导，全面贯彻党的十九大和十九届二中、三中全会精神，深入学习贯彻中央和全市经济工作会议精神，紧紧围绕习近平总书记对重庆提出的“两点”定位、“两地”“两高”目标和营造良好政治生态、做到“四个扎实”的重要指示要求，统筹推进“五位一体”总体布局，协调推进“四个全面”战略布局，坚持稳中求进工作总基调，坚持新发展理念，坚持推进高质量发展，坚持以供给侧结构性改革为主线，坚持深化市场化改革、扩大高水平开放，加快建设现代化经济体系，继续打好“三大攻坚战”和实施“八项行动计划”，不断激发微观主体活力，统筹推进稳增长、促改革、调结构、惠民生、防风险工作，保持经济运行在合理区间，进一步稳就业、稳金融、稳外贸、稳外资、稳投资、稳预期，提振市场信心，增强人民群众获得感、幸福感、安全感，持续营造风清气正的良好政治生态，保持经济持续健康发展和社会大局稳定，在加快打造高质量发展先行区、实现“兴业兴城、强区富民”的新征程中迈出更加坚实的步伐。

2019年经济社会发展主要预期目标是：地区生产总值增长10%左右，规上工业增加值增长9.5%左右；固定资产投资增长10%左右，其中工业投资增长10%左右；社零总额增长11%左右；一般公共预算收入同口径增长4%左右，税收收入增长7.5%左右；全社会研发经费支出占比达到2.6%以上；完成节能减排降碳年度目标任务；城乡常住居民人均可支配收入均增长9%左右，城镇登记失业率控制在3.5%以内，基本公共服务满意度持续提升。

（执笔人：李卓衡）

南川区

南川区人民政府办公室

一、2018年发展回顾

2018年，南川区在市委、市政府的坚强领导下，始终坚持稳中求进工作总基调，聚焦工业提质、旅游升级、乡村振兴、城市提升四个重点，对标对表、精准发力、克难奋进，实现经济社会发展稳中向好、转中提质。全年实现地区生产总值280.4亿元、增长7.2%，增幅连续八个季度高于全市平均水平；固定资产投资同比增长11.0%；社会消费品零售总额比上年增长12.5%；一般公共预算收入完成23.45亿元，比上年增长4.6%。城乡居民人均可支配收入分别达到34067元、14631元，均实现增长8.5%。

（一）全力抓好项目建设，积蓄高质量发展新动力

以"重点项目建设深化年"活动为抓手，全年新开工重点项目78个，竣工26个，累计完成投资172亿元，带动固定资产投资增长11%。扎实开展交通建设三年行动，完成年度投资40亿元，全区公路在建里程达到1025公里。南两高速（南川段）主体工程完成70%，大坪黄泥垭隧道竣工通车，"九高四铁一机场多环线"交通格局加快形成。金佛山水利工程大坝主体、复建公路、安置还房建设进入扫尾阶段，撕栗坪水库全面完工，鱼枧水库、朱家岩水库建设顺利推进。坚持一手抓建设攻坚，一手抓项目引进，与在外重庆商会、两江新区在外招商平台达成合作意向。成功举办两次招商引资集中签约活动，新签约软通智慧、浙大网新等64个项目，协议引资604.6亿元，到位资金154.4亿元。围绕项目建设和发展需求，全年争取上级财政资金37.3亿元，融资到位92亿元；获批建设用地6240亩，征收土地6995亩，出让土地3313亩，拆迁房屋78.5万平方米，通过搭平台、优服务、强要素为项目建设保驾护航。

（二）稳住工业发展步伐，新旧动能转换有序推进

按照集群化、智能化、创新化、绿色化理念，大力发展中医药、铝材料、页岩气、新型建材、机械制造、精细化工等主导产业。页岩气勘探投资突破15亿元，产能达到14.5亿方，日输售气超过400万方，成为拉动增长新引擎。经过多方努力，停产多年的中铝80万吨氧化铝项目全面启动复产。博赛集团、鸿庆达满负荷生产，新开工铝器时代、优钛矿业等18个项目，中涪南热电联产、江南化工二期等34个项目提速建设，超群轮毂、鸿路钢构等15个项目投产放量，实现规上工业总产值175亿元、增长12.1%；完成工业投资43亿元、增长15.1%，增幅居全市前列。中医药科技产业园入驻项目达到20个，天圣制药、百味珍、中佳信等项目具备试产条件。坚持用大数据智能化引领工业，中航天卫、五睡科技精彩亮相首届智博会。与市电力公司开展战略合作，园业售电公司挂牌运营。“一园四组团”基础设施日臻完善，承载能力显著增强。

（三）擦亮旅游金字招牌，大美南川印象深入人心

坚持景城乡一体化发展路径，开启打造南川旅游升级版新征程。开工建设景城大道、天马公路、山王坪旅游公路，强力推进神龙峡景区复牌整改。创新旅游营销方式，金佛山旅游登上央视竞演舞台，南川在众多参赛城市中脱颖而出，跻身全国“十佳魅力城市”，金佛山获评“年度魅力生态景区”，金佛山方竹笋宴获评“年度特色美食”。联动西安、渝南黔北各区县，做大旅游客源市场，全年接待游客数量突破2000万人次，实现旅游综合收入近90亿元。以旅游为牵引的现代服务业呈现新气象，商贸物流园区新增运营面积5万平方米，新签约月星家居、重庆汽博中心等一批品牌商家，渝南黔北二手车交易市场投入运营。京东商城“中国特产·南川馆”上线，全区电商交易额达到9.5亿元、增长26%。城市商圈快速发展，万达广场主体完工，新世纪百货、永辉超市、苏宁电器营业额大幅增长。新培育限上商贸企业48家，社会消费品零售总额增长12.5%。

（四）打造乡村振兴样板，示范格局渐次铺开

紧扣“二十字”总要求和“五个振兴”具体路径，系统谋划、高位推动，南川成为全市乡村振兴综合试验示范区，入选全国农村一二三产业融合发展先导区创建名单。农业特色产业规模不断扩大，品牌效应凸显。新种植中药材5.5万亩；新发展茶叶1万亩，其中古树茶2000亩；新培育方竹笋7000亩；建设绿色精品稻基地1.7万亩。南川入列首批重庆市特色农产品优势区，“南川大树茶”列入重庆茶叶三大品牌，方竹笋、古树茶、南川米备受市场青睐。启动农村“三变”改革试点，健全集体林地有偿退出机制，国有林场改革全面完成并通过市级检查验收。持续改善农村人居环境，建成“四好农村路”794公里，完成农村D级危房改造912户、农村改厕4160户，关闭畜禽养殖场190家。城乡生活垃圾分类试点有序实施，行政村生活垃圾有效治理率达到100%。央视《美丽乡村快乐行》走进大观园，农业农村部美丽乡村休闲旅游推介会、全市改善农村人居环境现场会在我区召开。

（五）提升城市品质颜值，现代生态新城近悦远来

立足“三山聚首、三江汇流”自然禀赋，按照“宜业、宜居、宜游”品质和“近悦远来”目

标，全面提升规划、建设、管理水平，让城市颜值气质俱佳。制定《南川区城市品质提升行动方案（2018—2020年）》，大力实施缓堵保畅工程，南大街延伸路、隆化大道延伸路等8条市政道路建成通车，金山大道、南大街人行天桥建成投用，金山大道与南园路交叉口改造工程全面启动，客运西站投入使用。着力解决停车难问题，首次探索“平改立”建成书院中学公共停车场，城区新增公共停车位1766个。聚焦“拉链路”“蜘蛛网”等城市病治理，大力推进城市地下综合管廊建设，形成廊体7.3公里。把棚户区改造作为重大民生工程和发展工程来抓，启动实施东街片区、渝南大道片区等棚户区改造1810户，拆迁面积超15万平方米。始终坚持“房子是用来住的”定位，稳定商品房供需动态平衡，新开工商品房200万平方米，竣工115万平方米，房地产市场平稳健康发展。实施城区雨污分流工程，完成管网改造46公里。持续深化“马路办公”、智慧城管建设，精细化、智能化、人性化管理城市，巩固国家卫生城市创建成果，把“干净之城”这块名片越擦越亮。

（六）践行绿色发展理念，生态底色更加鲜亮

坚决打赢污染防治攻坚战，以“河长制”促“河长治”，有效推进双赢磷石膏堆场污染治理，大溪河出境断面水质明显改善。一河一长担责任、一河一档明水情、一河一策抓治理、一河一站常监测、一河一警严执法、一河一标强考核等“六个一”做法被多家中央和市级主流媒体报道，“负面清单”“总河长通知书”等举措得到中央和市委肯定。深入实施“蓝天、碧水、宁静、绿地、田园”环保五大行动，生态文明建设步伐坚定有力，美丽南川的底色越来越鲜亮。积极开展国家森林城市创建，实施国土绿化提升行动15.3万亩，全域森林覆盖率达53%，获批“全国森林旅游示范县”，生态宜居成为南川最显著的价值底色。

（七）彰显关爱民生情怀，群众幸福指数不断提升

深入实施40个已销号贫困村巩固提升工程和16个发展相对滞后非贫困村帮扶行动，落实三个“五年计划”，下足“绣花”功夫推动精准扶贫精准脱贫。全面启动改造农村电网、加装老旧小区电梯等民生实事36件。城乡教育一体化领跑全市，新建、改扩建中小学8所、公办幼儿园11所，新建校舍4.3万平方米，义务教育由基本均衡迈向优质均衡发展。教育综合改革纵深推进，挂牌督导创新区通过国家核查。渝南黔北医疗卫生中心地位凸显，3家公立医院与33家基层单位建立医联体，实现基层中医馆全覆盖，区内就诊比例显著提升。着力抓好稳就业工作，新增就业1.3万人、创业实体6000户，城镇登记失业率控制在3.9%以内。城乡居民养老、医疗保险参保率分别达到90%、95%。深入开展扫黑除恶专项斗争，保持严打整治高压态势，社会大局和谐稳定，群众安全感指数显著提升。严格落实安全生产责任制度，扎实开展安全隐患大排查、大整治、大执法，全区安全形势平稳可控。

二、发展中存在的问题

经济结构性矛盾突出，主导产业支撑不强，接续替代产业培育缓慢，新旧动能转换任重道远；财政增收压力很大，人均财力水平较低，走出财政收支困境仍需时日；创新要素聚集不足，创新能力相对较弱，战略性新兴产业基础薄弱；公共服务不够健全，社会事业发展与群众期盼还有较大差距，民生改善仍在路上。

三、2019 年发展目标

2019 年经济社会发展的主要目标是：生产总值增长 7.5% 左右，工业增加值增长 7.5%，固定资产投资增长 10%，社会消费品零售总额增长 10%，一般公共预算收入同口径增长 2%，城乡居民人均可支配收入分别增长 8%、8.6%。

（执笔人：闫国平）

綦江区

綦江区人民政府办公室

一、2018 年发展回顾

2018 年，綦江区坚持以习近平新时代中国特色社会主义思想为指导，认真贯彻党的十九大和十九届二中、三中全会精神，紧紧围绕习近平总书记对重庆提出的“两点”定位、“两地”“两高”目标和营造良好政治生态、做到“四个扎实”的重要指示要求，坚持稳中求进工作总基调，坚持新发展理念，坚持以供给侧结构性改革为主线，不断提高经济发展质量，努力提升人民生活质量。全区地区生产总值实现 414.6 亿元、增长 6.9%；工业增加值实现 151.9 亿元、增长 7.2%；全社会固定资产投资完成 113.7 亿元、增长 8.7%；社会消费品零售总额实现 133.4 亿元、增长 10.8%；全体居民人均可支配收入 24523 元，增长 9.5%。

（一）坚持总基调，经济运行稳中有进

紧紧围绕党中央关于保持经济社会大局稳定的决策部署，坚持调度与督查结合，考核与激励并重，以稳投资、稳预期为重点，有力保障全区经济社会实现“六稳”。就业稳，城镇新增就业 1.8 万人，城镇登记失业率控制在 3.5% 以内。金融稳，设立企业发展基金，引导企业多渠道融资，缓解企业流动性短缺。金融业增加值实现 22.6 亿元，占地区生产总值比重提升至 5.6%，不良贷款率处于较低水平，政府债务保持在绿色可控区间。外资、外贸稳，全年实际利用外资 899 万美元、增长 279.3%，进出口总额突破 6000 万美元、增长 25.6%。投资稳，引进 30 亿级项目 16 个、10 亿级项目 20 个，签约项目到位资金 170 亿元，新开工项目计划投资 115 亿元。预期稳，民营经济增加值占地区生产总值比重提升至 60.5%，工业用电量、货运周转量等先行指标分别增长 21.4%、8.5%。

（二）突出高质量，转型升级加快推进

按照陈敏尔书记对綦江提出的“因地制宜走

好转型路，因势利导打造升级版”工作要求，坚定不移推进经济转型升级。工业经济加快升级。以创建国家高新技术产业开发区为引领，启动市级高新区创建工作，引进上海“一带一路”物流产业数据运营中心、深圳利市通智能电子终端等12个大数据智能化项目。铝精深加工下游链条不断延伸，汽摩整车及零部件制造向高端迈进，建筑产业现代化已形成51家企业的集群规模，三大支柱产业支撑作用明显。总部经济持续壮大。累计引进乌巢科技等总部经济项目12家，有力推进产业结构调整优化。中铁建大桥局旗下年施工能力80亿元的子公司签约落户，綦江迎来首个建筑行业“全牌照”央企。旅游经济提质发展。规划“一轴、两核、四组团”全域旅游格局，打造游客“想来、想留、想念”旅游目的地。重庆首座以古生物化石为主题的国家地质公园正式开园，一批高端民宿投放市场，接待游客和旅游综合收入分别增长21.4%、39.5%。商贸经济更加繁荣。累计发展限上商贸企业400家，继万达广场、红星国际广场后，总投资约45亿元的橙天地文化娱乐综合体和香港铜锣湾广场落户綦江，百亿级商圈加快构建。

（三）共绘“綦江美”，城乡品质大幅提升

统筹实施城市品质提升和乡村振兴，促进城市和乡村高质量发展。系统推进城市提升。有序推进綦江北互通，谋划实施绕城高速，东部新城建成区达12.5平方公里，入住人口突破10万人，城市骨架进一步拓展。恒大、橙天、金科、奥园、阳光城等上市品牌房企开发项目迅速推进，高端房源和普通房源均供销两旺，房产品质进一步提升。改造7个港湾式公交站，新增1000个公共停车位，建成东部新城临时待货停车场和货物堆放场，城市管理进一步完善。通惠互通、登瀛大道、黄泥岗隧道、高铁综合体站前广场等一批交通基础设施建成投用，渝黔高速扩能项目（綦江段）加快建设，时速350公里的渝黔高铁启动规划编制。统筹推进乡村振兴。创设“乡村振兴信用贷”等金融工具，整合各类资金1亿元，支持农业产业加快发展。提升农产品质量，“綦江辣椒”入围市级特色农产品优势区20强，“横山贡米”荣获重庆“十大好吃大米”称号。深化农业农村改革，创新开展石壕万隆村“三变”改革全市试点，招商引资发展万亩银杏、万亩雷竹等规模化产业；不断改善农村人居环境，石壕万隆村被评为“2018年中国美丽休闲乡村”，永城中华村成功创建全国特色村庄。完成农村建卡贫困户的C、D级危房改造2952户，贫困对象“两不愁三保障”水平明显提升。全区综合贫困发生率控制在0.99%。

（四）激发新活力，营商环境更加优化

全面落实“降低企业成本若干政策措施”“企业减负30条”，科学制定“优化营商环境促进民营经济发展意见”“人才引进暖心10条”，着力强化对辖区企业的针对性帮扶。持续深化商事制度改革，首创“全城通、就近办”登记模式，推行“67证合一”，实现“一套材料、一表登记、一窗受理、一窗发照”。大力激发民营经济活力，市场主体突破5万户，民营经济增加值占地区生产总值的比重提升至60.5%。积极降低企业成本，累计减税1.75亿元，社保降费及发放失业保险援企稳岗补贴共2.64亿元。大力深化“放管服”改革，行政许可类事项办理时限压缩40%，200多个不必要的申报材料被彻底取消，458项行政审批服务实现“只跑一次”。深入推进依法治区，严格执行政府权力清单和责任清单，进一步清理和规范行政权力，获评全国法治县（市、区）创建活动先进单位，有力维护公平竞争环境和良好市场秩序。

（五）夯基补短板，民生保障持续改善

始终坚持以人民为中心的发展思想，千方百计发展民生事业。较好完成市级民生实事涉及我区的8项工作，城乡饮水安全、老旧社区物业化改造等10项区级民心工程全面完成。不断完善社会保障。职工保险、养老保险、医疗保险参保率均在95%以上，全年支出保障资金37.7亿元，发放社会救助金2.5亿元。扎实开展农民工工资支付专项治理。促进教育均衡发展。稳妥实施教育综合改革，8项成果参展第四届全国教博会，2项成果获市政府一等奖。优化教育资源布局，綦江中学迁建工程主体基本完工，陵园小学东部新城分校启动建设；建成投用陵园小学康德城分校等项目，新增学位1620个，新增校舍面积2.8万平方米、运动场地5000平方米。有效保障群众健康。人口出生缺陷率控制在10.13‰，被评为全市计划生育优质服务先进单位。推进公立医院改革，人民医院、中医院等5家医院开展现代医院管理试点，人民医院开展薪酬制度改革试点。中医院搬迁工程总体完工，妇幼保健院进入内装，人民群众就医条件持续优化。大力支持文体事业。取得市级以上竞技比赛85金的优异成绩。《血战浑河》入围第十届中国曲艺牡丹奖文学奖。綦江农民版画赴毛里求斯展出获得好评。区图书馆建设加快推进。切实改善生态环境。建成双总河长的三级“河长制”组织体系，加强大气污染联防联控，实施土壤污染管控和修复。全年空气质量优良天数达319天，较上年增加32天；北渡大桥、寨溪大桥断面水质全年均优于国家Ⅲ类的年度考核目标，且多数时间达到Ⅱ类标准，较往年大幅提高。

二、发展中存在的问题

一是经济下行压力持续加大，招商项目计划投资多、实际投资偏少，招商成果转化率还需进一步提高。二是工业支撑力仍然不够，传统的能源、装备制造等行业创新能力弱，企业存量产能利用不充分，新增产能还需进一步培育。三是民生保障能力与群众期盼有差距，公共服务均等化还需进一步推动。四是极个别部门和工作人员缺乏担当精神，办事推诿扯皮，政府系统执行力还需进一步加强。

三、2019年发展目标

2019年经济社会发展的主要预期目标是：地区生产总值增长7%左右，工业增加值增长7%，全社会固定资产投资增长10%，社会消费品零售总额增长11%，一般公共预算收入增长6%，全体居民人均可支配收入增长9%。单位生产总值能耗下降3.5%以上，主要污染物减排达到国家约束性要求。城镇登记失业率控制在4.5%以内。

（执笔人：陈正科）

大足区

大足区人民政府办公室

一、2018年发展回顾

2018年，全区地区生产总值同比（下同）增长7.3%，固定资产投资增长10.2%，一般公共预算收入30.8亿元，社会消费品零售总额增长10.8%，全体居民人均可支配收入26906元、增长9.9%。

（一）工业

主导产业不断壮大。全区生产改装车1.8万辆、摩托车50万辆、电梯4900台、笔电机壳3600万套、轮胎190万条，增速均在30%以上。成功举办第八届国际五金博览会，参展企业392家、交易额52.5亿元，五金市场年交易额达到380亿元。德能再生资源、中天电子拆解等3个项目投产，循环经济实现产值37.3亿元。主导产业规上工业总产值占全区规上工业总产值的80%。

发展质量不断提升。新增规上企业35家，规上工业总产值增长10.9%、增加值增长7.2%，主营业务收入增长12%，实现利润增长17.6%，企业亏损面降低35.7%、资产负债率下降3.1个百分点。园区集中度达到80%以上，产出强度达到75亿元/平方公里，全员劳动生产率达到30.3万元/人。

创新动能不断集聚。国家级经开区、国家级高新区创建工作扎实推进，大足高新区成为全市第一批智慧园区建设试点单位。建立科技型企业知识价值信用贷款担保基金，全区研发投入强度预计为1.3%，高新技术企业达到48家、科技型企业325家、牛羚企业14家，万人发明专利拥有量3.3件，战略性新兴产业项目14个、数字经济规模近40亿元。46家企业完成智能化改造，新增智能生产线15条、自动化设备200余台（套）。全球首条锻打刀具智能生产线建成投用，汽车关键零部件产业科技示范项目通过市级评审验收，通达铁路配件获得国际铁路产品质量体系最高标准认证，国飞无人机通过国内首家消防灭火无人机检验。

市场主体活力增强。台湾聚力成氮化镓外延片及芯片、中舜半导体等项目动工建设；快星专用车、京达环卫车、荣爵摩托、快科电梯、中铁十八局竹缠绕复合管等25个项目落户大足，特种（专用）车、摩托车、电梯、环保装备等特色产业加速集聚。足航钢铁产能置换、盛泰科技园（一期）、锐青电子、胜邦新材料等46个项目投产或试生产。新增各类市场主体10419家。推进企业"三创三转一上"，纳入上市培育库20家。

（二）农业农村

产业发展成效明显。农业增加值增长4.4%。市级以上农业龙头企业达到31家，建成优质粮油、特色果蔬基地80万亩，新发展雷竹、荷莲、花椒、花卉等特色产业2万亩。大足冬菜列入首批"重庆十大农产品区域公用品牌"，熊猫雷笋、玉龙山粉条等9个产品人选"巴味渝珍"，"三品一标"达到88个。乡村旅游持续升温，实现收入28亿元、增长7.8%。现代农业园区前期工作有序推进。"棠香人家""老家·观音岩""原乡·荷花村"等示范项目初见成效。袁隆平院士专家工作站挂牌成立。三驱镇被国家农业农村部、财政部批准开展农业产业强镇示范建设。

农村改革深入实施。统筹推进农村土地制度改革三项试点工作，集体经营性建设用地入市1478.6亩、土地征收867.8亩、宅基地有偿退出975.4亩，率先在全国建立城乡统一的地价体系。探索开展农村金融互助和"三社"融合发展，供销社综合改革经验在全市推广。积极扶持村集体经济发展，消除"空壳村"24个。完成农村土地承包经营权登记颁证等工作，多种形式放活土地经营权，农村土地流转率达45.7%。龙岗街道观音岩村纳入市级"三变"改革试点。

基础设施加快建设。新增"四好农村路"473公里、产业及旅游公路102公里。完成土地整理项目11个、宜机化地块整治3300亩，建成高标准农田5.1万亩，修建产业大道、机耕道、沟渠等54公里。重庆市灌溉试验中心站（大足）项目基本建成，新增高效节水面积1.8万亩。推进饮水安全巩固提升及脱贫攻坚户户通工程，受益人口8.4万人。开工建设十里110千伏输变电工程、万古—曹家35千伏第二回线路工程，完成农配网改造159.4公里，新建（改造）变压器69台、增加容量9800千伏安。改建完成龙水LNG储气调峰站，新增天然气管网280公里、用户9500户。新建通信基站205个，铺设光缆1500公里。

人居环境持续改善。投入以奖代补资金5000万元，实施场镇功能完善项目90个，完成基础设施改造项目12个，新（改）建公厕19个、停车场16个、健身广场11个、农贸市场8个。推进农村人居环境整治，改建卫生厕所3.1万户，建成村级污水处理站52座，农村生活垃圾集中处理实现全覆盖。石马镇被评为重庆市第三批特色景观旅游名镇，玉龙镇玉峰社区列入重庆市第二批历史文化名村，高坪镇冒咕村被评为重庆市绿色新村。

（三）城市规划建设管理

规划引领不断优化。启动城乡总体规划（2018—2035）修编和"多规合一"工作，推进邮亭、万古等8个镇总规评估及修编工作，海棠新城开发区规划扩容4.6平方公里，香国公园片区完成城市设计。城市管控更加严格规范，新出让地块容积率不超过2.5%，道路、绿化、公共设施等建设用地占比不低于50%，严格执行新建建筑控制线。

建设管理明显加强。实施城市提升重点项目

17 个、完成投资 13 亿元，濑溪河城区段升级贯通工程基本完成，龙岗路步行街和经开区车城大道完成改造，龙景湖公园、同心公园、百福苑建成投用，绿化闲置地 5 万平方米、城市干道 15.3 万平方米，新建城区停车场 2 个，新（改）建城区公厕 37 个。城区道路交通秩序综合整治成效明显，农贸市场、背街小巷整治力度加大，数字化城管覆盖面达到 97%。新创“平安·和美”小区、村庄 27 个。制定棚户区改造三年攻坚方案，启动棚户区改造项目 18 个，完成拆迁 1805 户、企业 26 家。棠香街道 23 片区改造工程开工，龙水五金街片区棚户区改造（一期）完工投用。

“三城同创”持续推进。扎实开展春秋两季义务植树活动，国土绿化 10.1 万亩、森林彩化 1.2 万亩，全区森林覆盖率达到 45.6%，顺利通过国家园林县城复查，创建全国绿化模范城市在全市综合评比中排名第一，创建森林城市总体规划通过国家评审。成功列入全国文明城区提名城区，全国文明城区“对标攻坚年”20 项行动取得明显成效。深入推进健康教育和健康促进、病媒生物预防控制、重点场所卫生、集贸市场管理等重点工作，较好地完成了国家卫生区创建工作年度目标任务。

（四）文化旅游

大足精彩绽放央视《魅力中国城》，荣获“优秀魅力城市”“魅力文化景区”“魅力乡村旅游目的地”三大奖项。国家重点图书《大足石刻全集》正式出版。大足石刻博物馆荣获首届重庆文化旅游新地标。启动大足石刻“四百工程”主题文化旅游推广活动。成功举办大足石刻国际旅游文化节暨第 839 届宝顶香会、龙水湖半程马拉松赛。接待海内外游客 2147 万人次、增长 21.6%，实现旅游总收入 101 亿元、增长 43.7%。

（五）商贸流通

盘活商业设施 13.6 万平方米，销售商品房 1.3 万余套、188 万平方米，区外户籍人口购房占比提高 2 个百分点。MK 购物中心、新世纪商都功能扩建及海棠人家店、蓝湖花街夜市等开业运营，万古风情街（一期）建成。农民工返乡就业创业 1.2 万人、增长 29%。新增旅游及酒店市场主体 336 家。电商产业园入驻企业 36 家，大足智慧市场入驻企业 253 家，实现线上销售 10.3 亿元。城市人气、商气、财气不断集聚。

（六）对外开放

鼓励企业走出去，先后组织 14 批次、150 家企业参加吉布提博览会、中国—东盟博览会、中国国际进口博览会等国内外重大展会，推动“大足造”走出国门，完成进出口总额 1.9 亿美元、增长 35.2%。

（七）社会事业和人民生活

教育质量不断提升。大力发展教育事业，切实保障教育投入，不断改善办学条件。调整优化校点布局，新（改）建龙水三小、中敖中学、特教校、宝兴幼儿园等中小学幼儿园 8 所，新增学位 5760 个。高考一本上线突破千人，区外来足就读学生首次超过外出学生。重庆科技职业学院建成投用，新招学生 1200 余人，4 所高校在足学生超过 1.3 万人。

卫生事业加快发展。公立医院综合改革平稳实施，医院集团化管理改革试点全面启动。区第三人民医院建成投用，摩尔口腔医院、巴岳西湖智慧养老服务项目正式营业。推进基本公共卫生服务均等化，提升中医药服务能力，促进医防、医养融合发展，成功创建全国慢病综合防控示范区。“华佗工程”大足示范基地、韩德民院士工作室成为全国区县医院标杆，区人民医院胸痛中心通过国家级认证。

就业和社会保障力度加大。新增城镇就业2.1万人，登记失业率2.7%。城乡养老保险、医疗保险参保率均稳定在95%以上。发放城乡低保、特困人员救助、医疗救助、临时救助、困难学生资助等资金2.6亿元。万古镇、国梁镇敬老院主体完工，建成社区养老服务站9个、退休人员社会化管理服务示范社区3个，经开区治丧服务中心、残疾人创业创新基地正式投用。

社会治理成效明显。扎实推进扫黑除恶专项斗争，严厉打击各类违法犯罪活动，强力整治黄赌毒等突出治安问题，刑事治安案件总量大幅减少。严格落实安全生产责任制，切实加强安全监管，事故起数、死亡人数分别下降6.3%、11%，安全生产综合考评被评为先进区，群众安全感和满意度保持在较高水平。

二、发展中存在的问题

经济结构不优、创新动能不强，本地优势资源挖掘不足，锶盐、石雕、五金等特色产业发展不够，推动经济转型升级、实现高质量发展还面临较大挑战；民生领域还存在一些短板和弱项，生态环境、公共服务、民生保障、城市管理与全区人民日益增长的美好生活需要还有较大差距；少数政府工作人员主动服务、担当精神不够，懒政怠政、执行不力等问题仍然存在，营商环境和政府效能有待进一步提高。

三、2019年发展目标

2019年，全区经济社会发展的主要目标是：地区生产总值增长7%，固定资产投资增长9%左右，规上工业总产值增长12%、增加值增长8%，农业增加值增长4.5%，一般公共预算收入增长3%，社会消费品零售总额增长8%，城乡居民人均可支配收入增长与经济增长基本同步，人民群众获得感、幸福感、安全感不断增强。

（执笔人：杨小东）

潼南区

潼南区人民政府办公室秘书科

一、2018年发展回顾

2018年，在市委、市政府和区委坚强领导下，潼南区坚持以习近平新时代中国特色社会主义思想为指导，深入贯彻党的十九大精神，认真落实总书记对重庆提出的“两点”定位、“两地”“两高”目标和营造良好政治生态、做到“四个扎实”的重要指示要求，坚持稳中求进工作总基调，聚焦高质量、供给侧、智能化，打好“三大攻坚战”，落实“八项行动计划”，走好“三条路子”，抓好“三个赋能”，着力推进“四个做大做强”“四个巩固”“四个创建”，保持了经济持续健康发展和社会大局稳定。全年实现地区生产总值380.95亿元、增长9.5%，经济运行在预期的合理区间，工业增加值108.55亿元、增长8.1%，全社会固定资产投资172.89亿元、增长13.6%，社会消费品零售总额增长11.4%，城乡居民收入分别达到33596元、15204元，分别增长8.6%、8.4%。

（一）“三大攻坚战”“八项行动计划”扎实推进

打好防范化解重大风险攻坚战，摸清底数，精准施策，债务风险总体可控；依法打击非法集资，银行业不良率0.51%。打好精准脱贫攻坚战，完成1853户危房改造，发放扶贫小额信贷1.2亿元，贫困户基本医疗保障、贫困学生教育资助等政策全覆盖，贫困发生率下降至0.43%。打好污染防治攻坚战，扎实推进环保督察、审计反馈问题整改，完成城市饮用水源地和15个村环境综合整治，清理整治“散乱污”企业689家，拆除采砂场60处，整治码头29处，主要污染物排放总量持续下降。“八项行动计划”有序展开，定人、定责、定目标，精准把握进度和力度，齐心协力项目化、清单化推动任务落实，取得阶段性成果。

（二）“四个做大做强”迈出坚实步伐

做大做强做优以工业为主的实体经济，推

动六大产业止滑促增，产值304.7亿元、增长27.8%；10家企业“机器换人”，汇达柠檬建成市级数字化车间；开展高新区创新创业再出发百日攻坚行动，新增建设用地2878亩，建成标准厂房2.4万平方米；大庆油田、与德通讯等一批重要引领性项目竣工，高新区获评全市最具潜力园区；全年完成工业投资69亿元、增长14.3%，规上工业总产值332.2亿元、增长15.4%，工业技改投入32.32亿元、增长117.4%，工业主营业务收入增长14.9%、增速居渝西片区第一，工业经济运行5项指标综合排名和产品创新、工艺创新、营销创新企业占比均居全市前列。做大做强做绿现代农业，蔬菜、柠檬、油菜种植面积和产量继续保持全市第一，新增“三品一标”21个，10个产品列入“巴味渝珍”，汇达柠檬成为中国柠檬产业领军企业，“潼南柠檬”即将获批中国地理标志商标，成为柠檬全国特色农产品优势区，建成全市首个植物工厂和柠檬脱毒育苗中心，在全市率先实现粮油、经果无人机统防统治，落实粮食安全和“菜篮子”行政首长责任制，完成“两区”划定30.5万亩，打造13个乡村振兴试点，建成5个农村人居环境示范片，稳步推进农村“三变”改革、“三社”融合发展试点，消除“空壳村”139个。做大做强做美宜居城市，涪江大桥重建通车，涪江500吨级船舶通航，通用机场选址通过，潼荣、合潼安高速加快建设，潼南大道、新产业大道等干道加快建设，人民生态公园、大佛寺湿地公园、松林坡公园、桥南公园向市民开放，开工建设九龙山、音乐百花园等城市公园，基本建成大石桥水库、老鸦山水库、大佛坝堤防，投用松林水厂，建成智能化公交站台159个，完成一批重要节点绿化提升，建成鲜花隔离护栏26公里，改造城区公厕29座。做大做强做活旅游产业，完成全域旅游发展规划编制，高品质改造城区至双江道路并开通公交，双江古镇成为4A级景区，大佛寺游客接待中心主体完工、商业街完工90%，建成“潼南旅游云”平台，走进央视推介城市品牌，城市宣传片获休斯敦国际电影节最佳短片奖提名，成功举办国际柠檬节、菜花节等23个特色节会。旅游综合收入超40亿元，增长7.2%。

（三）升级建设国家高新区取得新进展

升级建设国家高新区获批在望，国家农业科技园区通过验收，中国农机院西南分院、IBM人工智能创新中心、成都信息工程大学产业技术研究院等一批重要创新平台签约落地，柠檬产业成为全市现代农业全产业链发展的“最新名片”，新兴产业硕果累累，高新技术产业产值增长83.6%，战略性新兴产业产值增长53.1%，数字经济增长71.4%。新增科技型企业70家、高成长性企业6家、高新技术企业22家，企业研发投入增长24.5%，正峰电子获评市级创新型百强企业，凌峰橡塑、莜歌电子获评国家级知识产权优势企业。建设协同创新平台，联合阿里云和数梦工场在智博会上发布中国首个柠檬指数，与重庆邮电大学、重庆中医药研究院等共建创新平台29个，建成博士后工作站3个，新增市级企业技术中心6个。承办中国智能终端产业大会、市科协年会等活动，建成2个市级创业孵化基地，专利授权827件、增长27.4%，有效发明专利289件、增长49%，“三百三千”新引进硕士研究生及以上326人，全区高级技能人才数量是2017年的两倍多。

（四）改革开放不断深入

完成150项改革任务的承接，出台217项改革措施，落实“三去一降一补”深化供给侧结构性改革，关停僵尸企业13家，商品房去库存68.6万平方米，为企业减税降费1.4亿元。成立职教集团，媒体融合发展成为全国首批试点，医疗集团改革成为全市试点；“信用潼南”上线运行，政务信息资源共享平台基本建成；税收征管体制改革基本完成；推动6家企业OTC挂牌；古溪镇成为全市经济发达镇行政管理体制改革试点。组织138家企业参加进博会、智博会、西洽会等展会，获批国家级外贸转型升级基地，全方位对外开放格局正在形成。扎实开展集中走访，健全常态化联系机制，“一企一策”解决问题，为企业节约用气成本2520万元，落实应转贷2亿元，新增民营企业2166家，民营经济占地区生产总值的比重为72%。

（五）招商引资和项目建设再上台阶

多措并举大抓招商引资，组建招商办，引进项目218个，协议投资628亿元，到位资金248亿元，杭州数梦工场、酷农无人机、乔大环保LCD芯片设计等一批优质项目落户。多管齐下推进项目建设，每季度集中开展“四个一批”活动，全年开工项目226个，竣工项目143个，完成投资248.2亿元。多点发力发展现代服务业，金融存贷款余额突破600亿元、增长14.9%，存贷比62.7%、提高8.2个百分点，华夏银行投入运营，20个镇级电商公共服务中心整体上线，建成潼南绿产业云智慧市场，电商年交易额38亿元、增长8.5%，隆鑫商圈投入运营，居然之家、凯斯贝尔酒店等一批优质商场、酒店建成营业，完成15个镇级农贸市场改造。

（六）环境质量持续改善

加快国家森林城市创建，获批全市首个楠木生态公园，开展万名干部群众集中义务植树，营造林11.5万亩，森林覆盖率47%，PM2.5浓度每立方米从50微克下降至41微克，城区空气质量优良天数317天、同比增加32天，创有记录以来历史最优！加强生态修复治理，全面推行河长制，琼江流域综合整治完成85%，涪江琼江出境水质总体优于入境水质。建成投用高新区东区、北区污水处理厂，开展农村垃圾治理百日攻坚行动，村收、镇运、区处理体系全面建成。加快生态文明制度建设，完成“三线一单”方案编制，与周边地区建立生态补偿、联合巡河、流域共治等机制，立案查处了一批环境违法案件。

（七）社会事业和社会治理成效显著

全年民生支出48.8亿元、占一般公共预算支出的70.1%。全面发展社会事业，成功通过国家义务教育发展基本均衡区评估，改扩建中小学54所，城区公办幼儿园招生更公平，义务教育阶段“超大班额”全部消除，教育投入实现“两个只增不减”，筹集教育发展基金2000万元；区人民医院、区中医院通过“二甲”复评，创“三甲”工作顺利推进，妇幼保健院搬迁投用；杨闇公杨尚昆旧居陈列馆获评国家三级博物馆，上和镇获批市级历史文化名镇，第三批国家公共文化服务体系示范项目通过验收，“艺术与潼南”城市文化活动深入开展。持续加强社会保障，新增城镇就业1.7万人，登记失业率2%，社保、低保清理依法依规推进，完成社保标准化先行城市建设，城乡居民养老、医疗保险参保率均在95%以上；发放社会救助、社会福利、优抚资金3.4亿元，新建社区养老站6个。切实维护社会安全稳定，未发生较大及以上生产安全事故，深化全国社会治安综合治理“长安杯”创建，扎实开展扫黑除恶专项斗争，刑事案件、侵财案件、八类严重暴力案件立案分别下降10.4%、13.2%、31.9%，群众安全感指数为98.33%、提高1.95个百分点，政法队伍满意度和司法公信力实现“双提高”，“两乱一私设”专项治理成效明显，欧怡、华伦美林谷等历史遗留问题依法有效推进，实现了“7 · 12”超20年一遇特大洪灾“零伤亡”。特别是较好完成了重点民生实事，改造国省道、县乡道113公里，建成“四好农村路”603公里；农村改厕1.43万户；完成39所学校运动场和8所农村小学改造，建成潼南中学初中部并招生；免费新生儿疾病筛查率96.4%，家庭医生签约率39.6%；完成94个开放式老旧小区改造；公租房配租3812套；垃圾处理场渗滤液处理项目建成投用；新建提水泵站7座、管道30公里；农网改造191公里；建成天然气管道140公里。

（八）政府自身建设切实加强

坚持把政治建设摆在首位，坚持用习近平新时代中国特色社会主义思想武装头脑、指导实践、推动工作，扎实开展贯彻落实习近平总书记对重庆所作重要讲话和系列重要指示批示精神“回头看”。严格落实向区委请示报告制度。主动接受人大和政协监督，定期向人大报告工作、向政协通报情况，办复人大代表议案建议230件、政协委员提案228件，及时研究落实区人大常委会审议评议意见，向区人大常委会报备行政规范性文件38件。实行“五个一”机制，“最多跑一次”事项达到264项，新落成的行政服务中心得到群众点赞，打造了审批服务“升级版”。深入开展“兴转促”行动。认真落实“3个专项整治”和“3个集中整治”，处理不担当、不作为干部76人。扎实做好巡视、督察、审计等“后半篇文章”。强化审计监督，完成287个审计项目，对20名领导干部实施任期经济责任审计。

二、发展中存在的问题

经济总量仍然不大，产业结构亟待优化，产业能级不高，质量效益有待提升；一些企业生产经营困难增多，投资成本较高，实体经济发展承受较大压力；大项目、好项目较少，经济张力不足；创新能力还不强，创新要素集聚与创新发展还不适应，新兴产业未能形成有效支撑；“三大攻坚战”任务依然艰巨，城乡居民收入水平还不高，教育、医疗、文化、养老、居民消费等领域仍有不少短板。

三、2019年发展目标

潼南将以习近平新时代中国特色社会主义思想为指导，全面贯彻党的十九大和十九届二中、三中全会精神，深入贯彻落实中央经济工作会议和全市经济工作会议精神，紧紧围绕习近平总书记对重庆提出的“两点”定位、“两地”“两高”目标和营造良好政治生态、做到“四个扎实”的重要指示要求，统筹推进“五位一体”总体布局，协调推进“四个全面”战略布局，坚持稳中求进工作总基调，坚持新发展理念，坚持推动高质量发展，坚持以供给侧结构性改革为主线，坚持深化市场化改革、扩大高水平开放，加快建设现代化经济体系，继续打好“三大攻坚战”和实施“八项行动计划”，不断激发微观主体活力，统筹推进稳增长、促改革、调结构、惠民生、防风险工作，保持经济运行在合理区间，进一步稳就业、稳金融、稳外贸、稳外资、稳投资、稳预期，走好“三条路子”，抓好“三个赋能”，突出“四个做大做强”“四个巩固”“四个创建”，提振市场信心，增强人民群众获得感、幸福感、安全感，持续营造风清气正的良好政治生态，保持经济持续健康发展和社会大局稳定，为全面建成小康社会收官打下决定性基础，以优异成绩庆祝中华人民共和国成立70周年。2019年的主要发展目标是：全年地区生产总值增长9%左右，工业增加值增长8%左右，一般公共预算收入增长3%，全社会固定资产投资增长8%，社会消费品零售总额增长10%，城乡常住居民人均可支配收入均增长9%左右，城镇登记失业率控制在3.5%以内，单位地区生产总值能耗下降3.4%以上。

（执笔人：彭　彬）

铜梁区

铜梁区人民政府办公室

一、2018年经济发展回顾

2018年是全面贯彻党的十九大精神的开局之年，是改革开放40周年，铜梁区以习近平新时代中国特色社会主义思想为指导，紧紧围绕把党的十九大精神和习近平总书记殷殷嘱托全面落实在铜梁大地上这条主线，坚持稳中求进工作总基调，深入推进实业立区、创新强区、开放兴区、生态优区，坚决打好“三大攻坚战”，大力实施“八项行动计划”，突出工业振兴、乡村振兴、城市提升“三大重点”，努力推动高质量发展、创造高品质生活，全区经济社会保持平稳较快发展。全年实现地区生产总值456.98亿元、比上年增长9.6%；工业增加值实现195.34亿元、增长9.1%；固定资产投资增长6.7%；社零总额增长13.7%；完成一般公共预算收入32.11亿元、增长12%，其中税收收入21.57亿元、增长11.5%；三次产业结构比调整为9.4 : 55.5 : 35.1；按常住人口计算，人均生产总值达到62972元，比上年增长9.1%；全年全体居民人均可支配收入28341元，比上年增长10.1%。

（一）推进工业振兴，转型升级稳步提速

聚焦高质量、供给侧、智能化，大力发展工业经济，工业投资增长14.7%；规上工业企业333家，产值比上年增长11.6%；工业用电量增长11.2%、用气量增长44%。发展平台聚新聚优，完成高新区50平方公里总体规划修编和产业规划编制，国家高新区创建进入批复程序。依托庆兰实业等建设高端汽车零部件功能性产业基地；以天齐锂业为龙头，建设新能源新材料产业基地；与小米公司合作，发展小米生态链产业园，建设智能制造硬件基地。打造全市中小企业创新示范园，构建全链条服务体系。产业项目提质提速，围绕重点产业集群，引进红岩方大、一汽富晟等高端汽车零部件项目8个，金鑫新能

源、昂佳科技等新能源新材料项目11个，壹壹光学、元铂科技等智能制造硬件项目11个，计划总投资158亿元。加速项目落地转化，杰尔科技、中车导轨电车等29个项目开工建设，顺安爆破、伊菲斯特等27个项目竣工投产，达产后可实现年产值290亿元以上。存量企业做大做强，实施重点企业培育计划，“一企一策”首批扶持10家企业。完成智能化改造项目28个，技改投入36.3亿元。庆兰实业、环际低碳分别入围全市成长型、创新型企业100强，9家企业成为全市“专精特新”中小企业，14家企业获评全区领军工业企业、明星工业企业。服务保障有力有效，精准服务民营企业368家，为民营经济发展“解七难”。新增用地指标8638亩，供应土地7881亩；实施产业大道东侧3700亩土地整治，盘活闲置土地1200余亩，利用空置厂房近30万平方米。安居提水二期工程建成供水，盘龙220千伏输变电工程竣工投用，页岩气成功开采并对外输气，水、电、气日供应能力分别达10万吨、1700万千瓦时、150万立方米。

（二）推进乡村振兴，城乡融合步伐加快

注重示范带动，串点连线、成片扩面，推动乡村全面振兴，实现农业总产值63.85亿元、增长4.9%。现代农业稳步发展，推动农业规模化、品牌化、绿色化发展，绿色蔬菜、特色经果、名优水产、优质畜禽等产量稳步提高，粮食安全得到有效保障。大力发展新型农村集体经济，引导3.3万户农民入股新型农业项目，消除“空壳村”152个。推进“互联网+乡村振兴”，7051个农特产单品上线销售，交易额近2亿元。建设高标准农田7.2万亩，新发展新型农业经营主体183户，农业产业化市级龙头企业达27家。加快创建国家农产品质量安全区，新增“三品一标”42个，铜梁砂糖李成功注册国家地理标志证明商标，平滩三红柚荣膺中国绿色食品博览会金奖。正式跻身国家农业科技园区创建行列。人居环境持续改善，打造乡村振兴西郊示范片，新建绿道系统50公里。实施300公里道路沿线绿化美化，开工“四好农村路”1052公里、建成310公里，村民小组通达率100%。完成农村饮水安全巩固提升工程9个，新建饮水管道41公里。改造农村用电设施3850户，铺设光纤1590公里，村民聚居地4G信号全覆盖。改造农村危房834户，完成农村卫生改厕5696户。893家畜禽养殖场实现生态循环养殖。农村生活垃圾治理工作顺利接受国家验收。建成荷和原乡美丽乡村示范点，创建绿色示范村庄18个，土桥镇六赢村入选全国100个特色村庄。乡风文明不断提升，深入实施“五风浸润”工程，评选区级新乡贤25名、好乡亲258名。规范化建设村级便民服务中心36个，新建基层综合性文化服务中心122个。全覆盖办好乡村振兴讲习所。完善村规民约，创建全市和谐示范村8个。培育扎龙村、舞龙村62个，开展“一镇一品”非遗展演200余场次。

（三）推进城市提升，品质内涵持续展现

融入生态城市、海绵城市、智慧城市理念，推进城市细管、智管、众管，全力打造现代化独立新城，获评全国十佳生态文明城市、国家园林城市殊荣。空间布局优化拓展，启动新一轮城乡总体规划修编和“三区三线”划定，完成8个镇总体规划评估修编。龙城天街全面开街，淮远新区城市设计顺利完成，淮远河风光带效果初显。开展对外通道线型研究，编制中心城区交通设施规划。提质“五纵五横”骨干道路，白龙大道提质改造加快推进，龙腾大道西延伸段扩展升级，南北大道、铜昌路即将完工，北环路二标段建成通车。功能配套日趋完善。实施棚户区改造702户，建成无危小区5个。完成坡屋面改造30万平方米，城市“第五立面”更加靓丽。建成金融大厦、建工大厦、市民服务中心。罗睺寺公园开园迎客，凤山公园启动提质。新增公共直饮水5处，新建城市公厕10座。新施划停车位1266个，建成智慧停车位55个，公交移动支付实现全覆盖。在全市率先启动镇街供水企业整合和供水设施整体升级，庆隆镇等4个镇实现集中供水。新改建场镇地埋式垃圾中转站5座。城区至安居片区公交线路投入运营。市容市貌整洁有序，整治老旧小区5个、背街小巷86条，拆除违法建筑28.6万平方米。改造美化“五小”设施2618处。整治巴川河、淮远河城区段。巴川河入选“2018年度重庆十条最美河流”。增绿添园14.5万平方米，补植行道树3232株，新增绿地面积58万平方米。安装景观植物花箱8.5公里，设置护栏7.5公里。城区餐厨垃圾实现集中收运处理。常态化开展“马路办公”。组建800余个少云志愿服务组织，广泛开展文明劝导、巡河护河等活动。

（四）壮大第三产业，现代服务业活力显现

围绕消费新需求，升级传统产业，发展新兴业态。商贸业态持续繁荣，协信星光天地、居然之家等品牌企业入驻龙城天街，万达广场、重百商场正式营业。规划建设9个专业市场，渝西首家城乡共同配送中心建成投用，电摩城正式营业。百汇国际全面建成，红星美凯龙投入运营。改扩建城乡农贸市场10个。新增限上商贸单位96家。成功举办首届全国高速公路服务区美食品鉴会。全域旅游升级发展，安居古城药王庙、雪庵音乐馆等景点建成投用，“嘻街”一期正式开街。巴岳山三丰阁全面竣工。玄天湖景区配套更加完善、管理更加规范。常态化开展乡村旅游节会。新改建旅游厕所14座。土桥镇庆林村入选全市特色景观旅游名村，荷和原乡成功创建国家3A级景区，全国龙灯文化及古城旅游示范区创建获批。成功举办原乡风情马拉松赛、重庆小姐超级大赛暨中华龙乡旅游形象大使选拔赛，铜梁龙舞精彩亮相纽约时报广场新年倒计时盛典，“原乡风情 · 大美铜梁”颜值更高、影响更广，全区实现旅游综合收入37.2亿元、增长5%。财税金融良性运行，一般公共预算收入32.1亿元、增长12%，一般公共预算支出63.8亿元、增长17.7%。争取新增地方政府债券10亿元。银行业金融机构存款余额486.7亿元、增长13.2%，贷款余额311亿元、增长2.3%，银行业不良贷款率仅为1.18%。

（五）深化改革创新，发展动能持续释放

全面落实中央、市委改革部署，深入推进一批改革事项，持续激发创新驱动内生动力。重点改革蹄疾步稳，深化供给侧结构性改革，关闭烧结砖企业4家、非煤矿山5家，去化商业用房库存20万平方米，商品住房库存减至29万平方米。全面推行证照分离、先照后证，新发展市场主体7631户。深化行政审批流程再造集成创新，工业项目审批时限压减到15个工作日以内。务实搭建政银企“铁三角”，向实体经济发放贷款123亿元、增长22%；设立10亿元产业发展“母基金”，提高融资担保额度至60亿元，组建1.3亿元融资增信风险补偿资金和3亿元转贷应急周转资金。落实减税降负政策措施，减轻企业税负5.7亿元。完成重点国企转型改革，政府平台公司整合为5家经营类国有企业。事业单位、国有企业公务用车制度改革全面启动。农村“三变”改革试点有序推进，入选全国农村集体产权制度改革试点。深化公立医院薪酬制度改革，基层医疗机构集团化改革成效初显。创新驱动集中发力，新建国家级星创天地1个，重润表面科技园获评市级科技企业孵化器。深化与北科大产业集团合作，首都高校科技信息网联盟铜梁分中心正式揭牌。新建市级企业技术中心2个。新增科技型企业103家、高新技术企业15家，培育市级高新技术产品57个。建成招才引智服务中心，新建院士专家、博士后科研工作站5个。建立授信总额10亿元的知识价值信用贷款风险补偿基金。成功获批全市首批专利信息服务试点区。全社会研发经费投入增长40%，新增发明专利授权115件，万人发明专利拥有量达4.88件。

（六）扩大对外开放，合作交流日渐走深

坚持内外并重，提升开放水平，优化开放环境，全年实际利用外资1.85亿美元，增长15.6%；进出口总额达11.58亿元、增长71%。招商引资提质增效，完善信息捕捉、论证研判、对接签约、落地建设全过程工作体系，深化外出招商、驻外招商和平台招商。成功举办重庆市锂电产业发展资本峰会。新签约项目127个，计划总投资630亿元，云丁科技等15个10亿元以上项目成功入驻。对外合作日益走深，建设两江新区铜梁产业园，依托成渝轴线协同发展联盟开展跨省市交流合作。打造出口产品质量提升公共服务平台，成立外汇业务服务点5个。组织37家企业参加首届中国国际进口博览会，外经贸实绩企业达65家。外联通道加快建设。铁路建设取得新进展，兰渝高铁、成渝中线高铁完成可行性研究招标，市郊铁路西环线、都市快轨璧铜线完成可行性研究。高速路网加密提质，铜安乐高速公路完成可行性研究，渝遂高速公路扩能北碚至铜梁段成功招商，合璧津高速公路铜梁段动工建设。渝蓉高速公路围龙互通正式投用。

（七）强化民生保障，幸福指数不断提升

践行以人民为中心的发展思想，兜底线、织密网、建机制，让改革发展成果更多更公平惠及人民群众，民生领域支出41.5亿元，占一般公共预算支出的比重达65%。25件民生实事全面完成。脱贫攻坚精准发力，设立1000万元产业发展扶贫基金，发放扶贫小额贷款1034万元，产业扶贫、电商扶贫成效明显。改造“插花”贫困户危房373户。资助建卡贫困学生4035人次。为1117名未脱贫群众购买居民医保。建卡贫困人口实现“先诊疗后付费”和“一站式”结算。符合条件的建卡贫困户全部纳入低保。开发公益岗位194个，实现就业285人。全面推行“321”精准帮扶机制，实施特殊困难“临界对象”提前干预。全区新脱贫170户409人，贫困人口发生率降至0.16%。保障体系不断健全，开展职业培训3264人，发放扶持创业贷款4098万元，离校未就业高校毕业生就业率达97.6%。开展“把老乡留在老家”等活动，1.2万名外出务工人员返乡就业创业。全区新增就业1.6万人，城镇登记失业率控制在4%以内。社会保险扩面征缴顺利完成，城乡居民养老、医疗保险参保率均稳定在96%以上。建成投用救助管理站，发放城乡低保金5483万元、抚恤补助金7787万元，实施医疗救助、临时救助15万人次。新分配限价商品房1970套，新安置公共租赁住房568套。新改建敬老院7所，投入使用社区养老服务站55个。

（八）发展社会事业，公共服务更加完善

加快推动学有所教、病有所医，大力实施文化惠民，不断满足人民日益增长的美好生活需要。城乡教育均衡发展，开工建设金砂小学、职教中心三期工程，改造义务教育薄弱学校22个。恢复小学附属幼儿园6所，设立独立建制幼儿园27所，新增幼儿园学位2160个，普惠园覆盖率达75.4%。顺利通过义务教育发展基本均衡区市级复核。组建铜梁中学教育集团。社区教育办学网络体系不断完善。铜梁二中、龙都小学成功创建中华优秀文化艺术传承学校。卫生健康持续增强。中医院迁建工程顺利推进，第三人民医院、精神卫生医院迁建二期工程全面建成。基层医疗机构中医馆实现全覆盖。家庭医生签约22万人。人民医院成为重医附一院非直管附属医院，中医院通过国家“三甲”中医医院复评。我区通过全国基层中医药工作先进单位复审。文体事业蓬勃发展，打造龙舞晚会《龙腾盛世》，开展流动文化服务进村1224场。龙灯彩扎基地挂牌成立，非遗名录增至86项。改造全民健身中心风雨球场，新增社区健身点10个。启动创建中国民间文化艺术之乡。成功举办中华龙灯艺术节、第三届全民健身运动会等活动。

（九）保护生态环境，绿色家园共建共享

坚定不移走生态优先、绿色发展之路，推动全民共治、源头防治，铜梁蓝、铜梁绿成为全区最靓底色。河长治河成效明显，全面落实河长制，三级河长巡河1.8万次。纵深推进“五个一律”，关闭“小散乱污”企业23家，整治污染企业75家；划定畜禽养殖、水产养殖功能区，关闭禁养区畜禽养殖场24家；全面禁止肥水养殖，收回52座水库承包权；建立琼江、小安溪流域横向生态保护机制，实施河道常态化清漂保洁；建成投用蒲吕污水处理厂一期工程，完成6个镇级污水处理厂技术改造，新改建场镇二、三级污水管网100公里。完成城市集中式饮用水源地环保问题整改。关闭整治非法码头25处。国家生态环境监测站建成投用。生态保护统筹推进，启动创建国家森林城市，深入实施退耕还林、矿山复绿，营造林7.6万亩，森林覆盖率达45.7%。划定露天烧烤功能区，加大露天焚烧处置力度，开展餐饮单位油烟提标整治，实施建筑工地扬尘挂牌管控，PM2.5平均浓度下降15%，空气质量优良天数达299天。农药、化肥、抗生素使用量实现“三下降”。完成环境噪声功能区划分调整，市级安静居住小区达8个。畅通12369环保举报热线，受理各类投诉问题911件、办结率100%。对污染环境行为“零容忍”，立案查处环境违法行为111件，行政处罚89件。

（十）推动平安建设，社会大局和谐稳定

加强基础建设，完善防控体系，打造共建共治共享的社会治理新格局。深入开展扫黑除恶专项斗争，全区政治安全和社会稳定得到有力维护。深入实施社会治理“结网工程”，加快建设“雪亮工程”，优化配置城市社区专职网格员，实现“上面千条线、下面一张网”。整治社会治安重点地区，优化警务运行和快速处置机制，刑事发案总量、八类案件、侵财案件、可防性案件发案持续下降。扎实推进民生警务，加快打造“24小时自助便民服务区”。推进“互联网+”安全监管，深化安全生产大排查、大整治、大执法专项行动，全年未发生较大及以上安全事故。常态化开展领导干部接访下访。开通12348法律服务热线，公共法律服务实现全覆盖。全额出资购买巨灾保险，成功应对“7·12”特大洪峰过境。非洲猪瘟防控有力有效。国家食品安全示范城市创建稳步推进，食品药品安全保障更加有力。

二、发展中存在的问题

一是外部环境不确定性增多，经济结构不尽合理，发展的质量和效益还不高。二是产业层级亟待提升，新兴产业培育和传统产业升级任重道远。三是城乡区域发展不平衡，大件基础设施和农村基础设施建设相对滞后。四是民生领域还存在短板，公共服务与群众期待仍有差距。五是经济发展和社会民生的保障支撑能力相对较弱。

三、2019 年发展目标

以习近平新时代中国特色社会主义思想为指导，深入贯彻党的十九大精神，坚持稳中求进工作总基调，持续打好“三大攻坚战”和实施“八项行动计划”，统筹推进稳增长、促改革、调结构、惠民生、防风险工作，进一步做好“六稳”工作，保持稳中有进、稳中向好、行稳致远。聚焦工业振兴这一重点，抓实乡村振兴、城市提升“两个基本面”，强化重大基础设施、发展财力、营商环境“三个保障”，促进经济持续健康发展和社会大局和谐稳定。全区经济社会发展主要预期目标是：地区生产总值增长 9.5% 左右，工业增加值增长 9.2%；全社会固定资产投资增长 7%；社会消费品零售总额增长 11.5%；一般公共预算收入增长 5%，其中税收收入增长 10%；城镇化率提高 1.5 个百分点；城镇登记失业率控制在 4% 以内；全体居民人均可支配收入增长 10% 左右。

（执笔人：王刚）

璧山区

璧山区人民政府办公室

一、2018年发展回顾

2018年，全区地区生产总值增长10%；固定资产投资增长10.2%；一般公共预算收入实现52.9亿元，其中税收收入完成31.9亿元；全体居民人均可支配收入达到29888元，增长10.3%；城镇化率提高到58.24%。

（一）坚持“绿色生态”，区域价值持续提升

城市品质日益提升。秀湖汽车露营公园、枫香湖儿童公园建成投用。新增城市公共绿地100万平方米，城市植物品种更加丰富。完成“海绵城市”试点项目建设，新建2座水库、4处湿地，河湖水系连通工程隧洞整体贯通。城区水域面积占比提高到10.9%，“一河六湖十八湿地”构架基本成型，成功创建“全国水生态文明城市”。基础设施建设持续推进。完成地铁一号线璧山段高架桥建设，开工站前广场主体工程。合璧津高速璧山段开工建设，六旗大道建成通车，黛山大道南延至来凤一期工程完工、二期工程开建，启动56公里干线公路建设。铜罐驿长江提水璧山供区管道工程全线贯通，城市新区水厂一期工程完工。110千伏秀璧东、西线迁改入地有序推进。新建公共充电站2座、充电桩260个。启动八塘至大路天然气管线和20万立方米LNG储配站建设。现代服务业加快发展。六旗乐园数字体验园对外开放，御湖国际旅游度假区、地派温泉酒店等项目加快建设。举办2018重庆秋季旅游启动仪式等节会活动6场，旅游收入增长29.7%。服务业增加值增长10.4%，社会消费品零售总额增长12.9%。组团参加首届中国国际进口博览会，签约金额1.2亿美元。新引进金融机构8家，金融业增加值占比提高到5.4%。

（二）坚持“提质增效”，新型工业上档升级

工业经济稳中有进。规上企业达到333家，

规上工业增加值增长 9.4%。实际利用内资 15.8 亿元、外资 1.9 亿美元，进出口总额达到 23.5 亿元。工业集中度达到 87.3%，工业用地产出强度达到每平方公里 103 亿元。创新创业持续活跃。新引进科技孵化器 2 个，新增科技型企业 129 家、高新技术企业 45 家，培育“牛羚”企业 41 家、“瞪羚”企业 9 家，112 家企业完成智能化改造，高新技术企业产值占比达到 42%。36.9% 的规上企业建立研发机构，全社会研发经费投入 17.5 亿元，占地区生产总值的比重达到 3.25%。支持企业改制上市，42 家企业进入市级拟上市储备库。新授权发明专利 110 件，万人有效发明专利拥有量 7 件，成功创建“国家知识产权试点城区”。军民融合稳步推进。筹建 50 亿元军民融合产业发展基金，新成立 1 个院士工作站，新注册 5 家研究院有限公司，“1+10”产业研究院体系更加完善。成功举办第三届重庆军民深度融合产业发展交流会，启动空间太阳能电站试验基地建设。

（三）坚持“协调共进”，城乡区域融合发展

扎实推进精准脱贫。投入 8780 万元，实施 15 个基础设施薄弱村提升工程。通过扶贫小额信贷风险补偿金支持贫困户贷款 457 万元，帮助就业 292 人。实施 2485 户贫困户危房改造，完成农村“四类人员”危房改造任务。实现贫困学生助学全覆盖，建立健康扶贫医疗基金，购买精准脱贫、大病、住院医疗等多种保险，建卡贫困户住院自付比例 9.6%、门诊自付比例 15.6%。开展“万企帮万村”行动，实施帮扶项目 36 个，企业和贫困户对接签订农副产品采购合同 540 万元。农村常住居民人均可支配收入达到 18698 元，增长 8.6%。持续推进农业现代化。落实乡村振兴战略行动计划，在 2 个镇、3 个村开展试验示范。围绕“三大基地”和特色农产品，打造“名特优新”精品农业，新增农业龙头企业 7 家、农产品商标 252 件，新认证绿色食品 19 个，农产品网络销售额达到 1.7 亿元。与科研院校合作，开展品种选育、技术推广和成果转化，引进新品种 500 余个、新技术 12 项。流转土地 31.5 万亩，流转率 55%。国家农业科技园区引进项目 6 个，投资额 8.6 亿元。全力打好污染防治攻坚战。开展缙云山国家自然保护区和其他自然保护地生态环境综合整治，清理整治“大棚房”问题，恢复耕地 32.9 亩。深入实施大气污染防治攻坚行动，空气质量优良天数达到 266 天。全面落实河长制，整治水库 77 座、山坪塘 3268 口、养鱼池 701 口，璧南河两河口国控断面水质整体达标。启动城区地下管网排查，45 个污水处理厂（站）建成投用，中水回用率达到 35.8%。完成 44 家工业企业环保主体责任标准化建设，整治“小散乱污”企业 162 家。关停整治养殖场 201 个，镇街和农村生活垃圾基本实现无害化处理，农村面源污染得到有效控制。

（四）坚持“共建共享”，民生事业续写新篇

重点民生实事全面落实。建成“四好农村路”120 公里，升级改造农村饮水安全巩固提升工程 12 处，升级改造农村电网 218 公里，建成 3 个城市公园，实施 1560 户立体绿化、打造 5 条立体绿化示范街区，新建生态停车场 9 个、新增停车位 1257 个，新建改造公厕 13 座、农村卫生厕所 6430 户、垃圾收集站 7 座，新增公共直饮水点 50 个，公共 WiFi 接入点达到 110 个，建成保障性住房 40 万平方米，改造城区老旧燃气管道 13.4 公里，实现农村义务教育学生营养餐全覆盖。社会事业再上台阶。在全市率先完成“学前教育三年行动计划”目标任务，成功创建社区教育市级示范区，全国教育信息化工作会议在璧

山召开。区人民医院“三甲”创建成功，区中医院建设继续推进，区妇幼保健院与重医附属儿童医院合作办医，区心理康复中心搬迁入住。成功创建“国家卫生区”，七塘、三合通过“国家卫生镇”技术评估。探索“互联网 + 健康医疗”新模式，启动智慧医疗前期建设方案编制。就业和社会保障体系更加健全。坚持就业优先，完成就业技能培训 4119 人，发放创业担保贷款 4940 万元，城镇新增就业 2.3 万人。深入推进“五险统征”，城乡居民养老保险、医疗保险参保率分别达到 98.6%、97.8%。推动“两金三制”全覆盖，努力确保农民工工资按时足额支付。实施医疗救助、临时救助、特困人员救助 21.7 万人次，发放救助金 8649 万元。城乡低保实现应保尽保，发放低保金 5126 万元，12.1 万人次从中受益。完成 15 个镇街敬老院升级改造。鼓励“医养结合”模式发展养老产业，三担湖康养小镇一期 18.3 万平方米养老公寓投用。深化改革多线并进。着力推进供给侧结构性改革，整治“三高”企业 198 家，整治违法建设 27.4 万平方米。清理化解政府隐性债务，国有企业资产负债率控制在 30% 以内。完善政府投资项目管理办法，改革公共资源交易监督管理，制定限额以下政府投资项目承包商随机抽选制度。推动社会信用体系建设，搭建信用信息平台，提供“信用体检”服务。与市水务集团开展污水处理项目合作，有效盘活国有资产 3.6 亿元。

二、存在的问题

经济总量不大、结构不优，应对外部风险和压力的抵抗力还有待加强；环境承载能力不强，产业和城市的拓展空间不足；产业智能化、信息化程度不高，对中小企业发展重视程度不够，营商环境仍需优化，工业经济发展较为困难；现代服务业发展相对滞后，消除三产“短腿”现象任重道远；农业效益不高，比较优势不强，综合配套服务体系有待完善等。

三、2019 年发展目标

一是聚焦“有效供给”，在夯实高质量发展基础上迈出坚实步伐。落实生态优先绿色发展行动计划，切实贯彻“巩固、增强、提升、畅通”八字方针，保持发展定力，激发发展活力，提升发展质量，夯实“稳”的底盘，积蓄“进”的力量。二是聚焦“靶向攻坚”，在打赢“三大攻坚战”上迈出坚实步伐。坚持从问题着手，突出抓重点、补短板、强弱项，在巩固已有成果的基础上，拿出更实举措，在盯紧、抓实、见效上下功夫，确保高质量、高标准完成目标任务。三是聚焦“创新开放”，在构建现代工业体系上迈出坚实步伐。继续实施创新驱动发展战略行动计划、科教兴区和人才强区行动计划、内陆开放高地建设行动计划，以大数据智能化为引领，围绕“芯屏器核网”全产业链，构建“一轮明月 + 满天繁星”发展格局，形成拉动经济增长的强力引擎。四是聚焦“补齐短板”，在构建现代服务业体系上迈出坚实步伐。像重视工业一样重视服务业发展，围绕“补短板、强弱项”，在大健康、现代金融、文化旅游、总部经济、现代物流、生活服务等领域聚焦发力，提升服务业对经济增长贡献率，形成新的经济增长点。五是聚焦“乡村振兴”，在构建现代农业体系上迈出坚实步伐。把乡村振兴战略行动计划作为新时代“三农”工作的总抓手，倡导用抓工业的理念抓农业，围绕提高土地产出率、劳动生产率和资源利用率，厚植现代大农业发展优势，加快农业农村现代化进程。六是聚焦“民生福祉”，在持续提升民生保障水平上迈出坚实步伐。继续实施保障和改善民生行动计划，坚持60%以上财政收入用于民生，从解决群众最关心、最直接、最现实的利益问题入手，多谋民生之利、多解民生之忧，让发展更有温度、幸福更有质感。

（执笔人：冷文程）

荣昌区

荣昌区人民政府办公室

一、2018 年工作回顾

2018 年，荣昌区坚持以习近平新时代中国特色社会主义思想为指导，全面贯彻党的十九大精神，深入落实习近平总书记对重庆提出的“两点”定位、“两地”“两高”目标和营造良好政治生态、做到“四个扎实”的重要指示要求，精准对标“8+3 行动计划”，突出“高质量、供给侧、智能化”，坚持“说了算、定了干、马上办”，成渝城市群新兴战略支点建设迈出更加坚实的步伐。

——新兴战略支点作用更加凸显。坚持从全局谋划一域、以一域服务全局，开放格局更高，发展潜能更强。全国首个农牧特色国家高新区成功获批，国家货运机场建设得到普遍支持，国家生猪大数据中心获得国务院领导重要批示。

——综合经济实力更加壮大。地区生产总值达到 504.9 亿元、增长 9.5%；工业增加值 232.1 亿元、增长 9.1%；社会消费品零售总额 142 亿元、增长 13.1%；一般公共预算收入 28.3 亿元、增长 9.3%；全社会固定资产投资增长 10.7%。工业运行及投资综合排位全市前列。招商引资取得历史最好成绩，签约项目 338 个，合同资金 637 亿元，亿元以上重大项目 122 个，其中工业项目合同资金 350.7 亿元。

——社会事业更加进步。筹集资金 19.3 亿元，办好了十大民生工程 41 项民生实事。城镇和农村常住居民人均可支配收入分别达到 35066 元和 17051 元，分别增长 8.8% 和 8.7%。启动改扩建区人民医院、开工迁建区中医院、建成投用区妇幼保健院，成功引进中央民族大学附中、华东师大基教所等优质教育资源。

——发展环境更加优化。营商环境更优，“亲”“清”新型政商关系更加明朗，荣膺“中国十佳营商环境示范城市”“最具增长潜力的新兴城市”。自然生态环境更优，荣昌水环境、大气环境持续改善，荣获年内全市唯一国家森林城市称号，荣峰河获得全市最美河流第一名殊荣。

（一）攻坚突破“三件大事”

国家高新区成功获批建设。2018年2月28日，国务院批复荣昌高新区升级为国家高新区，国家、市级创新平台达到93个，科技型企业占比达到54.5%，战略性新兴制造业产值增长25.8%。成功引进上海金标、紫燕食品、琪金食品、先锋医药、广东华兴等一批强链补链延链项目。高新区工业产值和工业税收分别占全区的74%和66%，分别增长19%和21%。国家货运机场得到普遍支持。在荣昌建设货运机场成为全市共识。中国空军、西部战区空军、国家发改委、交通运输部、中国民航局均予以大力支持。国务院发展研究中心受市政府委托撰写研究报告，国家发改委将货运机场纳入西部大开发重大项目。成功纳入中新互联互通12个重点项目予以统筹推进。国家生猪大数据中心取得重大进展。15位院士联名建议在荣昌建设国家生猪大数据中心，获得李克强总理、胡春华副总理重要批示。农业农村部明确在荣昌建立国家生猪大数据中心，并作为国家重大项目予以统筹推进。与九次方开展合作，正式运营生猪大数据产业发展公司，揭牌成立阿里云大数据与商务智能中心。

（二）纵深推进改革创新

供给侧结构性改革持续深化。关闭烧结砖瓦企业22家，处置“僵尸企业”和空壳公司16家。销售商品住房101万平方米，去商业库存13.3万平方米。减征企业社保费1.9亿元，为企业节约水电气成本5000万元以上。为企业发放贷款3.9亿元、冲贷资金2.1亿元。重点领域改革扎实有效。有序推进69项改革事项。实施六大增收行动辖区税收突破30亿元、增长23.5%。实行“三十一证合一”改革，新增市场主体1.3万户，较上年增长25.8%。创新驱动发展有力。全社会研发经费支出比重达2.2%，万人发明专利拥有量5.5件。新增院士专家工作站1家、市级研发平台5个。新认定国家高新技术企业14家，新增市级科技型企业125家。成功举办第八届中国畜牧科技论坛。

（三）提档升级实体经济

工业经济提质增效。扎实开展“质量提升年”活动。开展服务民营企业“大走进”，民营经济占比达到76.5%。新增规上工业企业29家。7家企业获得智能化、信息化改造补助1195万元。“3+1”产业规上工业总产值587亿元，占比达83.3%。特色经济亮点纷呈。精心做好“一头猪”“一片陶”“一匹布”“一把扇”四篇文章。建成全国唯一无菌猪实验基地，“荣昌猪”入选中国农民丰收节百强品牌，国家生猪市场累计交易额突破800亿元。被授予全市唯一陶瓷产业基地，惠达卫浴、日丰卫浴等一批知名企业纷纷落户。荣昌夏布再次亮相中国国际时装周。荣昌折扇成为首届智博会“市礼”。现代服务业加快发展。新增限上企业30家，服务业增加值增长13.3%。夏布小镇、“一带一路”陶瓷博览中心开门迎客。安陶小镇成为全市研学旅游示范基地和全市唯一国家特色小镇创建典型。旅游总收入18亿元，增长30%；接待游客559万人次，增长14%。“中国卤鹅之乡”通过评审。获批国家外贸转型升级基地，实际利用外资5984万美元。

（四）精准推动乡村振兴

农业产业提质发展。实现农业总产值76.8亿元，增长4.2%。新增农业标准化生产基地3个。新增“三品一标”认证80个。河包镇纳入全国农业产业强镇示范建设。吴家镇双流村获评全国一村一品示范村。“荣昌猪”“荣昌白鹅”“盘龙生姜”获批国家生态原产地保护产品。农村改革不断深入。投入3700万元新增45个村试点，消除“空壳村”30个。投入1000万元完成农村土地确权登记颁证。清江镇河中村“三变”改革形成示范效应。完成地票交易3.3亿元。累计发放“助农贷”1.5亿元。农民生活明显改善。农村生活垃圾治理通过市级验收。创新“一事一议”方式，投入4.2亿元新建人行便道1215公里、“四好农村路”422公里。保障农村饮水安全，集中供水率达80%。农村光纤实现全覆盖，危旧房改造1365户，卫生改厕7133户。扎实开展“大棚房”问题专项清理整治。

（五）聚力抓好城市提升

城市规划“一张蓝图”。推进城乡总体规划修编。完成黄金坡新区控规修编，开展城市设计。科学控制用地容积率、绿地率、建筑密度，形成合理建筑空间布局。城市建设“三高并重”。高标准、高品质、高效益建设城市。基本建成黄桷树广场，有序推进濑溪河体育文化公园建设，启动海棠种植“511”工程。开展濑溪河、荣峰河、玉带河综合治理，“百竹园”建成开放。加快推进潼荣高速，正式开工大内高速。完成城镇棚户区改造16.7万平方米。城市管理“八个一样”。扎实推进国家卫生区、全国文明城区、全民运动健身模范区创建工作。以“街长制”为统领，推进“马路办公”常态化并延伸至镇街。有序规范城区临时停车。集中整治一批菜市场。整治违法建筑3万平方米，城区“菜地”变“绿地”2.4万平方米。

（六）坚决打好“三大攻坚战”

打好防范化解重大风险攻坚战。安全稳定形势持续向好。扫黑除恶专项斗争获得中央督导组通报表扬。多元化矛盾纠纷“综合调处荣昌模式”全市推广。命案破案率连续11年保持100%。严密防控“非洲猪瘟”等疫情。打好精准脱贫攻坚战。整合资金1.3亿元精准扶贫、精准脱贫，332户813人实现脱贫。落实教育资助、补助专项资金1364万元。建立健康扶贫医疗基金594万元。兜底保障3059人。打好污染防治攻坚战。圆满完成中央及市级环保督察问题年度整改任务。扎实开展自然保护地大检查大整治。全面巩固畜禽污染治理成果。建立镇街污水管网“建管护”长效机制。城区空气质量优良天数达到270天，较上年增加16天；PM2.5均值同比下降18.3%。

二、发展中存在的问题

经济运行稳中有变、变中有忧，外部环境复杂严峻，经济面临下行压力。全区经济总量不大，产业结构不优；部分企业经营困难，融资难、融资贵问题依然存在；基础设施欠账多，民生事业有短板；自身建设仍需加强，职能转变还不到位，一些改革举措和政策落实不力。

三、2019年发展目标

2019年全区经济社会发展的主要目标是：地区生产总值增长9.5%；工业增加值增长8.8%；全社会固定资产投资增长11%；一般公共预算收入增长1.5%；社会消费品零售总额增长12%；城镇和农村常住居民人均可支配收入分别增长8.6%和8.7%；单位地区生产总值能耗下降4%，主要污染物总量减排达到约束性要求。

（执笔人：柴廷友）

梁平区

梁平区人民政府办公室

一、2018 年发展回顾

梁平区深学笃用习近平新时代中国特色社会主义思想和党的十九大精神，认真贯彻落实习近平总书记对重庆提出的“两点”定位、“两地”“两高”目标和营造良好政治生态、做到“四个扎实”的重要指示要求，坚持稳中求进工作总基调，坚持新发展理念，坚持以供给侧结构性改革为主线，坚决打好“三大攻坚战”，大力实施“八项行动计划”，聚焦“高质量、供给侧、智能化”，统筹做好“六稳”工作，保持了经济持续健康发展和社会大局稳定。经济社会发展呈现出稳中有进、进中向好态势，高质量发展成效初显。全年实现地区生产总值 331 亿元，同比（下同）增长 9.6%；完成固定资产投资 149.6 亿元，增长 10.5%；社会消费品零售总额增长 14.2%；实现一般公共预算收入 20.9 亿元，增长 1.1%；城镇常住居民人均可支配收入 34317 元，增长 8.3%；农村常住居民人均可支配收入 14983 元，增长 9.6%；三次产业结构比由 2017 年的 14.2：54.5：31.3 调优为 13.1：48.3：38.6；PM2.5 平均浓度下降 12.8%，城区空气质量优良天数达 341 天。

（一）“三大攻坚战”初战告捷

防范化解重大风险攻坚战有力推进。强化金融领域风险防控，银行存贷比 48%，提高 6.9 个百分点，不良贷款率 0.47%。进一步规范政府举债融资行为，科学化解政府债务，全区政府债务规模适度、结构合理、风险可控。抓好扫黑除恶专项斗争，推进治安防控“五张网”建设、社会治安重点地区整治和禁毒工作，破获各类案件 940 起，打掉犯罪团伙 38 个。深入推进平安梁平建设，全区安全事故数、死亡人数均下降 24%。精准脱贫攻坚战成果持续巩固。聚焦“两不愁三保障一达标”，整合 1.25 亿元合力攻坚，实施精准脱贫项目62个，精准识别相对贫困村6个、贫困户35户94人，精准脱贫235户642人，巩固提升8468户25693人脱贫成效，贫困发生率、返贫率分别控制在1.05‰、0.19‰。创新制定“精准帮扶服务十条”，全面完成568户贫困户存量C、D级危房改造和18个贫困组交通扶贫和饮水工程。设立区级教育、医疗和个性化帮扶“三基金”，18779人次得到资助保障。污染防治攻坚战成效不断显现。健全实施“一河（库）一策”，龙溪河等6条主干河流水质稳定达到水域功能要求，龙溪河获评重庆市十大最美河流，成功创建国家水生态文明城市；完成城区河流黑臭水体整治，整治关闭龙溪河流域工业企业21家、规模化畜禽养殖场50家，取缔肥水养鱼塘库33个；建成城乡污水管网140余公里，城市、乡镇集中式饮用水源地水质达标率分别达100%、96%；专项整治青瓦窑45家，深度治理餐饮油烟、扬尘工地40家。建成投用城北垃圾填埋场渗漏液治理系统，实施污水处理厂污泥应急处置；示范推广“配方肥+秸秆还田”等多种模式2.5万亩。依法查办环境违法案件85起，办理生态赔偿案件2起。

（二）产业发展态势良好

完成规上工业总产值195.9亿元，增长9.2%，劳动生产率达30万元/（人·年），达到全市平均水平。工业园区集中度68%，产出强度达78亿元/平方公里，入围重庆市第一批智慧园区试点园区。实施人工智能、智慧工厂、智能制造等市级重大科研项目5个。引导奇爽食品、渝工科技等20余家企业“机器换人”。平伟实业成功创建国家企业技术中心，建成自主可控功率半导体离散型智能制造车间。国家高新技术企业、市级科技型企业、高成长性企业达156家，高新技术产品达129个，高技术产业增加值占工业的比重13%，战略性新兴制造业增加值占生产总值的比重15%，全社会研发费用支出占生产总值的比重达0.9%，投入强度增长30%，科技进步贡献率升至51.5%。围绕构建产业生态园强链补链延链精准招商，签约正式招商项目106个，合同引资208亿元。天荣智能家居等22个项目开工建设，泽通管业等20个项目建成投产。深入推进“放管服”改革，严格落实市政府行政审批服务“四办”“证照分离”，规范招投标领域秩序，新发展市场主体6752户，增长15%，累计减免税额超3亿元，营商环境不断优化。全区进出口总额2.4亿元，增长26.3%，合同利用外资200万美元，新增外贸、外资企业4家。

（三）乡村振兴试验有效

成功创建国家农产品质量安全县、国家级地理标志示范样板、首批国家农村产业融合发展示范园。农业总产值达65亿元，农业增加值达44.1亿元，增长5.1%，“柚、竹、渔”特色主导产业综合产值达24亿元，新培育“三品一标一产地”农产品90个，农特产品电商销售额达4.6亿元。统筹1.65亿元有效改善全区乡镇场镇基础设施和农村人居环境。建成“四好农村路”461公里，改造农村卫生厕所4000户，整治灌溉渠道28公里，新建河湖连通输水管线40公里。选派78名第一书记、148名专业人才服务农村。成功举办重庆市夏季旅游启动暨百里竹海开园、“中国农民丰收节”重庆主会场等活动。策划推出精品旅游线路6条，旅游综合收入实现25亿元，增长89.4%。稳步推进120万亩农村承包土地确权颁证、318个村（社区）集体产权制度改革。乡村振兴、龙溪河流域水环境治理等工作获国务院大督查通报表扬。

（四）城市品质提升有力

完成1343户34.74万平方米棚户区改造，

双桂路等7条3万余平方米人行道提档升级，体育馆游泳馆、地下综合管廊等一批公共服务设施主体完工，天然气公司业务楼等13个公建项目有序推进，新改建城市公园6个、公厕36座。机场环线、双桂大道延伸段、人民东路、文峰路北段等多条城市主干道建成通车。新城“三纵三横十六路”、园区“三片二十六路”路网全面贯通，西南大学附属梁平实验中学、区博物馆等建成投用，新城二期2.5平方公里城市骨架全面拉开。实施城市补绿增绿450亩、绿化通道98.91公里，城市建成区绿地率达37.6%，森林覆盖率达到45.77%。人民广场、都梁广场、亿联商贸城三大商圈体系基本形成。引入重庆有线投入5000万元启动建设“两中心一平台”，高铁南站、石马山公园等18个重点公共区域免费WiFi覆盖，智慧公交、停车引导系统建成运行，“梁平之声”广播实现乡镇全覆盖。引进北京环卫集团外包市政环卫服务，综合整治梁山、双桂、工业园区城区环境秩序。合理把控土地供给，房地产市场量价平稳。

（五）智力支撑效应凸显

大力推进产学研协同创新，与20所高校建立合作关系，累计建成产业技术研究院、院士博士后专家工作站等市级科研机构20个，柔性引进高层次、紧缺人才40名，选派100名市区级科技特派员服务经济社会发展。成功培育市级创新创业示范团队5个。新建校内外实训基地5个，新增校企合作企业5家，开发社会岗位300余个；培养大数据智能化领域人才250名，培训新型职业农民、农村实用人才等1.65万人。组建2000万元种子基金，支持28家初创（团队）创新创业。新增授权发明专利23件，万人发明专利拥有量达1.29件。平伟实业、真本味获评2018年度重庆市优秀创新型企业。

（六）民生保障持续加强

完成双桂幼儿园等6所幼儿园新改扩建，乡镇公办中心幼儿园实现全覆盖；推进聚奎二小等5所乡镇学校建设，高分通过市政府义务教育均衡发展督导评估复查验收。完成城镇新增就业1.3万人，城镇登记失业率下降到3.5%；帮助600余名农民工追回工资882万元。建成区精神卫生中心二期项目，推动区中医院园区分院、妇女儿童医院等项目建设；城乡居民医保社保参保率达96%，贫困人口医保参保率达100%。建立80周岁以上老年人高龄津贴制度，发放高龄津贴1232万元。完成100个村（社区）综合文化服务中心、60个社区健身点标准化建设，公益性文体设施开放率达100%。升级改造城乡电网，建成城北220千伏变电站主体工程。配备网格长1263名、网格员2835名，引导楼管会、邻里自管会开展自治，基层治理持续加强。

二、发展中存在的问题

一是高质量发展基础薄弱，产业转型升级特别是工业发展存在瓶颈；二是主导产业缺乏牵引性骨干企业支撑，智能化程度较低，资源优势尚未充分转化为经济发展优势；三是教育、医疗、养老等民生领域还有不少短板。

三、2019年发展目标

聚焦“高质量、供给侧、智能化”三个关键，统筹“乡村振兴、城市提升”两大基本面，落实“六稳”要求，加快经济结构优化升级，推动经济高质量发展。力争全区生产总值增长、人均生产总值增速均保持在9.5%左右；规上工业增加值增长8%；全社会研发费用投入强度增长

30% 以上，万人发明专利拥有量达到 1.5 件；固定资产投资增长 10%，其中工业投资增长 6% 以上，房地产投资增长 20% 以上；社零总额增长 12%；在优化收入结构的前提下，一般公共预算收入增长 2%，税收收入增长 9% 左右；常住人口城镇化率提高 1.3 个百分点；城乡居民人均可支配收入增长与经济增长基本同步。保持城区空气质量优良天数 340 天，单位地区生产总值能耗、主要污染物排放等约束性指标完成目标任务。

（执笔人：文正祥）

武隆区

武隆区人民政府办公室

一、2018年发展回顾

2018年，实现地区生产总值181.6亿元，增长6.2%；税收收入8.2亿元，增长3.2%；固定资产投资79.8亿元，民间投资占比提高13.6个百分点；社会消费品零售总额增长10%；居民人均可支配收入22440元，增长10.7%。全区经济运行保持在合理区间，人民群众的获得感、幸福感、安全感不断提升，获全国"绿水青山就是金山银山实践创新基地""2018社会治理创新示范城市"等数十项荣誉。

（一）三大攻坚战开局良好

一是坚决打好防范化解重大风险攻坚战。制定坚决打好防范化解重大风险攻坚战实施方案，建立重点任务责任清单和责任倒查制度，全力做好各类重大风险防范、化解和处置工作。全年未发生较大及以上生产安全事故；亡人火灾事故、食品药品安全事故零发生。强化政府性债务管控，全口径清理总债务367.35亿元，其中政府债务39.97亿元、隐性债务258.58亿元，编制了隐性债务5—10年化解方案，实际化债15.2亿元，完成计划任务的125%，守住了不发生区域性、系统性风险底线。二是坚决打好精准脱贫攻坚战。围绕"五个一批""六个精准"，持续巩固脱贫成果，集中力量攻克难中之难、坚中之坚。累计投入财政涉农资金11.2亿元，实施扶贫项目1296个。聚焦市级深度贫困乡后坪乡，实施扶贫项目81个，累计完成投资3.45亿元。全区未脱贫人口减少到979户2910人，贫困发生率下降至0.78%；贫困人口人均可支配收入增加到8991元，增长17%。三是坚决打好污染防治攻坚战。全年城区空气质量优良天数达343天；新营造林32.3万亩，全区森林覆盖率达64%；乌江流域武隆段水功能区水质保持或优于Ⅲ类；农村垃圾无害化处理率93%以上，卫生厕所普及率84.4%，行政村环境整治全覆盖。被生态环境部评为重庆市唯一的“绿水青山就是金山银山实践创新基地”，新华社《国内动态清样》和每日电讯报道武隆生态旅游摆脱贫困和绿色发展之变情况。

（二）产业发展不断提升

一是全域旅游加快发展。全力打造“全国优质旅游示范区”和“世界知名旅游目的地”，喀斯特旅游区、仙女山旅游度假区成功列入第一批重庆市智慧旅游景区（度假区）创建名单。懒坝国际文化艺术主题公园、星际未来城、阳光童年等一批文旅融合项目有序推进，打造全国首个区域级全域智慧旅游平台“一部手机游武隆”。全年接待游客3200万人次，收入150亿元、增长20.5%。二是生态工业加快发展。完成工业投资11亿元，工业增加值增长4.9%。浩口电站所有机组并网发电，大梁子风电完成主体工程，年产能20亿方的页岩气项目实现商业试采；白马电航枢纽项目获国家发改委核准。新培育规上工业企业5家。三是山地特色高效农业加快发展。大力培育发展高山蔬菜、高山茶叶等“2+6+N”山地特色高效农业。高山蔬菜常年在地39万亩，有机茶叶5.6万亩，实现电商交易额25.44亿元，乡村旅游接待游客890万人次，收入17亿元。实现农业增加值23.5亿元、增长4.9%。

（三）城乡面貌协调改善

一是着力提升城市品质。编制《美丽武隆城市提升研究方案》，推动产城景融合发展，加快打造全市特色山水城市，完成投资45亿元，实现建筑业增加值增长7%。启动梓桐等5个棚户区改造；完成南滨路加高、北滨广场等项目建设；加快南滨广场等项目建设；开工北滨路乌江二桥至一桥等项目建设。加快完善羊角场镇新址配套建设，1200余户搬迁群众实现入住。二是大力推进乡村振兴。聚焦“五个振兴”，强力实施乡村振兴行动计划，加快补齐基础设施、产业发展、公共服务等短板。出台产业扶持办法，加快总投资25亿元、71个产业示范基地建设。落实3000万元启动资金扶持发展集体经济，160个行政村稳定实现经营收入。深入实施“孝贤洁序”公序良俗工程，全面健全“一核多元”基层自治体系。三是加快完善基础设施。完成交通重点投资11.1亿元。完成白马山旅游环线白果坪至天尺坪等5个项目；仙女山机场、渝怀铁路复线建设等项目加快建设；开工机场连接路等6个项目；“四好农村路”获全国示范县称号。完成水利投资5.24亿元，解决15万人饮水安全问题。

（四）发展活力不断释放

一是深化重点领域改革。扎实推进市级142项、本级探索30项改革任务。旅游业改革荣膺2018年度智慧旅游创新奖。推进国资国企改革，将19家区属国有企业整合重组为“3+1”企业集团。稳妥推进农村“三变”专项改革试点。国有林场改革通过市级评估验收。二是深化开放发展。坚持“走出去”“引进来”。招商引资达历史最好水平，新引进产业项目34个，正式签约456.31亿元，到位投资41.2亿元。实施全球大营销，境外游客占比达2%。外贸出口额首次突破亿元大关，增幅居全市第2位。三是深化创新驱动发展。全社会R&D经费支出提高20%以上。新认定高新技术产品6个，市级科技型企业新入库27家、累计79家，入库国家科技型中小企业4家。武隆蔬妆仙女山星创天地获国家级备案。四是深化营商环境改革。研究出台“2+6+N”配套文件，提质政务、市场、法治、金融、要素保障等环境，对重点项目实行“四段式”并联审批、代办快办，新增市场主体3742户。五是发展壮大民营经济。深化“降本增效”“人才保障”“走访服务民企”等活动，帮助企业解决实际问题和困难。全年为企业减负降本1.28亿元，区级领导带队上门走访146次、解决问题81个，民营经济占地区生产总值的比重达到45.7%。

（五）民生福祉持续增进

一是扎实抓好平安稳定。深入推进平安建设，获评“2018社会治理创新示范城市”。扎实开展扫黑除恶专项斗争，涉黑涉恶刑事案件立案50件、已破获33件。强化信访稳定，重点矛盾化解率为93%，解决群众关心的热点难点问题5187件/次。对365处地灾隐患点定期开展拉网式排查，对24处重大地灾隐患点开展了专业监测。二是扎实抓好社会事业。城乡养老、医疗参保率巩固在95%以上，城镇登记失业率为1.3%。改扩建学校5所；实施中医院新建项目；完成殡仪馆迁址建设；完成“1+24”图书总分馆平台建设；“印象武隆”登上央视舞台；同央视成功举办“丰收中国·天地武隆”首届中国农民丰收节大型演出活动；文化服务进村1240场次。三是扎实抓好民生实事。完成民生投资18.46亿元，不折不扣落实市委交办和区委承诺的30件民生实事。完成易地扶贫搬迁4327人；新建农村小康路800公里；新增城区公共停车位785个；新建改造城区公厕及旅游厕所20座、农村改厕5370户；新建、改造人行步道和过街通道1.1万平方米；建成公共区域免费WiFi接入点500个。

二、发展中存在的问题

按照高质量发展、高品质生活要求，政府工作还有不少差距，主要表现在：经济总量不大、财政实力不强、发展质量不高等问题仍然存在；资源环境约束趋紧，产业发展、创新驱动、新旧动能转换等方面还有较多不足；城乡基础设施互联互通和基本公共服务不平衡不充分的问题客观存在；教育、医疗、养老、住房、安全等领域仍有不少短板；少数干部不想为、不会为、不敢为，影响营商环境的现象还时有发生。政府效能和自身建设与发展新要求、群众新期盼还不相适应。

三、2019年发展目标

保持经济平稳健康发展，地区生产总值增长6.5%；固定资产投资增长10%以上；社会消费品零售总额增长10%。推进发展质量效益提升，工业增加值增长7%；一般公共预算收入增长3%，其中税收收入增长7%，财政收支结构更趋优化。增强发展的平衡性协调性，城乡差距逐步缩小，城镇化率达到46%以上。提高创新开放水平，全社会R&D经费支出增长30%以上；进出口总额增长2%；旅游综合收入增长10%以上。进一步完善绿色生产生活方式，空气质量优良天数保持在335天以上，PM2.5平均浓度控制达标，完成节能减排降碳年度目标。切实增强人民群众获得感、幸福感、安全感，全体居民人均可支配收入增长9%；城镇登记失业率控制在3%以内，基本公共服务满意度持续提升。

（执笔人：李创）

城口县

城口县人民政府办公室

一、2018年工作回顾

2018年，城口县以“5+7”战略为统揽，扎实抓好稳增长、促改革、调结构、惠民生、防风险各项工作，县域经济社会保持平稳健康发展。实现地区生产总值55.78亿元、增长4.8%，完成固定资产投资34.65亿元、下降4.1%，社会消费品零售总额13.16亿元、增长0.3%，完成一般公共预算收入4.2亿元、增长10.8%，城镇新增就业人员3377人、城镇登记失业率控制在3.3%以内，城乡居民人均可支配收入分别达到26932元和9458元、增长8.1%和9.2%

（一）脱贫攻坚取得阶段性成效

压茬推进脱贫攻坚“四大战役”，新识别贫困人口343户1101人，易地扶贫搬迁1.07万人，C、D级危房改造4236户，户貌“六改”2.35万户，兜底扶贫7785人，开发扶贫公益性岗位4539人次，开展技能培训5702人次。推进七大农业扶贫产业行动，发放扶贫小额信贷4311户2.09亿元，建成产业扶贫基地128个、扶贫车间10个，培育扶贫致富带头人406名（个），85%以上贫困户与市场主体建立利益联结机制，户均增收达到2000元。聚焦深度贫困，强力推进2个市级深度贫困乡、3个县级深度贫困乡、20个脱贫攻坚重点村和30个产业薄弱村发展，解决6818名特殊困难群众生产生活困难。深化扶贫集团帮扶工作，落实各类帮扶资金4.3亿元，在产业、人才、智力、劳务等领域实现深度合作。实现10个贫困村、1275户4556人稳定脱贫，贫困发生率下降到了2.77%。

（二）基础设施建设加快推进

实施基础设施建设提升行动计划，加快推进G69银百高速城口段建设，全力配合渝西高铁前期工作，万（源）至城（口）至巫（溪）、城

（口）至宣（汉）高速公路纳入全市高速公路路网规划修编，并已启动前期工作。完成“四好农村路”通组公路通达工程750公里，启动通畅工程900公里，建设普通干线公路134公里，安装公路防护栏461公里，全县公路里程达到3875公里。推进5座水库建设，建成集中式供水工程38处、变电站18座、通信基站300个、光纤线路600皮长公里，巩固提升农村安全人饮4.6万人，实现所有行政村通动力电，人口聚居区4G网络覆盖率达90%，城区光纤入户率达85%，居住地通讯信号覆盖率达95%以上。

（三）生态特色产业加快发展

序时推进亢家寨5A级景区、亢谷国家级旅游度假区建设，完成九重山景区规划并开展一期招商，初步建成3个乡村旅游集群片区，完成6个乡村旅游集群片区规划，大巴山森林人家达到1500余家、床位2万余张，全年接待游客372万人次、同比增长18.3%，实现旅游综合收入7.3亿元、同比增长31.3%。新培育县级农业龙头企业22家，农特产品“三品一标一名牌”达到71个，农产品人驻主城商超卖场49家，粮经比由65∶35调整为56∶44；建立“城口山珍”平台，特色农副产品交易额突破1.75亿元。建成5万吨高纯氯化钡、5000吨中药饮片等4个项目，完成4家工业企业“机器换人”、20家企业环保改造，新增规上企业2家。基本建成三级物流体系，投运亿联商贸城、秦巴山货交易市场等专业市场。培育电商市场主体629个，电商交易额增长26%。第三产业占生产总值比重提高到44.3%，绿色经济“四型”产业占地区生产总值的比重达到52%。

（四）城乡发展面貌持续改善

完成城区主街及楼宇灯饰一期工程、广场路及太和场污水管网整治工程、木瓜坝片区市政道路及截排水工程，全面启动滨河公园、红军公园一级环山步道和茅坪综合管廊工程，完成土城老街建设。完成重点片区征地拆迁2.37万平方米，有序推进房地产项目建设，完成回迁安置553户7.73万平方米。持续推进新一轮“五城联创”，整治违法建筑3.38万平方米，城乡结合部环境综合整治取得阶段性成效。实施乡村振兴行动计划，启动乡村振兴试验示范建设，完成8个乡镇总体规划修编，启动2个农村人居环境市级示范片创建，建成13个市级绿色村庄、4个美丽宜居示范村庄，城镇化率达36.23%。

（五）生态文明建设持续向好

编制“三线一单”方案，严格生态保护红线和永久基本农田管控。实施环保“五大行动”，全面落实“河长制”，依法关停非法砂石场78处，治理河道15.77公里、水土流失29平方公里。实施国土绿化提升行动，实施营造林42.07万亩、退耕还林3.3万亩，全年空气环境优良天数350天，全县森林覆盖率达到68.3%。乡镇场镇生活污水厂建设实现全覆盖，地表水、饮用水源地水质达标率和城市生活垃圾无害化处理率均达到100%，城市区域环境噪声、交通干线噪声优于国家规定标准。生态环境指数持续位列全市10个重点生态功能区县第一，获得“全国森林旅游示范县”称号。

（六）改革开放创新纵深推进

深化“放管服”改革，承接行政许可事项123项，取消、调整、压缩审批事项63项，取消无法律法规依据证明76项，审批时限再压缩35.4%，行政许可事项网上办结率达100%。专项直供电、结构性减费降税为企业降成本3300万元。深化关键领域改革，国库集中支付制度全面落实，国资国企改革持续深化，乡镇财政管理体制逐步完善。出台促进民营经济发展“1+3”政策体系。完善招商引资政策机制，签约招商引资项目22个，日昌升、中科控股、慧远药业、尚作农业等知名企业落户城口，实际到位资金16.2亿元。实施科教兴县和人才强县行动计划，引进人才35名，完成人才公寓和人才公租房项目建设并配租。注重产学研科技协同创新，组建科技特派员服务团队7个，新培育科技型企业18家、高新技术企业1家，申请专利74件、授权63件，城口核桃“星创天地”成功创建为国家“众创空间”。

（七）民生福祉不断提升

推进7所重点学校建设，改造农村学校8所，新增体育场地2.1万平方米，高考本科上线率创历史新高，各类教育资助惠及近5.47万人次，义务教育发展基本均衡县通过国家验收。实行“先诊疗、后付费”和“一站式”结算，建卡贫困群众住院和门诊费用自付部分分别控制在10%和20%以内，健康救助2.7万人次。建成投用1482套保障性住房，3700余人迁入新居。发放创业贷款643户6594万元，为155名未就业大学生开展定制服务。城乡居民养老保险和合作医疗保险覆盖率分别达到85%和95%，“五大保险”累计参保37.6万人次。地名普查通过国家验收。修复红色革命旧址1处，新增非遗67项。深化安全生产领域改革发展，全年无较大及以上安全事故发生。坚持以扫黑除恶专项斗争为牵引，严厉打击各类违法犯罪行为，群众安全感指数保持在98%以上。

（八）金融服务能力不断加强

金融系统稳健运行，信贷投放保持稳定增长。随着城乡居民可支配收入的稳定增长，年末金融机构各项存款余额114.30亿元、同比增长9.3%，其中居民存款余额58.48亿元、同比增长13.2%，非金融企业存款余额25.17亿元、同比下降12.4%。财政体制改革杠杆作用明显，在9支产业和股权投资基金撬动作用下，年开各项贷款余额达到76.83亿元、同比增长29.4%，其中居民贷款余额39.11亿元、同比增长79.1%，非金融企业及机关团体贷款余额37.72亿元、同比增长0.5%；存贷比为67.2%、同比提高10.4个百分点。推动谷源森露公司在OTC成功上市。国有担保公司担保余额达到3亿元，有效缓解中小微企业“融资难、融资贵”问题。

二、存在的问题

城口作为特困地区、边远山区，发展不平衡不充分的矛盾尤为突出：一是大交通格局尚未形成，毗邻区县快捷通道尚未连通，县内路网欠账仍未补齐，区域经济协作发展水平低。二是实体经济量小质弱，传统产业转型艰难，新兴产业支撑效果尚未显现，投资消费驱动能力不足，改革创新能力偏弱。三是投融资和债务管控严格，资金筹集调度极为艰难，用地保障成本居高不下，人才引进难、人才流失快，社会化服务水平还较低。四是本级财力保障严重不足，保运转、保刚需、保民生压力巨大，基本公共服务与人民群众的预期还有较大差距。五是政府债务相对有效资产偏高，房地产风险较为突出，生态脆弱、地灾频发，国资国企活力不足，社会矛盾交织叠加。

三、2019年发展目标

地区生产总值增长6%左右，规上工业增加值增长5%左右，固定资产投资增长8%左右，社零总额增长6%左右，一般公共预算收入增长

7% 左右，城乡居民人均可支配收入与经济增长同步，农民人均可支配收入增幅高于全市平均水平、达到 8.5% 以上。城镇登记失业率控制在 3.3% 以内，单位生产总值能耗、主要污染物排放等约束性指标控制在市级下达的目标任务内。

（执笔人：冯扬才）

垫江县

垫江县人民政府办公室

一、2018 年发展回顾

2018 年，垫江县在市委、市政府的坚强领导下，深入贯彻习近平新时代中国特色社会主义思想和党的十九大精神，全面落实习近平总书记对重庆提出的“两点”定位、“两地”“两高”目标和营造良好政治生态、做到“四个扎实”的重要指示要求，始终坚持稳中求进工作总基调，扎实践行新发展理念，聚力“三大攻坚战”“八项行动计划”，围绕“一个建成、六个显著”、“三地一心一城”、富民强县升位奋斗目标，全力补短板、强弱项，稳增长、促发展，保持了经济持续健康发展和社会大局稳定。实现地区生产总值 316.9 亿元、增长 4.5%，社会消费品零售总额 96.2 亿元，一般公共预算收入 17 亿元，城乡常住居民人均可支配收入分别达 34504 元和 15237 元、增长 8.2% 和 9.0%。

（一）注重质量效益提升，工业经济稳中向好

全年新增规上工业企业 9 家、累计达 121 家，实现产值 157.3 亿元、增长 9.7%。垫江工业园区获评全市三大最具潜力园区。西部再生铜产业发展基地、金富源超薄玻璃等 40 个项目顺利开工，昌培玻璃、朗锦宜汽车配件等 9 个项目加快推进，聚欣源、永晟电缆等 21 个项目竣工投产。天圣制药固体制剂数字化车间建成投用，生产效率提升 30% 以上。博邦汽车、辉虎科技实施“机器换人”，降低成本 3600 万元。捷力轮毂开拓海外市场，出口额突破 1 亿美元。富源化工、鼎发公司等企业技改升级，产能效益不断提升。

（二）突出核心景区打造，休闲旅游快速发展

全年接待游客 353.6 万人次、实现旅游总收入 23.8 亿元，分别增长 30.6%、32%。围绕“牡丹”“康养”“盐浴”“古寨”“乡村”五张

牌，打造旅游精品线路和品质景区，全面构建“1+5+4+N”规划体系，“两山四水四季花”全域旅游发展格局初步形成。牡丹樱花世界成功创建“国家4A级旅游景区”，建成石磨豆花小镇、百花世界等核心景点。引进中惠旅公司合作打造牡丹花海景区。中华仙草园成为“重庆市首批研学旅行示范基地”。成功举办第十九届牡丹文化节、第二届中国石磨豆花美食文化旅游节。垫江角雕荣获“2018中国特色旅游商品大赛铜奖”，垫江酱瓜、梅咂酒入选“全市最受市民欢迎非遗50强”。新民镇获评“重庆市第三批特色景观旅游名镇”。

（三）狠抓新型业态培育，商贸流通彰显活力

全年批发零售业销售额、住宿餐饮业营业额分别增长8.1%、7.9%，自营进出口总额达6.1亿元、增长97%。成功引进红星美凯龙·爱琴海购物公园、中农联渝东国际农贸城、协信星光天地购物中心三大项目。明悦天街商业综合体基本建成，中央华府、牡丹城等社区商圈日益活跃。新建农产品产地集配中心2个，成功创建“市级乡镇商贸综合服务中心”3个。“垫江石磨豆花”全国连锁发展模式迈出实质性步伐。培育电商市场主体1562户、增长30.2%，建成镇村电商物流服务站160个，“国家电子商务进农村示范县”建设通过商务部绩效评价。

（四）扎实推进乡村振兴，农业农村加快发展

实现农业增加值46.4亿元、增长5.2%。成功举办首届中国农民丰收节。发展壮大“3+2”特色效益农业，“国家杂交水稻制种基地县”建设成效明显，粮食安全行政首长责任制工作连续两年排名全市第一。坪山镇获评“全国一镇一品示范镇”，砚台镇登丰村获评“全国一村一品示范村”。完成“高峰—高安—长龙”田园综合体前期工作。建成高标准农田4.6万亩，农机综合机械化率达46.5%、居全市前列。新（改）建农村公路536公里，连续两年获评“市级四好农村路示范县”。累计培育新型农业经营主体1600户、流转土地65万亩，农业“三品一标”达156个。“22521”乡村振兴试验示范取得阶段性成果，开展“康养垫江·清洁家园”“康养垫江·绿色田园”“康养垫江·清洁水源”“康养垫江·美丽村庄”四大行动，实施农村“八改”工程，农村生活垃圾收集率达97%、无害化处理率达100%，“美丽宜居村庄”“市级绿色示范村庄”加快建设。

（五）聚力污染防治攻坚，生态环境明显改善

深入贯彻习近平生态文明思想，全面整改落实中央、市级环保督察反馈意见，生态环境质量不断改善。全面落实“河（库）长制”，整治重点涉水污染源244个。新（改）建乡镇污水处理厂11个，建成城镇污水管网93.5公里，乡镇污水处理设施实现全覆盖。城市建成区黑臭水体基本消除，龙溪河六剑滩断面水质保持Ⅲ类。区域环境噪声平均值连续8年优于国家标准。城区空气质量优良天数达326天、同比增加24天。在全市首创县域内流域生态保护激励补偿机制，实施龙溪河流域生态修复，新建堤防37.3公里，增殖放流鱼苗1040万尾。完成植树造林、退耕还林12.7万亩，治理水土流失43.7平方公里，森林覆盖率达40.5%。实施重点用能企业节能技改，兴发金冠入选“全国第二批绿色制造示范名录企业”，万元GDP能耗下降3.6%。

（六）统筹推进城镇建设，宜居品质不断提升

全县城镇化率44.8%，县城建成区面积18平方公里、绿化覆盖率40.4%。东部片区新型城镇化PPP项目经过艰苦努力，与中国能建成功签约。文笔湖公园建成投用，三合湖公园完成设计，人民东路延伸段、文笔大道北延伸段启动建

设。沪蓉高速垫江收费站完成扩建，城市“二环”全线通车。建成城市地下综合管廊12公里，竣工里程和建设进度居全市前列。强力推进征地拆迁，24宗尾欠地块实现“清零”。完成棚户区改造1415户、24万平方米。天宝寨森林公园、滨河公园全面建成。丹香御府、丹湖时代城等小区加快建设。乡镇基础设施“八个一”建设工程扎实推进，场镇人行地砖铺设、路灯安装实现全覆盖。新增城区停车位858个，安装老旧住宅电梯30部。整治罗家巷、凤南路等背街小巷5条，完成城区节点绿化7万平方米、花卉布展100万盆（株）。处置车辆违停乱靠、规范违法占道、取缔违章搭建，城市环境更加干净整洁有序。

（七）深化改革开放创新，发展后劲不断增强

在改革开放40周年重要节点，开展庆祝改革开放40周年系列活动，以更大力度推进深化改革、扩大开放、创新驱动。深入推进供给侧结构性改革，依法注销“僵尸企业”“空壳企业”280家。引导企业参与“直购电”等改革，降低企业成本410万元。在全市率先推行“最多跑一次”政务服务改革，服务事项覆盖率达82%、审批提速60%以上。持续推进“多证合一”“证照分离”等商事制度改革，企业制度性交易成本有效降低。与长寿、梁平签订龙溪河流域生态补偿协议，深化川渝“两地四方”合作，与四川大竹建立协作关系，积极推动“垫丰武”高速公路、“广垫忠黔”铁路等对外通道前期工作。有效参加“智博会”“西洽会”等展会活动，中国钟表协会年会在垫江召开。全年签约招商引资项目207个，到位资金122.8亿元。全社会R&D投入2.6亿元、增长17.6%。申请发明专利110件、增长400%。培育国家高新技术企业1家、国家级科技型中小企业22家、市级科技型企业80家。金龙科技获得“市级瞪羚企业”认定，天圣制药荣获“重庆市科技进步二等奖”。山城手表成为首获“德国天文台”认证的国产品牌。

（八）坚持共建共治共享，民生福祉持续增进

全年民生支出45.1亿元，占一般公共预算支出的65.7%。扎实推进脱贫攻坚，选派驻村工作队15个，落实“一对一”帮扶干部4376人，实现501户1358人脱贫越线。新增就业7924人，城镇登记失业率3.4%，养老、医疗保险参保率达95%。学前教育三年毛入园率达88.5%、在园幼儿普惠覆盖率达93%，县职教中心成功创建“重庆高水平中职学校”。探索建立“紧密型医联体”，深入推进“县管乡用”，全县基层医疗机构诊疗量达65%，中医药综合服务实现“县、乡、村”全覆盖。县图书馆获评“国家一级公共图书馆”。成功举办全市老年人健身秧歌比赛、庆祝改革开放40周年文艺晚会等文体活动。全县刑事发案数同比下降5.1%，为13年来最低。桂阳街道天宝社区创成“全国民主法治示范社区”。成功打造全市首例食品安全可视化美食街。深入开展信访工作“五项攻坚”行动，大力开展扫黑除恶专项斗争，持续深化安全生产大排查、大整治、大执法，人民群众安全感指数连续3年保持在95%以上。

二、发展中存在的问题

一是经济总量不大，产业结构不优，创新动力不足，发展质量效益有待提升。二是财税收入增长乏力，刚性支出持续增加，财政收支矛盾日益突出。三是城镇功能不完善，城区供水不足等现象较为突出。四是环境保护、安全生产、社会稳定等领域还存在风险。五是少数政府工作人员执行力不强，怕出错、怕担责，官僚主义、形式主义一定程度存在，行政效能还需进一步提高。

三、2019年发展目标

2019年是新中国成立70周年，是全面建成小康社会关键之年，是实施“十三五”规划、实现富民强县升位的重要一年，主要预期目标是：地区生产总值增长6.5%。固定资产投资增长8.5%。工业增加值增长7%。社会消费品零售总额增长7%。城乡常住居民收入增长与经济发展同步。城镇调查失业率控制在5.5%以内，节能减排降碳指标完成市上下达的目标任务。

丰都县

丰都县人民政府办公室

一、2018 年工作回顾

（一）全力巩固提升脱贫成果，超额完成年度目标任务

细化县政府班子、部门单位脱贫攻坚工作责任，落实定期研究、入户指导等 9 条措施，强化结对帮扶和行业扶贫。整合涉农资金 8.2 亿元，到位水利部、枣庄、长寿和大足帮扶资金 1.2 亿元，集中投入解决基础设施、公共服务制约短板。开展八大专项整治行动，19963 户贫困户、1215 户临界贫困户全部因户施策落实帮扶计划，救治重病贫困患者 442 人，义务教育巩固率稳定在 95% 以上，开展内生动力激发活动 476 场次，加快推进中央脱贫攻坚专项巡视反馈问题整改，脱贫攻坚“百日大会战”取得丰硕战果。实施易地扶贫搬迁 4150 人，农村宅基地复垦 848 亩、收储 503 户。开发公益性岗位解决就业 1313 人，促进转移就业 1295 人。建立“1+1+1”助贷员机制推动金融扶贫，设立 3500 万元风险补偿金，撬动新增银行放贷 2.6 亿元。努力发展扶贫产业，引进投资 10 亿元的颐高田园综合体、投资 10 亿元的农投生态生猪产业、投资 10 亿元的温氏肉鸡养殖基地等重大项目，创新推行德青源、华裕农科“财产收益、股权收益、工资收益”利益联结模式，国家农业科技园区通过验收，产业扶贫实效明显提升，乡村振兴开局起步。

（二）全面启动污染防治攻坚战，突出环境问题整治首战告捷

强力推动中央环保督察、中办二次回访、长江经济带生态环保审计发现问题整改，问题销号率 100%。严格执行畜禽养殖三区划分，禁养区 90 家养殖场全部关闭搬迁，减排 2.3 万头生猪当量。务实推进“河长制”，扎实开展河库治理“利剑行动”，全面完成长江库岸固废、非法码头和清“四乱”专项整治，6 艘餐饮船舶全部上岸。

完成10个乡镇集中式饮用水水源地规范化建设。43座小水电生态基流全面放流。100座小型水库全部取缔肥水养鱼。完成龙河、社坛污水处理厂提标改造，全面建成乡镇污水处理厂及在线监测系统。重拳整治机关食堂和餐饮企业油烟109家，路检路查机动车排气1030辆，巩固创建扬尘控制示范道路5条、示范工地5个，PM2.5年均浓度下降24.5%。推广测土配方施肥168万亩。减少化肥农药使用量165.8吨。排查整改自然保护地突出问题163个。大规模国土绿化新增营造林20.2万亩。

（三）全面防控重大风险，社会安全感指数再创新高

偿还政府性债务本息19.9亿元，暂缓实施无资金来源项目73个，综合施策锁定政府债务规模总量。开展非法集资、网络借贷等金融风险专项整治，违法犯罪立案48起、起诉17人，化解非法集资案件3起。果断成功处置非洲猪瘟疫情，扎实开展松材线虫病防治，"大棚房"问题整治推进有力，超目标完成土地例行督察发现问题整改。深入开展安全生产大排查、大整治、大执法专项行动，获评全市安全生产先进区县。深入开展扫黑除恶专项斗争，摧毁恶势力团伙3个、恶势力集团2个。雷霆开展"渝警行动2018"专项工作，刑事警情同比下降4.3%。重点领域信访问题攻坚化解率达92.4%，市县级交办信访问题化解率达100%。群众安全感指数提高到99.66%。

（四）强力提振产业经济，产业能级提质提档

坚持县级领导以上率下带队招商，投资200亿元的中铁有轨电车、旅游小镇和城市基础设施项目，投资70亿元的莲花山康养项目，投资55亿元的伟光汇通文旅小镇等相继签约。挂图作战推进项目落地建设，投资100亿元的山鹰国际200万吨包装纸项目前期工作稳步推进，投资7.2亿元的回山坪风电项目、投资4.8亿元的横梁风电一期项目全线开工，年产600万立方米的规模化生物天然气项目、年产10万立方米PC构件一期项目全面建成投产。强化存量企业运行监测和技改服务，东方希望投入1.2亿元实施节能减排技术改造、产值突破50亿元大关，恒都公司全年屠宰肉牛6万头、精深加工牛肉6万吨，培育科技型企业21家、国家高新技术企业1家、市级研发平台1个，新增专利授权251件，有效发明专利48件。工业总产值实现182.6亿元，同比增长11.7%。

（五）强化城乡统筹融合，区域发展均衡性协调性明显增强

强力推进城市建设，火车站站前广场升级改造全面完工，火车站至迎宾大道连接路、产业大道龙河新城段全线贯通，新增市政干道4.3公里、雨污管网10.1公里，拆除违法建筑5.8万平方米。切实加强城市管理，开建"智慧城市"大数据过渡机房、政务资源信息共享平台和运营指挥中心，"马路办公"成为常态，城市面貌实现新变化。加速完善区域性交通网络，有轨电车、渝万高铁等重大项目前期工作加快推进，水天坪码头实现运营，改造提升南岸旅游环线、北岸产业环线等干线公路95公里，丰彭路出境隧道全面贯通，新建"四好"农村路814公里。夯实城乡水利基础，梨子坪中型水库实现试验性蓄水，龙兴坝水库大坝填筑至320米高程，沱沱坝、王家山等小型水库加快建设。促进公共服务一体化发展，新建和改扩建校舍3.9万平方米，营养改善计划惠及农村学生5.5万人，建成投用龙孔和双龙卫生院，成功创建国家一级图书馆，新建和改扩建乡镇敬老院3所，农村集中供水率、自来水普及率分别提高至81%、76%，符合条件的行政村通客车率100%。

（六）持续深化重点领域改革，发展活力逐步彰显

营商环境大幅改善。政府机构改革顺利实施，取消、下放、整合县级行政许可事项52项，开展行政执法作风专项整治。全面推行“三十一证合一”商事制度改革，企业设立当日现场办结率98%。审批服务事项统一纳入网审平台运行管理，网上行政审批办结率达99.9%。国企改革成效初显，第一批22家国有企业重组整合为6家，辖区国企“三供一业”和社会职能全面剥离。文旅消费稳健增长，南天湖湖滨公园、天堂谷森林公园、滑雪场运动公园等核心景点建成投用，九重天景区新增绝壁探险等体验项目，雪玉洞完成提升改造重新对外开放，名山“夜游鬼城”上榜抖音短视频全国热度第7位，太平七夕、江池农耕体验等乡村旅游日益活跃，丰都旅游首次登上央视《城市一对一》，亮相美国纽约时代广场，拉动消费实现80.2亿元，同比增长27.1%。商贸市场持续活跃。粮食物流园装粮1.5万吨，公路港项目完成场平，久桓时代广场、五星级酒店主体工程基本完工，国际商贸城实现试营业，国美电器、永辉超市进场装修，龙城香街商家入驻率达95%。成功举办首届中国农民丰收节等特色商品展会，拉动批零销售总额增长18.5%、住餐营业额增长12.4%。

二、发展中存在的问题

在工作实践中，我们也深刻认识到，对标高质量发展要求和全面小康目标，丰都还存在一些突出问题和短板，主要有：产业结构不优、能级不高，经济张力不足，创新创造氛围不浓、能力不强，发展质量效益有待提升，构建现代产业体系任务艰巨；城乡区域发展不平衡，财政运行调度困难，交通等基础设施互联互通还有短板，文旅、医疗、教育等领域还有差距；资源环境约束趋紧，生态文明建设存在不少弱项和问题；重点领域改革有待深化，构建法治化、便利化营商环境还有不少工作要做，少数部门和工作人员担当意识、服务意识不强，慢作为、不作为现象依然存在；一些领域不正之风和腐败现象不容忽视，党风廉政建设和反腐败斗争还需常抓不懈。

三、2019年发展目标

（一）打赢脱贫攻坚战，务实推进乡村振兴

关键年须打好关键仗，要坚持以脱贫攻坚统揽全局，贯彻精准扶贫、精准脱贫方略，统筹谋划推进高质量脱贫和乡村振兴，让全体农民享有更多、更直接、更实在的获得感和幸福感。

聚焦深度贫困全面完成减贫任务。突出问题导向，注重举一反三，全面完成中央脱贫攻坚专项巡视反馈问题整改，以高质量整改推动高质量脱贫。更加重视涉农资金整合，更加精准脱贫项目、脱贫资金安排，全面开展脱贫项目、资金绩效评价。坚决防止返贫和产生新的贫困。把防止返贫摆在更加重要的位置，精准分析返贫原因，精准确定扶贫措施。更加积极实施就业扶贫行动计划，强化外出务工组织、监测和培训，实施家政护工扶贫行动，继续实行公益岗位扶贫开发、机关事业单位扶贫专项招录行动，继续执行企业招收贫困人口“稳岗补贴”等优惠政策，动态消除有劳动能力的“零就业”贫困户。更加精准实施健康扶贫，做细做实“春风行动”“暖心工程”，全力防止因病致贫返贫。更加重视临界贫困户、临界非建卡贫困户增收致富，进一步细化帮扶政策措施，靶向防止新增贫困。

全面推进农村人居环境整治。农村人居环境整治既是高质量脱贫题中之义，也是实现乡村振

兴第一场硬仗。要因地制宜优化村庄布局规划，分类细化村庄建设规划。聚力试点示范推进乡村振兴。坚持试点示范推进，紧扣20字方针和5个振兴要求，立足巩固提升脱贫质量，分层分类细化完善“两镇五村”试点方案，把握好节奏、力度、速度，集中力量探索可复制、可推广的经验做法。

（二）打好污染防治攻坚战，全面推进生态优先绿色发展

围绕基本完成污染防治攻坚战三年任务，学好用好“两山”论，走深走实“两化”路，坚守阵地、巩固成果、持续用力，推进污染防治攻坚战取得突破性进展。

决战决胜标志性战役。补齐城镇污水处理提质短板，全面运行乡镇污水处理厂及在线监测系统，全面启动场镇一、二、三级污水管网建设。深入开展专项整治。深入开展中央环保督察、中办二次回访、长江经济带生态环保审计等反馈问题“回头看”专项行动，坚决防止问题反弹。守住绿色发展本底。推动河长制从“有名”向“有实”转变，持续开展长江及主要支流“清四乱”专项整治。持续开展大规模国土绿化提升行动，实施新一轮退耕还林、国家储备林、长江防护林建设。

（三）打好重大风险防范攻坚战，保障经济社会稳健运行

坚持源头治理、动态管理、应急处置相结合，有效防范应对各种风险，努力营造良好经济社会发展环境。

坚决防范化解经济领域风险。持续开展非法集资、P2P网络借贷等金融领域风险专项整治，坚决守住不发生系统性金融风险底线，严控政府隐性债务风险。

坚决防范化解公共安全风险。持续深入开展扫黑除恶专项斗争，着力铲除黑恶势力及其“保护伞”。深入实施食品药品安全放心工程，重拳整治食品药品、医疗器械、化妆品、保健品等重点领域，营造安全放心的市场环境。深化安全领域改革发展，强化属地管理、行业监管和企业主体责任。坚决防范化解社会矛盾风险。以“枫桥经验”重庆实践“十项行动”为抓手，完善网格化服务管理体系，实现村（社区）法律顾问全覆盖。

（四）高质量提振工业经济，助推制造业集约集群发展

紧扣高质量发展定位，把技术创新放在更加突出的位置，着力打造先进制造业集群，形成推动县域经济增长的强大引擎。

推动主导产业集群发展。坚持围绕资源办工业，全面推进在建和新开工项目，鼓励存量企业实施智能化改造、开展技术设备更新，全面提升产业能级。促进园区转型提质增效。深化园区管理体制改革，完善财税分享政策，加快实现公司化、企业化转型发展，开展投入产出强度、服务效能、营商环境绩效评价，加快建设创新型工业园区。开展招商引资主题年活动。坚持把招商引资作为稳投资、促发展的“定海神针”，围绕招商引资主题年活动，营造大氛围，形成大合力，举全县之力大招商。坚持全县动员、全员招商，突出本籍招商、以商招商、产业链招商，完善项目储备、定期会商、季度通报、末位约谈等体制机制，全方位提升招商引资工作效能。

（五）培育激活内外市场，全力促进和稳定消费增长

充分发挥市场主体作用，多管齐下挖掘内需外需潜力，切实增强消费对经济增长的拉动支撑功能。

大力发展民营经济。民营企业是最活跃的市场主体，是县域经济发展的主力军，要坚定不移

支持民营企业改革发展。全面贯彻落实习近平总书记提出的6条政策措施，认真执行市政府支持实体企业18条措施、县级稳增长23条措施。

促进市场消费增长。夯实消费基础，力争开工中铁有轨电车、旅游小镇和城市基础设施一体化项目，完工南天湖度假区旅游集散中心，建成丰都古城，对外开放双桂山国家森林公园，建设龙河湿地景观廊道，创建1个市级智慧旅游示范景区。全力稳定对外贸易。整合组建港务集团，推动实现江海直达，建成水天坪集疏运通道和查验设施，码头年吞吐量突破50万吨，争取查验单位入驻，申请批准水运口岸。巩固国家级出口质量安全示范区成果，帮助榨菜、藠头、肠衣等优势产品拓展国外市场。

（六）实施城市提升行动计划，着力推动城乡区域协调发展

贯彻落实"一尊重五统筹"要求，加快城市开发建设，完善基础设施配套，强化城镇一体化管理，统筹好城市与乡镇两个基本面，不断增强发展的整体性、协调性。

推进以"一江一河四岸"为主轴的城市提升改造。围绕"山城、江城、水城"和旅游文化名城定位，实施长江二桥至长江大桥库岸整治，市场化招商建设集博物馆、大剧院于一体的文化艺术中心，完成王家渡滨江公园升级改造，建成龙河新城滨江公园，加快北岸滨江空间改造；提速建设丰武路城区段拓宽改线工程，实施龙河岸线环境整治，加快建设滨河公园。构建互联互通的城乡基础设施体系。抢抓中央扩内需"窗口期"，积极推动补齐城乡基础设施短板，加快构建"铁公水"综合交通体系。提升城镇管理水平。围绕"城市管理应该像绣花一样精细"要求，深化城镇细管、城镇智管、城镇众管，推进"马路办公"机制化、常态化，接续开展"五城同创"，全面提升城镇品质。加快建设"智慧城市"过渡数据中心、运营指挥中心，运用技术手段提升智能化监管水平。

（七）坚持以供给侧结构性改革为主线，持续增强发展动力和活力

落实中央和重庆市经济体制改革部署，推动基础性关键性领域改革走深走实。

深化供给侧结构性改革。巩固"三去一降一补"成果，持续清理注销"僵尸空壳"企业，运用综合标准、市场机制、法治办法加快出清落后产能，多措并举加快去除城区商业地产、水天坪住房和高山度假房库存，统筹运用兼并重组、债权转股权等方式降低国有企业杠杆率，落实工业电价下调、实质性减税等政策措施，加快补齐发展短板。攻坚国资国企改革。加快县属国有企业分类改革，全面完成国有企业重组整合，推进国有企业混合所有制改革。狠抓"放管服"改革。围绕"企业开办时间再减一半"，全面推行"证照分离""照后减证""三十一证合一"，企业开办时间控制在3个工作日以内。围绕"项目审批时间再砍一半"，深化实化工程建设项目审批制度改革试点，推行联合勘验、联合测绘、联合审图、联合验收，分阶段再造审批流程，确保工业投资、小型社会投资、一般社会投资、政府投资四类项目从拿地到开工审批时间分别控制在15个、35个、50个、80个工作日内。围绕"政务服务一网通办"，加快建设"智慧丰都"政务信息共享交换平台，规范服务指南和流程，确保政务服务体系走在全市前列。围绕"企业和群众办事只进一扇门、最多跑一次"，下放一批审批权限，精简市场准入、公用事业服务等事项办理流程，打破行业部门"信息孤岛"，解决企业和群众长期抱怨的突出问题。围绕"一律取消没有法律法规依据的证明"，坚决杜绝"奇葩证明""循环证明"。

忠　县

忠县人民政府办公室

一、2018 年工作回顾

全县实现地区生产总值 307.95 亿元、增长 9.8%，三次产业结构优化为 13.6 ∶ 45.4 ∶ 41。完成固定资产投资 184.17 亿元、增长 13%。完成一般公共预算收入 18.45 亿元、增长 12.9%。贫困发生率降至 0.22%，城镇登记失业率控制在 3.5% 以内，城镇、农村居民人均可支配收入分别达 3.5 万元、1.46 万元，分别增长 9.1%、9.7%。城区环境空气质量优良天数达 333 天，PM2.5 年均浓度下降 22.2%，长江干流忠县段水质达到Ⅱ类标准。万吨级深水良港新生港 1 号滚装泊位完成实船靠泊试验，全国文明县城通过复检，“忠州商圈”、高端装备制造产业园开工建设，县级公立医院改革被国务院通报表扬，电竞小镇成为全国优选体育产业项目，“柑橘网”荣获 2018 中国大数据应用最佳实践案例，长江三峡国际马拉松入围 2019 中国最具赞助价值马拉松赛事。

（一）特色产业蓬勃发展

紧紧围绕提高供给体系质量和效益，大力实施以大数据智能化为引领的“创新驱动发展”行动方案，特色产业加速向数字化、网络化、智能化发展。新能源、医药、智能装备、资源加工四大特色产业加快发展，引进工业项目 43 个，新增规上工业企业 6 家。培育特瑞、天海等企业 8 家，新引进欣聚成、顺芯源等企业 5 家，形成了电池、电芯、外壳等锂电全产业链。新增市级企业技术研发中心 2 个、高新技术产品 6 件、专利授权 262 件，研究与试验发展经费（R&D）达 1.5 亿元，发放科技创新补助资金 650 万元、创业种子投资基金 700 余万元。新增注册商标 500 件、重庆名牌（知名）产品 5 个。“柑橘网”线上交易额突破 15 亿元，农村电商交易额超过 15 亿元。引进希望教育产业集团建设重庆数字产业职业技术学院，忠县人民的“大学梦”开始启航。总部贸易实现结算额 210 亿元、税收 8 亿元，北京国资金投等 4 支基金落户三峡港湾基金加速中心。以“1+3+8”引领全域旅游破题升温。全年接待海内外游客 700.5 万人次、增长 46.2%，实现旅游综合收入 30.9 亿元、增长 48.1%。忠州博物馆正式对外开放,《烽烟三国》实景演艺优化升级。成功举办全国移动电竞超级联赛总决赛、长江三峡音乐节、“武林风”环球拳王争霸赛等赛事节会，央视“城市 1 对 1”隆重推介忠县。培育限额以上商贸企业 26 家。“建玛特购”、义乌小商品市场开业营运，建成忠县粮食仓储物流园、再生资源交易中心,“爱琴海”购物中心开工建设，五洲国际商贸城加快推进，完成中国好粮油项目 5 个。

（二）城乡面貌显著改善

大力实施以三大开发为抓手的“特色中等城市建设”行动方案、以田园综合体为示范的“美丽乡村建设”行动方案，促进城乡各美其美、美美与共。完成“多规合一”中“一张图”编制和忠县城乡规划大纲编制，完成城市总体规划局部修改，完善电竞小镇城市设计。恒大、碧桂园、金科等大型房地产开发企业入驻忠县，商品房销售面积达 72.55 万平方米、增长 30%，房地产市场持续火爆。完成棚改 1768 户、24.5 万平方米，鸣玉溪东环路、忠州三小、鸣玉溪公园二期等棚改配套项目有序推进。完成环城西路、忠州大道绿化彩化工程，提档升级忠州公园、香山公园、滨江公园，新建、改扩建城市绿地 30 万平方米。新建停车场 9 个，新增停车位 2515 个。美丽乡村建设加快推进。“三峡橘乡”国家级田园综合体全面开工，柑橘时空馆、柑橘品种博览园、柑橘四季采摘园等基本建成。柑橘、笋竹、生猪、生态鱼四大特色农业巩固提升，现代山地特色高效农业规模面积达到 68.6 万亩。粮食总产量达 40.64 万吨，粮经结构优化为 49∶51。累计培育新型农业经营主体 4238 个，新认证“三品一标”22 个，新创建重庆名牌农产品 13 个，新增全国“名特优新”目录产品 1 个。建成“四好农村路”400 公里，改造农村危旧房830 户，改厕1.3 万户。

（三）生态屏障不断筑牢

大力实施以美丽忠县为主题的“生态优先绿色发展”行动方案，坚决打好“污染防治”攻坚战，筑牢长江上游重要生态屏障。编制长江经济带战略环评“三线一单”，划定“三区三线”。实施国土绿化 13.6 万亩，保持湿地 18.35 万亩以上，综合治理水土流失 74.7 平方公里。关闭自然保护区矿山企业 2 家，启动建设绿色矿山 18 个。积极推进苏家污水处理厂扩建工程，新建（改造）城镇污水管网 61.8 公里，城乡污水处理率分别达到 98%、82%。城区、乡镇集中式饮用水水源地水质达标率分别为 100%、87.5%。完善垃圾收运处置体系，城镇生活垃圾无害化处理率达到 100%。严格落实扬尘控制“十项强制性规定”，创建扬尘控制示范道路 5 条。划定高污染燃料禁燃区 17.58 平方公里，治理畜禽养殖污染 394 家。整改中央环保督察、国家环保专项检查和市政府环保集中督察反馈问题 48 个，办结督察组转办群众投诉 287 件。“双总河长制”实现全覆盖，设立各级河长 724 人。创新建立河库警长制、检察官制，设立河库警务室 1 个，配备警长 29 名、检察官 6 名。全面落实生态补偿与生态损害赔偿机制，与丰都、涪陵达成渠溪河流域横向生态补偿协议。深入落实招商引资项目签约前环评专家预审制度，聘请环评专家 35 人次，服务招商引资项目 24 个，否决不符合环保要求项目 3 个。

（四）发展空间持续拓展

大力实施以新生港为重点的“基础设施建设

提升”行动方案、以开放平台为载体的“库区开放高地建设”行动方案，着力推动更高水平的对外开放和更深层次的重点领域改革，加快融入全市开放大格局。G50沪渝高速忠县互通扩能改造工程全面完工，渝万高铁、黔忠万高铁、广忠石铁路、沿江高速北线、通用航空机场等开放大通道前期工作有序推进。乌杨公用码头成功开港，忠信大道（水普路）开工建设；建成12万平方米标准厂房，完成13.8万平方米安置房主体工程，物流配送中心、普乐变电站等建成投用，开通企业员工班车，园区公共服务体系逐渐完善。优化专业招商组设置，大力开展情怀招商，各级干部全年外出招商2228天、拜访企业2102家，引进世界500强企业2家、行业龙头企业3家、外资企业2家。供给侧结构性改革持续深化，妥善处置“僵尸企业”和空壳公司4家，盘活企业闲置资产4.69亿元，减税降费1.68亿元。“放管服”改革深入推进，全面清理公布“三张清单”，制定项目审批和企业备案“一张图”，建立行政审批“三并联”制度，审批事项326个“只跑一次”、201个“一次不跑”，建设领域审批时限进一步压缩。在全市创新开展“纵联横合”医共体改革，落实“12+N”医改便民措施，国家卫健委在忠县举行全国（中西部片区）医改典型经验专题新闻发布会。坚持“兑现比承诺更重要”理念，兑现“特色工业25条”“创新驱动26条”“电竞产业19条”等优惠政策资金5.8亿元。建立民营经济“四上”企业县领导定点联系和重大事项直通县委、县政府制度，各级干部集中走访精准服务民营企业685家次，帮助企业解决问题260个，全年新发展市场主体8447个。

（五）民生福祉稳步提升

大力实施以民生福祉为导向的“民生改善和社会治理”行动方案，坚决打好精准脱贫、防范化解重大风险攻坚战，着力推进普惠性、基础性、兜底性民生建设，切实维护社会大局稳定。1627名贫困人口实现脱贫，全县贫困人口减少至1719人。深入实施“3+1”扶贫长效机制，发放教育资助兜底资金1597.6万元、健康扶贫救助资金1057万元、保险救助资金590万元，累计发放扶贫小额信贷、普惠金融“诚信贷”2.7亿元，培育贫困村致富带头人311人，开发农村公益岗位3159个。全县贫困村通畅率达100%，自来水普及率达85%。挂单整改国家、市级脱贫攻坚督查考核发现问题，整改率达94.8%。直饮水、“增绿添园”等20件民生实事完成投资5.22亿元。国家义务教育发展基本均衡县通过教育部认定，获评“重庆市创新发展实验区”，5所学校获评市级特色学校，评选首届“名师”9名、“名校长”3名，全县高考上线率持续领跑渝东北片区。评选首届“名医”12名、“名院长”2名、“名医院”4家，县人民医院三甲医院创建工作全面启动，县中医院搬迁加快推进，县疾控中心建成投入使用，免费开展产前无创基因检测5827例。扎实开展扫黑除恶专项斗争，坚决铲除黑恶势力“保护伞”，群众安全感进一步提升。积极开展信访积案“百日攻坚”行动，化解重大矛盾纠纷28件、复杂疑难信访问题34件。深入开展安全生产“大排查大整治大执法”行动，安全生产形势持续稳定向好。城乡网格化管理、社区自治、兼职法治副主任“三个全覆盖”持续深化，社区自治工作受到民政部肯定。

二、发展中存在的主要问题

一是经济底子薄，经济总量小，人均占有量低，财政收入少、负担重，加快发展迫在眉睫。二是供给体系结构不优，资源要素制约趋紧，环境保护任务较重，企业自主创新能力不强，创新发展、转型发展迫在眉睫。三是具有引领作用的大企业、大项目不多，部分企业生产经营困难，融资压力加剧，保持经济平稳较快增长的难度加大，全力招商引资、提升服务效能迫在眉睫。四是发展欠账较多，脱贫攻坚任务仍然较重，基础设施还有很多短板，教育、医疗、住房、养老等民生事业还有很多弱项，补齐短板、弥补欠账迫在眉睫。

三、2019 年发展目标

地区生产总值增长 9%，工业增加值增长 10% 以上，固定资产投资增长 10% 以上，社会消费品零售总额增长 10% 以上，一般公共预算收入增长 10% 以上，全体居民人均可支配收入增长 10% 左右。主要约束性指标是：长江干流忠县段水质满足水域功能要求，PM2.5 年均浓度控制在每立方米 40 微克以内，万元 GDP 能耗下降 3.3%，城镇登记失业率控制在 4% 以内，居民消费价格涨幅控制在 3% 以内。

（执笔人：程华）

开州区

开州区人民政府办公室

一、2018年发展回顾

2018年，实现地区生产总值473.1亿元，同比增长7.6%；一般公共预算收入23.26亿元，其中税收收入14.96亿元、增长10.7%，非税收入占比降至35.7%，收入结构更趋合理；固定资产投资136.7亿元，增长10.6%；社会消费品零售总额189亿元，增长8.8%；居民人均可支配收入21560元，增长10.2%。

（一）众志成城，脱贫摘帽胜利实现

坚持以脱贫攻坚统揽经济社会发展全局，统筹整合涉农资金12.82亿元，实施各类扶贫项目640个，强力推进路、水、电、讯等基础设施建设，贫困区域基础条件、村容村貌极大改善。精准落实产业、就业、住房、教育、健康、金融等帮扶政策，充分激发内生动力，兜底保障特困户，所有贫困群众不再为吃、穿所愁，义务教育、基本医疗、住房安全得到全面保障。强力攻克深度贫困，大进、五通、麻柳脱贫步伐全面加快。市委组织部扶贫集团蹲点大进、倾力帮扶，红旗、群和等一批村庄发生翻天覆地变化。11534名干部职工、40个工作团，奔赴465个村、31504户贫困家庭，访贫问苦、排忧解难；中国法学会、中石油、四川省、山东潍坊市、市委组织部扶贫集团、江津区、璧山区及社会各界，踊跃参与、慷慨相助，汇聚起了脱贫攻坚的磅礴力量，形成了万众一心抓脱贫、众志成城摘穷帽的浓厚氛围，以“0漏评率、0.04%错退率、1.73%综合贫困发生率、93.48%群众认可度”的佳绩，高标准通过国贫县退出专项评估检查，高质量完成脱贫摘帽的历史性任务，高水平通过国家、市级巡视、验收、考核、审计等各类“大考”。

（二）稳中有进，产业转型步伐加快

三次产业结构优化为13.4∶46.9∶39.7。农

业增加值 64.4 亿元，增长 4.8%。获批创建“江里市级现代农业园区”，竹溪柑橘博览园、郭家葡萄观光园、厚坝田园综合体等“三园三区一体”形象初显，新建标准化果园、菜园、茶园、水产养殖场 15 个，山地特色高效农业面积扩大到 128 万亩，农产品加工率提高到 35%。新发展新型农业经营主体 168 个，新认证“三品一标”农产品 50 个，新增市级名牌农产品 7 个，“开县春橙”获评中国驰名商标。工业增加值 116.4 亿元，增长 7.7%。税收超千万元企业 14 家，规上企业 111 家，园区新落地企业 23 家，工业集中度达 75%，新认定 6 个重庆名牌产品，紫建电子、德凯实业成为重庆创新型企业 100 强。浦里新区建设展开新格局，建成赵家钢结构标准厂房，临江家居产业园一期企业陆续入驻，开州工业园区成为全市 12 个智慧园区试点之一。第三产业日增加值 188.2 亿元，增长 7.6%。亿丰开州国际商贸城、假日国际商业广场建成投运。电商进农村在商务部绩效评价中获全市第一，网络零售交易额 9.8 亿元，增长 45.8%。全域旅游蓬勃兴起，汉丰湖景区声名远播，开州故城轮廓初显，水乐园项目完成前期，环湖马拉松、国际摩托艇等赛事备受瞩目，雪宝山与红池坝景区实现连通，“四季旅游”主题活动有声有色，开州举子园成为重庆文旅新地标，全年接待游客 903 万人次，旅游收入 56 亿元。房地产市场回暖升温，销售商品住宅 96 万平方米，增长 13.8%。金融服务业增加值占比提高到 4%，存贷款余额分别为 622 亿元、237 亿元，同比增长 7%、5%。

（三）统筹推进，城乡面貌展露新颜

城市提升全面推进，城乡总规获市政府批复。城市新区建设拓展 1.8 平方公里，规模达 37 平方公里，东部新区亮丽呈现，西部新区人气攀升，红光片区初步成形，北部新区形象初显。帽壳顶隧道、邹家山隧道、花椒园大桥全线贯通，歇马、丰太、大丘路网成型，汉丰湖南岸滨湖公园基本建成、滨湖道路全部连通，形成 16.7 公里环湖慢速通道。南岸夜景灯饰工程完工投用，飞鹰堡公园对外开放。特色小镇及重点镇建设有序推进，常住人口城镇化率达 47.97%。乡村振兴示范效应显现，郭家毛成村、长沙齐圣村等 11 个试验示范点扎实起步，铁桥三台村、大进红旗村和年华村成为市级美丽宜居村庄，建成大美乡村市级示范片 1 个。基础设施日臻完善，开城高速进展迅速，浦万隧道即将贯通，大修、改造国省县道 74 公里，新改建农村公路 580 公里，安装防护栏 200 公里。开州港运营良好，通用机场完成选址，渝西高铁和巫云开、万达直线高速前期工作进展明显。天白水库主体工程完工，水竹沟水库按期开工，跳蹬水库完成可研报告技术审查，巩固提升 29 万农村人口饮水安全。天然气开采量 27.6 亿方，页岩气开发实现“零突破”，狮子山风电项目获批。镇安 220 千伏、110 千伏输变电站工程主体完工，新增城镇供气管网 31 公里，南门、长沙实行“双气源”供气，行政村光纤通达率 100%。实施三峡后续项目 47 个，到位专项补助、库区基金、对口支援资金 4.47 亿元。

（四）蹄疾步稳，改革开放成效凸显

各项改革持续深化，供给侧结构性改革扎实推进，电气大户直供、应急转贷、社保降费为企业降本减负 9.6 亿元，兼并重组、合资入股盘活困难企业 10 家，稳妥出清僵尸企业、空壳公司 894 家。民营经济发展环境持续优化，取消行政审批事项 8 项，项目审批时间提速 1/3，企业开办时间缩短 3/4 左右，行政审批和公共服务事项网上办理率 57%，新发展市场主体 11623 户。投融资改革稳步推进，设立 10 亿元产业投资基金，通过资本市场融通资金67亿元，全面完成政府存量债务置换，政府债务总体绿色可控。国资国企改革有序实施，区属国企资产总额突破590亿元、资本增值率109%。农村“三变”改革渐次展开，临江福德村“三变+特色产业”模式走在全市前列，农村承包地“三权”分置、土地确权颁证和供销社综合改革逐步深化，新增土地流转1.6万亩，三产融合担保贷扩面至40%以上镇乡街道。对外开放不断扩大，主动融入“一带一路”、长江经济带、成渝城市群建设，大力推进招商引资，签约重点项目206个，万达电器、鹤林电子等一批招商项目落地投产。创新驱动更加强劲，大力推进大数据智能化创新，完成10家企业智能化改造，数字经济增速达15%，乾开电商晋升为市级孵化器，设立创业种子基金，新增市级牛羚企业1家、市级科技型企业42家、市级企业技术中心1个、市级高新技术产品14件、授权专利747件。

（五）生态优先，绿色屏障不断夯实

污染治理成效明显，三级河长制全面落实，611名河长领衔治水，52个断面水质纳入监测考核。完成城区污水处理厂提标改造，完工3个乡镇雨污分流，实施乡镇集中式饮用水源地标准化建设8个，新改建城镇污水管网80公里，乡镇污水处理设施运营管理获全市考评第一。城区、乡镇集中式饮用水源地水质达标率分别为100%、91%，辖区流域水质总体保持Ⅲ类。90%以上镇乡街道中心场镇实现“煤改气”，投用城区石材企业集中加工市场，城区空气质量优良天数347天。建成4个垃圾填埋场渗滤液处理设施，投用城区污水处理厂污泥无害化处置设施，城镇生活垃圾无害化处理率100%。全国畜牧业绿色发展示范县创建通过验收。生态屏障不断巩固，新造林17万亩，保护和修复湿地1800亩，治理水土流失、荒漠化39平方公里，整治和新建河堤8.5公里，建成市级绿色示范村庄28个，新增城周绿地10万平方米，全区森林覆盖率达到51.8%。环境监管持续加力，中央、市级环保督察反馈问题有效整改，砂石开采加工专项整治成效明显，岸线复垦复绿有序推进，生态环境日益改善。

（六）以人为本，社会民生全面进步

重点民生支出72亿元，占一般公共预算支出的70%以上，16件重点民生实事全部兑现。社会事业持续发展，高考重本上线2133人、清华北大上线7人。职教中心新增市级以上重点特色专业4个，建成云枫第二幼儿园，农村普惠性幼儿园实现营养改善计划全覆盖。基本公共卫生服务再次提标，通过国家慢性病综合防控示范区复审、全国基层中医药工作先进单位复评，举行首个“中国医师节”系列活动，中医院创建“三甲”通过市级试评审。医联体建设扩大到所有基层医疗机构。建成“百县万村”综合文化服务中心示范点33个，送电影、送戏曲等活动惠及110万人次。民生保障力度加大，发放创业担保贷款2.75亿元，扶持2693人自主创业，带动就业0.8万人。发放城乡低保、医疗救助、临时救助、特困救助、慈善救助等资金6.6亿元，改造乡镇敬老院4家，建成社区养老服务站10个、日间照料所5个。新建公厕100座。标准化改造城区4个菜市场。完成棚户区改造6.2万平方米。

（七）打防并举，平安建设切实加强

扫黑除恶专项斗争取得阶段性成效，打掉恶势力犯罪团伙5个，打击涉黑恶犯罪146人，在全市同序列区县列第一，现行命案破案率100%，刑事发案率同比下降14.8个百分点。社会治安持续向好，圆满完成重大活动安保任务，治安乱点得到有效整治，立体化社会治安防控体系不断完善，群众安全感指数达到98.6%。安全稳定维护有力，丰乐华联社区获评全国民主法治示范社区。建成全区风险应急防控平台，成功举办渝东北区域协作水上交通应急演练。安全生产事故总量下降，食品药品放心工程有序推进。信访态势总体良好，矛盾纠纷多元化解机制进一步完善，社会大局和谐稳定。国防动员和后备力量建设稳步推进，优抚安置、双拥工作和军民共建深入开展。

二、发展中存在的问题

经济总量不大，产业层次不高，重大项目支撑不够，新增长点培育十分迫切；民营经济发展不够充分，“放管服”改革有待深化，营商环境还需继续优化；资源环境约束趋紧，生态建设任重道远；城乡区域发展不平衡，农村基础仍较薄弱，部分群众生活还较困难，民生保障仍需加强。

三、2019年发展目标

2019年主要预期目标是：地区生产总值增长7.5%左右，一般公共预算收入增长4%，固定资产投资增长10%，社会消费品零售总额增长8%，研发经费支出占地区生产总值比重提高到1.2%，城镇登记失业率控制在3%以内，居民人均可支配收入增长10%左右，辖区流域水质总体保持Ⅲ类以上，完成市政府下达的环保约束性指标等任务。

（执笔人：周昂）

云阳县

云阳县人民政府办公室

一、2018 年发展回顾

全年实现地区生产总值 275 亿元，增长 10.1%。一般公共预算收入 16 亿元，同口径增长 1.2%。全社会固定资产投资增长 16.9%。社会消费品零售总额增长 14.8%。金融机构人民币存款余额 453 亿元，增长 9.1%；贷款余额 199 亿元，增长 22.4%。城乡居民人均可支配收入 18747 元，增长 10.3%。

（一）突出精准方略，脱贫攻坚战取得新胜利

坚持以脱贫攻坚统揽经济社会发展全局，建立“六位一体”责任体系，1.5 万余名干部尽锐出战、集中攻坚。围绕“一达标两不愁三保障”，推进“六个精准、五个一批”，完善“1+28”一揽子脱贫攻坚政策，因人因户精准施策。最终“以错退率 0、漏评率 0.09%、综合贫困发生率 1.58%、群众认可度 95.23%”的成绩顺利实现脱贫摘帽。脱贫摘帽后，按照“两防两促两结合”的思路，紧盯 3273 户 10183 名未脱贫人口，坚持因人因户施策，落实就业扶持、产业帮扶等措施，再减贫 7086 人，脱贫攻坚成效年度考核居全市第一。

（二）突出提质增效，产业转型升级取得新进展

推动制造业高质量发展，实现工业增加值 73 亿元，增长 8.4%。启动“机器换人”行动，新投产 10 个项目，新创建规上企业 8 家，新培育亿元企业 10 家。“满园工程”顺利推进，新入园企业 24 家。推动山地特色高效农业加快发展，实现农业增加值 47 亿元，增长 4.5%。“天生云阳”农产品区域公用品牌新增授权企业 9 家、产品 13 个，“三品一标”产品认证达 151 个。推动服务业提档升级，重点商贸企业达 770 家。农村电商持续提升，农产品销售额 3.6 亿元，快递进出件比降至 2.9∶1。水上货运能力达到 133 万载

重吨，位居全市第一。房地产市场健康平稳，商品房新开工 117 万平方米，交易 62 万平方米。

大力发展新兴产业。新升规服务业企业 87 家，成为经济增长新动能。第三产业增速达 11.2%，实现增加值 113 亿元，对经济总量贡献首次比肩第二产业。发展大旅游产业。围绕三峡牌、三龙牌、梯城牌、乡村牌、人文牌“五张牌”，全力推进 2018 年全域旅游创建 220 件实事。获评全市首批市级研学旅行目的地。国家旅游 A 级景区总数达到 21 个 A，星级旅游饭店总数达到 26 颗星。接待海内外游客 2000 万人次，实现旅游综合收入 80 亿元，均增长 30% 以上。发展大健康产业。开工建设大健康产业项目 71 个，完成投资 22 亿元。发展大数据产业。与华为达成战略合作，打造渝东北区域数据中心。与重庆银行、阿里巴巴在普惠金融、数据服务等多领域开展合作。北京爱数智慧落户云阳，启动大数据人才培养计划。

（三）突出引育并重，民营经济焕发新生机

扎实开展集中走访精准服务民营企业活动，共走访企业 761 家。全面落实支持实体经济发展 10 条意见、“新涉企减负 30 条”，为企业减免税费 3.7 亿元；发放企业贷款贴息 371 笔，贴息金额 0.49 亿元；为 52 家企业提供应急转贷资金 0.93 亿元，续贷资金 1.16 亿元。深入推进全民创业就业五年行动计划，新发展市场主体 11020 户、微企 1248 户。大力推进招商引资，构建“1+6+42+X”招商体系，新签约项目 210 个，落地资金 106 亿元。上海市重庆商会云阳分会、广东省重庆云阳商会相继成立，异地云阳商会实现零的突破。

（四）突出统筹协调，城乡面貌展现新容颜

大力实施城市提升行动计划。加快“两环、两高、两大片”建设，外环大道、内环大道序时推进，江龙高速一期正式开工，郑万铁路云阳段累计完成总工程量的 35%，黄石、水口“两大片”征地拆迁加快推进。北部新区“三年成市”步伐加快，渝东北最大一级汽车客运站建成投用，新增入住人口 1.5 万余人。环湖绿道又增新景，“石来运转”主题公园盛装开园。推进“大城细管、大城智管、大城众管”，开展城乡接合部综合整治，拆除各类构建筑物 7000 余平方米。

大力实施乡村振兴战略。着力培育新型经营主体，市级农业龙头企业达 30 家、县级农业龙头企业达 146 家、专业合作社达 1602 个、专业大户和家庭农场达 7000 余户。推进农村诚信贷试点，发放小额扶贫信贷 4 亿元。大力实施农村人居环境综合整治，改造卫生厕所 11530 户，建成市级美丽宜居村庄 3 个、绿色示范村庄 25 个。建立村级“红黑榜”，开展“评乡贤、学乡贤、用乡贤”活动，以文明乡风促进乡村发展。

（五）突出保护修复，生态环境实现新提升

落实生态优先绿色发展行动计划。严格落实“河长制”，县城集中式饮用水源地水质达标率继续保持 100%，乡镇集中式饮用水源地水质达标率 90.7%，“一江四河”水质满足国家水域功能区要求。建成生活垃圾填埋场 4 座、乡镇垃圾中转站 4 座，基本构建起“户定投、村收集、镇转运、县处理”的垃圾无害化处置体系。关闭退出自然保护区矿山 2 家，启动 95 处历史遗留关闭矿山环境恢复治理，建成高标准基本农田 2 万亩，实施地质灾害治理 12 处。全面推进国土绿化提升行动，全县森林覆盖率达 53%，长江两岸森林覆盖率达 73%。城区空气质量优良天数为 348 天，较去年同期增加 27 天。

（六）突出共建共享，社会民生实现新发展

落实保障和改善民生行动计划，民生支出占

一般公共预算支出的57.8%。完成23件民生实事。城乡居民基本养老保险和城乡居民合作医疗保险参保率均巩固在95%以上。全年发放低保金2.6亿元，医疗救助金7700万元，临时救助金3256万元。城镇新增就业17604人，城镇登记失业率2.6%。改造义务教育学校120所。创建国家、市级特色学校15所，资助困难家庭学生4.2万人。高考重本上线人数首次突破2000人大关，重本和本科升学率分别达28.4%、73.4%。新增市级科技型企业21家。县人民医院整体搬迁并正式启动创“三甲”工作。健康扶贫工作被国务院扶贫办和卫生健康委通报表扬。启动十大宗祠、十大古建筑、十大西南传统民居村落“三个十”文物保护工程建设。县博物馆获评国家二级馆，成为三峡博物馆分馆。

（七）突出真抓实干，改革开放取得新成效

深入推进供给侧结构性改革，持续增加有效供给、破除无效供给、降低实体经济成本。纵深推进“放管服”改革。取消行政许可等事项11项，清理规范县级行政许可事项315项、公共服务事项412项。全面推开“双随机一公开”，明确执法单位26个，随机抽查事项500余件，完成随机执法检查3000余次。县行政服务中心实现整体搬迁，行政审批事项入驻率达100%，可办理行政审批、公共服务577项。持续推进国资国企改革，优化重组交通系统国有企业，清理闲置国有资产23.7万平方米。扎实推进农业农村改革，新增有集体收入的村220个，股权化改革完成3981万元。主动融入内陆开放高地建设，外贸企业主体达50家，全县进出口总额突破1500万美元，增长98%。利用外资总额突破100万美元。

二、发展中存在的问题

一是传统产业转型速度较慢，新兴业态基础较弱，实现高质量发展还任重道远。二是城乡基础设施建设短板不少，社会治理、公共服务等领域弱项较多，创造高品质生活还有差距。三是全民生态文明意识有待提高，生态环境还需进一步优化，建设山清水秀美丽之地还需要持续努力。四是开放通道、开放平台不足，开放主体、开放能力不强，建设内陆开放高地还有很长的路要走。

三、2019年发展目标

以习近平新时代中国特色社会主义思想为指导，深入贯彻落实党的十九大和十九届二中、三中全会精神，紧紧围绕习近平总书记对重庆提出的“两点”定位、“两地”“两高”目标、发挥“三个作用”和营造良好政治生态的重要指示要求，在市委、市政府的坚强领导下，学好用好“两山论”，走深走实“两化路”，打好“三大攻坚战”，落实“八项行动计划”，突出“五个重点工作”，众志成城、苦干实干，推动县域经济持续健康发展，保持社会大局稳定。经济社会发展主要预期目标是：地区生产总值增长10%左右，突破300亿元；一般公共预算收入增长8%以上；全社会固定资产投资增长12%；社会消费品零售总额增长13%；城乡居民人均可支配收入增长10%以上。

（执笔人：何立）

奉节县

奉节县人民政府办公室

一、2018年发展回顾

2018年，全县经济呈现出稳中求进、进中有快、快中向好的态势。高质量发展基础不断夯实。全年实现地区生产总值287.4亿元，增长8.3%；完成固定资产投资193.4亿元，增长17.5%；金融机构存贷款余额567.6亿元，存贷比为75.8%。高质量发展动能不断集聚。新增科技型企业88家、高新技术企业3家、重庆科创板挂牌企业4家；社会消费品零售总额达71.3亿元，增长14.3%；社会投资占比提高到68.4%；新登记市场主体7101户。高质量发展质效不断提升。全县财政收入完成36.4亿元，同口径增长7.1%；一般公共预算收入15.7亿元；税收收入9.8亿元，同口径增长13.7%，税收收入占比由50.3%优化至62.5%；城乡常住居民人均可支配收入分别达到28105元、11146元，分别增长8.8%、9.8%。

（一）尽锐出战、众志成城，脱贫攻坚取得全面胜利

深度贫困齐攻坚。集中力量建设幸福平安、争做全市标杆，市政府办公厅扶贫集团蹲点一线攻坚，市级部门倾力支持帮扶，统筹资金4.2亿元，开工建设关门山大桥、集镇防洪排涝等项目156个，实现供水全覆盖，道路村村通、组组畅、户户硬，彻底结束“吃水靠天、消水靠洞、交通靠走”等九大历史。统筹推进“七大攻坚行动”，11个县级深度贫困乡镇、20个县级深度贫困村脱贫效果不断加实。

精准施策真脱贫。围绕县委“1486”脱贫攻坚体系，统筹整合资金25.3亿元，精准落实扶贫政策，新建供水工程3515处，人人喝上放心水；改造农村住房18346户，家家住上安全房；新建通组通畅工程817公里，整治泥结石路1567公里，村村通上硬化路。落实教育资助9.3万人次、

8264.8万元，无一学生因贫辍学。构建医疗救助“六张网”和“一站式”结算体系，建立3000万元医疗救助基金，建卡贫困患者住院平均自付比例7.47%。135个贫困村实现“一村一品”，全面消除集体经济“空壳村”，80%以上集体收入用于贫困户分红。新建改造变压器129台、4G通信基站506个，新增光缆2198公里，行政村4G网络、光纤通达率达100%。职业技能培训4.3万人，开发公益性岗位3893个，1.37万户贫困户申贷扶贫小额信贷6.4亿元，电商扶贫带动1.1万户实现稳定脱贫，全面激发内生动力。稳定巩固128个贫困村、12.3万名贫困人口脱贫成果，实现7个贫困村销号、2164户7516名贫困人口脱贫，全县综合贫困发生率降至1.24%。

社会扶贫结硕果。落实东西部扶贫协作帮扶资金3770万元，与山东发展投资集团等企业签订投资协议100亿元，与滨州实现景区门票互免。全面深化定点帮扶，与三峡集团商定新能源开发、生态旅游等十件大事。落实沙坪坝区对口帮扶资金4000万元、辽宁省对口支援资金2800万元，实施模范村、失能人员集中供养等项目。106家民营企业主动参与“百企帮百村”行动，投入资金1.7亿元，惠及3223户贫困户，合力奏响了社会扶贫最强音。

（二）演绎诗心、弘扬传统，文化自信走向诗和远方

《中国诗词大会》成夔州诗词文化全国展示平台，“中国·白帝城”国际诗歌节成全民诗词盛会，《归来三峡》成全球诗意聚集之地。与北师大达成战略合作，“诗词六进”、才子佳人诗词挑战赛等活动引爆火热诗潮，“中华诗城”进入国际视野，成为诗词爱好者竞相朝圣之地。高质量承办全市乡村文化振兴推进会，全面启动“五乡工程”，倾力打造“四美乡村”。开设夔州文化大讲堂，参与重庆全民诵读大赛人数居全市第一。建成500人以上集中居住区文化场所102处，图书馆、文化馆分别获得市级考核一、二等奖。今天的奉节人民，占据了区域文化制高点，刷新了文化自信新高度。

（三）擦亮品牌、强势归来，全域旅游步入引领时期

坚持全域旅游统领，持续唱响“三峡之巅 诗·橙奉节”核心品牌，力推“四区两遗”品牌创建，建成九天龙凤市级旅游度假区，国家全域旅游示范区创建、白帝城大遗址申报世界文化遗产、天坑·地缝申报世界地质公园有序推进。完成白帝城·瞿塘峡景区创5A二期工程、宝塔坪游客接待中心、“诗·橙大道”等项目23个，龙桥河景区开园迎客。扎实推进“创A增星”行动，A级景区增至13个，三星级以上酒店增至9个。发展星级农家乐127家，万亩采笋节、桃林赏花季等活动好戏连台、精彩纷呈，乡村旅游备受青睐、持续火热。全年接待游客1842万人次，增长18.8%；购票人数达126.2万人次，白帝城·瞿塘峡景区首次迈入百万俱乐部；旅游收入达80.2亿元，增长37%，全面开启旅游新时代。

（四）弃煤启美、破茧成蝶，生态产业孕育美丽经济

坚持生态优先、绿色发展，完成营造林27.7万亩，治理水土流失、石漠化57.3平方公里，森林覆盖率达60.3%，空气质量优良天数达332天。扶持关闭煤矿转产发展，推动矿区变林区、成园区、皆景区。大力发展生态产业，形成以33万亩脐橙、13万亩油橄榄、13.5万亩中药材等为主导的“4+3+X”产业体系，“三品一标”认证农产品总数达249个。奉节脐橙产量达30万吨，综合产值达24.3亿元，品牌价值达182.8亿元，居

全国橙类第一。中国经济林协会油橄榄基地落户奉节，开发“三峡之巅”烟草本土品牌。第一产业增加值44.4亿元，增长5.4%。新建工业园区二期标准厂房3.5万平方米，新入驻企业16家、总数达30家，总产值达21亿元；年产眼镜1200万副，眼镜产业集群初步形成；华电奉节电厂发电35.2亿度，金凤山风电55台风机并网发电，4.7兆瓦光伏发电项目投用，工业增加值18.5亿元，增长4.9%，走出了生态产业化、产业生态化的绿色发展路径。

（五）区域协同、融合发展，城乡面貌展现靓丽颜值

完善城乡总体规划，规划展览馆对外开放。复垦形成地票6090亩，居全市第一。郑万高铁奉节段隧道正洞掘进1.3万米，“玉带双珠”二期、机场路等项目有序推进。销售商品房93.3万平方米，常住人口城镇化率达44%。巩固国家园林县城和国家卫生县城成果，积极创建全国县级文明城市，常态化开展马路办公，拆除违法建筑8.9万平方米，建成停车楼3座，新改建城市公厕10座，城市绿化花化全面升级。完成26个集镇“白改黑”。实施农村人居环境“五改”1.63万户，创建市级绿色示范村庄23个、市级美丽庭院1395户，打造“垃圾兑换银行”示范点14个。创成电子商务进农村综合示范县，物流线路覆盖240个村。

（六）创新引领、动能转换，实体经济焕发新的生机

创新“放管服”“四减”模式，减事项12项、减材料414个、减程序1196个、减时间5231个工作日，受理行政审批服务事项16万件，按时办结率达98%。开展遍访民营企业活动，建立“双向评价”机制，减税降费2.97亿元，民营经济占生产总值比重达55%、贡献税收达62.4%、解决城镇就业达73%。招商引资新签约项目36个，协议投资201.8亿元，创历史新高。整合重组两大集团，实现经营性收入6.2亿元。新增限上商贸企业47家。实现出口创汇523万美元，增长146%。

（七）共建共享、增进福祉，社会民生惠及百万人

投资7.9亿元完成22件民生实事。城镇新增就业1.8万人，登记失业率3.28%。“七五”普法通过中期评估检查，办理法律援助案件388件，为民工追薪2020万元。社保参保达157.8万人次。高考重本上线人数增长4%，奉师附小竹枝分校、夔门高中和幸福中学高中教学楼投用，宝塔坪等6所幼儿园建设有序推进。医疗救助8.2万人次。举办“夔龙术”非遗广播操等赛事50余场次。新建改建村级便民服务中心82个，新建标准化卫生室78个，标准文化室实现全覆盖。改扩建10所中心敬老院，新建社区养老服务站4个，办理老年优待证3280个。发放低保金、临时救助金等4.5亿元。慈善会募集善款1890万元，救助5000余人。完成地票交易5813.3亩、兑付资金11亿元，居全市第一。办理不动产登记2.4万件、增长46.9%，累计解决1.4万户产权证遗留问题，居全市第一。

二、发展中存在的问题

一是实现高质量发展还刚起步。产业能级不高，经济张力不足，科技基础薄弱，创新能力不强，发展质量效益有待提升，转型升级压力大，构建现代产业体系任务紧迫。二是“放管服”改革还需深入。行政审批服务中心未建成，行政审批集中度低，“四减”力度还需深化，群众对办

事程序、审批要件等的知晓度不够，网办数量少、质量低，与“只进一扇门、只跑一次路”还有一定差距。三是民营企业实力还不强大。市场主体对市场形势把握不够，大众创业的氛围没有完全形成，规上企业仅占2.2%，存在管理水平偏低、创新能力不强、发展后劲不足等难题。四是涉煤企业转型还需时间。我们以最大力度对关闭煤矿企业给予转产扶持，但仍处在转产难、转型痛的特殊阶段，彻底解决仍需以时间换空间。五是国有企业改革还任重道远。赤甲、百盐两大集团市场化改革仍处于起步阶段，主营业务、经营收益还需加大培植力度。

三、2019年发展目标

2019年是新中国成立70周年，是全面建成小康社会、实现第一个百年奋斗目标的关键之年。做好政府工作，要以习近平新时代中国特色社会主义思想为指导，全面贯彻党的十九大和十九届二中、三中全会精神，以及2019年全国两会精神，坚持稳中求进工作总基调，坚持新发展理念，坚持推动高质量发展，坚持以供给侧结构性改革为主线，坚持深化市场化改革、扩大高水平开放，加快建设现代化经济体系，继续打好“三大攻坚战”和实施“十项行动方案”，着力激发小微企业主体活力，统筹推进稳增长、促改革、调结构、惠民生、防风险工作，提振市场信心，增强人民群众获得感、幸福感、安全感，持续营造风清气正的良好政治生态，保持经济持续健康发展和社会大局稳定，为全面建成小康社会收官打下决定性基础，以优异成绩庆祝中华人民共和国成立70周年。

2019年，全县经济社会发展的主要预期目标是：地区生产总值突破300亿元、增长10%；一般公共预算收入继续调优税费结构、税收增长11%；固定资产投资增长10%，社会消费品零售总额增长14%，城乡居民人均可支配收入增长10%。民营经济增加值增长10.8%。购票游客突破130万人次，过夜游客突破105万人次，旅游综合收入超过90亿元。

巫山县

巫山县人民政府办公室

2018年，巫山县深学笃用习近平新时代中国特色社会主义思想，全面落实习近平总书记对重庆提出的“两点”定位、“两地”“两高”目标和营造良好政治生态、做到“四个扎实”的重要指示要求，坚持稳中求进工作总基调，突出抓重点、补短板、强弱项，全县经济社会在保持高质量发展的前提下实现了适当高速增长，发展态势持续向好，群众腰包越来越鼓。加快建设山清水秀美丽之地取得新进展，全面建成小康社会迈出新步伐。

一、2018年发展回顾

（一）经济运行稳中有进

实现地区生产总值142.6亿元，增长10%；全社会固定资产投资120亿元，增长19.4%；社会消费品零售总额48.6亿元，增长14.2%；一般公共预算收入10.4亿元，其中税收6.56亿元，增长19.2%，占63%；全体居民人均可支配收入18173元，增长10.7%；人民币存贷款余额384.81亿元，增长9.6%。地区生产总值、固定资产投资、税收、全体居民人均可支配收入增速等指标均位居全市前列。

（二）发展动能不断增强

建成2000亿级三年滚动项目库，实施152个重点项目，完成投资213亿元。巫山机场开始校飞，郑万高铁、巫大高速加快推进，奉（巫）建高速完成招投标，两巫高速、巫官庙高速前期工作加快推进。招商引资实现到位资金43.38亿元，成光新能源195MW光伏并网发电，新引进深圳前海中承、重庆报业、海成和中钢集团等一批实体企业落地巫山发展。争取上级各类资金69亿元，实现全口径税收收入11.97亿元，增长24.4%，税收收入占比63%。一般公共预算支出62.5亿元，全年收支保持平衡。新增各类市场主体4166户、达38684户，外贸出口增长20%，利用内资达25.03亿元。全县工业总产值29.7亿元，增长17.1%，规上工业园区集中度达62%。清理“空壳企业”11家，稳妥推进煤矿关闭退出。实施工业技改项目2个，引进特色农副产品加工企业2家，建成新型建筑骨料企业4家。培育市级众创空间4家、市级创新团队3个和高新技术企业1家，新增市级科技型企业17家、数字经济企业2家。北碚·巫山工业园实现产值3亿元。培育限上商贸企业12家，发展巫山烤鱼加盟店100家。

（三）脱贫攻坚不断深化

攻城拔寨打赢打好脱贫攻坚战，331支驻乡驻村工作队尽锐出战，12866名帮扶干部深入乡村，用心用情用力开展帮扶。整合资金58.8亿元，实现“八个全覆盖”。健康扶贫累计救助23631人次，资助贫困学生39559人次，办理贫困大学生生源地信用助学贷款4503人，7445名建卡贫困人员纳入低保兜底。完成职业技能培训4406人，开发公益性岗位2141个，转移贫困劳动力就业2.1万人。累计发放扶贫小额信贷2.5亿元。新建扶贫车间3个。地票交易、土地收储让贫困户获益1.34亿元。农村公路通组通达率90%，饮水安全保障能力持续提升，新（改）建村便民服务中心60个、标准化卫生室70个、文体广场21个。建成微型安置点334个，实施农村危房改造6794户，易地扶贫搬迁8100人。累计完成120个贫困村脱贫销号，23284户86684人稳定脱贫，贫困发生率从13.7%降至0.83%。健康扶贫、产业扶贫、教育扶贫等工作在全国、全市经验交流。经市级核查、社会公示和国家专项评估检查，2018年8月市政府批准巫山“高质量整体脱贫摘帽”。

（四）全域旅游提档升级

全年接待游客1598.8万人次，实现旅游综合收入64亿元，分别增长17.5%、35.7%。购票人数突破120万人次。神女景区南环线神女天梯、九龙索道、飞凤峰步道对外开放，三峡院子、梦幻客栈、星月客栈对外运营。北环线七峰旅游公路、望霞游客中心、望霞索道建成投用。小三峡·小小三峡景区游客接待中心提档升级。成功举办第十二届红叶节和首届“中国李乡·三峡花海”李花节，顺利举办第三届长江三峡（巫山）国际越野赛、第二届当阳大峡谷国际户外运动挑战赛、“空中飞人·徒手攀爬世界第一梯”挑战赛。评出巫山“十大名菜”。新增农家乐153家、市级森林人家30家，游客接待床位数达1.5万张。建成6个旅游集散中心、6个景区生态停车场。新（改）建旅游厕所25座。旅游宣传走进香港、澳门等国际知名地区和广东、山东、湖北等省市。巫峡红叶、三峡年轮入选“锦绣山河、大美中国”巨幅长卷，“神女恋城·红叶巫山”旅游品牌更加响亮。

（五）城镇品质全面提升

江东组团建成高品质商品房28万平方米。龙水中小学、中医院江东分院、人民医院早阳分院等项目持续推进。龙江大道、龙水路、滨湖路、兰泽路基本建成。早阳组团梨早路、桂花大道、早阳互通启动建设。早阳隧道、朱家坪隧道掘进1800米。边贸中心建成美每家物流园1.1万立方米冷链仓储和亿丰商贸城9万平方米商业体。南陵组团启动三峡记忆·南陵古道建设。提档升级龙潭路，完成白杨湾道路改造，整修车行道19.8公里。新建停车场15个。新增公厕3座。建成滨江公园一期、松峦社区公园，城区绿地率达37%。完成夜景灯饰提升工程。修编乡镇总体规划13个。摩天岭森林小镇建成休闲地产6.7万平方米。大昌镇、官渡镇、骡坪镇等一批商贸乡镇品质加快提升，福田镇、笃坪乡、大溪乡等一批产业乡镇逐步形成，曲尺乡、当阳乡、建平乡等一批旅游乡镇加快打造，乡镇各美其美、美美与共的局面加快形成。

（六）生态保护提质增效

做好“水文章”。全面推进“三水共治”，完善三级河长制组织体系。关闭非法码头 15 家、非法采砂场 4 家。乡镇污水处理设施全覆盖，城乡生活污水集中处理率分别达 92.3%、81%。城镇饮用水源水质达标率 100%。完成水土流失治理 128 平方公里。加强水面漂浮物清理，长江干流水质保持Ⅱ类。念好“山字经”。实施退耕还林、长江防护林等营造林 29.2 万亩，森林覆盖率达 58%。完成石漠化综合治理 56 平方公里。大昌湖国家湿地公园通过验收。打好“防污战”。“户集、村收、乡镇转运、区域处理”垃圾收运模式全面推广，建成垃圾压缩中转站 8 座，城镇、农村生活垃圾无害化处理率分别达 100%、90%。完成畜禽养殖“三区”划定。实施农村环境连片整治 8 个，农村生活垃圾治理通过国家验收。全面取缔露天烧烤，完成加油站防渗池改造 33 座。空气优良天数达 346 天。再次获得“全国百佳深呼吸小城”殊荣。

二、发展中存在的问题

巫山经济总量小、底子薄、基础弱，加快构建现代产业体系任重道远。一是基础设施和公共服务配套还不够均衡，教育、医疗、养老等民生领域还存在不少短板。二是产业结构比有待优化，一产占比较高，一产转二产、三产不足。三是新兴产业发展较慢，社会资本投资和民营企业增长不足，市场主体活力不够，创新资源短缺、创新能力偏弱、创新氛围不浓的问题依然突出。

三、2019 年发展目标

2019 年是新中国成立 70 周年，是全面建成小康社会关键之年，奋斗目标是：实现地区生产总值增长 10%；全社会固定资产投资增长 18%；社会消费品零售总额增长 14%；一般公共预算收入结构持续优化，税收收入增长 12%，税收收入占比 70%；全体居民人均可支配收入增长 10%。环境保护等约束性指标完成上级下达的目标任务，各类风险有效防控，社会大局更加安定有序。为此，我们将重点抓好以下工作。

一是以大生态引领大发展，推动生态文明建设取得新进展。大力开展国土绿化提升行动，森林覆盖率达 60%，空气质量优良天数保持 95% 以上。二是以大扶贫推动大振兴，推进农业农村开启新征程。持续实施脱贫攻坚三年行动方案和乡村振兴行动计划，减少贫困人口 3600 人，市级深度贫困乡镇双龙镇实现高质量整体脱贫。三是以大旅游融合大产业，推动生态产业焕发新生机。着力培育壮大以生态旅游、生态康养、生态农业为主的生态产业体系，创建国家全域旅游示范区，接待游客 1800 万人次，实现旅游综合收入 80 亿元，购票人数 150 万人次以上。四是以大交通促进大开放，夯实高质量发展基础迈上新台阶。持续实施以交通为重点的基础设施提升行动计划，巫山机场 6 月通航，郑万高铁、巫大高速、桂花大桥、双龙大桥等项目建设加快推进。五是以大家园共享大民生，推动社会建设实现新跨越。持续实施城镇提升行动计划，城镇建成区面积逐步扩大，城镇人口稳步增长，城镇化率达 42.2%。持续实施科教兴县和人才强县行动计划、军民融合发展行动计划、保障和改善民生行动计划，扎实推进重点民生实事，让发展更有“温度”、幸福更有“质感”。

（执笔人：周奇明）

巫溪县

巫溪县人民政府办公室

一、2018年工作回顾

全年实现地区生产总值103.7亿元、增长8.2%。完成固定资产投资67.5亿元、增长6.4%，拉动经济增长主动力不断释放；财政一般公共预算收入7.61亿元、同口径增长2.7%，其中税收收入4.26亿元、增长9.1%，财政收入质量逐步提升；金融机构人民币存贷款余额284.4亿元、增长22%，增幅排全市第二。三次产业结构比调整为19.1∶31.7∶49.2，一产占比首次降到20%以下。社零总额增长7.2%，商贸服务持续活跃。城乡居民人均可支配收入分别为24938元、9324元，增长7.9%、9.1%，人民群众生活水平稳步提高。

（一）脱贫攻坚取得新进展

坚持把脱贫攻坚作为头等大事和第一民生工程，聚焦精准方略，加强统筹协调，整合财政涉农资金11.1亿元，实施扶贫项目1200余个，销号贫困村13个，减贫1.23万人，贫困发生率降至3.25%。聚焦深度贫困，围绕2个市级深度贫困乡镇、16个深度贫困村集中攻坚，统筹推进119个贫困村、35个相对贫困村摆脱贫困，1693户特殊困难户实现资产收益、低保“双兜底”。基础条件明显改善，在全市率先全覆盖鉴定农房1.38万户，锁定C、D级危房5326户，改造农村危房3160户，易地扶贫搬迁1305户4440人，行政村通畅率达100%，农村集中式供水人口比例达91%，贫困村动力电、光纤网、卫生室实现全覆盖。产业扶贫亮点纷呈，开展“种羊保险”试点，“产业精准脱贫保”实现全覆盖，资产收益、订单种养、托管代养、代管付酬等利益联结机制持续推广；发放小额信贷2.24亿元，带动8.9万贫困人口增收。就业扶贫卓有成效，创新建立就业扶贫“五大模式”，统筹开发4000余个非全日制公益性岗位，9000余名贫困群众就近就业；成功承办全市就业扶贫现场会。扶贫政策有效落实，发放教育资助金 7835 万元、资助贫困学生 7.2 万人次；发放医疗救助金 2271 万元、救助贫困患者 2.2 万人次，建卡贫困人口住院医疗报销比例达 90% 以上，慢病、重特病门诊自付比例控制在 20% 以内。“智志双扶”不断深入，开展实用技术培训 1.4 万余人次，圆梦贫困户“微心愿”1.5 万余个，评选脱贫示范户 887 户。对口帮扶扎实开展，水利部、山东泰安、吉林、市国资委、市教委帮扶集团、渝中区等支持各类帮扶资金 4.14 亿元。扶贫资金监管等 6 项工作先后在全市作经验交流发言。

（二）基础设施建设取得新成效

交通建设快速推进。抓住全市交通建设“三年行动计划”机遇，启动 30 余亿元交通项目建设。对外交通取得重大进展，市政府出台《重庆市高铁建设五年行动工作方案（2018—2022 年）》，明确郑万高铁巫溪支线接轨工程将于 2019 年 12 月底前开工建设，力争 2021 年全线开工，这是巫溪交通史上具有里程碑意义的一件大事。巫镇高速实现全线开工，巫开高速完成工可招标，两巫高速启动业主招商。骨干路网加速建设，文峰至竹林垭口升级改造工程全面竣工，上磺至巫山界路面完成整修，巫神路（三期）双阳至龙洞湾段全面复工，两巫路升级改造、S301 大河乡山体滑坡带道路改线工程全面启动，古路至文峰快速通道完成路基工程 68%、路段成型 13 公里，文峰至红池坝道路升级改造一标段建成通车、二标段完成路基工程，宁万路（二期）路基工程及桥梁施工全面完成。红池坝镇“一横一纵”路网加力加速推进，路基工程完成过半。天元乡出境公路升级改造进展顺利，高楼至城口界公路加快建设，S402 核桃树至栈口段完成路面大修。新（改）建“四好农村路”848 公里，安装防护栏 300 余公里。建成新能源公交充电桩及首末站场，优化调整城市公交线路 4 条，投放新能源公交车 39 辆；新增行政村通客运 27 个，行政村通客车率达 90%，城乡公交服务能力不断增强。

水、电、气、讯等基础设施不断完善。完成水利投资 6 亿元。羊桥河排洪隧洞工程全面竣工，西流溪水库建成蓄水、引水隧洞开挖 10 公里，尖山、孝子溪小型水库开工建设。建成饮水安全巩固提升工程 75 处、惠及 10.9 万人。新增高效节灌 3100 亩。建成高标准农田 3.3 万亩，生态综合治理 2.85 万亩，实施土地开发整理 2960 亩，补充耕地 4598 亩。完成地票交易 1638 亩、地票价款 3 亿元、惠及 2875 户，农村建设用地复垦遗留问题有效化解。到位三峡后续专项资金 2043 万元。改造农村电网 357 公里。天然气用户突破 1 万户。建成通信基站 1520 座，城乡通光纤率达 100%。城市公共区域免费 WiFi 项目全面启动。

（三）城乡发展呈现新气象

城市品质持续提升。竣工城镇房屋 100 万平方米，扩大城镇建成区面积 0.8 平方公里，新增城镇人口 0.5 万人，预计常住人口城镇化率提高 1.2 个百分点。“多规合一”编制成果通过市级评审，消除违法建筑 1.15 万平方米。推进城市棚户区改造，融资到位 14.72 亿元、争取专项资金 4287 万元，完成房屋拆迁 312 户、7.54 万平方米，征收土地 673 亩；建成碧桂园 · 翡翠郡等商住小区和先锋大院（一期）等安置房，销售商品房 33.6 万平方米，安置门市 2.3 万平方米。惠安小区、金穗雅苑公租房摇号配租，1349 户低收入人群住房问题得到解决。凤马大道（赵河坝段）、漫滩路三期（老城转盘至交通大桥段）主体工程基本完工，巫溪大桥复建通车，“三所两队”陆续进驻，"两馆一宫"完成招投标，巫镇高速入城连接道（A、C线）开工建设。市政设施不断完善，城市创建扎实开展，"国家卫生县城"通过市级复审，"全国县级文明城市"创建通过年度测评，在全市8个参评区县中排名第一。

乡村面貌持续改善。乡村振兴开局良好，投入1000万元开展2个镇5个村试点示范。建成投用乡镇污水处理厂9座、配套管网240公里。建成垃圾中转站20个，城乡生活垃圾收运处理系统实现全覆盖。16个村"四改两治"试点深入开展，实施农村改厕4600户，农村厕所粪污有效处理率、资源化利用率均达90%以上。完成文峰镇文化特色街综合整治项目。完成6个市级美丽宜居村庄建设，成功创建3个大美乡村市级示范片。

（四）产业发展迈出新步伐

生态旅游蓄势向好。宁厂古镇完成回购。华侨城集团正式入驻，红池坝、宁厂古镇开发项目规划初步完成，红池坝镇巴渝民宿启动建设。天子山滑雪度假村、西流溪湿地公园（二期）等项目积极推进。巫盐古道项目全面竣工，新增旅游厕所26座，旅游配套功能不断完善。成功举办大宁河第三届国际漂流大赛。"畅游巫溪"智慧旅游云平台入驻商户361户。集中打造胜利洪仙岩等乡村旅游示范片，新增乡村旅游接待户100户。

生态农业稳步发展。实现农业增加值19.8亿元、增长5%。"1112"农业重点产业加快发展。生产马铃薯80万吨，出栏山羊45万只，收购烟叶6.5万担，中药材在地面积18.8万亩。桃李、柑橘、蔬菜、畜禽、木本油料等山地特色农业发展形势喜人。开设农特产品"巫溪小店""扶贫网店"，线上线下销售势头良好。新增农业龙头企业10户、农民专业合作社95个、家庭农场50个。新增"三品一标"农产品认证10个、市级名牌农产品5个。巫溪黄金蜜柚获"中国·重庆首届柚博会"十大名柚奖，巫溪老鹰茶首次亮相中国第二届茶叶博览会。

工业经济转中有进。实现规上工业产值7.5亿元，工业总产值45亿元。兼善光伏项目累计投资8.7亿元、实现143兆瓦并网发电，金盆电站正式投产，光伏、水电装机65万千瓦，年发电量13.2亿度。大理石加工45万平方米，水泥生产25万吨。应急周转资金流转贷款1.2亿元，50余户企业融资难有效缓解。兼善光伏、鸿驰鞋业、隍赐建材、同利中药材、启翔塑胶5户企业实现升规。龙凤工艺等7户企业在重庆市股权交易中心挂牌。和利源石材加工、巫姑食品投产达效，乾鼎石材技改复产。数字经济起步良好。

商贸服务持续给力。批零总额、住餐营业额分别增长9.4%、3.7%；培育限上商贸企业4户，商业设施面积60万平方米。林城怡园步行街、金地汇夜市建成旺市，双子天街、印象·南门美食城正式运营；亿联商贸城招商入驻率达98%。柏杨农贸市场建成投用。节庆展会活动持续开展，农特产品销售渠道不断拓展。农村电商提速发展，开通乡镇物流专线7条，建成乡村电商服务站点247个；电商交易额达22.4亿元。金融服务能力不断提升，传统大宗消费快速增长，新型服务业态蓄势向好。

（五）环境质量得到新改善

划定并严守生态红线，单位GDP能耗下降3%。开展大气污染防治攻坚行动，汽车尾气、扬尘、生活污染有效防控，城区空气质量优良天数319天、同比增加2天。全面落实"河长制"，划定河流禁、限采区，全面实行河道砂石开采权拍卖制度，主、次河流水域功能和断面水质达标率100%，城市集中式饮用水源地水质达标率100%。实施国土绿化提升行动，新一轮退耕还林、天然林保护工程快速推进，完成营造林 39.6 万亩，森林覆盖率稳步提高，成功创建“全国森林旅游示范县”。加强噪声污染防治，城区环境噪声、交通主干道噪声控制在达标范围内。加强农业面源污染综合治理，关闭禁养区内生猪养殖场 11 户，农作物亩均化肥使用量下降 2.1%，土壤环境质量保持稳定。完成全国第二次污染源普查任务。中央环保督察反馈问题整改基本完成，市级环保集中督察反馈问题整改扎实推进。

（六）发展动能实现新提升

深化“放管服”改革，行政审批“两集中两到位”全面落实。全年取消行政审批事项 19 项，网上行政审批实现 100%。完成审批事项“扫码办事”和审批服务事项“四办”清单。健全信用政策体系，全市首创非必须招标项目备选承包商信用管理。加强国资运营管理，完成国资处置收入 1.8 亿元。落实企业减税降费 1.27 亿元。农村集体资产量化确权改革试点效果明显，消除集体经济“空壳村”60 个。教育、卫生、财政、安全生产、供销合作等领域改革取得进展。健全招商机制，加大招商力度，积极参加“西洽会”“渝交会”等招商活动，分赴山东、浙江等地开展招商推介，签约亿元以上项目 3 个，签约总额 10.2 亿元。实际利用内资 10 亿元。推进“大众创业、万众创新”，新增市场主体 3500 余户。发放创业担保贷款 8300 万元、惠及 830 人。新增国家、市级创新型企业 72 户，新获专利授权 158 件，登记科技成果 45 件，万人有效发明专利 1.19 件。

（七）群众幸福指数得到新提高

社会事业不断进步。完成 5 所中心小学改扩建，新建校舍 1.92 万平方米。普通高考再创佳绩，进入全国前十“双一流”名校学生稳步增长。学前三年入园率 83.1%、普惠率 95.4%，适龄“三残儿童”入学率 93.8%。发放大学生生源地助学贷款 2200 余万元；落实营养改善资金 3200 余万元，农村学前教育儿童营养改善计划实现全覆盖。百步小学、古路小学获国家级特色学校称号，县职教中心通过“市级改革发展示范校”验收。县博物馆建成投用，县图书馆被评为“国家西部一级图书馆”。广播电视综合覆盖率达 98.5%。成功举办首届全民健身运动会。县妇幼保健院完成搬迁。整合资金 7000 余万元，实施“美丽医院”建设，添置基层医疗设备，新建 12 个贫困村卫生室，基层医疗保障水平和服务能力不断提升。实施贫困人口“先诊疗、后付费”，实现医疗费用“一站式”结算。

社会保障不断加强。城镇新增就业 5800 余人，城镇登记失业率 3.2%。“五大保险”参保 72 万人次，社保基金收入 7.1 亿元、支出 10.8 亿元；住房公积金放贷 2 亿元。城乡养老、医疗保险参保率巩固在 95% 以上。建成投用人力社保综合服务平台，在渝东北片区率先实现居民医保移动缴费。扎实开展“治欠保支”，农民工合法权益有效保障。建成老年公寓综合楼，社会养老服务体系逐步健全。发放城乡低保金 8163 万元，支付临时救助金 2100 万元。妥善安置退役军人，退役军人事务管理得到加强。市县民生实事办理落实。

社会治理不断深化。“平安巫溪”建设扎实推进，扫黑除恶专项斗争富有成效，“五张防控网”越织越密。严厉打击各类违法犯罪，刑事案件下降 12%，八类暴力案件下降 18%，人民群众安全感不断提升。“雪亮工程”深入实施，安装监控设备 1500 余个。“七五”普法扎实开展。建成县级公共法律服务中心，村（居）法律顾问实现全覆盖。稳妥化解一批信访突出问题，信访“五率”不断提升。非洲猪瘟有效防控。安全生产“五大专项行动”深入开展，事故起数、死亡人数分别同比下降 14%、20%，连续三年未发生较大及以上生产安全事故，获全市安全生产工作先进单位。

（八）政府自身建设得到新加强

认真落实全面从严治党各项要求，牢固树立“四个意识”，坚决肃清孙政才恶劣影响和薄熙来、王立军流毒。认真落实中央八项规定精神和市委、县委实施意见，改进工作作风，密切联系群众，政府执行力、公信力不断提升。政府机构改革稳步推进，政府职能更加优化。扎实推进“两学一做”学习教育常态化、制度化，深入开展“兴调研、转作风、促落实”活动。认真执行民主集中制和重大事项请示报告制度。认真办理人大代表建议、政协委员提案。开展决策合法性审查、行政行为法制审查、行政规范性文件备案审查，行政行为更加规范。

二、2019年经济社会发展预期目标

2019年，全县经济社会发展主要预期目标是：地区生产总值增长7%，全社会固定资产投资增长8%，社会消费品零售总额增长10%，一般公共预算收入同口径增长3%，城乡居民收入增长与经济增长同步，生态环境质量持续改善，单位生产总值能耗、主要污染物排放等约束性指标完成市级下达目标任务。

重点抓好以下工作：一是全力抓好“四个年”工作。“脱贫攻坚决战年”，按照“尽锐出战、全力攻坚，抓早抓实、争取主动，补短强弱、全面达标”思路，大力度高质量推进脱贫攻坚，扎实整改中央脱贫攻坚专项巡视反馈问题，红池坝镇、天元乡脱贫攻坚取得决定性进展，16个深度贫困村的突出问题有效解决，1693户特殊困难户实现兜底脱贫，销号剩余8个贫困村、减贫1万人，贫困发生率降至2%以内，实现贫困县摘帽，全力打赢打胜脱贫攻坚战。“交通建设突破年”，深入实施交通建设三年行动计划，推进巫镇高速建设，力争开工建设郑万高铁巫溪支线接轨工程、巫开高速、两巫高速，抓好“四好农村路”建设，完善县内路网，全力推进交通瓶颈大突破。“城市品质提升年”，强化规划引领，推进“多规合一”；加快推进城市棚户区改造，拆迁16.35万平方米，竣工40万平方米；实施城市细管、城市智管、城市众管；深化“四项创建”，推动城市品质大提升。“旅游发展促进年”，深入实施旅游兴县行动计划，推动与华侨城集团实质合作，天子山国际滑雪度假村实现冬季开园，加大旅游招商力度，力争创建1个4A级（柏杨河湿地公园）、2个3A级景区（徐家一线天、古路观峰），力争旅游综合收入增长20%以上，全力打造旅游业发展升级版。二是统筹抓好六项工作。牢固树立以人民为中心的发展思想，坚持新发展理念，统筹抓好生态产业发展、乡村振兴、生态文明、民生民计、维护社会稳定、改革开放创新等六项工作，推动高质量发展、创造高品质生活。

（执笔人：赵云平）

石柱土家族自治县

石柱县人民政府办公室

一、2018 年发展回顾

全年实现地区生产总值 175.97 亿元、增长 4.7%。三次产业结构比调整为 13.9：42.6：43.5。大康养经济增加值 84.11 亿元、增长 11.6%，占地区生产总值比重达到 47.8%。规上工业增加值 34.02 亿元。全社会固定资产投资 97.55 亿元，增长 19.9%。公共财政预算收入 10.5 亿元。社会消费品零售总额 56.86 亿元、增长 13%。外贸进出口总额达到 5838 万美元、增长 14.7%。银行机构存款余额 236.18 亿元、增长 9.1%，贷款余额 162.14 亿元、增长 25.5%，存贷比 68.7%。城乡居民人均可支配收入分别达到 32584 元、12845 元，增长 8.3%、9.3%。城镇登记失业率控制在 3.74%。27 个水功能区水质达标率 90.8%，全县森林覆盖率 59.04%，空气质量优良天数达到 350 天。

（一）狠抓脱贫攻坚，全县达到脱贫摘帽标准

坚持将脱贫攻坚作为头等大事和第一民生工程，围绕“两不愁三保障一达标”目标要求，全面发起脱贫摘帽最后“冲刺”。深度调整农业产业结构，发展长效增收产业 15.2 万亩，127 家经营主体与 6462 户贫困户建立利益联结机制。整合资金 13.6 亿元、实施扶贫项目 944 个，完成易地扶贫搬迁 280 户 1000 人，改造农村危房 2604 户、修缮旧房 1.7 万户，解决 1.82 万户 5.11 万人饮水安全，新建改建“四好农村路”998 公里，建成农村人行便道 1219 公里。投入 7348 万元资助贫困学生 9.35 万人次，为 6.24 万人次兑现医疗救助资金 3992 万元，发放扶贫小额信贷 1.43 亿元，将 5588 名贫困人口纳入低保兜底，“精准脱贫保”实现全覆盖。东西扶贫协作、中央单位定点帮扶、区县对口帮扶、“万企帮万村”行动取得积极成效，到位扶贫资金 9669 万元。聚焦

深度贫困精准发力，中益乡及15个深度贫困村脱贫攻坚取得新成效。全年减贫3419户11120人，贫困发生率降至0.87%，返贫率控制在0.43%，整体达到脱贫摘帽标准，成功通过贫困县退出市级验收。

（二）狠抓康养产业，康养经济发展基础不断夯实

有机农业发展成效明显，莼菜、水稻、天麻等1.3万亩有机示范基地获批“全国有机农业示范基地”。大力培育“源味石柱”区域公用品牌，获品牌农产品认证17个。新增农民专业合作社99家、家庭农场21家。实现农业增加值24.68亿元、增长5.1%。打造康养旅游业升级版，启动大风堡—太阳湖国家5A级景区创建工作，国家全域旅游示范区、黄水国家级旅游度假区创建扎实推进。成功签约总投资200亿元的冷水特色康养小镇项目并启动建设，西沱古镇、万寿山、七曜山国家地质公园建设取得重大进展。成功举办第二届康养大会，发布《2018“康养石柱”白皮书》。获评“全国十佳生态休闲旅游城市”称号。接待游客1062万人次，旅游业增加值占地区生产总值比重达到8.4%。狠抓工业招商、项目落地和园区配套，引进培育智能产业项目5个，实现规上工业产值103.9亿元、增长0.7%。加快发展商贸服务业，形成中央大街首个“10亿级”商业综合体，新培育限额以上商贸企业10家，打造电商综合服务中心15个，创新实施“田间天猫”“远山结亲”等电商模式，实现电商交易额17.9亿元、增长11.9%。

（三）狠抓基础设施建设，城乡融合发展呈现新气象

完成城乡基础设施投资47.7亿元、增长57.9%。实施交通、水利基础设施提升“三年行动计划”，改造国省道87公里，石黔高速公路建设有序推进，沙子动车站、通用机场、渝汉高铁前期工作进展顺利；东方红、曹家湾水库建设加快推进，回龙场水库前期工作取得积极进展。千野草场风电场建成投用。大力推动城市提升，投资12亿元实施重点项目35个。完成房地产投资22.6亿元，竣工面积39万平方米。“四城同创”取得阶段性成效，创建国家卫生县城通过国家暗访和技术评估。西沱、黄水、中益等特色小镇建设持续推进。大力推动乡村振兴，建成产业示范基地283个、市级“大美乡村”示范片1个、美丽宜居村庄12个。大力实施农村人居环境综合整治，改厨6.7万户、改厕3.3万户、改地坪304万平方米、改风貌267万平方米，改善农村环境和改变群众生活习惯取得积极成效。新增建设用地2597亩。依法征收集体土地765亩、拆迁房屋27万平方米。整治违法建筑4.2万平方米。通过国家土地例行督察整改验收。

（四）狠抓生态环保，“山清水秀美丽之地”建设取得新进展

大力实施污染防治攻坚战，推进环保“五大行动”，全面完成195项攻坚任务，主要污染物排放总量持续下降。实施退耕还林3万亩，新增营造林26万亩，管控湿地7.6万亩。治理水土流失17.2平方公里。乡镇污水处理、农村垃圾清运实现全覆盖。深化河（库）长制，整治河库污染点410个，关闭和治理畜禽养殖场362家。水磨溪问题整改取得阶段性成效。实施“绿盾2018”专项行动，深入开展自然保护地大排查大整治。完成中央、市级环保督察反馈意见整改年度任务。

（五）狠抓改革开放创新，发展活力动力进一步显现

政府机构改革顺利推进。“放管服”改革取

得积极成效，审批服务事项“全渝通办”率达到 90%，635 项行政许可事项审批效率总体提升 53.4%。新增市场主体 3543 户、微企 405 户。县属国企改革稳步推进，“三资”统筹监管得到加强。医药卫生体制改革有序推进，医疗服务质量有效提升。中益乡扶贫资金国库集中支付、华溪村“三变”改革、非国有商品林赎买等改革试点顺利推进。新增外贸企业 7 家。招商引资签约项目 19 个，合同引资 360.45 亿元，到位资金 104.6 亿元。新增国家高新技术企业 2 家、重庆市“专特精新”企业 3 家、科技型企业 46 家，实现战略性新兴产业产值 15.1 亿元、增长 6.7%。

（六）狠抓民生改善，老百姓获得感明显增强

投入民生领域 30.7 亿元，占公共财政预算支出的 62.7%。完成棚户区改造 600 户。建成县城公共直饮水点 6 个。新建改建公厕 22 座。建成农村安保工程 200 公里。为 2.36 万名困难群众购买“惠民济困”补充保险。完善县城 12 栋老旧住宅消防设施。新增公共绿地面积 44 公顷。新建、改扩建幼儿园 11 所，师范附小 B 区建设顺利推进，回龙中学升格为高完中，县城“大班额”“择校热”问题基本消除，师德师风建设取得积极成效。县人民医院创建三级医院扎实推进，县中医院顺利通过“二甲”复评，万安街道社区卫生服务中心建成投用，23 个基层医疗卫生机构实现提档升级。建成民族文化中心、老年养护院（光荣院）。新增公共文化体育设施面积 13.5 万平方米。举办国家和市级体育赛事 8 项。成功创建国家劳动保障监察执法示范区。

（七）狠抓风险防控，社会大局保持稳定

加强政府债务管控，争取债券资金 7 亿元，完成存量债务置换，债务规模控制在市上下达限额以内。成功化解非法集资案件 3 起。专人专班推进建设领域风险化解。深入开展大排查、大整治、大执法专项行动，安全生产基本面持续向好。落实粮食安全行政首长责任制。有效防控和应对非洲猪瘟疫情。扎实推进扫黑除恶专项斗争，依法惩处涉黑涉恶团伙 5 个、55 人。严厉打击各类违法犯罪活动，八类主要刑事案件下降 2.4%，群众安全感指数达到 98.4%。民族宗教领域保持和谐稳定。深入开展“七五”普法。持续推进依法治访。加强三峡后续工作。“质量强县”战略有序实施。狠抓城乡消防，强化应急管理，妥善处置各类突发事件 282 起。

二、发展中存在的问题

经济总量仍然不大、运行质量有待提升；农业“接二连三”差距大，工业支撑不足，三产拉动乏力，投资尤其是跨区域投资增长空间有限，发展任务艰巨；聚焦“康养石柱”建设不够，康养资源优势转化为产业优势有差距，康养产品供给不足、水平不高；脱贫攻坚还有不少“短板”，全面小康任务繁重；招商引资氛围不够浓，大项目招引落地不够多；发展环境有待进一步优化。

三、2019 年发展目标

2019 年，全县经济社会发展的预期目标是：地区生产总值增长 7%；规上工业增加值、全社会固定资产投资、社会消费品零售总额、公共财政预算收入分别增长 7%、12%、12%、6.8% 左右；全体居民人均可支配收入增长 10.2% 左右，城镇登记失业率、居民消费价格涨幅分别控制在 4.2%、3% 以内；节能减排降碳完成市上下达任务。

（执笔人：刘浪）

秀山土家族苗族自治县

秀山县人民政府办公室

一、2018年发展回顾

2018年，秀山县实现地区生产总值185.6亿元，增长9.2%；固定资产投资、社会消费品零售总额、一般公共预算收入分别增长14.7%、13.2%、9.7%；城乡常住居民人均可支配收入分别增长8.0%、9.1%；县内银行存贷款总额增长21.1%。

（一）深化脱贫攻坚，乡村振兴有序实施

整合涉农资金3.9亿元推进深化脱贫攻坚，全年减贫581户2382人，贫困人口减至942户3983人，贫困发生率降至0.9%。新增中药材、茶叶、油茶基地6.3万亩，水果基地达18.5万亩，出栏畜禽1000万头（只）。新增农民专业合作社94个、家庭农场6家，农村土地集中经营度达48.5%。注册"秀山毛尖"农产品区域公用品牌，新增"重庆市名牌农产品"1件、"三品一标"认证21件。完成易地扶贫搬迁700人，全面完成农村危房改造任务，实现三类人群住房安全有保障。教育扶贫资助7.2万人次，贫困学生资助实现全覆盖。医疗救助11.8万人次，低保兜底1.1万人。发放扶贫小额贷款4846户1.8亿元，建卡贫困户获贷率达28.8%。启动26个乡村振兴示范点建设，建成重庆市大美乡村示范片1个、美丽宜居示范村庄4个。建成农村生活垃圾分类和资源化利用示范点6个，行政村生活垃圾有效治理比例达99%。改造农村户用卫生厕所7725户，农村生活污水处理率达61%。

（二）狠抓招商引资，工业经济转型升级

修订招商引资优惠政策，组建工农商旅等7个招商小组，引进红日药业等工业项目23个，协议引资32.1亿元，到位资金20.4亿元。万物春生中药提取物、富兴通中药饮片、东星碳素高温材料达产增效，迈思科电子正式投产，中医

药、新材料等战略性新兴产业增加值实现翻番。工业园区基础设施和污水处理、电力等配套功能逐步完善。工业地产项目进入厂房施工，海王中医药产业园一期主体完工，华涛中药健康产业园、红日药业中药配方颗粒项目开工建设，工业投资完成31.2亿元。引进民营售电企业进入园区，企业用电成本降低三成以上。新入园企业10家、投产企业13家，工业园区集中度达95%，获批重庆市特色产业（中医药）基地、休闲食品产业园。

（三）主攻重点景区，全域旅游势头强劲

启动旅游资源普查和全域旅游发展规划编制，完成洪安边城、川河盖景区总体规划编制。洪安边城景区拆除房屋308幢9.5万平方米，启动教育、医疗、司法等公共服务机构迁建工程，景区环道、污水处理等配套设施逐渐完善，完成欢乐边城、风情边城项目前期工作。川河盖景区建成投用星空酒店二期、草场花海、露营基地、户外运动基地，旅游快速通道控制性工程大田坝隧道顺利贯通，水源头游客服务中心、上盖索道加快推进。西街民俗文化景区、凤凰山花灯民俗文化旅游区成功创建国家AAAA级旅游景区，微电影城获批重庆市文化创意产业园，清溪龙凤花海、大溪西水等乡村旅游稳步提升。成功举办油菜花节、映山红节、龙舟赛、汽车拉力赛、旅游主题文艺创作大赛等旅游节会活动。开展宣传营销活动53场，川河盖景区入选首届重庆文化旅游新地标，“书中边城·画里秀山”旅游主题形象全面彰显。全年接待游客突破1000万人次，实现旅游综合收入47.4亿元，分别增长55.8%、47.6%。

（四）创新商业业态，商贸物流日益活跃

完成永辉超市搬迁和重百商场改造，国美电器、建玛特购开业运营，建成投用洪安农产品集配中心，新增限上商贸企业15家。物流园区300万吨战略装卸点高效运转，铁路集装箱站年周转集装箱1.5万标箱。建材、汽车、家居在周边市场占有率大幅提升，县外消费比例达60%。园区全年实现货物到发量616万吨、市场交易额216亿元，分别增长20.1%、16.1%。百世、安能、传化等6个物流分拨中心和17条武陵物流专线、8条次日达快递专线运行良好，“村哥货的”集结1030台社会车辆参与城乡配送，快递上行1920万单，增长45.4%。电商云仓智能仓库投入运营，电商孵化园累计入驻企业279家，孵化网企网店3268家，“村头”平台加盟区县306个。新发展农产品电商基地31个，建立订单农业基地2.8万亩。投产电商产品加工线21条，上线本土电商产品801款。网络零售额、农特产品电商销售额分别实现22.7亿元、10.5亿元，增长31.7%、28.8%。

（五）促进城乡融合，最美城市加快建设

县城建成区面积达19.7平方公里，城镇化率达41.8%。凤凰新城“三纵三横”路网建成投用，新民学街全线贯通，县医院片区环道建成通车，两园大桥竣工，城区交通“微循环”能力进一步提升。新开工商品房100万平方米、竣工40万平方米，完成棚户区改造1536户。8.4平方公里海绵城市建设试点全面推开，滨江公园片区、行政中心片区等8个项目有序推进，配套建设城市污水管网14.1公里。新增停车位983个，改建城区公厕10座，建成投用城区直饮水点10处。梅江河绿道全线贯通，七星公园、乌杨森林公园二期建成投用，新增绿地面积48.2万平方米，建成区绿地率达37.9%。建成运行智能路灯控制系统，完成渝秀大道两侧高层建筑立面灯饰建设。城区道路清扫率、生活垃圾清运率均达100%，实现主次干道“全天候”保洁、“无缝隙”管理。国家卫生县城创建成果得到巩固，获得全国县级文明城市提名资格。升级改造国省道36公里，

建设“四好农村路”332公里，城市外环线完成总工程量的85%。升级改造城市供水管网17公里，洪安、兴隆坳、川河盖水厂建设序时推进。完成中小河流治理213公里，整治灌溉堰渠186公里。新架设35千伏输电线路2条，建成充电桩41个，生活垃圾焚烧发电项目正式落地。

（六）坚持改革创新，发展动能加速成长

启动政府机构改革，完成国税地税征管体制改革。深化“放管服”改革，企业开办时间减至3个工作日，一般社会投资项目审批时间压缩至50个工作日，取消证明事项67项，启动“全渝通办”，“只跑一次”和“网上办”审批事项分别达228项和411项。全面推开公立医院综合改革，建立“3+27”医疗联合体，分级诊疗格局初步形成，单病种付费改革持续推进。农村土地承包经营权确权登记颁证完成外业调查，农村“三变”、财政补助资金股权化改革试点有序铺开。全社会研发投入持续增长，新增专利授权35件，每万人发明专利拥有量达0.75件。组建油茶研发中心，与重庆市林科院开展油茶育苗技术与产品创新科研合作。国家高新技术企业、科技型企业分别达3家、51家，新增注册商标509件。新发展市场主体9046户，累计达37680户。外贸进出口总额实现1100万美元，增长83.3%。

（七）攻坚污染防治，生态环境持续改善

深入开展“蓝天行动”百日攻坚，城区空气质量优良天数达341天。全面落实“河长制”，编制“一河（库）一策”实施方案32个，整治污染源122处，酉水河国控出境断面水质达到II类标准，7个市控断面水质稳定达标。实施国土绿化提升行动，完成营造林22.5万亩，森林覆盖率达53%，森林蓄积量达750万立方米。完成石漠化综合治理60平方公里、水土流失治理42.8平方公里。中央环保督察、重庆环保集中督察反馈问题年度分别销号31个、21个，2个部级挂牌督办问题成功摘牌。关闭畜禽养殖场（户）87家，取缔网箱养殖24家，新建城镇污水管网97.9公里，实施污水直排口治理5个，修建一体化泵站3座，城镇集中式饮用水源水质全部达标。

（八）坚持以人为本，民生福祉大幅提升

新建公办幼儿园8所，改建附属幼儿园46所，新（扩）建中小学4所，实施“改薄”项目116个。学前教育三年毛入园率、普惠率分别达90%、85%，高考重点本科上线1248人，核心指标持续领先渝东南。县人民医院“三甲”创建序时推进，县中医医院完成搬迁，建成精品中医馆17个，县妇幼保健院扩建工程主体完工。家庭医生签约服务18万人，实现50个病种基层首诊。建成文化馆分馆27个、图书馆分馆25个，完成194个村级综合文化服务中心建设，县广播电视台成功创建二级标准台。新增市级非遗项目8项，秀山花灯等6项非遗产品亮相第24届法国卢浮宫国际非物质文化遗产展览会。开展流动文化服务进村832场、文化体育活动4067场。举办大型招聘活动23场，开发公益性岗位791个，城镇新增就业5229人，城镇登记失业率为3.51%。建成社区养老服务站4个，失能半失能特困人员集中供养率达25%。城乡居民养老保险、医疗保险参保率均达95%以上。全面落实安全生产责任制，未发生较大以上安全生产事故。成功创建成为全国民族团结进步示范县。

二、发展中存在的问题

一是经济总量小，发展质量不高，传统产业支撑能力较弱，新兴产业动力不足，新旧动能转换任务艰巨。二是市场作用发挥不充分，民营经济发展环境有待进一步优化。三是城乡发展不平衡，巩固脱贫攻坚成果特别是产业发展任务仍很艰巨，社会民生领域还存在不少短板。四是部分公职人员服务发展意识不强，不作为、慢作为、乱作为的现象仍然存在，个别领域腐败问题仍有发生。

三、2019 年发展目标

2019 年，全县经济社会发展的主要目标是：地区生产总值增长 9.5% 左右，工业增加值增长 13%，固定资产投资增长 14%，社会消费品零售总额增长 14%，一般公共预算收入增长 7%，居民收入增长与经济增长基本同步，约束性指标完成市上下达任务。

（执笔人：丁文鹏）

酉阳土家族苗族自治县

酉阳县人民政府办公室

一、2018年工作回顾

2018年，酉阳自治县坚持以习近平新时代中国特色社会主义思想为指导，认真贯彻党的十九大精神，全面落实市委、市政府决策部署，抓重点、补短板、强弱项，各项事业取得了新的进展和成效，实现了经济社会持续健康发展。全县地区生产总值达到158亿元，比上年增长5.3%；完成固定资产投资70.3亿元，增长7.9%；实现社会消费品零售总额42.5亿元，增长6.2%；组织一般公共预算收入11.3亿元，其中本级税收8.6亿元，占比达76%，收入质量持续提高；城镇常住居民人均可支配收入26601元，增长8.2%；农村常住居民人均可支配收入9719元，增长9.8%；居民消费价格上涨1.7%；万元GDP能耗下降5%；常住人口城镇化率35.12%。

（一）以脱贫攻坚为统揽，紧扣“两不愁三保障”，持续加大攻坚力度，为脱贫摘帽打下了较好的基础

组织近万名干部，对217658个农户进行大排查，扶贫对象更加精准。完善脱贫攻坚项目库，整合财政涉农资金11.98亿元，落实银行融资24.1亿元，实施项目3141个，资金、项目数量和工程进度效果较好。深度贫困乡车田乡、浪坪乡分别实施项目142个、112个，在基础设施、产业发展、公共服务体系、人居环境改善、稳定增收长效机制建立等方面取得历史性成就。安排产业扶贫资金4亿元，发放扶贫小额贷款1.24亿元，带动12.5万贫困人口实现产业增收。按每户2500元标准扶持贫困户精准发展到户产业。开发公益岗位13645个，创建扶贫车间15家，开展扶贫培训33075人次，2万多个贫困家庭实现稳定就业。特困人群低保“兜底”16298人。实

现从幼儿园到大学教育资助全覆盖，落实资助资金 1.16 亿元，惠及学生 12.9 万名，清理并“一对一”解决因贫失学、辍学。实现贫困人口医保参保全覆盖，实施“先诊疗后付费”“一站式结算”，医疗救助 21430 人，贫困人口住院报销比例达 91.2%，家庭医生签约率 100%。改造农村危房 3143 户，完成易地扶贫搬迁 11550 人，宅基地复垦 6957 户 4100 亩，贫困群众农房收储 781 户，地票收入 8.2 亿元，收储收入 4922 万元，集体建设用地节余指标跨省交易 2.18 亿元，惠及贫困户 1321 户。深度改善脱贫区域条件。围绕每个村民小组实现一条通畅路，下达首批资金 13.4 亿元，开工实施“四好农村路”2695 公里，已完成路面硬化 1211 公里。浪坪至彭水、泔溪至车田公路改扩建工程完成投资 7500 万元。建成饮水安全工程 365 个，巩固提升 7.15 万名农村群众饮水安全。改造农村电网 258.9 公里，实现村村通动力电，动态消除无电户。拓展 4G 通信网络，行政村通光纤和 20 户以上村民聚居点 4G 信号基本覆盖。开工“一房五改”1.7 万户，改造农村厕所 2.3 万户，农村人居环境加快改善。实现村级公共文化服务中心、村卫生室标准化建设全覆盖，乡镇卫生院规范化建设有序启动。渝鲁扶贫协作、致公党中央定点扶贫、江北对口帮扶落实援助资金 8028 万元，实施项目 101 个，社会扶贫效果得到各方好评。一年来，通过“六个精准”“五个一批”全面落地，实现 1.7 万名贫困人口、14 个贫困村脱贫，全县贫困发生率由 2018 年初的 5.4% 下降至 3.08%。

（二）以产业转型为指引，加快一二三产业融合发展步伐，推动县域经济持续健康运行

一是丰富旅游业态项目。桃花源景区提质拓展，游客集散中心主体工程、桃源大舞台改造、二酉山旅游公路基本完工，金银山自驾营地、轨道观光车项目加紧建设，板溪叠石花谷初具开园条件。小坝旅游新城征地拆迁取得突破性进展，道路、电力、管网等基础设施项目逐一开工，康养医院、配套中学、非遗村、民宿村等核心项目基本达到开工条件。龚滩景区提档扩容，成功获批中国历史文化名镇，红花国际艺术村完成总体规划、村庄改造、产业布局，金丝楠木群配套了旅游基础设施。龙潭古镇顺利通过国家 4A 级旅游景区评定性复核，南腰界红军广场完工投用，菖蒲盖旅游公路全线贯通。车田市级度假区旅游项目较快推进，全县 10 个田园综合体启动实施，12 个乡镇“桃源人家”民宿品牌创建初见成效。全年完成旅游投资 25 亿元，接待游客 1460 万人次，实现旅游综合收入 66 亿元。二是培育市场主体带动农业发展。新发展新型农业经营主体 2329 个、农业社会化服务组织 18 个，建成青花椒、中药材、油茶、茶叶、蔬菜等现代山地特色高效农业产业基地 120 万亩，累计认证“三品一标”99 个，新开发农特产品 120 个，农产品商品化率提高到 62.3%。三是招商引资促进工业加快发展。“快益纱”生产、润兴山羊加工、首创辣椒加工等 10 个项目落地建设，30 个项目意向签约，万博再生资源、路宝沥青、湘龙硅业、九鑫水泥、东奥服装、金叶珠宝、天雄锰业等企业生产经营正常，林盛服装、国泰服装等项目投产。推进昆武制药、和信农业、万源佳药业、土司府酒业、琥珀茶油等企业技改扩能和新产品开发，企业竞争力提升。盘活园区土地 230 亩，建设 10 万平方米标准厂房和板溪综合物流中心，完善园区道路配套。完成规上工业产值 43 亿元，实现工业税收 2.4 亿元。四是完善流通服务体系。构建覆盖城乡的“2+7+30”冷链仓储物流体系，建设产地集配中心 42 个，村级电商服务站达 225 个，500 多种农产品上线销售，线上交易额突破 5 亿元，全县电子商务交易额达 40 亿元，增长

33.3%。五是金融支持继续增强。年末金融机构存款余额248.5亿元、贷款余额156.9亿元，分别增长5.2%、11.7%，实现保费收入4.7亿元、理赔支出0.9亿元，不良贷款率在渝东南最低，金融风险有效管控。

（三）以项目实施为载体，更大力度推进现场建设，城乡面貌发生了新的变化

完成新一轮城乡总体规划大纲编制，优化整合“多规合一”一张图。完成小坝新城、城南新区规划设计和龙潭麻旺市级中心镇、5个新设镇、2个深度贫困乡规划修编。渝怀铁路二线酉阳段完成投资12.13亿元，火车站及站前广场房屋征收拆迁基本完成，渝湘高铁酉阳段工可外业全面结束。酉彭高速完成前期工作正在推进招商，酉永高速启动可研，通用航空机场完成初选址。完工国省干道改造项目4个147公里，在建8个99公里，完成投资4.9亿元。开工乡镇联网公路14条122公里，投入资金2.3亿元。实施农村公路安保工程综合治理326公里，新增20个行政村通客车，建成县城新能源汽车充电设施。九龙眼水库、大泉水库完成投资1.28亿元，桃花源水库进场公路顺利开工，后河、龙潭河等中小河流治理正常推进。完成电力投资9000万元，县域电网改造升级，电力保障稳步提升。新建和改造4G基站562个，新增宽带端口10万个，全县手机用户达52万户，宽带用户达12.2万户。加快板溪、小坝、龙潭、麻旺、黑水天然气管网铺设，实现龙潭特色小镇天然气供气。全年实施89个重点项目，其中22个续建项目正常推进，47个新建项目顺利开工，20个前期项目达到预期目标。西山沟粮库、城南公交总站等棚户区改造加快推进，伴山华府、桃源世家、盛世华典、兰花山汽车城、锦绣华城等项目加快建设。县城山水佳苑、滨江花园、水岸佳园、龙腾盛世、幸运星座、土家八千、黔龙阳光等房地产项目遗留问题加快处理，后续建设正在逐个恢复。投用城北滨河景观灯饰工程，城区开工1座车行桥、3座人行天桥，建设2个社区公园，建成30个便民直饮水点，东风坝农贸市场建成开业，红卫桥至酉州桥东岸防洪度汛河堤、滨河路二期提档升级工程开工建设。规范县城停车和夜市经营，完成农产品批发市场搬迁，新建县城污水管网28.5公里，改造城市道路9.3万平方米、花池10.7公里，拆除违法建筑3.9万平方米，城市品质进一步提升，国家园林县城顺利通过复查验收。龙潭全国特色小镇启动建设，车田、浪坪集镇“两化”即将完工，我县获批中国传统村落22个，重庆市少数民族特色村镇12个，第二批市级历史文化名村7个。板溪镇山羊村第一批乡村振兴试点，探索和走出了由贫困山村一举到美丽山乡的发展之路。

（四）以机制转换为抓手，深入推进改革开放创新，经济社会发展活力不断增强

企业开办时间压缩至3个工作日内，全县市场主体达39008户，增长8.5%，注册商标2521件，增长39.1%。开展集中走访服务民营企业活动，民营经济市场主体达38200户，实现税收9.4亿元。有序推进政府机构改革，完善城市综合执法管理体制，完成5个乡撤乡设镇。政府及部门预决算全面公开，国库集中支付电子化全覆盖，财政部财政管理绩效综合评价考核排名全市县级第一。国资国企改革扎实推进，国有平台公司整合转型迈出实质性步伐。农村“三变”改革试点积极推进，示范带动效应逐步显现，新成立农村集体经济组织274个，消除“空壳村”147个。新签约招商项目54个，合同额123亿元，开工项目投资额达30.6亿元，为产业转型升级积蓄了动能。积极发展对外贸易，实际利用外资1715万美元，全县进出口额达3.4亿美元。加强与江

南大学、西南大学等国内知名高校合作，建立校企研发中心 1 个、民办非企业科研机构 2 个。建立 1000 万元创业种子投资基金，支持 21 家创新型中小微企业及团队免息信用贷款 593 万元。新培育国家高新技术企业 2 家、国家科技型中小企业 11 家、市级科技型企业 32 家。渝东南现代农业科技园区获批国家农业科技园区，已完成规划实施方案。

（五）坚持生态优先、绿色发展，加大污染防治力度，环境改善取得了明显成效

划定高污染禁燃区 5.7 平方公里，整治露天烧烤，取缔燃煤锅炉，推进公共机构节能改造，县城空气质量优良天数达 361 天，成功获评全国首个“中国气候旅游县”国家气候标志。划定农村集中式饮用水源保护区 106 个，城镇集中式饮用水源地水质 100% 达标。完工县城污水处理厂二期工程，建成各个乡镇污水处理厂及 1000 人以上农村聚居点污水处理站，配套建设乡镇二、三级污水管网约 400 公里。河（库）长制全面推行，六大专项行动成效显著，拆除渔业网箱、库湾养殖设施 13 万平方米，关闭畜禽养殖场 65 家，拆除餐饮船舶 4 艘，整治入河排污口 145 个，县内河流水质全部达到功能区要求，阿蓬江酉阳段、龙潭水库分别荣获“重庆十大最美河流”“重庆十大最美水库”称号。治理岩溶化面积 44 平方公里，整治土地 3.4 万亩，建设高标准基本农田 3.7 万亩，完成各类营造林 37.8 万亩，城区绿地面积达 511 公顷，全县森林覆盖率达 61.5%，入围“全国国土绿化模范县”。投资 1.12 亿元，配齐 39 个乡镇（街道）垃圾收运设施，完成乡村陈年垃圾治理，形成“户集、村收、乡镇运输、县处理”的垃圾收治体系。工业园区固体废物处置场完工投用，垃圾热解站、建筑垃圾消纳场、污泥处理厂等环保项目顺利推进。

（六）围绕保障和改善民生，大力发展社会事业，群众获得感幸福感进一步增强

一是教育发展力度空前。新建和改扩建 24 所幼儿园、63 所小学、10 所初中、3 所高中，开工“一城四组团”学校建设项目 12 个，实施薄弱学校改造项目 18 个，新增投资 3.32 亿元。全县学前三年毛入园率达 87%，普惠率达 81%，高于全国平均水平；义务教育均衡创建顺利通过市级复查验收；高考重本上线 1196 人，继续位居渝东南前列。二是卫生健康事业大力推进。全面推开公立医院综合改革，落实常态化便民服务措施，启动县内医联体建设，推进分级诊疗。县中医院、县疾控中心等项目正常推进，县精神病医院整体迁建一期工程完工投用，县人民医院异地扩建加快推进，“美丽医院”启动实施。基本公共卫生服务指标全面达标，国家卫生县城创建成果有效巩固。落实计生服务，人口素质进一步提高。三是文化体育不断进步。完工文化馆图书馆总分馆，建成 19 个乡镇场镇有线数字电视网络，开通农村应急广播信息系统。成功申报市级非遗项目 3 项、国家级非遗传承人 2 名，《啊啦调》《薅草号子》进京演出分获金奖和优秀节目奖。完成地名普查，编纂出版《酉阳县志（1986-2005 年）》。成功举办 2018 桃花源国际山地自行车挑战赛，少数民族蹴球项目代表重庆市参加全国少数民族传统体育运动会。四是社会保障全面落实。城镇新增就业 3973 人，城镇登记失业率控制在 2.53%。“五险”累计参保 117 万人次，基金征缴 8.6 亿元。实现“精准脱贫保”贫困人口全覆盖，资助 4 万余名四类人员购买“民政惠民济困保”。实施城乡低保救助 37832 人 1.91 亿元。完成公租房入住 2082 户。加快县城殡仪馆迁建项目建设，建成乡镇敬老院 9 所、社区养老服务站 6 个，开展残疾人精准康复服务 4187 人。

加强农村“三留守”人员关爱，实现留守儿童关爱保护全覆盖。

（七）克服经济下行、债务严控、政策性减收等多重困难，千方百计为企业解难，为重点项目筹资，为各方运转提供坚强保障

一是加大“放管服”力度。完善“三张清单”，完成行政许可“四办清单”清理，开通渝东南首家自助办税服务厅，推行“扫码办事”，推广“渝快办”，办理时限压缩1/3以上。开展工程建设项目并联审批，法定审批时间从235个工作日缩减到85个工作日。规范涉企收费，企业用电、用气价格均降低10%，为市场主体减税降负1.6亿元，帮助企业融资54亿元。二是强化要素保障。扎实推进“十三五”规划纲要中期评估，积极开展重大项目储备，共编制项目570个、总投资1023亿元，全年实现立项争资59亿元、银行融资58亿元。成功争取71个“村改居”920公里通畅公路纳入补助计划。争取项目建设用地指标3025亩，比上年净增2644亩。三是优化财政运行。强化财政调度，争取各方支持，确保了人员工资待遇、公务运转支出、基本民生开支，在精准落实上级专项拨付的同时，尽力保障县级项目实施和国有企业公益负债有序化解。加强公共资源交易管理，加大公共资金审计力度，节约财政资金8.7亿元。压减非刚性、非民生、非重点项目支出，降低行政运行成本，实现“三公”经费只减不增。严格政府债务管控，完成系统内债务置换，全年未新增政府债券外的其他政府性债务。

（八）突出民生民计、安全稳定、防灾减灾等重点领域，创造条件为群众办实事办好事，有效维护了社会和谐稳定

一是聚焦群众关切。35件民生实事完成27件，正在办理8件，完成投资35亿元。汇办各种渠道民情民意2364条，办结率97.7%。二是社会安全稳定。生产安全事故起数和死亡人数均下降21.4%，未发生较大及以上安全事故。建立县、乡、村三级公共法律服务体系，“七五”普法深入开展，调处各类矛盾纠纷4783件，化解市交办信访积案10件，非法上访人数渝东南最少，同比下降95%。扫黑除恶专项斗争成效明显，成功打掉全市首个农村宗族恶势力犯罪团伙。社会面整体巡逻防控工作到位，禁毒重点挂牌整治地区成功摘牌。国防动员建设积极有为，征兵工作获得肯定。全力防控非洲猪瘟，有力保障食品药品安全，国家食品安全示范城市创建通过市级中期评估。及时应对洪涝和地质灾害，妥善处置各类突发事件，群众安全感指数达到99.45%。

二、发展中存在的问题

一是经济增速不快，经济总量不大，一二三产业融合发展不够；二是财政收支矛盾突出，基础设施短板不少，基本公共服务还不到位，居民人均收入仍低于全市平均水平；三是发展中的各种矛盾和问题相互影响，优化法治环境、创新社会治理任务依然艰巨；四是一些地方、单位工作主动性、执行力不强，工作时效性不强，能力和水平亟待提升。

三、2019年发展目标

2019年全县经济社会发展主要预期目标是：地区生产总值增长7%；固定资产投资、社会消费品零售总额、一般公共预算收入分别增长8%、8%、15%；居民消费价格涨幅控制在3%以内；城乡居民人均可支配收入分别增长8.8%、9.5%；节能减排等约束性指标完成市上下达任务。

（执笔人：梁洋）

彭水苗族土家族自治县

彭水县人民政府办公室

一、2018年发展回顾

2018年，彭水自治县在市委、市政府的坚强领导下，深学笃用习近平新时代中国特色社会主义思想，紧紧围绕习近平总书记对重庆提出的“两点”定位、“两地”“两高”目标和营造良好政治生态、做到“四个扎实”的重要指示要求，坚持稳中求进工作总基调，按照高质量发展要求，坚决打好“三大攻坚战”，谋划实施“八项行动计划”，聚焦高质量、供给侧、智能化，突出抓发展、转作风、促规范，推动全县经济社会持续健康发展，呈现“稳中向好、变中出新、转中有为”的良好态势。

（一）着力推进提质增效，经济运行蹄疾步稳

全县地区生产总值达170.1亿元、增长7.5%。完成固定资产投资87.5亿元、增长10.5%。实现社会消费品零售总额65.8亿元、增长13.3%。完成一般公共预算收入13.3亿元，其中税收收入占比达64.5%。城镇、农村居民人均可支配收入分别达29124元、11144元，分别增长8.6%、9.3%。

（二）着力推进精准扶贫，脱贫攻坚进展明显

聚焦“四个深度发力”高质量破解深度贫困问题，全年实现6个贫困村销号、2952户11033名贫困人口脱贫，全县贫困发生率降至2.5%。新增“四好农村路”640公里，行政村通畅率、自然村通达率均达100%。统筹实施农村饮水安全全覆盖工程1240处，有效解决11.6万人安全饮水问题。竣工投用农网改造升级项目8个，城乡供电可靠率达99.7%。易地扶贫搬迁3800人，整治农村不安全住房2万户。资助贫困家庭学生3.8万人次，全县在读大学生稳定在2万名以上。设置33个“流动医院”进村入户送医送药，家庭医生签约服务覆盖31.5万人，健康扶贫获全国

通报表扬。

（三）着力推进转型升级，产业实体提速壮大

全年接待游客2529万人次、增长20.7%，实现旅游综合收入111.8亿元、增长21.8%。清洁能源、健康食品、特色轻工等多点支撑的工业格局更加巩固，宏绿自热食品、火吉饮料、搬运帮等10家实体企业入驻工业园区，规模以上工业总产值达50.3亿元、增长15.9%。红薯、烤烟等农业产业稳定发展，蜜蜂保有量居全市第二，退耕还林产业基地规模居全市第一，成功创建市级出口红薯及其制品质量安全示范区，“彭水香椿”“彭水紫苏”获评全国名特优新农产品。

（四）着力推进城乡建设，形象面貌大幅改观

城市规划面积拓展到30平方公里，常住人口城镇化率提高到36.8%。新城签约落地优势企业13家，开工房建72万平方米，累计聚集人口3万人。老城20栋楼宇和3座桥梁灯饰更新升级，城市环卫保洁面积扩大至240万平方米。蚩尤九黎城二期工程加快推进，景观大道、九黎大酒店建成投用，被国台办确定为“海峡两岸交流基地”。启动创建善感、润溪等乡村振兴综合示范乡镇，有序开展周家寨村、庙池村等“三变”改革试点，建成3个巴渝民宿示范点。大力实施交通建设三年行动计划，渝湘高铁主城至黔江段顺利开工，渝怀铁路二线、石黔高速公路有序建设，保家至乔梓等乡村公路加快建成。生态修复中小水电站15座，完工重点水利项目3个。

（五）着力推进环境保护，生态质量持续提升

新增耕地4755亩，整治坡耕地6968亩，建成高标准农田3.4万亩。推进水土流失治理102平方公里、岩溶石漠化治理60平方公里，实施地灾治理项目14个。引导农户退耕还林10万亩，完成各类营造林36.7万亩，森林覆盖率达57%。严格落实河长制要求，完成河流岸线划界1190公里，乌江、郁江彭水段水质分别达III类、I类标准。建成运行县城污水处理厂二期工程，配套完善城市污水管网22.3公里、乡镇污水管网60.8公里，城乡集中式饮用水水源地水质达标率分别为100%、95.8%，城市水质指数居全市第一。关闭搬迁禁养区畜禽养殖场29个，农村生活垃圾治理通过国家级验收。万元地区生产总值能耗下降3.4个百分点。

（六）着力推进改革创新，发展动能有效激发

承接推进县级重点改革150项，关闭出清僵尸企业、空壳公司10家，为市场主体减少税费2亿多元，民生补短板支出增长14.4%。深化“放管服”改革，全面推行“双随机、一公开”监管，工商注册登记实现“三十一证合一”，企业开办时间压减到3个工作日。不断优化行政审批服务，政务服务“一网通办”“全渝通办”。深入推进国企改革，完成城投公司、福冠公司重组整合，推动九黎控股集团上市融资。新培育市场主体3749个，新增注册商标1032件，民营经济占地区生产总值的比重达54%。大力实施“创新型企业培育工程”，培育科技型企业70家，企业研发投入占比达4%。招商落地在建项目34个、计划投资80.3亿元，落户企业贡献税收2.1亿元，实际利用内资12亿元、增长19.8%。

（七）着力推进民生改善，社会大局和谐稳定

扎实创建义务教育发展基本均衡县，生均办学条件达标率达85.7%，高考本专科上线率达98.8%。推进医共体“三通”建设试点，基层医疗机构集团化管理被市委纳入重大改革专项。全面实施全民参保计划，关心帮扶城乡特殊困难群

体。深入开展扫黑除恶专项斗争，打掉黑恶势力团伙5个，侦办涉恶案件74起，治安案件减少34.5%，八类主要刑事案件减少11.4%。连续15年杜绝重特大安全事故，安全生产工作连续14年获评全市先进。构建全链条食品安全监管体系，国家食品安全示范城市创建居全市前列。成功创建全国民族团结进步示范县。县医调委被评为全国人民调解先进集体。

二、发展中存在的问题

一是发展质量不高，经济结构不优，骨干支柱产业量小质弱，新的动能尚未巩固，转型跨越任重道远。二是城乡发展不够协调，基础设施建设还有不少欠账，基本公共服务存在一些短板，脱贫攻坚任务艰巨。三是经济风险持续累积，金融、政府债务、房地产等领域还存在一些困难和问题。

三、2019年发展目标

2019年，彭水自治县将以习近平新时代中国特色社会主义思想为指导，全面贯彻党的十九大和十九届二中、三中全会精神，深化落实习近平总书记对重庆提出的“两点”定位、“两地”“两高”目标和营造良好政治生态、做到“四个扎实”的重要指示要求，按照中央、全市、全县经济工作会议安排部署，统筹推进“五位一体”总体布局，协调推进“四个全面”战略布局，坚持稳中求进工作总基调，坚持新发展理念，坚持推动高质量发展，坚持以供给侧结构性改革为主线，坚持深化市场化改革、扩大高水平开放，坚持以脱贫攻坚为统揽，继续打好“三大攻坚战”和实施“八项行动计划”，全力抓好稳增长、促改革、调结构、惠民生、防风险工作，进一步稳就业、稳金融、稳外贸、稳外资、稳投资、稳预期，确保全县地区生产总值增长8%左右，规模以上工业总产值增长15%，固定资产投资增长10%，社会消费品零售总额增长13%，税收收入增长6.4%，城镇和农村常住居民人均可支配收入分别增长9%和9.5%，常住人口城镇化率提高2个百分点，城镇登记失业率控制在3.8%以内，节能减排降碳完成市上下达任务。

（执笔人：方海）

第六编　附录

重庆经济和社会发展要事选登

2018年1月

1月1日　国家主席习近平发表2018年新年贺词。

1月2日　破解电煤保障难题：重庆与陕西创新能源战略合作。

1月3日　龙溪河流域获批成为国家首批流域水环境综合治理与可持续发展试点。

1月4日　重庆提前完成第二批国家公共建筑节能改造重点城市建设任务，95座公共建筑完成节能改造。

1月5日　修订后的《食盐专营办法》开始施行，食盐价格由经营者自主确定。

1月6日　南滨路文化产业园获评“2017中国年度文化产业园”，未来将按“一核两区多点”的空间布局拓展。

1月7日　重庆大学将建全市高校最大体育场馆，建成后向市民开放。

1月8日　重庆主城首批一级踏步公交车即将投用，将投入215辆，乘客可一步上公交，轮椅上下车也轻松，还能在车厢内给手机充电。

1月9日　“重庆造”出口南亚、东南亚有了快捷通道，重庆—吉隆坡—印度全货运航线开通。

1月10日　工业化与信息化融合让渝企加速迈向智能化，2017年全市22家企业进行智能化改造。

1月11日　2018年起重庆计划生育特别扶助金标准调高40%。

1月12日　重庆将启动第二次全国污染源普查工作。

1月13日　《习近平谈治国理政》第二卷全球发行突破1000万册。

1月14日　重庆开通直飞菲律宾卡利博航线。

1月15日　我市每个区县至少有一个职业健康检查机构。

1月16日 我市五大类残疾人士将获免费通信服务产品。

1月17日 重庆成中国最大咖啡现货交易地，2017年咖啡交易额近百亿元。

1月18日 两江新区建全市最大数字经济产业园，分两期建设布局照母山水土龙兴三大片区。

1月19日 第十七届西部农交会开幕，6500余种产品助您一站式购年货。

1月20日 我国成功发射吉林一号视频07、08星。

1月21日 2017年我国二孩出生人数比2016年明显增加，上升至883万人，比2016年增加162万人。

1月22日 春运期间，我市将派直升机驻守渝蓉高速救助交通重伤员。

1月24日 重庆西站将率先在全市公共场所运用5G技术。

1月25日 重庆建成富硒产品技术支撑体系。

1月28日 页岩气核心技术装备取得重要突破，国内首创电动压裂泵在涪陵成功应用。

1月29日 江北嘴集聚全球金融资源打造金融中心核心区。

1月30日 每24小时走时误差不超过+6秒-4秒，山城手表通过国际权威机构检测认证。

2018年2月

2月1日 中共中央、国务院近日印发意见，对新时代教师队伍建设作出顶层设计。

2月2日 重庆将建立粮食生产功能区和重要农产品生产保护区，划定1250万亩地种水稻、玉米、油菜。

2月3日 2017年重庆笔记本电脑产量超6000万台，我市生产的电子终端产品种类进一步丰富。

2月4日 建成充电站点794座充电桩5044个，重庆汽车充电服务体系覆盖37个区县。

2月5日 重庆2018年将建成5个区级足球青训中心。

2月6日 市人大常委会2018年工作要点出炉，计划制定、修订或修正地方性法规13件。

2月7日 未来三年主城将提供7.5万套公租房。

2月8日 2017年度“感动重庆十大人物”颁奖典礼举行。

2月9日 “渝满俄”首批进口葵花籽油抵渝开箱，将销往全国各地。

2月10日 打破苹果Face ID技术垄断，云从科技成功研发3D结构光人脸识别技术。

2月11日 大载重垂直起降无人机在渝首飞成功，该机型填补国内空白。

2月12日 2017年重庆进出口总值达4508.3亿元。

2月14日 2018年我市将启动国土绿化提升行动，全年完成营造林570万亩，其中新造（改造）林430万亩。

2月17日 市城管委推行“马路办公”，短短20多天整改问题266个。

2月18日 重庆建制镇生活垃圾无害化处理率超过95%，主城区一半以上生活垃圾用于焚烧发电。

2月21日 我国网络直播用户规模达4.22亿，行业监管力度不断提升。

2月22日 春节长假我市旅游揽金133.73亿元，接待游客4286.21万人次。

2月24日 “西南铝造”全铝新能源客车成功组

装，比普通客车轻400公斤，能耗降低一半。

2月25日 国内首个页岩气LNG工厂在涪陵建成，一期项目已建成，产能100万立方米/天。

2月26日 我市两小将获全国围棋大赛冠亚军。

2月27日 国家级教学成果奖评审工作启动奖金最高达50万元。

2月28日 2018年重庆主城将新增城市绿地500万平方米。

2018年3月

3月1日 中共十九届三中全会在京举行，中央政治局主持会议，中央委员会总书记习近平作重要讲话。

3月2日 重庆昨起实施离境退税政策，境外旅客在渝购物后离境时，可在T3航站楼退税9%。

我市35个区县通过全国义务教育发展基本均衡县督导评估认定。

3月3日 商务部与重庆市签署部市合作协议。

3月4日 住渝全国政协委员联名提案呼吁，支持重庆加快建设内陆国际物流枢纽和口岸高地。

3月5日 重庆与“一带一路”沿线国家，跨境人民币结算量突破千亿元。

3月6日 重百超市将试点刷脸支付。

3月7日 新桥医院开设100个专病门诊让市民精准就医。

3月8日 我市举行首场“在希望的田野上”乡村振兴报告会。

3月9日 我市首个测绘主题文化公园开放。

3月10日 远程医疗服务2018年覆盖全市二级及以上医院，通过远程会诊系统，区县患者在当地就能接受主城三甲医院专家治疗。

3月11日 重庆西站—磁器口——长江索道开通旅游公交。

3月12日 重庆国宾壹号院入围国际建筑界大奖。

3月13日 重庆城市建成区2018年黑臭水体消除比例将超过90%，全市48段城市黑臭水体和主城区56个湖库要实现长治久清。

3月14日 7项科研成果为机电集团增收86亿元。

3月15日 璧山提升公厕舒适度。

3月16日 “刷脸”过安检1秒出结果，实测识别率超过98%，重庆“黑科技”在全国61家机场推广应用。

3月17日 “渝黔桂新”南向通道本周实现“天天班”。

3月18日 大足石刻宝顶山大佛湾水害治理工程（一期）竣工，世界最大石雕半身卧佛面容重现于世。

3月19日 渝新欧越南国际班列成功开通，欧洲货物通过铁路直达东南亚。

3月20日 白象街一期试营业，十八梯、湖广会馆首开区将迎客——下半城“重生”，记忆中的老重庆回来了。

新桥医院在全国首次利用纳米碳为直肠癌患者切除肿瘤。

3月21日 我市33个区县推行种养业生产灾害险，18个扶贫开发工作重点区县建卡贫困户参险可少付5%保费。

3月22日 “信用中国”公布全国城市信用最新排名，重庆城市信用名列全国第三。

3月23日 推动工业及信息化高质量发展，2018年全市智能产业将实现销售收入

4400亿元。

3月24日 渝西8区2020年将达到节水型社会标准，届时公共场所和新建小区家庭都将普及节水器具。

3月25日 重庆首届电商数码节开幕。

3月26日 重庆航空将陆续新开8条航线。

3月27日 涪陵页岩气田如期建成，年产能100亿立方米，相当于一个千万吨级的大油田。

3月28日 长城汽车永川生产基地开工建设。

3月29日 川渝地区将新添8座储气库，其中重庆境内5座。

3月30日 充分利用铁、江、海联运优势，永川打造西南进口木材市场及家具产业集群。

3月31日 我市成立航空医疗救援联盟，市民可打120请求航空医疗救援。

2018年4月

4月1日 重庆2018年计划完成电能替代18亿千瓦时，将减排二氧化碳上百万吨。

4月2日 南岸区打造特色物联网产业集聚区。

4月3日 重庆新增4家国家企业技术中心。

4月4日 重庆市与中国银行签署战略合作协议，陈敏尔、唐良智会见陈四清。

4月5日 南岸将建全市首个政务服务智能自助大厅，提供24小时咨询服务。

4月6日 打破美、日、德垄断鑫景公司攻克难关，高铝硅玻璃2018年7月实现重庆造。

4月7日 重庆第一LED屏在解放碑开播。

4月8日 清明小长假重庆旅游揽金74.62亿元。

4月9日 重医儿童医院今起试行实名制现场挂号，请注意！实名的关键在于绑定身份证。

4月10日 《摆脱贫困》英、法文版电子书上线。

4月11日 全新一代福克斯在重庆举行全球首发，2025年之前福特将在中国推出50款新车型。

4月12日 2018中国“互联网+”数字经济峰会在渝启幕。

4月13日 李克强主持召开国务院常务会议，确定发展“互联网+医疗健康”措施，缓解看病就医难题，提升人民健康水平，决定对进口抗癌药实施零关税。

4月14日 中新互联互通项目推动25家新加坡企业组团来渝寻机。

4月15日 重庆网上办事大厅变身“政务服务超市”。

4月16日 重庆贵阳将建“两小时交通圈”，毗邻区县要实现“一小时通勤”。

4月17日 川美教授为6个黄桷坪居民办摄影展，作者中有“棒棒”、保安、清洁工、售货员、邮递员、餐馆老板。

4月18日 获中国商飞7050厚板工程“通行证”，西南铝成为国产大飞机国内唯一铝材供应商。

4月19日 重庆发放首批自动驾驶路测牌照。

4月20日 历时10余年，考古专家确认钓鱼城战时指挥中心。

4月21日 扫码办卡、机器人当“大堂经理”、人工智能量身定制理财产品……国内首家DIY智慧银行在渝开业。

4月24日 2020年主城中心城区公交站点，实现500米全覆盖。

我市最长玻璃观光吊桥在梁平动工。

4月25日 水利部定点帮扶重庆5个区县，2017年完成水利扶贫投资超7亿元，3.84

万贫困户受益。

4月26日 重庆商标审查周期2018年将缩短至6个月内。

4月27日 四部门联合执法，重庆拒绝公积金贷款的楼盘可能暂缓预售。

4月28日 重庆零壹空间与航天专家共话行业发展，“重庆造”飞行试验平台将于6月首飞。

4月30日 9号线首座车站主体结构封顶，全线有望2020年底建成通车。

2018年5月

5月1日 5月1日起至少12万家渝企降税。

5月2日 火热旅游拉动消费，全市重点商圈和商贸企业零售额22亿元，增长11.1%。

5月3日 重庆正式启动农村“三变”改革，38个涉农区县各选择一个村试点。

5月4日 《马克思画传》在京发布，由重庆出版集团出版，以独特的图文形式展现马克思的一生和马克思主义思想。

5月5日 多个民主党派市委会在工业园区设实践基地。

5月6日 世界最大跨度自锚式悬索桥——鹅公岩轨道交通环线专用桥合龙，为重庆轨道环线全线通车奠定重要基础。

5月7日 城口县推进农村合股联营，集体经济强了，“股份农民”乐了。

5月8日 我市钢铁化解过剩产能工作成效明显，“三道关口”一网打尽“地条钢”。

5月9日 与教育部共建现代职业教育体系国家制度建设试验区，我市中高职毕业生本地就业创业比例超80%。

5月10日 重庆绿色制造体系建设三年行动计划出台，到2020年全市国家级绿色工厂和绿色园区将超过25家。

5月11日 陈敏尔在涪陵区调研和巡河时强调，全面推行河长制全力保护母亲河。

5月12日 轨道3号线工作日早晚高峰加车了，四公里至九公里段、九公里至鱼洞段部分发车间隔时间缩短一半。

5月13日 渝黔扩能重庆段2020年通车，届时从重庆到贵阳车程节约1小时左右。

5月14日 我国第二艘航母首次出海试验。

5月15日 高家花园轨道专用桥轨道铺设完工。

5月16日 重庆市对外公开中央环境保护督察整改情况。

5月17日 全市35个重大旅游招商项目集中签约。

5月18日 我国首枚民营自研商用亚轨道火箭，“重庆两江之星”成功发射。

5月19日 全国唯一纪念百万移民的专题馆，重庆三峡移民纪念馆正式开馆。

5月20日 把重庆旅游搞得红红火火，各区县中国旅游日推出上百条惠民措施。

5月21日 生态环境部督查组进驻重庆，对全市集中式饮用水水源地环保工作进行专项督查。

5月22日 推动城乡环境众管众护，巴南启动清漂截污万人百日攻坚行动。

5月23日 提升通关效率降低综合成本，重庆发布跨境贸易便利化19条措施。

5月24日 “渝洽会”更名“西洽会”，升级为国家级展会。

5月25日 盼达用车携手百度在渝启动自动驾驶示范园区。

5月26日 重庆·浙江工作交流座谈会召开，深化对口支援加强渝浙合作共同推动长江经济带发展。

5月27日 重庆石油天然气交易中心电子交易系统上线运行。

5月28日 农行重庆市分行签约12个项目协议，融资金额超过200亿元。

5月29日 308家重庆企业新纳入国家科技型中小企业信息库。

5月30日 唱响“科教兴市”主旋律，发出“人才强市”好声音。习近平总书记在两院院士大会的重要讲话在我市引起热烈反响。

5月31日 “永川造”智能机床首次出口海外。

2018年6月

6月1日 重庆调整2018年市级财政预算。

6月2日 重庆万国半导体公司12英寸功率半导体芯片项目启动试生产。

6月3日 金融开放水平提升，重庆跨境担保余额达178亿元。

6月4日 中国国际智能产业博览会正式获批在重庆举办。

6月5日 2018重庆(国际)影像文化节启幕。

6月6日 未来两年我市将打造40家智慧医院。

6月7日 重庆成立“工作专班”加快推进缙云山生态环境综合整治，举一反三、加强督导，防止全市自然保护区各类违法违规行为。

6月8日 12亿元专项资金重点扶持大数据智能化等项目，企业申报30天内即可办结。

6月9日 文化和旅游部相关负责人在上合新闻发布会上回答川渝党报联合提问，支持发展中欧旅游班列。

6月10日 我市与三峡集团签订战略合作协议，共推长江经济带绿色发展。

6月11日 我市四措施控制臭氧污染，专家：臭氧污染“来得快，去得快”，不用过于担心。

6月12日 中共中央办公厅、国务院办公厅、中央军委办公厅印发指导意见，要求到2018年年底前全面停止军队一切有偿服务活动。

6月13日 市纪委监委下发通知，严禁违规操办和参加“升学宴”“谢师宴”。

6月14日 携程旅游发布《端午小长假旅游出行预测报告》，重庆旅游人气增幅指数排名全国第三。

6月15日 2018年重庆市科协年会系列活动举行，院士专家问诊前沿技术难题为重庆经济注入“创新因子”。

6月16日 国家税务总局重庆市税务局挂牌成立。

6月17日 国务院关税税则委员会发布公告决定，对原产于美国的500亿美元进口商品加征关税。

6月18日 重庆科技风险投资有限公司，军博会上将签约设立重庆军民融合创投基金。

6月19日 重庆建川博物馆正式开馆。

6月20日 个税起征点拟调至每年6万元，我国个税迈出综合征税第一步。

6月21日 市委、市政府出台《重庆市污染防治攻坚战实施方案(2018—2020年)》，2020年实现森林覆盖率51%以上等34项指标。

6月22日 一个标准“全渝通办”群众“一次不跑”或“只跑一次”，市政府晒出426项市级公共服务事项目录清单。

6月23日 全覆盖零容忍严执法重整改，重庆全面启动自然保护地大检查大整治。

6月24日 中央公园旁将造超大商圈，渝北两江国际商务中心五大项目开工。

6月25日 央行定向降准0.5个百分点，可释放资金约7000亿元，支持“债转股”和小微企业融资。

6月26日 我市深度贫困乡镇人口聚居自然村年内实现宽带和4G网络全覆盖。

6月27日 重庆1.2吨毒品被集中销毁。

6月28日 7月1日起我国调整部分亚太国家进口协定税率，2323个税目商品税率进一步降低。

6月29日 中欧班列（重庆）突破2000班，全国中欧班列中累计开行数量最多、运输货值最大。

6月30日 《中国自由贸易试验区发展蓝皮书（2017—2018）》发布，重庆自贸区制度创新居第三批自贸区第三位。

2018年7月

7月1日 2018年版自由贸易试验区负面清单减至45条。

7月2日 重庆完成脱贫攻坚大走访大排查，对存在的问题制定整改方案立行立改。

7月3日 三年时间提档升级重庆信息通信基础设施，光纤到户100%、5G基站超1.2万个、建成120个“互联网小镇”。

7月4日 重庆主城首座转体桥建设进展顺利。

7月5日 重庆召开2017年度土地矿产卫片执法监督检查情况通报和警示约谈会，全市共查处违法占用土地7323亩。

7月6日 “6·18”电商日重庆实现网络零售额50.37亿元。

7月7日 上半年重庆百个重点工业项目67个按期达产，完成产值412.6亿元，对全市工业增长贡献率近50%。

7月8日 重庆划定生态保护红线管控面积2.04万平方公里，占全市面积的24.82%。

7月9日 2018“重庆与世界嘉年华”俄罗斯领事馆VS九龙坡主题周启动。

7月10日 创业者去银行也能申办营业执照。

7月11日 全市47个工业园区将打造成智慧园区。

7月12日 涪陵页岩气田2018年产量预计可超60亿立方米。

7月13日 重庆建立全国唯一的省级网络传销监测平台，依托大数据预测预警、智能防控传销骗局。

7月14日 国家税务总局：加强影视行业税收征管。

7月15日 吸引更多优秀青年人才关注重庆，重庆设立53家青年人才实习基地。

7月16日 重庆交大“沙漠土壤化”技术走出国门，研究团队与阿联酋达成合作意向，共同开展种植试验。

7月17日 全国城市信用排名重庆位居第二。

7月18日 2018年上半年我市新增市场主体近20万户，总量达242万户，较上年底增长3.3%。

7月19日 重庆全面治理农业面源污染，两年内九成主要农作物实现测土配方施肥。

7月20日 18位技术大咖在渝纵论新能源汽车新趋势。

7月21日 我市将开展六大“满意在重庆”行动，让游客行之顺心、住之安心、食之放心、娱之开心、购之称心、游之舒心。

7月22日 年加工货值超1亿美元，重庆首家毛坯钻石加工企业落户江津。

7月23日 连续多年我市高校毕业生超六成选择留渝工作，重庆成为“新一线”就业城市。

7月24日 我市拟建外来物种入侵监测体系。

7月25日 推进“放管服”改革和生态环保工作，我市拟集中修改26件地方性法规。

7月26日 重庆社区养老服务“千百工程”启动，三年内将新建1000个社区养老服务站，重点打造100个市级示范社区养老服务中心。

7月27日 重庆2018年拟淘汰限用76项落后施工技术，手接触式冲洗阀、水嘴不得用于公厕及公共场所。

7月28日 我市召开2018年征兵工作电视电话会议，高标准高质量完成年度征兵任务。

7月29日 重庆铁路枢纽东环线，沿途30余个弃渣场将变园林。

7月30日 我市拟建巴渝文化数字资源数据库。

7月31日 重庆移动全面取消流量漫游费。

2018年8月

8月1日 2018年上半年我市安全生产事故总量和死亡人数双下降。

8月2日 首例经重庆自贸区推荐的外籍人才领到我国永久居留身份证。

8月3日 个人企业信用记录不断完善，重庆1901万人拥有“信用身份证”。

8月4日 国务院关税税则委员会发布公告，决定拟对原产于美国的600亿美元商品加征关税。

8月5日 我市首台无创肿瘤放疗系统投用。

8月6日 曾家岩嘉陵江大桥钢结构架设预计年内完成。

8月7日 重庆政法机关出台“十五条举措”全面助推民营经济高质量新发展。

8月8日 8月15日起我市顺价调整主城区居民用天然气价格。

8月9日 市检察院发布《关于检察机关服务保障民营经济健康发展工作情况的报告》：全市检察机关已起诉侵害民企权益犯罪近千人。

8月10日 2018年重庆预计将为企业减负超200亿元。

8月11日 重庆将健全兜底保障机制，确保贫困人口住院个人自付比例控制在10%以内，门诊自付比例控制在20%以内。

8月12日 我市企业研发出新材料多孔钽人造骨。

8月13日 国地税合并后办税时间压缩近六成。

8月14日 “重庆造”手术机器人将亮相智博会，年底将进入临床试验2019年有望投入市场。

8月15日 新设5亿元创投基金在渝孵化高新科技初创项目。

8月16日 国务院调查组要求继续做好长春长生公司不合格百白破疫苗处置工作。

8月17日 智能化让城市供水更安全。

8月18日 重庆钢铁2018年大幅扭亏为盈，上半年营收超110亿元，同比增长145.32%，利润7.63亿元。

8月19日 i—VISTA自动驾驶汽车挑战赛开赛。

8月20日 重庆获评全国首批知识产权军民融合试点省市。

8月21日 轨道交通5号线跳磴至江津段预计2020年建成。

8 月 22 日　重庆开展主城巡游出租汽车专项整治行动，违法违规者将面临停运、吊销驾驶员从业资格证等处罚。

8 月 23 日　家庭医生签约服务信息化年内将覆盖所有区县。

8 月 24 日　打破行政边界“藩篱”，推动渝黔湘鄂边界地区经济走廊建设。

8 月 25 日　中国科协与重庆市政府签订全面战略合作协议。

8 月 26 日　首届中国国际智能产业博览会闭幕，洽谈签约重大项目 501 个，总观展人数超过 50 万人次。

8 月 27 日　石柱加快发展康养产业，郑建邦出席中国 · 重庆石柱第二届康养大会开幕式。

8 月 28 日　重庆市餐饮商会成立。

8 月 29 日　重庆提高城乡低保标准和特困人员救助供养标准。

8 月 30 日　两路寸滩保税港区全力打造全球重要智能终端生产基地。

8 月 31 日　轨道交通 5 号线北延伸段有望年内开工。

2018 年 9 月

9 月 1 日　重庆市文化旅游推介会在纽约举行。

9 月 2 日　江津研制最轻电动汽车。

9 月 3 日　13 家渝企上榜 2018 中国企业 500 强。

9 月 4 日　渝港合作推介会在香港成功举办，重庆自贸试验区驻港代表处揭牌，24 个合作项目签约。

9 月 5 日　重庆提高城乡居民基础养老金，每人每月增加 20 元。

9 月 6 日　重庆社会救助基金会众筹平台上线，不收任何手续费、管理费所有资金不能提现，只能用于医疗。

9 月 7 日　文博会今日开幕，最炫“文化 + 科技”等你来体验。

9 月 8 日　智能化成果让市民感受红色文化之美。

9 月 9 日　生态环境部专项行动督查组，对我市集中式饮用水水源地开展第二轮督查。

9 月 10 日　2018 钓鱼城旅游文化节启幕。

9 月 11 日　国务院派出 8 个督查组分赴 30 个部门和单位开展督查，首次把中国电信、中国联通、中国移动纳入督查范围。

9 月 12 日　《重庆市生态环境损害赔偿制度改革实施方案》昨日发布，8 种情形将被追究生态环境损害赔偿责任。

9 月 13 日　重庆铁路枢纽东环线有望 2021 年通车，从重庆北站坐城际列车可直达 T3A 航站楼。

9 月 14 日　对跨区域重大环保案统一受理、统一审查、统一量刑标准，重庆探索建立“长江生态检察官制度”。

9 月 15 日　同济大学与重庆交通大学签订校际合作协议。

9 月 16 日　智能物联网“联合创新中心”在重庆经开区投用，将立足物联网和 5G 方向，设立五大创新实验室。

9 月 17 日　2018 重庆（国际）影像文化节再添新活动，首届中国农民丰收节“金镜头”摄影大赛启动。

9 月 18 日　2018 中国武隆国际山地户外运动公开赛。

9 月 19 日　重庆龙溪河环境综合整治及生态保护工作获亚行 1.5 亿美元贷款支持。

9 月 20 日　工信部发布 2018 年人工智能与实体经济深度融合创新项目名单，云从科技、长安汽车、金山科技、重庆机床四家渝企榜上有名。

9月21日 深化川渝合作，助力西部发展，重庆作为轮值主席单位亮相第十七届西博会。

9月22日 重庆航空首架A320NEO飞机入列，年内还将引进6架同类型飞机。

9月23日 重庆农民喜迎首个中国农民丰收节。

9月24日 西部地区首家运动戒毒研究中心在渝成立。

9月25日 企业重整焕发生机，为国企改制提供范本，重庆钢铁司法重整案入选全国法院十大典型案例。

9月26日 重庆14个区县入选农村集体产权制度改革试点。

9月27日 国庆起，重庆12个5A级景区4个市管4A级景区门票价格下调。

9月28日 2万名尘肺病贫困农民工接受免费救治。

9月29日 重庆拟出台地方性法规推动航空运输业发展，授权机场管理机构负责场容环境和公共秩序。

9月30日 重庆盘活主城区边角地，建设社区体育文化公园，年内建成投用30个。

2018年10月

10月1日 庆祝中华人民共和国成立69周年，国务院举行国庆招待会。

10月2日 渝中区法院旅游巡回审判点投用，“一站式”迅速解决旅游纠纷。

10月3日 警务便民服务区亮相观音桥，24小时自助办理业务。

10月4日 重庆历史人文景点受市内外游客追捧。

10月5日 文旅融合，国庆期间三峡游持续升温。

10月6日 重庆全面实施残疾儿童康复救助制度。

10月7日 涪陵页岩气田已产气200亿立方米，每日产气可满足3200多万户家庭的生活用气需求。

10月8日 重庆将在两江四岸新建109公里亲水慢行道。

10月9日 《中国（重庆）自由贸易试验区管理试行办法》出台，重庆自贸试验区各片区有明确“分工”。

10月10日 重庆铁路枢纽东环线巴南段正加紧建设。

10月11日 市域铁路与城市发展论坛10月12至13日在渝举行。

10月12日 轨道交通环线北半环轨道铺设完成，年底将开通试运营，起于重庆图书馆止于海峡路。

10月13日 深化增值税改革三项措施推出近半年，企业普遍反映得实惠。

10月14日 完善生态圈，点亮“芯”梦想，加快推动集成电路产业创新发展。

10月15日 中国首届温泉与气候养生旅游国际研讨会明日在渝召开。

10月16日 国家发改委与30余个省市代表来渝观摩中欧班列（重庆）发展情况。

10月17日 《重庆市集成电路技术创新实施方案》出台，2022年重庆建成“中国集成电路创新高地”。

10月18日 中新（重庆）示范项目已签约135个合作项目，总金额达219亿美元。

10月19日 我市扶贫标准线调整为3500元。

10月20日 2018年全国脱贫攻坚先进典型事迹巡回报告会在渝举行。

10月21日 “长江生态检察官制度”初露锋芒，盘踞长江边6年非法码头被取缔。

10月22日 武维华率队来渝调研三峡库区柑橘产业发展时指出，聚焦柑橘产业，推动重庆山地特色高效可持续农业健康发展。

10月23日 首届当代地方戏曲名家收徒传艺工程成果汇报演出在重庆举行。

10月24日 “马路办公”马上办群众竖起大拇指——重庆整改城市管理问题见成效。

10月25日 渝怀铁路涪秀二线重点工程——乌江右线大桥主跨成功合龙。

10月26日 有效降低制度性交易成本，重庆市工程建设领域推出“减、放、并、转、调、诺”6张清单。

10月27日 中新互联互通陆海新通道，北部湾港—重庆冷链专列首发。

10月28日 中国（重庆）自由贸易试验区仲裁中心成立。

10月29日 重庆试点工程建设项目审批制度改革，大幅取消和下放行政审批事项，为企业“松绑”为群众“解难”。

10月30日 团结动员亿万名职工积极建功新时代，开创我国工运事业和工会工作新局面。

10月31日 “智能因子”让传统企业焕发活力。

2018年11月

11月1日 重庆入选全国黑臭水体治理示范城市，2022年主城20条河流将建成“清水绿岸”。

11月3日 深化中新金融合作推动“一带一路”走深走实，中新（重庆）战略性互联互通示范项目金融峰会举行。

11月5日 重庆33个交易分团参加首届进口博览会，举办两大主题活动集中推介内陆开放高地。

11月6日 重庆内陆开放高地建设推介会在上海举行，唐良智出席并见证项目集中签约。

11月7日 重庆对外经贸集团签10亿美元进口项目。

11月8日 中新互联互通项目运行3年，收获137个项目总金额逾219亿美元。

11月9日 “白俄罗斯—重庆”回程班列实现常态化运行，全程8000多公里，历时12天，比传统海运节省近20天。

11月10日 三峡国际旅游节签约17个项目协议投资575亿元。

11月11日 全球领先人工智能和人形机器人企业优必选落户重庆，在两江新区投建生产制造中心打造高端智能产业。

11月12日 用品牌引领重庆特色农业高质量发展，全市名牌农产品437个，涪陵榨菜、奉节脐橙等品牌价值逐年提高。

11月14日 着眼完善比价机制，解决政府采购“贵慢差”问题，重庆政府采购网上超市启用。

11月15日 50亿元高科技芯片项目在大足开工，达产后可实现年产值百亿元以上。

11月16日 15位两院院士联名建议，荣昌生猪大数据中心有望建成国家级平台。

11月17日 只见了4次面，前后短短25天，永川引进10亿元汽车集成项目。

11月18日 首届重庆文创产业创新发展大会

举行。

11 月 19 日 璧山将建中国首个空间太阳能电站实验基地，预计 2019 年初开工建设，年底建成。

11 月 20 日 首趟进口整车新型运载专列抵渝。

11 月 21 日 “长江流域（重庆）智能制造与机器人产业联盟”揭牌，2020 年重庆智能产业产值预计可达 7500 亿元。

11 月 22 日 重庆首个 5G 连续覆盖试验区建成，下载速度稳定在 10Gbps 以上，是 4G 网络的 100 倍。

11 月 23 日 重庆自贸试验区创新举措不断涌现，151 项改革试点任务已落地实施 122 项，29 项正积极推进。

11 月 24 日 市医疗保障局组建以来首次集中向医保乱象亮剑，查实欺诈骗保违规案例 2737 例。

11 月 25 日 加强技术攻关、加大科研投入助力打造绿色高效开发典范，涪陵页岩气田“深水区”开发取得关键突破。

11 月 26 日 “重庆造”人工心脏预计 2019 年初注册上市，经专家认证，各类指标与海外同类产品相当，价格便宜 30%以上。

11 月 27 日 中欧班列（重庆）首次回程运邮测试成功。

11 月 29 日 我市出台《关于加强城市特殊困难群众救助帮扶工作的意见》，让城市特殊困难群众稳定实现“两不愁三保障”。

11 月 30 日 两岸同心融合发展渝台携手合作共赢，第十届“重庆 · 台湾周”在渝举行。

2018 年 12 月

12 月 1 日 全球低轨卫星移动通信与空间互联网项目在渝启动。

12 月 2 日 重庆推出科技型企业知识价值信贷改革试点以来，400 余家企业获得贷款——用“知识”贷款唤醒企业无形资产。

12 月 3 日 重庆大数据智能化全面发力，领军企业纷纷落户本地产业平台加速崛起各种应用极大方便了市民。

12 月 4 日 永川初步建成高端数控机床产业基地。

12 月 5 日 “四控两增”防治大气污染，2018 年重庆空气质量优良天数已达 300 天。

12 月 6 日 长江中上游（重庆）动力煤价格指数正式发布，进一步健全完善全国煤炭价格指数体系。

12 月 7 日 我国首个空间太阳能电站实验基地在璧山启动，将对改变传统能源传输方式、破解能源供给难题产生重大意义。

12 月 8 日 重庆出台抓党建助推民营企业发展十条措施。

12 月 9 日 重庆大学牵头研制的生物科普试验载荷项目搭载升空。

12 月 10 日 中欧班列（重庆）全年开行超过 1000 班，开行频率加快，提前完成年度目标。

12 月 11 日 我市集中实施近百项大数据智能化重点项目。

12 月 12 日 解决票据贴现中的“难、贵、慢”，“3+X”助重庆上千家小微企业融资 680 亿元。

12 月 13 日 助力“无废城市”建设，重庆首个固废产业联盟成立。

12 月 14 日　2018 年 1 至 11 月重庆外贸进出口总值已超上年全年。

12 月 15 日　重庆按企业初创、培育、成长 3 个阶段分类施策，近 7000 家中小微企业获融资 220 亿元。

12 月 16 日　重庆已建和在建桥梁数超 1. 4 万座，数量和密度远超国内其他城市，建设密度和施工难度世所罕见。

12 月 17 日　打造智能化党群服务中心，鱼复工业园投用 12 台线上自助服务机。

12 月 18 日　两江新区打造垃圾分类智慧管理平台，已覆盖 200 多个小区约 10 万户居民。

12 月 19 日　庆祝改革开放 40 周年大会在京隆重举行，习近平发表重要讲话。

12 月 20 日　英特尔 FPGA 中国创新中心在渝正式运行。

12 月 21 日　重庆建成大气和水污染防治管理系统平台，具有会商调度、动态监管和现场巡查等功能。

12 月 22 日　重庆发布《发展智能制造实施方案（2019—2022）》，将推动 5000 家企业实施智能化改造。

12 月 23 日　个税专项附加扣除政策出炉。

12 月 24 日　重庆发现 3 个植物新物种。

12 月 25 日　2018 年度全市 100 家优秀创新型企业“出炉”，涉及智能制造生物医药等新兴产业。

12 月 26 日　“精准脱贫保”为贫困户提供保障，前三季度我市贫困群众获赔付逾 9000 万元。

12 月 27 日　两江新区物联网产业协同创新中心成立。

12 月 28 日　北斗三号基本系统昨起提供全球服务，标志着北斗系统服务范围由区域扩展为全球，正式迈入全球时代。

12 月 29 日　金科迈入千亿级民企行列，2018 年实现销售规模超 1000 亿元。

12 月 30 日　“世界侨商重庆行”完美落幕，500 余名侨商齐聚重庆共觅商机。

12 月 31 日　重庆化肥农药用量呈下降趋势，农业面源污染得到有效控制，为三峡库区生态环境改善提供了有力支持。

责任编辑：李　洁

编纂说明

由重庆市人民政府办公厅主管，重庆社会科学院、重庆市人民政府发展研究中心主办的《重庆经济年鉴》，是一部全面介绍重庆经济发展状况的大型工具书，极具史存性、实用性和工具性。2019 年卷为《重庆经济年鉴》的第十九卷。

一、本卷《重庆经济年鉴》的特点

本卷年鉴总体结构上由“特载、部门经济运行与管理、产业状况、开发区与园区建设、区县经济、附录”共六编组成。

二、本卷《重庆经济年鉴》的稿件来源

本卷年鉴主要收录了市第五届人民代表大会上的部分文献，其他文稿、数据、图表等主要来自市级有关部门、各区县政府，部分开发区与工业园区，围绕重庆经济社会热点难点开展的专题研究成果。

三、本卷《重庆经济年鉴》编纂的有关技术性说明

（一）本《年鉴》以编为单位进行编纂。每编大体反映一项相对独立的经济内容；编以下不设章、节；本卷共六编。

（二）本《年鉴》侧重对重庆市 2019 年度经济运行状况的反映，这与其他类型的年鉴有明显的区别。为了突出经济内容，本书对文化、教育、体育、卫生等社会发展方面的内容未专设编目。文中涉及社会事业发展方面内容的，根据具体情况，作了适当保留。

（三）本《年鉴》表现形式大体采用专题文章。文章体例大致是：年度主要状况及分析、存在的问题、发展展望。“特载”、专题研究、“附

录”等编目，则未作统一的体例要求。

（四）本《年鉴》中的统计数据，截止到2018年底，个别内容则稍作延伸。统计资料来源于重庆市统计公报和市统计局。另外，有必要指出的是，因统计口径的不同，有关部门和各区县（自治县）所用数据与“统计公报”中的数据不尽一致，采用时请予注意。

（五）本《年鉴》有关材料，系相关单位、部门所撰写，所用技术术语、专业名词、名称以稿件提供单位为准。不属于专业用语的，从习惯。

（六）根据年鉴因承相袭的惯例，本年度反映上年度的内容。2019年卷《重庆经济年鉴》也从这一惯例。

2019年卷《重庆经济年鉴》的编辑工作，得到了重庆市各部门、各单位、各级领导及广大读者的热情支持，在此深表谢意。另外，尽管编辑部的同志在编纂过程中尽了最大努力，但因时间紧、内容多、来稿渠道广，加之编辑部水平能力有限，本卷《重庆经济年鉴》存在疏漏，热忱希望得到读者的指正。

《重庆经济年鉴》编辑部

二〇一九年十二月

图书在版编目(CIP)数据

重庆经济年鉴. 2019 / 唐青阳主编. -- 北京：社会科学文献出版社, 2020.3

ISBN 978-7-5201-6241-8

Ⅰ. ①重… Ⅱ. ①唐… Ⅲ. ①区域经济-重庆-2019-年鉴 Ⅳ. ①F127.719-54

中国版本图书馆CIP数据核字（2020）第028714号

重庆经济年鉴 · 2019

主　　管 / 重庆市人民政府办公厅
主　　编 / 唐青阳

出 版 人 / 谢寿光
组稿编辑 / 梁艳玲　吴　敏
责任编辑 / 吴　敏

出　　版 / 社会科学文献出版社 · 皮书出版分社（010）59367127
地址：北京市北三环中路甲29号院华龙大厦　邮编：100029
网址：www.ssap.com.cn
发　　行 / 市场营销中心（010）59367081　59367083
印　　装 / 三河市东方印刷有限公司

规　　格 / 开　本：889mm×1194mm 1/16
印　张：31.5　字　数：736千字
版　　次 / 2020年3月第1版　2020年3月第1次印刷
书　　号 / ISBN 978-7-5201-6241-8
定　　价 / 498.00元